中国社会科学年鉴

中国宗教研究年鉴 2018

ALMANAC OF RELIGIOUS STUDIES IN CHINA

郑筱筠 主编

中国社会科学出版社

图书在版编目（CIP）数据

中国宗教研究年鉴. 2018 / 郑筱筠主编. -- 北京：中国社会科学出版社，2024. 6. -- ISBN 978-7-5227-3773-7

Ⅰ. B928.2-54

中国国家版本馆 CIP 数据核字第 2024EX5398 号

出 版 人	赵剑英
责任编辑	王鸣迪
责任校对	韩海超
责任印制	张雪娇
出　　版	中国社会科学出版社
社　　址	北京鼓楼西大街甲 158 号
邮　　编	100720
网　　址	http://www.csspw.cn
发 行 部	010-84083685
门 市 部	010-84029450
经　　销	新华书店及其他书店
印刷装订	三河市东方印刷有限公司
版　　次	2024 年 6 月第 1 版
印　　次	2024 年 6 月第 1 次印刷
开　　本	787×1092　1/16
印　　张	34.5
插　　页	2
字　　数	883 千字
定　　价	288.00 元

凡购买中国社会科学出版社图书，如有质量问题请与本社营销中心联系调换
电话：010-84083683
版权所有　侵权必究

《中国宗教研究年鉴2018》委员会成员名单

（按姓氏笔画排序）

顾问委员会成员名单

马西沙（中国社会科学院世界宗教研究所）
李天纲（复旦大学）
杨慧林（中国人民大学）
吴云贵（中国社会科学院世界宗教研究所）
卓新平（中国社会科学院世界宗教研究所）
金　泽（中国社会科学院世界宗教研究所）
金宜久（中国社会科学院世界宗教研究所）
洪修平（南京大学东方哲学与宗教文化研究中心）
曹中建（中国社会科学院世界宗教研究所）
傅有德（山东大学）
詹石窗（四川大学道教与宗教文化研究所）
魏道儒（中国社会科学院世界宗教研究所）

编纂委员会成员名单

刘成有（中央民族大学哲学与宗教学学院）
李利安（西北大学）
李　林（中国社会科学院世界宗教研究所）
李建欣（中国社会科学院世界宗教研究所）
杨维中（南京大学）
杨富学（敦煌研究院）
汪桂平（中国社会科学院世界宗教研究所）
张风雷（中国人民大学）
张志刚（北京大学）
陈进国（中国社会科学院世界宗教研究所）

郑筱筠（中国社会科学院世界宗教研究所）
周广荣（中国社会科学院世界宗教研究所）
赵法生（中国社会科学院世界宗教研究所）
晏可佳（上海社会科学院宗教研究所）
龚　隽（中山大学哲学系）
盖建民（四川大学道教与宗教文化研究所）
梁恒豪（中国社会科学院世界宗教研究所）
董　群（东南大学人文学院）
曾传辉（中国社会科学院世界宗教研究所）
游　斌（中央民族大学哲学与宗教学学院）
嘉木扬·凯朝（中国社会科学院世界宗教研究所）

目 录

政策法规

国家宗教事务局关于印发《宗教临时活动地点审批管理办法》的通知 …………（3）
关于印发《全国殡葬领域突出问题专项整治行动方案》的通知 ……………………（6）

研究综述

2018年度马克思主义宗教观研究学科发展综述 …………………… 王　静（13）
2018年度宗教学理论学科发展综述 ………………………………… 梁恒豪（20）
2018年度佛教研究综述 ……………………………………… 纪华传　冯　川（33）
2018年度道教研究学科发展综述 …………………………………… 马　杰（49）
2018年度基督宗教研究学科综述 …………………………………… 唐晓峰（78）
2018年度儒教学科发展综述 ………………………………………… 李晓璇（83）
2018年度伊斯兰教学科发展研究综述 ……………………… 李　林　韩　博（94）
2018年度宗教艺术学科发展综述 ……………………………… 嘉木扬·凯朝等（98）
2018年度当代宗教学科发展研究综述 ……………………………… 王超文（122）

年度论文

党的十九大对新时代宗教工作的指引 ……………………………… 卓新平（131）
互联网宗教与人类命运共同体 ……………………………………… 郑筱筠（139）
宗教与法治："宗教信仰自由"的理解 ……………………………… 金　泽（145）
解析伊斯兰极端主义思想的三种形态 ……………………………… 吴云贵（156）
改革开放40年来中国特色社会主义宗教理论的发展阶段及其
　　主要成果 ………………………………………………………… 毛　胜（170）
略论丛林教育的内涵与特色 ………………………………………… 李四龙（179）
元代全真教关于道教起源、分期的讨论及申论 …………………… 张广保（188）
"信仰惯习"：一个分析海外华人民间信仰的视角
　　——基于新加坡中元祭鬼习俗的田野研究 …………………… 李向振（202）
印度佛教的论议及其生成背景 ……………………………………… 何剑平（213）

年度推荐论文

张天师与云台山治考论 ………………………………………… 詹石窗　李怀宗（225）
19 世纪欧洲宗教学家的佛经翻译和研究及其学术文化影响
　　——以麦克斯·缪勒为代表 ……………………………… 洪修平　孙亦平（235）
滇西北多元宗教研究的文化意义 ………………………………………… 张泽洪（245）
契嵩本《坛经》新发现 …………………………………………………… 侯　冲（257）
土家族原始宗教信仰的伦理意蕴 ………………………………………… 易小明（273）
华严学研究的历史、现状与未来 ………………………………………… 王　颂（283）
后土信仰与中国民间宗教 ………………………………………………… 李志鸿（294）
试析西欧中世纪基督教世界的内在张力 ………………………………… 杨华明（309）
俄罗斯东正教圣愚崇敬现象探析 ………………………………………… 王　帅（320）
宗教管理的律令化模式
　　——唐代宗教信仰禁令研究 …………………………………………… 梁克敏（331）

年度著作

……………………………………………………………………………… 陈粟裕 编（343）

年度新闻

……………………………………………………………………………… 司　聃 编（349）

年度会议

……………………………………………………………………………… 王剑利 编（355）

年度研究数据

2018 年度我国宗教研究专业学刊目录 ……………………………… 王　伟 编（363）
　2018 年度《世界宗教研究》目录 ……………………………………………（363）
　2018 年度《世界宗教文化》目录 ……………………………………………（367）
　2018 年度《宗教学研究》目录 ………………………………………………（374）
2018 年度中国宗教学及宗教类新版图书简目 ……………………… 陈粟裕 编（380）
2018 年度宗教学研究会议目录 ……………………………………… 王剑利 编（387）

论文索引

2018 年度马克思主义宗教观研究论文索引 ………………………… 谢　添 编（399）

2018年度佛教研究论文索引 ·· 孙颖新 编（402）
2018年度基督教研究论文索引 ·· 梁建华 编（429）
2018年度儒教研究论文索引 ·· 王　伟 编（451）
2018年度道教研究论文索引 ·· 马　杰 编（454）
2018年度伊斯兰教研究论文索引 ··· 王　伟 编（472）
2018年度民间信仰研究论文索引 ··· 王　伟 编（484）

大事记

2018年度宗教研究发展大事记 ·· 许津然 编（499）
2018年度中国社会科学院世界宗教研究所大事记 ··············· 许津然 编（521）

附　录

主题索引 ···（533）
人名索引 ···（539）

Table of Contents

Policies and Regulations

Notice of the State Bureau of Religious Affairs on the Issuance of the *Measures for the Administration of the Examination and Approval of Venues for Holding Temporary Religious Activities* ·· (3)

Notice on the Issuance of *National Action Program for the Special Rectification of Outstanding Problems in the Funeral Field* ·· (6)

Research Review

2018 Annual Review of Disciplinary Development of Marxist View of Religion ·· Wang Jing (13)

2018 Annual Review of Disciplinary Development of Theories of Religious Studies ·· Liang Henghao (20)

2018 Annual Review of Research on Buddhism ················ Ji Huachuan, Feng Chuan (33)

2018 Annual Review of Disciplinary Development of Research on Daoism ········ Ma Jie (49)

2018 Annual Review of Disciplinary Development of Research on Christianity ·· Tang Xiaofeng (78)

2018 Annual Review of Disciplinary Development of Research on Confucianism Department of Confucian Studies ······························ Li Xiaoxuan (83)

2018 Annual Review of Disciplinary Development of Research on Islam ··· Li Lin, Han Bo (94)

2018 Annual Review of Disciplinary Development of Religious Art ·· Jiamuyang Kaichao et al. (98)

2018 Annual Review of Disciplinary Development of Contemporary Religious Studies ··· Wang Chaowen (122)

Annual Research Paper

The 19th CPC National Congress' Guide to Religious Work in the New Era
··· Zhuo Xinping (131)

Internet Religions and Community with a Shared Future for Mankind ··· Zheng Xiaoyun (139)

Religion and Rule of Law: Understanding Freedom of Religion .... Jin Ze (145)
The Analysis of the Three Forms of Islamic Extremism .... Wu Yungui (156)
The Development Stages and Main Achievements of the Theory of Socialism
　　with Chinese Characteristics in the Past 40 years of Reform and
　　Opening-up .... Mao Sheng (170)
On the Connotation and Characteristics of Buddhist Monastery Education ...... Li Silong (179)
Discussion on Quanzhen School's Views of the Origin and Staging of Daoism
　　During Yuan Dynasty .... Zhang Guangbao (188)
"Habitus of Belief": Based on the Field Study on Ghost Worship of Singapore
　　Ghost Festival from the Perspective of Analysis on the Folk Belief of
　　Oversea Chinese .... Li Xiangzhen (202)
On Indian Buddhist Upa-desa and Its Generating Background .... He Jianping (213)

Annual Recommended Papers

A Study of the Daoist Master Zhang and the Yuntai Mountain
　　............ Zhan Shichuang, Li Huaizong (225)
On Translations and Studies of the Buddhist Scriptures by 19th Century European
　　Religious Scholars and Their Influences upon Scholarship and Culture:
　　Taking F. Max Müller as an Example .... Hong Xiuping, Sun Yiping (235)
The Cultural Significance of Multi-religious Research in Northwestern Yunnan
　　............ Zhang Zehong (245)
New Discoveries of Qi-Song Version of Platform Sutra .... Hou Chong (257)
On the Ethical Connotation of Tujia Primitive Belief .... Yi Xiaoming (273)
The History, Current Situation and Prospect of the Huayan Studies .... Wang Song (283)
The Belief in the God of the Earth and Chinese Folk Religion .... Li Zhihong (294)
An Analysis of the Internal Tension of Christian World in Western Europe
　　in the Middle Ages .... Yang Huaming (309)
An Analysis on the Veneration of Holy Fool in Russian Orthodox .... Wang Shuai (320)
The Law Model of Religious Management: A Study of the Prohibition of
　　Religious Belief in the Tang Dynasty .... Liang Kemin (331)

Annual Books

.... Chen Suyu (343)

Annual News

.... Si Dan (349)

Annual Conferences

.... Wang Jianli (355)

Annual Research Data

Catalogues of Professional Journals in Religious Studies for 2018 .... Wang Wei (363)
   Table of Contents of *Studies in World Religions* 2018 .... (363)
   Table of Contents of *World Religious Cultures* 2018 .... (367)
   Table of Contents of *Religious Studies* 2018 .... (374)
2018 Annual Brief Catalogue of New Books of Religious Studies and on
   Topics Related to Religion in China .... Chen Suyu (380)
2018 Annual Conferences of Religious Studies .... Wang Jianli (387)

Indeces

Index of Papers on Marxist View of Religion in 2018 .... Xie Tian (399)
Index of Papers on Buddhism in 2018 .... Sun Yingxin (402)
Index of Papers on Christianityin 2018 .... Liang Jianhua (429)
Index of Papers on Confucianism in 2018 .... Wang Wei (451)
Index of Papers on Daoism in 2018 .... Ma Jie (454)
Index of Papers on Islam in 2018 .... Wang Wei (472)
Index of Papers on Folk Beliefsin 2018 .... Wang Wei (484)

Chronicle of Events

2018 Annual Chronology of Religious Studies Development .... Xu Jinran (499)
2018 Annual Chronology of Events at the IWR, CASS .... Xu Jinran (521)

Appendix

Index of Subjects .... (533)
Index of names .... (539)

政策法规

国家宗教事务局关于印发
《宗教临时活动地点审批管理办法》的通知

各省、自治区、直辖市政府宗教局、民宗委（厅、局），新疆生产建设兵团民宗局：

　　2017年8月26日，国务院总理李克强签署国务院第686号令，公布了新修订的《宗教事务条例》。新修订《宗教事务条例》已于2018年2月1日正式施行。为落实《宗教事务条例》关于宗教临时活动地点的规定，明确宗教临时活动地点的申请条件及审批程序，规范宗教临时活动地点的管理，我局制定了《宗教临时活动地点审批管理办法》，现予以印发，请贯彻执行。

国家宗教事务局
2018年2月22日

宗教临时活动地点审批管理办法

　　第一条　为了保障公民宗教信仰自由，维护宗教和睦与社会和谐，规范宗教临时活动地点审批和管理，根据《宗教事务条例》和相关法律法规，制定本办法。

　　第二条　信教公民的集体宗教活动，一般应当在宗教活动场所内举行，由宗教活动场所、宗教团体或者宗教院校组织，由宗教教职人员或者符合本宗教规定的其他人员主持，按照教义教规进行。

　　第三条　信教公民有进行经常性集体宗教活动需要，尚不具备条件申请设立宗教活动场所的，可以向县级人民政府宗教事务部门申请指定宗教临时活动地点（以下称临时活动地点）。

　　第四条　申请临时活动地点，由信教公民推选的代表提出。

　　信教公民代表应当是当地户籍居民或者常住居民，具有完全民事行为能力，品行端正，无犯罪记录，具备一定的宗教学识。

　　临时活动地点应当有二至三名信教公民代表，负责临时活动地点的日常管理事宜，并确定其中一名信教公民代表为主要负责人员。

　　临时活动地点的信教公民代表，不能同时担任其他临时活动地点的信教公民代表。

　　第五条　申请临时活动地点，应当具备下列条件：

　　（一）有一定数量的信教公民需要经常参加集体宗教活动；

　　（二）周边没有同一宗教的宗教活动场所或者临时活动地点；

　　（三）有符合本办法第四条规定的信教公民代表；

　　（四）有合法、符合安全要求并适合开展集体宗教活动的房屋；

（五）不妨碍周围单位、学校和居民的正常生产、学习、生活等。

前款第（一）项中规定的一定数量，由省、自治区、直辖市人民政府宗教事务部门确定。

第六条　申请临时活动地点，应当填写《宗教临时活动地点申请表》，同时提交下列材料：

（一）信教公民代表身份证和户口簿或者居住证；

（二）参加集体宗教活动的信教公民身份证复印件、经常居住地地址以及本人签名；

（三）申请指定的临时活动地点的房屋所有权或者使用权证明以及证明该房屋符合安全要求的材料；

（四）信教公民代表共同签名的承诺书，承诺临时活动地点的活动遵守法律、法规、规章，不妨碍周围单位、学校和居民正常的生产、学习、生活等，并接受所在地县级人民政府宗教事务部门和乡级人民政府以及村（居）民委员会的管理；

（五）开展集体宗教活动的时间安排、活动方式、参加人数、安全措施等情况说明。

《宗教临时活动地点申请表》式样由国家宗教事务局制定。

第七条　申请临时活动地点，由信教公民代表向所在地县级人民政府宗教事务部门提出。县级人民政府宗教事务部门应当书面征求所在地宗教团体和乡级人民政府意见。所在地没有县（市、区、旗）宗教团体的，征求市（地、州、盟）宗教团体的意见，市（地、州、盟）没有宗教团体的，征求省、自治区、直辖市宗教团体的意见。

县级人民政府宗教事务部门应当自收到申请之日起二十日内，作出批准或者不予批准的决定。二十日内不能作出决定的，经县级人民政府宗教事务部门负责人批准，可以延长十日，并将延长时限的理由告知申请人。

县级人民政府宗教事务部门作出批准决定的，应当自作出决定之日起十日内书面通知申请人，同时抄送临时活动地点所在地乡级人民政府和宗教团体，并报设区的市级人民政府宗教事务部门备案；不予批准的，应当书面说明理由。

指定临时活动地点涉及公共利益或者与他人有重大利益关系的，应当举行听证会。

第八条　临时活动地点有效期最长为三年。期满后仍不具备设立宗教活动场所条件且信教公民仍有举行经常性集体宗教活动需要的，应当重新申请。具备设立宗教活动场所条件的，可以办理宗教活动场所设立审批和登记手续。

第九条　参加临时活动地点活动的人数不得超过临时活动地点容纳规模。

举行集体宗教活动应当有信教公民代表在现场负责管理。

第十条　变更信教公民代表或者集体宗教活动的时间安排、活动方式的，应当在变更十日前，由信教公民代表报县级人民政府宗教事务部门办理变更手续。

参加宗教活动的人数变更超过核准人数三分之一以上的，应当在变更后十日内，由信教公民代表报县级人民政府宗教事务部门办理变更手续。

县级人民政府宗教事务部门应当将变更情况告知临时活动地点所在地乡级人民政府和宗教团体。

第十一条　临时活动地点不得发生下列行为：

（一）举行大型宗教活动；

（二）编印、发送宗教内部资料性出版物，经销宗教用品、宗教艺术品和宗教出版物；

（三）修建露天宗教造像；
　　（四）在临时活动地点外部设置宗教标识物；
　　（五）举办宗教教育培训；
　　（六）以临时活动地点名义开展社会活动；
　　（七）允许未取得或者已丧失宗教教职人员资格的人员以宗教教职人员身份从事活动；
　　（八）接受境外组织或者个人捐赠，允许境外人员从事活动；
　　（九）法律、法规、规章禁止的其他行为。
　　第十二条　乡级人民政府在县级人民政府宗教事务部门指导下，负责对临时活动地点的活动进行监管。村（居）民委员会应当协助乡级人民政府对临时活动地点的活动进行监管。
　　信教公民代表应当定期向乡级人民政府报告活动开展和财务管理情况。
　　第十三条　宗教团体对临时活动地点的活动负有教务指导职责。临时活动地点的活动应当接受宗教团体的教务指导。
　　第十四条　临时活动地点的房屋提供方应当主动了解临时活动地点的活动情况，发现有违反法律、法规、规章的行为，应当及时向县级人民政府宗教事务部门或者乡级人民政府、村（居）民委员会报告。
　　第十五条　临时活动地点的活动违反《宗教事务条例》及本办法规定的，由所在地县级人民政府宗教事务部门或者乡级人民政府责令改正；情节严重的，由县级人民政府宗教事务部门责令停止活动，撤销该临时活动地点；有违法所得、非法财物的，没收违法所得和非法财物；构成犯罪的，依法追究刑事责任。
　　第十六条　本办法自印发之日起施行。

关于印发《全国殡葬领域突出问题专项整治行动方案》的通知

各省、自治区、直辖市民政厅（局）、发展改革委、物价局、公安厅（局）、司法厅（局）、自然资源主管部门、住房城乡建设厅（局）、卫生计生委、工商局（市场监督管理部门）、宗教局，新疆生产建设兵团民政局、发展改革委、公安局、司法局、自然资源主管部门、住房城乡建设局、卫生计生委、宗教局：

《全国殡葬领域突出问题专项整治行动方案》已经国务院领导同志同意，现印发给你们，请结合实际认真贯彻执行。专项整治行动中遇到的重大问题，请及时向上级部门和专项整治行动领导小组办公室报告。

附件：全国殡葬领域突出问题专项整治行动方案

民政部　发展改革委　公安部
司法部　自然资源部　住房城乡建设部
国家卫生健康委员会　国家市场监管总局　国家宗教事务局
2018年6月27日

附件

全国殡葬领域突出问题专项整治行动方案

为认真贯彻落实党中央、国务院决策部署，有效解决殡葬领域群众反映强烈的突出问题，进一步规范和加强殡葬管理，着力维护人民群众切身利益，经国务院领导同志同意，民政部、发展改革委、公安部、司法部、自然资源部、住房城乡建设部、国家卫生健康委员会、国家市场监管总局、国家宗教事务局决定从2018年6月下旬开始至9月底，在全国范围内联合开展殡葬领域突出问题专项整治行动。方案如下：

一、工作目标和原则

（一）工作目标。

以习近平新时代中国特色社会主义思想为指导，认真贯彻落实党中央、国务院关于推进殡葬改革工作的决策部署，通过开展殡葬领域突出问题专项整治行动，合力整治违规乱建公墓，违规销售超标准墓穴、天价墓、活人墓，炒买炒卖墓穴或骨灰格位等问题，强化殡葬服务、中介服务和丧葬用品市场监管，遏制公墓企业暴利行为，整肃殡葬服务市场秩序，严格落实监管执法责任，推动建立殡葬管理长效机制，促进殡葬行业健康发展。

（二）基本原则。

加强领导，压实责任。在地方各级党委和政府领导下，建立健全领导协调机制，明确部门职责分工，强化目标考核，确保统一部署推进，多部门合力承担整治任务，共同落实整治责任。

积极稳妥，依法依规。对于殡葬领域存在的问题，区分不同情况，明确整治重点，讲究方式方法，做好风险评估，做到分类施策、依法依规、稳扎稳打，既要对各种违法违规行为予以严厉打击，也要切实保护人民群众合法权益。

惩防并举，标本兼治。立足当前，围绕殡葬领域损害群众利益、影响行业形象的突出问题，通过开展排查摸底、全面整改、督促检查，加大打击惩处力度，对违法违规行为形成有效震慑；着眼长远，以专项整治为契机，完善法规制度，强化行业自律，健全殡葬服务体系，保障和改善殡葬公共服务供给，尽快形成规范和加强殡葬管理工作的长效机制。

二、重点整治问题

（一）公墓建设运营中的违法违规行为。

1. 未经批准擅自兴建公墓设施（含骨灰塔陵园、地宫等）。
2. 公墓未依法办理建设用地手续。
3. 未经批准擅自修改公墓建设规划、扩大建设用地面积。
4. 除依法向逝者健在配偶等特殊人群预售（租）墓穴（墓位）、骨灰存放格位并确保自用外，向未出具死亡证明、火化证明或迁葬证明的人出售（租）墓穴（墓位）、骨灰存放格位。
5. 建造、出售（租）超规定面积墓穴（墓位）。
6. 违反价格管理规定，按规定实行政府定价、指导价的墓穴（墓位）超标准收费，出售（租）墓穴（墓位）、骨灰存放格位中实施价格欺诈、价格垄断等违法行为。
7. 农村公益性墓地违规出售（租）墓穴（墓位），从事营利活动。
8. 宗教活动场所与商业资本合作，擅自设立骨灰存放设施，违规从事营利活动。

（二）殡葬服务、中介服务及丧葬用品销售中的违法违规行为。

1. 提供殡葬服务、中介服务及销售丧葬用品不按规定明码标价、强制服务收费、只收费不服务行为。
2. 违规经营、欺行霸市行为。

全国所有殡仪馆、殡仪服务站（中心）、公墓、农村公益性墓地、医疗机构太平间、宗教活动场所骨灰存放设施均纳入此次专项整治范围。各地可依据地方法规和本地实际，进一步细化需要整治的重点问题。

三、工作步骤和进度安排

（一）制定方案，动员部署。（2018年6月下旬）

各地要按照本通知要求，在当地党委和政府领导下，制定本地区专项整治方案，明确相关要求、责任分工、方法步骤和工作措施，并组织开展动员部署工作，全面启动专项整治行动。各地整治方案、投诉举报电话要向社会公布。

（二）全面自查，扎实整改。（2018年7月—9月上中旬）

各地在当地党委和政府领导下，组织相关部门对殡葬管理服务中存在的突出问题进行全面深入自查，摸清底数，建立整治台账，明确责任和时限，逐一抓好整改落实（自查和检查表见附表）。8月底前，省级民政部门要报送殡葬领域突出问题专项整治情况阶段性报告。

（三）开展督查，调研评估。（2018年9月中下旬）

民政部会同相关部门成立联合督查组，对各地专项整治情况进行指导和督查评估，推进整改落实。对发现的重大问题，及时向当地党委和政府反馈，推动解决；对各地有效经验和做法，进行总结推广。要报请地方各级党委和政府加强对本地区整改情况的考核，并根据整改落实情况进行复查复核。

（四）总结报告，完善制度。（9月底前）

各地要对本地区专项整治情况进行全面总结，查遗补缺，着力完善制度措施，强化日常监管，建立健全长效机制。民政部等部门将对全国情况进行总结评估，指导各地各有关部门把整治成果应用于制度机制创新和日常服务管理之中，并为修订《殡葬管理条例》提供政策依据。全国专项整治情况将于9月底前向党中央、国务院报告。

四、有关要求

（一）提高认识，切实加强组织领导。各地要充分认识开展殡葬领域突出问题专项整治的重要性和紧迫性，在当地党委和政府领导下，建立由党委和政府领导挂帅的专项整治行动领导小组或部门联席会议机制，全面做好组织实施工作。各有关部门要切实履行职责，加强密切协作，形成整治合力。要充分发挥村（居）委会、人民调解委员会、红白理事会、老年人协会等组织作用，依靠群众，摸清情况，加强自我管理，合力做好整治工作。

（二）明确职责，加强部门协作配合。民政部门要牵头做好专项整治的统筹协调、组织实施、督导检查，指导公墓、殡仪馆、殡仪服务站（中心）等机构做好自查排查等工作。发展改革（价格）部门要加强对殡葬事业发展规划编制、基本殡葬公共服务设施投入及殡葬服务价格制定情况的检查。公安机关要查处丧事活动中违反治安管理、交通管理等违法行为。司法部门要加快推进殡葬法规制度完善，做好人民调解等工作。自然资源部门要加强对非法占地建设公墓、建造坟墓行为的检查监督。住房城乡建设部门要加强殡仪馆、公墓建设情况的检查监督。卫生健康部门要纠正和查处医疗机构太平间非法开展殡仪服务等行为。市场监管部门要依法查处殡葬领域乱收费、价格违法行为，查处殡葬行业限制竞争及垄断行为，并配合查处制造、销售不符合国家技术标准的殡葬设备和封建迷信殡葬用品的违法行为。宗教事务管理部门要依法规范宗教活动场所建设骨灰存放设施等行为。有关部门要加强殡葬服务管理风险隐患源头防控，必要时采取联合执法的方式，对突出问题予以清理和查处。

（三）综合施策，确保专项整治效果。各地要针对殡葬管理特别是公墓管理方面历史遗留问题多、积累矛盾多、涉及面广的情况，善于调动多个部门、运用多种手段综合施策，突出重点、依法依规、积极稳妥解决实际问题，推动建立公墓从规划、审批、建设、运营到维护管理的全过程、常态化监管机制。积极发挥殡葬行业协会作用，围绕重点整治问题，推动会员单位带头做好自查整改，并制定团体标准和信息披露等制度，完善自律惩戒机制，形成依法依规监管与行业自律管理相结合的局面。

（四）深化整改，推动建立长效机制。各地要围绕专项整治中发现的问题，突出重点，标本兼治，持续抓好整改深化工作，制定完善相关政策措施，特别是市、县级民政等相关部门要加强属地管理，落实监管责任，定期或不定期地对殡葬领域违法违规行为进行通报，并探索建立殡葬领域不良企业或单位黑名单制度，建立健全规范管理的长效机制。要加强殡葬领域重点难点问题研究，加快完善地方性法规、规章、政策文件及规范标准，为殡葬管理提供法制保障。

（五）加强宣传，积极引导舆论。各地要加强殡葬工作政策解读及舆论引导，主动、适时发声，统一对外宣传口径，有针对性地回应社会关切和群众诉求。大力宣传殡葬改革先进典型，曝光一批违法违规典型，用典型案例教育警示干部群众，引导树立厚养薄葬、节地生态、移风易俗的殡葬新风尚。加强舆情监测，强化媒体责任，为专项整治工作营造良好舆论环境。

活动期间，民政部等部门成立全国殡葬领域突出问题专项整治行动领导小组，办公室设在民政部社会事务司，举报投诉电话为010-58123044，并建立专项整治行动定期通报制度，遇有重大疑难问题，及时协调研究解决，推动专项整治行动顺利开展、取得实效。各地专项治理方案、举报渠道等信息要于2018年7月15前报送全国殡葬领域突出问题专项整治行动领导小组办公室，并及时报送整治工作进展情况。

研究综述

2018年度马克思主义宗教观研究学科发展综述

王　静

马克思主义宗教观研究是构建有中国特色的宗教学话语体系的主体推动力。在过去一年里，为纪念马克思诞辰200周年，《共产党宣言》发表170周年，以及改革开放40周年，政界、教界、学界联系当今国际国内的实际，对马克思主义经典作家的言论和党有关宗教问题的相关理论政策进行了阐释与分析，为推动马克思主义宗教学发展做出了应有的贡献。

一　2018年度国内外学科发展最新动态及代表作品

2018年，马克思主义宗教观学科热点突出，现实感强；同时本学科的基础研究也在按部就班地展开，一些相关的新成果问世。年内，国内相关学科出版了5本专著、译著和研究报告，现分别介绍。

1. 《完善党的宗教政策研究》

何虎生著，中国人民大学出版社，2018年11月第1版。该书指出："我们必须看到，宗教领域出现了许多新问题。做好新形势下宗教工作，重点要关注宗教领域不稳定不确定因素，必须继续完善党的宗教政策，切实保障公民宗教信仰自由，妥善解决源自宗教自身发展、经济社会发展不平衡以及境内外各种势力利用等涉及宗教领域的突出问题，坚持我国宗教的中国化方向，积极引导宗教与社会主义社会相适应，需要在全面贯彻党的宗教工作基本方针的基础上，按照宗教规律不断调适、完善党的宗教政策，推进宗教工作的法治化进程。……只有不断完善党的宗教政策，才能坚持我国宗教的中国化方向，提高宗教工作的法治化水平，才能发挥宗教界人士的作用，努力促进宗教为经济发展、社会和谐、文化繁荣、民族团结、祖国统一服务。"[①] 该书的逻辑结构由三部分组成："把现在的宗教政策分成基本宗教政策、具有中国特色的宗教政策、富有党性特点的宗教政策进行研究，总结现有宗教政策的优点，分析其中的问题，为下一步研究提供条件；根据世界宗教、中国宗教和中国国情的变化，分析我国宗教政策面临的挑战，寻找对策；就目前我国宗教方面的突出问题进行专门的研究。"[②]

2. 《大学生马克思主义宗教观教育研究——以文化安全为视角》

赵子林著，社会科学文献出版社，2018年10月第1版。该书认为："当前，社会上宗教文化和宗教活动对大学生影响不断扩大，境外也加紧利用宗教对我国高校进行渗透，

---

① 何虎生：《完善党的宗教政策研究》，中国人民大学出版社2018年版，第2页。
② 何虎生：《完善党的宗教政策研究》，中国人民大学出版社2018年版，第12—13页。

教育引导大学生正确认识和对待宗教问题,成为极其重要的一项现实课题。"① 该书对大学生的思想信仰进行了调查研究,从多学科的视角探析了大学生宗教信仰的原因,阐述了大学生宗教观教育的主要内容和基本原则,并针对大学生宗教观教育的具体措施提出了相关建议。

3.《"马克思主义祖国观 民族观 宗教观 文化观教育概论"课教学体系探索》

葛数金主编,四川大学出版社,2018年9月第1版。该书由葛数金主编,梁军莉、胡美娟、刘欣荣、吴颖和周梦合作撰写。该书为面向西藏高校大学生而开设的"四观"教育课程,即"马克思主义祖国观、民族观、宗教观、文化观教育概论"特色课程而撰写。该书提出:"现该门课程的教学内容紧密结合西藏的社会现实,结合西藏高校大学生的需求,教学针对性和实效性有显著提高,已经成为西藏高校对大学生进行爱国主义教育、反分裂反渗透教育的主渠道和主阵地之一,在提高完善西藏大学生的政治思想品质方面发挥了其他思想政治理论课不可替代的作用。"②

4.《马克思主义与宗教:一种对马克思批判基督教的描述和评估》

[英]戴维·麦克莱伦著,林进平、林育川、谢可晟译,天津人民出版社,2018年1月第1版。该书认为马克思主义对于宗教在世界政治中发挥的作用以及产生的现象的分析对于理解当代世界而言至关重要。译者指出:"该书简练而又不乏深刻地梳理、勾勒了1987年之前马克思主义与宗教(主要是基督教)之间展开的思想生成、关系史和对话史,……能使读者在较短时间内把握马克思主义与宗教之间关系的本质和历史,增进对马克思主义宗教观的理解。"③

5.《中国宗教法治研究报告(2016)》

冯玉军主编,中国人民大学出版社,2018年6月第1版。该书是2017年国家社科基金重大项目"宗教工作法治化研究"、马克思主义理论与建设工程2015年度重大项目"宗教问题若干重大基础理论研究"、中共中央统战部二局特别委托项目"中国宗教法律规范体系的修改与完善"和中国人民大学佛教与宗教学理论研究所专项课题"宗教工作法治化研究"的阶段性成果。该书探析了国内外宗教事务法治化的状况,针对一些具体的宗教事务进行了梳理,为全面提高宗教工作法治化水平提出了建议。

除了相关著作的问世,学者及宗教工作者在此研究领域也发表了大量论文。由于论文数量较大,在此就不一一列举了,仅就主要观点进行阐述。

二 重要观点介绍

2018年度,国内学界关于马克思主义宗教观研究的论文涉及马克思主义宗教观基本理论研究、马克思主义宗教观中国化研究、马克思主义宗教观教育研究等诸多方面。

---

① 赵子林:《大学生马克思主义宗教观教育研究——以文化安全为视角》,社会科学文献出版社2018年版,第1页。

② 葛数金主编:《"马克思主义祖国观 民族观 宗教观 文化观教育概论"课教学体系探索》,四川大学出版社2018年版,第2页。

③ [英]戴维·麦克莱伦:《马克思主义与宗教:一种对马克思批判基督教的描述和评估》,林进平、林育川、谢可晟译,天津人民出版社2018年版,第8页。

1. 马克思主义宗教观基本理论研究

2018年度，为了纪念马克思诞辰200周年，学者围绕马克思主义经典作家有关宗教的基本理论发表了相关文章，为完善与发展中国特色社会主义宗教研究提供了可靠的理论依据。卓新平在《马克思宗教观的形成与发展》一文中探究了马克思的宗教观的形成及其发展变化的过程，提出了马克思的宗教观的核心就是"基于宗教赖以依存的社会来看待、评断宗教"，指出"脱离具体社会处境来谈论宗教的性质、想出治理宗教的举措，甚至简单地打压、制止宗教，绝不是马克思主义"，并强调了"积极引导宗教与我国社会主义社会相适应，基于我们的社会及时代现实正确判断、对待宗教，是新时代中国特色社会主义宗教理论的应有要义，对于我们当下中国社会的与时俱进、创新发展乃至关重要"。[1] 牛苏林在《〈共产党宣言〉与宗教问题》一文中指出，《共产党宣言》奠定了马克思主义宗教学说的理论基石、剖析了资本主义社会时期的宗教问题并确立了无产阶级政党在宗教问题上的基本立场。[2] 张志刚在《重温马克思的精神和思想——中国特色社会主义宗教理论的方法论源泉》一文中，结合习近平总书记《在纪念马克思诞辰200周年大会上的讲话》梳理了马克思主义的四个鲜明特征，并指出一定要立足当今中国国情，从现实的社会情况出发来构建新时代中国特色社会主义的宗教理论体系。[3] 林进平和曲轩在《如何看待马克思主义、宗教与意识形态——麦克莱伦教授访谈录》一文中围绕马克思主义、宗教与意识形态对麦克莱伦教授进行了学术访谈，探讨了马克思主义、宗教与意识形态相互之间的关系，并结合社会现实探讨了宗教、道德的社会地位和作用。[4] 相关文章还有闫语和沈文玮的《马克思早期宗教批判思想的历史唯物主义意蕴》[5]、彭小瑜的《马克思恩格斯对19世纪无政府主义宗教观的批判》[6]、李成龙和剧永乐的《论马克思主义哲学与宗教的关系——以宗教、科学、哲学三者的差别为视角》[7]、王冬丽的《新时代如何坚持马克思主义宗教观》[8]、刘亚琼的《列宁的宗教观探析》[9]、李成龙和李晓东的《论西方马克思主义的宗教观》[10]、洪楼的《论黑格尔宗教哲学视域中的政教关系》[11]、徐秦法的《马克思宗教观的精神向度》[12]、陈发扬的《浅析马克思主义思想家的无神论含义

---

[1] 卓新平：《马克思宗教观的形成与发展》，《中国宗教》2018年第5期。
[2] 牛苏林：《〈共产党宣言〉与宗教问题》，《中州学刊》2018年第7期。
[3] 张志刚：《重温马克思的精神和思想——中国特色社会主义宗教理论的方法论源泉》，《中国宗教》2018年第5期。
[4] 林进平、曲轩：《如何看待马克思主义、宗教与意识形态——麦克莱伦教授访谈录》，《马克思主义与现实》2018年第2期。
[5] 闫语、沈文玮：《马克思早期宗教批判思想的历史唯物主义意蕴》，《华北理工大学学报（社会科学版）》2018年第5期。
[6] 彭小瑜：《马克思恩格斯对19世纪无政府主义宗教观的批判》，《中央社会主义学院学报》2018年第5期。
[7] 李成龙、剧永乐：《论马克思主义哲学与宗教的关系——以宗教、科学、哲学三者的差别为视角》，《郑州轻工业学院学报（社会科学版）》2018年第5期。
[8] 王冬丽：《新时代如何坚持马克思主义宗教观》，《中国民族报》2018年5月8日第007版。
[9] 刘亚琼：《列宁的宗教观探析》，《中共成都市委党校学报》2018年第3期。
[10] 李成龙、李晓东：《论西方马克思主义的宗教观》，《怀化学院学报》2018年第7期。
[11] 洪楼：《论黑格尔宗教哲学视域中的政教关系》，《求是学刊》2018年第5期。
[12] 徐秦法：《马克思宗教观的精神向度》，《科学与无神论》2018年第5期。

的异同点——以马克思、恩格斯、列宁为例》①、奚望和张航的《古铁雷斯〈解放神学〉对马克思宗教批判的回应》②、王若楠的《马克思主义宗教观视阈下宗教的社会功能分析》③、张慢、李维军和丁永刚的《马克思主义形成背景中的欧洲传统宗教思想研究》④等文章。

2. 马克思主义宗教观中国化研究

党的十九大的胜利召开，为我国的宗教工作提出了明确的指导精神。卓新平在《党的十九大对新时代宗教工作的指引》一文中，指出党的十九大将习近平新时代中国特色社会主义思想确立为党的指导思想，对于我国宗教工作的开展具有重大的理论意义和实践价值。通过深入学习党的十九大精神，我们要自觉意识到，以习近平同志为核心的党中央对宗教工作提出了新理念新思想新战略。⑤ 加润国在《以十九大精神指引新时代宗教工作》一文中指出，在习近平新时代中国特色社会主义思想指引下，宗教工作发生了历史性变革。⑥ 相关文章还包括张训谋的《习近平总书记关于宗教工作重要论述研究》⑦、张新鹰的《集中论证、大力宣传习近平新时代中国特色社会主义宗教理论》⑧、曾传辉的《略论习近平新时代中国特色社会主义思想关于宗教理论和政策的创新要点》⑨、曾传辉的《中国特色社会主义宗教理论的重要创新》⑩、蒲长春的《新思想　新观点　新论断　习近平总书记关于宗教工作的论述》⑪、加润国的《自觉用习近平关于宗教工作的重要论述武装头脑》⑫、李翠兰的《把握新时代引导宗教与社会主义社会相适应的新内涵》⑬、张富国的《贯彻习总书记关于民族宗教的论述　奋力推进新时代四川民族宗教工作》⑭、韩松洋的《习近平新时代宗教工作的群众工作论探微》⑮、紫晶的《在新时代中对宗教问题的认

---

① 陈发扬：《浅析马克思主义思想家的无神论含义的异同点——以马克思、恩格斯、列宁为例》，《科学与无神论》2018年第5期。

② 奚望、张航：《古铁雷斯〈解放神学〉对马克思宗教批判的回应》，《重庆交通大学学报（社会科学版）》2018年第5期。

③ 王若楠：《马克思主义宗教观视阈下宗教的社会功能分析》，《重庆电子工程职业学院学报》2018年第2期。

④ 张慢、李维军、丁永刚：《马克思主义形成背景中的欧洲传统宗教思想研究》，《成都理工大学学报（社会科学版）》2018年第3期。

⑤ 卓新平：《党的十九大对新时代宗教工作的指引》，《世界宗教研究》2018年第1期。

⑥ 加润国：《以十九大精神指引新时代宗教工作》，《科学与无神论》2018年第5期。

⑦ 张训谋：《习近平总书记关于宗教工作重要论述研究》，《中国宗教》2018年第8期。

⑧ 张新鹰：《集中论证、大力宣传习近平新时代中国特色社会主义宗教理论》，《科学与无神论》2018年第2期。

⑨ 曾传辉：《略论习近平新时代中国特色社会主义思想关于宗教理论和政策的创新要点》，《世界宗教文化》2018年第2期。

⑩ 曾传辉：《中国特色社会主义宗教理论的重要创新》，《中国民族报》2018年6月26日第6版。

⑪ 蒲长春：《新思想　新观点　新论断　习近平总书记关于宗教工作的论述》，《中国宗教》2018年第3期。

⑫ 加润国：《自觉用习近平关于宗教工作的重要论述武装头脑》，《中国民族报》2018年5月8日第6版。

⑬ 李翠兰：《把握新时代引导宗教与社会主义社会相适应的新内涵》，《吉林省社会主义学院学报》2018年第1期。

⑭ 张富国：《贯彻习总书记关于民族宗教的论述　奋力推进新时代四川民族宗教工作》，《四川党的建设》2018年第20期。

⑮ 韩松洋：《习近平新时代宗教工作的群众工作论探微》，《湖南省社会主义学院学报》2018年第4期。

识必须与时俱进——学习领会习总书记有关宗教问题的讲话精神之点滴体会》①、朱哲的《论新时代积极引导宗教与社会主义社会相适应问题》②、马劲的《认真学习贯彻习近平总书记关于宗教工作的重要论述》③、沈桂萍的《深刻理解习近平总书记关于宗教工作的重要论述》④、戴继诚的《习近平新时代中国特色社会主义宗教工作思想初探》⑤、王潇楠的《用中国特色社会主义宗教理论指导"一带一路"建设中的宗教研究》⑥、张俊国的《习近平的宗教观略论》⑦、王静的《葛兰西"文化领导权"思想及其对我国新时代宗教工作的意义》⑧ 等文章。

2018年是中国改革开放40周年。习近平总书记在《在庆祝改革开放40周年大会上的讲话》中强调"改革开放40年积累的宝贵经验是党和人民弥足珍贵的精神财富,对新时代坚持和发展中国特色社会主义有着极为重要的指导意义,必须倍加珍惜、长期坚持,在实践中不断丰富和发展。"⑨ 学者们围绕着改革开放40周年就党的宗教政策、宗教工作、宗教治理,以及中国特色社会主义宗教理论等方面做了相关研究。相关文章包括曾传辉的《改革开放40年来中国共产党宗教治理的理论与实践》⑩、曾传辉的《改革开放40年我国在宗教治理方面对马克思主义宗教理论的发展》⑪、曾传辉的《改革开放四十年中国宗教治理的回顾与反思》⑫、蒲长春的《改革开放40年来关于宗教工作方面的理论创新》⑬、蒲长春的《改革开放40年来中国特色社会主义宗教理论的重大创新》⑭、蒲长春的《党的宗教政策的演进与创新》⑮、毛胜的《改革开放40年来中国特色社会主义宗教理论的发展阶段及其主要成果》⑯、毛胜的《改革开放40年来中国特色社会主义宗教理论研究的回顾与思考》⑰、张志刚的《构建中国特色社会主义宗教理论体系:时代所赋予的理

---

① 紫晶:《在新时代中对宗教问题的认识必须与时俱进——学习领会习总书记有关宗教问题的讲话精神之点滴体会》,《天风》2018年第10期。
② 朱哲:《论新时代积极引导宗教与社会主义社会相适应问题》,《世界宗教研究》2018年第4期。
③ 马劲:《认真学习贯彻习近平总书记关于宗教工作的重要论述》,《中国宗教》2018年第3期。
④ 沈桂萍:《深刻理解习近平总书记关于宗教工作的重要论述》,《中国宗教》2018年第6期。
⑤ 戴继诚:《习近平新时代中国特色社会主义宗教工作思想初探》,《科学与无神论》2018年第4期。
⑥ 王潇楠:《用中国特色社会主义宗教理论指导"一带一路"建设中的宗教研究》,《世界宗教文化》2018年第4期。
⑦ 张俊国:《习近平的宗教观略论》,《中共杭州市委党校学报》2018年第5期。
⑧ 王静:《葛兰西"文化领导权"思想及其对我国新时代宗教工作的意义》,《世界宗教文化》2018年第5期。
⑨ 习近平:《在庆祝改革开放40周年大会上的讲话》,《人民日报》2018年12月19日第2版。
⑩ 曾传辉:《改革开放40年来中国共产党宗教治理的理论与实践》,《前进》2018年第10期。
⑪ 曾传辉:《改革开放40年我国在宗教治理方面对马克思主义宗教理论的发展》,《中国民族报》2018年5月15日第6版。
⑫ 曾传辉:《改革开放四十年中国宗教治理的回顾与反思》,《中央社会主义学院学报》2018年第2期。
⑬ 蒲长春:《改革开放40年来关于宗教工作方面的理论创新》,《中国宗教》2018年第10期。
⑭ 蒲长春:《改革开放40年来中国特色社会主义宗教理论的重大创新》,《党政研究》2018年第5期。
⑮ 蒲长春:《党的宗教政策的演进与创新》,《中国民族报》2018年11月27日第6版。
⑯ 毛胜:《改革开放40年来中国特色社会主义宗教理论的发展阶段及其主要成果》,《世界宗教文化》2018年第5期。
⑰ 毛胜:《改革开放40年来中国特色社会主义宗教理论研究的回顾与思考》,《世界宗教研究》2018年第5期。

论创新使命》①、张训谋的《坚持和发展中国特色社会主义宗教理论——改革开放四十年宗教工作的重要经验》②、杨纯刚的《中国共产党百年民族宗教政策历史回顾和经验总结（上）》③、杨纯刚的《中国共产党百年民族宗教政策历史回顾和经验总结（下）》④、谢添的《土地革命战争时期中国共产党的宗教工作研究》⑤、尹忠善的《井冈山斗争时期的宗教工作研究》⑥、刘福军的《中国特色社会主义宗教理论的历史发展经验研究》⑦ 等文章。

3. 马克思主义宗教观教育研究

2018年度，马克思主义宗教观教育研究有很多热点问题，包括宗教与教育的关系、宗教界人士和非宗教界人士宗教教育研究、高校马克思主义宗教观教育研究等。卓新平在《"士"的担当与宗教学的未来》中强调高校宗教学教育的基本底线是宗教与教育相分离，宗教不能干涉教育。文章分析了宗教与教育的关系，指出我们处理宗教和教育的关系需要以党和国家的方针政策、理论学说为基本指导，对宗教界进行正面教育和积极引导。⑧ 相关文章还包括蒲长春的《推进宗教工作的关键在于培养宗教人才》⑨、袁鸿的《党外知识分子宗教信仰现状及原因分析》⑩、丁爱芝的《福建省高职医学生马克思主义宗教观调查分析》⑪、吴松强的《辅导员依法开展高校宗教工作若干问题研究》⑫、戴继诚的《公安院校马克思主义宗教观教育探究》⑬、丁永为、烟青和李婧的《构建"3×2"模式提高马克思主义宗教观教育实效性》⑭、刘猛的《湖北省民宗系统干部能力素质提升培训班开班》⑮、何虎生的《论加强党的民族宗教理论教育与立德树人的关系》⑯、成媛和韩冀宁的《民族院校大学生马克思主义信仰培育调查研究》⑰、周晓燕的《宁夏宗教界人士教育培训经验探索》⑱、姬翠梅和王喜军的《山西高校学生基督教信仰问题调查研究——以山西大

---

① 张志刚：《构建中国特色社会主义宗教理论体系：时代所赋予的理论创新使命》，《中国民族报》2018年6月26日第6版。
② 张训谋：《坚持和发展中国特色社会主义宗教理论——改革开放四十年宗教工作的重要经验》，《中国社会主义学院学报》2018年第2期。
③ 杨纯刚：《中国共产党百年民族宗教政策历史回顾和经验总结（上）》，《中国穆斯林》2018年第5期。
④ 杨纯刚：《中国共产党百年民族宗教政策历史回顾和经验总结（下）》，《中国穆斯林》2018年第6期。
⑤ 谢添：《土地革命战争时期中国共产党的宗教工作研究》，《世界宗教研究》2018年第5期。
⑥ 尹忠善：《井冈山斗争时期的宗教工作研究》，《中国宗教》2018年第1期。
⑦ 刘福军：《中国特色社会主义宗教理论的历史发展经验研究》，《世界宗教文化》2018年第4期。
⑧ 卓新平：《"士"的担当与宗教学的未来》，《中国文化研究》2018年第1期。
⑨ 蒲长春：《推进宗教工作的关键在于培养宗教人才》，《中国民族报》2018年9月4日第6版。
⑩ 袁鸿：《党外知识分子宗教信仰现状及原因分析》，《四川省社会主义学院学报》2018年第3期。
⑪ 丁爱芝：《福建省高职医学生马克思主义宗教观调查分析》，《现代农业研究》2018年第7期。
⑫ 吴松强：《辅导员依法开展高校宗教工作若干问题研究》，《现代教育科学》2018年第3期。
⑬ 戴继诚：《公安院校马克思主义宗教观教育探究》，《公安教育》2018年第7期。
⑭ 丁永为、烟青、李婧：《构建"3×2"模式提高马克思主义宗教观教育实效性》，《北京教育（高教）》2018年第3期。
⑮ 刘猛：《湖北省民宗系统干部能力素质提升培训班开班》，《民族大家庭》2018年第5期。
⑯ 何虎生：《论加强党的民族宗教理论教育与立德树人的关系》，《民族教育研究》2018年第3期。
⑰ 成媛、韩冀宁：《民族院校大学生马克思主义信仰培育调查研究》，《北方民族大学学报（哲学社会科学版）》2018年第5期。
⑱ 周晓燕：《宁夏宗教界人士教育培训经验探索》，《河北省社会主义学院学报》2018年第4期。

同大学为例》①，聂宁的《校园文化安全视角下大学生马克思主义宗教观教育》②，张丽和张洋的《新疆高校马克思主义宗教观教育现状与思考》③，韩宜铮的《新疆高校女大学生马克思主义宗教观教育现状调查与分析》④，杨小艳、朱洵、马智群、马勇的《新疆维吾尔自治区少数民族双语学习者宗教信仰现状》⑤，谢春妮的《用马克思主义宗教观引导大学生树立科学信仰》⑥ 等多篇文章。

---

① 姬翠梅、王喜军：《山西高校学生基督教信仰问题调查研究——以山西大同大学为例》，《太原学院学报（社会科学版）》2018 年第 6 期。
② 聂宁：《校园文化安全视角下大学生马克思主义宗教观教育》，《高校辅导员学刊》2018 年第 4 期。
③ 张丽、张洋：《新疆高校马克思主义宗教观教育现状与思考》，《世纪桥》2018 年第 6 期。
④ 韩宜铮：《新疆高校女大学生马克思主义宗教观教育现状调查与分析》，《和田师范专科学校学报》2018 年第 4 期。
⑤ 杨小艳、朱洵、马智群、马勇：《新疆维吾尔自治区少数民族双语学习者宗教信仰现状》，《校园心理》2018 年第 5 期。
⑥ 谢春妮：《用马克思主义宗教观引导大学生树立科学信仰》，《佳木斯职业学院学报》2018 年第 2 期。

2018年度宗教学理论学科发展综述

梁恒豪

2018年，宗教学理论研究的重要性日益凸显已逐渐成为学界的共识，利用宗教学理论来研究各大宗教的具体问题已成为学者们的自觉行动，宗教学研究的理论和方法不断创新，宗教学理论各分支学科均有新的发展，旨在建构中国宗教学话语体系的学科建设继续稳步推进。下文将按照宗教学理论的各分支学科范畴，依次介绍其2018年的重要理论进展、热点与学科建设等方面的情况。

一 宗教哲学

2018年的宗教哲学学科发展既有对以往的重点与热点问题的进一步深入研究，又有在方法与观点方面的创新性研究。

第一，宗教哲学方面的成果集中体现在《宗教与哲学》（第七辑）上，积极探索和引导宗教哲学学科的建设与发展，并且力主对中外不同哲学、宗教进行原创性学术研究和理论探索，提倡深度反思与思想创新，代表了如今宗教哲学研究的最前沿动向，其中4篇文章已经被人大复印报刊资料转载。2018年，中国社会科学院世界宗教研究所宗教学理论研究室继续发挥专业优势，在山东青岛举办了第七届宗教哲学论坛，以"基督教：哲学、历史、现实"为主题，汇聚了张志刚、李秋零、何光沪、杨慧林、张庆熊、孙向晨、傅永军等宗教哲学相关领域的代表性学者，进行了基督教的古今遭遇、基督教的审美与道德、基督教与政治、宗教与中国文化传统等多场次有深度的学术报告与研讨，取得了丰硕的学术成果。

第二，更加关注本土宗教的哲学问题。赵广明《自由儒学：儒家道德根基批判》一文通过探讨儒家道德根基中的自由因素，试图借助传统自身的理路和资源，消化传统儒学道德理解上的内在张力，进而寻求儒家道德根基自洽性转化的可能路径，澄明情感自由对于道德的本原性意义以及自由儒学的可能性。周齐《佛教在中国传播中的伦理诠释调适》一文揭示和梳理了佛教在中国传播史上存在的伦理违和问题以及针对这些问题佛教自身的伦理调适，包括王权至上背景及集权际遇下佛教对政治伦理问题的处理、宗法伦理传统下有违孝道问题的多方调适、儒家主导语境中的佛教话语问题等三大方面，尽可能地展示了佛教伦理调适的大致样貌及其诠释理路。

第三，以康德为代表的西方古典宗教哲学得到持续关注。尚文华的专著《希望与绝对——康德宗教哲学研究的思想史意义》通过对康德的文本分析探讨康德如何从知识的认识论反思进展到自由的可能性，由道德行为进展到自由的现实有效性，由关于人之生存的最终指向和人类生活实在总体进展到希望情感作为至善的现实性和实现问题，并最终指向绝对本身的意义。李秋零《康德论幸福》一文探讨了"幸福"概念在康德哲学体系中起到的重要枢纽作用。他认为,建立在自爱基础上的幸福不能导致道德,同时道德也不是以幸福为目的的。关于道德的二律背反使康德最终提出上帝存在的公设来保证德福一致,但是,上帝所保证的幸福还是康德所理解的幸福吗?这将促使我们对于康德哲学做进一步反思。另外,邓安庆《康德意义上的伦理共同体为何不能达成?》一文站在康德的立场上驳斥了贸然实现所谓的对康德的"超越",同时指出康德"不可实现"的"消极结论"的积极意义,亦即保持道德至善的纯洁与崇高并使之作为范导引领伦理生活的进步,为康德的伦理学做了辩护。

第四,除了古典哲学对宗教的讨论之外,各宗教的哲学亦得到进一步的研究,特别集中在宗教哲学在启蒙运动和现代性中的影响与自我适应。张荣《"理性的致命一跃"》一文从康德对恩典学的改造入手,探讨了奥古斯丁与康德自由意志思想之间的张力。李科政《阿奎那与现代民主生活中的宽容德性》一文主要介绍了约翰·鲍林的思想,指出现代民主生活需要的宽容德性可以通过诉诸托马斯·阿奎那的思想资源得到合理证成。丁小平《佛教与宗教、哲学关系之辨——太虚大师与欧阳竟无观点之比较》一文讨论了近代两位佛教大师欧阳竟无和太虚关于佛教与哲学的观点,从二人的不同主张和论证中可以看到的是近代佛教学者面对时代挑战的艰难的心路历程,以及建设新文化的努力探索过程。

第五,宗教对话进入宗教哲学研究的视野。冯梓琏的《阿奎那的血亲伦理及其和儒家可能的对话》则是将以往基督教伦理中常常被忽视的血亲伦理作为一个可能的切入点,对耶儒对话进行了一个初步的尝试。

第六,2018 年的宗教哲学研究还在理论和方法上有所创新。王颂《佛教历史哲学》一文通过对佛传等文本的分析,对佛教本身所含的历史哲学思想进行了系统梳理,由此批评了佛教缺乏历史观的见解,指出历史观作为一条隐含的线索,对佛教哲学产生了重要影响。吴天岳《〈儿童法案〉中的宗教与身体》一文扼要梳理了西方建构濒死身体的主导话语从宗教到医学再到法律的历史,由此揭示了"在现代社会中,宗教是否还有权构建我们的身体观?"这一问题。除了这些创新性的宗教理论外,黄丁《基督教神秘主义的诠释、研究进路与哲学反思》一文摒弃了历史建构主义的、心理学的和现象学的传统进路,而是采用神话法和象征法等对基督教神秘主义与教理神学之间的关系进行了简略梳理,并在此基础上探讨了基督教神秘主义与其他所谓"世俗领域"之间的关系。特别值得一提的是,刘恩至《彼岸世界场域中的主体解脱》一文自觉运用马克思主义宗教观对宗教个案进行考察,指出马克思主义把宗教视为一种异化力量,其核心规定在于人丧失主体性而陷入客体化的地位。

总体而言,2018 年宗教哲学研究得以持续健康顺利开展,运用马克思主义宗教观进行宗教个案研究是该年度值得肯定并可继续发挥的亮点,道教等本土宗教的哲学研究和宗教比较研究则仍然有待加强。

二 宗教史和比较宗教学

在全球保守思想回潮、极端立场抬头、各种政治和社会矛盾加剧的背景下,2018 年的宗教史和比较宗教学研究特别突出了宗教认同、宗教冲突与和解的主线,体现了宗教学者对更多社会议题的深切关注和参与,在下列这些新出版的学术专著中有尤为鲜明的展现：

F. X. Clooney 和 K. von Stosch 主编的《比较神学的方法论》① 是十余位作者论文的合集，试图打破神学视角的固有狭窄性，从比较神学的角度切入更广泛的比较宗教学研究，从神学的基本定位（"信仰寻求理解"）出发，力图寻找宗教共识，讨论宗教忠诚如何有利于，而不是妨碍宗教间的对话和交流，融合基督教、伊斯兰教、犹太教、印度教和佛教各自的学术传统，探索比较神学研究的方法路径。

Bradley B. Onishi 所著《世俗的神圣性：后现代宗教哲学》② 关注在"抛弃了传统宗教的后现代"，世俗生活是否，以及如何还能被赋予神圣性这一议题。作者反思了自启蒙时代以来欧陆哲学的"世俗化转向"，借由对海德格尔和乔治·巴代伊的哲学思想的深入阐释，指出哲学与宗教思想的深入交织，能够为人类未来指出一条"非世俗主义的世俗化"道路，从而超越"存在主义空虚"与"传统宗教桎梏"的两难选择。

《世界成年》③ 是 Lilian C. Barger 探讨解放神学起源、演变与理论架构的专著。作者通过比较解放神学在南、北美洲发展路径之异同，以及这一神学主张与其他进步主义思潮的关联及相互影响，剖析现代社会的"圣俗分裂"，试图解构"普遍人性"、"私人化宗教人格"和"意识形态自主"的假象，从而能够更客观地认识深层次的政治、经济诉求和文化条件对宗教认同的深刻影响。

《永无尽头的改革》④ 的作者 Robert G. Ingram 通过分析 18 世纪后革命时代英格兰的宗教、政治与历史，对英国宗教改革做出了全新的再阐述。该书延续了近年来英语学界对"宗教改革"概念的全面反思和范式重构：将"宗教改革"置于更宏大的历史进程之中，从社会的整体变革出发，考察宗教与其他社会要素的互动。

Brian Stanley 的《二十世纪的基督教：一部世界史》⑤，以全球化的视角回顾了基督教在 20 世纪跌宕曲折的历史，从 1910 年代对全球传教的乐观展望，到经历了两次世界大战、旧的政治格局解体、世俗化、移民浪潮、宗教多元化、种族冲突与暴力、新兴宗教繁衍等多重冲击后面临的重重挑战，讲述基督教的复杂变迁。

Harold Morales 的《美国的拉丁裔与穆斯林：种族、宗教与新少数族裔的创生》⑥ 则聚焦于后"9·11"时代种族关系高度紧张的美国，借由对综合性的种族、宗教与传媒研究探讨当代美国宗教经验的多元性与复杂性。

三 宗教社会学

（一）宗教社会学理论研究

孙尚扬、王其勇在《世界宗教研究》2018 年第 4 期上发表《进化论与日本宗教：理

---

① F. X. Clooney & K. von Stosch. *How to Do Comparative Theology*, Fortress Press, 2017.
② Bradley B. Onishi. *The Sacrality of the Secular: Postmodern Philosophy of Religion*, Columbia University Press, 2018.
③ Lilian C. Barger. *The World Come of Age: An Intellectual History of Liberation Theology*, Oxford University Press, 2018.
④ Robert G. Ingram. *Reformation Without End*, Manchester University Press, 2018.
⑤ Brian Stanley. *Christianity in the Twentieth Century: A World History*, Princeton University Press, 2018.
⑥ Harold Morales. *Latino and Muslim in America: Race, Religion, and the Making of A New Minority*, Oxford University Press, 2018.

解贝拉公民宗教概念的新视角》① 一文。该文通过对相关研究文献的考察指出，过往对贝拉的公民宗教概念理解中过度重视卢梭与涂尔干的思想对他的影响，轻忽了贝拉早期对宗教进化的理论思考以及他对日本宗教的经验研究。孙尚扬与王其勇指出，贝拉的公民宗教思想是跨文化比较研究的直接产物，贝拉不大可能接受卢梭那种具有极权倾向的公民宗教。

卢云峰等人对杨庆堃的 diffused religion 和 institutional religion 两个学术概念进行溯本正源。在《巴别塔之殇：略论"混合宗教"与"独立宗教"》一文②中，卢云峰指出，学界对杨庆堃所著的《中国社会中的宗教》中的核心概念 diffused religion 和 institutional religion 存在着诸多的误解。卢云峰发现，学界一直忽略杨氏自己的翻译，尤其是将 institutional religion 集体性地误译为"制度性宗教"，以至于有人认为 institutional religion 是有组织的和制度性的，而 diffused religion 是无组织的和非制度性的。事实上，在杨氏的论述中，混合宗教与独立宗教之间不是"制度性"和"非制度性"的差异，也不是"有组织"和"无组织"的差异，而是"混合"与"独立"的差异。

（二）宗教与中国社会变迁研究："江南模式"、"华北模式"及民间儒教的复兴

有论者对民间信仰的研究做出了如下判断：在对中国地方宗教或民间宗教/民间信仰的研究中，"华南模式"的理论框架、问题意识、研究方法和已取得的成就已为大家所承认，而民间宗教研究的"华北模式"正在逐步获得大家的认可，"江南模式"正在起步③。2017—2018 年"江南模式"的研究著作集中出版。复旦大学李天纲教授的专著《金泽：江南民间祭祀探源》一书④的出版，为宗教研究的"江南模式"树立了典范。经过细致的历时性考察，《金泽》一书提炼江南地区祭祀及民间信仰的共性，提出"从儒教祠祀系统演变出来的民间宗教，才是中国现代宗教的信仰之源"。与"江南模式"有关，复旦大学的郁喆隽以上海金泽香汛和三林圣堂出巡为例论及江南庙会的现代化转型。在《江南庙会的现代化转型：以上海金泽香汛和三林圣堂出巡为例》⑤ 一文中，通过对上海金泽香汛和三林圣堂出巡的比较，郁喆隽指出，近年江南地区的庙会出现了明显的"国家赞助人"制度。急剧的城市化、仪式的表演化和景观化，以及其他一些未曾预料之现代化后果，例如乡镇的人口空心化和老龄化都对庙会构成了极大挑战。

与以往两篇关于"江南模式"的文章相反，李华伟则明确提出与"江南模式"有异，同时又与"华南模式"相对的民间信仰研究的"华北模式"。在《论民间信仰研究的"华北模式"——民俗学的"华北学派"在民间信仰研究上的成就、优势及前景》⑥ 一文中，李华伟指出，"民俗学的'华北学派'"所创造的"华北模式"是与历史人类学家主

---

① 孙尚扬、王其勇：《进化论与日本宗教：理解贝拉公民宗教概念的新视角》，《世界宗教研究》2018 年第 4 期。
② 卢云峰：《巴别塔之殇：略论"混合宗教"与"独立宗教"》，载《宗教与社会秩序——宗教社会学论坛（2018）》，江西萍乡，2018 年 5 月。
③ 李华伟：《论民间信仰研究的"华北模式"——民俗学的"华北学派"在民间信仰研究上的成就、优势及前景》，《湖北民族学院学报》2018 年第 1 期。
④ 李天纲：《金泽：江南民间祭祀探源》，生活·读书·新知三联书店 2017 年版。
⑤ 郁喆隽：《江南庙会的现代化转型：以上海金泽香汛和三林圣堂出巡为例》，《文化遗产》2018 年第 6 期。
⑥ 李华伟：《论民间信仰研究的"华北模式"——民俗学的"华北学派"在民间信仰研究上的成就、优势及前景》，《湖北民族学院学报》2018 年第 1 期。

导的"华南模式"相对的。两种模式的对立,不仅在于二者所研究地域的文化存在极大的差别,还在于二者的理论旨趣、依托学科存在较大的差异。"华北模式"独特的发展历程、别具一格的研究方法和问题意识,决定了其在民间信仰研究上的局限、成就、优势及前景。

社会学界专业期刊《社会学研究》发表了梁永佳《庙宇重建与共同体道德》一文[①],也说明社会学界对民间信仰的关注。文章分析了云南大理地区一个"空心村改造"项目中文昌宫的重建过程,及"空心村改造"项目中两种空间的塑造过程,透视两者的道德含义,并以此探讨中国基层社会宗教复兴的机制。文章发现,基层干部和民众对"空心村"改造中的诉求是有差异的。通过分析,文章指出,"礼物模式"对于理解中国农村宗教复兴的启发意义:重建庙宇就是重建道德生活,重建社会团结。

李峰则关注城镇化进程中民间信仰的社会特质问题。依照"通过社会来分析民间信仰,通过民间信仰来透视社会"的分析思路,李峰分析了民间信仰在快速城镇化中的处境以及可能的发展趋势。[②]

此外,关于当代民间儒教,学界也作了研究,并以英文论文的形式发布在海外刊物上。复旦大学陈纳、范丽珠教授的英文论文"Confucianism as an 'Organized Religion'——An Ethnographic Study of the Confucian Congregation"[③]采用民族志的方法将当代民间儒教作为一种有组织的新兴宗教进行研究,受到西方学界的重视,并获得第17届"托马斯·罗宾斯新兴宗教运动研究杰出奖'年度优秀论文'(Annual Thomas Robbins Award)一等奖"。

(三)学科建设

1. 学科辑刊的出版

宗教社会学界的平台——《宗教社会学》第五辑顺利出版。该辑围绕宗教组织进行专题研究,几乎涵括了国内宗教的类型和组织模式,多层面、多维度的研究涉及宗教组织及宗教权威的形成、维系、影响及其机制,是国内对相关问题最为集中的研究尝试。该辑对域外宗教的研究、对中国宗教图景的社会学分析、对学科前沿的引介与综述等皆言简意赅,启人深思。

2. 国家社科重大项目立项

李向平教授申请的课题获得国家社会科学基金重大项目立项,课题名称为"中国特色宗教社会学话语体系及其本土知识结构研究",这既是李向平教授个人的荣誉,也是宗教社会学学界的荣誉,是宗教社会学获得整个知识界认可的标志性事件。

3. 三大学科会议顺利召开

第六届宗教社会学论坛——"宗教与社会秩序"于2018年5月6—7日在江西萍乡举办。该届论坛由中国社会科学院世界宗教研究所、中国宗教学会主办,由中国社会科学院世界宗教研究所杨岐宗教学研究基地承办。此次论坛共分为9个专场,分别为:理论探索

---

① 梁永佳:《庙宇重建与共同体道德》,《社会学研究》2018年第3期。
② 李峰:《从整体性到原子式与消费符号:城镇化进程中民间信仰的社会特质》,《东南学术》2018年第2期。
③ Na chen, and Lizhu Fan, "Confucianism as an 'Organized Religion'——An Ethnographic Study of the Confucian Congregation", *Nova Religio: The journal of Alternative and Emergent Religions* 21 (1): 5–30.

新视角；杨庆堃宗教社会学理论的由来与影响；经典理论与现实关怀；宗教治理；佛教与社会秩序；宗教、民族与社会秩序；宗教与社会变迁；变与不变：宗教的未来；边缘与中心：宗教与社会秩序。主题是"宗教与社会秩序"。将宗教放回到社会之中进行研究，是马克思主义的立场和方法论要求。与会学者聚集在一起讨论"宗教与社会秩序"，必然能够推进对相关问题的探索，能够为构建宗教学的中国话语权奠定扎实的基础。

2018年7月16—18日，中国社会学会年会宗教社会学分论坛举行会议。会议主题为"中国特色宗教社会学话语体系的建设"。此次"中国特色宗教社会学话语体系的建设"论坛包含"理论探讨""民间信仰""制度宗教""信仰关系及社会治理"四个主题与单元[①]。

2018年8月3—4日，第十五届宗教社会科学年会暨纪念改革开放四十周年宗教研究论坛在中国人民大学召开。该届年会主题为"作为社会事实的宗教"，共设置12个分论坛。第1场分论坛是主题演讲，来自圣母大学的Christian Smith教授做了题为"Rethinking Some Basic Assumptions in the Social Scientific Study of Religion"的演讲，分享了他对宗教社会科学的最新反思。第12场分论坛为闭幕式，主题为"宗教研究机构与宗教社会科学的未来"。闭幕式采取对谈方式展开，来自美国圣母大学的Christian Smith教授、得州大学圣安东尼奥分校的Tricia Bruce教授、郑州大学韩恒教授、安徽工业大学张志鹏教授和中国人民大学钟智锋博士分享了各自对改革开放40年来海内外宗教社会科学学科发展的观察与反思。中国宗教社会科学年会及其研讨班的举办对宗教社会科学学科发展、人才培养、海内外学者交流合作、宗教研究成果普及起到了积极的作用[②]。

四 宗教心理学

（一）理论流派和核心人物思想

王向远在《荣格的精神分析心理学及其东方学思想》[③]一文中认为，以荣格为代表的"新弗洛伊德主义"的精神分析心理学，一方面，以"东方—西方"二元论为理论空间，对瑜伽、佛教、禅宗、易经等多有参照，对西方心理学中的唯理主义加以反省批判，对东方心理文化努力加以同情的理解，指出其与精神分析心理学的相通、相似，并把"集体无意识"的象征原型的分析方法运用于东方经典的解读。但另一方面，又明确反对西方人学习模仿瑜伽、禅宗等心理修炼方式，而主张用西方自己的精神分析心理学来解决心理问题。精神分析心理学的东西观既超越了此前东西方文化"对立论"，也超越了东西方文化"互补论"，实际是主张"并立、互照"，是西方的东方观的一种崭新形态。

陈永胜在《埃里克森个体宗教心理发展理论中的心理健康思想研究》[④]一文中认为埃里克森的个体宗教心理发展理论主要来源于弗洛伊德的心理性欲发展阶段说、沃尔夫的

---

① 宗教社会学的中国研究，http://www.360doc.com/content/18/0718/22/15549792_ 771512210.shtml。
② 纪念改革开放四十周年宗教研究论坛暨第15届宗教社会科学年会在中国人民大学隆重举行，http://isbrt.ruc.edu.cn/index.php?type=newsview&id=2934。
③ 王向远：《荣格的精神分析心理学及其东方学思想》，载李春青、赵勇主编《文化与诗学》2017年第2期，华东师范大学出版社2018年7月版。
④ 陈永胜：《埃里克森个体宗教心理发展理论中的心理健康思想研究》，载金泽、梁恒豪主编《宗教心理学》（第四辑），社会科学文献出版社2018年3月版。

"渐成论"和以米德为代表的文化人类学观点。埃里克森将个体的宗教心理发展划分为8个阶段，分别提出了每一阶段个体面对的问题、心理社会危机的主要表现、积极解决形成的宗教人格美德以及消极应对导致的不良后果。埃里克森个体宗教心理健康思想的现实意义在于：强调塑造宗教美德，这种积极引导的思路符合当代宗教心理健康运动发展方向；正视宗教危机防范，这种辩证思维体现了当代宗教心理健康运动的方法论取向。

陈彪在《荣格论心理治疗与宗教》[①]一文中认为，荣格的宗教学说不仅对心理治疗界，而且对神学界、教牧界以及与人的精神层面有关的一切文化领域都产生了重大影响。他认为，宗教在总体上不仅对因信仰原因患病的精神或神经病患者有治疗作用，而且对正常人，对所有人的心理发展和人格成长都有一种治疗作用。

（二）理论探新

彭彦琴、孙琼在《精神信仰的心理功能及其作用机制》[②]一文中指出，在中华文明之下，人们受到传统文化儒释道思想的影响，发展出具有人文色彩的精神信仰。在此背景下的"精神信仰"是一种植根于儒佛道文化土壤，关注内在体验和精神成长，遵循理性价值原则，以个体的自我超越、人格整合为旨归的本土信仰范式。精神信仰的功能具有二重性：一方面可以调节情绪、提升安全感、获得归属与爱、约束自我、升华精神境界，实现心理状态调节与平衡的积极作用；另一方面，从某种程度上，会使人安于现状、动力缺失，引发非理性的态度及行为，产生制约个人和社会进步的负面影响。精神信仰与个体的认知、情感体验、行为的关系环环相扣、不可分割，一同促使精神信仰发挥其功能，即精神信仰使个体的自我概念、自我同一性及自我调控得以发展，最终将三者有机整合，实现人格完善、自我超越。

郭硕知、潘玉龙在《从心理认同角度阅读宗教对话》[③]一文中认为，当代视域下的多宗教或教派的对话是宗教人士与学者共同关注的话题。宗教团体间的对话不仅具有积极的社会文化交流意义，而且内含着群际关系的变化过程。对于宗教，通常的期待即借由信仰的沟通减少宗教或教派间的冲突并逐步增进理解与互信。"社会认同论"（SIT）作为社会心理学的范式之一，适用于群内与群际过程的分析，因此能够成为解读宗教对话的理论工具。并且在研究对话过程的基础上，认同理论同样能够支撑结果预期以及评估对话效果的程度。通过社会认同分析，可以揭示各种宗教对话模式起作用的内部运行机制。

徐陶在《"见鬼"现象与鬼魂观念的心理学和哲学分析》[④]一文中认为，"见鬼"现象是在幻觉和心理暗示共同作用下产生的一种自然的心理现象，与"见鬼"现象相伴随的强烈恐惧感反映了人类害怕黑暗、独处、死亡和未知的心理。鬼魂观念是灵魂观念的一个维度，有其原始宗教心理的根源，也是人类认知模式的一种产物。鬼魂观念经过文化的诠释，使得各民族形成各具特色的鬼文化，并作为一种集体无意识而对当代人类思维产生了潜在影响。

---

① 陈彪：《荣格论心理治疗与宗教》，载金泽、梁恒豪主编《宗教心理学》（第四辑），社会科学文献出版社2018年3月版。
② 彭彦琴、孙琼：《精神信仰的心理功能及其作用机制》，《苏州大学学报（教育科学版）》2018年第3期。
③ 郭硕知、潘玉龙：《从心理认同角度阅读宗教对话》，《大理大学学报》2018年第5期。
④ 徐陶：《"见鬼"现象与鬼魂观念的心理学和哲学分析》，《科学与无神论》2018年第3期。

梁恒豪在《意义、宗教和心理：以西方为中心》① 一文中探讨了西方语境中意义的概念缘起及其发展、意义与宗教的关系，从四个方面分析了宗教作为意义系统的心理学基础，并且通过"意义治疗"举例说明了意义在心理学中的应用，为在中国社会处境中思考意义、宗教和心理相关问题提供了借鉴。

（三）应用研究

李世武在《论宗教仪式中艺术的心理治疗功能——以彝族为例》② 一文中认为，从心理学的角度看，宗教是人类在应对心理危机的过程中形成的一种文化体系。宗教的存在，是因其具有心理治疗的功能。在宗教仪式中，灵媒常将音乐、图像、舞蹈和口头传统融为一体，在戏剧化的治疗仪式中治疗身心疾患。通常情况下，音乐、图像、舞蹈和口头传统形成一体化的象征符号，导引信众向戏剧化的敬神礼拜仪式或驱邪战斗仪式移情体验。在此期间，宣泄、升华、安慰剂效应等经验被制造出来。在深度的治疗经验中，将出现迷狂、出神、幻觉等体验。不同的艺术门类刺激信众的不同感官：音乐刺激听觉；图像刺激视觉；舞蹈刺激动觉；口头传统则以言语艺术的形式刺激大脑意象的形成。

彭无情在《乌鲁木齐维吾尔族青少年宗教心理发展现状及特点》③ 一文中认为，个体生命周期具有不可逾越性，这为宗教心理学研究提供了理论维度和研究方法。信仰者在不同生命周期的时间点上，对待超自然的存在物有着不同的心理感受，其决定因素杂乱繁多但是有序。这主要取决于个体自我在生命阶段时间序列上如何平衡内在的本我、超我以及外在的环境关系。对此，通过对青少年宗教心理发展的理论解读，有助于我们把握乌鲁木齐维吾尔族青少年宗教心理发展的一般规律，对新疆宗教去极端化、加强民族团结具有理论和现实价值，且对新疆地区开展马克思主义宗教观教育具有重要的意义。

郭斯萍在《仁者何以不忧？——试论儒家伦理与心身健康》④ 一文中认为，精神性是人类普遍存在的一种心理现象，它可以存在于宗教组织中，也可以在宗教组织之外。研究表明，精神性能促进人的心身健康及寿命。儒家认为人的心身健康和伦理是互相影响的，认为"圣贤必不害心疾"，即道德高尚的人是不会患心理疾病的。《礼记·大学》中说"富润屋，德润身，心广体胖"，即认为人的德行有利于身体。自古以来儒家就推崇"孔颜之乐"，提出"智者乐，仁者寿""仁者无忧""乐以忘忧"等命题，充分论述了儒家伦理与心身健康的正相关。儒家伦理文化中这些丰富的精神性思想是中国人精神性发展的宝贵财富，对于解决现代人由于精神性缺失所造成的疾患大有裨益。该文基于现代精神性和认知神经科学的相关研究成果论证了儒家伦理有利于人的身心健康。

郭硕知在《道教文化与心理健康研究刍议》⑤ 一文中指出，心理学领域已经越来越多地关注道教的理念与实践对个体心理健康的影响。道教经典中蕴含了对人类心性的解读，以及试图恢复身心健康的方法。荣格等心理学家从中提取可发掘的心理学要素，并对之做出了相应的诠释。人本主义心理学、超个人主义心理学、社会心理学以及认知神经科学等

---

① 梁恒豪：《意义、宗教和心理：以西方为中心》，《世界宗教文化》2018年第4期。
② 李世武：《论宗教仪式中艺术的心理治疗功能——以彝族为例》，《西南边疆民族研究》2018年第3期。
③ 彭无情：《乌鲁木齐维吾尔族青少年宗教心理发展现状及特点》，《科学与无神论》2018年第2期。
④ 郭斯萍：《仁者何以不忧？——试论儒家伦理与心身健康》，《南京师大学报（社会科学版）》2018年第3期。
⑤ 郭硕知：《道教文化与心理健康研究刍议》，《心理学探新》2018年第5期。

流派与方法都已经或正在为认识道教与心理健康关系发挥着积极作用。然而现阶段相关研究尚不充分，若深入理解道教生命中心主义的特殊追求与信仰认同模式，并以此视角更精确地分析心理测量与实验生成的各项指标，则生出具有本土特色的宗教心理学范式可期。

（四）学科建设

2018年3月，《宗教心理学》（第四辑）由社会科学文献出版社正式出版。《宗教心理学》（第四辑）收录了国内宗教心理学研究方面有代表性的专家学者的最新力作，内容涵盖埃里克森、荣格等传统名家的宗教心理学思想，蒂利希对焦虑问题的神学阐释，肯威尔伯意识理论的佛教哲学特征，儒家、佛教、基督教、民间信仰与心理健康的关系，宗教应对的理论与心理健康，佛教、道教等传统文化与心理健康以及大学生宗教信仰与心理健康相关的实证研究等内容，研究方法有理论研究、问卷调查和实验研究等实证研究，还有以访谈为基础的个案研究，内容翔实，形式多样，具有很高的学术价值。

2018年5月4—5日，由中国社会科学院世界宗教研究所、中国宗教学会主办，中国社会科学院世界宗教研究所杨岐宗教学研究基地承办的第五届宗教心理学论坛在江西萍乡举办，主题是"历史发展与现实关怀：宗教心理学理论（流派）的发展及其现实意义"。来自中国社会科学院世界宗教研究所的精英以及20余所内地、中国香港、中国台湾等知名高校、研究机构和宗教院校的近50名专家学者参加此次论坛。

2018年是全面贯彻落实党的十九大精神的开局之年，是改革开放40周年，此次宗教心理学论坛的召开是深入学习贯彻习近平新时代中国特色社会主义思想和党的十九大、全国"两会"精神，着力加强文化建设，主动践行服务社会、共促和谐的有益举措，对做好新时期宗教工作意义重大、使命光荣。此次论坛是挖掘、传承和创新宗教优秀文化的良好开端，为创新做好宗教工作提供了良好的平台和机会，要进一步凝聚共识和力量、付诸实践和行动。各位专家学者围绕如下主题展开了研讨：（1）西方宗教心理学理论（流派）及代表人物的思想探讨；（2）中国宗教（文化）及代表人物的心理学思想探究；（3）宗教心理学领域的西学东渐与东学西传；（4）宗教心理学中国（本土）化理论和方法论建构；（5）中国宗教心理学相关的实证研究和现实应用等。在此将部分学者的研究论文简要介绍如下：

吴雁在《文化潜意识论》一文中从精神分析学派的潜意识出发，分析心理学家荣格、精神现象学哲学家黑格尔等人所表达的潜意识、集体潜意识、共时性和原型及哲学理论，在文化领域表达着人类认知和意识构建的同时，与中国民俗信仰文化相结合，后者与民间符咒、阴阳五行及民间"道"思想等有机联系，不但可进一步深化和拓展其潜意识理论本身，更可以衍生出文化心理学研究的新思路：潜意识可"泛化"、共时性具"共实"实质，后者且在中国民俗信仰文化中表现为实践，而在后者实践文化的结构中更能深化"原型"哲学思想。中国民俗信仰文化结构所表达的心理学分析及其理论拓展的实践文化可为文化心理研究提供整体和新颖的视角，在经验主义的基础上更大限度地突破其研究的阈限。赵国军在《量化模式下宗教信仰效应的验证困境》一文中认为，宗教信仰效应在实证研究中尚未得到共识，究其根源与量化研究模式有关，表现为：宗教信仰概念的复杂性挑战着量化研究的操作化程序，从单维模型转向多维模型未形成统一的测量标准；基于自我报告的数据搜集方式引发结果虚假性的质疑；横断研究为主导的研究范式削弱了从结果导向结论的推测力；数据处理受限于相关统计的方法，研究推论止于共变关系。因此多样化的研究模式是宗教信仰效应研究领域未来的发展方向。张怀春在《心理咨询对涉及宗教背景人士心理问题的处理》一文中指出，心理咨询中经常遇到产生心理问题、障碍、疾病的有宗教背景人士。这些人士中一些本无宗教信仰，后因某些困惑或事件导致心理问题转而采纳宗教信仰，因宗教信仰无法解决其心理问题而求助于心理咨询人员；有些人自幼追随家庭皈依某宗教，产生心理问题需要求助；有些人被诱导参加一些类宗教组织；还有些人基于某种民俗产生一些心理问题。依据心理咨询工作原理、原则、技术要求，"价值中立"经常得到强调，"非指导性"在有些心理咨询学派得到重视。这在一定意义上无可厚非。但是当面对现实的来访者及其问题时却经常发现过分偏向某一学派，无法很好解决来访者的心理问题。"兼容并包"、变通、"具体问题具体分析"此时显现重要作用。譬如心理咨询人员内在的价值观、人生观、世界观如何起作用，此时对"价值中立"的诠释就有新的含义；而基于认知即"理性信念"的学派特别强调"指导""观念转变"，此时"非指导性"就有新的理解。就解决具体的每一个有宗教背景来访者心理问题而言，心理咨询工作者所面对的现实问题往往具体而烦琐，除了精确选择准确采纳可操作性技术，尚需做好许多工作。陈明在《道家、道教思想与西方心理学发展研究概况》一文中指出，在中西文化发展与碰撞中，中国宗教传统文化是真正能与西方文化进行结合与融通的重要课题，到目前为止，中国道家、道教对西方现代物理学（尤其是量子物理学）、深度生态学以及西方心理治疗都产生过实实在在的影响。道家、道教与心理学的联姻源自一批西方心理学界的有识之士，一些西方的心理学家发现东方文化体系中的中国道家、道教思想蕴含着丰富而独特的美德观念以及精神健康价值，从而开启道学"东学西渐"模式，主动吸收中国道学、道教的理论与实践用以建构新的心理学研究范式与领域。王希佳在《神圣的治愈：奥古斯丁宗教"异象"神秘体验的意义治疗浅析》一文中，以奥古斯丁《忏悔录》第八卷、第九卷中所谈到的"花园异象"和"奥斯提亚异象"为原材料，结合威廉·詹姆士在《宗教经验之种种》中对"神秘体验"的相关阐述及维克多·弗兰克的"意义治疗"方法，分析这种异象体验在信仰上的意义及在心灵"治愈"上的作用，尝试指出，在当今中国社会，宗教学及宗教行为、心理学及心理咨询同样略属"敏感"的情况下，宗教体验可以是心理学的一种疗愈方式，心理学的分析亦可以是宗教体验者认识自身、觉察自身情志、获得身份认同与人格发展的方式，而宗教体验与心灵历程、个人成长之间的种种互动，无不指示着更广博、丰富的人类精神世界，值得引起更多社会成员的重视。

在国际合作局的支持下，论坛特别邀请了台湾大学教授黄光国、高雄师范大学咨商心理与复健教授夏允中参加，他们并分别做了以《"关系论"与"心性论"：儒家思想的开展与完成》和《以中国宗教（儒释道）来构建心理学理论：迈向自主的社会科学》为题的学术报告，为未来两岸在宗教心理学方面的学术交流奠定了相应的基础。黄光国在《"关系论"与"心性论"：儒家思想的开展与完成》一文中认为，儒家思想的主要内容包括三大部分："关系论"、"心性论"与"天道观"。子贡曾经说过一句名言："夫子之文章，可得而闻也；夫子之言性与天道，不可得而闻也。"（《论语·公冶长》）"夫子之文章"是指孔子以"仁"为核心的"关系论"。在孟子提出"四端"之心，董仲舒将之扩充成为"五常"之后，儒家这一部分的论述已经接近完成。由于先秦儒家对"天道"始终保持"存而不论"的态度，宋明儒者受到禅宗影响，想把"关系论"的形上学基础建立在"心性论"之上。可是，由于追求"内在超越"的儒家思想无法完成它自身，宋明儒者因此分裂为"道问学"的"理学"和"尊德性"的"心学",必须借由追求"外在超越"的科学哲学建构"含摄文化的理论",分别说明"五常"和"自性",儒家思想才能完成。夏允中在《以中国宗教(儒释道)来构建心理学理论:迈向自主的社会科学》一文中指出,儒家文化广大精微,可以造福人类;儒家的修养可以作为迈向华人自主"修养心理学"理论建构与实践的蓝图,非常有别于西方的心理学。他分别提出了以儒家自我曼陀罗模型的原貌理论,后续研究者可借此原貌理论为想象的来源而建构心理学理论,以科学微世界的语言,也就是以心理学的学术语言来撰写理论。可以应用领域的心理学,包含人格心理学、社会心理学、健康心理学、教育心理学、外交心理学、咨询与心理治疗等,都可以借儒家自我曼陀罗模型原貌理论来解决回答各个领域的重要问题。这些议题在修养心理学,虽然只是本土社会科学典范转移的尝试,但非常值得开展一系列研究来迈向华人自主"修养心理学"理论的建构与实践。该文的重大意义是将传统儒家修行的功夫论含摄在科学研究纲领中,可以转化为后现代智慧来进行修养心理学理论建构与实践。

在此次论坛中,与会专家学者提出了很多的创新性思维,展现了最新的学术成果,为共同推进宗教心理学的健康发展做出了一定的贡献。此次论坛的论文将首发于《宗教心理学》(第六辑),由社会科学文献出版社出版,相信该论坛的影响将进一步展现。

五 宗教人类学

2018年,学界在宗教人类学领域的研究总的来说涵盖面更广,理论探讨兴趣更浓,宗教学与人类学两学科融合度更高,研究主题更为与时俱进,从这几点来看,宗教人类学在中国呈现出更进一步发展的态势。

出版著作方面,杨德睿出版了《传承:认知与宗教人类学的探索》[1] 一书,该书以"传承"为主题,聚集了作者近些年的研究成果,从认知人类学的理论视角来研究中国的宗教文化,是国内第一部充分利用西方理论开展本土宗教研究的优秀宗教人类学作品,为今后宗教人类学的研究和作品的书写树立了很好的榜样。而另外四本宗教人类学方面的译作也同样值得关注:高延的《中国的宗教系统及其古代形式、变迁、历史及现状·第一卷》[2]、伊利亚德的《萨满教:古老的入迷术》[3]、贝林格的《巫师与猎巫》[4]、杰克·大卫·艾勒的《宗教人类学基础(第二版)》[5]。这四本译作涵盖了中国宗教的研究、萨满教的研究、巫术研究以及宗教人类学理论四个方面,都是宗教人类学研究中值得阅读和思考的作品,尽管《宗教人类学基础(第二版)》是2017年末出版,仍然值得2018年再次介绍。

在论文发表方面,2018年度宗教人类学的论文发表数量较多,主要分为以下几方面:

---

[1] 杨德睿:《传承:认知与宗教人类学的探索》,商务印书馆2018年版。
[2] [荷]高延:《中国的宗教系统及其古代形式、变迁、历史及现状·第一卷》,林艾岑译,花城出版社2018年版。
[3] [美]伊利亚德:《萨满教:古老的入迷术》,段满福译,社会科学文献出版社2018年版。
[4] [德]贝林格:《巫师与猎巫》,何美兰译,北京大学出版社2018年版。
[5] [美]杰克·大卫·艾勒:《宗教人类学基础(第二版)》,刘勇、杨公卫、刘源译,民族出版社2017年版。

对宗教人类学中几个学科关键词的理论探讨,对五大宗教的研究,民间信仰的研究,民族宗教的研究。

理论探讨方面,有《人类学宗教研究的概念与范式评述》①《宗教人类学视野下的西方宗教起源论说及评述》②《试论西方人类学仪式研究范式的现代性转换》③《"边缘"与"阈限":范热内普与特纳的仪式论比较及其扩展》④《论宗教人类学视野下的人神关系》⑤《丧葬仪式与情感表达:西方表述与中国经验》⑥。另外还有关于马克思宗教观与人类学宗教观方面的比较研究,《从费尔巴哈到马克思的宗教观以及与人类学宗教观对比》⑦,比较具有新意。

五大宗教方面的研究,主要包括《莫斯科华人基督教会活动的参与观察》⑧《基督宗教修行:仪式表征与神圣性本质——神学人类学管窥之一》⑨《重新发现"日常的"穆斯林:关于一个人类学区分的札记》⑩《人类学的伊斯兰研究》⑪《观察穆斯林:人类学的教训》⑫《文本与实践之间:对人类学伊斯兰研究的思考》⑬《明代万历年间崂山海印寺地产的佛道之争——一项法律人类学和历史人类学之研究》⑭《慧能信仰与地域祭祀共同体建构的人类学考察——广东新兴县"六祖轮斋"的个案研究》⑮《佛教还是印度教?——盖尔纳论纽瓦尔人的宗教》⑯《迭部藏族的民俗宗教"垛"(gto)及其文化内涵分析》⑰《藏族通婚禁忌与守护神信仰关联性研究——基于安多藏区田野调查的人类学思考》⑱《安多

---

① 朱雅雯:《人类学宗教研究的概念与范式评述》,《西藏民族大学学报(哲学社会科学版)》2018年第1期。
② 阿俊敏:《宗教人类学视野下的西方宗教起源论说及评述》,《绥化学院学报》2018年第5期。
③ 杜鹏:《试论西方人类学仪式研究范式的现代性转换》,《西北民族大学学报(哲学社会科学版)》2018年第2期。
④ 李旭东、丹珍央金:《"边缘"与"阈限":范热内普与特纳的仪式论比较及其扩展》,《齐齐哈尔大学学报(哲学社会科学版)》2018年第5期。
⑤ 陈忠猛:《论宗教人类学视野下的人神关系》,《黄河科技大学学报》2018年第3期。
⑥ 孙璞玉:《丧葬仪式与情感表达:西方表述与中国经验》,《思想战线》2018年第5期。
⑦ 贾旻苒:《从费尔巴哈到马克思的宗教观以及与人类学宗教观对比》,《宗教信仰与民族文化》2018年第1期。
⑧ 何群:《莫斯科华人基督教会活动的参与观察》,《民族学刊》2018年第9期。
⑨ 周泓:《基督宗教修行:仪式表征与神圣性本质——神学人类学管窥之一》,《民族论坛》2018年第10期。
⑩ [比利时]纳迪亚·法迪尔、[美]玛扬蒂·费尔南多、王立秋:《重新发现"日常的"穆斯林:关于一个人类学区分的札记》,《北方民族大学学报(哲学社会科学版)》2018年第3期。
⑪ 马金虎、马强:《人类学的伊斯兰研究》,《北方民族大学学报(哲学社会科学版)》2018年第2期。
⑫ [美]丹尼尔·马丁·瓦里斯科、马强、马学娟:《观察穆斯林:人类学的教训》,《北方民族大学学报(哲学社会科学版)》2018年第1期。
⑬ Ronald A. LuRens-Bull、马强、李绪阳:《文本与实践之间:对人类学伊斯兰研究的思考》,《青海民族大学学报(社会科学版)》2018年第1期。
⑭ 周琳、杜靖:《明代万历年间崂山海印寺地产的佛道之争——一项法律人类学和历史人类学之研究》,《地方文化研究》2018年第3期。
⑮ 区锦联:《慧能信仰与地域祭祀共同体建构的人类学考察——广东新兴县"六祖轮斋"的个案研究》,《宗教学研究》2018年2月。
⑯ 李静玮、周晓微:《佛教还是印度教?——盖尔纳论纽瓦尔人的宗教》,《西南边疆民族研究》2018年第1期。
⑰ 王含章、阿旺嘉措:《迭部藏族的民俗宗教"垛"(gto)及其文化内涵分析》,《宗教学研究》2018年第1期。
⑱ 刘军君:《藏族通婚禁忌与守护神信仰关联性研究——基于安多藏区田野调查的人类学思考》,《西北民族研究》2018年第5期。

藏区求雨仪式的调查与研究——以化隆旦麻村为例》①《图像与观看：藏族家庭佛堂图像的人类学考察》②《象征人类学视域下的安多藏族忒让信仰研究》③ 等。

民间信仰方面的研究，主要有《文化传统的逻辑：新坪村"闸山"仪式的宗教人类学考察》④《教分各地？——民间教派的宗教人类学视角》⑤《影像的神力：高淳的庙会与禳解法》⑥《传说、仪式与族群互动："九使公"海神信仰的文化建构》⑦《仪式、表征、变迁与功能：一个汉族村落丧葬活动的人类学考察》⑧《水上社会的道德与秩序——太湖大船渔民民间宗教的历史人类学研究》⑨ 等。

民族宗教方面的研究，主要有《葛维汉西南宗教视野下的羌民宗教研究》⑩《信仰移植与地方性表达——基于阿坝羌族石敢当信仰考察》⑪《传统的"撤离"与未来的拓殖——一场哈尼族驱火灾仪式的人类学思考》⑫《游魂、空间与荨麻疹——大理白族"姑悲惹"治疗仪式的医学人类学解读》⑬《西南地区"跳端公"的历史演变及人类学意义》⑭ 等。

整体而言，2018年度宗教人类学的研究不仅延续了往年的一些传统主题和兴趣点，同时还将宗教人类学的研究与历史学、医学、艺术等多学科进行更深入的学科融合，呈现出更多生动的研究案例，为理论和方法的创新提供了新的可能。此外，2018年度的研究论文一方面将宗教的研究与婚姻、社会组织等结合起来加以思考，显示了宗教人类学学科的社会科学倾向；另一方面，还出现了诸如探讨神学人类学与宗教人类学之差别的宗教研究，则为宗教人类学作为人文科学的研究指出了新的方向与路径，对于宗教人类学方法与理论的创新具有十分重要的意义。

---

① 仁青东知：《安多藏区求雨仪式的调查与研究——以化隆旦麻村为例》，《文化创新比较研究》2018年第11期。
② 葛俊芳：《图像与观看：藏族家庭佛堂图像的人类学考察》，《宗教学研究》2018年第2期。
③ 刘军君：《象征人类学视域下的安多藏族忒让信仰研究》，《宗教学研究》2018年第3期。
④ 关楠楠、庄虹：《文化传统的逻辑：新坪村"闸山"仪式的宗教人类学考察》，《西藏大学学报（社会科学版）》2018年第9期。
⑤ 伍婷婷、郑少雄：《教分各地？——民间教派的宗教人类学视角》，《读书》2018年第2期。
⑥ 杨德睿：《影像的神力：高淳的庙会与禳解法》，《文化遗产》2018年第11期。
⑦ 张先清、李天静：《传说、仪式与族群互动："九使公"海神信仰的文化建构》，《北方民族大学学报（哲学社会科学版）》2018年第5期。
⑧ 徐俊六：《仪式、表征、变迁与功能：一个汉族村落丧葬活动的人类学考察》，《大理大学学报》2018年第7期。
⑨ 王华：《水上社会的道德与秩序——太湖大船渔民民间宗教的历史人类学研究》，《北京社会科学》2018年第5期。
⑩ 卞思梅：《葛维汉西南宗教视野下的羌民宗教研究》，《民族学刊》2018年第2期。
⑪ 蒋楠楠、杨嘉铭：《信仰移植与地方性表达——基于阿坝羌族石敢当信仰考察》，《青海民族研究》2018年第2期。
⑫ 罗丹：《传统的"撤离"与未来的拓殖——一场哈尼族驱火灾仪式的人类学思考》，《西北民族大学学报（哲学社会科学版）》2018年第9期。
⑬ 杨跃雄：《游魂、空间与荨麻疹——大理白族"姑悲惹"治疗仪式的医学人类学解读》，《湖北民族学院学报（哲学社会科学版）》2018年第2期。
⑭ 李世武：《西南地区"跳端公"的历史演变及人类学意义》，《世界宗教文化》2018年第2期。

2018年度佛教研究综述

纪华传　冯　川

2018年是中国改革开放40周年,在佛教研究领域一如既往地出现了一批新的研究成果。佛教历史和文献始终是佛教研究的基础与重点,而佛教思想与哲学义理等的研究也是佛教研究领域的核心环节,且与佛教历史和文献研究密不可分,在这些方面成果十分丰硕。2018年度佛教研究的热点主要是改革开放四十年的中国佛教、佛教与中国文化及中国化等方面。

一　佛教研究的热点问题

（一）改革开放四十年的中国佛教

改革开放四十年的中国佛教是2018年度学术界的研究热点之一。魏道儒的《改革开放四十年来的佛教研究》[①]认为,从1978年到2018年的40年,是改革开放的40年,是中国发生历史巨变的40年,是中华民族迎来复兴光明前景的40年。在这个中国社会各方面都飞速发展的同频共振的历史阶段,中国的佛教学术研究也走过了光辉灿烂的历程,取得了前所未有的成就。改革开放40年来,我国各类专业佛教学术研究机构相继建立,各级各类佛教刊物陆续创办,优秀佛教科研工作者不断涌现,国内外佛教学术交流日益频繁。这四个方面发生的变化和取得的成就,直接推动了佛教学术研究走向繁荣。

（二）佛教政策及佛教管理

关于宗教政策与佛教管理方面。纪华传的《民国初期的佛教政策与寺院财产管理》[②]一文认为,佛教寺院财产的管理问题是中国历代佛教政策的重要内容之一。北洋政府时期政权变动频繁,军阀混战,各种社会矛盾集中暴发,宗教财产管理问题也时时困扰当局执政者。由于自身的财政压力所以政府对佛教的寺产时存觊觎之心,佛教事务管理的重心也主要在佛教寺院财产方面。在佛教管理机构设置上,盛行于封建帝制时代的僧官制度被废止,佛教事务由内务部礼俗司管理。与此同时,政府制定了一系列的宗教政策与法规,将佛教事务的管理纳入法律管理的轨道,但是佛教寺产的归属问题依然未能妥善解决。该文从宗教政策的变化、宗教管理机构的设置以及《寺院管理暂行规则》的颁布等几个方面,探讨了民国初期的佛教政策以及政府对寺院财产的管理。此外,周齐发表了《维护佛教

[①] 魏道儒:《改革开放四十年来的佛教研究》,《中国宗教》2018年第8期、第9期。
[②] 纪华传:《民国初期的佛教政策与寺院财产管理》,《世界宗教研究》2018年第6期。

优良文化蕴涵,抵制借佛敛财及商业化》①的论文。文中指出,在以习近平同志为核心的党中央领导下,宗教工作方针一再强调发扬中国宗教的中国化发展方向,引导宗教与社会主义社会相适应。全文以习近平的宗教工作指导方针和马克思主义哲学的宗教学及经济学原理为理论原则,对借佛敛财的错误现象以及认为利用佛教资源进行资本运营可以促进佛教文化传播发展的错误认识进行了论析。

(三)佛教与中国文化及中国化

关于佛教与中国文化、佛教中国化方面,魏道儒发表的《佛教思想融入中华文化基因》②一文认为,中华文化是中华民族自力更生创造的文化。在世界文化之林中,中华文化在两个方面表现突出:一是始终保持与生俱来的民族特色,历数千年依然醒目;二是始终秉承海纳百川的精神,吸收外来文化。中华文化在坚守优秀传统中成就了自身的长流不断、生机不减,在积极参与文明交流互鉴中实现了核心内容的丰富多彩、博大精深。在概括中华传统文化主体内容时,一般沿袭隋唐以来流行的说法,把"释"与"儒、道"并列,共同作为中华文化不可或缺的有机组成部分。分析和认识作为"舶来品"的佛教能融入中华文化基因的先天之本、必备条件和突出表现,对于全面认识中华传统优秀文化,深入挖掘其中蕴含的思想观念、人文精神、道德规范有重要价值和意义。

洪修平撰写的《中国特色的佛教文化》③一书于 2018 年 5 月出版。该书对"中国特色的佛教文化"作了系统深入的阐释,回顾了佛教初创及中国化的过程,分析介绍了佛教文学、佛教艺术方面的成就,对中国佛教文化的特色和价值也作了精准的提炼。作者认为,具有中国特色的佛教文化是佛教传入中国后,同中国儒家文化和道教文化融合发展、经过长期演化形成的文化现象。关于这一主题,作者在同年还发表了题为《重提佛教既是宗教,又是文化——兼论传承发展中国佛教文化的两个向度》④的学术论文,强调作为中华传统文化三大重要组成部分之一的中国佛教文化,是整个中华民族的宝贵财富,理当由中华民族共同来传承和发展。这种传承发展既不能与传教相混淆,也不允许假借文化之名进行传教活动,但亦不能因为佛教文化有宗教的一面而将其排除在全体社会大众对中华优秀传统文化的传承发展之外。作者在文章结论部分认为,中国佛教文化与儒、道文化一起,经过创造性转换和创新性发展,将为新时代的文化建设和全体中国人的精神文明建设做出新的贡献。

二 佛教历史研究

2018 年,日本学者平川彰《印度佛教史》⑤一书的中译本在国内出版。该书是论述印度佛教通史的经典之作,内容详尽,叙述简洁,广泛综合了东西方印度佛教研究成果。

---

① 周齐:《维护佛教优良文化蕴涵,抵制借佛敛财及商业化》,《世界宗教文化》2018 年第 3 期。
② 魏道儒:《佛教思想融入中华文化基因》,《中国社会科学报》2018 年 2 月 23 日。
③ 洪修平:《中国特色的佛教文化》,江苏人民出版社 2018 年版。
④ 洪修平:《重提佛教既是宗教,又是文化——兼论传承发展中国佛教文化的两个向度》,《世界宗教文化》2018 年第 2 期。
⑤ [日]平川彰:《印度佛教史》,庄昆木译,北京联合出版有限公司 2018 年版。

其书论理分明，剖析层层深入，很大程度上恢复了印度佛教的历史概貌。该书亦可作为初学者了解印度佛教的入门书籍。

有关中国佛教历史研究方面，聂顺新发表了《唐代佛教官寺特殊功能研究》①的论文。作者通过官寺地位的转移、官寺制度的特殊功能和官寺与藩镇的关系来讨论唐代的政教关系，通过梳理唐代官寺制度的源流探究官寺制度在中国佛教制度史和中日文化交流史上的特殊意义。张德伟的《明代佛教政策研究》②一文，与以往学者们对明代佛教关注的角度有所不同——该文主要对明代佛教政策进行了深入研究。作者在细致的历史文献考证的基础上，深入分析了明朝在制定相关政策时，主要是基于功利主义的立场，重点从国家利益出发，对佛教虽有支持，但更多的则是采取限制的政策。这些政策的具体实施，成功程度不一，而其效果相互叠加、放大，严重削弱了佛教在制度、经济和思想等方面的自主性，最终对明代及此后佛教的发展产生了深远影响。

关于地方性佛教历史的研究，道坚法师编著的《巴国佛踪：巴南区佛教遗址碑拓辑录（下）》③主要介绍了重庆巴南区佛教遗址和碑刻拓片及其所具有的重要史料价值。书中对重庆巴南区上百处佛教遗址作了介绍，对碑刻拓片作了整理释读，并附以大量图片。该书是《华岩文丛》之一，书中内容旨在宣传西南地区的佛教，扶持重庆佛教文化与学术研究事业。

王佳发表的《辽宁千山金顶毗卢派的法脉传承和宗派特点》④一文认为，金顶毗卢派属于禅宗，是东北地区佛教的一个重要分支。作者以辽宁千山金顶毗卢派为重点，梳理出东北毗卢派的历史、传承及现状，并且通过细致考证，纠正了毗卢派是曹洞宗下贾菩萨宗法脉的观点。该文属于阶段性研究成果，对禅宗历史的研究有较高的学术意义。尚丽新发表的《从刘萨诃和番禾瑞像看中古丝路上民间佛教的变迁》⑤一文通过分析刘萨诃与番禾瑞像的关系来揭示刘萨诃民间佛教信仰的本质。刘萨诃信仰典型地展现了佛教入华后在民间传播的原始状况和传播方式；同时，刘萨诃信仰还细致地展现了下层社会践履型的民间佛教信仰进入上层社会，并被上层社会利用、改造和崇奉的全过程，典型地体现了佛教在上、下层社会间传播和发展变迁的现象。释圣贤的《律宗发祥地"北台"考辨》⑥一文对历史上中国律宗的发祥地——"北台"进行了考辨。作者指出，律宗的发祥地"北台"本来指北魏故都平城，即今山西大同；然而自北宋以来，"北台"渐被误读为佛教圣地五台山。21世纪以来，这种误解愈演愈烈，大有"以假代真之势、乱假成真之忧"。该文力图对此问题进行正本清源、还名于实的纠正工作。

关于佛教历史文化的研究，李国荣所著的《帝王与佛教》⑦一书依据翔实的历史典籍和可靠的宫中秘档，试图沿着历史的足迹，从皇家文化角度透视佛教，检讨发生在佛门与宫门之间的隐秘真情。全书分为"远古帝王知佛的传说""佛光初照帝王家""乱世皇宫

---

① 聂顺新：《唐代佛教官寺特殊功能研究》，《世界宗教研究》2018年第5期。
② 张德伟：《明代佛教政策研究》，《世界宗教研究》2018年第5期。
③ 道坚法师：《巴国佛踪：巴南区佛教遗址碑拓辑录（下）》，四川大学出版社2018年版。
④ 王佳：《辽宁千山金顶毗卢派的法脉传承和宗派特点》，《世界宗教文化》2018年第1期。
⑤ 尚丽新：《从刘萨诃和番禾瑞像看中古丝路上民间佛教的变迁》，《西南民族大学学报（人文社会科学版）》2018年第11期。
⑥ 释圣贤：《律宗发祥地"北台"考辨》，《佛学研究》2018年第1期。
⑦ 李国荣：《帝王与佛教》，人民出版社2018年版。

多沙门""南北君王崇佛迷狂""佛在皇宫走红的黄金时期""皇宫内的佛光余辉"六章，介绍了从远古到清末皇室和帝王的佛教信仰和佛教活动。

彭栓红发表的论文《云冈石窟北魏造像题记的文化表达和历史记忆》[①]称，北魏云冈石窟造像题记具有多元文化交融的特征，体现的是宗教文化、民族文化的丰富性，是以佛教文化为主，儒释道文化、汉族与少数民族文化、北魏与周边国家等文化互相交融渗透为主体的文字材料，反映了不同阶层的宗教与世俗心理，也是北魏社会、历史文化的真实折射。云冈造像题记留下的开窟造像、平城洛阳交通等线索成为今人研究北魏的重要文物史料，弥补了正史之不足。李四龙发表的《略论丛林教育的内涵与特色》[②]一文指出，丛林教育是中国汉传佛教的传统寺院教育，狭义的理解专指禅宗寺院教育，但也可以包括其他宗派的寺院教育。丛林教育以适应寺院生活为基本任务，以领悟佛门心法为终极目标。该文立足于对历代高僧的类型分析，认为："丛林教育兴于清规、立于传法、成于心法。"丛林教育的特色是，各宗各派、不同祖庭各有自己的宗风与祖道。当前的佛学教育应当弘扬宗风，振兴祖道，重视和延续汉传佛教传统的丛林教育。刘晓玉的《有明一代汉传佛教开坛传戒情况考》[③]一文通过"明朝前叶佛教的传戒情况""明朝中叶政府诏禁戒坛传戒的宗教政策及影响""明朝后期开坛传戒的恢复"三个方面对明代佛教戒律弘传概况进行了介绍。同是关于明代戒律的研究，熊江宁的《万明戒律复兴中的两大传戒丛林研究》[④]一文以古心如馨和云栖祩宏建立的两大传戒丛林为线索，对"雅俗清规、戒行为先"的晚明戒律复兴的情况进行了探视。此外，王荣国、王智兰发表的《周颙与宋齐佛教——以钟山隐舍与草堂寺为中心》[⑤]介绍了周颙于宋泰始四年自蜀返建康后造山茨精舍、草堂寺及其相关的历史事件；并以此为背景，阐述了法绍、法度、僧朗等于此住锡弘法之事。文章对周颙隐居山茨精舍、撰述《抄成实论序》的时间进行了探究，并以此推断永明八年周颙尚健在，填补了正史记载之不足。文中对汤用彤、任继愈、鎌田茂雄的相关论述展开讨论并予以补充或修正。周建波的《佛教寺院金融与中国金融业的发展》[⑥]一文论述了佛教寺院金融在历史上对中国金融业的形成、发展所发挥的重要促进作用。作者称，来自印度的佛教寺院金融在南北朝时期兴起并迅速发展，成为中国金融发展史上最早的依靠社会资本放贷的金融"机构"，不仅拓展了中国金融业市场的边界，更极大地推动了中国金融业的进步。后者不仅向寺院金融学习其通过质押、抵押降低借贷风险的技术，还在传统的依靠血缘、皇家律法建立商业信用的基础上，向寺院金融学习其利用宗教信用纽带建立商业信用的新做法，结果大大提高了竞争优势，推动了宋元明清商品货币经济的大发展。

在佛教与医药的历史文化方面，杨曾文先生发表的《佛教和医药学的考察和思考》[⑦]一文介绍了佛教与医药学的关系、佛教在中国传播过程中从事诊治疾病的高僧事迹和对医

[①] 彭栓红：《云冈石窟北魏造像题记的文化表达和历史记忆》，《世界宗教文化》2018年第2期。
[②] 李四龙：《略论丛林教育的内涵与特色》，《世界宗教文化》2018年第5期。
[③] 刘晓玉：《有明一代汉传佛教开坛传戒情况考》，《中国佛学》2018年总第42期。
[④] 熊江宁：《万明戒律复兴中的两大传戒丛林研究》，《中国佛学》2018年总第42期。
[⑤] 王荣国、王智兰：《周颙与宋齐佛教——以钟山隐舍与草堂寺为中心》，《西南民族大学学报（人文社科版）》2018年第6期。
[⑥] 周建波：《佛教寺院金融与中国金融业的发展》，《世界宗教研究》2018年第2期。
[⑦] 杨曾文：《佛教和医药学的考察和思考》，《世界宗教研究》2018年第4期。

药学的贡献等内容。

2018 年度，中国近现代佛教研究方面亦有不少学术论文发表。其中，太虚大师主导的中国近代佛教国际文化交流，得到学界的高度关注。印照所撰的《太虚与近代中印交流》[①] 一文指出，太虚大师与印度的交往，是近代中印交流史的重要构成部分。文章对人物传记、书信、日记、报道、演讲稿、诗文等历史文献作了梳理与分析，认为太虚大师在民国政府的支持下组织的"中国佛教访问团"有力地支持了中国的抗战事业，促进了中印之间的友好交流。

惟善发表的《略论太虚大师与斯里兰卡南传佛教》[②] 考察了太虚大师与斯里兰卡佛教的关系，认为其佛教改革与佛教教育深受斯里兰卡影响。文称，太虚大师继承了锡兰佛教徒达摩波罗积极参与世界佛教运动的思想，在向斯里兰卡借鉴、学习，探寻中国佛教改革和发展之路的过程中，将中国国情与大乘佛教相结合，提出了"人生佛教"思想，创造出具有本土特色的理论和发展之路。

何燕生发表于《世界宗教研究》的《佛教是一个"想象的共同体"吗？——太虚佛教革新运动与日本》[③] 一文考察了太虚佛教革新运动中的日本因素。作者认为，无论在太虚的僧伽教育还是在其"世界佛教运动"中都能看到日本佛教的影子。日本佛教在太虚佛教革新运动的格局中一度是一个"成功"的形象，一个可资效仿的"范例"，一支可以联合的"力量"。然而，随着日本军国主义的对华侵略，作为爱国高僧的太虚提出了"佛教救国"的主张，并且组织全国佛教徒一起"抗日"。太虚对日本佛教的认识，反映了中日两国佛教之间的差异。

此外，范文丽的论文《东亚文化圈视野下的近现代中国佛教国际化进程》[④] 以中国佛教近现代的三位代表性人物，即杨文会居士、太虚大师、赵朴初居士的佛教国际化实践为线索，梳理近现代中国佛教国际化事业的发展历程，并从世界文明史的视角，以东亚文化圈为关注点，对这一进程进行了重新审视。文章总结道，近代东亚地区传统的文化格局发生变动，曾促使东亚文化圈的汉字、律令、儒家思想不再发挥作用，在这一历史背景下，汉传佛教这一共同信仰成为各国之间最重要的媒介。

关于佛教社会学的研究，加拿大学者卜正民所著的《为权力祈祷：佛教与晚明中国士绅社会的形成》[⑤] 一书以 16 世纪和 17 世纪的中国佛教信徒和儒学士人广泛地活跃于地方寺院及其捐助活动等历史现象为背景，首先讨论了佛教与明代理学的关系、佛教圣地旅游业的增长，以及慈善捐助的机制和动机；继之又分别考察了地理位置和经济状况迥异的三个县。作者依据充分的史料，透辟地分析了当时佛教捐助的类型和社会后果。作者认为，晚明中国社会随着士绅数量的增长超过了帝国官僚机构需求的增长，许多人被阻挡在传统的儒家仕宦之途之外；但是显而易见的慈善事业可以在国家掌控的领域之外昭示精英的公共地位。由于积极卷入佛寺住持的资金筹集工程，士绅的赞助行为深刻地影响了佛教

---

① 印照：《太虚与近代中印交流》，《世界宗教研究》2018 年第 5 期。
② 惟善：《略论太虚大师与斯里兰卡南传佛教》，《世界宗教文化》2018 年第 3 期。
③ 何燕生：《佛教是一个"想象的共同体"吗？——太虚佛教革新运动与日本》，《世界宗教研究》2018 年第 1 期。
④ 范文丽：《东亚文化圈视野下的近现代中国佛教国际化进程》，《佛学研究》2018 年第 1 期。
⑤ [加] 卜正民：《为权力祈祷：佛教与晚明中国士绅社会的形成》，张华译，江苏人民出版社 2018 年版。

的公共机构。

此外，何蓉发表的论文《汉传佛教组织的类型学：演化与机制》① 从比较历史的角度，尝试将宗教组织放置于特定的历史演变和社会生活的背景之下加以考察。该文首先简要综述了当代宗教社会学中对宗教组织的研究进路，指出其理论内在的特定宗教传统阻碍了其对非西方宗教的解释力。进而，通过回到马克斯·韦伯的相关经典文本，提炼出宗教组织发展的自主性、志愿性等机制。在此框架之下，考察了汉传佛教的组织形态的历史演化与内在机制。祁桂娟发表于《中国佛学》的论文《神圣与世俗的交织——宗教旅游场域中不同来访者之神圣体验差异及行为研究》② 对"宗教旅游"问题进行了探视。文章认为，宗教旅游与其他形式的旅游活动不同，如果将宗教本身当作旅游资源开发，将宗教场所视为经济体，不仅会损害宗教的原真性，也是对宗教人士和信徒、香客等信仰权利的损害。为此，作者对宗教旅游场域内不同来访者的特点和差异作了界定、区分和研究，对他们的神圣感知以及行为差异进行了分析，并试图重新审视宗教场所和旅游开发之间的关系。

关于国际视野下佛教思想的研究，2018 年度也有一些学术论文发表。何善蒙、阮氏添合撰的《东亚佛教视野中的越南净土思想研究》③ 一文认为，净土思想在越南虽然从来没有像中国或者日本发展成一个独立的佛教派别，但它对越南佛教的历史产生了深刻的影响。净土思想在当代越南不但在佛教内部有重要的位置，且成为一些新兴宗教派别的思想基础，对宗教信仰文化以及社会生活都产生了很大的影响。作者立足于东亚佛教的视野，从越南当代宗教信仰文化生活的实际出发，来探讨净土思想在越南的影响及其特色。释源德发表的《越南的观音信仰研究》④ 叙述了佛教传入越南后，观音信仰随着佛经的翻译、僧众的信仰，以及统治者的重视而逐渐向民间传播的过程。作者认为，佛教传入越南后的本地化，使越南的观音信仰和中国汉传佛教的观音信仰在形式、摆设格局等方面开始产生差别。

雷晓丽发表于《世界宗教文化》的论文《泰国禅修派与中国佛性论思想》⑤ 探讨了中国佛教佛性论思想对东南亚佛教禅修方法的影响。文章将视角对准当今泰国流行的几大禅修法门，认为佛使比丘受慧能和黄檗禅师的影响，提出了生来就内在于每个人心中的、空无执着的"空心"。隆波田在解释自己的禅修体系时，指出每个人都具有清净光明的佛性，禅修者可以通过正确的禅修来发现它而获得涅槃解脱。法身法门则极端化了如来藏的不空性，认为人人生而有之的法身是真我，涅槃是真我，因而违背了佛教教义。而这些禅师之所以借鉴佛性思想主要是出于现实的考虑，给予禅修者参加禅修的信心和兴趣，以复兴日渐衰落的泰国禅修。

范若兰、赵静发表的论文《试析佛教对昂山素季政治思想的影响》⑥ 利用昂山素季本人的文章、讲演、采访，梳理佛教在昂山素季政治思想形成和发展中的作用，探讨她如何

---

① 何蓉：《汉传佛教组织的类型学：演化与机制》，《佛学研究》2018 年第 1 期。
② 祁桂娟：《神圣与世俗的交织——宗教旅游场域中不同来访者之神圣体验差异及行为研究》，《中国佛学》2018 年总第 43 期。
③ 何善蒙、阮氏添：《东亚佛教视野中的越南净土思想研究》，《世界宗教文化》2018 年第 5 期。
④ 释源德：《越南的观音信仰研究》，《佛学研究》2018 年第 1 期。
⑤ 雷晓丽：《泰国禅修派与中国佛性论思想》，《世界宗教文化》2018 年第 1 期。
⑥ 范若兰、赵静：《试析佛教对昂山素季政治思想的影响》，《世界宗教文化》2018 年第 3 期。

运用佛教来阐释现代政治观念，以及佛教对其政治思想和政治实践的影响。作者陈述了昂山素季用佛教来阐释民主、人权、自由、非暴力等理念，并在此基础上提出精神革命论和参与式佛教的历史事实，认为佛教不仅是昂山素季政治思想重要来源之一，也是构成其思想的重要内容。

洪修平、孙亦平合撰的《19世纪欧洲宗教学家的佛经翻译和研究及其学术文化影响——以麦克斯·缪勒为代表》[①] 一文回顾考察了以麦克斯·缪勒为代表的19世纪欧洲宗教学家的佛经翻译和研究，及其对今天不同宗教之间的理解、对话以及东西方学术文化的交流具有的意义。文章阐述了麦克斯·缪勒在将梵语佛经译成英语的过程中注重对名词概念的词源性考证、重视通过佛教与其他宗教的横向比较研究来展现对佛教文化特质的认识的事实和特点，由此形成了欧洲佛教研究中的文献学与哲学并重的学术路向，其以学术中立的姿态去解读东方佛教之本义的良好学术志向对推动欧洲现代佛学研究之展开产生了深远的影响。

三　佛教文献、经典研究

2018年度，中州古籍出版社再次出版了杨曾文、黄夏年主编的《中国禅宗典籍丛刊（全10册）》[②]。该丛刊是一套关于中国禅宗系列的文献选编，收录了中国禅宗方面的重要史书、语录和清规等文献。此次再版的《中国禅宗典籍丛刊》邀请国内著名的学者，依据现有的优质版本做了校勘、分段和标点。该版选取了《赵州录》《马祖语录》《临济录》《祖堂集》《禅林僧宝传》《大慧书》《正法眼藏》《禅源诸诠集都序》《敕修百丈清规》《禅苑清规》10种著作。在内容上，作者对其进行了修订增补；在体例上，统一了版式设计，力求美观大方。

关于西夏佛教文献研究，孙颖新所著的《西夏文〈无量寿经〉研究》[③] 一书于2018年3月出版。该书以20世纪初黑水城遗址所出西夏文《无量寿经》为研究对象，首先厘清了俄国学者在西夏佛典目录中著录为《无量寿经》的五个编号实际上有汉、藏两种不同的来源，并非同一部佛经。其中 инв. No 2309 转译自曹魏康僧铠所译《佛说无量寿经》；инв. No 812、953、697和6943译自藏文本，经题《大乘圣无量寿经》，这一佛经的西夏本与现存的汉、藏文本皆不能完全勘同。书中刊布了于天佑民安五年（1094）译自藏文本的《大乘圣无量寿经》。该书主体部分对两部西夏文佛经的全文对勘和释读，按照传统文献学的"四行对译法"，给出西夏原文录文、西夏字拟音、对译和汉译四行。

同年，夏德美发表了题为《〈佛国记〉所载弥勒信仰的内容、价值与意义》[④] 的论文。文中指出，弥勒集释迦弟子、菩萨、未来佛于一身，弥勒信仰在佛教中具有特别重要的地位。东晋法显西行求法之前，弥勒信仰在汉地已经有了一定流传。通过法显《佛国记》中多处有关弥勒信仰的记载，可以了解西域及古印度各地弥勒信仰的基本状况和特

---

① 洪修平、孙亦平：《19世纪欧洲宗教学家的佛经翻译和研究及其学术文化影响——以麦克斯·缪勒为代表》，《世界宗教研究》2018年第2期。
② 杨曾文、黄夏年主编：《中国禅宗典籍丛刊（全10册）》，中州古籍出版社2018年版。
③ 孙颖新：《西夏文〈无量寿经〉研究》，中国社会科学出版社2018年版。
④ 夏德美：《〈佛国记〉所载弥勒信仰的内容、价值与意义》，《东方论坛》2018年第1期。

点,这在印度相关材料缺失的情况下具有不可替代的意义。通过比较汉地流传的诸种弥勒传记与《佛国记》中所记弥勒信仰的异同,也可以展现中国佛教的独特面貌。此外,夏德美还在期刊《五台山研究》上发表了《〈文殊说般若经〉的内容、特色及流传》[①] 一文。作者认为,般若类经典是出现最早的大乘类经典,也是最早传到汉地的佛教经典类型之一。文中着重指出,《文殊说般若经》具有般若类经典的鲜明特征,它在强调般若的同时也强调禅定,主张"甚深般若"与"一行三昧"的结合,这与南北朝后期佛教界提倡"定慧双修"的新趋势非常契合,因此,此经译出后,逐渐受到佛教界的重视,与《摩诃般若》一起成为最流行的般若类经典。

成建华发表的《法显在中斯文化交流史上的贡献与影响》[②] 一文同样以法显的《佛国记》为研究的切入点,指出"丝绸之路"是人类历史上重要的商贸之路,也是绚丽多彩的宗教信仰与文化的传播之路。从"一带一路"的先行者、"丝绸之路"上的文化使者及"中斯友谊"的开创者等三个方面,深入探讨了法显为开启中斯两国千百年来友好交往,推动两国佛教文化等各领域的交流发展所作出的重要贡献和积极影响。

杨瑰瑰的《谢灵运对〈维摩诘经〉的接受研究》[③] 一文也是有关佛教历史文献的研究。为了探究谢灵运对大乘佛教典籍《维摩诘经》的接受情况,作者运用文献研究方法论辩了以下历史状况:谢灵运接受《维摩诘经》是不彻底的,是深深打着时代烙印的;但他对《维摩诘经》的接受为唐宋时代的维摩信仰和居士文化开辟了道路,提供了借鉴。

习罡华、王晓云共同发表的《敦煌文献 S. 2165 号〈思大和尚坐禅铭〉论衡》[④] 一文指出,《思大和尚坐禅铭》的作者传统观点或认为是南朝南岳慧思和尚,或认为是唐代青原行思禅师。文章通过对敦煌文献 S. 2165 号文本的宗派属性分析,认为它是南宗顿悟禅青原系的钞本;通过对《思大和尚坐禅铭》的具体内容进行研究,认为其主旨与慧思和尚的精神不相吻合,却恰好对应了六朝至唐初南宗顿悟禅修行理念记载的自然过渡。因此,作者认为敦煌文献 S. 2165 号中的"思大和尚"指的是唐代禅宗七祖青原行思,而不是南朝天台宗二祖南岳慧思。

张文良发表的《〈胜鬘经〉与南朝佛教》[⑤] 一文称,《胜鬘经》作为弘扬如来藏思想的代表性经典,在晋宋之际中国佛教从般若学向涅槃学转向的过程中发挥了重要作用。南朝佛教界对《胜鬘经》的注疏和讲说极一时之盛,《胜鬘经》的思想成为南朝佛教思想展开的重要契机。如在南朝佛教的判教说中,"不定教"的提出就与《胜鬘经》相关;而对《胜鬘经》中的"空如来藏""不空如来藏"的阐释深化了南朝佛教思想家对"如来藏"和"佛性"的认识;《胜鬘经》的"一乘"说构成南朝佛教"一乘"思想的重要环节。可以说,《胜鬘经》为南朝佛教乃至整个佛教的中国化提供了重要的思想资源。

侯冲发表的论文《契嵩本〈坛经〉新发现》[⑥] 对契嵩本《坛经》展开了细致的文献学考察。文称,新见闾山双泉寺等刊本《坛经》是"洪武六年"刊本的覆刻本。它们证

---

① 夏德美:《〈文殊说般若经〉的内容、特色及流传》,《五台山研究》2018 年第 1 期。
② 成建华:《法显在中斯文化交流史上的贡献与影响》,《世界宗教文化》2018 年第 2 期。
③ 杨瑰瑰:《谢灵运对〈维摩诘经〉的接受研究》,《江汉论坛》2018 年第 11 期。
④ 习罡华、王晓云:《敦煌文献 S. 2165 号〈思大和尚坐禅铭〉论衡》,《世界宗教文化》2018 年第 4 期。
⑤ 张文良:《〈胜鬘经〉与南朝佛教》,《西南民族大学学报(人文社会科学版)》2018 年第 5 期。
⑥ 侯冲:《契嵩本〈坛经〉新发现》,《世界宗教研究》2018 年第 4 期。

明"洪武六年"刊本确实如铃木大拙所说就是契嵩本《坛经》；但其结构和文字却并不像铃木大拙所说，与流行本即宗宝本《坛经》没有大的区别。契嵩本《坛经》是契嵩在旧本《坛经》的基础上综合了《景德传灯录》等非《坛经》文献编纂而成，并全面开启了在经文正文中加注的模式。契嵩本《坛经》的新发现，不仅让我们知道了何为契嵩本《坛经》，还帮助我们明确了不同本《坛经》的具体内容，以及《坛经》由敦煌本、存中本、惠昕本、契嵩本、过渡本、德异本、宗宝本和德清本这一不断被改编的历程。

常蕾发表的《〈无量寿经〉经名探微》[①]一文辨析了《阿弥陀经》《无量寿经》等不同经名之间联系和层叠的复杂现象，试图厘清同名异经、异名同经等情况。文章对大小两部同以梵文 Sukhāvatīvyūha（极乐庄严）为经名的不同经典进行了探究，并得出结论：汉文语境中，大小两部经典的古代汉译本都曾以《无量寿经》和《阿弥陀经》之名流传于世，且大本《无量寿经》数十个汉文译本的经名多有不同；敦煌文献中有一部经典虽然题为《大乘无量寿经》，但是与净土三经之一的《无量寿经》内容截然不同。

张雪松在《中国佛学》上发表了《梵汉宣译还是合本子注——东晋竺昙无兰著述及生平事迹蠡测》[②]的文章，对东晋佛教史上"合本"的做法进行了探讨。文章将"合本"与"格义"进行了比较，并以竺昙无兰为例，对合本的原则"以子从母""经体不毁"等作了介绍；最后，通过《出三藏记集》等早期史料推测竺昙无兰出生于后赵，其行迹是从北方南下庐山、建康，并非从天竺来华的译经僧。

邢东风于《中国佛学》上发表的《元刊本〈临济录〉的价值》[③]一文指出，《临济录》在历史上的广泛流传过程中曾出现过多个版本，其中宋元刊本特别重要。目前尚存的宋元刊本有两种：其一是南宋刊本，它是《古尊宿语录》的一部分；其二是元代刊本，是由元代雪堂普仁禅师发起刊刻的单行本。文章对国家图书馆珍藏的元代刊本《临济录》的流传经过、内容构成、其中独有的史料、雪堂普仁的情况、元刊本的原型等问题进行了专门的考察。

与华严学相关的文献典籍研究领域，2018年度亦有不少学术论文发表。龚隽发表的题为《从〈华严经〉到〈圆觉经〉：唐代华严教学中的经典转移》[④]的论文主要探讨了唐代华严教学内部从教宗《华严经》转向《圆觉经》的过程。作者认为，经过澄观到宗密之间所依经典的转向之后，《圆觉经》已经实际上升成为华严教学中最为重要的典籍之一。该文从思想史的角度阐析了这一经典转移的原因，分别从理境与行门之理事关系、华严教学与当时密教、天台的交涉等方面作出了新的解释。此外，刘峰发表的《〈华严法界观〉作者考辨》[⑤]一文指出，历史上长期视杜顺为华严宗初祖的看法在近代中日两国学术界引起了较大争议。其中，质疑杜顺初祖地位的主要观点和根据之一便是认为《华严法界观》并非杜顺所作，而是从法藏《华严发菩提心章》中抄录而成的。该文通过对澄观《大方广佛华严经疏》和《大方广佛华严经随疏演义钞》有关内容、《华严法界玄镜》自序部分、日本和朝鲜佛教目录相关条目以及日本华严学僧凝然的主要观点综合考察后认

---

① 常蕾：《〈无量寿经〉经名探微》，《世界宗教文化》2018年第1期。
② 张雪松：《梵汉宣译还是合本子注——东晋竺昙无兰著述及生平事迹蠡测》，《中国佛学》2018年总第42期。
③ 邢东风：《元刊本〈临济录〉的价值》，《中国佛学》2018年总第43期。
④ 龚隽：《从〈华严经〉到〈圆觉经〉：唐代华严教学中的经典转移》，《世界宗教研究》2018年第1期。
⑤ 刘峰：《〈华严法界观〉作者考辨》，《世界宗教研究》2018年第2期。

为,由澄观提出的《华严法界观》为杜顺所作的结论,无论从信仰角度还是历史角度都应该继续坚持。王颂发表于《世界宗教文化》上的论文《十一世纪中国北方广泛流行的华严禅典籍与人物》[①] 指出,11世纪,北宋、辽与西夏的佛教进入繁荣时代的共同特点是华严信仰的流行。作者在对如本嵩《法界观通玄记》和《法界观三十门颂》、白云释子《三观九门》等著作的先行研究基础上得出结论:在上述地区流行的华严信仰以结合华严与禅的华严禅为主流。为了说明这一点,文章通过文献考察,列举了上述地区流行的一些华严禅典籍以及相应的重要人物,说明了北宋、辽与西夏华严禅流行的具体情况以及它们各自的特点。

佛教疑伪经研究方面,池丽梅发表的《〈高王经〉的起源——从"佛说观世音"到"佛说高王经"》[②] 一文以文献学的方法对《高王经》的历史来源及版本嬗变进行了考察。作者认为,所谓《高王观世音经》并非今日约定俗成的"高王观世音"之"经",至少在唐代以前,其含义乃是"高王"之"观世音经",也就是以"高王"冠称的"佛说观音经"。根据孙敬德的灵验谈推测,"高王经"的来历是高欢接受了卢景裕等出身河北地区的幕僚的建议,动用官方的力量资助和推动民间流传的观音系统经典("佛说观音经")的弘通,并将官方指定的流通版本定名为"高王观世音经",目的在于通过观音信仰的传播来渗透和扩散高王即高欢在社会上的知名度和权威性。

此外,中国书店出版社以《大正藏》所收版本为底本,汇集《高僧传》《续高僧传》《宋高僧传》《大明高僧传》四大僧传,于2018年5月出版了《四朝高僧传》[③] 一书。该书将原书断句改为现行新式标点,繁体竖排改为简体横排,酌改了原书中的个别明显有误的错字,既保留了原版的风貌,又使原书变得简易好读。其中,《续高僧传》和《宋高僧传》是初次以简体横排的形式出版,而《大明高僧传》是初次整理点校,以简体横排、现代标点的形式出版。

信仰层面佛教的研究是当前中国佛教研究的薄弱点,侯冲《中国佛教仪式研究——以斋供仪式为中心》[④] 追根溯源,对中国古代宋以下的佛教仪轨进行全面考察,是中国关于佛教仪式的一部专门研究著作,可谓在以讲思想研究为主的中国佛教研究界打开了新局面。该书在将佛教仪式分为修持仪式和斋供仪式的基础上,结合调查资料,挖掘佛藏经律、敦煌遗书、俄藏黑水城遗书以及传世佛教仪轨文本中相关材料,通过将道安三例、唱导、水陆法会、预修斋供等放在斋僧平台之上进行考察,研究中国佛教斋供仪式的起源、组成、核心内容、分类和程序,对有代表性的斋供仪式和宋代以后影响深远的斋供仪式提出了一系列新观点,某种程度上开拓了中国佛教研究的新领域。

四 佛教思想、哲学义理研究

关于佛教思想的研究,姚为群所著的《佛教思想与印度文化》[⑤] 2018年11月出版。

[①] 王颂:《十一世纪中国北方广泛流行的华严禅典籍与人物》,《世界宗教文化》2018年第4期。
[②] 池丽梅:《〈高王经〉的起源——从"佛说观世音"到"佛说高王经"》,《佛学研究》2018年第1期。
[③] 《四朝高僧传》,中国书店出版社2018年版。
[④] 侯冲:《中国佛教仪式研究——以斋供仪式为中心》,上海古籍出版社2018年版。
[⑤] 姚为群:《佛教思想与印度文化》,北京大学出版社2018年版。

该书从印度哲学思想、佛教与婆罗门教思想比较、中印文化思想融汇、佛教与现代社会发展等四个角度论述了佛教思想根源于印度哲学,并在发展过程中与印度文化、中国文化交融互生的特点。作者同年发表的论文《佛教轮回理论中的主体观念》[1] 探讨了佛教试图调和、解决"轮回主体"概念与"无我论"之间矛盾的方法和努力。文章通过对早期佛教十二因缘理论中的"识"、部派佛教时不少部派提出的"补特伽罗"等各种变相的"我"、大乘佛教时期的"如来藏""阿赖耶识""思量识"等概念的探究,阐释了佛教诸派别在其发展中对自身理论体系所进行的一系列有效调整的情形,这些努力为佛教顺利发展、成为世界性的文化体系做出了重要的贡献。

唐忠毛发表的《"空性"到"体用"——中国佛学心性本体论的建构与反思》[2] 一文指出,"缘起论"思维根基的印度佛教传入中土之后,其在思想层面遭遇了中国化的"体用"诠释。文章分析近现代以来,中国佛教体用论模型在回溯到中印佛学思想源流的相关理论议题时也遭遇到一些挑战,如何面对这些挑战关涉到中国佛学的现代性诠释问题。

程恭让的《〈大宝积经·护国菩萨会〉善巧方便思想研究》[3] 一文指出,《大宝积经·护国菩萨会》是隋代译师阇那崛多翻译的一部佛典,后来收录于唐代菩提留志汇译的《大宝积经》中,成为这部大型宝积系列中的两卷经文。作者基于汉梵文本的对勘研究,指出这部大乘佛典其实是《圣护国问大乘经》及《福焰善士往昔本行宝王经》两部佛经的合编。通过对本经中相关文献的分析研究,认为《护国菩萨会》是初期大乘佛教思想信仰较早期阶段创制、结集的经典,反映了初期大乘佛教努力将善巧方便思想从种种佛德中凸显出来,逐渐使这一新兴大乘思想与传统的六度思想相融合,尤其是与般若思想并列并举、平等并重的重要倾向。作者2018年发表的另一篇论文《〈善巧方便波罗蜜多经〉中"善巧方便"概念思想之研究》[4] 对佛教的"善巧方便"概念与思想展开了探讨。作者认为,在大乘佛教思想中,般若代表认识佛教真理的智慧,善巧方便则是指面向现实世界认识人类社会与文化。因此,寻求般若思想与善巧方便思想之间的有机整合,本应是大乘佛教智慧学及其伦理学建设的合理方向,但长期以来佛教的传播发展中往往只片面强调了般若智慧而忽略了善巧方便的平衡。大乘佛教经典《善巧方便波罗蜜多经》就是最早的一部在严格意义上自觉建构善巧方便思想的经典,因此对于这部经典中善巧方便概念思想的梳理、研究,对于理解大乘佛教思想中"出世"与"入世"关系的实质,以及对于理解近现代中国佛教文化的转型发展,都具有十分重要的学术意义。

杨健撰写的《弥陀净土思想的中国化:以十念往生与别时意的关系为例》[5] 一文不仅介绍了弥陀净土思想,同时也阐述了中国化的历程,该文对研究当今佛教思想有着现实意义。十念往生与别时意的关系是弥陀净土信仰的重要内容。该文在介绍十念往生与别时意含义的基础上分析了昙鸾、智顗、道绰和善导对十念往生与别时意关系的理论探讨。中国僧人的思想创新为弥陀净土信仰的发展开辟了新的发展空间,也从一个方面体现了弥陀净

---

[1] 姚为群:《佛教轮回理论中的主体观念》,《杭州师范大学学报(社会科学版)》2018 年第 1 期。
[2] 唐忠毛:《"空性"到"体用"——中国佛学心性本体论的建构与反思》,《西南民族大学学报(人文社会科学版)》2018 年第 12 期。
[3] 程恭让:《〈大宝积经·护国菩萨会〉善巧方便思想研究》,《世界宗教文化》2018 年第 3 期。
[4] 程恭让:《〈善巧方便波罗蜜多经〉中"善巧方便"概念思想之研究》,《华东师范大学学报(哲学社会科学版)》2018 年第 2 期。
[5] 杨健:《弥陀净土思想的中国化:以十念往生与别时意的关系为例》,《世界宗教研究》2018 年第 3 期。

土思想的中国化历程。

圣凯的《真谛三藏与"正量部"研究》[①]一文以真谛翻译的《律二十二明了论》《立世阿毗昙论》等正量部论书及其讲注的《明了论疏》为中心,揭示了他在正量部戒律方面的独特造诣。文章称,真谛出生于优禅尼国,即"邬阇衍那国",而真谛所游历的诸国,尤其以乌阇衍那为中心的西印度正是正量部的弘化区域。真谛接受正量部独特的历史时间观,如"现在劫是第九劫"、距第九劫"七百年"等说法,而且弘扬正量部的这些思想,故而推测真谛所属部派应该为正量部。同年,作者发表的另一篇论文《北朝佛教的义学体系建构——〈大乘义章〉与〈菩萨藏众经要〉比较》[②]指出,西魏、北周《菩萨藏众经要》与东魏、北齐《大乘义章》皆是继承北魏地论学派的传承而有不同的展开。《菩萨藏众经要》代表着西魏、北周佛教融合南朝佛教"经抄"的最新成果,依"五门"——佛性门、众生门、修道门、诸谛门、融门等形成《一百二十法门》的框架。《大乘义章》是北朝佛教"义章"类的佛法纲要,其"五聚"的框架结构与"教理行果"、"法宝五义"(教法、理法、助道法、涅槃法、化用法)完全相应,否定了有些学者强调《大乘义章》是借鉴《成实论》"四谛"的组织结构说法。此外,《菩萨藏众经要》是根据"法门"摘录相应的经论文字;而《大乘义章》则是引用经论而进行自己的阐释,根据"诸门分别"去剖析法义的内涵与同异。因此,后者在编撰意图与义学成就上比前者更能体现北朝佛学的最高义学水平。

吴学国、周会民合撰的《从"无住"到"圆融":论天台性具哲学对般若思想的误读》[③]一文认为,般若学"毕竟空"的思想与华夏民族的思维特点存在很大距离,这使得处在华夏文化语境下的天台宗不自觉地对其产生了理解上的偏差。作为天台理论基石的"三谛圆融"、"一念三千"和"性具善恶"思想,就是由于天台宗在华夏本土传统和如来藏佛学影响下对般若学的"二谛不二"、"诸法平等"和"生佛平等"等观念的逐渐误读而形成的。通过这种误读,天台宗最终把般若学的诸法皆空、无得无住转化成一切具足、当体圆融,从而使印度般若学原有的绝对超越精神被极大改变了。

张振龙、匡永亮共同发表的《汉晋佛经翻译中"出经"含义考释》[④]一文考察了"出经"与"译经"概念之间的差异。作者指出,"出经"作为汉晋时期经师佛经翻译活动的重要环节,目前学界多将其与"译经"等同。这固然有一定的道理,但却没有道出"出经"的意义演变和复杂内涵。考诸经记,"出经"主要有两种用法:一是指与佛教文献撰写、整理等相关的僧人活动,有"述言""记言""写经"多重含义;二是作为专名,指称《略出经》。汉晋时期,"出经"主要指以梵文文本形式将佛经呈现出来,作为翻译底本。东晋后期,其含义发生转变,与"译经"混用并逐渐趋向于通用。

陈强、洪军《〈新唯识论〉翕辟成变说申论》[⑤]一文依《新唯识论》"翕辟成变"的思想诠释意指对象明确型与意指对象缺如型两类二十六组心数,进而分析思维、梦幻、人

[①] 圣凯:《真谛三藏与"正量部"研究》,《华东师范大学学报(哲学社会科学版)》2018年第2期。
[②] 圣凯:《北朝佛教的义学体系建构——〈大乘义章〉与〈菩萨藏众经要〉比较》,《西南民族大学学报(人文社会科学版)》2018年第12期。
[③] 吴学国、周会民:《从"无住"到"圆融":论天台性具哲学对般若思想的误读》,《哲学研究》2018年第2期。
[④] 张振龙、匡永亮:《汉晋佛经翻译中"出经"含义考释》,《世界宗教研究》2018年第2期。
[⑤] 陈强、洪军:《〈新唯识论〉翕辟成变说申论》,《世界宗教研究》2018年第1期。

格气质之成因以及时空、有无、数量、同异、因果等五对范畴之由来，最后探讨了信仰、认知、艺术创作及审美等人类基本的精神活动的心理机制。作者称，熊十力通过以唯识学的观念诠释儒家原典《周易》，成功地将作为东方思想之两大支柱的儒学和佛学结合在一个浑然天成的理论系统之中。

苏琦发表在《中国佛学》上的论文《阿毗达磨说一切有部的极微学说》[1] 对佛教定义的构成色法的基本单位，也是一切有部色法论的基本概念——"极微"进行了阐释。作者在总结已有的关于说一切有部极微学说研究的基础上，以说一切有部三大经典论著《大毗婆沙论》《俱舍论》《顺正理论》为线索，对极微学说的内涵加以辨析，并对此说在佛教理论体系中的意义进行了初步考察。

此外，李想发表的《"配置土"还是"清净土"？——辨析大乘佛教净土观念的两种思想来源》[2] 从梵文词源学的角度探究了"配置土"与"清净土"两种净土概念意义上的区别与关联。冯川的《"大千世界"与"洞天福地"——佛、道教神灵世界的宗教意蕴之比较》[3] 一文对佛教和道教的神灵世界体系内涵及其宗教意蕴进行了分析比较，阐释了两者的差别与会通之处。

五　藏传佛教研究

2018年度，国内学界在藏传佛教中国化研究领域取得了不少成果，主要体现于该年度发表的一系列学术论文。中国社会科学院世界宗教研究所研究员尕藏加在《世界宗教文化》2018年第3期上发表的论文《新时代藏传佛教中国化的路径和实践》[4] 认为，习近平新时代中国特色社会主义思想是马克思主义中国化的最新成果，是新时代党和国家的指导思想和行动纲领，深入学习贯彻习近平新时代中国特色社会主义思想和党的十九大精神就必须坚持藏传佛教中国化方向；而新时代藏传佛教中国化的路径在于积极引导藏传佛教与社会主义社会相适应；新时代藏传佛教中国化的实践在于传承中华民族优秀传统文化，践行社会主义核心价值观。同年，尕藏加还在《西藏研究》2018年第2期上发表的论文《萨迦班智达与蒙古阔端王相关文献探析》[5] 对藏传佛教历史上具有代表性的高僧萨迦班智达·贡噶坚赞与阔端王会晤以及"致蕃人书"等人生履历和历史事件作了宽视域、多层面的描述、归纳和总结，呈现了藏传佛教高僧大德在中国历史上为缔造多民族统一国家所做出的历史功绩。与此类似，同年，该作者在藏传佛教历史人物和重大事件研究领域还发表了《阿底峡尊者入藏传法及其对后世的影响》[6] 等一系列学术论文。

从国内整个藏传佛教研究成果来看，藏传佛教教义阐释依然是一个重要研究对象；而坚持我国宗教的中国化方向，以社会主义核心价值观为指导，对藏传佛教的教规教义做出

---

[1] 苏琦：《阿毗达磨说一切有部的极微学说》，《中国佛学》2018年总第42期。
[2] 李想：《"配置土"还是"清净土"？——辨析大乘佛教净土观念的两种思想来源》，《世界宗教研究》2018年第1期。
[3] 冯川：《"大千世界"与"洞天福地"——佛、道教神灵世界的宗教意蕴之比较》，《世界宗教文化》2018年第1期。
[4] 尕藏加：《新时代藏传佛教中国化的路径和实践》，《世界宗教文化》2018年第3期。
[5] 尕藏加：《萨迦班智达与蒙古阔端王相关文献探析》，《西藏研究》2018年第2期。
[6] 尕藏加：《阿底峡尊者入藏传法及其对后世的影响》，《阿坝师范学院学报》2018年第2期。

符合社会发展进步要求的正确阐释，是做好社会主义新时代宗教工作的迫切要求；同时，做好、做实藏传佛教教义阐释工作，充分发挥藏传佛教有利于社会稳定和谐的积极作用，是巩固和发展爱国统一战线、维护西藏社会稳定与发展的重要保障。汉、藏佛教之间的思想文化交流也是2018年度学界关注的热点领域，朱丽霞撰写的《藏汉佛教交流史研究》[①]一书以唐、宋、元、明、清、民国几个大的历史朝代为时间轴，在每个具体的朝代中分别探讨了藏汉佛教之间的人员往来、思想传播、艺术交流、典籍译介等问题，全面揭示了藏汉佛教交流的途径、方法、形式、影响、意义等内容，系统阐释了藏汉佛教相互交流、传播、影响的历史进程。该书通过双方相互交流和影响等历史事件发掘藏汉佛教文化互为认同的发展轨迹，既提供了把握藏汉佛教交流的宏观历史视域，也展现了当代藏汉民族文化凝聚力所具有的厚重历史基础。

张凌晖发表的论文《十六尊者与二位侍从：藏密事续部修习仪轨中的汉传佛教渊源》[②]以住世罗汉信仰为切入点，通过汉、藏佛教传统之间在信仰实践与图像文化层面上的交流，探讨藏传密教修习中来自汉地佛教文化尤其是密教修习的启发与影响。作者认为，以祝祷供养为主导的密教修习仪轨对于了解和丰富汉、藏佛教间的互动图景具有重要的启发性意义。

藏传佛教文献研究一直以来也是备受学界关注的领域。2018年度，魏文发表的《〈上乐根本续〉的文本形成及其藏译文的版本源流》[③]一文以"上乐密法"的基本形态为切入点，讨论其核心文献《上乐根本续》在印度出现的年代，继而重点分析了藏传佛教后宏初期，上乐密法初传入藏时因传承分野而导致的多种以大译师宝贤（Rin chen bzang po）译本为底本的精校版本出现的情况。该文指出，这些前宗派时期里，根据传承体系不同而厘定出的词句不一的版本，构成了后世各大宗派所分别尊奉的《上乐根本续》文本对后世上乐密法在藏地和河西走廊地区的传习产生的深远影响。

此外，有关藏传佛教的研究，2018年度亦有论文集形式的成果出版，如郑堆、周炜、李德成主编的《藏传佛教研究》（第二辑），由中国藏学出版社于2018年1月出版发行。这是从研究藏传佛教各教派历史和教义的角度出发，收集整理了百余篇我国学术界十几年来研究探讨藏传佛教的文章的成果。该论文集为进一步研究藏传佛教各教派提供了有价值的资料，也为我国学术界几十年来对藏传佛教研究整理出一条清晰的脉络。

六 绘画、塑像、建筑等佛教艺术相关的研究

绘画、塑像、建筑等佛教艺术相关的研究亦是佛教研究领域不可或缺的重要组成部分。王振复所著《汉魏两晋南北朝佛教美术史》[④]一书于2018年4月出版。该书以汉魏两晋南北朝佛教及其美学思想因素为研究对象，以佛教中国化、本土化及其审美与文学艺术意识理念的深远影响为研究重点，凸显了这一历史时期中国佛教美学的民族人文特性和中国化、本土化程度的时代发展轨迹。该书缕述了汉魏两晋南北朝的佛教美学发展历程，

---

① 朱丽霞：《藏汉佛教交流史研究》，中国社会科学出版社2018年版。
② 张凌晖：《十六尊者与二位侍从：藏密事续部修习仪轨中的汉传佛教渊源》，《世界宗教研究》2018年第5期。
③ 魏文：《〈上乐根本续〉的文本形成及其藏译文的版本源流》，《世界宗教文化》2018年第3期。
④ 王振复：《汉魏两晋南北朝佛教美术史》，北京大学出版社2018年版。

从中国文化形态、智慧和印度佛教传入等前期准备开始，按照时代分论东汉佛教美学初始、三国佛教美学继续酝酿、西晋佛教美学初起、东晋佛教美学递嬗、南北朝佛教美学沉潜与狂热，勾勒了一幅简明的佛教美学史图景。

张建宇发表的论文《中唐至北宋〈金刚经〉扉画说法图考察》① 主要考察现存最早的五件《金刚经》扉画说法图，并通过逐一分析说法者、闻法众、请法者（须菩提）、说法处所（祇树给孤独园）四个图像要素的特征，认为扉画说法图与壁画金刚经变这两种文本依据完全相同的图像，却分属两个图像系统。文章最后讨论了"孙四娘子墓本"的主尊尊格、北宋以前插图本《金刚经》的分布与传播以及卷首"说法图"定型时代问题。

姜生发表于《文史哲》的论文《汉代老子化胡及地狱图考》② 考察了东汉时期以浮屠等同黄老因而黄老浮屠同祀的现象。文章指出，黄老与浮屠同祀，应是老子化胡说流行的结果——新发现的山东费县潘家疃东汉墓门上鸟喙老子与胡人浮屠及窣堵坡组合画像、山东兰陵九女墩汉墓辟邪石兽立柱画像所呈现的"黄老"信仰与胡人浮屠组合皆堪与证。作者认为，史乘所述黄老、浮屠同祀现象不为后人所解，个中原因除了儒生史家语焉不详，更多是由于时人所信老子化胡说，以老子、浮屠为同一人在不同时空之"化形"，因而将老子浮屠等同且一同祭祀。某些汉墓中黄老浮屠画像一同出现，正是中国思想史和宗教史上这种奇特信仰的图像呈现。

张雅静的《密教美术中的莲花与那伽》③ 一文对佛教美术中莲花与那伽组合的现象进行了探讨。作者认为，该现象始于舍卫城大神变题材，从公元 6 世纪前后开始在佛教美术中大量出现，一直延续至晚期的藏传佛教美术当中。除了现存的佛教美术作品，佛教经典中也多次提到这一场景，且描述背景均与早期密教绘画有关，证明莲花与那伽在佛教美术中的特殊性和重要性。莲花曼荼罗出现于印度帕拉时期，无论当中的尊神属于何种教法、何种传承，从其外观和表现形式来看，无异于舍卫城大神变当中那伽奉献大莲花的一个立体版，体现了对早期佛教美术的继承。

郭岩、杨昌鸣合撰的《明清北京牛街佛教和伊斯兰教宗教建筑文化比较研究》④ 一文以明清北京牛街为例，分析了宗教建筑佛寺和清真寺的总体分布、修建命名、布局形式、社会功能四个方面。文章指出，明清牛街宗教建筑的分布，若以历史微观区域内比较建筑文化的视角进行观察，恰恰体现了中国古代佛教和伊斯兰教的和谐发展关系，印证了当代中国佛、伊二教的和谐发展是与历史一脉相承，以及坚持我国宗教中国化方向的理念具有深厚的历史根源，是顺应我国宗教历史发展的客观规律的。

严耀中发表于《佛学研究》的论文《试说隋唐以降涅槃的图像表达》⑤ 对隋唐以降佛教涅槃图像的演变进行了探究。文章称，在隋唐时期的造型艺术中，相关涅槃内容的画面主要是描绘佛陀圆寂时场景的经变画，表现出他的伟大和神圣。至于表达涅槃经义尤其是其影响巨大的佛性论的造型由于抽象而难以具形，所以比较罕见，除了舍利塔等因为它的佛性含义而象征着涅槃影响的普及，成为例外。至于唐宋之后涅槃图像的渐渐少见，除

---

① 张建宇：《中唐至北宋〈金刚经〉扉画说法图考察》，《世界宗教研究》2018 年第 2 期。
② 姜生：《汉代老子化胡及地狱图考》，《文史哲》2018 年第 2 期。
③ 张雅静：《密教美术中的莲花与那伽》，《世界宗教研究》2018 年第 4 期。
④ 郭岩、杨昌鸣：《明清北京牛街佛教和伊斯兰教宗教建筑文化比较研究》，《世界宗教文化》2018 年第 5 期。
⑤ 严耀中：《试说隋唐以降涅槃的图像表达》，《佛学研究》2018 年第 1 期。

了它们内含复杂而致使造型困难外,净土信仰及其追求至少在普遍性的意义上超越了涅槃信仰及其追求,也是一个非常重要的原因。

此外,2018年9月,文汇出版社出版了李云中编撰、创作的《佛教造像集锦:菩萨、观音、明王、罗汉、护法、祖师》[①]。该书收录了作者所绘佛教主要造像200余尊,分佛、菩萨、观音、明王、罗汉、护法、祖师等七个部分。整本造像集采取工笔白描的绘画方法,严谨飘逸,线条细腻,形象传神。该集素材来源于各寺院内的塑像与壁画。

---

① 李云中:《佛教造像集锦:菩萨、观音、明王、罗汉、护法、祖师》,文汇出版社2018年版。

2018年度道教研究学科发展综述

马 杰

道教作为一个中国土生土长的宗教，从其产生之时，历经数次兴盛与衰败，发展至今依旧生生不息。作为中国传统文化的重要组成部分，道教在中国文化的发展过程中有着不可替代的作用。追溯道教相关研究的历史，不过100多年的时间，但是经过几代学者的努力，成果亦是丰富的。

纵观2018年的道教研究，可谓著述颇丰。2018年12月"中华续道藏"项目工程启动，这不仅是道教学术研究的一件大事情，对于宗教界，甚至是对中国传统文化的传承与发展亦是一件比较重要的事情。与道教相关的学术研究，不仅在道教文献、经典、历史等方面有着众多新的研究成果，而且在道教与其他学科之间的交叉研究中也呈现出蓬勃发展的新局面。本文将从道教历史研究、道教文献研究、道教人物研究、道教仪式，道教与民间信仰以及道教与艺术研究等几个方面来对2018年的道教研究进行总结。

一 道教历史研究

关于道教历史相关的研究，2018年的专著不少，牟钟鉴著的《儒道佛三教关系简明通史》、刘固盛著的《湖北道教史》、张方著的《金元全真道》和《明代全真道的衰而复兴——以华北地区为中心的考察》、刘康乐著的《明代道官制度与社会生活》、卿希泰与唐大潮著的《道教史》、孙亦平著的《唐宋道教的转型》、白照杰著的《整合及制度化：唐前期道教研究》以及李大华著的《香港全真教研究》等著作相继出版。

白照杰著的《整合及制度化：唐前期道教研究》梳理并探讨了唐朝前期李唐统治者和道教内部人士共同对中古道教要素进行整合及制度化的过程。全书以大量切实的考证和文献梳理为基础，综合多学科的理论和方法，试图发掘中古道教变迁的内外理路，并提出分析和理解道教史及中古道教史的新理论框架，回应小林正美等海内外学者近年来提出的有关中古道教变迁的重大问题。

牟钟鉴著的《儒道佛三教关系简明通史》从中华文化的整体视野出发，以儒道佛三教关系为着力点，梳理和探讨了三教和而不同、聚同化异、互补渗透、共生共荣的历史过程，并在此基础上提炼出了两千年中华思想文化在互动形态中形成的基本结构，即"一、二、三、多"。"一"是儒家主导；"二"是儒道互补；"三"是儒、道、佛合流；"多"是包纳其他宗教和外来文化。作者将这种既有主体性又有开放性的文化交融之路概括为中华文化的"多元通和"模式。

湖北是一个道教文化的大省。刘固盛著的《湖北道教史》对湖北道教进行了从古至今的贯通式研究。全书在阐述湖北道教发展的自然与人文环境、思想渊源以后，按照汉唐、宋元、明清、近代、当代的历史时间顺序，对道教在湖北地区的传播状况、道派的发展变化、主要道教人物的活动与贡献、道教思想等作较全面详细的叙述，填补了湖北道教史的一些空白，也丰富了整个中国道教史的内容。

刘康乐著的《明代道官制度与社会生活》主要研究了明代国家管理道教事务的政策、道官制度的主要内容及其与社会各阶层之间错综复杂的关系。明朝作为中国中央集权发展的鼎盛时期，国家对社会各个方面的管理和控制比以往任何朝代都更为严苛，道教作为一种社会组织也必然被纳入国家政治控制的范围之中，因此明代道官制度就反映了国家对宗教的控制意图，而道教与明代社会生活的复杂关系又体现了道教信仰与政治制度之间特殊的政治生态。

卿希泰、唐大潮著的《道教史》是一部道教通史，以时间为经，以教派分化为纬，全面系统地介绍了道教产生、发展和流传的历史。全书所记时限始于道教产生前的秦汉社会状况和思想渊源，止于当代道教在世界各地的传播。书中所记内容涉及道教及各支派的经籍、教义、人物、教制、教职等，同时兼及道教的节日、礼俗、圣地、遗迹、建筑、文学、艺术，等等。在对道教作全面考察的同时，书中还对道教与中国古代政治、社会、经济、文化、思想的关系，作了深刻的分析，对一些重要史事和学术问题也提出了不少新的见解。

孙亦平著的《唐宋道教的转型》运用历史唯物主义的观点，借鉴近百年来汉学界有关"唐宋变革论"的研究成果，将道教的发展置于唐宋社会的政治、经济、文化中加以考察，将狭义的"转型"研究与广义的唐宋道教多方面的历史变化联系起来，比较唐代道教与宋代道教之异同，对唐宋道教转型的来龙去脉作出学理上的分析，更好地说明唐宋道教既与中国历史同步发展的普遍性和以"道"为基本信仰来展现自己的个性特征和发展道路的特殊性。

道教的起源研究一直是学术界比较有争议的一个话题，目前比较通行的看法是将道教的起源追溯到汉末。在百年以来的道教研究中，关于我们所说的道教到底是起源于何时，学术界从未停止过讨论。目前大致有三种观点：第一种观点是产生于东汉末期；第二种观点是产生于南朝刘宋时期；第三种观点则认为始于黄帝时期，形成于战国时期。

李远国和李黎鹤在《道教始于黄老论》① 一文中认为道教肇始于中国原始宗教，是在古代宗教信仰的基础上以黄帝诸经、《道德经》为主要经典，以战国时逐渐形成的方仙道、黄老道为核心组织的中华民族固有的传统宗教。

熊铁基在《重新研讨道教起源和产生问题》② 中指出，虽然道教产生于汉末的说法影响很大，但是与道教起源和产生的实际发展不符。作者在文中从鬼神、神仙信仰的演变，从"巫""方""道"的发展来证明至少在春秋战国时期就已经产生了道教。

关于道教宗派的研究，卢国龙在《道教南宗之名与实》③ 中认为道教南宗在宋元时期是先行其实，后获其名；而在明清时期则是传衍其实，未冠其名。通过对道教南宗与北宗的比较及其南宗时期的江南社会的发展状况进行论述，作者认为道教南宗的文化素养集中体现在两代宗师的身上：其一是初祖张伯瑞，继承黄老以及《周易》的哲学理念，汉魏

---

① 李远国、李黎鹤：《道教始于黄老论》，《宗教学研究》2018年第4期。
② 熊铁基：《重新研讨道教起源和产生问题》，《宗教学研究》2018年第1期。
③ 卢国龙：《道教南宗之名与实》，《中国宗教》2018年第9期。

伯阳《参同契》道与术相合一的体系，同时熔炼隋唐五代内丹道德宗教体悟和概念术语，创作出至今依然是道教修持宝典的《悟真篇》；其二是五祖白玉蟾，不仅才华横溢，著述宏丰，而且就教团组织、宗教仪式、将丹法与雷法熔为一炉的南宗教义之建构而言，亦是南宗实际的缔造者。

盖建民在《道教"南宗"名义考析》[①]一文中，通过对史料文献的考证与学术史的梳理，认为道教史上的"南宗"至少有三种不同的所指，有狭义、广义与泛义之分。狭义的南宗指宋代时期奉张伯端、石泰、薛道光、陈楠、白玉蟾为祖师，专以修炼金丹为务的道教宗派，又称金丹派南宗；广义的南宗指活动于中国南方地域的道教宗派，既包括张伯端、石泰、薛道光、陈楠、白玉蟾、留元长一系的金丹派南宗，亦包括其前身钟吕金丹道，以及元明清以后金丹派南宗与全真道合流并宗后在南方形成的全真道南宗，明清时期传衍至今的崇奉张伯端、白玉蟾得道经典的民间道脉，甚至还包括明清时期传播至北方地域，例如安康紫阳等地传承的道脉；而泛义上的南宗则更为宽泛，通指宋元明清时期在中国南方地域孕育发展的道教宗派。

刘迅在《湖南平江道岩葆真观源流及道士谱系初考》[②]中，通过对平江地区的田野调查，对道岩的地理和历史概况进行了考察，又对洪州道士胡元周与道岩葆真观的创立、早期道脉以及清初至清末道岩葆真观的宗脉进行了细致的爬疏，从而让我们对地处湘鄂赣交界的平江道教的发展历史有一定的了解和认识。

邹敏、卢彦融在《台湾道教灵宝派传承与发展述略》[③]中，通过文献的整理，梳理了台湾灵宝道坛的兴起、分布与传承延续；通过对灵宝教会团体组织在台湾的创立与推广历程的研究，展现了道教灵宝派法脉在台湾的社会传承，并以此说明道教有联系大陆、台湾民众的特殊功能。

张广保在《元代全真教关于道教起源、分期的讨论及申论》[④]中论述了毛素养将道教区分为道教与法教，以此来构建道教史的过程。道教源于轩辕黄帝，法教则源于北宋徽宗时期的高道林灵素。蒙元时期的姬志真将道教传承的历史追溯到三皇时期。江南茅山的朱象先将道教的创始溯源于黄帝。南宗的士大夫也将道家等同于道教。作者以元代全真教对道教起源及分期、道教与道家的关系等问题的讨论为切入点，展示道教历史上关于上述问题的看法，并提出要走出全盘西化的阴影。文章对道教的独特性、道家与道教的关系有深刻的理解，进而探讨了道教的起源等道教史的问题。

在劳格文口述、巫能昌整理的《中国历史和社会中的宗教》[⑤]一文中，通过对哈佛的中国历史及其颠覆、从文献到田野，血缘中国与地缘中国、乡村和宗教，如何整体把握中国的历史和社会三个方面来讨论劳氏长期思考的重要问题：如何理解宗教在中国历史和社会中扮演的角色。

先秦神话人物西王母是道教尊崇的女仙，西王母所居的昆仑山是古代神话叙事中的神

---

① 盖建民：《道教"南宗"名义考析》，《道教学刊》2018 年第 1 期。
② 刘迅：《湖南平江道岩葆真观源流及道士谱系初考》，《道教学刊》2018 年第 1 期。
③ 邹敏、卢彦融：《台湾道教灵宝派传承与发展述略》，《宗教学研究》2018 年第 2 期。
④ 张广保：《元代全真教关于道教起源、分期的讨论及申论》，《宗教学研究》2018 年第 2 期。
⑤ 劳格文、巫能昌：《中国历史和社会中的宗教》，《道教学刊》2018 年第 1 期。

仙境界。张泽洪在《论道教西王母与昆仑山神话》①一文中，从道经中的昆仑山与西王母、道教上清派对西王母神仙形象的构建、道教神仙西王母与昆仑山的关系三个方面进行考察和论述，认为道教对先秦西王母神话进行吸纳改造，道教上清派对西王母神仙形象进行完美构建，道教女仙西王母与昆仑山叙事是仙山崇拜的典型。作者认为道教西王母仙话是道教神仙学说的重要内容，道教赋予西王母神话和昆仑山以深刻的文化内涵。

赵建勇在《金元大道教史新考》②中通过对原存于山东肥城县陶山之南的涧北庄天和观的《天和观碑》、位于陕西省东部的聚仙观的《聚仙观碑》、现存山东东平的真大道十二祖张清治道行碑《尧帝延寿宫真大道真人道行碑记》、河南偃师店镇南的《先天宫记》的碑文内容进行细致的解读，从而认为元代道教宫观在今天的山东、河南都有新的地理分布。

尹志华在《清代全真道传戒若干史实再考察》③一文中，从王常月传戒的历史真实性、关于大规模传戒活动中断之谜、北京白云观嘉庆已降传戒谱系勘误三个方面探讨了三个问题：（一）根据康熙时文人王澐、郝浴、沈季友、詹贤等人的记述，确定王常月其人的存在以及传戒的真实性。根据果亲王允礼的题词，夯实了康熙皇帝曾赐给王常月紫衣的真实性。（二）王常月的徒孙詹太林之后，全真道大规模传戒活动中断。（三）日本学者吉冈义丰所制作的关于北京白云观嘉庆已降传戒谱系的表格有错误，遗漏了长教玄、孟教龄、严永宽三位律师的传戒。

潘君亮在《现代苍南道教发展浅析——以闽南师公为中心》④一文中，从新中国成立以来的苍南道教、苍南道教的复兴、主要的仪式类型、道教与经济、师公的"均质化"几个方面讨论了温州道教的发展。

熊铁基在《再论道教的神仙信仰》⑤一文中，认为道教至少应该在战国时期已经形成，魏晋神仙道教的提法不当，神仙是道教的核心信仰，而道教一开始就有神仙信仰。民间道教、上层道教的提法也应该再加斟酌。与神仙信仰有关的某些内容，例如长生、洞天福地等至今仍可以借鉴。

浙江黄岩委羽山为道教十大洞天中的第二大洞天。尹志华在《清代委羽山道教略述》⑥中，通过杨来基中兴委羽山、晚清时期委羽山大有宫一系全真道脉的繁衍两个方面，对清代委羽山的道教进行了略述：明末清初，委羽山道教十分衰微。乾隆年间，由知县发起修葺了大有宫，但其时委羽山道教仍默默无闻。直到嘉庆年间杨来基住持大有宫后，委羽山道教才得以中兴。晚清时期，委羽山道教弘衍颇广，在浙南地区形成了庞大的道教网络。

酒井规史在《南宋时代道士之头衔——经箓的法位与"道法"的职名》⑦一文中，通过对北宋时代道士的位阶制度与法位、"道法"的职名、南宋时代"道法"的传授这三

---

① 张泽洪：《论道教西王母与昆仑山神话》，《道教学刊》2018年第2期。
② 赵建勇：《金元大道教史新考》，《道教学刊》2018年第2期。
③ 尹志华：《清代全真道传戒若干史实再考察》，《道教学刊》2018年第2期。
④ 潘君亮：《现代苍南道教发展浅析——以闽南师公为中心》，《道教学刊》2018年第2期。
⑤ 熊铁基：《再论道教的神仙信仰》，《中国本土宗教研究》2018年第一辑。
⑥ 尹志华：《清代委羽山道教略述》，《中国本土宗教研究》2018年第一辑。
⑦ ［日］酒井规史：《南宋时代道士之头衔——经箓的法位与"道法"的职名》，《中国本土宗教研究》2018年第一辑。

个方面的梳理与论证，认为南宋时代开始的经箓与"道法"兼修的修行方式后代也依然存在。多种"道法"的出现引起了道士修行过程中与宗教活动的很大变化。

宗教信仰在蒙古人的政治和社会生活中占有比较重要的地位，这与以儒家为主导的汉王朝不同。林巧薇在《论元朝道教事务管理政策的形成和内容》[①] 一文中研究论述了因俗而治、兼容并蓄的民族宗教政策，并对元朝政府道教事务管理政策的制定及变更进行了梳理，从而探讨了元朝统一中原前后，蒙元朝廷对道教管理政策的形成和调整以及建立道教管理机构的过程。

龙门派是全真道影响最大的支派，张方在《明代全真龙门派的传承与分布》[②] 一文中，通过对几种龙门派传承的记述及其存在的问题、全真龙门派的字谱与派名、各地发现的明代龙门派派字传承、关于龙门派字谱形成与传播这几个方面的论述与研究，认为龙门派的复兴不是依靠法脉的单线传承，龙门派字谱被广泛认同是其重要原因。在这一过程中，字谱成为各地丘祖法裔的认同符号，在全真教内部师承混乱、认同淡化的情况下起到了强化内部认同的作用。

"黄老道"是早期道教的一个派别，从战国到秦汉一直绵延不绝。熊铁基在《黄老道及其源于齐地初考》[③] 一文中，通过对相关文献的梳理研究，认为"黄老道"与司马迁所言之"黄老之术"有密切关系，其传承者即道士，汉初被笼统地称为方士。秦始皇、汉武帝时推行此道的大部分方士（道士）都是齐人或与齐地有关的人，"黄老道"发源或者盛行于齐地。

北京东岳庙自元朝以来就极大兴盛，极大地促进了东岳大帝信仰在北方地区的传播，扩大了东岳大帝信仰在皇家和民众中的影响。林巧薇在《元朝至民国时期北京东岳庙的道派传承与住持传继》[④] 一文中，从元代玄教与北京东岳庙的创建、明朝北京东岳庙的道派传承与道观管理、清朝北京东岳庙的道派传承与住持的选拔、民国时期北京东岳庙的道派与住持传继四个方面探讨了元、明、清三朝及民国时期北京东岳庙的道派传承以及在各个朝代管理下住持传继的过程及内容。该文对于进一步加深对元、明、清三朝及民国时期道教管理政策的认识具有重要意义。

武当山作为道教名山，自明代大兴之后，确立了一套十分完整的管理制度。王闯在《民国武当山道教管理的变迁》[⑤] 一文中，从对民国初年武当山的道教管理、庙产纷争中武当山道教管理制度的重构、武当山天然林管理委员会与均县道教会的成立三个方面梳理和讨论了武当山的道教管理变迁：民国初年，全山道众在地方政府的支持下，从自身建设入手，加强了教团组织的管理；南京国民政府成立之后，武当山先后成立了财产管理处和庙产监督委员会响应"庙产兴学"的呼声；20世纪40年代以后，地方政府曾一度取消了武当山的道教组织，武当山试图成立道教会然并未奏效。此文章为我们考察近代道教的生存与发展提供了生动的案例。

茅山教是西南少数民族宗教传承绵远的教派，对西南地区各族群的精神生活有着巨大

[①] 林巧薇：《论元朝道教事务管理政策的形成和内容》，《中国本土宗教研究》2018年第一辑。
[②] 张方：《明代全真龙门派的传承与分布》，《中国本土宗教研究》2018年第一辑。
[③] 熊铁基：《黄老道及其源于齐地初考》，《世界宗教研究》2018年第3期。
[④] 林巧薇：《元朝至民国时期北京东岳庙的道派传承与住持传继》，《世界宗教研究》2018年第4期。
[⑤] 王闯：《民国武当山道教管理的变迁》，《世界宗教研究》2018年第4期。

而深远的影响。廖玲在《中国西南少数民族茅山教文化内涵探析》① 一文中，从西南各族群民间信仰的茅山教、西南少数民族茅山教的法术、西南少数民族茅山教与闾山教之间的关系、西南少数民族茅山教的道教元素四个方面进行了细致的考察和梳理。

二 道教文献研究

刘屹著的《六朝道教古灵宝经的历史学研究》一书，从基本文献的句读做起，打破了国际道家学界以古灵宝经的"新旧""先后"等学术定式为切入点，创新性地提出了古灵宝经造作实践的全新理论，提供了一幅关于古灵宝经出世历程的全新图景。

张晓雷在《〈老子中经〉相关问题新考》② 中对《老子中经》进行了重新研究，指出"中经"的"中"进入南北朝之后，由秘密、隐秘之义转变成与《道德经》上下篇相对应的中篇之义；同时对明《道藏》中《老子观天太清中经》的数段佚文进行研究比较，指出该经实际上是《老子中经》主要流传于南北朝后期至唐初时期的一种写本，在时间上比现存的唐代敦煌残本年代更早。其研究使我们对原始道教背景下的经书被追认和纳入南朝道教经教体系之内的过程有了一定的了解，也有助于我们了解南朝天师道所创立的七部道书分类体制在当时实行的程度和范围。

李冀在《道教"魔王"理念初探——以〈度人经〉及严东注为中心》③ 一文中，对《度人经》进行了研究并指出："魔王"作为外来词汇，道教徒非但没有抗拒或排斥它，反而将其纳入道教的神学体系中，使其成为道教信仰的组成部分，并以此应对佛教传入所带来的巨大冲击。整体来说，道教这一做法所取得的成效是显著的，不仅使道教在道经造作和修行实践方面取得了新的突破，亦使其在与佛教的竞争中表现出一定的强势，与儒释二教一起共同组成中国传统文化的三大板块，对中国传统社会产生了深远的影响。

于国庆和亓尹在《陆修静〈太上洞玄灵宝授度仪〉的文本来源与创制思路》④ 一文中，通过对《太上洞玄灵宝授度仪》的文本来源进行考察，指出陆修静创制科仪所遵循的思路与方法以及为变转文本所做出的巨大努力。从其研究中可以看出，陆修静为了便于推广灵宝经，一方面在"宿启"仪式的制定上降低了授度的难度，使授度灵宝经更为切实易行；另一方面则巧妙更改各"颂"的用词，拔高灵宝经的功用，切实提高了灵宝经对大众的吸引力。也正是这个努力显现出陆修静的三大思路与原则：他所作的每一项科仪都有所依据，虽化用了上清、正一的科仪，但是主体上还保持着灵宝鲜明的特色，并且所有的都是以教义精神为原则制定的。

陈云在《唐代安岳玄妙观道教碑文与造像研究》⑤ 一文中，通过对玄妙观圣境碑的碑文进行校勘，做出了考证与释读：开元年间左识相被强行征军，从"百命殂亡，血边丘流"的残酷战争中侥幸生还回乡。在唐玄宗痴狂崇道神化老君的历史背景下，左识相在开元十八年（730）至天宝七年（748）为超度亡父母举办了灵宝派的黄箓斋法，并在著

---

① 廖玲：《中国西南少数民族茅山教文化内涵探析》，《世界宗教研究》2018年第6期。
② 张晓雷：《〈老子中经〉相关问题新考》，《宗教学研究》2018年第4期。
③ 李冀：《道教"魔王"理念初探——以〈度人经〉及严东注为中心》，《宗教学研究》2018年第3期。
④ 于国庆、亓尹：《陆修静〈太上洞玄灵宝授度仪〉的文本来源与创制思路》，《宗教学研究》2018年第1期。
⑤ 陈云：《唐代安岳玄妙观道教碑文与造像研究》，《宗教学研究》2018年第4期。

名道士李玄则的指导下依据黄箓斋开凿营建了壮观精美的道像。对玄妙观造像及其碑文的研究为研究盛唐历史政治提供了重要文物资料。

白照杰在《扬州新出土晚唐龙虎山天师道大都功版初研》[1]一文中,通过对扬州出土的晚唐龙虎山天师道天师门下大都功版的版文及物质形态进行深入分析之后,认为在唐代之后,尽管与二十四治结合的治职(包括天师门下大都功、阳平治大都功等)的意涵迅速改变,淡化了统治和如官阶般递升的意味,但龙虎山天师道的权威并未受到明显的负面影响,在不断的摸索中,龙虎山最终成为中国正一道的祖庭。

罗争鸣在《赵道一〈历世真仙体道通鉴〉的编撰、刊刻与流传论考》[2]一文中,对《仙鉴》的所有现存版本进行了详细的考察,叙录各本特征,梳理彼此关系和版本源流,认为《仙鉴》除了常见的《正统道藏》本外还有多个版本,其中国家图书馆藏残 3 卷本很可能是傅增湘《藏园群书经眼录》所著录的元刻本,但经过明初修版,确切来说应是元刊明修本。国家图书馆藏 7 卷本可能与国图藏残 3 卷本同为元刻明修本,这两个版本都具有重要的学术价值。所有《仙鉴》版本分属两个系统:"前卷后集"本系统和《正统道藏》改编本系统。"前卷后集"本即按照《历世真仙体道通鉴前卷》36 卷、《历世真仙体道通鉴后集》6 集的方式编撰,应是赵道一原刊的早期刊本;《正统道藏》改编本拆分了《历世真仙体道通鉴后集》36 卷,且存在不少误、脱、衍、乱的异文,偶有扞格难通的地方。青岛博物馆藏《正统道藏》未经后世修补,其所收《仙鉴》有重要的校勘价值。

《财神经》又名《太上说雷霆副使赵元帅禳灾集福妙经》,是上海财神庙在正月初五迎财神仪式法会上念诵的经文,文本内容来自《汉天师世家》《道法会元》等经书。它以太上老君设教、张真人演法、赵真人度化众生为主线,叙说了太上老君两次敕封赵公明的过程。谭坤、黄景春在《民间传统的〈财神经〉中赵公明的神格分析》[3]一文中,对《财神经》的文本渊源、赵公明神格的生成方式,以及经文所体现出来的道教财富观进行梳理,认为《财神经》体现了赵公明禳灾集福、赏善罚过、驱魔斩妖、救护众生的武财神的神格性格,其中的公平、正义、平安、和合等理念反映了道教的财富观,并认为这些观念和思想对于匡正当今民间财神崇拜中唯利是图的乱象具有一定的现实意义。

在欧福克著、胡锐译的《老子隐居之所:以〈天社山志〉为中心的历史地理考察》[4]一文中,对老君山及其山上老君庙的历史脉络进行了梳理,同时也考证了与其相关的"刘门"教的历史发展过程,并对文献《天社山志》的内容进行了分析与解读,还原了老君山以及诸多相关历史人物的细节,但也有一些问题,譬如"老君山是否为天师道古治",虽然在其他文献中均有记载和提及,但并没有解决老君山与天师道的根源问题。

在秦国帅译的《内向的生活——德国传教士海因里希·哈克曼(Heinrich Hackmann)崂山游访记》[5]一文中,记录了海因里希与妻子在崂山太清宫居住三个月期间的生活以及所记录的太清宫道士的生活,从而引发了他们对于西方生活的反思。文中还记录了大量从

---

[1] 白照杰:《扬州新出土晚唐龙虎山天师道大都功版初研》,《宗教学研究》2018 年第 4 期。
[2] 罗争鸣:《赵道一〈历世真仙体道通鉴〉的编撰、刊刻与流传论考》,《宗教学研究》2018 年第 3 期。
[3] 谭坤、黄景春:《民间传统的〈财神经〉中赵公明的神格分析》,《宗教学研究》2018 年第 2 期。
[4] [德] 欧福克:《老子隐居之所:以〈天社山志〉为中心的历史地理考察》,胡锐译,《宗教学研究》2018 年第 3 期。
[5] 秦国帅译:《内向的生活——德国传教士海因里希·哈克曼(Heinrich Hackmann)崂山游访记》,《道教学刊》2018 年第 1 期。

崂山所收集的全真教的资料。

《敷斋经诀》的全称是《太极真人敷灵宝斋戒诸经要诀》。刘屹在《古灵宝经的汉译佛经来源问题——以〈敷斋经诀〉"劫之譬语"的史源为中心》① 一文中，通过对"劫之譬语"的史源进行探究，讨论了支谦与罗什译经影响论之争，从而根据"劫之譬语"这个古灵宝经中留下的为数不多的蛛丝马迹来帮助我们查询汉译佛经的来源，进而提出要从全局的角度把握《灵宝经》吸收佛教的来源问题。

日本奈良市的藤原麻吕宅邸遗址的沟中出土了被称作"二条大路木简"的咒符。大形彻、山里纯一等《〈千金翼方·禁经〉与日本奈良市出土二条大路咒符木简》② 对藤原麻吕宅出土的"二条大路木简"咒符进行了解读，又找唐代孙思邈的《千金翼方·禁方》中所引的咒文和唐杜光庭序、刘宋陆修静撰的《太上洞玄灵宝素灵真符》卷下"疟疾"所收的咒文和咒符，以及日本丹波康赖《医心方》所引、范汪方所引的咒文和辟邪绘以及所题咒文的内容进行了对比研究，来探索中国道教的咒文、咒符、符箓如何在日本被接纳、消化、进而产生变化的过程。

松本浩一在《〈灵宝领教济度金书〉的正荐与普度》③ 一文中，对《灵宝领教济度金书》的来历和传统进行了研究，梳理了从"召魂"到"传符授戒"仪礼的变化。通过比较讨论《灵宝领教济度金书》中正荐与普度的从召魂到传授符授戒的一连串仪礼，进而对《无上黄箓大斋立成仪》和《金氏大法》进行比较分析，表明了《灵宝领教济度金书》名副其实的集大成特色。

谢世维在《七元散辉，冥慧洞耀——礼斗法的历史与近代抄本中的斗科》④ 一文中，从《葛仙公礼北斗法》的斋醮仪式与《太上玄灵北斗本名延生真经》来探讨道教的北斗斋仪，后者是北斗信仰的经典化与道教化，而两者宗教实践的核心在设醮启祝北斗，并在本命日修斋醮。作者梳理了早期的北斗信仰、唐宋之际的礼斗仪式、斗姆信仰与科仪、告斗法、清末民初民间北斗科仪等内容，对北斗科事进行了细致的分析与讨论。

曹凌在《中古道教仪式中的两种辩论活动及其渊源——以两件敦煌遗书资料为中心》⑤ 一文中，以两件敦煌遗书为基础，讨论了唐代道教与辩论有关的两种仪式内容——论义和论衡。论义是教内依托讲经法会进行的辩论活动，至迟在唐代道教内部已经存在，其主要形式源自佛教的论义；论衡是由佛道两教或儒释道三教进行的跨宗教辩论活动，往往也是依托发挥进行，在唐代亦成为皇帝生日时的重要行事之一。

关于东晋、南朝时期成书的《上清经》和《灵宝经》，一方面可借助陶弘景和陆修静所留资料推测很多经典的出现时期，另一方面有必要谨慎看待传说与史实的区别，需要从教理和历史两个角度去分析道经的出世。王皓月在《东晋、南朝时期道经的出世及相关

---

① 刘屹：《古灵宝经的汉译佛经来源问题——以〈敷斋经诀〉"劫之譬喻"的史源为中心》，《道教学刊》2018年第1期。

② [日]大形彻、山里纯一、大野朋子、佐々木聪、董涛、池内早纪子：《〈千金翼方·禁经〉与日本奈良市出土二条大路咒符木简》，《道教学刊》2018年第1期。

③ [日]松本浩一：《〈灵宝领教济度金书〉的正荐与普度》，《道教学刊》2018年第2期。

④ 谢世维：《七元散辉，冥慧洞耀——礼斗法的历史与近代抄本中的斗科》，《中国本土宗教研究》2018年第一辑。

⑤ 曹凌：《中古道教仪式中的两种辩论活动及其渊源——以两件敦煌遗书资料为中心》，《中国本土宗教研究》2018年第一辑。

问题》① 一文中，从东晋《上清经》的出世论、仙公系《灵宝经》的出世论、从天文到原始旧经的成书的经过、原始旧经的出世度人与五劫说以及元始系《灵宝经》的成书经过的三种类型几个方面梳理了道经出世的几种类型，提出对道经的出世进行教理的和历史的双重考察，对于我们理解道经具有重要意义。

大理巍山地区是南诏王朝的发源地，自古就是多文化交融汇聚的"文化圈"。而道教早在创立之初便传入云南，大理巍山地区道派林立，各具特色。萧霁虹、吕师在《大理巍山神霄西河派科仪经书的整理与研究》② 一文中，以大理巍山地区的神霄西河派秘传科仪经书为例，辑录其传承的科仪经书，分门别类加以阐述和研究，并对神霄西河派在大理巍山地区的传承内涵以及特色进行了综合的论证。该文章不仅解析了地方道教文献的多样性，也反映了地方道教的历史与现状。

敦煌道教文献中关于清信弟子的《道德经》与《十戒经》传授文献是认识唐代及中古道教历史和相关问题的重要资料。刘永明、路旻在《敦煌清信弟子经戒传授与北周至唐代的国家道教》③ 一文中，在进一步确认敦煌清信弟子传授仪轨出自《无上秘要》的基础上，重点考察了《道德经》的宗教特征及其演变为清信弟子受持经典的缘由、《道德经》与《十戒经》组合传授的意义，阐明了其在北周武帝国家道教的构建中所占有的地位以及对唐代道教的影响：突出了对道家之道的尊崇，在政治理念方面以道家思想为核心，整合了儒家理论与道教信仰，具有重要的思想文化意义。

道教灵签是道教文化的重要内容，是一种特有的沟通神人的签诗形式，融合了宗教信仰、社会民俗与通俗文学的多种文化因素，长期以来在道教宫观与民间及其海外华人社会中广泛流传，对广大信众的宗教心理、人生态度、伦理价值、价值取向乃至生活方式等多个方面都产生了不容忽视的深远影响。黄海德、郭瑞科在《道教"灵签"形成时代考略》④ 一文中尝试着从"正史"之外的古代笔记小说与道教文献的考察入手，考察了道教灵签产生、形成的时代，梳理了作为民族宗教的道教与具有民俗形式的灵签之间的关联，将结论定格在"五代十国"时期，揭示了该历史阶段的客观社会背景与宗教演变的自身逻辑。

《道藏》中篇幅最长的道经就是《太上洞玄灵宝无量度人上品妙经》（简称《度人经》）。李政阳在《宋徽宗崇道成因新考——以宋本〈度人经〉为中心》⑤ 一文中指出，《度人经》共分古本（魏晋本）与宋本两个部分，宋本《度人经》是对古本《度人经》的模仿与增加，是延续魏晋道教"天文"与"真文"信仰的产物。文章对宋本《度人经》的研究不但有助于学界理解该经的宗教内涵与政治寓意，亦有助于解析宋徽宗与政、宣年间积极崇道的背后原因及其内在逻辑，深化了对宋代道教史的认识。

刘志在《赵孟頫道教写经的规格、功用与意义》⑥ 一文中，从赵孟頫生平简介及主要写经活动、赵孟頫道教写经目录及存世真迹、赵孟頫道教写经规格、赵孟頫道教写经的功

---

① 王皓月：《东晋、南朝时期道经的出世及相关问题》，《中国本土宗教研究》2018 年第一辑。
② 萧霁虹、吕师：《大理巍山神霄西河派科仪经书的整理与研究》，《世界宗教研究》2018 年第 2 期。
③ 刘永明、路旻：《敦煌清信弟子经戒传授与北周至唐代的国家道教》，《世界宗教研究》2018 年第 3 期。
④ 黄海德、郭瑞科：《道教"灵签"形成时代考略》，《世界宗教研究》2018 年第 4 期。
⑤ 李政阳：《宋徽宗崇道成因新考——以宋本〈度人经〉为中心》，《世界宗教研究》2018 年第 5 期。
⑥ 刘志：《赵孟頫道教写经的规格、功用与意义》，《世界宗教文化》2018 年第 5 期。

用以及赵孟頫道教写经在中国道教写经发展中的地位和贡献四个方面进行讨论研究，认为从这些写经作品中可以看出赵孟頫写经的价值和意义不仅在于精湛的书法艺术水平，还为我们研究道教写经以至再造善本写经提供了重要的史料和数据。

王皓月在《基于叙事学的佛经与道教〈灵宝经〉的对比研究——以叙述者为中心》[①]一文中，从人称：叙述者与故事的关系、叙述者的作用与视点、外叙述者与内叙述者几个方面，借助叙事学的研究方法，对比研究了佛经与道教《灵宝经》中叙述者的不同，从而揭示了《灵宝经》在创作手法上的特点。

赵川在《道教阳平治都功印初探》[②]一文中，结合相关的文献记载，通过对阳平治都功印的起源、文物考古资料中的阳平治都功印、宋元明时期阳平治都功印流传的历史背景几个方面的论述研究，认为年代最早的玉印是北宋神宗时期下诏制作的。玉印的传续过程受到来自世俗政权的干扰较多，是宋元时期道教政策的变化以及天师政治地位变迁的结果。

三 道教哲学思想研究

关于道教哲学思想的研究，2018年亦是出版了不少的专著，王中江著的《根源、制度和秩序：从老子到黄老》，吴根有著的《道家思想及其现代诠释》，郑开著的《道家形而上学研究》（增订版），李笑岩著的《先秦黄老之学渊源与发展研究》，郭勇健著的《庄子哲学新解》，杨普春著的《汉魏南北朝道教身体哲学思想研究》，吴晓华著的《章太炎道家思想研究》，［美］万志英著、廖涵缤译的《左道：中国宗教文化中的神与魔》，［德］汉斯-格奥尔格·梅勒著、刘增光译的《东西之道：〈道德经〉与西方哲学》，［韩］崔英镇著、吴万伟译的《东方与西方：道家与犹太哲学》等大大丰富了相关领域的研究。

王中江著的《根源、制度和秩序：从老子到黄老》主要是围绕老子思想和黄老学展开，探讨了老子世界观与黄老学的内在结构和系统。作者认为黄老学继承老子的本原和政治道论，并为其增加了用制度和规范保证客观、稳定、有效治理的法治论。该书准确认识了他们之间的义理构造和精义，展现了从老子思想到黄老学的演变，并扩展和深化了对早期道家的研究。

吴根有著的《道家思想及其现代诠释》认为，作为一种看问题方法的"道"，"依道而看"的道家哲学方法论对于现代社会中的个人而言，具有极大的启发性，能向每个普通人揭示出自己的"能在"，从而让人真正获得属于自己的人生。道家的"道"并不是死的法则，而是动态、无限、生机活泼等一切具有正面价值意义的代名词；"道"能够最大限度地让人敞开自身，从而形成人与人、人与物、人与天地最适宜的良性关系。

郑开著的《道家形而上学研究》（增订版）采用诸如知识语境、道德形而上学和审美形而上学这样比较边缘的概念，并未沿着通常的知识论、伦理学和美学的"方便法门"来阐释道家的形而上学。作者依据"形而上者谓之道"的古训把道家的"道论"，具体说

---

① 王皓月：《基于叙事学的佛经与道教〈灵宝经〉的对比研究——以叙述者为中心》，《世界宗教文化》2018年第6期。

② 赵川：《道教阳平治都功印初探》，《世界宗教文化》2018年第6期。

就是关于"无"的核心理论归纳为"形而上学",进而从物理学入手探讨形而上学的原因。

天界观是道教教义的重要内容,三天包含了清微天、禹余天、大赤天等三重天界。路旻在《道教三天观新论——以清微天等三天与九天关系为例》[①] 一文中,从早期道经中的三天与九天和关于九天、三天来源两个方面考察了三天思想的产生过程,可知最初清微天等三天并非仅仅作为三天的内容而被构建,实际上是为了与九天和其他天界名称凑足三十六天的名称才被创造出来的。后世的造经者将它们融入以《三皇经》为首创的三天体系中,使它们成为后世三天观的重要组成部分。该文章通过对清微天等三天与九天二者之间关系的考察,推进了道教天界观的研究。

《左道》是第一本深入研究中国宗教文化中左道之地位的著作。[美]万志英著、廖涵缤译的《左道:中国宗教文化中的神与魔》概述了从商代至明代中国宗教文化的主要发展过程,着重于中国宗教文化中的邪魔,那些在"命运"之外朝着不良方向引导人类生活的力量。万志英认为,中国宗教信仰和实践的历史过程呈现两种基本倾向,一方面是佞神和驱邪,另一方面是相信宇宙中道德平衡的作用,这两种基本倾向总是处于紧张状态之中,而且两者都受到邪魔力量,即具有邪恶本性的神祇和精灵的侵扰。这两种根本倾向对中国宗教文化产生了持久影响。

道教贵身重生,水作为生命符号具有长生与治疗的作用。从饮水成仙到符水治病,再到各种仪式中水的应用,道教一直是以水来洁净身心、超度亡魂、表征神圣空间的。水在道教中的多种功能充分体现了道教热爱生命、济世渡人的特点。李裴在《生命符号与仪式象征:论道教传统中的"水"元素》[②] 一文中,从水作为生命符号具有长生与治疗的意义和水在道教仪式中的象征性两方面展开,解释了道教奉水若神明的原因,体现了道教对人与自然、人与环境之间的生态审美关系的理性思考,亦显现了道之为道教的独特性。

李勇在《重玄之道与中观之空——从〈道德经义疏〉看重玄学与中观学的根本差异》[③] 一文中指出,重玄之道为万物的本体,正是中观之空所破斥的对象。重玄学认为余生皆有真性,只要"无心复性"便可成就圣道;中观学则强调众生因无明,由凡入圣必须经过闻、思、修、证的次第。重玄学认为修道的重点在"无分别";中观学则强调"无分别智"才是解脱的关键。而成玄英在《道德经义疏》中以中观学的方法诠释道家学说,却无法调和重玄学与中观学的内在冲突。

陈志伦、梁晓彤在《仙道贵生——道教文学中的人文精神》[④] 一文中指出道教是关注生命的宗教,道教的人文精神体现在对人的主体性的重视,对"我命在我不在天"的信仰,对精神生命的重视并强调人应该抵御外物对人的异化,以及倡导"积善成德",对人类群体的关爱。通过对道教文学中人文精神的考察,对其加以深入思考,可以帮助我们在传统文化中挖掘更多能转化为现代精神的资源,更加有利于发挥传统道教文化的积极作用。

---

① 路旻:《道教三天观新论——以清微天等三天与九天关系为例》,《世界宗教文化》2018年第2期。
② 李裴:《生命符号与仪式象征:论道教传统中的"水"元素》,《宗教学研究》2018年第3期。
③ 李勇:《重玄之道与中观之空——从〈道德经义疏〉看重玄学与中观学的根本差异》,《宗教学研究》2018年第4期。
④ 陈志伦、梁晓彤:《仙道贵生——道教文学中的人文精神》,《中国宗教》2018年第10期。

禁咒术是道教中最具特色的道术之一。禁咒术来源于秦汉方术，是秦汉方术的一种，后来经过葛洪在《抱朴子内篇》中对其进行理论化，从而进一步提出了"气禁"的理论。葛洪提出的"气禁"理论成为后世认识和看待禁咒术的主流思想，使得禁咒术具有了合理性。郭鸿玲在《葛洪"气禁"理论探源》[①]一文中细致梳理了葛洪"气禁"理论提出的背景以及他如何将禁咒术放置于道教的知识体系中，使得禁咒术成为成仙目标下的道教理论的一部分。

道教"清静"的思想其实是承续于道家的"清静观念"，并赋予其新的意涵。郑长青、詹石窗在《道教清静思想考论》[②]一文中叙述了"道教清静思想"的渊源与内涵、理论特征与具体主张，提出道教清静思想就是基于"道"的信仰，以"清静"作为体道证道的法则，依循"清静"蕴示的寡欲节制、谦退处下、因循而为、止恶扬善、去染得净的精神，在追求与道合真、生命完善中形成的有关人生修养、社会治理的思想体系，体现出强烈入世关怀的理论特征，具体呈现为"至静为宗"的修养主张与"清静为基"的治道方针，对人生修行和当下社会治理仍有独特的启示与价值。

范纯武在《民初道教内丹的可视化呈现：以龙门衍派北京千峰派为例》[③]一文中，通过对千峰派赵避尘的"真卫生之道"进行梳理，同时又对道教内丹的可视化——《性命法诀明指》身体解剖图进行解读，认为民初赵避尘对宗教与图像之间的结合进行了很好的尝试。

范华在《明代以来湖南道士和法师神像研究》[④]一文中，通过对自己收藏的湖南地区的神像进行细致的分类比较研究，认为通过对这些道士和法师的神像研究有助于我们研究开光仪式、道士羽化之后的来世、弟子和师父的关系、道教的专用用词、道教的传承关系和谱系、地方的庙宇和庙王、处士和道士的关系、道士和法师的区别、在家坛神和祖先之中道士和法师的地位以及道士、法师和处士的抛牌奏职仪式。

王岗在《明代藩王与内丹修炼》[⑤]一文中，从内丹修习与入门仪式、内丹著作的编撰与刊刻和诗赋论道三个方面探讨了明代藩王与道门内丹的密切关系。文章认为在319种文集中，有三分之一到二分之一的丹道讨论是关于内丹的，说明明代藩王交涉内丹，以及这种交涉对社会文化产生的深远影响。

在中国思想史上，老子首先提出和阐释了"道"的理念，以道生万物、道法自然的宇宙观取代殷周天命神学观念，为中国学术思想突破原始宗教神学的桎梏、上升到哲学层面奠定了理念基础。王卡在《老子与中国哲学的突破》[⑥]一文中论述了老子及其学术思想要点，探讨了老子思想的伟大意义，并对老子思想与西方哲学的异同进行了比较，认为老子所谓"道德"既是一种自然的法则，也不远离神圣的法则；既可发展出变现深刻智慧的哲学思想，亦可演变为担当道德教化的宗教信仰。

内丹学"崇阳抑阴"有其特定的意义，"纯阳"并非在同一层次上与"阴阳对峙"

---

① 郭鸿玲：《葛洪"气禁"理论探源》，《宗教学研究》2018年第2期。
② 郑长青、詹石窗：《道教清静思想考论》，《宗教学研究》2018年第2期。
③ 范纯武：《民初道教内丹的可视化呈现：以龙门衍派北京千峰派为例》，《道教学刊》2018年第1期。
④ 范华：《明代以来湖南道士和法师神像研究》，《道教学刊》2018年第1期。
⑤ 王岗：《明代藩王与内丹修炼》，《道教学刊》2018年第2期。
⑥ 王卡：《老子与中国哲学的突破》，《中国本土宗教研究》2018年第一辑。

的说法相矛盾，内丹学的阴阳交媾本身已经预设了阴阳二者之间的平衡与调和关系的重要性。戈国龙在《论道教内丹学的阴阳哲理》① 一文中梳理了阴阳交媾的"纯阳"观念、阴阳交媾的易理卦象、阴阳交媾的成仙原理，从阴阳哲理的层面对内丹学阴阳交媾的"纯阳"观念做深入的阐释，从而有助于我们理解内丹学中既要追求"纯阳"又要讲究"阴阳交媾"这两者之间的辩证统一关系。

冯川在《"大千世界"与"洞天福地"——佛、道教神灵世界的宗教意蕴之比较》② 一文中分别概述了佛教和道教的神灵世界体系，并对两者的宗教意蕴展开了详细的阐释。从佛道教神灵世界体系概述、佛道教神灵世界之空间结构的比较研究、佛道教神灵世界体系所表达的解脱观和修行宗旨的比较研究三个方面，以"三界诸天，十方净土""洞天福地，三十六天"等佛道教空间概念为研究对象，对两者神灵世界体系进行了深入的探讨。

道教的思想体系中，"道"代表着一个特殊的意思，也正是因此，决定了它在科学思想层面上的重要性。整体上来看，道教思想实际上内含了对科学技术的需求，科学技术在道教的信仰实践中获得了存在和发展的思想基础，从而使得道教哲学最终发展成为科学，并对中国的科学技术史产生了重要的影响。郭珊珊在《道教对中国古代科技的影响——以李约瑟〈中国科学技术史〉为例》③ 一文中，通过梳理《中国科学技术史》，从科技史的角度分析道家思想对于自然的认识理论，以及道教涉及科学技术的领域极为广泛的观点，希望从中找到导致中国科技衰落的内在文化因素并加以解决。

谢炳军在《〈东坡易传〉融会儒释道三教思想的治〈易〉特色》④ 一文中，通过对"三苏"与《东坡易传》成书的历史梳理、对《东坡易传》与佛学思想、道家思想进行探讨研究，认为在保持儒学底色的基础上，"三苏"与僧人的交游、论学等经历使得《东坡易传》显示出积极吸收佛学思想的学术品质，而"三苏"也受到了道家、道教思想的深刻影响，主动地化用道家、道教的学说，最终形成了以《易》贯通儒释道三教的治《易》特色。

王鹰在《从〈道德经〉六十六章看"圣人"与"成圣"》⑤ 一文中分析了历史上诸家《道德经》文本的六十六章，发现它们"圣人"的内涵存在差异："圣人"可能是春秋时期通常意义上的圣人，即圣人与天道有关，是睿智、有道德、有神秘感的人；或者"圣人"是有心、有欲的统治者；抑或是努力体悟圣人之道、走在成圣之路上的统治者；"圣人"也可能是统治者和已经悟道的"圣人"的合一。

程乐松在《身份、秩序与超越——唐宋律法的道教学视角简论》⑥ 一文中认为，从法制史的角度切入道教以及从道教学的角度诠释法制史中的复杂理论、身份与超越等信仰元素的功能，应该成为唐宋时期整体法制和宗教文化研究中并行不悖的两个视角。作者从律法、司法与法律：传统中国语境中的分疏以及律法与信仰的互动方式、唐宋律法及其社会历史：道教视角的价值三个方面呈现了法制史与社会生活的互动形态的复杂和多元。文章

---

① 戈国龙：《论道教内丹学的阴阳哲理》，《世界宗教研究》2018 年第 5 期。
② 冯川：《"大千世界"与"洞天福地"——佛、道教神灵世界的宗教意蕴之比较》，《世界宗教文化》2018 年第 1 期。
③ 郭珊珊：《道教对中国古代科技的影响——以李约瑟〈中国科学技术史〉为例》，《中国宗教》2018 年第 6 期。
④ 谢炳军：《〈东坡易传〉融会儒释道三教思想的治〈易〉特色》，《世界宗教文化》2018 年第 4 期。
⑤ 王鹰：《从〈道德经〉六十六章看"圣人"与"成圣"》，《世界宗教文化》2018 年第 5 期。
⑥ 程乐松：《身份、秩序与超越——唐宋律法的道教学视角简论》，《世界宗教文化》2018 年第 5 期。

认为道教学视角的介入强化了社会生活作为法制史研究语境的复杂性，在制度的刚性与生活世界的弹性之间架设一个可供诠释的观念桥梁，通过超越的观念和信仰变迁揭示制度实践体现的复杂性，通过信仰观念的神学化的秩序理解和诠释突出律条制定司法实践的理性与非理性的平衡。

众所周知，葛洪是道教历史上最重要的美学家，葛洪在《抱朴子内篇》中所展示出的道教美学思想非常丰富。姜约在《〈抱朴子内篇〉美学思想阐幽》[①]一文中，认为《抱朴子内篇》构建了以"玄"为本位的美学思想体系，认为"玄"不仅本身就是"美"的化身，蕴含了各式各样的美，而且是世间各种"美"的现象的总根源。作者认为该书按得道多寡将人们的美感分为三个层次，即"得玄道者"、"真知足者"和追求物质享受者分别得到的美感。该书对感官刺激式审美持否定态度，并认为这对人们无益而有害，是物质对精神的绑架。除此之外，作者认为该书对于鉴赏能力和审美标准等问题亦有较为独到的见解。

道教与生态是近几十年来道教研究的新领域。虽然"生态"本来不是道教的固有术语，道教的产生也不完全是为了解决生态问题，但是道教中蕴含着丰富的与生态有关的智慧、思想和实践。陈霞在《当今的问题，古代的文本——道教与生态研究及方法论反思》[②]一文中，从宗教绿色化浪潮、道教进入生态学的研究视野、国外研究道教与生态的三种观点以及研究方法的反思四个方面来论证道教对环境问题的重要变化是促使人们思想观念的变化，观念的变化带来的行为的变化，带来生产方式、经济发展模式和生活方式的变化的。

四　道教人物研究

道教人物的相关研究是我们得以细致了解道教的有效途径。下面将简要梳理相关的著作及论文研究。

如白娴棠著的《信仰与教化：刘一明的信仰之道与教化之论》一书以刘一明为个案，从教化的视角对其思想进行了研究，虽不一定能代表当时全国整体道教思想与实践的方向，但总是多元之一，必定具有共时性。

辜天平在《庄子又名"南华"考》[③]中，通过对相关文献的整理与考证，梳理出庄子被称为"南华"这个被道教渐进接受与改造的脉络，从真仙"太极韦编郎庄周"到"南华"门下之仙真，再到"南华"一词完全寓指庄子整个过程的历史脉络被清晰地呈现在读者面前，并在最后指出庄子被名"南华"又深刻反映了东晋以后，在道教神权、皇权以及各士族知识分子的相互作用下，使得庄子及其经典的典范性逐渐被确立，也正是因为庄子反对试图"人为"地延长生命，才使得《南华真经》被确立为道教经典的过程显得格外崎岖不平。

周冶在《施道渊穹窿山法派考述》[④]一文中，通过对施道渊生平的考证，论述了施道

---

① 姜约：《〈抱朴子内篇〉美学思想阐幽》，《宗教学研究》2018年第1期。
② 陈霞：《当今的问题，古代的文本——道教与生态研究及方法论反思》，《道教学刊》2018年第1期。
③ 辜天平：《庄子又名"南华"考》，《中国道教》2018年第6期。
④ 周冶：《施道渊穹窿山法派考述》，《宗教学研究》2018年第4期。

渊为穹窿山法脉的发展所进行的努力；从道教外部来看，施道渊与皇亲贵族建立了良好的关系；从道教内部来看，施道渊与龙虎山的天师交往密切，并使得张天师在原有的三山滴血派派字后特别接续"穹窿扬妙法，寰宇证仙都"，从而显示穹窿山法脉属于三山符箓正统。除此之外，施道渊还积极与文人搞好关系，得到文人的认可，从而使得穹窿山法脉得到全国的认可。最重要的是，施道渊作为正一道士，却不囿于门户之见，积极地吸收全真的律法，为自己的道派建立规诫，从而使得穹窿山法脉得以发展延续。

张陵作为道教创始人充满了神秘色彩，对中国历史产生了深刻的影响。但是在现代学术语境中，关于张陵创教对中华传统文化的贡献的相关研究却很少有人重视。苏宁在《张陵创教的神格化传说谱系内涵研究》[1]中，通过对张陵生死的神格化、张陵的奉道设教体现道教认识论范式中的宗教功能以及张陵在确立最高尊神之后，又将老子宗教思想宗教化、吸收黄老思想和神仙方术，初步确立道教之为教的神真体系设想，为道教神真体系奠定了基础；对张陵的仙化描写提升和神话了张陵的形象。张陵在道教史与民间传说中的形象创建了新的认识论话语模式，同时也使我们以更加广阔的视域加深对道教的理解，进而探寻宗教文化的社会意义。

于国庆、王永康在《清末民国高道张永平事略》[2]一文中提出，纯中真人张永平与清末民国时期的四川道教尤其是青城山道教的传续发展关系密切。文章依据多种地方史志资料，简要梳理了张永平的从军经历、弘道历程、传奇事迹以及法嗣传续状况，从而展现了其在民国时期为四川道教所作之贡献。

在正一道发展史上，明初43代天师张宇初起着承上启下的重要作用，学界对其研究也比较多，成果丰富。曾龙生在《明初正一道天师张宇初与士大夫交游考》[3]中指出，天师张宇初与士大夫的交友颇为广泛。从《砚泉集》来看，张宇初至少与33位士大夫有过交游。其中有12位属于陆学传人，7位属于朱子学传人，14位学派不明。张宇初与这三类士大夫交游的密切程度不同，受其影响的深浅也不同。作者认为陆学传人是张宇初交游最为密切的一群人，其次是朱子学传人，再次是学派不明的士大夫。因而张宇初三教合一思想的形成更多地与其师从、交游陆学传人有关。

陶弘景研究一直是六朝道教研究的中心之一。广濑直记在《陶弘景新考——以其与天师道的关系为中心》[4]一文中，从太清和上清、天师道和帛家道、陶弘景和天师道、陶弘景是否属于上清派、天师道是否是一个流派这几个方面进行了细致的研究与讨论，从而说明陶弘景是天师道道士，并重新思考了上清派、天师道等概念。

黄初平是魏晋时期道教历史上的一个重要的人物，葛洪《神仙传》对其有所记载，黄初平拥有"叱石成羊"的变化之术、"坐在立亡"的隐身之术，反映了魏晋时期的道教"重术"的思想倾向。邓国均、孔令宏《汉晋道教与"黄初平"故事考论》[5]一文梳理了黄初平的故事、黄初平与魏晋道教之间的联系以及黄初平故事在后期的传播与发展，进而认为黄初平故事与秦汉之际的"黄石公"、张良以及先秦时期"赤松子"的故事在渊源上

---

[1] 苏宁：《张陵创教的神格化传说谱系内涵研究》，《宗教学研究》2018年第2期。
[2] 于国庆、王永康：《清末民国高道张永平事略》，《宗教学研究》2018年第4期。
[3] 曾龙生：《明初正一道天师张宇初与士大夫交游考》，《宗教学研究》2018年第1期。
[4] 广濑直记：《陶弘景新考——以其与天师道的关系为中心》，《道教学刊》2018年第1期。
[5] 邓国均、孔令宏：《汉晋道教与"黄初平"故事考论》，《宗教学研究》2018年第4期。

有着某种内在的联系，并提出汉代"黄老学"中的"教术""方技"等内容，实为"黄石公"与黄初平故事共同的学理背景，以此解释了黄初平的故事逐渐演变为今日港澳地区道教"黄大仙"信仰的重要基础。

高道宽是道教史上兴复终南祖庭一个重要的人物。宋学立在《高道宽及西北全真道的早期发展》[①] 一文中，通过对《甘水仙源录》之《洞观普济圆明真人高君道行碑》、《终南山祖庭仙真内传》之《圆明真人》和《金元全真教石刻新编》之《圆明真人传》这现存的三种高道宽碑传进行梳理、对比研究，考述了高道宽的人生故事，分别叙述了高道宽与蒙元政治的关系、于洞真——高道宽、李道谦一系与全真道的西向发展背景。

《道藏》所录的文献之中能确认撰写于北方金朝的文献较少，这成为不能全面展开对整个金朝道教进行研究的主要原因之一。山田俊在《侯善渊思想浅析》[②] 一文中，通过对侯善渊加注的《黄帝阴符经》的内容来具体理解其思想，并以《道藏》中的《上青太玄集》为参考，有助于了解侯善渊《黄帝阴符经注》的思想，从而对侯善渊思想进行了基础性的分析，并探讨了金朝道教史上的《阴符经》的意义。

明代张天师地位极高，备受宠信，在整个道教内部也达到了权力的顶峰，社会影响力空前，但是进入清代后，随着统治者政治倾向和个人喜好的改变，天师的地位急速衰落。张维祺在《〈清会典〉中所见张天师》[③] 一文中，以《清会典》和《实录》为线索，将其中与天师有直接关联的条目与事件进行筛选，从而对天师在有清一代的主要境遇进行了全面的展现。

白玉蟾一生具有明显的多重性。于洪涛在《白玉蟾多重性考论》[④] 一文中，从白玉蟾道教思想的多重性、传道方式的多重性、行为性格的多重性三个方面对白玉蟾进行了考察。道教思想的多重性：既贯通儒释道三教，亦清醒地看到三教之间本质的不同；既主张修道主静、回归自然，又主张世俗修道的思想；既感叹人生短暂，又提出长生久视、天地一体；传道方式的多样性：白玉蟾早年就成为高道，后喜云游四方，擅长文学、书法、绘画，通过赠人墨宝来宣扬道教南宗思想，扩大社会影响。行为性格多重性：平常蓬头跣足、嗜酒伴狂，但主持法会时又威严持重，自命不凡。作者认为，多重性是白玉蟾成为中国道教史上著名人物的重要因素。从多重性也可以了解道教南宗在南宋时期的影响已经遍及各个阶层，同时也标志着南宋道教的世俗化和平民化。

姬志真是蒙元时期全真教重要教史家之一，也是道教史上最后一位有影响的重玄学家。张广保在《全真教史家姬志真及元仁宗延祐六年〈云山集〉的史料价值》[⑤] 一文中，从为郝大通、王志谨宗系书写教史的姬志真、《云山集》的流传及史料价值、姬志真《云山集》的学术价值三个方面对《云山集》中关涉全真教理、教义、教规及修炼法门等相关内容进行了细致的梳理和研究，对于我们研究姬志真教理、教义、教规思想有着重要的史料价值。

刘卞功生活于北宋后期至金前期，是当时著名的修真得道之道士，曾被宋徽宗敕封为

---

① 宋学立：《高道宽及西北全真道的早期发展》，《中国道教》2018 年第 6 期。
② 山田俊：《侯善渊思想浅析》，《中国本土宗教研究》2018 年第一辑。
③ 张维祺：《〈清会典〉中所见张天师》，《中国本土宗教研究》2018 年第一辑。
④ 于洪涛：《白玉蟾多重性考论》，《世界宗教研究》2018 年第 2 期。
⑤ 张广保：《全真教史家姬志真及元仁宗延祐六年〈云山集〉的史料价值》，《世界宗教研究》2018 年第 4 期。

"高尚处士",在当时的民间、朝廷和道教界都有着非常大的影响。白如祥在《高尚处士刘卞功考》① 一文中,通过对刘卞功的生平、神话及其言论进行细致的梳理和研究,认为自南宋开始,刘卞功一步步地被神化,成为一个逍遥自在、神通广大的神仙,同时也受到士大夫的备至推崇。

麻姑文化是以道教的麻姑女仙信仰为中心而形成的包含宗教信仰、祭祀民俗和文学艺术等丰富内容的特殊文化现象。刘晓艳在《颜真卿与麻姑文化》② 一文中对颜真卿撰写的《麻姑仙坛记》进行研究解读,认为其不仅是书法经典,亦是重要的道教文献;不仅保存了麻姑仙坛创建初期的历史信息,而且发展了麻姑仙女的形象,丰富了麻姑文化的内涵。除此之外,《麻姑仙坛记》的广泛传播和深远影响极大地提高了麻姑山和麻姑文化的知名度,扩大了麻姑文化的影响。

道教祖师张道陵在东汉末年创立了"正一盟威之道",其中就有云台山治。詹石窗、李怀宗在《张天师与云台山治考论》③ 一文中,通过对云台山治、云台观与云台山的辨析,对全国各地的云台山进行考证,认为苍溪云台山是作为"云台治"地标的依据,并对苍溪云台山治的实地考察与文化遗存进行追踪,认为当年张道陵就是以云台山为基地,带领370门徒在此修道弘教,有力推动了正一盟威之道的传播,为后世留下了珍贵的文化遗产。

五 道教养生学研究

道教和中医学都是我国本土文化的典型代表,其研究著作与论文也逐渐丰富起来。

魏燕利著的《道教导引术研究(东晋南北朝隋唐卷)》一书对导引术的研究现状、定义和文化背景等做了基础性的探讨,并依据道教导引术在发展过程中呈现出的特征和规律将其分作东晋之前、东晋南北朝和隋唐三段,对之进行详细的探讨,使得读者对中国古代的导引术形成一个整体的认识。

张超中在《健康中国建设与当代道教的原创发展》④ 一文中,从健康中国建设需要中医药和道教的坚实支撑、健康道教发展的历史渊源与现实意义、健康道教发展的可能途径三个方面的讨论,提出将健康道教的发展与中医药的原创发展应紧密结合在一起,并将其纳入健康中国建设和中华文化全球发展的进程中。

在金庸的武侠小说中,他以道家文化为基础,塑造了众多家喻户晓的道侠形象,并通过这些人物来表达道教随性自然、天人合一的精神境界。吴迪在《金庸武侠小说中的道教养生观》⑤ 一文中对金庸的小说中的养生理论进行了梳理归纳:以性养生、回归真我是道教养生的独有境界;天人合一、回归自然是道教养生的天成道法;以德济体、修道怀德是道教养生的道法之基;以医为基、医道同源是道教养生的道法之源。

服气是道教修炼中比较重要的修炼方法之一。由马伯乐著、胡锐译的《道教的气论

---

① 白如祥:《高尚处士刘卞功考》,《世界宗教研究》2018年第6期。
② 刘晓艳:《颜真卿与麻姑文化》,《世界宗教文化》2018年第2期。
③ 詹石窗、李怀宗:《张天师与云台山治考论》,《世界宗教文化》2018年第1期。
④ 张超中:《健康中国建设与当代道教的原创发展》,《中国宗教》2018年第12期。
⑤ 吴迪:《金庸武侠小说中的道教养生观》,《中国宗教》2018年第11期。

及服外气法考述》① 一文叙述了历代关于气的理论，进一步论证了行外气、排外气相关理论。通过对唐宋之前相关道经的研究，可获知道教关于服气的总体理论，亦可清楚地看到道教服气在理论上的重要变化，即从早期的服外气理论到唐代之后服内气理论的转变。服外气的理论和方法虽随着道教的发展而逐渐失去了在道教修炼理论中的重要地位，但也作为独立的记述留存在更加广泛的医学和养生实践当中。

六 道教科仪研究

肖习在《云南省麻栗坡县蓝靛瑶"师""道"关系结构研究——以过法仪式为中心》② 一文中，以云南省麻栗坡县蓝靛瑶过法仪式的田野调查为中心，采用文本研究与宗教人类学结合的方法，深入分析了当地蓝靛瑶过法仪式中"师""道"二派的分工与合作，发现了其"道师阴阳"的内在关系结构。此外，作者在文章中还深入考察了这个"道师阴阳"的结构在瑶族"生死轮回"过程中救度个体与家庭的功能，并在此基础上提出了"师""道"二派共同构建了蓝靛瑶生命周期的完整救度链的观点。

黄建兴在《三坛小法与闽台传统社会》③ 一文中，通过整理三坛小法的历史渊源，指出三坛小法与道教有着密切的关系。通过将台湾与闽南两个地方的三坛小法进行比较，指出台湾的三坛小法源于闽南原乡，既有传承又有变迁。文章通过对两地三坛小法的比较研究，互补互证，更加全面展示了三坛小法的历史渊源、宗教形态，以及其在传统社会中所承担的角色。

周永健在《黔中坛神信仰与庆坛仪式》④ 一文中通过对黔中坛神信仰独特的信仰生态与流布范围进行调查，指出坛神祭祀的方式与庆坛仪式因族群的不同而有着不同的差异，并因此衍生出众多的流派与坛门。文中通过田野调查以及细致的描写展现了不同流派之坛场法事、仪式类型及科仪本表现出来的共同性与差异性并存的特征。

迎神赛会作为明清以来常见的文化现象，承载着丰富的文化内涵，迎神赛会的兴衰与国家权力、民间意识紧密相连。张志全在《明清巴蜀地区迎神赛会的演进轨迹》⑤ 一文中，通过对迎神赛会演进轨迹的考察研究，指出民间赛会是国家权力与民间秩序的互动，是民间构建自我秩序的一种尝试，而这一构建的结果就是民间自治意识的进一步强化。文章通过对明清巴蜀地区的迎神赛会演进轨迹的研究，展现了民间自治性组织逐步摆脱官方而在民间发展的形态。

王承文在《汉晋道教集体性斋戒仪式和神圣空间来源论考——以古灵宝经的"说戒署职"和"斋堂"为例》⑥ 一文中，通过对古代国家祭祀斋戒与古灵宝经集体性斋戒仪式来源的考察，认为从早期天师道"治堂"到古灵宝经"斋堂"的变化，是道教集体性

---

① ［法］马伯乐：《道教的气论及服外气法考述》，胡锐译，《宗教学研究》2018 年第 2 期。
② 肖习：《云南省麻栗坡县蓝靛瑶"师""道"关系结构研究——以过法仪式为中心》，《宗教学研究》2018 年第 4 期。
③ 黄建兴：《三坛小法与闽台传统社会》，《宗教学研究》2018 年第 3 期。
④ 周永健：《黔中坛神信仰与庆坛仪式》，《宗教学研究》2018 年第 3 期。
⑤ 张志全：《明清巴蜀地区迎神赛会的演进轨迹》，《宗教学研究》2018 年第 3 期。
⑥ 王承文：《汉晋道教集体性斋戒仪式和神圣空间来源论考——以古灵宝经的"说戒署职"和"斋堂"为例》，《道教学刊》2018 年第 2 期。

"神圣空间"的重要转变。作者以道教斋戒仪式中的"说戒署职"和"斋堂"为中心，从多方面讨论了中国的古代祭祀斋戒制度与汉晋道教斋戒制度之间的关系。

"叹骷髅"是佛教、道教实施超度仪式中的一个节次，元明时期"庄子叹骷髅"戏曲被认为是受这种宗教仪式影响，但现存佛道文献并不支持这一观点。吴真在《佛道教"叹骷髅"文本渊源新探》[①] 一文中，通过对佛道施食仪的"叹骷髅"文辞的定量分析与对比，找到了三种文本的来源：《金骷髅》改编自全真教诗词，佛道两教均采用的《银骷髅》源自元杂剧，清代全真施食仪中的《西江月》词来自明万历道情。明清时期流行多种"庄子叹骷髅"戏曲、道情和小说，佛道中人受此启发，将"流行曲"改编为"法事曲"。

王见川在《彭定求的扶鸾与著书：从其与清初著名道士施道渊的关系谈起》[②] 一文中讨论了彭定求与施道渊之间的关系，并梳理了彭定求的礼斗与扶乩，整理了彭定求所著的善书：《文昌玉局心忏》与《元宰必读书》；彭定求的鸾友即尤侗等人的扶鸾活动，从而整理并探讨了清初长洲扶乩的渊源与流传。

在台湾，若人去世，大多举行以"家礼"为基础的儒家式丧葬仪式。但是，对救济对象——因难产、溺水、自缢等被视为异常死因而去世的亡魂通常需要举行在正常死亡场合不会看到的特殊的仪式或展示其特殊的"功德"。山田明广在《台湾道教的救济异常死者的仪式——以台南地区的对缢死者及溺水死者等的仪式为主》[③] 一文中，通过对正常死和异常死的分析比较、道教与功德仪礼、亡者死因所对应的死者救济的仪礼、异常死者救济的仪礼等几个方面的考察与讨论，展现了台南地区道教的救济异常死者的仪式。

破狱法事是道教荐拔仪轨中非常重要的一项科仪，是通过特定的仪式表演将亡魂拯救出地狱。破狱仪式自首创以来，始终受到道门中人及信众的推崇和重视，其文本、诀法以及仪轨不仅在教内传承不绝，且在世俗社会也产生了深远影响。姜守诚在《摄召追魂——宋元道教拔度科仪中的"破狱"法事》[④] 一文中，依据宋元道书中的相关记载，分别从地狱的理论设想、破狱的信仰基础、破狱的操作程序、破狱的法器、破狱的文检、破狱的道符等几个方面进行系统梳理和考证分析，最大限度地揭示出破狱法事的仪式流程、文本内容和诀法细节。

灯仪在道教科仪中有比较重要的地位，考古发现中的灯树在道教经典中有明确记录，早在魏晋时期就已经出现比较完整的灯仪仪式及理论。宋代，灯仪发展进一步分化，出现比较细致的灯仪环节。陈文龙在《道教灯仪的来源与发展初探》[⑤] 一文中，从灯仪的起源、道教的灯树、灯仪的形成及其发展三个方面，对灯仪的形成与发展进行了细致的梳理，并着重探讨了灯仪在宋代以后的发展状况。

巫能昌在《制造科仪本：以闽西道坛灵应堂的度亡科本为例》[⑥] 一文中梳理了闽西道教和灵应堂的度亡仪式传统，研究了《太上正一拜十王还受生释罪玄科》的结构与内容；

---

① 吴真：《佛道教"叹骷髅"文本渊源新探》，《道教学刊》2018年第2期。
② 王见川：《彭定求的扶鸾与著书：从其与清初著名道士施道渊的关系谈起》，《道教学刊》2018年第2期。
③ 山田明广：《台湾道教的救济异常死者的仪式——以台南地区的对缢死者及溺水死者等的仪式为主》，《道教学刊》2018年第2期。
④ 姜守诚：《摄召追魂——宋元道教拔度科仪中的"破狱"法事》，《中国本土宗教研究》2018年第一辑。
⑤ 陈文龙：《道教灯仪的来源与发展初探》，《中国本土宗教研究》2018年第一辑。
⑥ 巫能昌：《制造科仪本：以闽西道坛灵应堂的度亡科本为例》，《道教学刊》2018年第2期。

讨论了《十王科》对地狱图像、对地狱文字的呈现，说明了灵应堂度亡科本的修改、创作和实践显示，道教科仪本不仅是道教内部知识传承的载体，更是道教实践与其他文化实践密切互动的产物。

道教投龙简仪源自中国远古时期至秦汉对传统天地山川的崇拜和天道信仰及封禅等相关祭祀礼仪，经汉末和魏晋南北朝时期，有高道折中就祭、望祭并借鉴巡狩和代祭。易宏在《金龙驿传，上达九天——道教投龙简仪源流略考》[①] 一文中，通过对投龙简仪的传统宗教与早期道教祭祀渊源、改造传统祭祀礼仪而形成道教投龙简仪、道教投龙简仪作为国家重要日常祭祀的兴盛与发展、杜光庭编《太上黄箓斋仪》中的投龙简仪、五代及其以后道教投龙简仪等几个方面的研究探讨，认为投龙简仪至迟因唐王室推崇道教而被正式确立为国家祭礼，进而波及流传至五代和宋元明，及至清代，随着道教乃至国家整体的衰落、帝制的终结被逐渐淡忘。

七　道教与民间信仰研究

关于道教与民间信仰的研究一直是道教研究的一个重要的组成部分，随着宗教社会学及宗教人类学等学科的发展，道教与民间信仰的相关研究更加丰富。

2018年出版了许多关于道教与民间信仰研究的专著，如高丽杨著的《山神与土地的源流》，朱磊著的《中国古代的北斗信仰研究》，谢世维著的《道密法圆——道教与密教之文化研究》等。

高丽杨著的《山神与土地的源流》以山神篇和土地篇来书写中国山川信仰的两个维度，从观念、职能、形象、祭祀制度、与道教文化的关系等方面进行了论述。山岳崇拜是中国非常古老的信仰传统，以此为基础的山神崇拜和土地信仰是中国传统文化的重要内容。

赵建永在《中国北方妈祖文化中心——天津天后宫》[②] 一文中对天后宫的历史进行了梳理，认为天津天后宫是中国现存最早的妈祖庙之一，是天津文化的发祥地以及天津城市发展的见证。文中又对天津天后宫的道脉传承进行了考证论述，指出天津妈祖祭典成为国家级非物质文化遗产的重要意义：使大家共同承担起社会责任，促进社会的和谐发展。

虽然妈祖信仰最初是以航海保护神的形象在福建民间出现的，但是随着历史的演进以及在更加广泛社会空间的传播，妈祖信仰被不同地区的信众加以不同形式的区域化表达。伴随着闽粤移民的海上贸易、垦拓开发活动，清代台湾妈祖庙的数量迅速增加，并衍生出新的社会功能。赵庆华在《清代台湾妈祖庙社会功能的区域性表现》[③] 一文中，通过对台湾妈祖庙在清代的定位与发展进行研究，认为妈祖庙在清代时期的台湾发挥了多元的社会功能——参与公益事业，移民精神安慰，同乡联系纽带，教育教化民众，军事战略防御及处理族群纠纷等。

林东杰在《南宋朱子后学与妈祖信仰的传播》[④] 一文中提出朱子后学对妈祖信仰的态

---

① 易宏：《金龙驿传，上达九天——道教投龙简仪源流略考》，《中国本土宗教研究》2018年第一辑。
② 赵建永：《中国北方妈祖文化中心——天津天后宫》，《中国道教》2018年第6期。
③ 赵庆华：《清代台湾妈祖庙社会功能的区域性表现》，《宗教学研究》2018年第3期。
④ 林东杰：《南宋朱子后学与妈祖信仰的传播》，《宗教学研究》2018年第4期。

度分为两种：一是以陈淳为代表的反对派，认为妈祖并不符合"进入祀典的人格神生前有显著的道德功业"，而且与漳州没有任何的关系。二是陈宓却十分认可妈祖信仰，认可妈祖为正祀，有功于民；再加上宋代地方官员对民间宗教有较大的管理权力，且泉州在当时交通便利，海外贸易繁荣，更加促进了妈祖信仰向海外的传播。因此作者认为是朱子后学对妈祖信仰在当时的传播起到了重大的作用。

广州南沙天后宫建在以都市为指向的经济开发区，伴随着南沙从传统乡村到都市的空间转化过程、改革开放与两岸交流政策、商业开发和民众心理等多重动力，使得天后宫从一个披着民间信仰外衣、产权不明的地方性旅游景点，逐渐演变为一个区域文化品牌，从而走向珠三角天后信仰中心。杨培娜在《当代珠江口民间信仰发展机制的探讨——基于对广州南沙天后宫的深描》[1]一文中，通过对广州南沙天后宫演变过程的考察，认为其过程展示了政府行为、商业化、文化建构以及乡村都市化中人们心理需求之间的互动，并以此来说明民间信仰是可以在多重文化脉络下确立，通过竞争性融合并成为地方传统的机制的现象。

杜新燕在《巍山圣谕坛真官神信仰调查研究》[2]一文中，从云南巍山圣谕坛真官神信仰的田野材料出发，探讨当地如何把祖先变为真官神，又如何让祖先享有人事权、决策权、训导权等权利，揭示出祖先权利的实质是民间宗教组织圣谕坛的现代化生存策略，它将传统的扶乩降神与祖先崇拜结合起来，实现了乡村社会的生存与发展。

罗臻辉在《明末清初三一教在漳州传播考述》[3]一文中通过文献爬梳与田野调查的结合，考述了三一教在福建漳州传播的历史，从而发现在漳州不仅有三一教门人的活动，而且宦漳官员也与林兆恩及门人交游往来。作者又通过对漳浦宝珠岩、府城三教堂建立及其影响的考察，认为三一教的发展与当时漳州的社会文化思潮密切相关。

马志伟在《民俗文化空间的传承与变迁——贺州大平瑶族乡仁喜坪盘瑶打醮仪式田野考察》[4]一文中指出，贺州大平瑶族乡仁喜坪盘瑶打醮仪式是一种道教醮仪民俗化与汉瑶文化交融的具有悠久历史的民俗文化空间。然而在社会转型发展的当下，盘瑶打醮仪式的基本要素得以传承的同时也发生了变迁，与道教醮仪、西南地区其他族群打醮仪式等均有差异性，但是仪式本身所体现的祖先崇拜、鬼神观念等传统民间宗教的内核确是始终如一的。盘瑶打醮个案的考察亦说明民俗文化空间仍是一个民族生存和发展的重要文化根基。

苗族民间信仰历史悠久，自然崇拜和祖先崇拜特征明显。以酬神还原为目的的杀猪相关的法事是东部方言区苗族举办的最普遍的家庭祭祖仪式。谭志满、谭晓宇在《苗族杀猪还愿仪式的宗教内涵与文化意义——以湘西山江毛都塘村田野调查为例》[5]一文中，在田野调查的基础上认为苗族的杀猪仪式分为请神、酬神、送神三个阶段，整个仪式过程体

---

[1] 杨培娜：《当代珠江口民间信仰发展机制的探讨——基于对广州南沙天后宫的深描》，《宗教学研究》2018年第4期。

[2] 杜新燕：《巍山圣谕坛真官神信仰调查研究》，《宗教学研究》2018年第3期。

[3] 罗臻辉：《明末清初三一教在漳州传播考述》，《宗教学研究》2018年第1期。

[4] 马志伟：《民俗文化空间的传承与变迁——贺州大平瑶族乡仁喜坪盘瑶打醮仪式田野考察》，《宗教学研究》2018年第2期。

[5] 谭志满、谭晓宇：《苗族杀猪还愿仪式的宗教内涵与文化意义——以湘西山江毛都塘村田野调查为例》，《宗教学研究》2018年第3期。

现出苗族祭司巴岱熊的"中心"地位以及东部方言区苗族民间信仰的包容性，同时也反映出苗族成员追求社区和谐的心理素质。文章对东部方言区苗族杀猪还愿仪式的研究有助于深入了解苗族传统社会及其生活方式。

根据元代的文献记载，双忠信仰传入广东潮州潮阳县后，是暂寄于县城外东山麓东岳庙内，此庙可被视为该信仰的发源地。李国平在《广东潮阳县双忠信仰源起探微》① 中指出，东岳庙可能创建于宋咸淳间，创建之初庙内可能已经供奉张巡、许远，之后双忠信仰以"玄旌"显灵为主，占据庙旁的佛寺，匾额曰"灵威庙"。后世官绅则反复强调双忠信仰的"忠义"原型，凸显该庙与睢阳双庙的联系，以致其源起历史模糊不清。

"抱砖"是流行于陇中（甘肃中部）地区的一种丧葬习俗，即新坟立祖时墓券砖的安放仪式。陇中地区的"抱砖"习俗体现了民俗文化因时、因事、因地而变的特征，在下葬环节举行"抱砖"仪式是其独特表现。梁发祥在《陇中地区丧葬"抱砖"习俗发微——兼谈墓券文中"直符"神的演变》② 一文中指出，虽然张传玺先生归纳形成了墓券券文广例，并认为券文中的"直符"即"甲寅日别状"等"轮值主符神仙"。事实上，墓券中的"直符神"应为道教中的"随斗十二神"，具有奉命保护墓主、镇邪附魔的功效，而张传玺先生所列举的"甲寅日别状"实际为"时序鬼"，揭示了墓券文中"直符神"的书写，经历了由起初对"随斗十二神"的全部列举到后来的从中确定四位神祇为岁旨符、月直符、日直符、时直符的演变过程。

湘西苗族祖先崇拜是民间信仰的核心之一，既蕴含着远古的巫术文化，亦承袭了先秦的宗法制度，更与儒、道本土宗教相融合，具有巫、儒、道共生互补的特点。霍晓丽在《传承与发展：湘西苗族祖先崇拜研究》③ 一文中，通过对苗族民间信仰及其仪式的田野调查，认为湘西苗族的祭祖仪式蕴含了民众关于人与自然、人与人、人与社会之间关系的原始认知方式，践行着因血缘、地缘关系而形成的区域运行规则，在展演过程中实现了湘西苗族的国家认同。这也表现出在中华民族多元一体格局下，湘西苗族祖先崇拜呈现的国家大传统与地方小传统的互动过程。

提起民间秘密教门，绝不能绕开鲁西北地区。由于鲁西北地区自然生态脆弱，乡民之间的生存斗争成为社会常态，这不仅是地方社会动乱的重要诱因，亦使得社会关系复杂化。民间秘密教门就是这种社会关系复杂化的表现。李楠在《趁乱立足：美国公理会与山东民间秘密教门关系初探》④ 一文中研究了美国公理会与山东民间秘密教门之间的关系：民间秘密教门的跨地域性特征及其潜在的反政府倾向，使其成为清政府的打击对象。为了谋求生存和发展，鲁西北地区的民间秘密教门将眼光投向了基督教。美国公理会通过民间秘密教门人物的引导，在鲁西北的乡村获得了立足点。不过，作为一种制度性的宗教，基督教并不愿意为民间秘密教门提供政治上的庇护，也无意让基督教会民间教门化。美国公理会只是利用民间秘密教门的社会关系以揳入鲁西北乡村社会，希望建立基督教传教站来发展基督教的社区，而不是与民间秘密教门实现联合或融合。条约体制的保护以及

---

① 李国平：《广东潮阳县双忠信仰源起探微》，《宗教学研究》2018年第3期。
② 梁发祥：《陇中地区丧葬"抱砖"习俗发微——兼谈墓券文中"直符"神的演变》，《宗教学研究》2018年第3期。
③ 霍晓丽：《传承与发展：湘西苗族祖先崇拜研究》，《宗教学研究》2018年第3期。
④ 李楠：《趁乱立足：美国公理会与山东民间秘密教门关系初探》，《宗教学研究》2018年第1期。

信仰所带来的现实利益，使得不少乡民纷纷涌向教会，而其中就有不少民间秘密教门的人物。

从两晋开始，"仙骨"成为道教成仙理论中的重要元素。不少道教材料指出，只有具备仙骨者，才能受学重要经书，最终获得仙果。中国道教徒围绕仙骨信仰进行了大量的阐释，包括仙骨的特征、仙骨的成因及塑成方法、仙骨在成仙理论上的特殊意义等。白照杰在《炼骨成真：中古道教仙骨信仰研究》①一文中，通过对仙骨信仰出现的社会背景和道教语境、中古道教文献所描述的仙骨特征、中古道教有关仙骨成因的论述、仙骨在中古道教信仰中的特殊意义这四个方面对中古道教中仙骨的特征、塑成原因、特殊意义进行了梳理，呈现出中古道教围绕仙骨对积学成仙的讨论，将此世可修成真仙的认识与仙骨信仰结合，然后产生出炼骨和换骨的观念，并在宋元道教丹道文献中获得进一步的发展，对此后的文学作品和大众观念产生了重大的影响。

Gil Raz 在《地方道教：北魏道佛碑的实践社群》②一文中，利用人类学的方法来了解道教与地方社群这个宗教之间的差距，作者通过对以陕西、关中地区的六十多方北魏道佛造像碑为代表的道教社群的研究，然后根据经典道教所做的分类判断这些碑文的归属，来重新检验它们对道教与佛教保持着特殊观点的地方道教社群的可能性。

区域道教的田野调查在近一二十年来方兴未艾，得到许多研究者的重视与陆续投入。谢聪辉在《道坛传承谱系建构的资料与方法研究：以台湾、福建田野调查为例》③一文中，从家族宗谱中显示的记载建构，由道坛科仪抄本的内容与蜀称建构，由道坛保存的度法、填库、缴法史料与其他资料建构四个方面探讨了世业道坛道法内部的传承谱系的建构。

道教界的传统看法都认为魏华存信仰分布在南方，但是在河南西北，民间相信魏华存当年隐居修道于今天焦作地区西北角沁阳市紫陵镇北的阳洛山。赵昕毅在《豫西北民间的魏华存信仰》④一文中，利用方志中的金元碑文与没有收入地方志中的明代碑文的内容进行了细致的解读与研究，从而探讨了宋元明清之间紫虚元君信仰在华北的发展。

明末清初，罗祖教传入闽西，闽西佛教与罗祖教关系密切，晚清民国时期众多闽西高僧皈依罗祖教，视罗祖教为进入佛教的"方便法门"。李志鸿在《中国民间宗教与佛教关系新探》⑤一文中，通过对历史上佛教对中国民间宗教的影响、罗祖教辈分制与佛教临济宗宗谱、晚清民国时期闽西高僧与罗祖教、晚清民国时期罗祖教与闽西佛教道场的修复重建、虚云法师法脉与罗祖教、当代闽西佛教寺庙与罗祖教、当代闽西佛教协会与罗祖教等几个方面的梳理研究，认为佛教与罗祖教原本并非正与邪的关系，而应该是源与流、草根与精英的关系。

李志鸿在另一篇文章《三一教与道教雷法初探》⑥中，从九天应元雷声普化天尊与三一教仪式、三一教对白玉蟾丹道理论的吸收、三一教"金齿临，玉齿临"咒与道教雷法

---

① 白照杰：《炼骨成真：中古道教仙骨信仰研究》，《道教学刊》2018 年第 1 期。
② Gil Raz：《地方道教：北魏道佛碑的实践社群》，《道教学刊》2018 年第 1 期。
③ 谢聪辉：《道坛传承谱系建构的资料与方法研究：以台湾、福建田野调查为例》，《道教学刊》2018 年第 2 期。
④ 赵昕毅：《豫西北民间的魏华存信仰》，《道教学刊》2018 年第 2 期。
⑤ 李志鸿：《中国民间宗教与佛教关系新探》，《中国本土宗教研究》2018 年第一辑。
⑥ 李志鸿：《三一教与道教雷法初探》，《世界宗教研究》2018 年第 2 期。

密咒三个方面进行研究与讨论，认为三一教融合儒释道，将道教雷法"九天应元雷声普化天尊"吸纳进其神灵谱系当中，是其三教合一宗旨之表现。三一教经典《林子三教争雄统论》也大量吸纳雷法宗师白玉蟾真人的丹道理论。三一教仪式中盛行的"金齿临，玉齿临"咒应该与密宗真言咒语"唵齿临唵部临"相关，且与道教雷法的密咒化趋势相一致。

文昌信仰和二郎神信仰是古代氐羌部落与汉文化长期交流融合的结果，在漫长的历史中得到统治者的推崇进而推广到全国。曾传辉在《青海省贵德县文昌神和二郎神信仰考察报告》[①] 一文中，通过对文昌信仰和二郎神信仰的历史进行细致的梳理，对青海省贵德县的文昌神和二郎神信仰中的燔祭仪式进行了细致的考察，认为崇拜仪式除了煨桑、燃香、烧纸化纸、放鞭炮、游神、转经之外，远古先民的燔祭习俗也顽强地保留了下来。

以往对于惭愧祖师信仰的研究多是关于惭愧祖师信仰的由来、造型及社会功能。刘大可在《闽粤台客家惭愧祖师信仰的互动发展与文化认同——田野调查与文献记载的比较》[②] 一文中，通过田野调查，并结合相关历史文献，对闽粤台地区惭愧祖师信仰的来历、惭愧祖师信仰在台湾的传播与变迁以及两岸互动与文化认同等问题进行了新的探索，认为在改革开放后，闽粤台客家民间信仰有着频繁的交流，台湾同胞纷纷前往大陆的祖庙进香，这成为两岸交流中重要的一种文化交往。这种在民间信仰层面认同大陆、认同中华文化的倾向是一种尊重历史的行为，同时也是台湾客家人认同祖国的一种政治倾向。

历史上山西水资源丰富，有众多的河流、湖泊和泉水，形成了不同的区域历史文化。苏泽龙在《灌溉与稻作：晋水流域民间文化信仰研究》[③] 一文中认为晋水是晋祠难老、善利、鱼沼三泉汇聚而成河流的总称，晋水水量充沛稳定，灌溉历史悠久，其灌溉田地高峰时达千百顷，周围受益村庄三十余个，是当地的主要水源。晋祠水稻也因泉水灌溉久负盛名，历史悠久的稻作生产使得晋水流域生成并衍化出一系列文化信仰。晋水流域的老百姓供奉神祇众多，信仰体系繁杂，但无一例外地都打上了"水"的烙印，成为晋祠地区文化历史的一个重要特征。

苟波在《中国古代黄帝神话中的仪式和图腾研究》[④] 一文中，以神话—原型批判为基本方法，以古代神话故事的文本解读为依据，试图对中国古代的黄帝神话进行重新的解释和组合。从"黄帝战蚩尤"神话与"禳解仪式"、"黄帝西泰山合神"神话与"表现仪式"、《列仙传·黄帝》与"升仙仪式"三个方面的梳理和研究，认为中国古代的黄帝神话是以表现黄帝作为古代氏族领袖、巫师以及部落保护神的活动及信仰为基本依据的，并指出在春秋战国时期神仙思潮兴起的背景下，黄帝作为古代信仰中的"最高神"被纳入早期神仙传记的修仙范例之中，转化为神仙。这种成仙神话构成了古代仪式和图腾向宗教形态过渡过程中的原型演化形式。

发轫于江南地区的净明忠孝道，依托江西万寿宫，开启了其代有传承的以"忠孝"

---

① 曾传辉：《青海省贵德县文昌神和二郎神信仰考察报告》，《世界宗教研究》2018 年第 1 期。
② 刘大可：《闽粤台客家惭愧祖师信仰的互动发展与文化认同——田野调查与文献记载的比较》，《世界宗教研究》2018 年第 2 期。
③ 苏泽龙：《灌溉与稻作：晋水流域民间文化信仰研究》，《世界宗教研究》2018 年第 3 期。
④ 苟波：《中国古代黄帝神话中的仪式和图腾研究》，《世界宗教研究》2018 年第 5 期。

为核心的"净明八宝"宗教伦理。焦玉琴在《江西万寿宫与净明道商业伦理》①一文中，以广泛流传于江西乃至移居各地的赣民的净明道为个案，探讨中国道教对商业的伦理及其实际影响，认为净明忠孝道以"忠孝"为核心的"净明八宝"宗教伦理在江西移民社会中发挥着强大的凝聚作用。

张泽洪、秦选涵的《试论宗教性非物质文化遗产的有效传承方式——以岷江上游羌族"释比"传承为例》②一文，在赴岷江上游实地调查的基础上，以羌族"释比"的传承为例，运用人类学相关理论分析，从羌族"释比"传承的主要困境、羌族"释比"传承困境分析、"文化完形"和功能主义对"释比"传承的启发、羌族"释比"的"固态传承"与"活态传承"、对"文化包容"的反思这几个方面分析讨论了宗教性非遗所面临的问题，并提出了"固态传承"与"活态传承"相结合的解决思路。

南方的端公文化和北方的萨满文化是我国具有代表性的两种巫医文化类型，而端公文化在我国的西南地区有着广泛的分布。李世武在《西南地区"跳端公"的历史演变及人类学意义》③一文中梳理了西南地区"跳端公"的历史演变，认为其是以楚巫文化和氐羌民族从西北携带至西南的巫文化，兼及古傩文化为基础，并融合了道教及佛教的文化元素，是一种混合型信仰形态。文章同时对"跳端公"人类学意义进行了探讨："跳端公"以神灵信仰为基础，充分利用舞蹈、音乐、图像、诗歌等综合性艺术治疗手段，使得疾病和治疗的体验具体可感，在人与神交流、人与病患交流、表演者与观众交流三位一体的交流模式中，对病人进行积极的心理干预，从而起到心理治疗的作用。

赵翠翠在《民间信仰的公共化困境——以浙江海滨社区的民间信仰为例》④一文中，从海滨社区的概况、海滨社区的仪式性恢复与非遗项目、信仰传统与私人行动方式、偏向私人交换的人神互惠、村庄记忆与集体行动的缺失、民间信仰的私人性与公共性几个方面探讨了民间信仰的公共化困境，揭示出民间信仰虽能为民间公共生活提供一套价值观念和精神资源，但这一信仰形式却并不能将一个个"私人"真正得以连接，构建一种基于信仰而来的团体资源及其行动规则，反而因为现实生活中各种私人化的神人关系所主导的利益分隔，呈现民间信仰在传承和实践中的私人性与不稳定性。

皇天后土信仰起源于古代先民对天地的崇拜，是最古老的原始信仰之一。汪桂平在《试论清初满洲贵族的皇天后土信仰》⑤一文中，从满族先世及北方民族的天地崇拜、清初满洲贵族的皇天后土信仰与祭祀活动、清初满族皇天后土信仰的特点三个方面来论述清初满洲贵族皇天后土信仰的历史渊源、祭祀活动及其信仰特色。清初满洲贵族祭祀天地的仪式反映出满族对北方诸民族宗教文化的承袭，体现了满洲贵族对天地的无上崇拜。

梁琛、赵芃在《后土信仰的当代价值》⑥一文中，通过对后土信仰在中国优秀传统文化中的历史、地位等内容进行讨论，认为后土信仰彰显了中国古代对土地的崇拜，"尊天而亲地"有利于人们以各种美德回报"神地"之恩惠，同时为人们的价值观、世界观、

---

① 焦玉琴：《江西万寿宫与净明道商业伦理》，《世界宗教研究》2018年第5期。
② 张泽洪、秦选涵：《试论宗教性非物质文化遗产的有效传承方式——以岷江上游羌族"释比"传承为例》，《世界宗教文化》2018年第1期。
③ 李世武：《西南地区"跳端公"的历史演变及人类学意义》，《世界宗教文化》2018年第1期。
④ 赵翠翠：《民间信仰的公共化困境——以浙江海滨社区的民间信仰为例》，《世界宗教文化》2018年第1期。
⑤ 汪桂平：《试论清初满洲贵族的皇天后土信仰》，《世界宗教文化》2018年第3期。
⑥ 梁琛、赵芃：《后土信仰的当代价值》，《世界宗教文化》2018年第3期。

人生观、道德观的形成和各种文学艺术创作提供了丰富的素材和思想源泉，奠定了雄厚的文化基础。后土信仰对于不断满足人民群众日益增长的精神文化需求具有积极意义。

李志鸿在《后土信仰与中国民间信仰》[①]一文中，从明清民间信仰无生老母与后土信仰、河南的无生老母与后土信仰、民间信仰宣卷仪式中的后土信仰三个方面进行研究讨论，认为后土信仰在民间社会的影响重大，与无生老母信仰也有着密切的关系。无生老母是明清民间信仰教派构造出来的一位至高无上的尊神，在历史上，民间信仰教派与全真道交涉颇多，不仅传承全真道的丹道，也传承了全真道的斋醮仪式。在无生老母"化身"传说神话的影响下，为后土老母等十二老母的出现做了铺垫，集无生老母与众多老母、娘娘等神佛系于一身，也是民间信仰"全神"观念的体现。

张鹏在《从汉武故事到民间崇祀：汉唐后土崇祀的变容》[②]一文中，认为汉武帝的汾阴后土祭祀具有丰富的方术内涵，虽然其确立了汉代后土的国家祭祀，但很快被废黜，因而被后世称为不合古礼的"汉武故事"。作者从早期后土神格、汾阴后土祠的建立与"汉武故事"、唐代后土祭祀的变容三个方面考察了后土祭祀由国家走向民间崇拜的过程，认为不同于正统后土祭祀的信仰系统在受到民间信仰的影响后，最终形塑了唐宋后土崇祀的样态。

王博在《"一定之规"——论唐代后土祭祀的政治投射》[③]一文中认为在唐代的国家礼制中对后土的祭祀分为两个层面：授度长安北郊的方丘（皇地祇）与山西汾阴的后土祠，两者本为一体，遥相呼应。作者从《大唐开元礼》中的后土祭祀、唐代后土祭祀的实施两个方面对两个地方的祭祀情况进行考察，认为前者已经流于形式，以"有司摄事"方式实施，而山西汾阴后土祠则因为距离较远，因而一旦由皇帝实施亲祀，远受瞩目。

王木娘在《西汉国家祭祀中所见后土地祇之典与礼》[④]一文中认为"后土"的概念、信仰及祭祀有着其独特、相互交织的发展脉络。作者从西汉国家祭祀的递变、祭祀后土之典故、祭祀后土之礼制三个方面梳理了历史上与后土祭祀相关的文献记载，对西汉国家祭祀中的后土地祇的典故与礼制进行了再现。

赵伟在《明初蒋山法会考述》[⑤]一文中通过对朱元璋与洪武元年至五年举行的蒋山法会加以考述，认为作为明初佛教护法及文臣之首的宋濂深知皇帝的扶持对于佛教发展的重大意义，并对历次的蒋山法会和参与的僧人进行了记载。作者认为蒋山法会的举办客观上促使佛教在明初获得了较大的发展，对于提高佛教徒融入政权的积极性、安定王朝初建时期的人心，进而维护明王朝政权的稳定发挥了重要的作用。

八 道教与艺术研究

随着道教研究的逐渐深入，学术界的研究方向已经不仅仅局限于道教本身，逐渐开始将研究的视野放大，将道教研究与其他学科研究相互结合。随着近几年相关研究的发展，

---

① 李志鸿：《后土信仰与中国民间信仰》，《世界宗教文化》2018年第3期。
② 张鹏：《从汉武故事到民间崇祀：汉唐后土崇祀的变容》，《世界宗教文化》2018年第3期。
③ 王博：《"一定之规"——论唐代后土祭祀的政治投射》，《世界宗教文化》2018年第4期。
④ 王木娘：《西汉国家祭祀中所见后土地祇之典与礼》，《世界宗教文化》2018年第3期。
⑤ 赵伟：《明初蒋山法会考述》，《世界宗教文化》2018年第6期。

道教与音乐、道教与绘画、道教与艺术等方面的研究逐渐形成了新的道教研究的分支体系。相关的专著亦是丰富：邢义田著的《话外之意：汉代孔子见老子画像研究》，谢波著的《画纸上的道境：黄公望和他的富春山居图》等著作的出版让人耳目一新。

谢波著的《画纸上的道境：黄公望和他的富春山居图》意欲在完整复建黄公望的生活际遇及信仰世界的基础上，探察成就黄公望及其艺术创作之至高地位与价值的特殊性何在，并进而于其信仰世界中为这种特殊性寻找根源，以重新解读和诠释大痴道人黄公望的艺术作品，尤其是《富春山居图》，证明其宗教信仰和艺术创作之间的关系。

过去不少学者认为自汉武帝罢黜百家之后，孔子与儒家地位达于独尊，这样的依据主要是根据文献而来，并没有注意到非文字的图像资料。邢义田在《话外之意：汉代孔子见老子画像研究》中将文献与图像相结合，分析了七十余幅孔子见老子画像，一窥汉儒和地方官员的所思所想。

中国古代版画在技术上是伴随着印刷术的产生而逐渐发展起来的，从出现就打上了传统文化的烙印，表现了中国传统艺术的审美观念。中国古代版画将"黑白"两种色彩语言的哲学意味表现得淋漓尽致，简洁纯粹而又变化无穷，质朴自然而又和谐圆融。陈婧男在《中国传统艺术审美观念——以明代道教版画为例》[①] 中通过对明代道教版画的独特韵味进行研究，认为其"刀味之美""木味之美""色彩之美""构图之美"彰显了中国传统艺术的审美观念，明代道教版画以其自身的特殊形式和内容传承与发展了中国传统艺术，具有独特的审美价值。

马臻是元代著名的道士诗人和画家。然而作为一名道士画家，除了《霞外诗集》，关于马臻的生平、师承、交友以及绘画作品等由于资料匮乏而难以有相关的研究成果问世。申喜萍在《元代道士画家马臻研究四则》[②] 一文中，通过梳理《藏外道书》中的有关资料，对马臻的师承、生平以及在道教界声名不显的原因等进行了系统的爬疏和研究，与此同时，作者还对其画论思想以及绘画作品也做了简单的勾勒和研究。

白娴棠在《永乐宫重阳殿重阳画传地狱思想的可能影响因素分析》[③] 一文中，对壁画中地狱的名称与警戒的内容进行了细致的研究，认为永乐宫重阳殿重阳画传中的地狱思想既接受了道教、佛教的影响，也可能接受了民间说唱、戏剧、笔记小说等地狱思想的影响，尤其是元杂剧中众神仙道化剧的影响。重阳画传"十"地狱的数量，可能与全真教之"十戒""十劝"思想有关，也可能与宋元时期"地府十王"之说的"十"有关。

唐代道教重玄学派的重要代表成玄英、李荣以重玄思想注解老、庄，其论著中包含大量的文艺美学思想片段。李裴在《唐代重玄学派文艺美学思想述略——以成玄英、李荣为例》[④] 一文中，从审美心态、言意之辩和文质观三个方面对二者散见的文艺美论进行梳理和总结，提出了重玄美学借助"空"观，发展了先秦道家美学思维方式，并进一步推进了言意问题，丰富和补充了儒家的"善—美"文质观，显示出中国古典美学思想在美的本质问题上的多元性和复杂性。

在早年流传至加拿大的平阳府某道观壁画中，绘有一位道尊造型的主要人物，海内外

---

① 陈婧男：《中国传统艺术审美观念——以明代道教版画为例》，《中国宗教》2018年第4期。
② 申喜萍：《元代道士画家马臻研究四则》，《宗教学研究》2018年第1期。
③ 白娴棠：《永乐宫重阳殿重阳画传地狱思想的可能影响因素分析》，《宗教学研究》2018年第3期。
④ 李裴：《唐代重玄学派文艺美学思想述略——以成玄英、李荣为例》，《宗教学研究》2018年第4期。

学者一度认为这个造型人物是老子。赵伟在《平阳府朝元图壁画道装主尊身份辨》①一文中通过对老子及道教朝元图像和相关文献的梳理，提出该道尊不可能是老子的观点，认为其造型人物应该是宋圣祖赵玄朗，同时指出平阳府壁画中的六御主神构制是宋代真宗朝遗留下来的六御朝元谱系的宝贵资料。

龙山石窟是我国现存规模最大的道教石窟群，充分展示了道教作为中国本土宗教的时代性和生活性特征。傅丽、黄杰在《龙山石窟——道教中国化的见证》②一文中通过对龙山石窟的研究，认为龙山石窟是汉族与北方少数民族相互借鉴、融合发展的体现，是民族融合的典范，同时也提供了宗教中国化的鲜活见证。

吕洞宾信仰在宋元明清四代流传，"剑"成为其最易辨识的符号，后来具有降妖除魔的宝剑就成了吕洞宾的象征，在"暗八仙"中成为吕洞宾的代表符号。干乾艺在《剑的"在场"与"缺席"——宋代文本与画像中的吕洞宾形象研究》③中通过对宋代文本中对吕洞宾的外貌、神奇能力及其法器"宝剑"的不同的描述进行梳理比较，同时又通过对宋代画像中的吕洞宾形象以及画像中法器剑的有无的讨论，显示出吕洞宾"地仙""隐仙"的不同形象。

赵伟在《高淳道教神像画中两组道教神祇身份辨识》④中通过对《酆都北阴大帝、判官、城隍和福禄寿三星图》中的人物形象以及配饰等进行对比研究，又对《雷公和风伯雨师图》中的神灵造型进行梳理，并与《明清道教神像画》《道法会元》中的记载进行比较研究，从而对高淳所藏道教神祇图像进行全面的了解，图像丰富，传承有序，影响深远。

壶天与洞天大致都是指以隐秘方式与现世相连接的某一神秘的宇宙空间，且与世间的构造完全相同。园林观念意义上的壶天和洞天观念共享类似的宇宙观意涵，但实际上两者的侧重点各有不同。壶天侧重于表达小壶中另有同构于现世之天地，然而洞天观念侧重于表达洞的转换功能。周努鲁在《"壶天"与"洞天"——道教对中国园林的影响》⑤一文中，通过对"壶天""洞天"的历史梳理，以及对其所侧重表达的意涵进行比较分析，显示了道教对中国园林艺术的重要影响。

梅莉在《岳阳楼与道教之关系探研》⑥一文中认为，岳阳楼在天下名楼与道家道教的吕仙传说、道教的推动之间存在密切的关系。作者通过梳理吕洞宾与岳阳楼之间的联系、道士与岳阳楼的管理历史，说明了吕祖的神仙文化乃是岳阳楼文化中的一朵奇葩，是岳阳楼颇具特色、同时也是不可或缺的重要组成部分。

永乐宫作为元代著名道教艺术殿堂，殿内壁画承载着诸多历史文化信息。其中，重阳殿壁画的构制与全真教关系最为密切。赵伟在《图中春秋——永乐宫重阳殿壁画中的法派意图》⑦一文中通过对重阳殿壁画和永乐宫碑刻中重阳祖师六大弟子排序差异的分析，

---

① 赵伟：《平阳府朝元图壁画道装主尊身份辨》，《宗教学研究》2018年第3期。
② 傅丽、黄杰：《龙山石窟——道教中国化的见证》，《中国宗教》2018年第4期。
③ 干乾艺：《剑的"在场"与"缺席"——宋代文本与画像中的吕洞宾形象研究》，《中国道教》2018年第6期。
④ 赵伟：《高淳道教神像画中两组道教神祇身份辨识》，《中国道教》2018年第6期。
⑤ 周努鲁：《"壶天"与"洞天"——道教对中国园林的影响》，《中国宗教》2018年第3期。
⑥ 梅莉：《岳阳楼与道教之关系探研》，《道教学刊》2018年第1期。
⑦ 赵伟：《图中春秋——永乐宫重阳殿壁画中的法派意图》，《中国本土宗教研究》2018年第一辑。

以及对重阳殿东壁"示现金莲""甘河遇真""传授秘语"和北壁西侧"度太古""太古传衣"等数幅图像布局的探讨，认为重阳殿壁画的构制具有明显的法派意图，其构制时段应为郝大通法派弟子孙履道执掌全真教时期。

刻奉神像，尤其是刻奉家祀神像是清代以来湖南中部地区人神交流的重要方式。巫能昌在《清代以来湘中神像雕刻原因初探》[①]一文中分析了法国远东学院湖南神像数据库收录的三千五百多尊神像及其开光文书意旨，从而发现湘中地区的民众在与超自然世界的家祀神明打交道之时最为关注的为一般性的家门清泰，其次为疾病和子嗣、后代的问题。文章亦对湘中地区家祀神像传统背后的逻辑进行了初步的探讨。

---

① 巫能昌：《清代以来湘中神像雕刻原因初探》，《世界宗教研究》2018年第6期。

2018年度基督宗教研究学科综述

唐晓峰

2018年国际基督教界持续关注地区宗教冲突、基督教世俗化、政教关系、社会伦理等问题，天主教界除一如既往地关注当代福传工作及第三世界天主教会之外，拉近与青年人距离、回应性侵风波以及中梵建交都成为年度关注热点话题；而在正教领域，无疑俄罗斯东正教会与君士坦丁堡教会之间的断交风波受到举世瞩目。国内基督宗教界除关注上述话题外，宗教中国化倡议持续对教会生活产生影响，新修订的《宗教事务条例》的发布对于基督宗教的存在现实无疑具有一定的形塑作用，中梵建交成为中国天主教会的新起点，中国东正教新增一位司祭也是2018年东正教发展的一大亮点。与上述国际国内基督宗教热点问题相呼应，中国的基督宗教研究在2018年也呈现关注现状及热点问题的特点，尤其是对基督宗教与政治、当代社会相互关联问题的研究成为2018年度的一大特色。当然因为受学科自身以及外部研究环境的影响，2018年度的基督宗教研究延续了2017年以来的一些转型趋向，成果数量有所减少，关于基督宗教的简介类作品有所增加，研究方向开始向历史文献类、国际影响性以及文学艺术类偏转，具体来说2018年度的基督宗教研究呈现以下几大特色。

一 基础文献编纂及相关研究成果较为突出

基础文献类整理与研究始终是中国基督宗教研究的弱项，除前些年中国社会科学出版社整理出版过《中华归主》以及黄山书社结集出版过《东传福音》外，最近几年，大象出版社出版的梵蒂冈图书馆藏明清中西文化交流史文献丛刊以及广西师范大学出版社出版的中国基督宗教史料丛刊颇受学界青睐。2018年度，广西师范大学出版社继续发行《英敛之集》（全二册）以及《美国明尼苏达大学图书馆藏基督教男青年会档案》（全二十册），另外国家图书馆出版社也在近期再版了《中国基督教年鉴》（全二十四册），这些成果均为中国基督宗教研究不可或缺的基础文献。此外基于文献基础的研究，在2018年持续了以往的热度。谭厚锋等撰写的《贵州基督教史》（中央民族大学出版社，2018年2月）、李守雷的《云南边疆民族地区基督教地域适应研究：以西双版纳地区为例》（中国社会科学出版社，2018年3月）、徐炳三的《"扭曲"的十字架——伪满洲国基督教研究》（科学出版社，2018年4月）、韩琦的《通天之学：耶稣会士和天文学在中国的传播》（生活·读书·新知三联书店，2018年10月）、薛熙明的《十九世纪以来广东基督教的文化扩散与整合》（民族出版社，2018年10月）先后出版。这一系列历史文献的编纂及著述几乎占据了2018年度基督宗教研究专著的半壁江山。同样在发表的学术论文中，此类研究也是主流，其中以陶飞亚的《中国近现代史与基督教》（《济南大学学报（社科学版)》2018年第5期),汤开建、周孝雷的《"后利玛窦时代"江西地区天主教的传播、发展与衰亡(1610—1649)》(《北京行政学院学报》2018年第3期),周伟驰的《民国时期对奥古斯丁的译介》(《世界宗教研究》2018年第4期),陈建明的《广学会的华人文字精英:编辑家兼作家谢颂羔牧师》(《宗教学研究》2018年第2期),黄剑波、杨漪的《基督教与中国西南"民族"意识的形成——围绕近代西方传教士的考察》(《文化纵横》2018年第2期),李玉良的《理雅各儒学研究、翻译与当代国际儒学传播》(《国际汉学》2018年第1期)为代表。

二 从历史文化脉络中对基督教进行简介和评判的成果增多

经过改革开放40年的发展,在文化自信的语境中,人们开始重新审视这种曾经给中国带来创伤,也带来现代科技、医疗的异质文化现象。2018年度出版的四本译作可谓这种审视的最佳表述。由著名历史学家、当代英国教会史研究领域中的杰出专家埃蒙·达菲(Eamon Duffy)撰写的《圣徒与罪人:一部教宗史》(商务印书馆,2018年7月)翻译出版。由阿姆斯特朗撰写的《神的历史》(海南出版社,2018年7月)一书中虽然涵括犹太教、伊斯兰教和基督教三教之"神",但对于人们简单明了地了解基督教的信仰简史颇有裨益。这些译著中以《基督教欧洲的巨变:1517—1648》(中信出版社,2018年12月)最具代表性,该书由新教研究重要学者马克·格林格拉斯撰写。作者认为宗教改革具有远超宗教范围的深远意义,由马丁·路德开启的这场表面上只关乎神学的改革颠覆了中世纪以来欧洲的基督教大同世界,从此,欧洲不再是一个团结于天主教会的信仰共同体,在短短一个多世纪中,成为发现新世界、征服新世界的地理实体"欧洲",走出中世纪,走上世界舞台的中心。在此专题研究成果中,吴德玉的《基督教:历史和文化》(时事出版社,2018年11月)以及多次再版的卓新平的《中国基督教基础知识》(宗教文化出版社,2018年6月)均强化了2018年度这一研究特色,即回归历史文化脉络、重新认识与定位基督宗教。

与此介绍相关,围绕基督宗教研究,有神与无神的问题再次成为学术界关注的焦点。陈鼓应早期著作《耶稣新画像》(中华书局,2018年5月)再次被重版印刷,恩斯特·布洛赫的《基督教中的无神论》(中国社会科学出版社,2018年1月)、戴维·麦克莱伦的《马克思主义与宗教:一种对马克思批判基督教的描述和评估》(天津人民出版社,2018年1月)也被国内学者翻译过来。

三 关注与基督宗教相关的国际问题及社会综合治理问题

早在2017年度,境外基督宗教研究成果明显较之前增多,2018年延续了这种势头,这不但表现在世界各国基督宗教历史研究领域,在现状领域亦然,不列颠宗教信仰转化问题、法国宗教战争、德国宗教改革均成为学者关注的热门话题,与此同时,社会学、人类学的研究已经走出国门,有了更广的国际视野,这方面可以赵萱的《"圣地"秩序与世界想象——基于耶路撒冷橄榄山基督教社群的人类学反思》(《世界宗教文化》2018年第3期)和郭佳的《基督教会在非洲国家政治危机中的角色评析——基于刚果(金)的个案研究》(《世界宗教文化》2018年第3期)为代表。

2018年之后，农村地区的基督教问题受到政府高度重视，学界也加强了这一领域的研究，以往基于社会学、人类学视角的研究，在2018年度明显侧重于基于社会管理角度的考量，李先明、马兴才的《当前基督教传播中的地域差异及其影响因素——基于曲阜及其周边地区的实地调研》（《世界宗教文化》2018年第2期）、李卫东的《国家治理视域下基督教中国化的探索与实践——以盐城为例》（《江苏省社会主义学院学报》2018年第2期），徐祖祥的《消解、交融与嬗变：云南少数民族基督教本土化实践的动力与路径分析》（《宗教学研究》2018年第2期）都是从这种立场出发的。类似的论文还有很多，其中少数民族地区的基督教研究自改革开放以来始终保持着受关注程度。

四 基督教哲学、文化对比持续受到学界关注，几部以书代刊继续发挥影响力

2018年度，教父哲学研究有两部力作问世，一为黄裕生的《宗教与哲学的相遇：奥古斯丁与托马斯·阿奎那的基督教哲学研究》（江苏人民出版社，2018年7月），另一部著作是吴功青的《上帝与罗马：奥利金与早期基督教的宗教—政治革命》（上海三联书店，2018年6月）。在文化比较与对话研究方面，有赵士林的《仁爱与圣爱：儒家道德哲学与基督教道德哲学之比较研究》（人民出版社，2018年2月）、侯杰的《基督教与中国社会文化》（宗教文化出版社，2018年4月）两部专著。另外，在基督宗教研究领域的几部刊物也得以顺利出版，其中包括张庆熊、徐以骅主编的《基督教学术》（第十八辑）（上海三联书店，2018年6月），中国社会科学院基督教研究中心主编的《基督宗教研究》（第22、23辑），张志刚、唐晓峰主编的《基督教中国化研究》（第四辑）等。

五 中国社会科学院基督教研究学科在2018年度所做的研究

2018年度，中国社会科学院基督教研究学科继续在基督宗教研究领域起到引领作用，2018年10月19—21日，基督教研究室与中国社会科学院近代史研究所社会史研究中心、北京大学中国社会与发展研究中心、中央民族大学宗教研究院、福建师范大学中国基督教研究中心在中央社会主义学院联合举办了"2018年度基督宗教研究论坛"，并出版业界最具权威性期刊《基督宗教研究》（第22、23辑）。同时由该学科主持的国家社会科学基金重大招标项目"《剑桥基督教史》（九卷本）翻译与研究"也在2018年初顺利结项。2018年度，基督教研究学科共出版专著2部，70万字；学术论文30篇，共34.63万字；学术资料整理和论文集编写12部，共481.1万字；译文1篇，1.5万字。这些成果除了继续以往基础性研究特色外，也兼顾了2018年度基督宗教研究的新趋势、新问题。这些研究主要集中在以下几个方面：

（一）马克思宗教观视阈中的基督宗教研究。在这个领域，基督教学科带头人卓新平研究员做了大量工作，他除了出版专著《马克思主义经典作家关于宗教的基本观点研究》（人民出版社，2017年12月）外，还发表了《马克思宗教观的形成与发展》《党的十九大对新时代宗教工作的指引》《"士"的担当与宗教学的未来》《宗教学研究的新时代与新任务》《习近平总书记关于宗教工作的论述的重大现实意义》等多篇论文。唐晓峰研究

员在这方面也发表了《深化基督宗教研究，发展具有中国特色的宗教学理论》以及《基督宗教研究的中国化发展及其宗教学定位》等文章。

（二）现状及对策研究。针对农村基督教发展这一热点问题，唐晓峰、段琦在近一个月实地调研的基础上完成了《中国农村基督教的现状与问题——以福建、浙江、河南等地农村为例》（《中央社会主义学院学报》2018 年第 3 期）一文，同时，针对中梵主教任命协议的签订，卓新平研究员、刘国鹏副研究员亦发表多篇相关文章，其中包括《对主教任命与中梵关系的新思宏论》《圣座与梵蒂冈城国》《从民国时期第一任南京本土代牧的产生看在华天主教本地化的挑战与困境》等文，另外在《中国民族报》针对中梵关系新进展所做的专栏中，任延黎研究员、王美秀研究员、唐晓峰研究员、刘国鹏副研究员均撰写了相关评论。

（三）历史文献整理与研究。在历史资料整理与研究方面，周伟驰研究员成果颇丰，他在 2018 年度主编《晚清西学丛书》1 套 7 部，"奥古斯丁哲学汉传文献整理与研究"获得国家社会科学基金一般项目立项。同时，他在 2018 年度还整理完成《奥古斯丁思想汉传文献汇编（近现代）》一书初稿，同时发表《民国时期对奥古斯丁的译介》《晚清西学东渐中的传教士译撰》《林乐知自历明证来历考》《晚清早期传教士对英美政治制度的中文介绍》等论文。刘国鹏副研究员在 2018 年度编写完成了 60 余万字的《民国天主教中国化文献选编》，同时其主持的国家社会科学基金一般项目"原传信部所藏中国天主教会文献资料目录汇编（1622 年—1938 年）"也在按计划推进中。唐晓峰研究员在其先期有关元代基督宗教研究文献整理基础上完成了《元代天主教考述》一文。

（四）基督宗教思想文化研究。基督宗教思想文化研究始终是基督教学科研究的强项，在 2018 年度，董江阳研究员和杨华明副研究员在此领域著述颇丰，董江阳研究员发表了《托马斯·杰斐逊建立的政教"分离墙"》《论个人宗教信念关联公共政治生活的合理合法性》《"阿米尼乌预定论之争"对于加尔文主义信仰的意义》等论文，他还撰写完成《美国政教关系模式反思》一文初稿；杨华明副研究员发表了《再洗礼派的历史溯源》《试析西欧中世纪基督教世界的内在张力》等文。在人物思想研究方面，她还撰写了《莫尔特曼的政治神学与反君士坦丁主义》《反君士坦丁主义：莫尔特曼与激进改革派》《哈沃瓦斯与反君士坦丁主义》等待发表的系列文章。在中国人物思想研究方面，唐晓峰研究员的《赵紫宸神学思想研究》（修订版）出版，周伟驰研究员发表了《王炳耀与中国近代政教分离思想的提出》一文。

（五）跨文化对比研究及学术资料编辑整理。在儒耶对比研究领域，石衡潭副研究员的《中西元典对读》（中国社会科学出版社，2018 年 4 月）一书是他多年关注《圣经》与《论语》对读的集大成著作。该书以《论语》为线索，以节为单位，与《圣经》相应章节进行对比，寻找共同点相似处，同时阐释各自的背景与理路，指出同中之异，互相参照与启发。此外，在学术资料整理方面，本学科主编了《基督宗教与中国社会：历史回溯与区域研究》（宗教文化出版社，2018 年 6 月）、《基督教中国化探究》（宗教文化出版社，2018 年 8 月）、《基督教中国化研究》（宗教文化出版社，2017 年 12 月）、*Toward a Shared Sustainable Future*，*The Role of Religion*，*Values and Ethics*（The Amity Foundation, Clear Cut Publishing and Printing Co. Hong Kong, 2018）等多部著作。

综观基督教研究学科在 2018 年度的研究成果，我们可以看到除在基础研究领域，基督教研究室起到学科引领作用之外,在马克思宗教观研究、国内外关于基督宗教热点问题研究、文化对比研究等领域均取得不俗成绩。同时在此过程中,本学科通过举办全国性的学术论坛、主办权威研究刊物,真正发挥了国内政、学、教三界进行宗教学研究的桥梁与纽带作用,而且这种影响力也不断扩及国际学界。

2018年度儒教学科发展综述

李晓璇

近几年儒教乃至儒学宗教性问题的研究在某种程度上来说仍然呈现多元的状态，儒学在意识形态领域的地位进一步厘定，以儒学为代表的中国传统文化复兴正式升格为国家战略的讨论，重建中国的政治哲学的话头，中西哲学比较在角力中前行，乡村儒学和灵根再植持续发酵，传统经典典籍持续升温，"五经""四书"等儒家十三经多次反复的诠释注解，等等。

一 2018年度儒教专著及论文概述

（一）2018年儒教著作概况

学术专著出新不断，傅佩荣著《傅佩荣的哲学课：先秦儒家哲学》（北京联合出版公司，2018年9月）出版，该书根据傅佩荣教授在台湾大学哲学系所授的"先秦儒家哲学"讲稿修订整理。书中依序介绍五大儒家经典《论语》《孟子》《易经》《大学》《中庸》要旨，系统串讲孔子的一贯之道、孟子的发挥完善，以及先秦历代孔门弟子的总结积累。在这个学习儒家思想的黄金时代，作者跳脱"秦政荀学"的限制，不做"阳儒阴法"的妥协，以哲学理性、学术良知、传即所习的态度完整呈现孔孟之道的真正精神与光辉。

曾亦著《儒家伦理与中国社会》（上海三联书店，2018年9月）出版，该书认为，对于儒家来说，道德法则如果不同时成为现实社会中的律条，则永远是软弱无力的，也谈不上真正的"经世致用"。因此，自汉以后，儒家通过学校和科举培养了一代又一代掌握《礼》与《春秋》的学者，而且，儒家基于对经义的理解，制定了一套具体、完备乃至琐细的律条，并在实践中积极执行和运用这些律条，从而使儒家成为类似"欧莱玛"那样真正掌握世俗权力的专家或学者。可以说，古代儒家无须通过实践经验来训练自己治国理政的能力，而只是诉诸对儒家经义的深入理解就足以处理包括法律、教育、社会乃至经济等各方面的复杂现实问题。

牟钟鉴著《儒道佛三教关系简明通史》（人民出版社，2018年5月）出版，该书从中华文化的整体视野出发，以儒、道、佛三教关系为着力点，梳理和探讨了三教和而不同、聚同化异、互补互渗、共生共荣的历史过程，并在此基础上提炼出两千年中华思想文化在动态中形成的基本结构，即"一、二、三、多"。"一"是儒家主导，"二"是儒道互补，"三"是儒、道、佛合流，"多"是包纳其他宗教和外来文化。作者将这种既有主体性又有开放性的文化交融之路概括为中华文化的"多元通和"模式。

李若晖著《久旷大仪：汉代儒学政制研究》（商务印书馆，2018年5月）出版，该书回到汉代，回到儒学政制的起点，力图揭示中华政制的真实内核。今文经学直接以家人之礼的亲亲来制定经国大典，未能奠定大一统王朝立国之基并展示其历史意义。代之而起的古文经学则致力于为现行体制辩护，激烈指责今文经学"推士礼以致于天子"，并以现行体制为基准，在儒学内构建超绝性的天子之礼。今古文经学的分歧实质上是君主制国体之下究竟实行何种政体。古文经学始则以《春秋》学居于礼学之上，将《春秋》之"尊尊"替换为秦制之尊卑，并进而以《周礼》为核心重建经学，由此糅合古今，形成了郑玄礼法双修与何休君天同尊的经学体系。至此，今文经学中对天子进行制约的"天囚"学说被抛弃，"丧服决狱"导致作为丧服根基的"报"之双向性伦理被置换为"尊卑"服从的单向性伦理。最终，标志"天下非一人之天下"的君相分权也随着丞相职权的萎缩以至罢废退变为君主专制。

杨吉德著《周易说解》（齐鲁书社，2018 年 5 月）出版，该书分为两篇。上篇为《解析周易》，下篇为《话说周易》。上篇《解析周易》从卦象规则和造字法的角度大胆提出了卦辞的真实内涵和原始字义。同时，笔者建立"四维解易法"的易学体系，提出了四条原则，一要符合周文王写《周易》的时代背景，二要有贯穿始终的卦象规则，三是解卦辞要符合字的构造义，四要体现周文王在每个卦辞中的深刻要义。下篇《话说周易》以故事的形式讲述了深陷羑里囹圄中的周文王将自己对商周两国战争形势和国家建设的纵深判断、战略思想、整体构思以明文暗码的形式赋予六十四卦辞当中，并将其传回周国，以此指导周国的军备战略和国家建设。虽然此解与传统注解不同，但从另一角度增加了周文王撰写《周易》的可信性。

吴震著《朱子思想再读》由生活·读书·新知三联书店于 2018 年 12 月出版。近些年来，阳明学研究如日中天，相比之下，朱子学研究却略显冷清。作为宋代新儒学的代表，朱子思想的丰富性仍有不断解读和展示的空间。面对当下"朱子学再出发"的学术呼吁，该书对朱子学进行了一次"重新解读"，旨在通过哲学史和思想史的研究进路，从朱子文本中"重新解读"出以往被忽略或被遮蔽的朱子哲学的意义。作者专门撷取了朱子"仁学""心论""敬论""工夫论""鬼神观"等典型问题进行了深入的专题史研究，以小见大，以点带面，以重现朱子思想的整体性意义。

上海古籍出版社 2018 年 7 月出版了余治平著的《周公〈酒诰〉训：酒与周初政法德教祭祀的经学诠释》，该书是首部探讨《酒诰》的学术专著。《酒诰》记录了摄政王周公对康叔、周族王室子孙及前殷遗臣戒酒、禁酒、止酒的严正训令。该书借助于历代注疏、训诂和义证之经学手法，通过扎实的文本解读而展现周王对酒的审慎态度，凸显早期儒家对酒所完成的道德建构、礼法规约和价值赋予，阐明酒在上古中国的政治禁忌。

生活·读书·新知三联书店 2018 年 4 月出版了赵金刚著《朱熹的历史观：天理视域下的历史世界》，该书为近年朱子思想研究中的新锐之作，突破了传统朱子学集中于理气论和心性论等范畴，将哲学与历史的视界打通，从历史哲学的角度重新理解朱熹的思想世界。该书在许多方面都实现了研究的突破和创新，一些思考和分析能发前人所未发；在材料的使用上，辨析的细密亦超过已有的相关研究；在观念提炼和总结上也较前人更为深入，体现出作者较强的创造性研究的能力和较高的学术水准。

徐洪兴著《唐宋之际儒学转型研究》由上海人民出版社于 2018 年 10 月出版，该书以哲学思想为研究进路，较全面地探讨了唐宋之际儒学转型这一历史过程。书中具体分析论述了唐宋之际儒学转型的思潮命名、任务主题、发展阶段、思想代表、理论建构、演变走向等重要问题。其重大的思想史意义在于回应了外来思想文化的挑战，从哲学上肯定了中国传统文化价值理想，它既是传统儒学转型的成功，证明了中国传统思想文化具有吸收、整合外来文化为我所用的能力，同时也是人类历史上一个典型的文化交流及文明对话双赢的例证。

中华书局2018年11月出版了邵秋艳著《早期儒家王霸之辨理论研究》，该书以理论架构而非历史叙述的角度研究早期儒家的王霸之辨，总结王道霸道的主要内容，梳理王霸之辨所关注的思想主题，分析其思想逻辑架构，探究王霸之辨在中国传统政治哲学及中国传统社会中的影响和意义，并以现代政治哲学的视角分析其理论得失，挖掘王霸之辨的积极意义，使其展现出思想的活力，以继承中华优秀传统政治智慧，借鉴于现代社会政治文明建设。

北京大学出版社2018年1月出版了程苏东著《从六艺到十三经：以经目演变为中心》，该书提出并解释了"经目"这一概念，并以历代"经目"的演变为核心，在文化史的背景下展开从"六艺"到"十三经"的专题史研究。该书的研究建立在充分的文献学基础上，以文化史为背景，将经目的研究与政治史、制度史、社会史等相关研究结合起来，全面立体地考察"经目"这一历史现象在传统社会中的影响。同时，该书的研究也是在"当代史"的情景下展开的。

李竞恒著《早期中国的龙凤文化》由人民出版社于2018年12月出版。中国的龙凤形象作为文化符号早已经渗透在中华文明这片神奇古老的土地上，它们像中华悠久文明史中的一朵艳丽之花，绽放于世界每一个角落。该书从思想史角度考察了东周时代中国"轴心突破"大背景下龙凤文化含义的变迁，最终从巫觋的世界观中脱离而出，成为儒、道、墨等诸子人文观念中的象征符号。作者以其睿智独到的眼光和精湛的专业知识，在书中系统而深刻地诠释了中国早期龙凤文化数千年的漫长演绎过程。

中华书局2018年8月出版了郭齐勇著《中国人的智慧》。中国哲学史是中国人重要的智慧来源，诸子百家、佛教禅宗与宋明理学是中国主要的思想传统。该书即以此为中心，展开对"中国人的智慧"的探讨，涉及的主要代表人物包括：孔子、老子、墨子、孙子、孟子、庄子、惠施、公孙龙、荀子、商鞅、韩非、王弼、嵇康、慧能、马祖、朱熹、王阳明等。从理解经典出发，对思想个案进行探讨，体会先贤的问题意识、提问与思考方式、分析与解决问题的能力，以及面对理论与实际困境难题的应对方法，从中发掘丰富的人生、伦理、生态、管理等方面的智慧，进而走近古代大哲的心灵世界。

经历了2015年、2016年，尤其是2016年的《天府新论》编辑部联合四川省儒学研究中心举办的首届"两岸新儒家会讲"之后，2017年、2018年大陆新儒家的康有为研究依然注重康有为思想对当下问题的观照。复旦大学上海儒学院编《多元视角下的康有为问题（现代儒学第三辑）》（生活·读书·新知三联书店，2018年11月）收录了六篇有关康有为研究的论文，从不同的视角来考察康氏的思想与学术，并谨以此编纪念戊戌变法一百二十周年。编者所言，穿过康有为迷雾般的论述，我们还是可以看到，康有为复杂多变乃至自相矛盾的思想背后始终贯穿着一个基本的问题意识，即在面对三千年未有之变局，在西方世界全面进入中国之背景下，中国应如何建构一个现代民族国家体系，应如何走一条中国自己的道路。康有为的所有论述似乎都是围绕这一点而做出思考，而且给出了许多具体的设计方案。事实上，康有为式的思考在其后一百多年来从来没有断绝过，即便在今天仍然在我们这代人身上延续下来。当代学者对现代中国诸多问题的思考，无论是试图对现代性的反思还是接引，都可以在康有为那里找到源头、获得启迪。一百余年来，康有为的很多观点，特别是许多制度的设计，我们在许多具体的政治实践中都依稀可以找到其影子。当然，不只是正面的影子，也有反面的影子，但反面的影子仍然是康有为的影子。很多后人的具体政治实践表面上看好像与康有为是不一样的，但换一视角，则可以看到它们恰恰是从康有为的问题中引申出来的。也就是说，对康有为问题的解答可能不一样，但其问题意识是一样的。就今天而言，康有为的问题仍然是有意义的。虽然一百余年后的今天较之康有为的时代已发生了天翻地覆的变化，但是，古今中西之张力在今天仍然没有得到彻底消解，现代民族国家体系的建构在今天仍然存在诸多问题，康有为所担忧的问题在今天似乎并没有全部解决。就此而言，康有为的问题仍然是我们今天的问题。

任剑涛著《当经成为经典：现代儒学的型变》（社会科学文献出版社，2018年4月）出版，近年，儒学又一次成为中国的显学。但是儒学的自处之道似乎并未因此切中它应当占据的现代位置。作者提出留给儒学一个现代性理论建构的空间，促使它的政教面向适度分立，重建传统儒学具有的包容性，使其成为中国现代转型的动力因素，就成为儒学研究的目的性所在。这也是该书的意图所在。作者提出儒学研究应采取一种思想与社会积极互动的态度，以求深度切入现代中国建构的社会进程之中。这是儒学能够成功地从传统转进到现代的唯一希望。故该书采取近乎折中的研究进路：既高度重视传统儒学的现代价值，但绝对不采取传统儒学即现代体系的做派；同时又理性拒斥贬斥儒学的立场，而以现代中国建构为核心，支持儒学的重建尝试。

（二）2018年度儒教学术论文概况

赵法生教授《天命观视域下的西周忧患意识——西周忧患意识的重新解读》（《哲学动态》2018年第10期）一文通过梳理《尚书》《诗经》中的相关论述，指出周人敬的对象首先是天命，且敬的观念与畏、忌、不敢、无逸等概念密切关联，而对于天命无常以及天罚的畏惧是敬的根基所在。对敬与畏、忌等概念之间的内在联系，是徐复观没有注意到的，这使他不但忽视了西周人文精神与宗教信仰之间的内在关系，也对忧患意识的内涵和地位做出了有违思想史实际的解读。只有将敬与忧患意识置于天人之际的语境之下，周人的精神才能得到合理解读。

《轮回与超越：儒家经典教育的百年之变》（《齐鲁学刊》2018年第3期）一文指出，1912年，民国政府第一任教育部部长蔡元培下令废除学校尊孔读经，理由是"忠君与共和政体不合，尊孔与信教自由相违"。最近，山东省教育厅正在将儒家经典教育重新列入中小学国民教育的必修课，已经编纂了四套中华优秀文化教材，儒家经典教育似乎正在经历一个百年轮回，其中的历史意蕴值得我们深入省思。儒家经典教育在国民教育中的地位，与对儒学现代性的研判密切相关，二者差不多是一个问题的两个方面。

《乡村儒学与乡土信仰重建》（《孔子研究》2018年第2期）指出，传统乡村的人生信仰是一种由私塾学堂、宗族祠堂和民间道堂复合而成的精神生态系统，为传统乡村大众提供了安身立命之地。这一系统近代以来被摧毁，导致了乡村的价值真空和文化荒漠化，急需在乡村重建新的教化体系加以填补。该文通过对传统乡土文化的研究，结合当代乡村儒学的实践经验，提出了在目前乡村建构儒学讲堂、公共祠堂和民间道堂三堂合一的教化体系的构想，通过乡土文化的返本开新，为乡土文明重建提供了一条可资借鉴的路径。

《威仪、身体与性命——儒家身心一体的威仪观及其中道超越》（《齐鲁学刊》2018年第2期）提出，对于春秋威仪观的解读，学界一般将威仪等同于礼，实际上礼仪是仪式化的礼的规范，而威仪则是经由礼仪实践而呈现的身体气象，具有身心一体的特征，二者具有微妙却重要的差异，此差异指向了身体在礼乐文明中的特殊地位，与儒家早期性命思想密切相关。在春秋时期，身心一体的威仪被看作定命的方式，具有超越意义；同时又潜在地包含着孟子心性中"大体""小体"两个面向，对于后来的人性论发展具有重要影响。另外，基于身体的威仪观所体现的超越精神，既不同于单纯的外在超越，也不同于后来基于心性论的内在超越，而是一种身心兼容的中道超越，体现了早期儒家超越方式的特殊性。

《儒法之间——荀子的学术渊源和学派归属》（《宗教与哲学》2018年第1期）一文指出，荀子的思想综合儒、道、法、名家等各家构成，受儒法两家影响最深。其伦理观深受儒家影响，然后其礼论则是儒家礼的异化，在相当程度上近于法家之法；其政治哲学受法家影响更大，他所参照的政体以秦制为主。总起来看，荀子的天人观、人性论、伦理观和礼法观构成了一个广博的思想体系，这一体系更近于法家而非儒家。荀子独创了一套将儒家道德与法家政体相融合的理论，与其说他是先秦儒家最后一位大师，倒不如说他是先秦儒家的变异者和终结者。

《存在、性情与工夫——生活儒学之性情理论的贡献与局限》（《社会科学家》2018年第1期）认为，如果说朱熹的性情论是形而上学性情模式的理学表达，牟宗三对性情关系的解读是形而上学模式的现代心学表达，那么，黄玉顺的生活儒学客观上提出了二者之外的第三种性情关系模式，在把握原始儒家的性情关系方面迈出了关键的一步。但是，生活儒学的性情论述本身也存在局限。该文在生活儒学性情论的基础上深入考察先秦儒家生存论在性情关系方面的内涵与特质，探索它与形而上学性情思想差异的成因，指出它与海德格尔存在论的不同之处，进而深化了对原始儒学根本属性的认识。

任蜜林教授的《论董仲舒春秋公羊学的思想渊源》（《现代哲学》2018年第2期）认为，据史书记载，董仲舒所治《春秋》是公羊学。《公羊传》应是一位姓公羊的经师在其以前传经学者的基础上综合成书的，大概形成于战国末年。就孔子弟子看，子夏与《春秋》的关系最为密切。子夏之后，孟子、荀子对《春秋》重"义"的思想都有论述，而在《春秋》三传中《公羊传》最重视此种思想，因此，孟子、荀子思想对公羊学也有重要影响。此外，齐学对公羊学的影响也不容忽视。正是这些因素共同促进了董仲舒春秋公羊学的形成。

邓红教授《董仲舒的春秋公羊学式历史哲学》（《衡水学院学报》2018年第4期）一文指出，董仲舒历史哲学的主要特征，在于从春秋历史的论述中醒悟到普遍意义的哲学思想，再将哲学思想运用于历史和现实政治生活，升华出了历史哲学的观点。董仲舒的作为历史理论的春秋公羊学的基本原理，带有强烈的政治主张和哲学意识形态，如大一统论、孔子改制论、三统说、华夷之辨、奉天法古论等。董仲舒春秋公羊学的哲学有着"天道化""阴阳五行化""大一统化""实用化"等丰富内涵。董仲舒对历史哲学的基本问题都用自己的春秋公羊学语言做出了论述：中国历史发展的规律是"不变"—"变"—"不变"之反—正—反命题；历史的主角是君主（圣人、王）；左右历史规律、拨动历史前进的最终动力是最高神祇或最高主宰的"天"。

郑济洲教授《董仲舒公羊学的阴阳之道》（《衡水学院学报》2018年第2期）认为，董仲舒公羊学的本体论是天道之阴阳。董仲舒力图将汉王朝的政治生活建立在稳定的本体论之上。在《春秋繁露》中，董仲舒揭示了天道之阴阳与人性的联系，使公羊学的政治思想建立在稳定的人性基础之上。董仲舒公羊学所包含的礼治秩序、君臣关系、君民关系和托古改制等内容都立基于天道之阴阳。

郑琳教授《韩国高丽时期葬傩俗研究》(《文化学刊》2018年第2期) 一文立足韩国古代的傩文化，重点分析韩国的古代傩俗，特别是葬傩俗。韩国的驱疫和送葬是全部从中国引进的两大傩事，形式与中国大体相同，但葬傩俗的形式和相关史料记载却比中国的更加丰富。所以，该研究从葬傩俗发展的背景、火葬制度、送葬的程序及丧服四个方面对具有代表性的高丽时期葬傩俗进行探讨，介绍当时的葬制，揭示当时的历史背景、社会文化和政治经济状况，并进一步讨论当时中国对韩国社会在政治、经济、文化等多个层面的影响。

吾淳教授《马克斯·韦伯比较儒教与犹太教：未彻底祛魅的理性主义与彻底祛魅的理性主义》(《现代哲学》2018年第6期) 一文认为，在马克斯·韦伯深邃的思想中，理性是一个极其重要的问题；而其宗教社会学研究的一个重要任务就是考察不同宗教，确切地说，考察不同宗教"祛魅"之于理性的影响。韦伯判断一个宗教的理性化水平即祛魅程度主要依据两条标准，要之就是：对巫术斥逐的程度和对伦理依赖的程度。韦伯对儒教与犹太教都有过专门的论述，其中理性与祛魅主题可以说贯穿始终；蒐集这些论述并加以梳理，我们即可看出韦伯对于这两个宗教系统，进而，对于更多宗教系统祛魅程度或理性程度的基本看法。无疑，韦伯对于中国宗教的看法未必都正确，但是，其大的方向没有偏差，大的判断没有错误。该文由三部分组成，分别是一、儒教：未彻底祛魅的理性主义；二、犹太教：彻底祛魅的理性主义；三、其他因素特别是宗教伦理之于理性主义的重要影响。有意义的是，宗教理性化或祛魅化这一问题恰恰是与张光直"连续性"与"突破性"理论相吻合的，因此对这一问题的考察就不仅仅涉及宗教问题，而是会涉及更为深广的历史与文化问题。

陈爱平教授《儒道"阴阳和合"与佛教"因缘和合"比较》(《台州学院学报》2018年第4期) 指出，"和合"一词在儒教、道教中意义较为接近，尤其是在起源阶段，"和合"一词在儒教、道教中是同源的。佛教中使用"和合"也很普遍，与儒教、道教相比，"和合"一词有相近的意义，也有不同的含义。"阴阳和合"在儒教、道教中具有普遍的哲学、社会、宗教意义。在佛教中，"因缘和合"也具有普遍性。这两个哲学词语在儒佛道著作中存在互相借用的情况。

李华伟教授《儒教的国教化和窄化——康有为的"逆宗教改革"与梁启超的批判》(《探索与争鸣》2018年第9期) 指出，因传教士兜售的虚构的"教强国强"理论，康有为走上了孔教改革之路，但其方向与路德的宗教改革路径恰恰相反，可以称之为"逆宗教改革"。康有为前期所倡导的孔教改革得到梁启超的大力支持，然而，自1902年梁启超批判保教说以来，"流质易变"的梁启超终生坚持孔教非宗教的观点。康有为的保教和梁启超的批判反映了二人对宗教与民族国家关系模式的不同认知。而对宗教和民族国家关系模式的不同认知，决定了两人孔教改革路径的天壤之别。康有为的宗教改革，无论前期还是后期都没有贯通天道与人伦，作为神灵的天与孔子并不能呼应民众日常生活中的需求。这一问题当年的康有为未能解决，而今日的新儒家和儒教支持者也未能解决。梁启超将儒教狭窄化为"哲学"和"思想"的改革版本无疑需要反思，康有为将儒教国教化的路径更值得警惕。

李宗桂教授《儒学发展态势和前景展望——以2004年以来为范围》(《孔子研究》

2018年第4期）指出，最近十多年来，伴随现代化进程中人们精神需求的增长，伴随传统文化研究和传播在全社会的大力推进，儒学的研究和发展取得了长足的进步，态势良好，前景可喜。与此同时，也存在一些值得注意的问题，需要在进一步的研究和发展中加以解决。新世纪以来，随着传统文化热和国学热的升温，在弘扬中华优秀传统文化的旗帜下，儒学的正面价值日益受到官方、学术界和民间越来越多的肯定。

唐文明教授《实际生活经验与思想的路标——评张祥龙的儒学研究》（《思想与文化》第21辑，华东师范大学，2018年4月）分别从三个方面分析、评价了张祥龙的儒学研究。首先是方法论，指出张祥龙开创了儒教现象学的研究方向；其次是儒教的核心价值，指出张祥龙通过对孝与慈进行现象学意义上的时间分析，阐发了相当深邃的义理；再次是实践儒学的问题，指出张祥龙对现代性危机的深刻把握给予我们很大启发。

泽井启一教授《丸山真男与近世日本思想史研究》（《河北民族师范学院学报》2018年第3期）提出丸山真男把思想史定位在了"赋予意义的层次"，在与西欧社会推进近代化的参照中导入了从社会自身变化的相关关系中来把握思想的成立和展开这一明确的思想史方法论。然而在"近代化论"中，丸山并没有解决在儒教广泛影响的东亚社会中，何以只在德川徂徕学中产生了近代化的契机这一根本的问题；而在"古层论"中，丸山也无法说明何以被传到日本的儒教既产生了带来近代化契机的徂徕学，又带来了致使"古层"隆起的暗斋学派及仁斋学。因此虽然通过"古层论"的提出，丸山真男成为继津田左右吉和村冈典嗣之后日本思想史研究的正统后继者，然而"近世日本思想史"这一构想本身对于丸山是"不在"的，这是因为丸山将自己的研究限定在了日本这一"闭止域"之中。

苏珍教授《早期思想家对康有为孔教思想的批判及其当代反思》（《科学与无神论》2018年第3期）认为，康有为的孔教思想早在戊戌变法之初就开始酝酿。民国建立以后，面对政治的乱象和道德的普遍败坏，康有为试图通过将儒教设为宗教来拯救传统价值观沦落，并为民族国家的建设提供一种合法性基础。然而康的设想很快引起了极大反弹——陈独秀以《新青年》为阵地展开了一场"批孔反儒"的大论战。今天对康有为的孔教思想有了很多新的阐释，早期思想家对孔教思想的拒斥在今天抬高"孔教"思想的趋势下，坚定无神论思想，反对泛宗教化仍然具有重要的研究价值。

肖雁教授《西汉天命神学和儒学的选择及融合》（《华中师范大学学报（人文社会科学版）》2018年第6期）一文指出，董仲舒从天人感应论出发，论证了统摄一切的至上神"天"以"灾异谴告"和应瑞感诚而降"受命之符"表达天命意志，对传统天命观进行了具象化改造：一方面，把上天符瑞降祥的征兆表达变成了人的终极盼望与期待，突破了传统天命观于人而言抽象玄虚且无可感的理论界限；另一方面，把人对天符瑞降祥的盼望与期待又变成个体或者群体道德行为的实施动力，在实践层面上又回到了先秦儒家"以德配天"的德性路径。"受命之符"提示了君王使命的神圣性，敦促了为君者"法天之行""除民所苦"的社会责任之践履；他提出的"兴太学，置明师"等文化主张被汉武帝采纳，并以国家统一意识形态方式予以推广传播。董仲舒以外在宗教形式行儒家义理事项，承儒家实践精神之精髓，故依然是"儒者宗"。

二 2018 年度儒教活动情况概述

中国儒家传统文化博大精深，在生活方式和价值观念等方面对中国社会产生了重要且深远的影响。在新时期多元文化互相激荡的当代，对儒家思想进行发掘，对于中国文化自信和核心价值的建构具有积极的现实意义。阐释社会主义核心价值观的文章层出不穷，聚焦于社会主义核心价值与重视传统文化的关系。乡村儒学红红火火，根据央广网的报道，国家统计局山东调查总队2018年8月的一份调查报告显示，山东省基层公共文化服务水平明显提升，呈现"一高三好"态势，即：乡村文化建设获得评价高，农村思想道德建设宣传教育得好、农村优秀传统文化继承发展得好、农村公共文化建设巩固提升得好。调查中98.5%的农户对乡村文化建设满意，98.5%的农户反映传统文化在本村产生积极影响，96.5%的农户反映本村有文体广场而且正常使用。这些成绩的取得得益于山东省坚持"四个创新"，不断夯实基层基础，提高满意程度。据了解，山东省大力完善公共文化设施网络，全省1600多个乡镇和69000多个行政村中建成综合性文化中心和文化广场的超过95%。此外，山东省自2014年始实施"图书馆+书院"服务模式，建成尼山书院150个。在尼山书院带动下，又深入推进儒学讲堂建设。全省共建成城市社区儒学讲堂1604个，开展活动10500余场次；建成乡村儒学讲堂2.2万个，开展活动11万余场次。乡村儒学讲堂让基层百姓面对面接受优秀传统文化的熏陶，教育效果不断显现。几年来，全省尼山书院共培养并向基层儒学讲堂选派讲师1500多人，培育文化志愿者22000多人，发掘优秀民间艺人40000多人，壮大了农村基层文化服务队伍，确保了优秀传统文化的有序传承。

2018年1月6—7日，"现代新儒家心性论的探索与推进"全国青壮年学者学术论坛在厦门举办。该论坛由华侨大学和中国孔子基金会主办，华侨大学国际儒学研究院承办。来自北京大学、复旦大学、中山大学、武汉大学、同济大学等全国知名高校与科研机构的30余名中青年学者参加了此次会议。开幕式由华侨大学国际儒学研究院副院长杨少涵教授主持。复旦大学杨泽波教授就"仁体与时空"进行主题报告。杨泽波教授指出，在儒家学理系统中，以往研究未将仁体与时空联系在一起。如果对"仁体"进行深层次解读，可以发现仁体本身有着丰富的时间和空间因子，是一个不断发展的过程，"始终在路上"。对仁体时空性的解读不仅可以打破空头讲仁体的传统做法，更有助于检讨西方哲学本体观念的缺陷，从而为本体论研究拓展一个新的方向。随后，论坛分五场展开讨论，与会学者围绕熊十力、牟宗三、唐君毅等现代新儒家的心性问题展开了充分的发言和激烈的辩论。

2018年1月12—13日，由尼山圣源书院、国际儒联儒学与企业管理委员会、国际儒联教育传播普及委员会主办的"2018尼山新儒学论坛——儒学与东亚文化共同体"在北京中协宾馆会议厅举办。此次论坛由首尔大学哲学系教授、尼山圣源书院副院长郭沂主持，中国人民大学教授、尼山圣源书院常务副院长张践致欢迎辞，国际儒学联合会会长滕文生先生出席会议。来自中日韩三国的30余位知名学者就儒学在东亚文化共同体重建过程中的作用与价值等问题展开了深入的研讨，为东亚和平发展提供了学理的支撑与思想的启迪。

2018年2月9日上午，孔子研究院在儒学会堂举行迎春儒学会讲。海内外著名儒学、礼学专家齐聚一堂，围绕"中华礼乐文明及其当代价值"这一主题以及"礼乐传统及其特征""成人礼等人生礼仪""释奠礼与文庙祭祀""礼乐重塑与文化自信"四个子题展开深入探讨,与广大儒学、礼学爱好者面对面,共同畅谈、交流中华传统礼乐的光辉传统与当代价值问题。孔子研究院副院长刘续兵副研究员主持此次儒学会讲。孔子研究院院长杨朝明以"中国礼乐的本质与文化自信"为题做了开场演讲。孔子研究院特聘专家兼礼乐文明中心主任、山东省泰山学者、台湾佛光大学教授李纪祥,孔子研究院特聘专家、山东省泰山学者、北京大学教授干春松,孔子研究院特聘专家、济宁市尼山学者程奇立,孔子研究院特聘专家、济宁市尼山学者王钧林,孔子研究院学术委员会委员、清华大学教授方朝晖等与会嘉宾分别做演讲。

2018年4月28日,"儒学现代转型与儒家自由观念建构"学术研讨会暨《自由儒学的先声》新书发布会在山东大学成功举行。此次会议由山东大学易学与中国古代哲学研究中心、山东社会科学院国际儒学研究与交流中心联合主办,来自中国社会科学院、清华大学、华东师范大学、厦门大学、山东大学、山东社会科学院、山西社会科学院、北京航空航天大学、山东师范大学、曲阜师范大学、社会科学家杂志社等机构的近20位学者参加了此次会议。会议举行了简短的新书发布仪式,山东大学儒学高等研究院黄玉顺教授致辞祝贺郭萍博士的新书《自由儒学的先声》出版。随后与会学者以《自由儒学的先声》为引由,对儒学现代转型中的自由观念建构等问题展开了四场学术研讨。

2018年4月28—29日,由湖南大学岳麓书院主办的"天命与上帝:中西比较与儒耶对话"学术会议在岳麓书院召开。开幕式上,湖南大学副校长谢赤教授、中国宗教学会会长卓新平教授、武汉大学国学院院长郭齐勇教授出席活动并致辞,"湖南大学比较宗教与文明研究中心"同时正式揭牌成立。与会学者针对儒耶对话的可能性、中西信仰文化的异同、中西伦理道德的基础等论题进行了论述。

2018年7月14—15日,由中国社会科学院世界宗教研究所和中国人民大学孔子研究院联合举办的"中华丧葬礼仪的传承与改革学术研讨会"在北京召开。来自中国社会科学院世界宗教研究所、中国人民大学、北京大学、清华大学、北京师范大学、复旦大学、中央民族大学、安徽大学、华侨大学、山东师范大学、曲阜师范大学以及马来西亚道理书院等单位的50余名海内外学者参加研讨。会议由世界宗教研究所儒教研究室主任赵法生主持,世界宗教研究所赵文洪书记和中国人民大学孔子研究院彭永捷教授致辞,张立文、李景林、张践、谢遐龄、方朝晖、吴飞、唐文明、韩星、王庆新、项阳、丁鼎、解光宇、杨春梅、陈进国、何其敏、陈杰思等学者先后发言,就中华传统丧礼中的人文关怀和当代价值、目前殡葬业管理的理念误区、殡葬服务业应如何引入人文关怀以彰显人的尊严、海外华人在中华传统丧葬礼仪传承与转化方面的经验,以及当前殡葬管理业的现状与问题等进行了深入研讨。

2018年7月20—23日,由安庆师范大学马克思主义学院与南京大学哲学系、山东大学易学与中国古代哲学研究中心、江苏省儒学学会联合举办的"儒学当代开展的路径与问题"学术研讨会在安庆师范大学顺利召开。与会专家就儒学当代开展的路径、儒学与马克思主义、心学和易学的当代价值等问题进行了深入的研讨。

2018年8月7—9日,第五届中韩儒学交流大会在山东省邹城市召开。该届中韩儒学交流大会以"孟子与中韩儒学"为主题,在六场学术交流中,中韩两国专家学者围绕孟子的心性论、仁政思想、大丈夫的理想人格和孟子与孔子、孟子与庄子、孟子与荀子的思想比较,韩国孟学史的发展,孟母教子故事的现代价值等多个学术议题展开研讨,进一步拓展了孟子思想的研究深度,共同探讨孟子思想的传承普及途径。

2018年8月9—10日,清华大学国学研究院在清华甲所举行学术研讨会纪念宋明理学殿军刘宗周诞辰440周年。国学研究院院长陈来先生主持研讨会开幕式。30余位来自中国大陆、中国香港、中国台湾、韩国、马来西亚的专家学者围绕"刘宗周与明清之际儒学"主题进行了深入研讨与交流。

2018年8月25日,由清华大学中国礼学研究中心、嘉礼堂共同举办的第四届礼学国际学术研讨会在上海金泽工艺社顺利召开,来自国内外70多位专家学者与会。开幕式上设有《仪礼》复原研究汇报专场,由彭林教授主持。香港城市大学Jeffery Shaw教授,河南大学历史文化学院曹建墩,清华大学礼学研究中心马延辉、钟诚、罗婷婷分别以仪礼数字化体现,仪礼复原的车马、宫室、仪节、冠的形制为主题进行了主题汇报。

2018年9月15—16日,以"孟学与儒家学派的主要思想及影响"为主题的第二届国际青年儒学论坛在孟子故里山东邹城举办。来自中国、美国、英国等13个国家和地区的近百位青年儒学英才和儒学爱好者参会。该届论坛设立了"儒学研究新锐奖",鼓励和引导国内外青年学者积极投身儒学研究。

2018年9月17日,以"阳明文化的时代价值与世界意义"为主题的第三届中韩阳明文化交流研讨会在贵阳召开,中韩两国的30余名专家学者齐聚一堂,通过主题演讲、对话交流的形式,从不同角度、不同层面探讨阳明文化的时代价值与世界意义。

2018年9月26日,第五届尼山世界文明论坛在山东曲阜举行专题论坛"文化遗产保护与人类命运共同体对话会",来自中国、韩国、希腊等国家的专家学者齐聚孔子故里,共探人类命运共同体建设。当天,以"同命同运相融相通:文明的相融与人类命运共同体"为主题的第五届尼山世界文明论坛启幕,该届论坛设有"一带一路"与人类命运共同体的道路探索、责任与担当:迎接人类文明新时代、文化遗产保护与人类命运共同体3个分论题,开展3场高端对话、4场主题演讲、1个专题论坛和21场次分组对话。

2018年10月13—14日,由中国先秦史学会荀子研究会和邯郸学院联合主办、中国人民大学国学院协办的"荀子思想与道统重估"国际学术研讨会在邯郸召开。来自国内外高校和科研机构的专家学者80余人与会。与会学者围绕荀子的政治思想、哲学思想、清华简与《荀子》思想、荀学史、荀子研究的新方法等话题展开热烈研讨,涉及内容十分广泛。

2018年11月2—4日,由中国人民大学和韩国高等教育财团联合主办的"国际儒学论坛·2018"在中国人民大学举办。该届论坛的主题为"国际学术视野下的儒家思想"。来自韩国、日本、美国、英国等国家以及国内的120余位专家学者参加论坛。

2018年11月10—11日,由武汉大学中国传统文化研究中心主办的"礼学与中国传统文化"国际学术研讨会在武汉大学召开。来自中国大陆及港台地区、日本、韩国、美国高校及学术机构的70余名专家学者与会,围绕礼学文献研究、礼乐制度与古代国家治理、古代礼乐思想研究、礼仪实践与古代日常生活等展开深入研讨。

2018年11月25—26日,在习近平总书记视察孔子研究院五周年之际,由孔子研究院礼乐文明中心、曲阜师范大学中华礼乐文明研究所、中华孔子学会孔子后裔儒学促进委员会、洙泗书院共同主办的第四届全国书院高峰论坛在孔子研究院学术讲堂举办。来自全国各地书院、学术文化机构的60余位学者参加论坛。孔子研究院院长、洙泗书院院长杨朝明,世界孔子后裔联谊总会会长、中华孔子学会孔子后裔儒学促进委员会会长孔德墉出席论坛并致辞。孔子研究院副院长、孔子研究院礼乐文明中心副主任刘续兵主持开幕式。开幕式后，与会学者围绕弘扬中华优秀传统文化、孔孟思想的独特价值、书院发展等问题进行了分组讨论。

2018年12月16日上午，纪念张栻诞辰885周年活动在湖南大学岳麓书院开幕，来自中国人民大学、南开大学、武汉大学、四川大学、西安交通大学、湖南大学、湘潭大学、浙江省社会科学院等16所高校和科研机构的30余名专家、学者，以及张浚张栻思想研究会成员、张栻后裔代表20余人参会。此次纪念张栻诞辰885周年活动包括学术研讨会、座谈会、学术讲座三大板块，旨在传承和弘扬"传道而济斯民"的精神。活动为期一天，与会专家学者围绕张栻思想的内涵、张栻与宋代理学的发展、张栻与湖湘学派、有关张栻的其他研究等四大议题展开了深入讨论，并通过大会报告和分组讨论的形式交流经验、分享研究成果，促进学术交流与合作。

2018年12月29日，由西北大学文化遗产学院等共同主办的"祭天与古代文明"学术研讨会在西北大学开幕。来自中国社会科学院、中国科学院、中国文化遗产研究院等研究机构的代表100余人，围绕"祭天与古代文明"主题进行为期两天的研讨和交流，试图通过考古学独特的视角，从物质遗存中复原古人生活方式，以探索人类社会的发展规律和文明的演进。

2018年度伊斯兰教学科发展研究综述

李 林 韩 博

一 代表性成果

(一) 期刊文章

"伊斯兰教中国化"是近年来国内伊斯兰教研究聚焦的关键词。2017年以"伊斯兰教中国化"为主题的检索结果共有论文56篇,2018年有37篇[①]。张志刚、张祎娜主编的《"宗教中国化"研究论集》[②]一书收录了5篇关于"伊斯兰教中国化研究"的论文,分别是金宜久的《三论伊斯兰教在中国的地方化和民族化》、杨发明的《宗教中国化方向是中国伊斯兰教的必由之路》、高占福的《从外来侨民到本土国民——回族伊斯兰教在中国本土化的历程》、李林的《"教法随国论":伊斯兰教法中国化的本土经验与普遍意义》、杨文炯的《伊斯兰教在中国的本土化:适应、创新与根植》等。5篇文章从历史与现实、本土性和民族性的多元视角揭示出中国伊斯兰教的"中华性"以及伊斯兰教中国化的历史文化基础。

2018年度,"伊斯兰教中国化"主题的代表性成果有李林的《"教法随国论"——伊斯兰教法中国化的本土经验与普遍意义》,该文刊于《文化纵横》2018年2月号,主要观点包括:伊斯兰教法中国化的本土经验可概括为"教法随国论"即教法随顺国法,所谓"随顺"乃"教随人定,法顺时行"。文中通过六个问题予以探讨:一、何谓"教法随顺国法",二、如何理解"国法与教法之关系",三、中国社会是否存在国法与教法之争,四、"教法随顺国法"如何厘顺中国社会的政治权威与宗教权威之关系,五、"教法随顺国法"如何整合现代民族国家的国家认同与宗教认同,六、如何以伊斯兰教中国化的"教法随国论"化解宗教极端主义的"教法建国论"。"教法随国论"可总结为以下七个要点:"随顺国法论"、"教随人定论"、"法顺时行论"、"信仰在地论"、"政教互动论"、"认同统一论"以及"多元共体论"。"教法随国论"的本土经验亦具有世界性的普遍意义,揭示了在非伊斯兰的政治实体、文化社会中,伊斯兰教法(礼法)如何随顺适应社会的问题。中国的伊斯兰教法在长达千年的中国化进程中形成了以礼辅政的传统。明清以来,强调礼法化的教法在穆斯林群体内部发挥以礼明德、文化信仰作用,从社会层面而非政治层面参与社会关系协调与秩序构建。此本土经验对于重新审视现代民族国家中伊斯兰教与国家乃至宗教与国家的关系,都具有普遍性的启发意义。

[①] 2018年伊斯兰教类论文发表的统计数字,引自杨文炯《坚持宗教中国化方向:2018年中国伊斯兰教的主旨话语》。

[②] 张志刚、张祎娜主编:《"宗教中国化"研究论集》,宗教文化出版社2018年版。

《"教法随国论"——伊斯兰教法中国化的本土经验与普遍意义》一文的姊妹篇为《教法何以随国法?——从国法与教法关系看伊斯兰教法的中国化》。两篇文章,一史一论,一为历史进程,一为理论探讨。《教法何以随国法?》一文从中国政治与宗教关系的角度入手,在中国传统的"政主教从"的政教关系下,以中国穆斯林群体的历史实践为依据,将伊斯兰教法的中国化演变概括为"由俗而制,由制而礼"。该文为理解伊斯兰教中国化提供了新方向、新视野。

在民国伊斯兰教研究领域,马景在《回族研究》2018年第2期刊发《金吉堂先生与〈月华〉旬刊》。该文对我国著名伊斯兰教史研究学者金吉堂先生和《月华》旬刊的关系进行深入研究,在一手资料的基础上,深化了对以《月华》为主的民国伊斯兰教报刊的研究。

在苏菲主义研究领域,《世界宗教研究》刊发2篇文章。其中,李晓曈在《伊本·泰米叶与苏菲主义关系初探》一文中对著名教法学家伊本·泰米叶与著名苏菲修道团体的关系进行分析,澄清了被西方东方学家误读的伊本·泰米叶对苏菲主义的论述,强调伊本·泰米叶认可伊斯兰教兴起后三个世纪的苏菲及其思想,同时也给予了他们很高的评价,而不是如东方学家所宣称其"反对苏菲主义"的立场。王希在《理论苏菲学的体系架构和思想内涵》一文中借鉴当代国际学术研究成果,力图从定义、主题、问题、原则、方法、标准等方面概述其学科架构,并以存在论为基础具体探讨其"显化世界观"的基本结构和思想内涵。

(二) 专著

在国际关系、国际政治领域,2018年主要出版了以下著作。

方金英在《穆斯林与激进主义》[①] 一书中对穆斯林世界破坏性力量——激进主义进行了梳理,分别从理论和实践的不同角度对穆斯林激进主义的历史发展进行了研究,列举了不同时代激进理论家和实践者的言行,对激进主义的历史发展脉络的分析为当代反对激进主义、维护世界和平提供了历史借鉴,具有深远的意义。

刘中民在《当代中东国际关系中的伊斯兰因素研究》[②] 一书中对当前国际关系中与伊斯兰因素相关的重大问题进行深入全面的研究,并客观解读伊斯兰因素在当代中东国际关系中的作用。2018年8月新世界出版社出版了易卜拉欣·卡伦所著的《认识镜中的自我——伊斯兰与西方关系史入门》。该书以伊斯兰社会与西方社会关系发展历史为主线,对历史上伊斯兰世界与西方之间的互动关系进行了全面、客观、辩证研究。此外,相关著作还有李艳枝的《伊斯兰主义与现代化的博弈——基于土耳其伊斯兰复兴运动的个案研究》[③]、陈新明的《俄罗斯与中亚伊斯兰教》[④] 以及穆丹希尔·阿卜杜·惹希慕的《伊斯兰传统下的人权》[⑤]。

[①] 方金英:《穆斯林与激进主义》,时事出版社2018年版。
[②] 刘中民:《当代中东国际关系中的伊斯兰因素研究》,社会科学文献出版社2018年版。
[③] 李艳枝:《伊斯兰主义与现代化的博弈——基于土耳其伊斯兰复兴运动的个案研究》,中国社会科学出版社2018年版。
[④] 陈新明:《俄罗斯与中亚伊斯兰教》,社会科学文献出版社2018年版。
[⑤] [苏丹] 穆丹希尔·阿卜杜·惹希慕:《伊斯兰传统下的人权》,王永宝译,中国民主法制出版社2018年版。

在中国伊斯兰教研究著作方面，马志丽和丁耀全所著的《中国伊斯兰西道堂研究》[1]对清光绪十六年（1890）由马启西创建的西道堂进行了深入系统的研究，主要包括西道堂的地域特色和社会背景、宗教组织特点和功能、经济模式和商业精神以及教育理念等多个方面的内容。此外，2018年度亦出版了研究中国不同地区的伊斯兰教历史和文化的专著，如佟洵主编的《北京伊斯兰教史》[2]、贵州省伊斯兰教协会编著的《贵州伊斯兰历史与文化》[3]、孙鸣生所著的《青海伊斯兰教古建筑》[4]以及吴慧和金宏伟所著的《同向——上海伊斯兰教界纪念改革开放40周年》[5]。

在"一带一路"和经济金融方面，上海三联书店出版了冯征和黄平的《伊斯兰金融和伊斯兰资本市场概述》，该书从理论和实践两方面介绍了伊斯兰资本市场体系，填补了国内相关研究领域的空白。

二 这门学科会好吗？——2018年论文骤减与伊斯兰教学科趋势

近期有学者做过统计，无论相比于十年以上的长周期，还是最近三年的短周期，国内伊斯兰教类论文发表总数量都出现了大幅度下降。以2018年为例，截至2018年11月15日，在中国知网（CNKI）上以"伊斯兰教"为主题的检索结果共有论文396篇，是近17年以来（2002年以来）发表研究伊斯兰教的论文最少的一年。同时，与最近的2016年和2017年相比，大幅下降趋势更加明显，仅相当于2016年的38%和2017年的48%（参见图1）。[6]

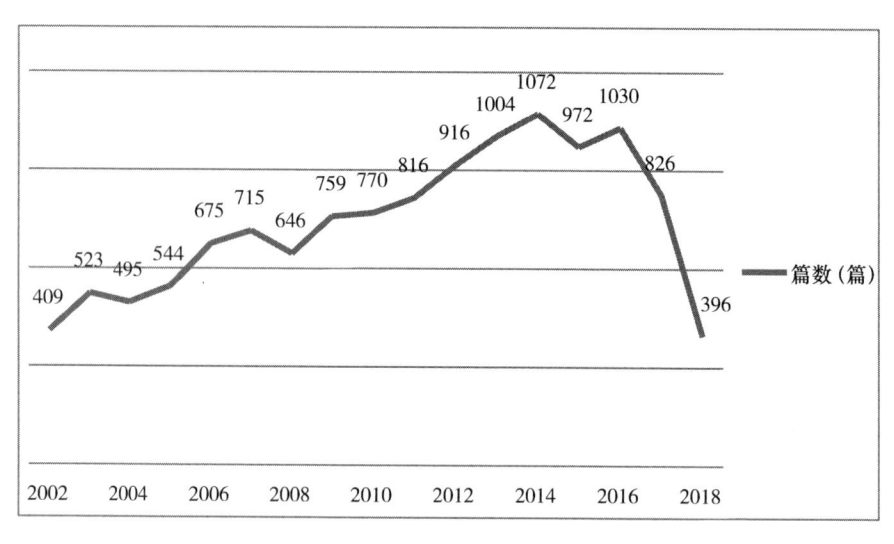

图1

---

[1] 马志丽、丁耀全：《中国伊斯兰教西道堂研究》，宗教文化出版社2018年版。
[2] 佟洵主编：《北京伊斯兰教史》，宗教文化出版社2018年版。
[3] 贵州省伊斯兰教协会编著：《贵州伊斯兰历史与文化》，贵州人民出版社2018年版。
[4] 孙鸣生：《青海伊斯兰教古建筑》，青海民族出版社2018年版。
[5] 吴慧、金宏伟：《同向——上海伊斯兰教界纪念改革开放40周年》，上海三联书店2018年版。
[6] 2018年伊斯兰教类论文发表的统计数字，引自杨文炯《坚持宗教中国化方向：2018年中国伊斯兰教的主旨话语》。

伊斯兰教研究领域最为突出的一个问题是，一些非学术性的难题严重束缚了该学科的发展，导致和加剧了伊斯兰教研究学科的边缘化和萎缩态势。比如，所谓的"三难"，即伊斯兰教学术研究的文章"发表难"、伊斯兰教研究学术著作"出版难"、伊斯兰教学术研讨会"召开难"。近年来，原有的"三难"问题不仅是久久得不到解决的"老大难"，而且似乎正在走入"难上加难、越来越难"的死胡同。

1. 出版难。近年来，伊斯兰教学术著作的出版被列入重大选题备案，审稿和出版的周期长、成本高、风险大，成为很多出版社都不愿意碰的"烫手山芋"。宗教类书籍出版难，而伊斯兰教类书籍出版更是难上加难。年过九旬的马通先生是目前伊斯兰教学术界最年长者，他不顾年迈体衰，强忍眼疾折磨，完成了80余万字的《中国西部苏菲学派史料选集》（内部印行），内容包括多年积累下来的未公开珍贵资料。此书对现阶段教派与门宦研究乃至统战、宗教工作都极具参考价值。这样一部既有学术价值又有现实意义的著作，最后还是无法正式出版，只能是"内部印行"。中国社会科学院荣誉学部委员吴云贵先生的《伊斯兰宗教思想家评传》一书的出版过程同样一波三折。马通、吴云贵两位先生是我国伊斯兰教研究公认的权威，就连他们也为"三难"所困扰，可想而知整个学科在出版方面所处的困境。

2. 发表难。伊斯兰研究文章的发表不易。原因是：第一，"出口"狭窄、有限。宗教学类刊物本来就少，而能够发表伊斯兰类文章的刊物更是少之又少，比如宗教类C刊中《世界宗教研究》《世界宗教文化》还能发表一些伊斯兰教研究的学术文章，其他刊物少之又少。第二，少数几个"出口"还在缩紧、减少。近年来在各种压力下，一些原设有伊斯兰教研究专栏的刊物开始压缩、删除伊斯兰教研究栏目。比如，老牌刊物《回族研究》调整后，发表导向变为增加民族学类文章，压缩宗教类文章，目前，已正式更名为《民族学论丛》。

3. 学科萎缩。由于出版难、发表难，部分伊斯兰教研究领域的学者特别是中青年学者逐渐转行，转到有关的区域国别研究、民族研究等领域。发表难、出版难成为导致我国伊斯兰教学科一步步萎缩的"致命伤"。

4. 最后，呼吁各方面务必重视我国的伊斯兰研究学科，应上升到意识形态安全和国家安全的高度来认识和理解伊斯兰教研究的重要性与必要性。众所周知，知识的匮乏必然带来现实的灾难。根据一些专门机构的预测，2050年伊斯兰教信徒数量可能超过基督教成为世界人口最多的"第一大教"，约占世界人口的三分之一。高密度人口带来的"外溢效益"将不可避免，各种政治、经济乃至宗教运动势必此起彼伏。在这一特殊历史时期，如不重视伊斯兰教研究，缺少必需的知识装备，则无异于"盲人骑瞎马，夜半临深池"，不"踩雷"是偶然的，"踩雷"是必然的。

目前伊斯兰教研究似乎走到了一个十字路口，处在危急关头，如不尽快重视我国的伊斯兰教学科，如不尽快采取措施，我国伊斯兰教学科必然进一步萎缩，乃至衰亡。2018年伊斯兰教研究类文章的大幅减少，说明这种担心已经在某种程度上成为事实。

2018年度宗教艺术学科发展综述

嘉木扬·凯朝　聂　清　陈粟裕　张小燕
娜仁娜　金延林　周　艳　梁建华

2018年宗教文化与艺术学科发展与研究主要体现在佛教艺术（包括各地佛教诸派艺术，如汉传佛教艺术、蒙藏佛教艺术、南传佛教艺术）、道教艺术与民间宗教艺术、基督教艺术以及伊斯兰教艺术等。另外，巴哈伊艺术的相关研究在2018年也崭露头角。具体综述如下。

一　佛教艺术

佛教艺术研究按照教派分为汉传佛教艺术、蒙藏佛教艺术、南传佛教艺术，每一个教派相关的研究成果按照艺术形态分为美术、音乐与舞蹈三个类别进行分述。

（一）汉传佛教领域

1. 汉传佛教美术

（1）基础材料的公布

基础材料包括考古报告、佛教艺术图录两种。考古报告方面，王奎著的《石窟之祖：武威天梯山石窟》[1]详细介绍了甘肃武威天梯山石窟的有关情况，对天梯山石窟的形制、造像信息予以科学的介绍。蒋晓春的《嘉陵江流域石窟寺调查及研究》[2]搜集整理了嘉陵江流域1702处石窟寺资料，并对调查过的10余处重要石窟点进行了详细介绍。释道坚著的《巴国佛踪——巴南区佛教遗址碑拓辑录》[3]对重庆巴南区上百处佛教遗址做了介绍，对碑刻拓片做了整理释读，并附以大量图片。四川省文物考古研究院编撰的《四川散见唐宋佛道龛窟总录　广元卷》[4]是在对广元市辖区内小型石窟、摩崖造像进行全面田野考古调查的基础上，以内容总录的形式呈现。此次调查涉及20处唐、宋时期石窟和摩崖造像群，共计26个造像点，189龛（窟）。此次调查有"贞观二十一年"（647）、"景云二年"（711）、"开元十八年"（730）等9处纪年题记，是研究唐代四川地区石窟造像的重要资料。2018年山东、山西、四川等地陆续有佛寺、石窟的考古发现，如宫德杰的《山

---

[1] 王奎：《石窟之祖：武威天梯山石窟》，甘肃人民美术出版社2018年版。
[2] 蒋晓春：《嘉陵江流域石窟寺调查及研究》，中国科技出版传媒股份有限公司、科学出版社2018年版。
[3] 释道坚：《巴国佛踪——巴南区佛教遗址碑拓辑录》，四川大学出版社2018年版。
[4] 四川省文物考古研究院编撰：《四川散见唐宋佛道龛窟总录　广元卷》，文物出版社2018年版。

东临朐大佛寺等四处遗址出土造像、经幢及石棺》[①] 公布了临朐县城大佛寺遗址出土的 30 余件东魏、北齐石质造像中具有代表性的 9 件以及唐开元十八年（730）经幢和金代鼓形座等珍贵材料。杨学勇、吴龙的《山西安泽上寨摩崖造像调查简报》[②] 公布了北齐河清二年（563）的上寨摩崖造像，现存两个像龛刻，是山西早期佛教传播的重要资料。李培林、李刚等的《山西忻州忻府佛教造像窖藏坑发掘简报》[③] 公布了 2013 年山西省考古研究所联合忻州市文物管理处对忻州古城窖藏坑进行抢救性发掘的成果。窖藏坑出土了 34 尊佛教造像，包括立式佛像、坐式佛像、立式菩萨像、骑象普贤菩萨、背屏式佛造像、跪式供养人像等。李健、田永兵等的《辽宁喀左卢家沟出土北魏佛教造像整理简报》[④] 公布了辽宁喀喇沁左翼蒙古族自治县 2006 年、2012 年两次征集的造像，共 14 件，确认了历次出土佛教造像的具体位置，判断了造像的基本题材。王丽君、张亮的《四川安岳高升大佛寺、社皇庙、雷神洞摩崖造像调查简报》[⑤] 对四川省安岳县东南部的高升乡天佛村大佛寺、社皇庙、雷神洞摩崖龛像进行了调查，大佛寺造像现存 5 龛，龛内有柳本尊行炼像、华严三圣像；社皇庙造像仅见 1 龛，龛内为华严三圣像；雷神洞造像仅存 1 龛，龛内有华严三圣、雷音像。3 处摩崖龛像的完整刊布为系统研究华严三圣、柳本尊行炼图等题材的演变补充了重要资料。赵莉的《俄罗斯国立艾尔米塔什博物馆藏克孜尔石窟壁画》[⑥] 公布了俄国艾尔米塔什博物馆藏的 20 世纪初俄国探险队从新疆直接揭走的壁画，其余为第二次世界大战后苏联红军从柏林运回的由德国考察队从新疆揭走的壁画，并对这些材料进行了石窟原位的对应。

佛教艺术图录方面有香川默识的《西域考古图谱》[⑦]，编者从大谷探险队三次所获文物、文书选出一些有代表性者，分为佛典、经籍、史料、西域文书、绘画、染织刺绣、古钱、印本、杂品等类。贾辉的《辽西古刹塔窟》[⑧] 细致选取了辽西地区历史悠久、规模完具、底蕴较深的 500 多座知名古刹塔窟，展现了辽西古老寺庙之面貌。杨平主编的《典藏中国（山西壁画）（精）》[⑨] 收录了以山西佛光寺唐代壁画、大云院五代壁画、开化寺宋代壁画、岩山寺金代壁画、芮城永乐宫道教壁画等为代表的山西地区著名寺庙、宫观的中国古代壁画。

（2）丝绸之路佛教艺术研究

随着"一带一路"倡议的推进，丝绸之路佛教艺术研究，特别是丝绸之路上体现的中西佛教艺术的交流是 2018 年的研究重点。张弛的《明月出天山：新疆天山走廊的考古与历史》[⑩]，通过新疆天山沿线的历史遗迹和遗物，特别是近三十年来新疆考古发现和历史研究的成果，阐述天山在古代中西方文化交流中的重要地位和作用。李翎的《鬼子母

[①] 宫德杰：《山东临朐大佛寺等四处遗址出土造像、经幢及石棺》，《文物》2018 年第 10 期。
[②] 杨学勇、吴龙：《山西安泽上寨摩崖造像调查简报》，《文物》2018 年第 12 期。
[③] 李培林、李刚等：《山西忻州忻府佛教造像窖藏坑发掘简报》，《文物》2018 年第 12 期。
[④] 李健、田永兵等：《辽宁喀左卢家沟出土北魏佛教造像整理简报》，《文物》2018 年第 8 期。
[⑤] 王丽君、张亮：《四川安岳高升大佛寺、社皇庙、雷神洞摩崖造像调查简报》，《文物》2018 年第 6 期。
[⑥] 赵莉：《俄罗斯国立艾尔米塔什博物馆藏克孜尔石窟壁画》，《文物》2018 年第 4 期。
[⑦] ［日］香川默识：《西域考古图谱》，浙江人民美术出版社 2018 年版。
[⑧] 贾辉：《辽西古刹塔窟》，社会科学文献出版社 2018 年版。
[⑨] 杨平主编：《典藏中国（山西壁画）（精）》，浙江摄影出版社 2018 年版。
[⑩] 张弛：《明月出天山：新疆天山走廊的考古与历史》，商务印书馆 2018 年版。

研究：经典、图像与历史》①为研究佛教中第一位女神诃利帝（鬼子母）的学术专著。作者借助图像学观察，从波斯文化中财富女神阿尔多克索化身为佛教丰产神的图像开始，阐释了鬼子母的图像学含义和图像样式的变化轨迹，进而对沿丝绸之路进入中国新疆及内地的鬼子母的图像学进行梳理，探析了这一佛教女神在中国文化大背景下的兴衰嬗变。李崇峰的《造型与技法——笈多艺术对中土佛像的影响》②认为，古代天竺绘画技法的核心是晕染，阿旃陀石窟晚期壁画采用晕染、点生和高光等多种技法，尤以晕染与高光合璧最为常见，整个人体造型立体效果明显。这种技法后来在龟兹和敦煌等早期石窟中广泛采用。此外，"张家样"创立者张僧繇537年在建康一乘寺画凹凸花，与阿旃陀晚期壁画的绘制年代大体相当。中土现存最早的纪年"凹凸法"画迹是大同新发现的469年绘制的石椁板。张惠明的《中古时期丝绸之路佛教艺术的施主意愿及其资助与艺术家的独创性》③认为5—10世纪丝绸之路沿线佛教绘画与雕刻遗迹表明，中古时期艺术家的艺术品创作除了受到佛教经典或图像仪轨的制约，还受到了作品的订制者——施主或供养人的意愿与所支付资金的限制。其通常表现为：首先，施主的祈望决定了作品的主题；其次，施主社会身份的高低与资金提供的多少直接关系到作品的规模与尺寸大小，甚至是形式。

丝绸之路西域北道、南道的佛寺石窟研究有李云、刘江的《新疆古代高昌地区佛教艺术中的弥勒信仰研究评述》④。该文将吐鲁番地区佛教艺术中的弥勒信仰按时间划分，对沮渠氏北凉高昌郡时期、麹氏高昌国时期、唐西州时期、高昌回鹘时期的研究成果进行整理并加以评述，为今后深入研究和探讨弥勒信仰在吐鲁番地区发展做了进一步准备。苗利辉的《汉传净土信仰在龟兹地区的流传——以龟兹石窟为中心》⑤结合库木吐拉石窟中净土图像讨论了唐代安西都护府的设置导致汉地文化西传，净土思想得以在龟兹地区流行开来。魏正中、庄妤的《龟兹石窟寺院中的连通建筑》⑥讨论了石窟寺院中连接单个洞窟、洞窟组合、区段等不同单元的建筑结构，包括前室、阶梯、甬道、小径和广场连通建筑的调查表明，石窟寺院乃是一处经过精心规划且功能完备的宗教聚落，连通建筑的存在使得寺院内不同单元之间实现了实际的或者象征性的连接。朱己祥的《鄯善和于阗古国佛寺壁画花纲人物图像分析》⑦着重分析了若羌米兰、于田胡杨墩佛寺遗址壁画中的花纲人物图像，以及犍陀罗浮雕同类图像的继承和发展情况，认为米兰图像大体沿袭了犍陀罗担花纲因素，胡杨墩图像已从担花纲模式解放出来，并界定了二者年代，进而指出，米兰花纲人物具有右绕供养佛塔的设计意图，其翘脚担花纲者造型反映了古印度特有的供养形式。邢露的硕士学位论文《法华经变图内容与艺术表现研究——以柏孜克里克51窟为中心》⑧通过详细分析柏孜克里克51窟法华窟中的法华经变图，展示其因处在交通要道而同时受到西域文化、中原文化、吐蕃文化而形成的独特经变画特征，并选取部分敦煌石窟

---

① 李翎：《鬼子母研究：经典、图像与历史》，上海人民出版社2018年版。
② 李崇峰：《造型与技法——笈多艺术对中土佛像的影响》，《藏学学刊》2018年第2期。
③ 张惠明：《中古时期丝绸之路佛教艺术的施主意愿及其资助与艺术家的独创性》，《亚太艺术》2018年第1期。
④ 李云、刘江：《新疆古代高昌地区佛教艺术中的弥勒信仰研究评述》，《新疆艺术》2018年第6期。
⑤ 苗利辉：《汉传净土信仰在龟兹地区的流传——以龟兹石窟为中心》，《丝绸之路研究集刊》2018年。
⑥ 魏正中、庄妤：《龟兹石窟寺院中的连通建筑》，《敦煌研究》2018年第2期。
⑦ 朱己祥：《鄯善和于阗古国佛寺壁画花纲人物图像分析》，《敦煌研究》2018年第4期。
⑧ 邢露：《法华经变图内容与艺术表现研究——以柏孜克里克51窟为中心》，硕士学位论文，厦门大学，2018年。

内的法华经变图与之进行对比分析,就高昌本地民族文化、吐蕃文化对该地法华经变画中佛教形象、构图形式、色彩搭配等方面的影响进行分析和讨论。

(3)石窟寺研究

石窟寺研究方面,敦煌艺术依然是研究的重点。宁强的《敦煌石窟寺研究》[①] 集中了敦煌研究方面的最新成果,全方位展示了各个历史时期敦煌石窟寺的历史沿革及艺术特色。张建宇的《汉唐美术空间表现研究——以敦煌壁画为中心》[②] 致力于在汉唐艺术"模拟形似史"的大背景下,运用风格学方法,以北凉至盛唐敦煌壁画之"空间表现"问题为切入点,把汉民族特有的空间表现方式与外来佛教题材的融合过程进行系统考察。荣新江的《贞观年间的丝路往来与敦煌翟家窟画样的来历》[③] 系统讨论了莫高窟 220 窟中新出现的佛教绘画样式,认为贞观十六年开始开凿的莫高窟第 220 窟中的长安画样是当时中原与敦煌文化交流的必然结果。沙武田的《敦煌西夏石窟营建史构建》[④] 分析总结了敦煌西夏时期洞窟的基本的营建特征,特别是统治者党项人也必然要参与到敦煌石窟营建当中来,而这一点更具时代特性。赵声良的《敦煌隋朝经变画艺术》[⑤] 基于对隋朝敦煌壁画中经变画的全面调查,试图对隋朝经变画在表现技法的发展等方面进行阐释,认为隋朝的最终形成源于六朝以来山水画、建筑画的发展而带来的空间表现技法的成就,而经变画的发展也推动了后来大画面经变中空间表现的日益成熟。张利明、张敏的《肃南上石坝河石窟第 3 窟壁画研究》[⑥] 对壁画的空间分布、题材选择、情节内容做了详细、全面的阐释与研究,不仅解读了所有的西游记壁画,还分辨了观音救难等画面。郑弌的《印度佛教美术考察笔记(上篇)——新德里藏斯坦因所掠绢画初步研究》[⑦] 对印藏敦煌绢画进行了调查,并对主要作品的题材、年代进行了辨析。

其他地区的石窟方面,除云冈、龙门等传统研究热点之外,2018 年四川地区的中小型石窟也进入了学者的研究视野。赵昆雨的《云冈石窟流失造像复位研究》[⑧] 通过对洞窟实地调查,并与流失造像图片资料反复比对研究,共使流布于日本、法国、美国、德国等的 29 件流失造像得以准确复位。杭侃的《云冈第五窟刍议》[⑨] 从石窟开凿施工的角度,参考相关工程遗迹,认为第五窟开凿时间较早,与献文帝有关,后因政治影响停工,主要造像完成的时间是孝文帝迁都洛阳之前。

还有造像方面的研究。李裕群的《大同新出北魏须大拏本生故事雕刻考》[⑩] 考证了山西大同文庙内出土一件雕刻有须大拏本生故事的北魏石建筑构件的图像与出现原因。常

---

① 宁强:《敦煌石窟寺研究》,甘肃人民美术出版社 2018 年版。
② 张建宇:《汉唐美术空间表现研究——以敦煌壁画为中心》,中国人民大学出版社 2018 年版。
③ 荣新江:《贞观年间的丝路往来与敦煌翟家窟画样的来历》,《敦煌研究》2018 年第 1 期。
④ 沙武田:《敦煌西夏石窟营建史构建》,《西夏研究》2018 年第 1 期。
⑤ 赵声良:《敦煌隋朝经变画艺术》,《敦煌研究》2018 年第 3 期。
⑥ 张利明、张敏:《肃南上石坝河石窟第 3 窟壁画研究》,《敦煌研究》2018 年第 3 期。
⑦ 郑弌:《印度佛教美术考察笔记(上篇)——新德里藏斯坦因所掠绢画初步研究》,《美术观察》2018 年第 5 期。
⑧ 赵昆雨:《云冈石窟流失造像复位研究》,《敦煌研究》2018 年第 5 期。
⑨ 杭侃:《云冈第五窟刍议》,《石窟寺研究》2018 年。
⑩ 李裕群:《大同新出北魏须大拏本生故事雕刻考》,《石窟寺研究》2018 年。

青、王振国的《龙门隋代和唐代贞观期龛像及其保守与多样风格》[1]认为唐太宗时期的龙门造像风格多样，还没有形成统一的时代风格，有些明显继承着北齐、北周、隋代的风格，有的风格甚至可以上溯到北魏晚期或东魏时期。另外，对一所具体造像龛而言，也往往表现为样式与风格的多样性，如有的龛中造像兼具北周、北齐风格。陈磊的《彬县大佛寺石窟再研究》[2]讨论了大佛寺发展历史，及其佛教造像之外的其他文化价值和艺术价值。彬县大佛寺石窟造像中以净土信仰主导，与法华、地藏等信仰相互交融。李浥的《四川宋代菩萨造像研究》[3]以安岳石窟菩萨群为研究重点，以现代图像学的观点为出发点，观察一个时代的区域风格形成以及与政治、经济、社会和文化传统的相互影响，在此基础上，总结出四川宋代菩萨造像艺术特点并得出结论。郭义君的《四川地区新繁龙藏寺壁画艺术研究》[4]从龙藏寺的历史概况、题材内容、艺术特征、价值意义四个方面进行了深入研究，使用图像研究法对新繁龙藏寺壁画的内容进行图像辨识，认为龙藏寺壁画的题材均来自佛教经典《华严经》，讲述了善财童子五十三参的参道与修行到二十四诸天、天龙八部护法与修持的功果引出西方净土的信仰。符永利、王守梅的《四川广安冲相寺定光佛龛像研究》[5]讨论了四川广安市肖溪镇的冲相寺石窟中开凿最早的定光佛造像，通过样式类型分析，认为此尊定光佛像在发展变化过程中属于简化类型，所饰的太阳纹头光在冲相寺石窟中有一定的典型性。陈晶鑫的《试论安岳大足地区与杭州地区罗汉造像的异同》[6]认为巴蜀的安岳大足地区以及江南的杭州地区是这一题材的两个主要的石窟造像中心，两地的罗汉造像虽然题材典出同源，但在实际造像风格、布局上却有着极大的差异。方珂的《宝顶山小佛湾诸事考》[7]依据小佛湾遗存的两块宋碑碑文，并结合其他材料与实地勘察，提出了个人对大、小佛湾修建年代、先后关系以及宗教流派的看法。魏正瑾、白宁的《南京栖霞山千佛岩石窟寺考古方法论的实践》[8]介绍了运用考古学的层位学、类型学方法获取现场考古资料，梳理历史文献形成石窟发展时间节点，运用考古学的方法进行类型分析、分组分期的排年，对洞窟开凿和重修的年代考证形成考古报告的过程。罗炤的《小南海及香泉寺石窟刻经与僧稠学行——"南朝重义理，北朝重修行"论驳议兼及净土宗祖师》[9]认为安阳小南海石窟和卫辉香泉寺石窟镌刻的石经保留下文献缺载的有关僧稠学行的原始资料，它们和敦煌写本P·3559（P·3664）的稠禅师《大乘心行论》都显示出僧稠既是人们熟知的禅修大师，又是一位高度重视，而且精通《华严经》核心哲理的义学高僧。

（4）个案研究

2018年在个案研究方面最为重要的成果当数侯旭东的《佛陀相佑：造像记所见北朝

---

[1] 常青、王振国：《龙门隋代和唐代贞观期龛像及其保守与多样风格》，《石窟寺研究》2018年。
[2] 陈磊：《彬县大佛寺石窟再研究》，博士学位论文，西安美术学院，2018年。
[3] 李浥：《四川宋代菩萨造像研究》，科学出版社2018年版。
[4] 郭义君：《四川地区新繁龙藏寺壁画艺术研究》，硕士学位论文，重庆大学，2018年。
[5] 符永利、王守梅：《四川广安冲相寺定光佛龛像研究》，《敦煌研究》2018年第6期。
[6] 陈晶鑫：《试论安岳大足地区与杭州地区罗汉造像的异同》，《石窟寺研究》2018年。
[7] 方珂：《宝顶山小佛湾诸事考》，《石窟寺研究》2018年。
[8] 魏正瑾、白宁：《南京栖霞山千佛岩石窟寺考古方法论的实践》，《石窟寺研究》2018年。
[9] 罗炤：《小南海及香泉寺石窟刻经与僧稠学行——"南朝重义理，北朝重修行"论驳议兼及净土宗祖师》，《石窟寺研究》2018年。

民众信仰》①，主要依据铭刻资料，并结合文献，采用"自下而上"的视角分析五六世纪高僧大德与知识阶层信徒之外的一般佛徒的信仰，试图弄清他们如何接受佛教进而探讨佛教对普通民众的思想与行为产生何种影响。在重新考察佛教流行北方的历史背景后，根据1600种有纪年及纪年可考的造像记，借助统计分析，辅以例证，具体展示了民众信仰对象的兴衰变化，剖析了民众对佛教的认识与追求，涉及生死观念变迁、大乘起义的心理基础、民众的社会观念等。于薇的《圣物制造与中古中国佛教舍利供养》② 是对5—9世纪中国佛教舍利供养活动及其遗物的专题研究。这一时期是佛教舍利信仰自中国初现并发展至顶峰的重要阶段，创造了无可比拟的物质遗存、视觉文化及宗教景观。借助于神圣的盛放容器及沟通宗教与政治空间的舍利展示与迎送仪式，"佛陀舍利"最终于8世纪初在中国成为至高权力的象征。余欣的《中古中国佛教仪礼与艺术中的琉璃》③ 综合运用佛教典籍、史志诗文、敦煌文献、图像资料、考古遗存中的相关史料，从琉璃在佛教"七宝"观念中的意义和仪礼中的实际使用状况入手，分析琉璃与其他宝物的整体关系，从佛教供养与法器的信仰实践揭示其宗教功能与象征含义。霍巍的《论成都出土的早期佛教天王像》④ 分析了成都南朝佛教造像中的4件天王像，讨论了其样式来源与南朝时四川与中原的佛教交流。《齐梁之变：成都南朝纪年造像风格与范式源流》⑤ 从四川出土的南朝纪年佛像入手，讨论了南齐、南梁时期佛教造像风格的演变与外来因素的作用。翟战胜的《西安碑林博物馆藏"石雕释迦牟尼降服外道造像"再探讨》⑥ 结合敦煌瑞像图，讨论了"释迦牟尼降服外道造像"的图像来源与降伏外道的图像意义。张雅静的《密教美术中的莲花与那伽》⑦ 认为佛教美术中莲花与那伽的组合始于舍卫城大神变题材，从6世纪前后开始在佛教美术中大量出现，一直延续至晚期的藏传佛教美术当中。除了现存的佛教美术作品，佛教经典中也多次提到这一场景，且描述背景均与早期密教绘画有关，证明莲花与那伽在佛教美术中的特殊性和重要性。尹曦娜的《元代景德镇窑青白瓷佛像研究》⑧ 认为这些元代景德镇生产的瓷塑佛像直接受惠于蒙古人对藏传佛教的信仰和对景德镇窑厂的赞助，同时这些瓷佛像也在元代宫廷的藏传佛教的仪式和典礼中被使用。齐庆媛的《论入定观音像的形成与发展》⑨ 从具有特定造型和内涵的入定观音像入手，梳理了以蒙头趺坐为特征的入定观音像的形成与发展。入定观音像造型在北宋晚期禅宗大发展的背景下，来源于打坐禅僧并被赋予禅定与般若意涵，两宋之际传布江南地区。南宋、元代造像增加了宝冠、璎珞等细节刻画，在江浙、江西、巴蜀等禅宗发达区域广为流传。

2. 汉传佛教音乐与舞蹈

2018年汉传佛教音乐研究主要涉及佛教音乐的历史文献研究、音声仪轨研究。首先，部分专家学者依然着眼于佛教音乐的历史与活态对接研究。如田青《"丝绸之路"传来的

---

① 侯旭东：《佛陀相佑：造像记所见北朝民众信仰》，社会科学文献出版社2018年版。
② 于薇：《圣物制造与中古中国佛教舍利供养》，文物出版社2018年版。
③ 余欣：《中古中国佛教仪礼与艺术中的琉璃》，《复旦学报（社会科学版）》2018年第6期。
④ 霍巍：《论成都出土的早期佛教天王像》，《考古》2018年第8期。
⑤ 霍巍：《齐梁之变：成都南朝纪年造像风格与范式源流》，《考古学报》2018年第3期。
⑥ 翟战胜：《西安碑林博物馆藏"石雕释迦牟尼降服外道造像"再探讨》，《丝绸之路研究集刊》2018年。
⑦ 张雅静：《密教美术中的莲花与那伽》，《世界宗教研究》2018年第4期。
⑧ 尹曦娜：《元代景德镇窑青白瓷佛像研究》，《华夏考古》2018年第4期。
⑨ 齐庆媛：《论入定观音像的形成与发展》，《敦煌研究》2018年第4期。

佛教音乐——以"摩柯兜勒"曲为例》[1],着重谈论了丝绸之路带给中国的广泛影响,其中张骞带回的重要佛教音乐文化《摩柯兜勒》曲可谓是意义深远。故该文对"摩柯兜勒"的概念、历史来源进行探究,以此窥探其在中国历史音乐文化中的发展痕迹。邹雅秋硕士学位论文《北魏汉译佛经中的音乐史料研究》[2]对北魏16部佛经汉译中的音乐史料,包括供养音乐、诵经音乐、说法音声展开论述。黄崑威《略论北朝的佛教音乐——以民族融合为视角》[3],刘琳、王红萧《辽代佛教音乐史料探析》[4]以北朝、辽代为历史背景,对佛教音乐的传播与发展情况进行阐释,以图进一步探究佛教音乐的多元性特点。赵月《佛教音乐从印度到中国的转变》[5]一文,通过追溯佛教音乐"梵呗"的历史源流问题,力图窥探佛教音乐的本土化、中国化特征。

其次,佛教音乐的研究综述。如刘正阳《近五年国内佛教音乐研究述略》[6]、王莺晓《近三十年汉传佛教音乐述评》[7]、陈福伟《从四本专著看中国佛教音乐的学术研究概况》[8]、李菲《近十年魏晋南北朝时期佛教音乐研究综述》[9]、张禄《大相国寺佛乐传承与发展现状》[10],上述文章分别从汉传佛教研究的发展状况、未来展望、研究意义与价值等方面进行研讨。郭娜《我国佛教音乐研究活动的开拓者——对袁静芳教授"佛教音乐学术研讨会"的几点认识》[11],主要对"佛教音乐学术研讨会"的研究主题、研究成果、研究内容、研究价值进行阐述,指出近几年佛教音乐研究呈现的多元化、多样性趋势。同时指出袁静芳教授作为亚太地区佛教音乐研讨会的开拓者,以其大量的学术成果为中国汉传佛教音乐文化的深入研究提供了重要的支撑,为引领中国佛教音乐的积极发展做出了重要贡献。

有关仪式音乐本体特征、传承与发展相关研究成果有:陈华丽、林恺琪《肇庆鼎湖庆云寺佛教晚课仪式及其音乐分析》[12]一文,主要对庆云寺晚课仪式的腔调语言(南腔、北腔)特点,法器特点,器乐、声乐特点进行分析与研究,以此揭示庆云寺仪式音乐的传承与演变。狄其安的《中国汉传佛教梵呗唱词的文体与音乐特色》[13]分别从梵呗的文体、音乐结构、旋律特色、节奏与节拍等方面做了简要介绍,并强调了梵呗保护与发展的研究意义。傅暮蓉《曹植与"渔山梵呗"考辨》[14]主要对史料记载中的曹植创作"渔山梵呗"这一问题进行剖析,并试图通过梵汉对译—反切注音法、中国传统乐歌和梵呗进

---

[1] 田青:《"丝绸之路"传来的佛教音乐——以"摩柯兜勒"曲为例》,《人民音乐》2018年第10期。
[2] 邹雅秋:《北魏汉译佛经中的音乐史料研究》,硕士学位论文,南京师范大学,2018年。
[3] 黄崑威:《略论北朝的佛教音乐——以民族融合为视角》,《法音》2018年第12期。
[4] 刘琳、王红萧:《辽代佛教音乐史料探析》,《艺术百家》2018年第5期。
[5] 赵月:《佛教音乐从印度到中国的转变》,《中国宗教》2018年第5期。
[6] 刘正阳:《近五年国内佛教音乐研究述略》,《中国民族博览》2018年第10期。
[7] 王莺晓:《近三十年汉传佛教音乐述评》,《大音》2018年第1期。
[8] 陈福伟:《从四本专著看中国佛教音乐的学术研究概况》,《中国民族博览》2018年第9期。
[9] 李菲:《近十年魏晋南北朝时期佛教音乐研究综述》,《重庆交通大学学报(社会科学版)》2018年第1期。
[10] 张禄:《大相国寺佛乐传承与发展现状》,《大众文艺》2018年第16期。
[11] 郭娜:《我国佛教音乐研究活动的开拓者——对袁静芳教授"佛教音乐学术研讨会"的几点认识》,《音乐生活》2018年第1期。
[12] 陈华丽、林恺琪:《肇庆鼎湖庆云寺佛教晚课仪式及其音乐分析》,《黄河之声》2018年第14期。
[13] 狄其安:《中国汉传佛教梵呗唱词的文体与音乐特色》,《北方音乐》2018年第8期。
[14] 傅暮蓉:《曹植与"渔山梵呗"考辨》,《人民音乐》2018年第7期。

行举例分析,指出曹植创作"渔山梵呗"的路径是依据反切注音法传播"渔山梵呗",但一定不是中国佛教音乐的始祖,也不是"改梵为秦"的第一人。同时还指出,佛教音乐华化的创始人另有其人。该文研究思路深入、史料丰富、文脉明晰。张鑫《佛教文献"禅门日诵"中的音声》[①] 主要对"禅门日诵"音声中的赞、偈两种形式进行分析与研究,以此了解中国汉传佛教梵呗在法事仪轨中的应用情况与艺术价值。

吴洁《丝路佛教乐舞图像之流变研究——以十六国北朝时期三大石窟伎乐天人的类型为例》[②] 一文通过对地居天的伎乐、兜率天的伎乐、他化自在天的伎乐类型进行分析,揭示"天"体系中的地位,明确身份来源,继而深入探究伎乐天人类型流变的主要原因。胡舒《敦煌壁画乐舞文化研究》[③] 主要以敦煌壁画中的乐舞为研究对象,结合宗教学、舞蹈形态学的研究方法分别对敦煌壁画乐舞的历史渊源、乐舞种类、乐舞元素、文化属性、佛学思想、保护与发展等六大问题进行详细论述,力求通过研究为敦煌壁画乐舞提供重要理论依据。程依铭、李婷婷《敦煌乐舞胁侍菩萨形象考究》[④],李廷浩、郭璟怡《敦煌舞的当代发展及艺术特色初探》[⑤] 通过对敦煌舞的起源、发展,菩萨形象的分类、手姿、体姿、道具,以及乐舞整体风格、文化内涵、敦煌舞姿复现进行阐释,从而为敦煌舞蹈未来的发展方向寻求一种新的思路。

(二) 蒙藏佛教领域

1. 蒙藏佛教美术

2018年蒙藏佛教美术专题著作如下。如王建民、刘冬梅、丹增扎西《西藏唐卡的传承与保护》[⑥] 一书,全书逻辑清晰、资料丰富、体裁多样,作者运用历史文献法和田野调查法对西藏唐卡的画派、技艺、风格,以及藏传佛教绘画知识体系与艺术观、艺术实践进行全面系统的分析与研究,以此进一步解读西藏唐卡的传承现状与嬗变,为期保护与发展西藏唐卡提供参考意见。张亚莎《西藏美术史》一书[⑦]是系统研究西藏美术史的重要专著,作者根据多年教学工作经验,从历时与共时角度对各个时期的西藏岩石、寺院建筑、雕塑、唐卡、壁画、绘画进行分类介绍与研究,并对其艺术风格、流派特征进行剖析,以此全面了解西藏美术的整体风格和文化艺术特质。次旺扎西的《20世纪西藏美术史》[⑧]是首部系统研究20世纪西藏美术史的专著,全书逻辑明晰、文脉清晰、内容丰富,获取的第一手资料尤其珍贵,具有重要学术价值。作者以大量田野调查资料和研究成果为基础,运用美术史的学术理论对西藏美术的各个发展阶段进行详细梳理,在此基础上对具体艺术作品,即绘画、雕塑、建筑、工艺等领域进行分析与研究,以此从不同视角把西藏美术的民族文化特质和地域特征表现出来。该书是对20世纪西藏美术史的整体性、综合性

---

① 张鑫:《佛教文献"禅门日诵"中的音声》,《人民音乐》2018年第2期。
② 吴洁:《丝路佛教乐舞图像之流变研究——以十六国北朝时期三大石窟伎乐天人的类型为例》,《人民音乐》2018年第7期。
③ 胡舒:《敦煌壁画乐舞文化研究》,硕士学位论文,江西师范大学,2018年。
④ 程依铭、李婷婷:《敦煌乐舞胁侍菩萨形象考究》,《舞蹈》2018年第2期。
⑤ 李廷浩、郭璟怡:《敦煌舞的当代发展及艺术特色初探》,《西北民族大学学报》2018年第4期。
⑥ 王建民、刘冬梅、当增扎西:《西藏唐卡的传承与保护》,西藏人民出版社2018年版。
⑦ 张亚莎:《西藏美术史》,中央民族大学出版社2018年版。
⑧ 次旺扎西:《20世纪西藏美术史》,中国藏学出版社2018年版。

研究，其学术价值不言而喻。

个案研究方面：蒙藏佛教艺术研究领域，寺院造像、壁画与唐卡依然是研究的重点。如嘉木扬·凯朝《海棠山普安寺传承与阿底峡尊者的历史渊源》[1]，文中作者全面地介绍了海棠山摩崖造像，包括阿底峡尊者造像、宗喀巴上师造像、关圣帝摩造像等，并在此基础上探讨了海棠山摩崖造像的历史价值、文化价值、艺术价值，最后提出海棠山摩崖造像为研究清代蒙古族文化、蒙藏佛教文化提供了珍贵的雕刻艺术资料。李立祥《海棠山摩崖造像莲座与法器的文化内涵》[2]，文中主要介绍了海棠山摩崖造像的莲花雨莲花图纹的艺术特点，继而解读其宗教内涵、莲花寓意。此外，文中详细地描写了摩崖造像中的法器法物的类别和法器的功能。希仁波切《海棠山"一带一路"宏伟战略为新时代的佛教文化做出贡献》[3]，文中作者从局内人的角度较详细地介绍了海棠山摩崖造像雕刻的时间、布局以及造像的艺术价值、风格细节，并提出有待保护的期许，此文章对于挖掘和研究佛教造像的历史价值与现实意义具有重要作用。景天星、张焕芬《海棠山普安寺摩崖石刻考察报告》[4]，文中梳理了有关海棠山摩崖造像的调查与研究现状，并对海棠山摩崖造像的内容、造像特点、石刻年代进行了分析，指出研究摩崖造像对于清史、蒙古史、藏传佛教史、藏传佛教美术史、民族史，以及蒙藏佛教的传播与发展等方面具有重要的价值和意义。张馨凌《作为象征的清代关帝信仰——关于普安寺摩崖造像的个案分析》[5]，文中说明了普安寺摩崖造像在原型和样式上既吸收了尼泊尔佛教造像技术，又吸纳了民间传说。此外，作者指出关帝造像的象征性存在，认为汉族英雄关帝和藏族格萨尔、蒙古族成吉思汗的形象具有汉、蒙、藏文化的符号意义，三者在蒙古地区和藏族地区的融合是一种文化适应、文化涵化的过程，也是关帝信仰最终蒙古化、地方化的表现。叶高娃《关帝信仰与成吉思汗崇拜——基于海棠山摩崖造像关老爷造像的讨论》[6]，文中梳理了关老爷造像相关的资料与文献，试图勾勒出海棠山关老爷信仰是被清朝统治者选作一种象征资源加以使用的宗教政策。此外，作者认为蒙古人崇拜的成吉思汗和蒙藏民族所熟悉的格萨尔英雄形象与关老爷的形象相近，继而解读蒙古人为何信仰关老爷这一特殊现象。斯日古楞《蒙古族地区蒙藏佛教造像文化艺术研究》[7]，作者主要对海棠山摩崖造像的历史渊源、造像的法度、造像的表现形式、造像的材料进行详细的描述，同时对海棠山摩崖造像的风格特征进行分析，继而证实蒙古地区佛教造像继承和保留了尼泊尔造像风格，并严格按照佛

---

[1] 嘉木扬·凯朝：《海棠山普安寺传承与阿底峡尊者的历史渊源》，《首届"一带一路"与亚洲佛教文化论坛暨海棠山佛教专题论坛》（论文集1册）2018年。

[2] 李立祥：《海棠山摩崖造像莲座与法器的文化内涵》，《首届"一带一路"与亚洲佛教文化论坛暨海棠山佛教专题论坛》（论文集1册）2018年。

[3] 希仁波切：《海棠山"一带一路"宏伟战略为新时代的佛教文化做出贡献》，《首届"一带一路"与亚洲佛教文化论坛暨海棠山佛教专题论坛》（论文集1册）2018年。

[4] 景天星、张焕芬：《海棠山普安寺摩崖石刻考察报告》，《首届"一带一路"与亚洲佛教文化论坛暨海棠山佛教专题论坛》（论文集1册）2018年。

[5] 张馨凌：《作为象征的清代关帝信仰——关于普安寺摩崖造像的个案分析》，《首届"一带一路"与亚洲佛教文化论坛暨海棠山佛教专题论坛》（论文集1册）2018年。

[6] 叶高娃：《关帝信仰与成吉思汗崇拜——基于海棠山摩崖造像关老爷造像的讨论》，《首届"一带一路"与亚洲佛教文化论坛暨海棠山佛教专题论坛》（论文集1册）2018年。

[7] 斯日古楞：《蒙古族地区蒙藏佛教造像文化艺术研究》，《首届"一带一路"与亚洲佛教文化论坛暨海棠山佛教专题论坛》（论文集1册）2018年。

教造像制作，具有浓厚的艺术风格特点。此文章对海棠山摩崖造像的跨界文化、民族文化研究具有重要意义。

造像方面研究成果有：谢继胜《扎塘寺主殿造像配置及其意蕴——兼论11—13世纪西藏佛教与佛教艺术的构成》[①]、王岳硕士学位论文《藏传佛教文化菩萨造像研究》[②]，试图以文献学、历史学、图像学方法对藏传佛教不同时期不同造像风格流派、造像配置、造像审美意蕴、造像系统、建筑形制进行系统分析。

2018年唐卡研究视角新颖、研究方法多元化、研究内容多样化。如牛乐、高莉《甘肃拉卜楞寺唐卡风格探源》[③]，刘冬梅《唐卡的审美实践：造像量度作为审美评价的社会过程》[④]，赖菲《四川博物院藏〈金刚髻四十五种三昧耶曼陀罗〉》[⑤]，李勋辉《蒙古族制作唐卡的技艺调查》[⑥]，上述文章皆以唐卡为研究对象，结合现场调研、文献资料，对其种类、题材、结构、风格流派、审美评价、文化内涵、技艺传承、保护发展进行分析与研究。叶灵毅《从"释尊宣说法华经唐卡"的画面布局对〈法华经〉的解义与比较》[⑦]一文以一幅"释尊宣说《法华经》唐卡"赏析为主，借用宗教学的经学解义对《法华经》说（分科内容、人物描述、譬喻意义三个层面）、《如意藤》说、《譬喻经》说等三种作品特点进行剖析、比较，以此考证此唐卡内容确为描绘《法华经》之释尊宣说法华盛会场景。该文研究视角独特、文脉清晰、结构完整。辛琳琳《藏族唐卡艺术的创新与嬗变研究》[⑧]一文分析藏族唐卡艺术创新发展轨迹，窥探藏族唐卡艺术元素在现代艺术创作中的发展演变，最后探究藏族唐卡艺术的创新发展对藏族文化传播的意义与价值。刘生琰《市场产权的文化嵌入性：一项基于热贡唐卡产权构造的社会学阐释》[⑨]一文运用格兰诺维特"嵌入式"理论的分析框架，探讨当前热贡商品化唐卡所呈现的模糊产权构造形式。葛俊芳《从佛堂到展厅：空间转换下唐卡观看机制的重构》[⑩]以空间转换语境视角，谈论唐卡原先相应的一套观看机制，阐明从观看主体、观看模式，以及唐卡内涵所呈现的一系列重构性问题和新的文化样态。

寺院建筑研究方面硕士学位论文呈现较好的趋势。如刘立坤《青海海东地区藏传佛教建筑研究》[⑪]、韩瑷婷《拉卜楞寺建寺背景及兴建始末研究（1636—1721）年》[⑫]、张文

[①] 谢继胜：《扎塘寺主殿造像配置及其意蕴——兼论11—13世纪西藏佛教与佛教艺术的构成》，《中国藏学》2018年第3期。
[②] 王岳：《藏传佛教文化菩萨造像研究》，硕士学位论文，西藏大学，2018年。
[③] 牛乐、高莉：《甘肃拉卜楞寺唐卡风格探源》，《民艺》2018年。
[④] 刘冬梅：《唐卡的审美实践：造像量度作为审美评价的社会过程》，《民族艺术》2018年第4期。
[⑤] 赖菲：《四川博物院藏〈金刚髻四十五种三昧耶曼陀罗〉》，《法音》2018年第6期。
[⑥] 李勋辉：《蒙古族制作唐卡的技艺调查》，硕士学位论文，内蒙古师范大学，2018年。
[⑦] 叶灵毅：《从"释尊宣说法华经唐卡"的画面布局对〈法华经〉的解义与比较》，《青海民族研究》2018年第4期。
[⑧] 辛琳琳：《藏族唐卡艺术的创新与嬗变研究》，《贵州民族研究》2018年第11期。
[⑨] 刘生琰：《市场产权的文化嵌入性：一项基于热贡唐卡产权构造的社会学阐释》，《青海社会科学》2018年第6期。
[⑩] 葛俊芳：《从佛堂到展厅：空间转换下唐卡观看机制的重构》，《兰州大学学报（社会科学版）》2018年第2期。
[⑪] 刘立坤：《青海海东地区藏传佛教建筑研究》，硕士学位论文，东南大学，2018年。
[⑫] 韩瑷婷：《拉卜楞寺建寺背景及兴建始末研究（1636—1721）年》，硕士学位论文，中央民族大学，2018年。

燕《关于藏传佛教寺院建筑及壁画艺术的调研报告》[1]、陈葳青《九层佛阁的共存概念探究——基于安多合作米拉日巴九层佛阁的理论分析报告》[2]、鲁乐乐《呼和浩特藏传佛教建筑研究》[3],以上论文以西藏、甘肃、内蒙古藏传佛教寺院为研究对象,结合历史学、建筑学、宗教学、美学、民族学、社会学等多学科由浅入深地探究建筑历史背景,建筑选址、布局、形态、设施、装饰特点以及各寺院外部空间形态,力求阐释藏传佛教多样的地域建筑艺术特点与艺术价值。

2. 蒙藏佛教音乐与舞蹈

2018年的蒙藏佛教音乐研究主要集中于对寺院相关仪轨音乐的考察与研究。如在包·达尔汗、楚高娃、娜仁娜、兴安、杨琼等人参与编写的北京市社会科学"十一五"规划项目"雍和宫佛教音乐文化研究"科研课题中,专家、学者主要对雍和宫的大小型仪轨内容、仪轨形式、仪轨音乐进行细微的分析、研究,并在此基础上阐释其宗教内涵和多元文化特质,这也是首部较系统研究和阐释雍和宫佛教音乐文化的著作,对于研究蒙藏佛教文化的学者来说具有参考性价值。娜仁娜的博士学位论文《蒙古佛教关公祭祀仪轨音乐研究》是首部研究关公信仰在蒙古地区传播与发展的著作。论文以蒙古佛教关公信仰为切入点,对蒙古佛教七个寺院的关公祭祀仪轨音乐进行全面、深入的研究,比较各类蒙古佛教关公祭祀仪轨音乐间的共性与个性特点,分析关公祭祀仪轨音乐的内外生成因素,探究内在规律特质,并对关公祭祀仪轨音乐所包含的多元文化特质进行阐释,继而证明关公祭祀仪轨音乐的多元文化特征,以及关公祭祀仪轨音乐直接或间接影响着蒙古佛教的发展趋势。娜仁娜《呼和浩特市席力图召关公祭祀仪轨音乐研究》[4],文章以蒙古佛教关公祭祀仪轨音乐为研究对象,运用宗教人类学、民族音乐学研究方法探究仪轨内涵,解读仪轨音乐中的多元文化特质。楚高娃《争鸣·证明·正名——蒙古地区佛教歌曲古如哆的概念辨析》[5]一文通过对文献的考证,梳理境内外学者对古如哆音乐的研究成果,以界定和探究古如哆的概念和主要特征,以此判断杭锦旗古如哆与蒙古国巴彦洪格尔省流传的古如哆是同宗、同源、同根的歌曲,并指出将杭锦旗古如哆界定为朝政歌曲或宫廷歌曲的依据不足的问题。

部分学者侧重于研究诵经音乐。如吴涛的博士后报告《藏传佛教觉囊派"梵音古乐"的宗教学考察——以四川省阿坝州壤塘县藏哇寺为例》[6],以四川省阿坝州壤塘县藏传佛教觉囊派藏哇寺为例,对其"梵音古乐"的历史发展与现状进行梳理,并以此为基础对"梵音古乐"展现的宗教内涵、表现形式、表演特征、佛学思想、传承路径与方法进行全面、系统的分析,旨在揭示藏传佛教觉囊派音乐的历史价值与现实意义。该论文以宗教学视角探究觉囊派"梵音古乐"的宗教内涵,以此补充、完善了觉囊派音乐的核心佛学思

---

[1] 张文燕:《关于藏传佛教寺院建筑及壁画艺术的调研报告》,硕士学位论文,辽宁师范大学,2018年。
[2] 陈葳青:《九层佛阁的共存概念探究——基于安多合作米拉日巴九层佛阁的理论分析报告》,硕士学位论文,中央美术学院,2018年。
[3] 鲁乐乐:《呼和浩特藏传佛教建筑研究》,硕士学位论文,北京建筑大学,2018年。
[4] 娜仁娜:《呼和浩特市席力图召关公祭祀仪轨音乐研究》,《艺术教育》2018年第5期。
[5] 楚高娃:《争鸣·证明·正名——蒙古地区佛教歌曲古如哆的概念辨析》,《中央音乐学院学报》2018年第4期。
[6] 吴涛:《藏传佛教觉囊派"梵音古乐"的宗教学考察——以四川省阿坝州壤塘县藏哇寺为例》,博士后报告,中央民族大学,2018年。

想内容，因此具有重要的参考意义。童学军、郭晓红《玉树佐青寺格萨尔诵经调特点分析》[1]，主要对玉树佐青寺格萨尔诵经调的分类特点、曲式结构、旋律形态进行分析与研究。该文有待进一步深入研究寺院格萨尔诵经调的宗教文化内涵。顿珠旺姆《佛殿音乐"嘛尼调"与藏族民歌中的"嘛尼调"的对比分析——以拉卜楞寺佛殿音乐为例》[2]，以拉卜楞寺佛殿音乐中的"嘛尼调"为研究对象，运用声像资料、文献资料来分析佛殿中的"嘛尼调"与藏族民歌"嘛尼调"的关系，以及佛殿"嘛尼调"在融入藏族民歌中的发展演变及其影响力，同时把佛殿"嘛尼调"放置在藏族民族文化范围内研究，以此全面了解"嘛尼调"在佛教文化中的重要价值和意义。

此外，还有一些研究涉足藏传佛教音乐与其他音乐之间的关联研究。如于梦石的博士学位论文《试析藏传佛教音乐在当代蒙古族音乐创作中的运用》[3]，结合现代作曲技法与思维理念，以内蒙古三位不同时期作曲家的三部代表性作品为研究对象，意图探究藏传佛教音乐文化在蒙古族现代音乐创作中的影响和作用。董波、冯振华《佛教音乐与草原文明再生产》[4] 一文对蒙藏传佛教寺院葛根庙、梅力更召，汉传佛教寺院"妙法禅寺"音乐特点进行比较分析，力求探究蒙古地区佛教音乐与草原文明的关系。

蒙藏佛教舞蹈，2018年侧重于羌姆与佛事仪轨的结合研究。如仁欠吉《论敏珠林寺"次旧羌姆"仪轨》[5]，以藏传佛教宁玛派敏珠林寺为例，对代表性"次旧羌姆"仪轨程序，羌姆服装、面具、象征意义进行分析、研究，以此窥探宁玛派寺院羌姆特点。该文较翔实地展示了宁玛派"次旧羌姆"仪轨内容和象征意义，以便读者更为全面地了解藏传佛教其他教派羌姆。赵勇《门巴族"拔羌姆"神舞功能变迁考察》[6] 一文通过对门巴族"拔羌姆"进行考察与关注，解读门巴族拔羌姆的宗教功能的传播与演变，而对这一现象作者认为只有利用非物质文化遗产保护措施，才能有效地传承和保护门巴族拔羌姆。

部分学者重点关注藏族其他形态与羌姆的关联研究。如曹亚丽、邱莎若拉《藏戏》[7]，强巴曲杰、才旦卓玛《西藏地区鼓舞蹈文化研究》[8]，次仁郎杰《藏族传统戏剧历史文化源流考辨》[9]，上述文章主要集中于研究民间舞蹈、藏戏与藏传佛教羌姆的渊源关系，试图窥探佛教羌姆与民间其他形态之间的共性与个性特质。

此外，蒙藏佛教舞蹈研究范围呈现新的趋势。如楚高娃的《文化记忆与认同建构——蒙古国达锡朝楞寺查玛乐舞仪式音乐调查》[10]，文章通过记录蒙古国达锡朝楞寺查玛乐舞法会仪轨来剖析查玛乐舞仪式结构与音声结构之间的同构关系，并指出查玛乐舞作为蒙古传统文化记忆在国家和政府的推动下逐步成为增进民族凝聚力、增强民族和国家认

---

[1] 童学军、郭晓红：《玉树佐青寺格萨尔诵经调特点分析》，《青海师范大学学报》2018年第5期。
[2] 顿珠旺姆：《佛殿音乐"嘛尼调"与藏族民歌中的"嘛尼调"的对比分析——以拉卜楞寺佛殿音乐为例》，硕士学位论文，云南师范大学，2018年。
[3] 于梦石：《试析藏传佛教音乐在当代蒙古族音乐创作中的运用》，博士学位论文，上海音乐学院，2018年。
[4] 董波、冯振华：《佛教音乐与草原文明再生产》，《内蒙古艺术》2018年第2期。
[5] 仁欠吉：《论敏珠林寺"次旧羌姆"仪轨》，《西藏艺术研究》2018年第3期。
[6] 赵勇：《门巴族"拔羌姆"神舞功能变迁考察》，《西藏民族大学学报（哲学社会科学版）》2018年第6期。
[7] 曹亚丽、邱莎若拉：《藏戏》，《民族艺术》2018年第2期。
[8] 强巴曲杰、才旦卓玛：《西藏地区鼓舞蹈文化研究》，《北京舞蹈学院学报》2018年第1期。
[9] 次仁郎杰：《藏族传统戏剧历史文化源流考辨》，《西藏艺术研究》2018年第1期。
[10] 楚高娃：《文化记忆与认同建构——蒙古国达锡朝楞寺查玛乐舞仪式音乐调查》，《民族艺术》2018年第1期。

同的重要文化符号。该文首次为读者展示了蒙古国佛教寺院查玛乐舞的活态画面，解读了查玛乐舞的传承与发展状况，故学术价值不言而喻。

总之，从上述研究现状能看出，2018年度蒙藏佛教艺术的研究呈现不平衡的特点，其中蒙藏佛教美术研究呈现较好的趋势，比起以往取得了很好的成果，而诵经音乐、法器与乐器、器乐、羌姆（查玛）舞的研究成果相对较少。在研究方法方面，研究者运用历史学、宗教学、美术学、人类学、建筑学、民族学、语言学、音乐学等方法来分析蒙藏佛教艺术较多，这种跨学科的研究方法使蒙藏佛教艺术的研究内容更加全面、深入、丰富、完善，而这种研究趋势、研究内容对于全面观照蒙藏佛教艺术提供了重要的参考价值。

2018年6月30日，由中国社会科学院世界宗教研究所、中国宗教学会主办，中国社会科学院世界宗教研究所宗教文化与艺术研究室和辽宁阜新海棠山普安寺承办的首届"一带一路"与亚洲佛教文化论坛暨海棠山佛教专题论坛成功举办，会议主要围绕海棠山摩崖造像进行了研讨。此次研讨会上一些专家学者围绕蒙藏佛教文化艺术进行发言和探讨，试图从不同的研究领域、研究视角、研究方法来解读蒙藏佛教文化艺术传承与发展的意义。首次成功举办亚洲佛教文化论坛暨海棠山佛教文化论坛，对当前中国佛教文化以及少数民族地区佛教文化艺术的传承与发展有了前瞻性的研究成果。

2018年10月29日，由中国社会科学院世界宗教研究所、中国宗教学会、北京大学全球互联互通研究中心主办，中国社会科学院世界宗教研究所宗教文化与艺术研究室、马克思主义宗教观研究室、国恒智库、国立文化产业有限公司联合承办的"世界宗教文化高层论坛"在北京举办。此次研讨会上，嘉木扬·凯朝、包·达尔汗、乌力吉巴雅尔等著名专家围绕蒙古佛教文化艺术进行了深层次的探讨，运用多学科的研究视角来较全面、系统地分析、研究其历史意义、文化含义、形态特征，蒙藏佛教文化艺术的传播，以及传播过程中产生的变异特性，并结合深厚的宗教内涵探寻蒙藏佛教文化艺术的积极作用。这次论坛对于中国佛教文化的传承以及各国之间的佛教文化交流起到了和谐的纽带作用。

（三）南传佛教领域

1. 南传佛教美术

2018年南传佛教美术研究主要侧重于壁画、建筑、佛塔、建筑。如安佳《云南傣族的南传佛寺壁画》[①]，张秋影、欧阳磊《西双版纳傣族南传佛教壁画的文化意蕴》[②]，郭巍《云南傣族佛寺壁画风格类型分析》[③]，王艳琦《云南南传上座部佛教壁画艺术及其文化意蕴》[④]，赵云川《中国南传佛教壁画艺术巡旅——曼春满佛寺的金水壁画寺壁画》[⑤]，上述文章主要对傣族南传佛教壁画的风格类型、表现内容、思想意蕴、审美取向、艺术价值、传承保护、多元文化特征进行阐述。林建宇硕士学位论文《中国南传上座部佛教的多元

---

① 安佳：《云南傣族的南传佛寺壁画》，《美术》2018年第2期。
② 张秋影、欧阳磊：《西双版纳傣族南传佛教壁画的文化意蕴》，《中国民族博览》2018年第2期。
③ 郭巍：《云南傣族佛寺壁画风格类型分析》，《玉溪师范学院学报》2018年第2期。
④ 王艳琦：《云南南传上座部佛教壁画艺术及其文化意蕴》，《赤峰学院学报》2018年第11期。
⑤ 赵云川：《中国南传佛教壁画艺术巡旅——曼春满佛寺的金水壁画寺壁画》，《东方艺术》2018年第3期。

文化形成机制及其释义——以云南省临沧市耿马总佛寺为例》(云南大学,2018年)主要运用波兰尼的嵌入理论、伊斯顿的系统理论对耿马总寺的建筑、壁画进行论证解释,旨在揭示其多元文化并存现象。韩佳睿硕士学位论文《云南德宏州南传上座部佛塔研究》(云南大学,2018年)主要对明、清、民国时期的德宏两市三县现存的上座部佛塔进行考察与研究,在此基础上,整体介绍德宏上座部佛塔形制、建造、文化内涵的状况。同时又对南传上座部佛塔的历史源流进行探究,沿袭上座部佛教"古印度—南亚—中国德宏地区"的传播路线,进一步分析佛塔在向南传播时在不同时代、不同地域形成的传播演变,具有重要的学术价值和意义。

2. 南传佛教音乐与舞蹈

2018年南传佛教音乐研究成果侧重于仪式音乐的跨界音乐比较研究,以及南传佛教跨界族群音乐的研究方法上。如董宸《南传佛教课诵仪式音声的跨界融合与变迁——基于中缅边境两个市(县)的比较研究》[1] 一文,以南传佛教课诵仪式音声为研究对象,尝试从共时视角对西双版纳地区南传佛教音乐文化现状进行阐释,进而对中、缅两个边境(县)南传佛教早、晚课诵仪式的仪轨、内容、音声风格进行比较,系统地阐释了仪式套曲和诵经音声风格的当代变迁。该研究为南传佛教跨界音乐文化的相关研究起到了补充作用,同时为当代音乐文化传统与变迁研究提供了新的研究思路。杨民康《跨界族群音乐与世界民族音乐研究的亲缘关系——兼涉云南与周边南传佛教音乐文化圈的几点思考》[2] 一文以跨界族群音乐研究为依据,兼论云南与周边南传佛教音乐文化的研究途径、研究观点,继而探究跨界族群音乐与世界民族音乐之间的关系。该文为跨界族群音乐比较研究提供了实证性的研究方法,具有重要学术价值。张倚舲、曹军《人类学视角下布朗族南传佛教音乐"宰种"研究》[3] 一文,从人类学、社会学研究视角对布朗族南传佛教音乐"宰种"与宗教祭祀的关系,以及佛教音乐"宰种"在社会交往和情感表达方面进行探讨,进而阐释布朗族佛教音乐"宰种"的社会功能。

2018年南传佛教舞蹈侧重于佛教与傣族孔雀舞之间的关系研究。如刘慧娇《浅析小乘佛教对傣族舞蹈的深远影响》[4],该文主要对傣族孔雀舞中的宗教文化特色,以及傣族孔雀舞手势与佛教手势进行阐述,进而解读小乘佛教对傣族舞蹈的深远影响。宋玲《浅析小乘佛教对傣族民间舞蹈风格的影响》[5] 一文,首先对傣族孔雀舞的源流进行简要介绍,进而阐述了傣族孔雀舞一些舞姿、手势、动律风格特征中的小乘佛教思想内容。

二 道教与民间信仰艺术

(一) 道教艺术

2018年的道教艺术研究主要集中在以音乐舞蹈为中心的道教表现艺术和以书画为中

---

[1] 董宸:《南传佛教课诵仪式音声的跨界融合与变迁——基于中缅边境两个市(县)的比较研究》,《民族艺术》2018年第3期。
[2] 杨民康:《跨界族群音乐与世界民族音乐研究的亲缘关系——兼涉云南与周边南传佛教音乐文化圈的几点思考》,《音乐文化研究》2018年第4期。
[3] 张倚舲、曹军:《人类学视角下布朗族南传佛教音乐"宰种"研究》,《贵州民族研究》2018年第11期。
[4] 刘慧娇:《浅析小乘佛教对傣族舞蹈的深远影响》,《戏剧之家》2018年第22期。
[5] 宋玲:《浅析小乘佛教对傣族民间舞蹈风格的影响》,《戏剧之家》2018年第21期。

心的道教造型艺术两个领域展开。

1. 道教表现艺术研究

（1）道教舞蹈研究

在道教舞蹈艺术领域，程群的表现依然突出，2018年度他的两篇关于道教舞蹈的论文对于该领域研究有实质性的拓展。其中《道教舞蹈实用功能管窥——兼论道教舞蹈与道经之间的互证关系》[①] 一文指出，道教的入世性品格决定了道教舞蹈的现实性维度。在道门人士看来，道教舞蹈在社会生活中能够发挥强大的实用功能，能帮助社会大众解决生活、工作中的难题，摆脱各种困境。由此道教舞蹈中技术套路的命名、所用舞具服饰、所涉及的法术等在道教经典中往往能够觅得相关根据，与道教经典之间存在着互证关系。一定程度上说，道教舞蹈是道教经典的物态化表达与呈现。在《道教舞蹈境域中的空间景观探秘》[②] 一文中，程群探讨了道教舞蹈同宗教器物、身体脏腑、天堂地狱以及现实人间等各种空间景观的关联，指出了道教舞蹈凭借其独特空间景观确立了自身在中国传统舞蹈中的独特地位。

（2）道教音乐研究

道教音乐依然是道教艺术研究领域的热点，2018年度的道教音乐研究大致分为道教音乐的历史追溯和现状考察两个主题。历史追溯方面，陈文安、蒲亨强《论陆修静的道乐传承特点及历史地位》[③] 证明陆修静在道教音乐历史上的重要地位，指出陆修静首次将道乐传承仪式化，在道乐传承上已构建起特有体系，包含主体、客体、方法三大要素。这一规范严密的传承体系奠定了后世道乐传承的基础，成为后世各道派的一致规则。吴伟松、潘银燕《叶法善道教音乐传承与发展现状调查研究》[④] 通过对松阳县叶法善道教音乐传承与发展现状的论述，揭示了地方音乐与宗教音乐之间的关联性存在现象。但是对于道教音乐在地方的传承谱系尚缺乏详细的论证。代表2018年度道教音乐现状考察最高水准的是上海音乐学院陈瑜的硕士学位论文《上海东岳观道教度亡仪式音乐观察与研究》[⑤]。该文以上海浦东东岳观的度亡仪式及其音乐为研究对象，既涉及信仰层面理解，又关联中国传统音乐及本土文化。论文首先对上海道教及浦东东岳观的历史发展及现状进行概述，然后对道场并对仪式环境、仪式过程及程序进行客观描述与分析，接下来分析了仪式行为中音乐所呈现的状态及样貌特点，最后将东岳观道场仪式文化与社会关系结合，分析了宗教行为与信众对道教文化认同的社会意义。

2. 道教造型艺术研究

（1）道教绘画研究

2018年度出现数篇关于道教艺术的优秀学位论文。除了前文所提及的上海道教音乐现状研究，其余数篇都涉及道教造型艺术。其中许力的《别有洞天——中国古代绘画"洞"意义研究》[⑥] 对传统中国绘画中的"洞"形象进行了意义解析，其中很重要的源

---

① 程群：《道教舞蹈实用功能管窥——兼论道教舞蹈与道经之间的互证关系》，《艺术探索》2018年第1期。
② 程群：《道教舞蹈境域中的空间景观探秘》，《闽南师范大学学报》2018年第3期。
③ 陈文安、蒲亨强：《论陆修静的道乐传承特点及历史地位》，《艺术百家》2018年第2期。
④ 吴伟松、潘银燕：《叶法善道教音乐传承与发展现状调查研究》，《黄河之声》2018年第20期。
⑤ 陈瑜：《上海东岳观道教度亡仪式音乐观察与研究》，硕士学位论文，上海音乐学院，2018年。
⑥ 许力：《别有洞天——中国古代绘画"洞"意义研究》，硕士学位论文，中国艺术研究院，2018年。

头就是道教洞研究，追溯了以道教为中心的洞天观念对传统绘画的影响。这个观察艺术的角度非常别致，值得展开进一步思考。张阳的《碧霞元君形象的审美研究》① 集中考察了北方盛行的碧霞元君神明形象在宗教、民俗和艺术创作多重视野下的共同构成，折射出传统文化对理想女性审美的确立。陈二峰在其论文《汉画像中的升仙图式探析》② 中对汉画像中的升仙主题的图像象征和思想背景进行了分析。

2018年度道教造型艺术研究新热点在道教与民间年画和版画的关联方面。陈婧男《中国传统艺术审美观念——以明代道教版画为例》③ 提出，道教倡导"大道至简"，明代道教版画体现的精神也围绕这个核心，表现传统艺术至简、至朴的审美观念。由于木刻版画在材质上的局限，因此能够更加直观地反映这种审美观念。王佩佩《周家口木版年画"神像画"题材类型分析》④ 以题材分类研究方式，对周家口木版年画流传品种占比较大的"神像画"题材进行了梳理归纳，厘清了民间信仰在年画中的图像应用类型，揭示了年画艺术中蕴含的社会与时代因素。郝一泓《论中国道文化中的年画艺术》⑤ 指出年画中神仙像表现了老百姓的民间信仰，以及中国道文化的博大精深，更体现了人们在新年中祈福迎祥的意义。

（2）道教书法研究

2018年道教书法研究的成果较为丰富，包括学位论文、单篇论文和翻译论文等多种形式。其中刘洋的《道教思想视阈下的颜真卿书法研究》⑥ 是研究颜真卿书法与道教关系的学位论文。不同于以往将颜真卿视为儒家典型的做法，该文从文献中找到了颜真卿从事道教活动的证据，同时佐以颜真卿书法作品存在的道教内容，清晰呈现了颜真卿书法与道教的关联，对于我们更为全面地理解颜真卿书法艺术有重要意义。刘晓艳《颜真卿与麻姑文化》⑦ 也涉及相关主题，指出颜真卿撰写的《麻姑仙坛记》既是书法经典，也是重要的道教文献。刘志《赵孟頫道教写经的规格、功用与意义》⑧ 是重要的道教书法个案研究。文中对元代著名书法家赵孟頫道教写经活动和写经目录进行了详细考订，并对其道教写经的行款字体等形制进行了考察，同时探讨了赵孟頫道教写经的功用与历史地位，清晰呈现了赵孟頫书法与道教的关联。雷德侯的《六朝书法中的道教因素》⑨ 于2018年度被翻译为中文，该论文最早发表于1997年在耶鲁大学举办的中国书法国际研讨会上，后经过作者修订。雷德侯指出书法在中国宗教领域担当重要角色，六朝时期道教茅山派书法是用于神人沟通的典型范例。而王羲之、陶弘景等对于书法艺术形成至关重要的艺术家，恰好都与茅山派密切相关，而王献之的一笔书则与扶乩降神式书写模式相近。雷德侯这篇文章是对早期陈寅恪相关研究的深化。

---

① 张阳：《碧霞元君形象的审美研究》，硕士学位论文，曲阜师范大学，2018年。
② 陈二峰：《汉画像中的升仙图式探析》，《宗教学研究》2018年第1期。
③ 陈婧男：《中国传统艺术审美观念——以明代道教版画为例》，《中国宗教》2018年第4期。
④ 王佩佩：《周家口木版年画"神像画"题材类型分析》，《装饰》2018年第4期。
⑤ 郝一泓：《论中国道文化中的年画艺术》，《北京印刷学院学报》2018年第1期。
⑥ 刘洋：《道教思想视阈下的颜真卿书法研究》，硕士学位论文，曲阜师范大学，2018年。
⑦ 刘晓艳：《颜真卿与麻姑文化》，《世界宗教文化》2018年第2期。
⑧ 刘志：《赵孟頫道教写经的规格、功用与意义》，《世界宗教文化》2018年第5期。
⑨ ［德］雷德侯：《六朝书法中的道教因素》，吴秋野译，《荣宝斋》2018年第9、10期。

(二) 民间信仰艺术

2018年的民间信仰艺术研究主要集中在民间信仰艺术理论研究、民间信仰仪式的个案研究（仪式象征、仪式音乐、仪式中的民俗艺术）等方面。

1. 民间信仰与经典和仪式间的关系问题研究

侯冲作为民间信仰前沿研究的代表学者，2018年新书《经典、仪式与民间信仰》[①]是从仪式背景出发解读经典，回归经典理解仪式行为，经典、仪式与民间信仰的深入探索之作。该书汇集了诸多中外佛、道教、民间宗教及民间信仰著名学者的论文，以"从仪式背景出发解读经典，回归经典理解仪式行为"为主题进行了深入探讨，对佛教仪式、道教仪式、宝卷和教派经典进行了广泛而深入的讨论。

2. 民间信仰仪式的个案研究

（1）民间信仰仪式与象征研究

张小燕的专著《梅州香花仪式及其宗教艺术象征研究》[②]基于梅州香花仪式的田野考察，着重分析梅州香花仪式中仪式象征物及其象征意义的同时，提出对宗教与艺术的关系问题的思考。香花仪式是普遍流传于中国民间的一种超度亡魂的宗教仪式，属于民间丧葬仪式中一个重要的部分，通常在丧家报丧之后举行。香花仪式的流行地区广泛，不论是北方的山东、河南、陕西、西南的四川、云南，还是南方的赣南、闽南、粤东等地区都有存在。从香花仪式的经文和仪式音乐来看，它们都有近乎相同的礼赞部分，但是劝善部分则加入了各地不同的民间艺术形式，形成了鲜明的地域民俗文化艺术特征。在香花仪式中，既有佛教的法器和经文，道教的口诀、手决和禹步，也有儒家的思想、民间的死亡观念、民俗丧葬仪式中的仪式象征物等。从象征符号的艺术性上来看，其个性并不突出。每一种仪式符号在宗教信仰精神层面上没有冲突，在文化符号的形式上也没有排他性，而是和谐共融，呈现出一种比较鲜活、独特的宗教艺术现象。王智的《民间信仰仪式的建构与象征意义研究——以凤凰山九月初九"九天玄女万寿诞"为例》[③]通过对扎麻隆凤凰山"九天玄女万寿诞"的观察，尝试对其自我建构过程及象征意义进行研究。并提出，民间信仰作为文化旅游的重要资源，已经被我国旅游业广泛的认可，并加以开发和利用。同时，民间信仰仪式也以其多样性和神秘性成为各地争夺的旅游资源，并潜移默化地影响着民众的文化心理及思想观念。

（2）仪式音乐的田野调研

李梦溪的硕士学位论文《湖北黄石西塞神舟会民间信仰仪式音乐研究》[④]对湖北黄石地区西塞神舟会（以祈福求祥、祭祀屈原为主题的民间信仰仪式活动）进行了展示：整场仪式活动从农历四月初八佛诞日仪式开始至农历五月十八"神舟下水"仪式结束，历时40天。整个仪式包括放生、送本子、扎匠进场、龙船开光、搭戏台、请菩萨（上龛）、游街、闹船、神舟下水等多个环节，通过道士开光将龙舟和菩萨神圣化，祈望神明能够带

[①] 侯冲主编：《经典、仪式与民间信仰》，上海古籍出版社2018年版。

[②] 张小燕：《梅州香花仪式及其宗教艺术象征研究》，社会科学文献出版社2018年版。

[③] 王智：《民间信仰仪式的建构与象征意义研究——以凤凰山九月初九"九天玄女万寿诞"为例》，《广东蚕业》2018年第1期。

[④] 李梦溪：《湖北黄石西塞神舟会民间信仰仪式音乐研究》，硕士学位论文，武汉音乐学院，2018年。

走污秽、病痛和灾殃,保佑一方百姓平安幸福。祈福纳祥、驱鬼辟邪从古至今都是十分重要的仪式活动,随着现代社会的不断发展,许多古老的民间仪式活动都逐渐濒临消失,西塞神舟会民间信仰仪式活动于2006年成功申报了国家级非物质文化遗产。作者通过对西塞神舟会民间信仰仪式活动中的音乐进行记录、整理,进而研究和探讨了在西塞神舟会民间仪式活动中的音乐所具有的功能。

(3)仪式中的民俗艺术研究

刘克华在《对民俗艺术形象与民间信仰变迁之关系的考察——以日本稻荷信仰中的"狐"为例》[1]一文中认为,对于民俗艺术的考察不能仅仅从艺术的狭隘视野出发,而是要立基于更广阔的民俗文化视野,把关于艺术形象的研究与民俗文化的研究联系起来,才能更深刻地把握民俗艺术的内涵、生成原因和发展动力。稻荷神社中的狐狸雕塑是一种富有日本文化特色的民俗艺术,而这种艺术形象的产生和变化,与其说遵循的是艺术发展规律,不如说是与民间信仰变迁的关联更为紧密,在原始宗教系、神道教系和佛教系三大教系中形成了各具特色的艺术形象。

三 基督教艺术

2018年度基督宗教艺术成果总体而言较为丰富,出版了多部专著,发表了多篇论文,内容主要涉及艺术理论、造像艺术、音乐艺术等领域,其中尤以基督宗教音乐方面的研究成果最为引人注目。

(一)艺术理论探索

徐龙飞的专著《循美之路:基督宗教本体形上美学研究》[2]讨论了基督宗教的形上美学。上编主要研究了作为基督宗教美学的源泉的相关理论的理论特征,主要包括亚里士多德的哲学、新柏拉图主义,以及奥古斯丁的美学等;下编讨论了东部教会,特别是拜占庭时期的画像-圣像理论,核心则在于上帝能够在质料中被表达。这一研究是汉语学术界首次引用希腊文和拉丁文原始文献,以系统梳理基督宗教东西部教会的本体形上美学专著,在宗教艺术理论探索上具有一定的开拓性意义。

(二)基督宗教音乐

陈蓓的专著《地远歌长——大花苗的基督教音乐研究》[3]具体关注了我国民族地区的基督宗教文化。首先从历史角度梳理了黔西北大花苗族的由来、基督教在大花苗族的传教历史以及大花苗族基督教音乐的形成;其次以人类田野调研的方法记录了基督教会在该族的圣餐礼、主日礼以及洗礼等音乐实景,并分析了相关的诗谱以及教会音乐的社会功能。作者总体认为基督宗教及其音乐对大花苗族本身具有强大的重塑作用,加强了大花苗族内部的归属感与社会认同。同时,作者也认识到基督宗教及其音乐对大花苗族文化传统的破

---

[1] 刘克华:《对民俗艺术形象与民间信仰变迁之关系的考察——以日本稻荷信仰中的"狐"为例》,《艺术百家》2018年第3期。
[2] 徐龙飞:《循美之路:基督宗教本体形上美学研究》,商务印书馆2018年版。
[3] 陈蓓:《地远歌长——大花苗的基督教音乐研究》,宗教文化出版社2018年版。

坏，总体而言做到了辩证地看待基督宗教音乐的社会文化作用。翁翠琴的《杨荫浏与中国基督教音乐》[1] 一文主要介绍了音乐教育家杨荫浏教授编辑赞美诗以及整理民族音乐遗产的成果，并讨论他为基督教中国化所做的贡献。作者认为杨教授注重将中国传统音乐和民族音乐的生存、变异规律与西方音乐知识、技能等进行对比研究，因此可以系统准确地提炼出独特的、具有中国传统音乐特色的乐学和律学理论，而这种具有中国特色的宗教音乐理论实际上为基督教中国化做出了积极贡献。张博的《〈天乐正音谱〉天主教音乐中国化探索》[2] 一文以吴历所著的《天乐正音谱》为依据，分析天主教音乐中国化的方式。作者认为正音谱中的韵文都是以乐、咏为篇名，与传统曲牌相合，表达了作者的天主信仰，标志着中国天主教信仰者从"被动接受"向"主动使用"的转变。该文实际篇幅较短，相关问题并未展开论述，但是文中所言吴历的相关事迹却值得深入研究。张迎迎的《从仪式到信仰表达：基督教音乐的嬗变》[3] 一文从仪式音乐、信仰表达和审美发展三种维度分析基督宗教音乐的内在本质和社会功能，认为基督教音乐是在如上三个维度的相互关系中不断发展，而背后则表达了基督教音乐不同来源之间的斗争和调和、理性与感性之间冲突等现实因素。作者在分析基督宗教音乐的同时，能够从唯物史观的角度发现音乐背后的社会文化因素，深化了我们对基督宗教音乐的认识。王笑笑的硕士学位论文《明末清初基督教音乐本土化分析研究》[4] 试图在梳理明末清初基督教传教史的基础之上，总结基督教音乐本土化的进程和历史意义，认为传教士入乡随俗，创作了一系列作品，如利玛窦翻译拉丁文圣歌并配以曲调而成的《西琴曲意》，也有如钱德明注重收集中国民间音乐素材而成的《中国乐曲集》等，都较好地体现了传教士的音乐本土化策略。

（三）宗教造像艺术

杨琼的《中西文化下的汉传佛教观音造像与西方圣母像的差异性研究》[5] 一文以佛教观音与基督宗教圣母像的造型为线索，对比两者在文化含义上的异同。作者认为两者的相同点是都经历了逐渐世俗化的过程，因为对造像的美感是由世俗审美引起的，而非宗教情感；两者都是女性形象，具有慈爱与温柔的特征。同时，也从身份、服饰、骑乘、法器等方面对比两者的差别。作者对比佛教与基督宗教艺术的异同，这一课题实际具有十分重要的意义。然而，作者粗笔描写的佛教观音的形象变化历史则需要进一步的审慎思考。郑伟的专著《基督宗教视觉艺术传播》[6] 以五章的篇幅分别讨论了视觉艺术在基督宗教传播中的重要意义、教会对视觉艺术的管控、视觉艺术的主要内容和符号象征以及基督宗教视觉艺术的社会功能等内容。同时在跨学科的背景下，作者也试图在视觉文化的研究视域深入讨论艺术与宗教的复杂关系。作者对基督宗教视觉艺术的深入分析能够使我们在欣赏基督宗教视觉艺术的同时，更加深入地认识到这种视觉艺术的本质。

---

[1] 翁翠琴：《杨荫浏与中国基督教音乐》，《金陵神学志》2018 年 Z1 期。
[2] 张博：《〈天乐正音谱〉天主教音乐中国化的探索》，《中国宗教》2018 年第 2 期。
[3] 张迎迎：《从仪式到信仰表达：基督教音乐的嬗变》，《基督宗教研究》2018 年第 2 期。
[4] 王笑笑：《明末清初基督教音乐本土化分析研究》，硕士学位论文，西安音乐学院，2018 年。
[5] 杨琼：《中西文化下的汉传佛教观音造像与西方圣母像的差异性研究》，《美与时代》2018 年第 2 期。
[6] 郑伟：《基督宗教视觉艺术传播》，中国社会科学出版社 2018 年版。

四 伊斯兰教艺术

在宗教艺术概论方面，中央民族大学杨桂萍教授的《中国伊斯兰教艺术》① 一书是一部专门介绍我国伊斯兰艺术的专著，详细刻画了中国穆斯林在建筑结构、装饰艺术、书法、瓷器和仪式等各个方面独具特色的传统，对理解中国的历史文化进程以及现代化有着重要意义。本文将以伊斯兰艺术形象的审美方式为依据，分别从视觉艺术、听觉艺术和视听艺术三个角度对伊斯兰文化与艺术领域的学术研究进行综述。

（一）伊斯兰视觉艺术

1. 伊斯兰建筑与园林

《青海伊斯兰教古建筑》② 一书收集了青海省绝大部分现存古建筑的信息，分别展现了青海伊斯兰建筑平面布局、建筑形制和历史变革等，充分挖掘了青海省伊斯兰教古建筑在科学和艺术方面的特殊价值和贡献。《明清北京牛街佛教和伊斯兰教宗教建筑文化比较研究》③ 一文以北京牛街两大不同宗教建筑文化为分析对象，从总体布局、名称和社会功能等方面的比较研究出发，折射出中国"宗教和顺"的基本历史事实。无独有偶，对明清清真寺建筑的研究作品还有周妩怡的《伊斯兰教中国化的建筑体现 以明清时期的清真寺为例》④。该文从"伊斯兰教中国化"的视角出发，对明清时期清真寺的建筑形制、布局、装饰等进行深入分析，认为明清时期清真寺是独具中国特色的且不同于传统文庙、佛寺和道观的建筑物，是中国穆斯林对世界清真寺建筑的伟大贡献。《海丝路上清真寺建筑的中国化 以扬州仙鹤寺为例》⑤ 一文则对中国重要港口城市、海上丝绸之路的起讫点——江苏扬州的仙鹤寺进行研究，并将之视为中国传统建筑形制与伊斯兰文明交流互鉴的产物。因此，此研究不仅能够从理论上挖掘"伊斯兰教中国化"的重要内涵，而且对于新时代"一带一路"的研究也具有强烈的现实意义和价值。北京外国语大学亚非学院穆宏燕教授的《波斯花园：琐罗亚斯德教与伊斯兰教文化元素的融合》⑥ 一文追溯了世界三大园林体系之一的波斯—伊斯兰园林的历史发展轨迹，认为它最早的起源是来自阿契美尼德王朝居鲁士大帝依照琐罗亚斯德经书的描述而建造。文章进而对波斯花园的"四重"主体结构、审美原则和规范展开深入剖析，从而发现其流水布局明显受到伊斯兰教经典《古兰经》中"天园四河"观念的影响。最后，文章认为波斯花园的建筑结构和审美意趣深刻地影响了欧洲园林艺术的发展。

2. 伊斯兰美术

黄虹的《传统与新潮：巴基斯坦现当代艺术概览》⑦ 一文以巴基斯坦错综复杂的历史文化为线索，在当代背景下，重新整合不同文明和民族文化的碎片，从视觉艺术的视野认

---

① 杨桂萍：《中国伊斯兰教艺术》，社会科学文献出版社2018年版。
② 孙鸣生：《青海伊斯兰教古建筑》，青海民族出版社2018年版。
③ 郭岩、杨昌鸣：《明清北京牛街佛教和伊斯兰教宗教建筑文化比较研究》，《世界宗教文化》2018年第5期。
④ 周妩怡：《伊斯兰教中国化的建筑体现 以明清时期的清真寺为例》，《中国宗教》2018年第6期。
⑤ 张纪尧：《海丝路上清真寺建筑的中国化 以扬州仙鹤寺为例》，《中国宗教》2018年第9期。
⑥ 穆宏燕：《波斯花园：琐罗亚斯德教与伊斯兰教文化元素的融合》，《回族研究》2018年第4期。
⑦ 黄虹：《传统与新潮：巴基斯坦现当代艺术概览》，《美术观察》2018年第10期。

真看待多元性的巴基斯坦"根深蒂固的跨国族"的新文化。《伊斯兰教中有关禁止造像绘画问题的讨论》① 一文则从伊斯兰教教义和教法与人性追求美的本能之间的张力出发，重新讨论了关于"伊斯兰教绘画造像"这一敏感且矛盾的议题。文章通过展现伊斯兰教如何在历史发展中不断修正自身，从而使诸如细密画之类的艺术作品被赋予"合法性"而流传于世。

（二）伊斯兰听觉艺术

《浅析阿拔斯王朝时期阿拉伯音乐的发展》② 一文将阿拉伯音乐置身于倭马亚王朝和阿拔斯王朝的变革和延续的大历史背景之下，考察了阿拉伯音乐的繁荣发展与王朝兴盛之间的关系，并将阿巴斯王朝时期视为阿拉伯音乐发展史上的黄金时代。

《十二木卡姆在新疆地区的音乐教育研究》③ 对在西方音乐体系主导的时代如何传承少数民族音乐以及如何保持音乐的多样性，避免音乐文化冲突进行了深入的思考。在当代公民教育的"语境"之下，文章对与众不同的少数民族音乐的公民教育中的难点和重点进行了深入分析，并以律制、节奏迥异于现代音乐体系的维吾尔族"十二木卡姆音乐"教育为例，对视唱练耳学科中双轨道教学进行了有益的探索。

（三）伊斯兰视听艺术

1. 电影

《伊朗的另一扇窗户》④ 一文是对伊朗著名导演阿斯哈·法哈蒂电影艺术表现手法的专业研究。文章从法哈蒂电影的思想底色、叙事风格、留白运用和悬念设置等方面出发，向读者展示了作为伊朗新电影具有承上启下意义的第五代导演——法哈蒂的电影作品的强烈个人风格，并挖掘其对中国电影在民族文化元素使用和现实主义表达上所能起到的借鉴和启示作用。黄玮的《〈小萝莉的猴神大叔〉：宗教与历史之上的现代性寓言》⑤ 一文将这部电影的成功归功于独树一帜的寓言叙事策略，并通过分析电影所反映的社会背景以及宗教与历史意义，以一种独特的、微观的视角重新建构了现代印巴冲突民族宗教的内涵。

2. 歌舞

《宁夏地区与新疆地区回族舞蹈之异同》⑥ 一文通过对比新疆地区和宁夏地区不同的自然环境和人文环境，并关联由此产生的不同生产方式、经济结构、区域文化和民族生活，从而总结出两地回族舞蹈在分类、语言动作、风格特色、音乐运用以及服饰方面所造成差异的深层原因。《阔克麦西热甫：传承、变迁与现代重构》⑦ 一文对流传于哈密地区维吾尔族群众中的阔克麦西热甫展开了基于田野调查的比较研究。文章以融合维吾尔族音乐、舞蹈、游戏和口头文学于一体的麦西热甫为主题，特别侧重其历史渊源、仪式、传承模式、参与主体以及社会功能的演变与重构，充分挖掘了其文化象征及内涵。

---

① 雷传翼：《伊斯兰教中有关禁止造像绘画问题的讨论》，《北大中东研究》2018 年第 1 期。
② 张毓容：《浅析阿拔斯王朝时期阿拉伯音乐的发展》，《交响（西安音乐学院学报）》2018 年第 1 期。
③ 张旖旎：《十二木卡姆在新疆地区的音乐教育研究》，硕士学位论文，上海音乐学院，2018 年。
④ 樊明娇：《伊朗的另一扇窗户》，硕士学位论文，河北大学，2018 年。
⑤ 黄玮：《〈小萝莉的猴神大叔〉：宗教与历史之上的现代性寓言》，《电影评介》2018 年第 13 期。
⑥ 李媛：《宁夏地区与新疆地区回族舞蹈之异同》，硕士学位论文，陕西师范大学，2018 年。
⑦ 魏冰：《阔克麦西热甫：传承、变迁与现代重构》，博士学位论文，兰州大学，2018 年。

五　巴哈伊艺术

随着新兴宗教现象的不断丰富和复杂,一些发展比较好、积极为社会发展做贡献的新兴宗教团体逐渐进入学者的研究视野,比如巴哈伊教。作为当代比较有代表性的积极参与社会服务的新兴宗教团体,距今只有170多年历史的巴哈伊教是现代化过程中发展比较成熟的新兴宗教之一。巴哈伊文化中的大同价值观和中国传统文化有很多相似性,加上其追求和谐、积极服务社会的实践以及"服从政府、不参与任何政治党派纷争"的态度等,都激发了国内学者对其研究的热情。不过也有一些学者认为巴哈伊教不是新兴宗教,因为不仅西方关于新兴宗教研究的书中很少提及巴哈伊教,而且其有自己成熟的经典、教义体系、组织结构、社会服务模式等,目前已是中国澳门地区的五大宗教之一,是中国香港和台湾地区多元宗教生态中很重要的一员,甚至在世界上一些国家已成为主流宗教之一,在联合国也扮演了很积极的角色,其特点和成熟度显然已不是一个"新"宗教。考虑到国内外学界已有不少专门关于巴哈伊艺术的研究,特在此单节列出。

在美国出版的《塑造者:反思音乐和艺术在建设全球社团中的作用》[①] (Jenina S Lepard, 2018) 一书将巴哈伊圣作和艺术家采访相结合,分析了巴哈伊艺术家将信仰的原则应用于艺术创作的尝试,探讨了建筑、摄影、音乐、舞蹈、戏剧、绘画等艺术形式对人心的转变力量,及其对社区建设活动的提升作用。

2018年6月30日至7月1日,在英国牛津召开的国际"巴哈伊研究年度学术研讨会"(Bahá'í Studies Academic Seminar) 专门设立了"艺术和美学"专场。牛津大学东方学系波斯语讲师 Sahba Shayani 博士探讨了波斯近代著名女诗人、巴比信徒塔希丽 (Tahirih) 的三首诗歌。英国学者 Roger Prentice 的发言题目为"美的蒙福状态:神秘教义与巴哈伊美学形态"。巴哈伊作家 Robert Weinberg 介绍了西方第一位重要的巴哈伊艺术家 Frank Edwin Scott 的生平和艺术成就。巴哈伊艺术家 Sonja von Kerkhoff 分享了自己结合信仰进行创作的经历。

对巴哈伊建筑的研究是国内外学界对巴哈伊教研究中的一个重要内容。宗教建筑是宗教艺术展现的一个重要载体,是无声的语言,彰显其核心文化属性。巴哈伊是一个相对年轻的世界性宗教,但其独特的历史文化传统形成了其建筑艺术特色。在以色列海法,依卡梅尔山而起的巴哈伊世界花园早在2008年7月就被联合国载入了世界文化遗产名录;世界现存的巴哈伊灵曦堂虽然每处外观不一样,但都有三个关键要素:一个穹顶(一个中央大厅)、九面(九扇门)、围绕以九座有通道的花园,展现出"各美其美、美美与共"的独特风姿,充分体现了其"多元一体"的建筑艺术特色。

"巴哈伊的建筑艺术国际研讨会"是2018年度学界对巴哈伊文化的深入拓展研究。该会议由中国社会科学院世界宗教研究所巴哈伊研究中心联合中国宗教学会宗教建筑文化专业委员会于2018年9月1—2日在北京举办。会议为期两天,邀请来自美国、加拿大、英国、澳大利亚、柬埔寨、奥地利等地区以及国内的相关研究专家学者共聚一堂,主要围绕"神圣建筑与宗教的关系",首先对中国的宗族祠堂、佛道教建筑的功用特点,以及印度教神庙、基督教堂和伊斯兰教建筑文化进行了探讨,继而在世界宗教建筑文化背景下重

---

① Jenina S Lepard: *Fashioner: Reflections on the Role of Music and the Arts in Building a Global Community*, 2018.

点对巴哈伊世界中心的建筑群,巴哈伊洲级和地方灵曦堂的建筑结构、艺术特点、社区功能、社会影响等进行了深入研讨。

在英国出版的《巴哈伊世界各地的灵曦堂:其设计和建筑历史》①(2018)一书的两位作者——加拿大的周卡特和娜时法儿·阿弗南均为此会议提交了报告。周卡特先生在其"迈什里古-埃兹卡尔(巴哈伊灵曦堂)的历史语境"报告中,指出宗教建筑不只是一个物质建筑,而是灵性的体现,是一个产生各种各样附属机构的发源地或中心,宗教的利他主义思想在其周边产生了一系列利他主义机构,包括医院、穷人居住的地方、法院、学院或大学等,把宗教的精神体现在社会服务的方方面面,进而又影响到个人的生活方式。体现在巴哈伊建筑中,灵曦堂是社区灵性的中心,与周边社会服务机构一起构成了一种繁荣的集体生活的新的模式。娜时法儿·阿弗南进一步对迈什里古-埃兹卡尔的基本概念与元素做了阐释,并介绍了已建成的巴哈伊洲际灵曦堂的主要建筑风格,指出其功能虽然和教堂一样,但是结构不同,是一条线到辐射性结构。

在这次研讨会上,不仅有宗教研究学者,还有多位国际建筑领域知名专家到场参与研讨,其中包括曾参与设计巴哈伊灵曦堂的一些建筑师。来自英国的罗亚当做了"巴哈伊世界中心的结构"主题报告;来自澳大利亚的高瑞法阐述了"巴布亚新几内亚国家级的迈什里古-埃兹卡尔"的建筑艺术;柬埔寨的唐·索切维托对"地方级的迈什里古-埃兹卡尔"的建筑构思、建筑过程及建筑特色做了详细报告。国内的学者邱忠鸣、王新发表了"巴哈伊灵曦堂与当代中国佛教建筑比较研究",万兆元在主题报告"二十世纪中国出版物中的巴哈伊建筑(1920—2000)"中梳理了国内学术界这期间对巴哈伊建筑研究的相关文献。通过会议的分享和探讨,与会学者充分认识了世界各地巴哈伊建筑艺术所展现出的许多共性:每一处巴哈伊灵曦堂虽都有地方性文化特点,但同时也都有统一的特征,即穹顶、九面(九扇门)、没有神职人员和布道坛等;还有比如光影的相互影响、几何图形的应用、圆形和八角形图案的重复使用、从不对称的元素里提取的对称设计,以及并列排序使用密集和疏离地带,以使场地和它周围的环境形成和谐的过渡地带等。这次国际学术研讨会是宗教研究与建筑文化艺术的交流,是真正的跨学科对话,拓宽了学者对宗教艺术关注的视角。

作为宗教的表现形态,宗教艺术可谓是深入到宗教生活的方方面面。纵观2018年的宗教艺术研究可以发现存在这样几个趋势。

第一,传统的宗教史、美术史、音乐史视角下的宗教艺术研究依然在持续。这主要表现为佛教与道教艺术。作为优秀的传统文化,中国古代宗教艺术留下来的丰富的艺术遗存迄今仍然是研究的热点。特别是"一带一路"倡议提出以来,丝绸之路沿线,蒙藏汉等区域、民族间的交流研究逐步深入。具有突出意义的个案研究在2018年也形成了几个令人瞩目的学术热点,如辽宁阜新的海棠山摩崖石刻群,在国际性学术会议的依托下涌现出一批精彩的研究成果。道教艺术领域的民间版画也受到了学者的充分重视。

第二,作为仪轨、仪式而存在的宗教艺术研究展现出研究的活力。如蒙藏佛教中的舞蹈与音乐研究的对象很大程度上为现存寺院中流行的法事仪轨,民间宗教艺术研究则是涉及民间信仰、民俗领域的艺术现象。作为一门交叉学科,宗教学、民族学、人类学等多种

---

① Joe Carter, Nooshfar Afnan: *Bahá'í Houses of Worship around the World: A History of their Design and Construction*, 2018.

研究方法在这一类材料上有着充分的体现。

  第三，相对于佛教、道教艺术的研究主要聚焦于古代美术现象，基督教、伊斯兰教的艺术研究则涉及绘画、音乐、现代建筑、电影等当代艺术的范畴。这种前沿性和时代性同样也体现在近年来兴起的巴哈伊教艺术研究之中。虽然这部分的研究相对薄弱，但是体现出了崭新的、聚焦当下的研究视野。

2018年度当代宗教学科发展研究综述

王超文

一 宗教人类学

（一）主要成果

中国社会科学院世界宗教研究所陈进国研究员主编的《宗教人类学》辑刊已经出版第八、九辑。第八辑重点刊出曾引起学界广泛讨论的两个专题——"宗教生态论"和"修行人类学"，以期推动中国之宗教人类学的中层理论建设，并关注人类学的本体论转向，包括域外学人围绕"人类世"议题开展的泛灵论或人与自然之关系的人类学反思。第九辑的"修行人类学"专题将修行研究延伸至兼顾"宗教性"和"日常性"的生活世界，包括古琴、攀岩、奔跑、瑜伽等新颖的议题。该辑还关注"人类学伊斯兰"的研究进展，推出"学科关键词"版块，以期推进中国特色的宗教人类学话语体系的发展。

荷兰著名汉学家高延（Jan Jakob Maria de Groot, 1854–1921）的六卷本《中国的宗教系统：及其古代形式、变迁、历史及现状》[1]，由林艾岑等翻译、花城出版社出版。高延被认为是进入现代之后，深入研究中国的宗教和民间宗教的第一人。结合文献资料和社会调查，该书细致地梳理和研究了中国古代"民间宗教"的状况和源流。

杨德睿出版专著《传承：认知与宗教人类学的探索》[2]，以认知人类学的视角研究中国宗教文化的传承。该书主张"传承"是解释文化的演化与现状的核心范畴，提出"表征的流行病学"模型并将其操作化。这是中文世界里第一本运用此理论视角和方法研究中国宗教现象的人类学著作。

梁永佳发表的《庙宇重建与共同体道德——以大理Z村空间差异为例》[3] 分析了云南大理地区一个"空心村改造"项目中文昌宫的重建过程。作者提出，文昌宫的重建表达了基层民众对于共同体的认识：人际往来的道德含义与神灵有关，庙宇规范了人神之间、信众之间、家户之间、村落之间、村落与政府之间等的互惠关系。由此应认识到"礼物模式"对于理解中国农村宗教复兴的启发意义：重建村庙实际上是重建道德生活、集体期待和社会团结。

---

[1] ［荷兰］高延：《中国的宗教系统：及其古代形式、变迁、历史及现状》（第一至六卷），林艾岑等译，花城出版社2018年版。

[2] 杨德睿：《传承：认知与宗教人类学的探索》，商务印书馆2018年版。

[3] 梁永佳：《庙宇重建与共同体道德——以大理Z村空间差异为例》，《社会学研究》2018年第3期。

张帆发表《贵州水族的念鬼仪式及其文化逻辑》①，指出仪式中的物品和念词分别体现了水族民间信仰中处理与鬼关系的两种方式，即奉养和驱赶。两种方式殊途同归，都指向了水族所追求的、在念鬼仪式中得到修复的社会秩序。

王平、何源远发表《清代新疆博克达山官方祭祀与王朝秩序》②，叙述了清朝在平定西域过程中的三次以皇帝的名义颁文告祭天山高峰博克达山，并将其纳入了官方祭祀体系。博克达山的神圣性来源多重，在官方祭祀背后是清朝在进行多元性质统治的同时，从价值观及仪式方面建立一体化秩序的努力。

陈晋发表《多种实践与多重关系：纳人达巴的"古布"仪式》③，认为川滇交界纳人（摩梭人）达巴主持的"古布"仪式表明视听、语言和行动等多种实践形式在仪式过程中的交织并行，共同推动和实现了纳人对人、精灵、神之间多重关系的再现与想象。

李世武发表《西南地区"跳端公"的历史演变及人类学意义》④，指出作为信仰疗法的"跳端公"以神灵信仰为基础，充分利用舞蹈、音乐、图像等艺术手段，使疾病和治疗的体验具体可感，在人与神、人与病患、表演者与观众三位一体的交流模式中对病人进行积极的心理干预。

赵萱发表《"圣地"秩序与世界想象——基于耶路撒冷橄榄山基督教社群的人类学反思》⑤，基于田野材料探讨圣地与民族国家之间的复杂联系，指向现代民族国家发展的未来可能，宗教作为认识世界与社会治理的重要方式将为研究者重新整理巴以关系的叙事提供新的路径。

马居里、孙睿发表《缅甸克钦人在云南瑞丽的宗教生活研究》⑥，认为缅甸克钦人的跨境迁移以经济理性的驱动为主，之后才是在宗教生活与社会文化等方面进行适应与调试。基督教生活是其在异乡彰显民族身份的一种标识，跨境民族之间基于个体层面的宗教互动对民族认同与国家认同的影响甚微。

岳永逸发表《庙宇宗教、四大门与王奶奶——功能论视角下的燕大乡土宗教研究》⑦，指出在燕大社会学的研究中，摒弃了先入为主的意识形态偏见，将乡民信仰实践作为宗教而非"迷信"。偏重社会制度和文化功能认知的对庙宇宗教和四大门宗教的描述，王奶奶成为活生生的人神，妙峰山红火的香火呈现出更清晰的纹理。作为社会制度的香头、家庭宗教的提出，以及拜神求佛之"家务事"属性的发现，对全面深透地认知中华文化与中国社会也有着非凡的价值。

葛俊芳发表《图像与观看：藏族家庭佛堂图像的人类学考察》⑧，尝试用视觉文化理论和人类学的田野方法呈现藏族家庭佛堂图像体系的构成，阐释当地人面对佛堂图像，以

---

① 张帆：《贵州水族的念鬼仪式及其文化逻辑》，《民族研究》2018年第1期。
② 王平、何源远：《清代新疆博克达山官方祭祀与王朝秩序》，《民族研究》2018年第3期。
③ 陈晋：《多种实践与多重关系：纳人达巴的"古布"仪式》，《民族研究》2018年第4期。
④ 李世武：《西南地区"跳端公"的历史演变及人类学意义》，《世界宗教文化》2018年第1期。
⑤ 赵萱：《"圣地"秩序与世界想象——基于耶路撒冷橄榄山基督教社群的人类学反思》，《世界宗教文化》2018年第3期。
⑥ 马居里、孙睿：《缅甸克钦人在云南瑞丽的宗教生活研究》，《世界宗教文化》2018年第3期。
⑦ 岳永逸：《庙宇宗教、四大门与王奶奶——功能论视角下的燕大乡土宗教研究》，《世界宗教研究》2018年第1期。
⑧ 葛俊芳：《图像与观看：藏族家庭佛堂图像的人类学考察》，《宗教学研究》2018年第2期。

主体的身份建构出一套独特的视觉范式，并在对图像的多样化、差异化的解读中塑造自己的社会行动和宗教经验。

刘军君发表《象征人类学视域下的安多藏族忒让信仰研究》[1]，通过对田野叙事的分析，梳理出一个具有因果意义的循环链：忒让的卑贱地位缘于它在藏族宗教发展分层中的"弃子"角色，决定了它日后被说成是邪恶肮脏的命运，映衬出藏人的洁净观念和分类体系，左右着供养者被社区划界排斥的境遇，暗示出藏人惧与"异己"互动的心理，终将研究引入象征意义解读的路径。

张小军、雷李洪发表《"鬼主"与圣权制——西南地区历史上的治理文化刍议》[2]，基于对西南地域或族群联盟首领的"鬼主"称谓的思考，理解当地历史上的国家化过程，探讨"圣权制"及其治理文化。作者认为，圣权制是一种有别于王权制的治理形态，关注人们与自然共处的观念体系、社会和谐的知识与认知体系，以及治理民俗知识体系，包括宇宙观、伦理价值观、神判制度、仪式信仰等。

马潇骁、麻国庆发表《以神灵之名——泰国清迈华人精英"报"的道德实践和资本转化》[3]，以长期田野调查为基础，探讨泰国华人精英从事宗教慈善活动的动机及其资本累积和转化的过程。该文指出在三方回报的关系中，华人精英借用神的权威，使其资本的转化和累积有了得以实现的可能。

（二）会议、讲座及机构

2018年6月29日至7月1日，由中国宗教学会、中国社会科学院世界宗教研究所、南京大学人类学研究所、华东师范大学人类学研究所、中国闽台缘博物馆主办，中国闽台缘博物馆研究部和泉州市闽南文化交流中心承办的"修行方式与指向——第四届宗教人类学工作坊"在福建泉州召开。该届工作坊的讨论聚焦于具体的不同修行方式及其指向问题，对于这些实践之下关于身体/语言以及时空观念进行理论性的提升和对话。此次宗教人类学工作坊有来自大陆和港澳地区，以及来自美国的宗教学者参会，其中还有相当一批年轻学人以及学术出版行业的专家也参与研讨。工作坊分为六组主题研讨，议题涉及当代中国社会的佛教寺院及互联网下的民间信徒修行模式、藏区及内蒙古修行者、基督徒的主观性与语言意识形态、儒道与读经活动，以及当下中外宗教参与城市生活的种种实践。

2018年度中国社会科学院世界宗教研究所举办了第15、16讲"宗教人类学讲座"。11月2日上午邀请复旦大学宗教学系主任、上海宗教学会副会长李天纲教授主讲"金泽：中国宗教研究方法的探讨"。基于专著《金泽：江南民间祭祀探源》，李天纲教授以"中国有宗教"的立场，从方法论突破的角度阐述了如何发现中国宗教的问题。11月2日下午以座谈会的方式探讨"欧洲的中国宗教和汉学研究"议题，邀请荷兰皇家科学院院士、法国高等实验研究院（EPHE）特级教授施舟人（Kristofer M. Schipper）作为引言人。

11月14日，中国人类学民族学研究会宗教人类学专业委员会2018年年会暨环境、艺术与宗教——李冰文化与信仰的跨学科研究学术研究会在四川什邡召开，由中国人类学

---

[1] 刘军君：《象征人类学视域下的安多藏族忒让信仰研究》，《宗教学研究》2018年第3期。
[2] 张小军、雷李洪：《"鬼主"与圣权制——西南地区历史上的治理文化刍议》，《民俗研究》2018年第3期。
[3] 马潇骁、麻国庆：《以神灵之名——泰国清迈华人精英"报"的道德实践和资本转化》，《开放时代》2018年第3期。

民族学研究会宗教人类学专业委员会主办,什邡市哲学社会科学联合会、什邡市工商业联合会(总商会)洛水镇商会、什邡市大王庙、川主庙承办,市民宗局等相关单位共同协办。在为期两天的研讨会上,来自国内外的40余位专家学者围绕李冰文化、宗教人类学理论与实践、宗教信仰、民俗文化等议题进行深入探讨,勾勒中国传统宗教的形态。

在机构设置方面,中国宗教学会宗教人类学专业委员会成立,由中国社会科学院世界宗教研究所陈进国研究员担任主任。

二 民间信仰和民俗学

(一)主要成果

张小燕发表《纸扎在中国宗教文化中的演变脉络探析》[1],对纸扎在中国宗教文化中的演变脉络做了初步梳理,发现其在中国宗教文化中的发展演变可概括为三个基本的脉络,即纸扎自身形态的发展和功能演变、纸扎由"鬼节"到全时态的覆盖、纸扎的象征文化定位与功能收放。

达白安、刘晓发表《泰山与民族主义:一座象征国家的圣地》[2],揭示了神圣空间、社会、地理和民族主义之间的微妙的关系。民国之前少数精英将泰山看作全中国的文化符号,大多数的老百姓则将其当作地域朝圣中心。民国时期,许多知识分子有意识地寻求营造一个中国的当代身份认同,泰山被选中为国家的象征符号。

何明、杨开院发表《仪式实践与榉村的社会整合》[3],认为世系结构、祖先信仰、自然崇拜等是实现滇西汉人社会整合的有效方式,宗族内部秩序的整合依靠祖先认同产生的内聚力实现,通过宗族祭祀仪式表达,村落共同体秩序的整合则依靠集体信仰,这也是建立地域认同的关键因素。

金泽发表《当代中国民间信仰的形态建构》[4],认为民间信仰是长期存在的社会文化现象,人们对民间信仰的认知却有不同时代的变化。民间信仰可以定性为一种宗教形态,既有历史演变,亦有内在结构。民间信仰与其他的宗教形态、民俗文化、社会文化的传承或再生产之间有着复杂的互动关联。

张志刚发表《中国民间信仰研究的几个关键问题》[5],指出中国民间信仰研究堪称中国宗教史、中国思想史乃至整个中国文化传统研究中的一大难题。要破解这一难题,首先必须深刻反省长期以来"强烈排斥中国民间信仰的理论倾向",厘清中国民间信仰概念。其次,理应着眼其"主流与本质",对中国民间信仰做出正确的价值判断。最后,通过深思中国民间信仰与中国宗教文化传统的关系问题,充分认识中国民间信仰研究的必要性与重要性。

陈进国发表《顺服与反抗:关于"天子地"故事的文化分析》[6],借鉴文化记忆的理

---

[1] 张小燕:《纸扎在中国宗教文化中的演变脉络探析》,《民俗研究》2018年第2期。
[2] 达白安、刘晓:《泰山与民族主义:一座象征国家的圣地》,《民俗研究》2018年第2期。
[3] 何明、杨开院:《仪式实践与榉村的社会整合》,《民俗研究》2018年第3期。
[4] 金泽:《当代中国民间信仰的形态建构》,《民俗研究》2018年第4期。
[5] 张志刚:《中国民间信仰研究的几个关键问题》,《民俗研究》2018年第4期。
[6] 陈进国:《顺服与反抗:关于"天子地"故事的文化分析》,《民俗研究》2018年第5期。

论，从中国政治文化传统中的"正统论"入手，分析"天子地"故事类型作为一种"神话化的历史"，深刻地反映了民间社会的双重文化记忆，即"作为顺服的回忆"和"作为反抗的回忆"。在作者看来，风水术数作为一种象征文化系统或知识—实践体系，参与阐释和传达了中国"大一统"政治思想传统，进而左右了中国人在"事生事死"活动中的历史心性、行为模式。

杨利慧发表《世界的毁灭与重生：中国神话中的自然灾害》[1]，指出中国灾害神话的叙事核心不是强调人对神的被动服从，而在于主动征服灾害。中国灾害神话具有鲜明的道德教诲基调，形塑了中国人的灾害伦理观，为后世的观念和行为提供了镜鉴，并深刻影响了当代中国的灾害叙事。

叶涛发表《作为传统信仰文化载体的祇园祭——日本京都祇园祭考察札记》[2]，以2018年对祇园祭的实地考察为基础，探讨作为日本传统信仰文化载体的祇园祭在历史起源、山鉾巡游和仪式变迁等方面的诸多问题，揭示信仰文化是其得以传承千年的基础。

刘友富发表《城镇化背景中的民间信仰代际传递机制研究——基于溪村和东镇的个案比较》[3]，指出传统农业社会中的民间信仰地域性特征明显，其形成与"人—地"空间的固化有必然关系。在城镇化背景下，民间信仰代际传递受到"人—地"空间变化，及空间内资源的配置关系的影响。

赵翠翠发表《民间信仰的公共化困境——以浙江海滨社区的民间信仰为例》[4]，从信仰实践的私人化角度探讨民间信仰的公共化困境，揭示民间信仰虽能为公共生活提供一套价值观念和精神资源，但无法构建一种基于信仰的团体资源及行动规则。反而因为现实生活中私人化的神人关系主导的利益分隔，民间信仰在传承和实践中呈现私人性与不稳定性。

李向振发表《"信仰惯习"：一个分析海外华人民间信仰的视角——基于新加坡中元祭鬼习俗的田野考察》[5]，基于田野作业，通过对新加坡华人族群中元祭鬼习俗的考察，揭示了相较宗教市场理论，以"信仰惯习"解读华人群体民间信仰及其仪式实践更具解释力。

《世界宗教文化》杂志在2018年第3期刊出"后土文化研究"专题，包括五篇论文：汪桂平的《试论清初满洲贵族的皇天后土信仰》，梁琛、赵芃的《后土信仰的当代价值》，李志鸿的《后土信仰与中国民间信仰》，张鹏的《从汉武故事到民间崇祀：汉唐后土崇祀的变容》，以及王木娘的《西汉国家祭祀中所见后土地祇之典与礼》。

（二）会议和机构

2018年11月23—27日，"中国民俗学会第九届代表大会暨2018年年会"在广州召开。大会表决通过《中国民俗学会第八届理事会工作报告》、《关于修改〈中国民俗学会

---

[1] 杨利慧：《世界的毁灭与重生：中国神话中的自然灾害》，《民俗研究》2018年第6期。
[2] 叶涛：《作为传统信仰文化载体的祇园祭——日本京都祇园祭考察札记》，《民俗研究》2018年第6期。
[3] 刘友富：《城镇化背景中的民间信仰代际传递机制研究——基于溪村和东镇的个案比较》，《世界宗教文化》2018年第1期。
[4] 赵翠翠：《民间信仰的公共化困境——以浙江海滨社区的民间信仰为例》，《世界宗教文化》2018年第1期。
[5] 李向振：《"信仰惯习"：一个分析海外华人民间信仰的视角——基于新加坡中元祭鬼习俗的田野考察》，《世界宗教研究》2018年第1期。

章程〉的报告》和《中国民俗学会财务工作报告》，选举第九届理事会理事，中国社会科学院世界宗教研究所叶涛研究员当选新一届中国民俗学会会长。

三 北京宗教研究与《中国宗教报告》（宗教蓝皮书）

2018年6月16日，第二届北京宗教研究高端论坛在北京西顶书院举办。论坛主题为"北京的宗教历史与宗教民俗"，由中国社会科学院世界宗教研究所、中国宗教学会、北京西顶书院联合主办。整个论坛分为三场研讨会。第一场研讨会主要侧重北京宗教的历史考据，包括寺庙、出土文物、人物等多个方面；第二场研讨会则涉及北京宗教文化的传承与发展；第三场研讨会论及的是佛教、道教、伊斯兰教、天主教以及儒家忠道精神在北京的历史与实践。

10月20日，2018年《中国宗教报告》论坛暨出版十周年座谈会在社会科学文献出版社举办，由中国宗教学会、中国社会科学院世界宗教研究所和社会科学文献出版社联合主办。论坛分为"主旨发言"、"回顾与展望"和"2019年度组稿会"三个部分，参会者共同有效回顾和总结了《中国宗教报告》编撰十年来的成绩和经验，并提出了宝贵的有建设性的建议和意见。

四 巴哈伊研究

2018年6月5日，中国社会科学院世界宗教研究所巴哈伊研究中心举办了主题为"巴哈伊文化中的一体观：从本体论到社会实践"的学术讲座，主讲人为香港大学社会学系主任宗树人（David A. Palmer）教授。他指出巴哈伊的阿博都·巴哈曾经明确说过"中国是未来的国家"，当代中国领导人所倡导的"一带一路"建设，提出的"人类命运共同体"倡议都是追求合作共赢的人类文明智慧的结晶，充分体现了中国的上升性、未来性。巴哈伊作为新兴的世界宗教与中国作为古老的世界文明的沟通、交流、认识有助于深化理解两种文化体系相似的地方。宗树人教授还介绍了巴哈伊在社会实践中以磋商为主的修行方法，以及在个人、机构和群体三个层面上的修行实践探索。

2018年9月1—2日，由中国宗教学会宗教建筑文化专业委员会和中国社会科学院世界宗教研究所巴哈伊研究中心联合主办的"巴哈伊的建筑艺术国际研讨会"在北京恒源祥大厦会议厅举行。研讨会共分为六场，从中国宗族祠堂、佛道教建筑的功用特点开始探讨，拓展到印度教神庙、基督教堂和伊斯兰教建筑文化，进而在世界宗教建筑文化的背景下重点对巴哈伊世界中心的建筑群，巴哈伊洲级和地方灵曦堂的建筑结构、艺术特点、社区功能、社会影响等方面进行了深入研讨。

年度论文

党的十九大对新时代宗教工作的指引

卓新平[*]

摘　要： 党的十九大胜利召开，对我国宗教工作提供非常明确的指引，这是在新时代发展之通盘考虑布局中对宗教问题的科学思考和英明决策，具有重要理论意义和实践价值，必须认真贯彻落实。本文对我国宗教工作这一重要发展加以探讨，通过学习体会、透彻领悟来紧跟党的十九大精神对新时代宗教工作的指引。

关键词： 新时代　宗教工作　中国化　积极引导

党的十九大胜利召开，对我国宗教工作提供非常明确的指引，这是在新时代发展之通盘考虑布局中对宗教问题的科学思考和英明决策，具有重要理论意义和实践价值，必须认真贯彻落实。为此，有必要对我国宗教工作这一重要发展加以探讨，通过学习体会、透彻领悟来紧跟党的十九大精神对新时代宗教工作的指引。

党的十九大将习近平新时代中国特色社会主义思想确立为党的指导思想，具有重大的理论意义和非常独特的时代意义。在时代背景的分析上，党的十九大明确指出，中国特色社会主义经过几十年来改革开放的飞速发展和所取得的巨大成就，已经进入了一个"新时代"。这一对我国发展新的历史定位体现出我们的自知和自信。"新时代"的表述具有非常丰富的蕴涵，其本质是指我们党和国家的伟大事业要"承前启后、继往开来、在新的历史条件下继续夺取中国特色社会主义伟大胜利"[①]。"新时代"昭示着党的十八大以来我们党和国家出现的巨大历史性变革，揭示出我们的社会矛盾发生了明显变化，即"已经转化为人民日益增长的美好生活需要和不平衡不充分的发展之间的矛盾"[②]，这种对我国当前社会矛盾之转化的清晰判断，展示出我们党的理论创新在进入新时代、面向中国当下社会问题而深入思考时所取得的重大突破，也为我们分析新时代的中国宗教问题提供了重要指导和新的启迪。我们应该敏锐地捕捉到这一新信息的深刻蕴涵，认真思考当今中国宗教与社会的关系、宗教信徒与人民群众的内在关联。特别值得指出的是，我们应该理解到这一问题的理论突破至关重要，其核心要点就是我们要自觉意识到，以习近平同志为核心的党中央在如何坚持和发展中国特色社会主义、实现中华民族伟大复兴上提出了对于治国理政极为关键的新理念新思想新战略，其中也涵括对宗教问题新的战略思考。这些承前启后、创新发展的思想见解，体现出我党在重大理论认知上的转型和升华，而其根本标志

---

[*] 卓新平，1955年生，现任中国社会科学院学部委员，中国宗教学会会长，世界宗教研究所研究员，中国统一战线理论研究会民族宗教理论甘肃研究基地研究员。
[①] 《党的十九大报告辅导读本》，人民出版社2017年版，第11页。
[②] 《党的十九大报告辅导读本》，人民出版社2017年版，第11页。

就是习近平新时代中国特色社会主义思想的创立，其重要组成部分当然也包括习近平中国特色社会主义宗教理论，这代表着马克思主义在当代发展的新飞跃，体现出当前马克思主义中国化的最典型特征，也标示了马克思主义宗教观中国化的最新成果。

一 "新时代"对宗教的科学认知

"新时代"这一表达要求我们对当前的时情、国情有科学而正确的判断和认识。这一认知也包括对当下中国宗教及其世界关联的科学认识。根据党的十九大精神来解读，"新时代"标志着中华民族在历经磨难、艰苦奋斗之后迎来了从站起来、富起来而到达强起来的伟大飞跃，其飞跃体现在方方面面，需要我们多层面、全方位地观察和把握。强大起来的中国社会之宗教更加彰显其"独立自办"的特点，有着坚持"中国化"发展的成就。宗教在中国不再是依附于外来势力而存在的社会现象，而是与社会主义中国社会有着积极的适应和密切的结合，形成国强教立的发展特色。这与1949年新中国成立前后中国宗教的处境明显不同。而且，"新时代"更是让我们看到了中华民族全面而伟大复兴的光辉前景，使全国人民包括广大信教群众对中国的未来发展充满信心。我们所取得的成功说明科学社会主义在21世纪的中国达到了突飞猛进，中国以其强大的生机活力证明了社会主义的康庄大道无限光明，在全世界非常鲜明地高高扛起了社会主义的大旗，其中也彰显出社会主义与宗教的关系得到了正确而妥善的处理，与时俱进地圆满回答了一百多年前列宁所提出的社会主义与宗教、无产阶级政党与宗教的关系问题。这些成功使当代世界社会主义发展有着鲜明的中国特色，中国不仅解决了当代社会主义应如何发展的问题，进而还为全人类的健康发展、为世界发展中国家的现代化走向提供了中国道路、中国智慧和中国方案。当今世界并没有妥善处理好民族宗教问题，国际社会出现的乱象就与民族宗教矛盾的激化直接有关。因此，民族宗教关系在中国"风景这边独好"的局面也会引起世界的瞩目，亦给人类在民族宗教问题上达到和谐带来了重要启迪，提供了可行路径。

面对"新时代"的特点及要求，需要我们保持并发扬对宗教的科学认知。当前我们的主要目标和根本任务就是"决胜全面建成小康社会，进而全面建设社会主义现代化强国"，就是积极推动"全国各族人民团结奋斗、不断创造美好生活、逐步实现全体人民共同富裕"。这对于中华民族命运共同体的建设而言就是要求"全体中华儿女勠力同心、奋力实现中华民族伟大复兴中国梦"，而对于共同构建人类命运共同体来说，则是使"我国日益走近世界舞台中央、不断为人类作出更大贡献"[①]。因此，对宗教的理解及我们宗教工作的努力方向就应该朝着这一目标和任务，我们所强调的是对包括信教群众在内的全体中华儿女、全国各族人民的团结，是我们全体人民的生活富裕、精神愉快。在处理好民族宗教问题上，我们要防范"分"、力主"合"，中华儿女无论属什么民族、无论有什么信仰，大家都要"像石榴籽一样紧紧抱在一起，共同团结奋斗、共同繁荣发展"[②]。

在理论创新和突破上，"新时代"则体现出中国共产党的理论成熟及升华，其典型标

[①] 《党的十九大报告辅导读本》，人民出版社2017年版，第11页。
[②] 《党的十九大报告辅导读本》，人民出版社2017年版，第39页。

志就是习近平新时代中国特色社会主义思想的奠立。这一思想体系蕴涵丰赡、博大精深，代表着马克思主义在当代的最新发展，体现出我党指导思想的又一次与时俱进、继往开来。而中国特色社会主义宗教理论则是习近平新时代中国特色社会主义思想的有机构成，同样意义深远、蕴涵深刻。当然，这一思想内容是党和人民改革开放、建设发展之实践经验和集体智慧的结晶，中国特色社会主义宗教理论代表着马克思主义宗教观的中国化和中国共产党关于宗教问题的理论发展及思想创新，尤其是具有改革开放以来中国社会主义发展的时代意义和时代特色，是其实践积累和理论创见。习近平新时代中国特色社会主义思想体系不仅为我们在新时代努力推进党和国家伟大事业发展提供了思想指南，而且在世界范围内开辟了马克思主义的新境界，推动了马克思主义的新飞跃。中国特色社会主义宗教理论代表着马克思主义宗教观在新时代的升华和飞跃。

回顾中国当代改革开放约40年的历程，我们清楚地认识到，习近平新时代中国特色社会主义思想正是习近平同志在中国改革开放的实际中不断摸索、积累发展而来，其亮点特别体现出习近平同志在党的十八大以后所提出来的新思想、新观点和新论断。其中，习近平同志对宗教问题就有其独立的思考和深邃的洞见，起到振聋发聩的引领作用。其思想体系从理论与实践的有机结合上系统阐述了我们在新时代应该如何坚持及发展中国特色社会主义的问题，其中也涵括如何处理好当代中国社会主义社会的宗教问题；习近平同志系统提出了我们在新时代坚持和发展中国特色社会主义的总目标、总任务和总布局，科学说明了实现这一总目标，完成这一总任务的具体战略布局、相关步骤、发展方向、采用方式、潜在动力、所需条件、政治保证等问题；而宗教工作则必须服从并服务于这一总的布局、任务和目标。我国宗教工作虽有其独特性和复杂性，但在其整体上仍是上述总目标、总任务和总布局的有机构成，是从属于此并为之服务的。因此，只有结合这一总目标、总任务和总布局来看我们的宗教工作，才能找准方向、走对道路，也才会取得真正的成功和成就。所以说，习近平同志在新时代形成的这一思想为中国特色社会主义理论思想充实了新的内容、注入了科学蕴涵。其对宗教存在的审视、宗教问题的处理及宗教工作的开展都有独到见解，体现出不凡匠心和睿智，并推出了在当今中国社会科学合理、行之有效的系列举措，开创出全新局面，由此在宗教工作方面也彰显出这一中国特色社会主义思想体系的时代特色、理论特色、实践特色、民族特色。习近平同志结合中国实际及其改革开放以来的新情况、新发展而审时度势、考虑周全，提出了其对宗教问题的独特见解和新锐洞观；其厚重的理论、智慧的思索、成果显著的实践，值得我们全面学习、系统梳理。探究习近平同志关于宗教问题的透彻分析、高远洞见，是我们宗教研究者在新时代的新课题、新任务，我们义不容辞，而且时不我待。通过学习、体悟、弄清中国特色社会主义宗教理论，则会帮助我们系统把握、全面领会习近平新时代中国特色社会主义思想；其体系完备、涵括广泛、目标明确、路线清晰、方法科学、理论深邃、高屋建瓴、高瞻远瞩等特色均在科学看待和正确处理宗教问题上得以充分体现。可以说，习近平中国特色社会主义宗教理论就突出展示出其时代之"新"，体现了中华民族优秀思想文化之鲜明"特"色。

二 中国特色社会主义宗教理论的点睛之笔

在习近平新时代中国特色社会主义思想这一博大精深的科学理论体系中，有习近平新时代中国特色社会主义思想的宗教观等理论构成，而且亦体现出习近平同志对我党统一战线理论思想在新时代的科学继承与创新发挥。这是我们从事宗教研究工作的重要指南和根本性指导思想。在过去一段时间中,我国学术界、理论界乃至扩大到整个社会层面曾有过关于如何评价宗教、进行宗教工作和宗教学研究的复杂讨论,引起普遍关注,甚至一度出现了主张排挤、否定、打压宗教,抵制对宗教积极引导的错误观点。而党的十九大胜利召开,习近平同志代表党中央所作的十九大报告的公开发表,使这些问题都得以澄清,宗教工作及宗教研究的目标、方向亦得以清楚的确定。这一积极发展为我们今后宗教工作及研究的顺利推进也提供了重要指引、方向和动力。

在党的十九大报告中,习近平同志对我国改革开放新时代所开展的民族宗教工作给予了充分肯定,并且给出了"爱国统一战线巩固发展,民族宗教工作创新推进"的积极评价,并强调"要根据新的实践"[①]来对包括"宗教"在内的各方面工作"做出理论分析和政策指导,以利于更好坚持和发展中国特色社会主义"[②]。而特别值得一提的,则是习近平同志在党的十九大报告中专门对新时代宗教工作提出了明确要求,即"全面贯彻党的宗教工作基本方针,坚持我国宗教的中国化方向,积极引导宗教与社会主义社会相适应"[③]。而党的宗教工作的基本方针即"全面贯彻党的宗教信仰自由政策,依法管理宗教事务,坚持独立自主自办的原则,积极引导宗教与社会主义社会相适应"。显然,习近平同志在宗教工作上突出和强调了积极引导宗教与社会主义社会相适应的基本思路和原则立场,认为"做好宗教工作,对于密切党同人民群众的血肉联系,推动三个文明建设,加强民族团结和保护社会稳定都有着不容忽视的重要意义。我们必须认真学习马克思主义宗教观,充分认识宗教的长期性,锲而不舍、深入细致、反复耐心地做好宗教工作"。"我们必须站在政治和全局的高度,充分认识宗教问题的特殊复杂性,积极稳妥地做好宗教工作"[④]。我们必须深刻体会习近平同志在做好宗教工作时所论及的深入细致、反复耐心、积极稳妥等重要表述。习近平同志为此还特别指出,做好党的宗教工作、把这一基本方针坚持好,关键是要在"导"上想得深、看得透、把得准,做到"导"之有方、"导"之有力、"导"之有效,牢牢掌握宗教工作主动权。可以说,做好宗教工作的根本定位就是积极引导,这是中国特色社会主义宗教理论的点睛之笔。

根据习近平新时代中国特色社会主义思想的宗教观,宗教问题始终是我们党治国理政必须处理好的重大问题。正因为如此,所以宗教工作在党和国家工作全局中才具有特殊的重要性。习近平同志深刻地洞见到宗教工作的独特意义,指明这一问题能否正确处理,关系到中国特色社会主义事业发展,关系到党同人民群众的血肉联系,关系到社会和谐、民族团结,关系到国家安全和祖国统一。宗教工作从其面对的信教群众而言,其实质是群众工作。在党的十九大修改后的党章中,非常明确地阐述了党和群众的关系问题,指出"我们党的最大政治优势是密切联系群众,党执政后的最大危险是脱离群众。党风问题、党同人民群众联系问题是关系党生死存亡的问题。党在自己的工作中实行群众路线,一切

[①] 《党的十九大报告辅导读本》,人民出版社2017年版,第4页。
[②] 《党的十九大报告辅导读本》,人民出版社2017年版,第18页。
[③] 《党的十九大报告辅导读本》,人民出版社2017年版,第39页。
[④] 习近平:《干在实处,走在前列——推进浙江新发展的思考与实践》,中共中央党校出版社2006年版,第262页。

为了群众，一切依靠群众，从群众中来，到群众中去，把党的正确主张变为群众的自觉行动"①。为此，"共产党员必须同党外群众亲密合作，共同为建设中国特色社会主义而奋斗"②。中国共产党有近9000万名党员，但在13亿之多的中国人口中毕竟是少数精英，故必须团结广大党外群众，其中约2亿信教群众当然是其密切团结合作的重点对象，而在中国港澳台地区及海外华人总约1亿人口中的大多数也具有宗教信仰，这些人群对于中华民族复兴和中华民族命运共同体的建设必不可少，因此对之加强团结至关重要，这是"巩固和发展最广泛的爱国统一战线"的要素。党章修正案同样要求"全面贯彻党的宗教工作基本方针，团结信教群众为经济社会发展作贡献"③。

宗教工作从其接触到的文化传承来看，其关键在于文化理解。习近平同志指出，"文化是一个国家、一个民族的灵魂。文化兴国运兴，文化强民族强。没有高度的文化自信，没有文化的繁荣兴盛，就没有中华民族伟大复兴"④。正确对待中国传统宗教文化，也涉及文化自信的问题，我们不能把宗教文化从中华文明发展中彻底剥离出去，宗教文化在人类文明历史发展中具有重要地位，在中国历史文化中也不例外，这一反思对于我们正确处理宗教与文化的关系问题非常重要。习近平同志在党的十九大报告中再次重申，"人民有信仰，国家有力量，民族有希望。要提高人民思想觉悟、道德水准、文明素养，提高全社会文明程度"⑤。而我们今天中国特色的社会主义文化，正是"源自于中华民族五千多年文明历史所孕育的中华优秀传统文化，熔铸于党领导人民在革命、建设、改革中创立的革命文化和社会主义先进文化，植根于中国特色社会主义伟大实践"⑥。在这种文化建设上，我们则必须"坚持百花齐放、百家争鸣，坚持创造性转化、创新性发展，不断铸就中华文化新辉煌"⑦。而且，中华文化乃"海纳百川、有容乃大"的发展，因此也理应"加强中外人文交流，以我为主、兼收并蓄"⑧，"尊重世界文明多样性，以文明交流超越文明隔阂、文明互鉴超越文明冲突、文明共存超越文明优越"⑨。对待宗教文化，我们同样应持正确的态度，认识到其文化传承、文化交流、文化象征、文化符号、文化品牌、文化遗产和文化精神的价值与意义，看到中外宗教文化交流对中华文明发展的促进及提升，以及中华文化对包括宗教文化在内的世界优秀文化的涵括及熔铸，以此"深入挖掘中华优秀传统文化蕴含的思想观念、人文精神、道德规范，结合时代要求继承创新，让中华文化展现出永久魅力和时代风采"⑩。

根据改革开放以来宗教发展的综合分析，我国宗教工作形势总体而言是好的，这就突出表现在党的宗教工作基本方针得到贯彻，公民宗教信仰自由得到保障，党同宗教界的爱国统一战线不断得到巩固，宗教工作法治化也明显加强等各个方面，由此使我国宗教活动

---

① 《〈中国共产党章程〉总纲》，人民出版社2017年版，第20页。
② 《〈中国共产党章程〉总纲》，人民出版社2017年版，第23页。
③ 《〈中国共产党章程〉总纲》，人民出版社2017年版，第16页。
④ 《党的十九大报告辅导读本》，人民出版社2017年版，第40页。
⑤ 《党的十九大报告辅导读本》，人民出版社2017年版，第42页。
⑥ 《党的十九大报告辅导读本》，人民出版社2017年版，第40页。
⑦ 《党的十九大报告辅导读本》，人民出版社2017年版，第41页。
⑧ 《党的十九大报告辅导读本》，人民出版社2017年版，第43页。
⑨ 《党的十九大报告辅导读本》，人民出版社2017年版，第58页。
⑩ 《党的十九大报告辅导读本》，人民出版社2017年版，第42页。

总体平稳有序。这一大好局面的形成来之不易，弥足珍贵，我们应该全力维系和巩固，特别是在当前复杂的国际环境中更值得我们保持民族团结、宗教和顺、社会稳定的理想状态。当然，也应该承认局部地区因受境外影响还存在个别负面影响，我们必须高度警惕。为此，习近平同志在党的十九大报告中也特别强调要"严密防范和坚决打击各种渗透颠覆破坏活动、暴力恐怖活动、民族分裂活动、宗教极端活动"①。

　　实践证明，我们党关于宗教问题的理论和方针政策是正确的。党的十九大精神重申，做好宗教工作，必须坚持党的宗教工作基本方针，党的宗教工作基本方针是我们党坚持马克思主义宗教观，从我国国情和宗教具体实际出发，汲取正反两方面经验制定出来的，其突出的核心就是强调对宗教的积极引导，使之主动适应中国特色的社会主义社会。所以，党章修正案在如何正确贯彻党的基本路线时也强调要"全面落实党的基本路线，反对一切'左'的和右的错误倾向，要警惕右，但主要是防止'左'"②。

　　实行宗教信仰自由政策，出发点和落脚点是要最大限度把广大信教和不信教群众团结起来。而评价我们宗教工作的标准就是看是否能最大限度地将信教群众团结到党和政府身边来。我们应该高度关注信教群众，必须把信教群众拉过来，使之明确意识到自己是中华民族大家庭的当然成员，而决不允许将信教群众推出去，不能容忍那些故意伤害信教群众宗教感情的言行。目前在复杂国际形势的博弈中，境外敌视中国发展强大的势力企图使宗教成为中国顺利发展的掣肘或障碍，图谋将宗教信仰者变为我们社会中的另类、异类，推为我们国家社会的对立力量，我们绝不可让这种图谋得逞。最大限度地团结一切可以团结的力量是我党统战理论及工作的精髓和灵魂，故而为我党克敌制胜的重要法宝之一。在新时代的新形势下，我们不要丢了这一法宝，而必须更好地继承和发扬这一革命传统。我们积极引导宗教与社会主义社会相适应，就是要引导信教群众热爱祖国、热爱人民、热爱共产党，自觉维护祖国统一，维护中华民族大团结，服从服务于国家最高利益和中华民族整体利益。所以，在价值观、意识形态上，我们同样应该积极引导广大信教群众拥护中国共产党领导、拥护社会主义制度，坚持走中国特色社会主义道路，积极践行社会主义核心价值观，弘扬中华文化，努力把宗教教义同中华文化相融合，形成汇流与汇聚，而不可使其宗教信仰及教义思想与这种社会核心价值观、中华主体文化相脱离、有生分，防止其分道扬镳的负面发展，避免导致其成为与我们党和政府走向对立、对抗的张力和拉力。在社会等层面的适应及协调上，思想的适应及认同乃最为关键和重要的，也是最可能真正持久的。所以，关注并积极引导宗教的精神层面，与之对话沟通、引导其与我们社会主义社会价值、精神等深层次的适应乃至关重要。这里，也理应积极引导我国宗教遵守国家法律法规，自觉接受国家依法管理，走"中国化"道路，投身改革开放和社会主义现代化建设，为实现中华民族伟大复兴的中国梦贡献力量。

　　应该特别强调的是，习近平新时代中国特色社会主义思想的宗教观中凸显出两大亮点，这就是突出积极引导宗教与社会主义社会相适应，以及突出坚持我国宗教的中国化方向，这两大亮点是我们必须特别关注和认真思考的。在有关宗教问题系统、全面的理论阐述中，抓好这两大亮点就可起到纲举目张的作用，达到事半功倍的效果。

　　这里，习近平总书记提出并强调的"中国特色社会主义宗教理论"就为积极引导宗

---

① 《党的十九大报告辅导读本》，人民出版社2017年版，第49页。
② 《〈中国共产党章程〉总纲》，人民出版社2017年版，第19页。

教与社会主义社会相适应提供了重要理论和实践策略：这就是要坚持用马克思主义立场、观点、方法认识和对待宗教，遵循宗教和宗教工作规律，深入研究和妥善处理宗教领域各种问题，结合我国宗教发展变化和宗教工作实际，突出积极引导，推动积极转化，促成积极作用。我们要不断丰富和发展这一中国特色社会主义宗教理论，用以更好指导我国的宗教工作实践。

而强调"我国宗教坚持中国化方向"则是积极引导宗教与中国社会主义社会相适应的一个重要任务。我们必须大力倡导和积极支持我国宗教坚持中国化方向。为此，则要用社会主义核心价值观来引领和教育宗教界人士和信教群众，弘扬中华民族优良传统，用团结进步、和平宽容等观念引导广大信教群众，支持各宗教在保持基本信仰、核心教义、礼仪制度的同时，深入挖掘教义教规中有利于社会和谐、时代进步、健康文明的内容，对教义教规做出符合当代中国发展进步要求、符合中华优秀传统文化的阐释。宗教教义虽有其原典之义，却非一成不变，而会随时代、社会的发展变迁出现相应的变动、演进。各大宗教的教义思想史都是非常丰富多样的，所以，我们对宗教以积极之"导"而达其进步之"变"既符合历史辩证法，也是与时俱进的需要。

三 宗教研究的行动指南

在习近平新时代中国特色社会主义思想的指导下，我们的宗教研究工作也获得了新时代发展进步的行动指南。根据这一重要指南，我们今后的任务一是要集中精力学习研究中国特色社会主义宗教理论，探究积极引导宗教与社会主义社会相适应的理论与实践，使之得以系统、全面地发展。二是要总结我国宗教坚持中国化方向的经验教训，追溯我国宗教中国化的发展演变，各种宗教在其中国化的进程中得到的升华和提高、出现的共构和融合、应该总结的经验和教训，以及形成的中国特色和风格。我们应该以回顾历史来审视当代处境，形成对比和借鉴，构成我国宗教的中国意识、中国话语、中国流派和中国体系。三是要努力促成宗教工作及宗教研究在未来的积极发展，尤其是要正确对待宗教研究，使其探究者得以贯彻落实"双百"方针，敢于坚持真理、大胆探索，展示其真知灼见。宗教学是我国学科体系建设中的重要构成，是对我国哲学社会科学发展具有支撑作用的关键学科之一，并正随着我国步入世界舞台的中心而在发挥着越来越显著、越来越重要的作用。宗教学是形成较晚的跨学科研究，在中国当代社会学术发展中有着不可轻视的独特作用，而其政治性强、研究领域广泛，涉及的问题也极为复杂敏感，我们有责任努力使之从"险"学往"显"学发展演进，绝不可听任其从"显学"倒退为"险学"。中国宗教学的中国特色就更多体现在其政治定位及时代定位上，这就是中国社会主义社会的政治定位和21世纪"新时代"的时代定位。从中国社会科学基本属性及其当代使命而言，中国宗教学必须讲政治，具有政治意识、政治取向和政治责任，要与我国社会主义社会的政治保持高度一致。从中国宗教学与世界范围的宗教学整体关联来看，我们也应该展开比较研究、强调对话沟通，找出具有的共性和各自不同的特点，形成强势且潜力无限的中国特色宗教学学派，自立于世界学术之林。当代宗教研究应该发挥其跨宗教、跨文化、跨时代等跨学科或多学科比较、对照的优势，从而得以基于我们中华民族命运共同体的构建来促成人类命运共同体的形成。可以说，宗教学是共建人类命运共同体的学术基础、知识储备和理论前提之一，能够为不同思想文化的对话交流提供比较合适的平台、场景和氛围，甚至在其当代发展的学科规范、学术原则及学问涵括上，中国宗教学也完全可以在世界宗教学领域占有重要位置，发挥巨大作用，形成脱颖而出的中国学派和思想流派。在党的十九大精神鼓舞和指引下，我们要积极创立并不断完善中国特色社会主义的宗教学学科体系、学术体系和话语体系，奋力开创21世纪中国宗教研究的全新局面。

（原文发表于《世界宗教研究》2018年第1期）

互联网宗教与人类命运共同体*

郑筱筠**

摘　要： 宗教的全球化网络特点是世界各国宗教必须面对的现实，也是互联网宗教今后发展的基础。随着互联网技术的发展，宗教以其特有的线上线下的传播途径和模式逐渐打破了实体宗教发展几千年才形成的分布格局，对当代宗教的发展提出了挑战。从2018年2月1日开始正式实施的新《宗教事务条例》对互联网宗教管理提出了明确规定。与此同时，互联网时代背景下的人类命运共同体概念的提出将互联网与实体世界紧密结合在一起，2017年10月习近平总书记在党的十九大报告中明确提出，"要加强互联网内容建设，建立网络综合治理体系，营造清朗的网络空间"。作为网民人数比例较高的国家，中国应该参与到全球互联网治理体系之中，在互联网宗教的发展和治理方面，中国也会在网络空间命运共同体以及人类命运共同体的框架下，与世界各国合作，共同探索建立互联网的全球治理体系，共同为互联网宗教的健康发展生态贡献自己的一分力量。

关键词： 宗教　互联网　全球治理　人类命运共同体

互联网宗教是世界性现象，也是建构人类命运共同体过程中必须面对的挑战，而如何加强互联网宗教研究和管理同样是一个世界性难题。为此，我们必须厘清几重关系：第一，宗教与互联网之间的关系；第二，互联网宗教与全球治理的关系；第三，人类命运共同体与互联网宗教之关系等。为此，本文也拟围绕以下几方面进行探讨：

一　我国互联网与网络宗教扩展迅猛

互联网问世已有50年，它自身的发展以及由此带来的对人类文明发展的影响和推动，无论在深度上还是广度上都可以说是日新月异。至今它已成为世界上许多人生活和工作中不可或缺的元素。2013年全球生成300亿个网页，2014年全球手机用户52亿，互联网用户28亿，占全球人口39%，中国和美国互联网人口占全球23%和10%，全球15大互联网上市公司美国11家、中国4家，总市值2.416万亿美元。全球大数据已对GDP贡献达

---

* 本文为国家社会科学基金重大项目"'一带一路'战略实施中的宗教风险研究"（项目编号为16ZDA168）、国家社会科学基金"'一带一路'沿线东南亚国家宗教治理经验及管理模式研究"（项目编号为16AZJ001）阶段性成果。另外，本文是中国社会科学院2016年度宗教学"中国社科论坛"的主旨发言论文，现在此基础上，对之进行了一定程度的修改。同时，也参考郑筱筠《学习贯彻全国宗教工作会议精神，加强互联网宗教研究》（《中国宗教》2016年第7期）观点。

** 郑筱筠，中国社会科学院世界宗教研究所副所长、研究员；中国社会科学院中国特色社会主义研究中心研究员；中国统一战线理论研究会民族宗教理论甘肃研究基地研究员。

270亿美元。Gartner公司预测，大数据技术在5—10年将成为普遍采用的主流技术。这一点在中国更为明显。2014年中国互联网经济占GDP比重达4.4%，已超过美国、法国和德国，达到全球领先国家水平。据第38次中国互联网发展状况统计报告显示，"截止到2016年6月，中国网民规模达7.10亿，互联网普及率达到51.7%，超过全球平均水平3.1个百分点；手机网民规模达6.56亿，较2015年底增加3656万人。网民中使用手机上网的比例由2015年底的90.1%提升至92.5%，手机在上网设备中占据主导地位。数据还显示，我国网民仍以10—39岁人群为主，占整体的74.7%，参与热点舆情事件讨论的微博用户年龄结构中位数仍在24岁左右，'95后''00后'人群成为新生代网络用户的主力。"①

就互联网宗教而言，互联网宗教是网络时代的宗教，是在互联网空间中的宗教，在信息技术高度发达，新媒体、自媒体层出不穷的时代，宗教的全球化网络特点是世界各国宗教必须面对的现实，也是互联网宗教今后发展的基础。在世界历史的发展过程中，世界各大宗教在世界版图里逐渐形成相对集中的分布格局，并作为一种变量影响着该区域的政治、经济、文化、社会结构的发展进程。但近几十年来互联网技术的发展，宗教以其特有的线上线下的传播途径和模式，在很短的时间内就打破了实体宗教发展几千年才形成的分布格局，使当代世界宗教的发展出现许多新气象。

我国是个多宗教的国家，主要有佛教、道教、伊斯兰教、天主教和基督教。据不完全统计，我国现有各种宗教信徒1亿多人，宗教活动场所8.5万余处，宗教教职人员约30万人，宗教团体3000多个。宗教团体还办有培养宗教教职人员的宗教院校74所。2009年，新华社公布的数据是信教人数呈平稳增长态势，宗教活动场所共约13万处，比1997年增长约5万所。宗教教职人员约36万人，比1997年增长约6万人；宗教团体近5500个，宗教院校110余所。② 2015年12月15日，国家宗教事务局公布了第四批经政府宗教事务部门登记的佛教道教活动场所的基本信息。从已公布的全部信息来看，全国已经登记认证的道教活动场所8269所，其中全真派3945所，正一派4324所。全国已经登记认证的佛教活动场所33652所，其中汉语系28081所，藏语系3853所，巴利语系1716所。③ 然而与宗教活动场所数量相比，互联网上的宗教网站的网页短短几十年间从无到有多如牛毛，2001年互联网上仅有基督教和天主教网站7100多个，到2009年该数字已经突破千万，而且这仅仅是宗教类中文网站和网页的数量，网上更多的英文宗教网站和网页并未计入在内。如果根据因特网发展的穆尔定律（Moore's Law），各类宗教相关信息量将呈现几何级数式增长态势，其增量和增速都将是前所未有的。

二　如何把握互联网和互联网宗教的特点

习近平总书记在2016年4月召开的全国宗教工作会议上指出："正确对待和处理宗教

---

① 《第38次中国互联网络发展状况统计报告》，信息来源：中国网信网2016年08月03日10：17：00公布。http://www.cac.gov.cn/2016-08/03/c_1119326372.htm。

② http://news.xinhuanet.com/politics/2009-09/04/content_11997455.htm。

③ 《宗教大数据：中国佛教道教场所信息一图全知道》，2015年12月29日13：04：00《中国日报》，参见http://www.fjnet.com/jjdt/jjdtnr/201512/t20151229_237944.htm。阅读时间为2016年3月2日。

问题，是我国社会主义事业中的一个重要课题，是建设中国特色社会主义的重要内容，是我们党必须认真对待、妥善处理的重大现实问题。"习近平总书记还指出，"要高度重视互联网宗教问题，在互联网上大力宣传党的宗教理论和方针政策，传播正面声音"。总书记的讲话精神使我们认识到，宗教始终处于动态的发展过程，我们必须坚持马克思主义的立场、观点和方法，以实事求是的科学态度来认识和看待宗教，认真全面地贯彻党的宗教工作基本方针，遵循宗教和宗教工作规律，同时要深入研究宗教领域的各种问题，包括全方位地开展互联网宗教研究，这对于坚持和发展中国特色社会主义的宗教理论、贯彻落实党的宗教工作基本方针政策、正确地认识我国的宗教工作形势、全面提高宗教工作的法治水平具有重要意义。

互联网宗教借助新的传播技术搭建了新的传播渠道和传播平台，其影响力和穿透力是传统宗教所无法比拟的。网站以及微博、微信、QQ、贴吧、论坛等自媒体的兴起使信息的传播更加多样化和平民化，社会大众不再依赖于传统媒体单一的声音，转而通过不同渠道独立获取信息并自我判断。网络信息正逐步成为影响人们（尤其是年轻人）的人生观和世界观的重要组成部分。一方面，信息传递速度较快，很多网民可以通过互联网空间和信息平台传递信息，在某种程度上，网络的信息传播跨越了地域和时空限制，延伸了传播范围，使得民众对事件的关注与评论更加广泛，从而容易在社会上快速产生强烈的社会反响和巨大的震慑力。另一方面，社交平台的互动功能加剧了信息的扩散和渗透，看似微小的事件通过自媒体的发酵都有可能衍变成群体性舆情事件。

互联网宗教的传播同样也是一把双刃剑：它一方面具有跨越性和超越性，互联网宗教在传播的过程中跨越了政治、地理疆域的限制，超越了国界和原有的世界宗教分布格局，实现了信息传递的快捷和及时性；另一方面也具有模糊性和不确定性，其宗教信息传播的主体多元性、不确定性和虚拟宗教空间的出现等对世界各国的宗教管理提出了新的挑战。与此同时，网络宗教的开放性、虚拟性、跨国性和模糊性特征也使我国现行的把宗教活动和出版物限于有形空间和实体形式的大部分宗教法律法规处于滞后状态，对我国政府的宗教以及网络管理工作都形成挑战。①

三　将互联网宗教治理纳入建构"人类命运共同体"的伟大工程

世界经济发展的全球化进程缩短了各国之间的政治、经济、文化和地理疆域的距离，在这个层面上，全球化的意义在于建构一个超越区域地理疆域、国家疆域、文化板块疆域的全球范围的实质性联系，逐渐形成了人类命运共同体。从互联网诞生到"互联网+"风靡，其间仅仅经过了40余年的时间，互联网已成为人们生活的重要组成部分，2015年12月16—18日在中国乌镇举行的第二届世界互联网大会，又一次将互联网治理的中国主张和世界共识融合在一起。习近平总书记在大会上指出，"以互联网为代表的信息技术日新月异，引领了社会生产新变革，创造了人类生活新空间，拓展了国家治理新领域，极大提高了人类认识世界、改造世界的能力"。他明确提出的"共同构建网络空间命运共同体"的主张，已成为乌镇共识的标志性内容。2017年12月第四届世界互联网大会直接以"发展数字经济促进开放共享——携手共建网络空间命运共同体"为主题，习近平总书记

---

① 详参郑筱筠《学习贯彻全国宗教工作会议精神，加强互联网宗教研究》，《中国宗教》2016年第7期。

在致大会贺信中指出,"全球互联网治理体系变革进入关键时期,构建网络空间命运共同体日益成为国际社会的广泛共识",更凸显了互联网空间命运共同体与人类命运共同体建设的重要性。

气候变化全球化,经济全球化,网络信息全球化已将人类的共存与发展联系为一个整体。随着互联网传播模式在人类生活、工作领域中的深度渗透,人类社会经济生活的各个方面开始越来越广泛地和互联网传播平台融合、叠加在一起。正是因为人类生活方式和工作方式的互联网化,才使得海量资源向互联网传播平台上不断积聚、不断迁移,互联网才因数十亿人的依赖而显得无比重要。

近年来,网络空间冲突不断、矛盾增多,网络中的恶性竞赛愈演愈烈,网络空间命运共同体的提出正逢其时,不但顺应了历史潮流,而且反映了全世界人民的共同心愿。所谓共同体,既要利益共享,更要责任共担。从这个意义上讲,互联网已成为人类命运共同体最为典型的虚拟生存环境。中国文化讲究"和而不同",各美其美,美其所美,美美与共,强调相互尊重包容、和谐共处的发展是中国文化的底色,"天下为公",构建积极的"人类命运共同体"是促进世界和平发展的目标。互联网宗教、全球治理和人类命运共同体,这三者之间是有机的整体,网络宗教既可以促进人类命运共同体的建构,也可能出现不和谐的现象和影响不好的事件。我国提出的加强全球互联网合作及共同应对网络安全挑战,得到了国际社会越来越多的赞许和认同,中国的互联网治理经验和国家治理经验也将为人类命运共同体的建构提供具有建设性的中国理念、中国主张、中国方案。在互联网宗教的发展和治理方面,中国也会在人类命运共同体的框架下,与世界各国合作,共同探索建立互联网的全球治理体系,共同为互联网宗教的健康发展生态贡献自己的一分力量。

2017年10月,习近平总书记在党的十九大报告中明确提出,"要加强互联网内容建设,建立网络综合治理体系,营造清朗的网络空间"。目前我国在网络综合治理体系中已经取得了一系列的成绩。"网络综合治理体系是一个系统工程,既包括网络安全的保障、风险的规避,也包括有害信息的治理等。其中有害信息关系到网络空间整体的清朗。基于此,我国出台了一系列法律和规范性文件来净化网络空间。例如,2016年11月公布的《中华人民共和国网络安全法》,国家互联网信息办公室于2017年8月公布的《互联网跟帖评论服务管理规定》和《互联网论坛社区服务管理规定》等。这些法律、管理规定都有着自己的特点,有规范行业平台的,也有规范网民上网行为的。"[1] 从互联网管理方面提出了明确要求。

就互联网宗教的管理而言,我们要客观认识互联网对宗教的影响,强化网络宗教事务的管理,最大限度地发挥宗教在网络舆情中的积极作用。目前互联网信息平台的搭建和低成本、低门槛特征使人人都可能是传播者、个个都是监督者。网络监督已经不仅仅限于政府管理部门,公众也开始成为网络信息的传播者和监督者。截至2014年12月,我国互联网普及率为47.9%。这意味着我国有6亿多网民。到2017年"最新数据显示,我国网络普及率已达到54.3%,其中10岁至39岁的网民占比达到72.1%,使用手机上网的网民

---

[1] 韩丹东等:《十九大报告提营造清朗网络空间 综合治理体系如何构建》,《法制日报》2017年10月25日"十九大特刊"。

比重也增至 96.3%"①。这意味着我国网民规模庞大,信息传递速度较快,很多网民可以通过互联网空间和信息平台传递信息,在某种程度上,网络的监督跨越了地域和时空限制,延伸了传播范围,使得民众对事件的关注与评论更加广泛,从而容易在社会上快速产生强烈的社会反响和巨大的震慑力。这一现象同样也存在于互联网宗教的监督和管理中。对此,加强互联网宗教的舆情监测,同时有序规范地建立互联网宗教舆情的疏导机制、加快网络宗教事务管理相关条例的修订是全面提升宗教工作法制化水平的必然要求。"互联网不是法外之地。近年来,互联网逐渐成为宗教传播的重要渠道,网上涉及宗教的各种不规范现象和违法活动也呈增多态势,尤其是宗教极端思想通过互联网传播,给国家安全、社会稳定和公民人身安全带来严重威胁,互联网宗教信息服务必须纳入依法管理。"②《宗教事务条例》于 2004 年 11 月 30 日颁布,2017 年 6 月 14 日国务院第 176 次常务会议修订,2018 年 2 月 1 日起施行。其中在第四十七条、第四十八条、第六十八条等对互联网宗教都有相关的规定。例如,"第四十七条 从事互联网宗教信息服务,应当经省级以上人民政府宗教事务部门审核同意后,按照国家互联网信息服务管理有关规定办。第四十八条 互联网宗教信息服务的内容应当符合有关法律、法规、规章和宗教事务管理的相关规定。互联网宗教信息服务的内容,不得违反本条例第四十五条第二款的规定③。第六十八条 涉及宗教内容的出版物或者互联网宗教信息服务有本条例第四十五条第二款禁止内容的,由有关部门对相关责任单位及人员依法给予行政处罚;构成犯罪的,依法追究刑事责任。擅自从事互联网宗教信息服务或者超出批准或备案项目提供服务的,由有关部门根据相关法律、法规处理。"④ 这些条款对互联网宗教做出了更为明确的规定。

值得注意的是,自媒体和新媒体的出现使得网络宗教的传播存在隐秘化现象,从而更难加以管理。从互联网技术和信息平台的建构空间而言,任何一个计算机网络节点都能够自由地获取整个网络系统中的任何资源,同时,任意节点也都可以通过相同的路径,为网络中的其他节点提供服务。从宗教的发展过程而言,宗教始终处于不断"扩容"的动态变化过程之中,现阶段的"网上宗教"仍是传统宗教形态的补充,是不会取代实体空间中的宗教存在的。但它却是与实体宗教空间并存的一个宗教现象。但随着新媒体、自媒体等新兴媒介的广泛使用,互联网平台上的宗教信息助推着实体空间的宗教发展,尤其是对小众化的宗教团体的形成有较大的助推力。有的网络团体就在这虚拟的空间传教,通过不断发布宗教信息扩大自己的影响。有的网络组织者较为熟悉我国的相关法律法规,在 QQ 群、微信群的建立过程中,全部以小众化的形式出现,使其缺乏组织管理,个体性特征突出,造成管理难度。对此,我国应该加大科研开发力度和人才队伍的建设,逐渐建立自己在这一领域的话语权、指标体系和评估体系,形成风险评估体系:一方面,重视移动网络空间和固定网络空间的管理,重视各语种涉宗教网站的建设和管理,传播正确的宗教知识,全方位多渠道地宣传我国的各项方针政策。另一方面,根据互联网空间体系的特征,

---

① 韩丹东:《十九大报告提营造清朗网络空间 综合治理体系如何构建》,《法制日报》2017 年 10 月 25 日 "十九大特刊"。
② 《在法治轨道上推进宗教工作——国务院法制办负责人就〈宗教事务条例〉修订答记者问》,http://www.gov.cn/zhengce/2017-09/07/content_5223346.htm。阅读时间为 2017 年 9 月 8 日。
③ 新颁布的《宗教事务条例》"第四十五条第二款规定:破坏不同宗教之间和睦以及宗教内部和睦的;"
④ 参见《宗教事务条例》,https://baike.baidu.com/item/宗教事务条例/4403987?fr=aladdin。阅读时间为 2017 年 11 月 10 日。

对互联网空间进行分层治理，保障信息安全，尤其是重点关注热点问题、活跃程度，建立舆情疏导体制。

习近平总书记强调，做好党的宗教工作，把党的宗教工作基本方针坚持好，关键是要在"导"上想得深、看得透、把得准，做到"导"之有方、"导"之有力、"导"之有效，牢牢掌握宗教工作主动权。在网络宗教的治理上，我们要积极引导，努力做到以下几方面：第一，"导之有方"，正确认识互联网的平台作用，努力搭建公开的信息渠道分享平台，加强对话、沟通和交流，正确宣传我国的各项方针政策，让世界了解中国，让中国更好地与世界对话。第二，"导之有力"，提倡在全球网络新安全观的框架下，努力加强互联网宗教信息的新安全观体系建设，同时，加强互联网宗教管理的专业人才队伍建设。第三，"导之有效"，建立舆情监测系统，尤其是重点关注热点问题、活跃程度，同时建立舆情疏导体制，发挥宗教在网络舆情中的积极作用，提升宗教工作管理的法制化水平。[①]

总之，当我们讨论互联网宗教、网络空间命运共同体以及人类命运共同体的时候，必须厘清这几重关系。宗教作为互联网空间的一个节点，"穿越"于互联网世界和现实世界之中，它可以作为其中一个重要的变量。在全球化时代，中国作为"网民大国"，应积极参与国际社会的互联网的全球治理体系的建设，其互联网治理和国家治理也将为全球治理提供具有建设性的中国理念、中国主张、中国方案。只有在人类命运共同体的共识中形成新的世界安全观，世界各国的积极参与和资源共享，提高依法管理的法治能力，宗教的良性发展、互联网空间的治理，真正打造一个风清气朗的互联网空间命运共同体，进而才能为人类命运共同体的发展建构一个可持续发展的空间。

（原文发表于《世界宗教文化》2018年第1期）

[①] 详参郑筱筠《学习贯彻全国宗教工作会议精神，加强互联网宗教研究》，《中国宗教》2016年第7期。

宗教与法治："宗教信仰自由"的理解

金 泽[*]

摘 要： 宗教与法治的原点问题也是核心问题乃是"宗教信仰自由"。因为宗教信仰的权利问题说到底是宗教信仰的现实实现，而实现的范围与程度取决于法治框架。因而讨论宗教与法治的关系，最根本最核心的是实现和保护宗教信仰自由的法律限制问题。对这个问题的理解以及由此形成的社会共识，直接关系到一个社会的法治状态和运行功效。无论是"政教分离"还是"政教合一"，"政教分立"或是"政主教从"，政教关系解决的是宗教（尤其是各大传统和各宗各派）在国家政治生活大框架中的基本定位及行动准则，而且都会对"宗教信仰自由"做出或明或隐的界定，因为这涉及根本的制度安排、秩序原则且事关每个公民的行为规范，具有较强的操作性、具体性和指向性的法律法规都是由此派生或演绎出来的。

关键词： 宗教 法治 宗教信仰自由

我们讨论"宗教信仰自由"问题，不仅要讨论宗教信仰的性质，如果这个问题不明确，所有与之相关的行为规范就失去了立身之本，还要讨论宗教信仰自由的范围与程度及其变化发展；讨论为什么要保护宗教信仰自由，以及在全球化和中国社会转型的进程中如何保护宗教信仰自由。我们在此对这些问题的探讨只是抛砖引玉，希望能有越来越多的理论分析和个案解剖跟进，从而使我们对宗教与法治的理解越来越丰厚，既上通天道又下接地气，如有可能在理论上再有所提升，使宗教学理论升级到新的版本，善莫大焉。

一 宗教信仰的社会历史属性

有些法学家或宗教学家认为宗教信仰乃是一种仅仅限于人的精神和意志层面的活动与内容，并由此将宗教信仰自由仅仅视作思想上的绝对自由。但是这种只言"观念"不谈"行为"的宗教信仰所延伸出的对宗教信仰自由的狭义理解，不具有法律意义。法律的关注点是言行是否合法，而非精神（或思想）合法与否。霍布斯（Thomas Hobbes）早就意识到：

> 世界上没有一个国家能订出足够的法规来规定人们的一切言论和行为，这种事情是不可能办到的；这样就必然会得出一个结论：在法律未加规定的一切行为中，人们有自由去做自己的理性认为最有利于自己的事情。因为自由的本义如果指的是人身自

---

[*] 金泽，山东大学犹太教与跨宗教研究中心荣聘教授，中国社会科学院世界宗教研究所研究员。

由，也就是不受锁链锁禁和监禁的自由；人们显然已经享有这种自由了。①

霍布斯这段话的前半部分并没有明确指明为何思想自由是不用法律赋权的，但却阐述了后人归结为"法不禁止公民可自行其事"的观点。但后半部分却有间接论述，如果信仰仅仅是某个人的思想活动，那在法律上赋予或不赋予自由的权利，确如霍布斯所说是无意义的。制定和执行法律的国家无权干预纯思辨的自由，其实这根本不是有权无权的问题，即使国家颁布法令不允许人们思想也没有用，因为谁也无法约束人的思想。人们可能会说有时候文化传统和意识形态倒可能影响或"制约"人们的思想，但若确切地说，文化传统与意识形态只能通过社会化等过程"影响"人们想什么，而不能"制约"人们思想（作为动词）。法律不同于文化传统和意识形态：它不仅不能干预人们"思想"，也不能干预人们"想什么"，而只能约束人们表达出来的思想内容（即言论）及其采取的行为（个人的或群体的）。所以，法律层面上讨论的"宗教信仰自由"是社会的、文化的和历史的，属性上是相对的和有限的自由，唯此才需要法律做出规范并加以保护，唯此才有不同地域和不同时段的变化，也唯此才有学术探讨的必要。如果将宗教信仰只是理解为思想的绝对自由，就不属于研究（无论是法学还是宗教学）的范畴，因为在此层面上讨论思想（包括宗教信仰）能否或应否"自由"如同讨论呼吸能否或应否"自由"一样是毫无意义的。其实不仅仅宗教信仰自由是一种相对自由，其他领域的"自由"也是如此。只要是法律加以规定和保护的自由，都是相对的或说有条件的自由，道理很简单也很直白：绝对的自由根本不需要法律赋权和保护。

按照我们的理解，在宗教信仰中思想与行为是两面一体（手＝手心＋手背）的，它既是思想也付诸行动，由此"宗教信仰"本身才与法律（及法治）有了关联，才有能否或应否"自由"的问题。宗教信仰自由的这种相对性在实际的社会历史进程中主要地表现为在范围与程度两个维度上的变化。

二 宗教信仰自由的范围与程度的可变性

"宗教信仰自由"说起来是一句话，但落到实地或解决实际问题时会涉及许多领域和许多方面，这就涉及"范围"和"程度"这两个维度，不同时代和不同国度的相关法律法规也基本上是在这两个维度形成的扇区里做文章的。同时我们还要注意到，在讨论"范围"和"程度"时既要将个人与群体（团体）分开，又不能将它们完全割裂。

（一）直接的宗教信仰自由与间接的宗教信仰自由

在历史上的不同时期、不同地区、不同国度，甚至不同宗教里，历史积淀的传统不同，社会变迁（尤其是政治因素）形成的宗教格局不同，因而使个人的宗教信仰自由在范围和程度上是有分别的。在很多情况下，一部分宗教信徒的自由意味着另一部分宗教信徒的不自由或不那么自由，主流宗教或教派的成员享有最多的宗教信仰自由（在确立"国教"的国家里更是如此），非主流宗教或教派的成员或享有较少的宗教信仰自由，或受到歧视，或根本没有这种自由甚至遭受迫害。世界历史上曾有许多形态的"宗教裁判

---

① ［英］霍布斯：《利维坦》，黎思复、黎廷弼译，商务印书馆1997年版，第164—165页。

所"和"判教",非主流宗教或教派的信徒或处于边缘状态、地下状态或远走他乡。即使在近现代政教分离(或说分立)的国家里,也有宗教的"多数派"和"少数派",也有若干边缘群体,他们在宗教信仰自由上享有的范围和程度还是有事实上的不同等。这些不同等有些是隐含的,有时是法律明确规定的。这些都可以归入"直接的宗教信仰自由"。

此外,在实际生活中,宗教信仰自由还会涉及日常生活的一些方面,当宗教信仰自由权利与身为公民的其他权利义务有矛盾时,也会间接地影响宗教信仰自由。我们暂且称作"间接的宗教信仰自由"。比如耶和华教派出于宗教信仰而不服兵役,基督教科学派主张有病不去医院治疗,锡克教徒出于宗教信仰拒绝摘下缠头而无法戴上安全帽,等等。格里纳沃尔特(Kent Greenawalt)在探讨涉及宗教信仰的自由与公正问题时概括了诸如此类的"典型的宗教活动自由问题":

> 政府应当允许宗教和平主义者或是所有的和平主义者免于入伍,还是拒绝为任何和平主义者提供例外?假设一条普适规定要求所有的孩子都应当待到 16 岁,那么政府官员是否应当允许某宗教组织在此之前就让他们的孩子辍学,从而为这些孩子的社会生活进行职业训练?一个州禁止食用佩奥特(peyote,一种仙人掌,具有致幻作用),它是否应当允许某个教会的成员食用该仙人掌以作为他们礼拜活动的中心仪式?一项禁止在雇佣合同中进行性别歧视的法律是否应当对只允许男人担任神职人员的宗教组织听之任之?
>
> ……犯人也许会想佩戴一些狱政当局禁止的首饰。某个教会也许会想利用其社区房产建立一所规划方案禁止的学校。一名犹太正统派军官佩戴了他的圆顶小帽,这违反了要求军事人员不得在室内佩戴帽饰的规定。……对某位守安息日的信徒来说,其宗教思想要求其在星期六关闭他的商店。他可以同时遵行这一宗教义务以及另一项要求所有商店在星期日关门的法律,但是该法律与其宗教义务联合起来给他带来了经济上的问题,……①

无论"直接的宗教信仰自由"还是"间接的宗教信仰自由",都是看似一句话就可以说清楚,实际上却是很复杂的问题。不同的文化传统和不同的国情对这些问题的处理在范围上和程度上各有法度,形成不同的模式或类型,也催生了诸多系列的研究成果。我们在探讨宗教信仰自由的范围与程度时,不仅要关注直接的宗教信仰自由层面,还要关注间接的宗教信仰自由层面。有时候,由于"直接的宗教信仰自由"比较直观而易于是非分辨,"间接的宗教信仰自由"因其隐含于其他事项中而往往不被人们重视甚至曲解,社会的与文化的误会也往往由此孕育,所以更应引起关注:只有将两个层面结合起来,我们对一个社会的宗教信仰自由的范围与程度的把握才会更加全面;也只有将这两个方面结合起来,我们对宗教与法治关系的理解才会更加深入。

(二) 个人的宗教信仰自由

个人的宗教信仰自由涉及不同时代、不同国度、不同族群、不同宗教,十分复杂。对

---

① [美]肯特·格里纳沃尔特:《宗教与美国宪法——自由活动与公正》,程迈译,中国民主法制出版社 2013 年版,第 2—3 页。该书分析了多个具体案例,如从良知出发反对军事义务,宗教豁免和使用毒品,军队与监狱生活,失业补助,土地开发,雇佣关系和医学治疗等问题。

于人们已经反复强调过的东西不再赘言，而是提出几点思考以期人们在"个人的宗教信仰自由"这个问题上的认知有所推进。

要确立"个人的宗教信仰自由"的范围和程度（直接的与间接的），人们首先会问这里所说的"个人"是谁，是我，是你，还是他。人们对于个人的宗教信仰自由的范围与程度的感知，当然首先是从"我"自身出发并有所感受的。但是一个社会要确立个人的宗教信仰自由的范围与程度，是不是要以"我"为原点？作为个体，"我"当然希望个人的宗教信仰自由在范围上和程度上是无限的，至少是越大越多越好。但是如果另一个与我信仰不同的"我"（即"他者"）也这样主张，那"我"的权益可能就会有损失。如果我生活在一个有国教的社会里，或生活在一个主流宗教比较强势的社会里，作为主流宗教的信徒，"我"可能享有较多的自由，而我若是非主流宗教的信徒或不信仰任何宗教，我可能就只能享有较少的自由甚至没有宗教信仰的自由。在此人们自然会想起"己所不欲，勿施于人"的古老格言。可是在前现代的社会里，特别是有国教的社会里，许多有关宗教信仰的法律就那么"任性"。但结果往往是这派掌权压制其他宗派，当另一派掌权时也是压制其他宗派，甚至报复原来居于主导地位的教派。由此冤冤相报，恶性循环。这是第一点。

"宗教信仰自由"是现代社会的观念，是在现代国家制度的法律框架中确立、保障和实施的。这种"现代性"是我们观察和思考宗教信仰自由问题的一个关键词：一方面，从国别或社会之间的比较来看，人类历史虽然进入"现代"，但不是现代的每个国家或说每个社会都是"现代的"。由此去观察别的国家或社会，会看到许多宗教权益不平等的现象，我们分析一个社会宗教信仰自由的范围与程度，不能以那个社会的主流宗教信徒享有的权益为尺度，而要以非主流宗教信徒享有的权益为尺度。主流宗教信徒享有的自由也许是一种上限的自由，而非主流宗教信徒享有的自由才是构成其"基线"的个人自由。另一方面，从国家或社会的内部来看，一个国家或说一个社会虽然总体上称得上"现代"国家或"现代"社会，但并非这个国家或这个社会中的所有成员都是"现代"的。其中或许有许多人还执著传统的观念或信条，坚持其固守的价值理念，甚至否定现代社会所确立的关于"宗教信仰自由"这个法律原则的合法性。这会产生强大的张力。无论是个人还是国家，面对这种张力的进退失据，后果都是灾难性的。这种现象提醒我们看问题不要一刀切，要么全部肯定，要么全部否定，都是不符合实际的。这是第二点。

第三点是"个体的宗教信仰自由"总是体现或实现在不同法律法规的交叉点上。在这些点上往往会出现需要法律"解决"的问题（既可能是有所抵触的，也可能是相互推助的）。社会也需要在这些点上达成共识，它们既是我们享有这种自由的范例，也是我们继续前行的路标。我们每个人都是按照自己的文化传统（或信仰传统）和个人在成长经历中形成的价值观来理解宗教信仰自由的。古希腊哲学家赫拉克利特（Heraclitus）在讨论原子运动的规律时曾说过一些启迪后人的话，他说世界的本原是原子，原子是沿直线运动的，原子在相互碰撞中形成一个一个的"团"构成了各种事物。问题是沿直线运动的原子为何会相互碰撞，赫拉克利特告诉我们，原子是直线运动的，但不是平行运动，它们运动的方向并不一致。赫拉克利特的原子论在当代物理学中还有多少合理性毋庸赘言，但在我们理解宗教与法治关系时颇有启发：每个人对宗教信仰自由的理解是有不同取向的，这些是"直线运动"的个体会相互"碰撞"，形成一些结合点，也形成一些"问题"甚至冲突的关节点，必须以法律加以规范和调节。如果我们进一步思考，会发现一个社会有许多法律法规，每个法律每条法规都有其自身的合理性，但不同"直线运动"的法条会因指向不同而相互"碰撞"，由此也会形成一些"问题"（如宗教信仰自由权利与生命权，宗教信仰自由权利与受教育的权利，宗教信仰自由权利与服兵役的义务，等等）甚至冲突的关节点。具有不同传统背景和不同宗教信仰的人对这些"问题"或冲突各有自己的感悟（即使是旁观者），不同的反应又会形成具有一定压力的社会舆论。现代化的进程虽然解构了传统社会从而使个体"原子化"了，但在当代科技促进的发达的社交媒体作用下，"蝴蝶效应"会使本来属于个体面对的"问题"迅速变成一个社会"事件"，甚至引发社会运动，本来就不简单的事情由此变得更加复杂。

第四点，个人的宗教信仰自由看起来是针对个人而言的，其实是以与"他者"的关系为前提的。如果世上只有一个人，或者世上只有一个氏族且全氏族有着共同的信仰，根本无所谓宗教信仰自由不自由。只有在世界上有不同的个人且有不同的宗教信仰者（包括无神论者）存在，并且还共同生活在同一国度或同一社区内，讨论个人的宗教信仰自由才有意义，制定有关个人宗教信仰自由的法律法规才有意义。现代世俗国家在法律原则上（实践中可能有某种倾向）对所有的宗教与教派一视同仁：不是从宗教信仰的传统和力量出发确立"我"的宗教信仰自由的范围与程度，而是看与"我"不同的"他者"是不是享有同样的宗教信仰自由。说到底，"个人的宗教信仰自由"不是某一个个体的宗教信仰自由，而是一个社会中每一个个体享有的且应同等的宗教信仰自由。

在这个充满以暴力和强权解决利益和信仰分歧的当代世界中，中国人如何基于自己的文化传统，在多民族多宗教的社会格局中形成不同宗教信仰各方（包括每个人）的共识，既是现代法治维护宗教信仰自由的基础，也是现代法治推进和全面实现的目标：第一，只有在他人存在或其他宗教信仰共在的情况下，无论你我他才会意识到宗教信仰的权利问题，而"自由"这个权利原点首先涉及的是自由的选择权。第二，天下没有永恒的主流宗教，更没有永恒的"国教"，无论是处于主导宗教的信仰者，还是处于非主导宗教的信仰者，只要不是所有公民所有宗教或教派都享有"自由"，部分人的"自由"就只是一种带引号的"自由"。第三，宗教信仰自由不仅是选择自由，全民共享，而且还必须是以尊重他人的宗教信仰自由为前提，这是一种义务。任何人任何教派，出于自己的宗教信仰或宗教教义，虽然可以认为自己的信仰是最"正宗"、最"纯正"的，但在现代多元社会里，如果你不尊重他人的宗教信仰自由，你也就得不到他人对你的宗教信仰自由的尊重；如果你希望他人尊重你的信仰选择，那么你就要尊重他人的宗教信仰，正所谓"己所不欲，勿施于人"。[①] 第四，宗教信仰自由还是一种改宗的自由，如果有人想改信另外一种宗教，别人无权干涉，这完全要出于自愿而非强迫，这种强迫可能来自两个方面：一是强迫你改信某种宗教，二是阻挠你改信某种宗教。改宗的自由是积极自由，即主体在各种选择方案中选择他自己的目标和行为方式；不受强迫是消极自由，即没有外部的约束、强制

---

① 现代新媒体的出现，尤其是网络、QQ、博客、微信等等新的信息发布平台的出现，使人们有更多的机会和更快的速度发表和传播个人的见解。有关宗教的资讯既是海量的也是时时的。在这种新格局中，更要强调"己所不欲，勿施于人"的原则，共同维护新媒体信息交流的基本规则。对宗教现象和宗教问题的理论探索是在学术范围内的，既不是护教的，更不是神权政治的，在学术范围内对某些现象或事件的批评和发表不同意见是正常的。在学术探讨中不让人家说话就是不让自己说话（伏尔泰说：虽然我不同意你的观点，但我誓死捍卫你说话的权利。），但不允许人身攻击，不允许恶意伤害。讨论问题是为了弄清事实，辩明道理，让问题得到合理的解决，让社会和文化得以健康的发展。

或强迫而行动的力量。第五，作用力和反作用力相等。无论是历史还是现实都告诉我们，在宗教信仰自由这个问题上将个人或群体的宗教信仰权益膨胀，甚至走极端，都是在玩火：自以为点个烟花绚烂夺目，但飞溅的火星却可能点燃毁掉整个家园的炸药库。第六，个人的宗教信仰自由只是个人的诸多权利和义务之一。作为公民，个人还有其他的权利和义务。我们在讨论"直接的宗教信仰自由"与"间接的宗教信仰自由"时已经触及这个问题。在整个国家的法律框架中，在各种法律法规交织的法网中，每个国家对于宗教信仰自由的法律定位是不一样的。然而无论如何定位，总是有比它更根本的权利（如生命权），也有比它次要的权利（如旅行的权利）。每个国家的法律规则粗细不同、周延不同。法律法规或案例的数量与质量，也是衡量个人宗教信仰自由的程度与范围的一个重要参数。法律法规的细致程度反映和标志着人们对宗教信仰自由认知的深度和广度，反之亦然。

人们或许会问：有些人不认可这些共识，挑战甚至破坏这些共识，将我们不愿意的东西强加于我们，我们怎么办？更有甚者，有些人在处于弱势时运用宗教信仰自由保护自己，而一旦成为强势时（也许只是局地的）又不容纳别人的宗教信仰自由，采取双重标准时，我们怎么办？这个时候不能等靠觉悟，而是靠法律法规的力量维系应有的行动原则和关系准则（思想教育不是没有作用，但我们在此所讨论的是宗教与法治的关系）。如果姑息养奸，不仅会使正常的宗教关系陷入混乱，而且会使国家的法律变得没有威严，政教关系也变得十分吊诡，维系社会秩序和文化秩序的价值观念也会被粉碎。法律不仅是规范人们的行为准则，必须保障这些准则不被违犯，而且法律规范要有一定的防范预见，并不断针对新出现的问题做出法律法规上的补充。这，本是宗教与法治关联的应有之义。

（三）群体的宗教信仰自由

人们常以一根筷子可以折断，但一把筷子却难以折断的道理说明群体的力量不等于个体力量之和。的确，人类群体尤其是作为社会群体（或团体）的出现，不仅在自然的血缘关系之上（或之外）形成社会关系且社会关系的作用越来越重要，使人类跨入文明的大门，而且随着"不等于个体之和"的附加值越来越多、越来越复杂，社会群体在人类生活中的作用也越来越重要，群体具有许多个体所不具有的属性。然而并非所有的人类集合体都可称作"群体"，如在某辆公共汽车上的乘客。"群体是由那些在对彼此行为有着共同期待的基础上有组织地在一起相互作用的人组成的集团"。[①] 任何社会群体都是具有某种内在结构的组织。这里所说群体的"组织"十分重要，它决定了群体不是在某一空间内自在的诸多个体，而是指在这些个体之间形成特定的有机的联系。宗教就是这样一种社会有机体，它的自身内部虽然可以细分出具有不同内在结构的类型，但没有不成"组织"的宗教群体。[②]

[①] ［美］伊恩·罗伯逊：《社会学》，黄育馥译，商务印书馆1994年版，第207页。
[②] 作为社会学家的杜尔凯姆不同于作为心理学家的弗洛伊德，后者强调的是精神或心理的层面，而前者关注的是社会的方面，所以在杜尔凯姆的宗教定义中就特别强调宗教的组织（教会）方面：宗教乃是"一个与神圣事物（也就是说，被分开的和有禁忌的）相关联的信仰与实践的统一体系，这些信仰和实践将所有的信徒结合成在同一个被称为教会的道德共同体中"。——参见［法］杜尔凯姆《宗教生活的基本形式》，渠东、汲喆译，上海人民出版社1999年版，第54页。译文略有改动。

第一，宗教群体是社会群体的一个亚型，自然具备社会群体的固有属性。依照社会学的说法，社会群体是具有共同的社会身份，通过一定的社会关系和联系纽带所形成的具有某些确定的共同目标与期望，并有指导行动的共有规范，互相间表现出一种认同感，建立起特定的互动模式的相对稳定的整合体。人们是为着某一目标而组成群体的，通常这一目标无法靠群体成员个人的努力圆满地实现。群体的本质是它的成员彼此间发生相互作用。这一相互作用的结果是使群体形成一种内部结构。宗教组织尽管在信仰对象上可能不同，在仪轨上相互有别，但都具有作为社会组织的共有特点：一是具有产生于共同问题的共同目标并希望去解决这些问题；二是一致赞同一套规范，并希望这些规范能帮助它们达到其共同的目标；三是将一定的规范结合成一些角色，并希望群体中的每个人为了集体的利益去充任和实现这些角色；四是一致同意（经常仅仅是默契）某些地位的各个方面及其区别，并在这个基础上对别人进行评价；五是与群体相认同，对群体必须表现出某种程度的忠诚，并对群体提出的要做的事和建议如何去做表示遵从。[1] 总之，群体一经产生，就有了自己的"生命"甚或说自己的"生命意志"，其存续的过程自然会留下"生命"的轨迹。群体的生命往往超越个体成员的生命，其社会能量与文化能量也往往超越个体的能量。如果再加上历史的累积，这种能量会积聚为一个特定的传统并持续地影响社会和塑造个体。不同的宗教群体在社会能量与文化能量上会有所不同，政府的法治体制和力量会与之形成特定的回应关联，从而决定特定群体之宗教信仰自由的范围与程度。

第二，古往今来世界上有过无数的宗教群体，它们在宗教信仰自由的范围与程度上各有不同，还可从三个维度加以考察：第一个可称作社会人口比，是指宗教群体的成员数在一个社会总人数中所占的比例，人口比既可以呈现一个宗教群体的绝对人口数，也可以表明它的相对比例，这两个方面可使人们对其作为一种社会存在形成直观的把握；第二个可称作社会亲和度，是指宗教群体接受或拒绝社会世俗价值观和社会结构的程度，这既呈现一个宗教群体对主流社会的拥抱程度，也表现为主流社会对它的接纳或合作程度；第三个可称作内部结构维度，是指宗教团体作为一个组织把众多的单位组成一个结构，培养专职人员，建立管理体制的程度，通过这个维度人们可以观察一个宗教群体的内部整合，观察它的运行效率，观察它的社会动员能力。宗教群体的人口规模、社会亲和度与内部结构是考察和分析宗教与法治关系时不可忽视的三个维度，因为这三个维度既呈现宗教群体的价值取向与国家政权之意识形态的逆顺关系，也表现宗教群体的社会动员能力及其能量（社会的、经济的和文化的）。每个宗教群体在这三个维度上都不可能一致，但国家制定的法律却是面向所有宗教群体的，有时甚至是面向包括宗教群体在内的所有社会群体的。然而世界上又有许多国家且社会制度和历史传统各有特色。这就造成了同一套法律制度面对不同的宗教群体，而同一类宗教群体会在不同时段和不同国度面对不同的法律制度。群体的宗教信仰自由的范围与程度是比个人的宗教信仰自由更为复杂的问题，也更加引人注目。

例如在宗教群体的信仰所内含的价值观和社会理想与其所生存的社会这个维度上，从社会历史进程来看，无论宗教群体自身还是国家政权，都会切身感受到这个问题的张力与

---

[1] 如社会群体可分为正规组织的和非正规组织的。正规组织内又可再分为志愿性组织（如宗教、政党、专业学会）、强制性的（如监狱、小学）和功利性的（如公司企业）。但在现实社会中，有些宗教组织不是自愿性的而是强制性的（不允许退出或改宗）。

博弈,特别是在社会转型和法治建设进行中的社会,常常会在这个问题上产生分歧甚至冲突。历史上的摩门教曾经实行多妻制,与美国政府间有较多的摩擦,但在1900年前后按照美国政府的法律要求废除了多妻制,此后这个宗教群体逐渐融入美国社会(但也有少数教会坚持奉行多妻制并从主流教会中分离出去)。罗马天主教在某种意义上是个宗教帝国,它是作为一个整体面对不同国家的法律制度,有些国家虽然社会制度已从帝制走向共和,但由于历史传统和信徒在人口中的比例,教会与国家政权的关系总体上并不是很紧张(如法国),然而在有的国家,天主教徒人数并不多,传入历史也较短,政教关系却在总体上一直不顺畅(如罗马教廷与从明清至今的中国政府),有时还弄得相当紧张。然而同样是世界宗教,佛教(尤其是汉传佛教)的结构不是个帝国,佛教徒在东亚国家中所占人口比例也比较高,每个教派甚至每个教派中的各个教团都有较强的独立性,但总体上与各国法律制度的关系都比较顺畅。也许可以说越是"入乡随俗"的宗教群体越容易与当地政府协调好相互关系,然而社会文化的"水土"只是诸多影响因子中的一个,虽然在许多时候,地方性越强的宗教群体与当地的社会文化越容易协调,但地方性很强的宗教群体与更大地域的社会文化却既有相合亦有相反的情势。另外,并非落在同一块文化土地上的宗教种子都能在政教关系上和谐相融,而且同属一类的种子也可能有顺逆相左的变异。

第三,宗教群体是由诸多个体组成的,但个体与个体之间在群体中的结构位置大有不同,在某些宗教群体中,不同的个体位于不同的结构层级,而位居高位的是宗教领袖。在讨论宗教群体特性时,宗教领袖是个必须直面的要素。以往宗教学在分析宗教领袖时,常常将关注点放在宗教领袖的"超凡魅力"(charisma,又译"卡里斯马")上。这个术语是由德国社会学家韦伯(Max Weber)提出来的。很多创立新宗教或新教派的宗教领袖都是具有超凡魅力的人物。[①] 然而宗教史中亦有许多例证表明并非一个人仅仅依靠超凡魅力就足以创立宗教并左右宗教的发展。成功者往往是天时地利人和三者皆备。社会文化因素既可以令超凡魅力人物乘风破浪,亦可使之覆灭于惊涛骇浪。宗教领袖与宗教群体是一个硬币的两面。没有群体就无所谓领袖,只要有领袖,就会有这样那样的群体。这方面的分析探讨已有很多,我们在此想要强调的是要关注宗教领袖的另一方面:宗教领袖的二重性[②]和宗教领袖与信徒的关系,或说宗教领袖在宗教群体内部形成的结构关系。[③]

宗教领袖是影响宗教群体之宗教信仰自由的范围与程度的一个重要变量。宗教领袖总是与其信徒形成特定的结构关系,这既可能受社会文化的影响形成相似的结构关系,也可

[①] 宗教史中的超凡魅力人物在西方宗教中多表现为作为神与人中介的先知,在东方宗教中多表现的以个人德行为楷模的圣人。他们都具有一种特殊的魅力或超人的天赋之类的特殊品质,具有这种品质和力量的人高居于一般人之上而成为领袖,他们能够感召他人或激发他人之忠诚。信徒对具有超凡魅力的宗教领袖怀有一种神秘感和敬畏感,甚至会认为他与神或神秘世界具有特殊关系,可以通神或与超自然力量沟通,因而宗教创始人的言行往往在信徒心目中被视为真理和真理的见证。

[②] 宗教领袖的二重性是说他在宗教群体中不同于一般的其他个体:他是一个个体,作为个体,他与其他个体一样要呼吸要吃饭,甚至和其他个体一样有自己的家庭生活;但他又是一个十分特殊的个体,很多人会说他的特殊性在于他能够通神或说他有神秘的能力,然而我们要说的是在宗教与法治的框架内,他的特殊性在于他是宗教群体的代表,在于他对整个宗教群体所具有的影响以及所要承担的社会责任。宗教领袖的神秘能力主要是神学所关注的,而他的群体代表作用和社会影响力乃是宗教学所关注的。

[③] 需要进一步说明的是,宗教神职人员与宗教领袖之间不能画等号。有些神职人员是宗教领袖,有些只是某种意义上或某种程度上的宗教领袖。在中国民间,还有许多不是神职人员却在信教群众中颇有号召力和组织能力的人物,他们在某种意义上也可看作是宗教领袖。

能针对社会文化形成逆向的结构。在日趋复杂的近现代社会中,一个社会中往往具有诸多宗教或教派的宗教群体,它们各有各自的内部结构并在延续中形成传统:既有几乎平面的相当民主和平等的内部结构,也有等级化的金字塔式的帝国结构;既有公开透明的开放结构,也有封闭的秘密团体,还有半明半暗的群体结构;既有专业的神职人员(有的在神职人员中还有若干区别)和培训机制,也有无固定神职人员的宗教群体(有时神职人员是"游走"的,有宗教仪式需要时"出场";有时神职人员如萨满与信众虽都定居在一个地域内,但却没有固定的从属关联),如此等等。无论宗教群体具有何种结构,宗教领袖的地位一旦形成,他就成为宗教群体对内和对外的人格化代表,他个人的社会能量与文化能量,甚至政治能量,会远远超出群体的其他成员。但是这种影响力既取决于个人,更取决于结构,组织的结构既可以集中能量也可以分散能量。可以说,宗教群体在内部组织结构上越等级分明、权威越自上而下,能量越是集中,宗教领袖在宗教信仰自由的范围与程度方面(无论对内还是对外)越是个重要的影响因子。正是由于宗教领袖与宗教群体的这种特定关联,所以法治体系对宗教群体领袖的关注也会不同于宗教群体的一般成员,与之相关的宗教信仰自由的范围与程度的法律法规不仅涉及个人,而且涉及群体。

第四,在现代社会中,法制社会的建立和维系取决于社会成员的遵纪守法,在这一点上无论是个人还是社会群体都不例外。然而在"宗教信仰自由的范围与程度"这个问题上,在讨论个人的宗教信仰自由时,往往更多地强调要承认和尊重宗教信仰与其他文化形态相比的特殊性和不同宗教信仰传统的特殊性,强调和保护社会成员在宗教信仰上的选择权和践行权;而在讨论宗教群体的宗教信仰自由时,常常会更多地强调宗教群体与其他社会群体,以及不同的宗教信仰传统在法律上的平等,亦即关注它们的共性。认识到这种区别十分重要:宗教信仰群体不能因为自己具有与众不同的信仰,不能因为自己的成员数量或多或少,不能因为自身独特的内部组织结构和外部关联,而享有与其他社会群体(也包括其他宗教群体)不一样的社会特权,更不能凌驾于其他社会群体之上。反过来说,也不能因此而不享有其他社会群体(也包括其他宗教群体)所享有的社会权利和义务。

这样说很多人不以为然,他们坚持宗教群体与其他社会群体不一样,因为宗教群体是"宗教的"。然而宗教群体还有另一面,即它们首先是"群体",其次才是"宗教的"群体。汉语是个非常有意思的语言,它的许多语词是由两个不同的字组成的,但若进一步想想会发现许多语词的意义重点在后面的字词上。比如你、我、他是三个名词,但组成你们、我们、他们时,语词的意义重点是"们",而你、我、他就变成修饰或说明"们"的,即不一样的"们"。当我们讨论宗教群体时说它们与其他社会群体享有相同的社会权利和义务,是将语义重心放在"群体"上,"宗教的"是修饰和说明它不同于商业群体、企业群体或政党群体,但它们都是社会"群体",这是它们共有的身份。从这个维度上看,它们都会遵循社会"群体"所共有的发生、成长和演变的规律或规则。这些规律或规则并不因为某些群体是"宗教的"而不起作用。将宗教群体与商业、企业群体并列可能会让某些人反感,然而它们虽有不同却有可比较之处:企业商业的组织结构有股份制的,家族制的,国有制的,混合制的……,宗教群体的组织结构也是有不同类型的,虽然名称很不相同,但都有不同的内部结构并都有相应的管理体制。每个社会都有针对社会群体的法律法规(包括财务管理制度),每个群体都有关于自身组织结构和运行规则的章程(有些宗教组织没有成文的章程,但也有称作传统或"规矩"或"说法"类的东西)。作为一个群体的成员,他在加入某个群体时,不管有意识的还是无意识的,都意味着他承认并遵守既有的内部章程（或规矩）；而一个社会群体以此章程去政府的工商部门或社团部门登记，既意味着它承认国家的相关法律法规，也意味着政府认可它的章程与国家的法律法规是相合的（否则不予登记）。代表国家的政府部门会依此对之进行考核，若某个群体或违反了国家的法律法规，或违反了自己制定的章程，都会受到相应的处理；而这个群体若受到伤害，国家也会依法保护它的权益。此外，群体成员也可依照群体章程和国家法律对群体组织机构的某些作为提出批评和建议。

现代社会发展的一个重要趋势是社会功能的分化、细化和专业化，传统社会虽然也有行会，甚至有专门的救助团体，但从总体上看，宗教群体往往是一体多能。进入现代社会，很多宗教群体不是专业的商业组织但却有经营活动，不是专业的慈善机构但却有慈善活动，不像专业的 NGO 那样公开透明但却有所免税，在捐献上既有给宗教团体的也有给某个神职人员的。这些界限上的"不清晰"很难用一句话或一个措施厘清，它们不是一朝一夕形成的，但它们的延续却会使宗教群体与现代国家的社会治理产生这样那样的张力，不同的宗教群体在这几个方面程度各有不同，因而张力也不同。就特定的某一个宗教群体而言，不同时段不同地域在每个方面的张力也会各有不同。一方面，宗教群体，尤其是那些传统悠久的宗教群体，面临着融入现代社会的转型问题（功能专业化以适应现代社会治理体系）；另一方面，政府部门既给予时间又积极引导，针对不同类型的宗教群体制定不同的路线图。这是一个互动的过程，即使在短期内不可能令各方在宗教信仰自由的范围和程度上皆大欢喜，也尽可能地在各方之间形成共识和"底线"，避免激化张力对社会（亦包括宗教群体本身）造成伤害。

第五，宗教群体的仪式活动是集体活动，而集体活动往往会产生个人独自活动时所不具有的心理效应。对此学者从不同视角加以研究，概括起来有以下几个方面：一是同质化。即在集体活动中，由于社会促进而产生反应增强和动员集体成员行为，彼此间容易产生暗示和模仿，因而无论在成员的心理上还是在行为上均显示明显的同质化。二是在集体活动中，群体的情绪、观念及兴奋感有如传染病那样迅速向周围人传播，人们的行为在这一过程中很快地受到感染。三是在集体活动中，大多数的人具有共同的动因而显示共同的反应。这就产生一定的压力，使在场的个人感到要遵从群体行为，即所谓的"从众"心理。以上这三个社会群体在集体活动中表现出来的心理特点是中性的，它们既可以是积极的，也可能是消极的，例如同质化既能强化内部认同又可产生排外情绪。然而还有些群体心理特征虽然不一定具有普遍性，但有些偶发的负面特点却是人们极为关注的，比如集体活动中的情绪化（群体的情绪性高于理智性，而情绪高涨又反过来促使智力判断及抑制力的降低）、匿名性（在同质性增强的前提下，个性融化于群体之中）与过激性（个人自我的社会抑制力降低，容易产生偏向极端情绪的行为）。这几个因素互相放大会导致某种无责任性，做出平时不敢做的行为（在集体活动中，有时会出现暴力性破坏行为和攻击行为）。

第六，宗教群体的集体活动还会带来社会治安问题。一个人对着星星祷告还是跪在床头祷告一般不会影响他人，但许多信徒在一起祷告就可能不仅相互影响，而且会影响他人（如在空间上或声音上）。零散的香客去宫庙进香是"日常"，千百万香客在同一时间同一地点聚集做一件事就是"非常"。日常是常态，非常是非常态。即使是正当的群体性宗教活动，一旦达到一定的人口规模，即使没有负面的群体心理出现，单纯的"治安"也是"非常"严重的安全问题。这不是因为这个群体活动是"宗教的"，上海外滩的踩踏事件

(2014年12月31日）就使单纯的假日娱乐成为悲剧……现代建筑技术令当今的宗教活动场所能容纳的人数远远超过了以往。然而随之而来的，活动场所的安全，建筑、电、水、通风，甚至吃饭、上厕所都成了"大问题"。所以当人们说要为宗教"脱敏"时至少是两个方面的"脱敏"：一方面，是政府的某些官员和社会上的非宗教信仰者不要戴有色眼镜看待宗教活动，是什么事情就按什么方面的法律法规办，既不因其有宗教属性就加分，也不因之而减分；另一方面，宗教信徒也不要戴有色眼镜看待政府的相关管理制度，只要是群体性活动就有相关的治安问题，不是因为群体活动具有宗教属性就一定不失火不踩踏。凡事都要有规有矩，既保护自己又不伤害他人，如此才能和谐相处。

现实生活中群体的宗教信仰自由在范围和程度上的实现状态既取决于特定社会的法治结构和政教关系等外在因素，也取决于内在的结构关系，还取决于不同于个体的"群体"属性。它不是绝对的而是相对的。虽然作为宗教信徒的个人也是"社会的"，甚至也是"政治的"，但宗教群体的"社会性"与"政治性"不同于个人。人们可以说对国家而言宗教信仰是私人的事情，但宗教群体不是私人，宗教群体对国家而言从来都不是私人的事情。区别不在于国家的法治是否将宗教群体纳入其中（或隐或显），而在于纳入怎样的法治框架和实施怎样的法治治理。

（原文发表于《世界宗教研究》2018年第3期）

解析伊斯兰极端主义思想的三种形态

吴云贵[*]

摘　要：十余年间，特别是在"9·11"事件之后，反对恐怖主义成为国际社会主流政治话语，引起各国广泛关注。但国际社会"反恐"，基本上不问恐怖主义产生的根源并努力加以消除，加之一些西方大国在"反恐"问题上施行"双重标准"，引起许多负面效应。重要的负面效应之一是认识上的"误区"，人们没有花大气力去对恐怖主义的思想基础之一，即宗教极端主义进行深入系统的调研，似乎恐怖主义与宗教极端主义是互不相干的两个问题。在国内，也有论者认为，极端主义与伊斯兰教无关，这种论调实际上是认定"宗教极端主义"概念本身是一种"话语失范"。本文坚持认为，宗教极端主义是非主流宗教思想，它与宗教既有许多表面联系，故而具有欺骗性、煽动性，又有本质区别，因而反对极端主义不是反对具有广泛群众基础的宗教。本文希望通过对伊斯兰极端主义思想三种形态的解析、研判、评述，深化对宗教极端主义思潮的理解和认知。

关键词：伊斯兰　宗教极端主义　观念形态　本质特征

引　言

宗教极端主义与暴力恐怖主义互为表里、密切结合，从而对世界和平、国家安全、社会稳定构成巨大威胁。大量事实一再表明，宗教极端主义是暴力恐怖主义的重要思想基础，暴力恐怖主义是宗教极端主义实现其政治诉求的工具手段。宗教极端主义以宗教的名义开展各种活动，包括宣教布道活动，具有很强的欺骗性和煽动性。宗教极端势力出于政治功利主义需要，对宗教的经典教义、礼仪功修、思想文化和历史传统等进行选择性、随意性和"固化"的诠释，不仅对以和平、宽容、仁爱为主旨的人类各大宗教造成巨大伤害，也使宗教极端主义自身在观念形态、社会组织架构、政治思想倾向和社会功能等诸多方面明显有别于主流的宗教社团。尽管如此，由于极端主义与宗教之间有许多表面的联系，如行为主体普遍具有信徒身份，二者都以宗教的名义建立社会组织，都使用宗教所特有的词语概念、伦理道德规范和精神象征，都以宣教布道等方式争取民心、影响社会公共舆论等等。凡此种种"以假乱真"的现象和行为方式，都非常直观地将宗教极端主义与宗教的关联展示在人们的面前。因此，欲想把宗教极端主义与宗教严格区分开来，有时并不像人们想象的那样容易。

伊斯兰极端主义是宗教极端主义的重要组成部分，是当今世界最具破坏力和影响力的

---

[*] 吴云贵，中国社会科学院荣誉学部委员，世界宗教研究所研究员、博士生导师，中国统一战线理论研究会民族宗教理论甘肃研究基地研究员。

一支邪恶势力。伊斯兰教广泛流传于亚非各地,在欧美移民社团中也有众多信徒,受其影响的民众多达15亿以上。由于伊斯兰教及其生活方式具有深厚的群众基础和巨大的社会影响力,打着伊斯兰教旗号的极端主义思潮在世界各地有很强的社会动员能力。值得注意的是,宗教极端主义通常并非"独自而立",而是与政治伊斯兰主义或原教旨主义派别"连体共生"。[1] 当代伊斯兰复兴运动的历程提示人们,始自20世纪70年代的复兴主义思潮是由多种不同的元素所构成,而以政治伊斯兰主义最具影响力。它是由人数众多的温和派和人数很少的激进派所构成,而当时所谓的"激进派"也即今天所讲的"极端主义"派别。宗教极端势力通常是从温和的政治伊斯兰组织母体中分化而出,这有大量的事实为据。例如,20世纪70年代以来陆续出现于埃及社会的"伊斯兰解放组织"(伊扎布特)、"赎罪与迁徙组织"、"伊斯兰圣战组织"[2]、"救出火狱组织"等宗教极端组织,都是从主流的埃及穆斯林兄弟会母体组织中分化而出的。它们同主流的埃及穆兄会有共同的宗教政治意识形态,区别在于行动纲领不同,激进的极端派不认同主流派别采取的渐进的"社会伊斯兰化道路",而主张用暴力恐怖主义手段制造社会动乱,包括以武装暴动或军事政变方式推翻被其认定为"非伊斯兰"的埃及国家政权。此外,以乌萨玛·本·拉登为首的"基地"组织和阿富汗塔利班(阿塔)也都是在政治伊斯兰主义影响下组建的宗教极端组织。前者既受到埃及穆兄会激进派宗教思想家赛义德·库特布的思想影响,又受到极端保守和排斥异己的瓦哈比主义的思想影响。后者在宗教问题上之所以采取极端保守的态度,是因为"阿塔"深深地受到邻国巴基斯坦境内的"新迪欧班德运动"的影响。迪欧班德学派原为印度伊斯兰教界具有改革思想倾向的一个派别,印巴分治后,该派的政治组织称为"巴基斯坦伊斯兰学者协会",宗教政治思想上受到域外极端保守、僵化的瓦哈比教派的影响,并通过该派在阿富汗战争期间在阿巴边界地区建立的数百所经文学校(madrasas)将其好斗的、不容异己的保守主义宗教思想传授给"阿塔"的学员。[3] 这种宗教极端思想与地缘政治密切结合的复杂情况提示我们:宗教极端主义思想并不是孤立存在的。

以阿布·穆萨布·扎卡维(1966—2006)为首的"基地"组织伊拉克分支及其在伊拉克建立的"伊斯兰国",也同样是在政治伊斯兰主义基础上构建宗教极端主义意识形态的。但不同于"基地"组织内部以艾曼·扎瓦希里为首的派别,该派在宗教政治思想上认同埃及穆兄会激进派代表人物赛义德·库特布的思想观点和政治主张,而以扎卡维为首的"基地"组织伊拉克分支在宗教政治思想上认同当代迅速兴起于阿拉伯半岛极端赛来非主义的立场、观点。受其精神导师、约旦 - 巴勒斯坦人阿布·穆罕默德·马克迪西(？—1959)的思想影响,扎卡维以坚持"伊卜拉欣的正教"为名,将什叶派信仰宣布为与伊斯兰教毫无关系的"异端""异教",如同犹太教和基督教一样的"有经人宗教"。"基地"组织伊拉克分支指责伊拉克的什叶派"认敌为友"、与美国结盟以反对逊尼派所

---

[1] "伊斯兰主义"(Islamism)一词原为西方学术界词语概念,用这一泛称来指称伊斯兰教中的一个政治派系很不严谨,故此本文用"政治伊斯兰主义"加以限定。有的西方学者认为,"伊斯兰主义者"在西方语境下通常是指具有政治诉求的"原教旨主义者"。参见 John L. Esposito, *Unholy War: Terror in the Name of Islam*, Oxford University Press, 2002, p.170。

[2] 埃及伊斯兰圣战组织后被并入"基地"组织。

[3] 参见 John L. Esposito, *Unholy War: Terror in the Name of Islam*, Oxford University Press, 2002, p.16。

代表的"真正"的伊斯兰教,由此挑起教派冲突,企图借此改变伊拉克战争以来逊尼派受到打压并被边缘化的不利处境。挑起教派冲突的另一重要目的,是企图通过煽动宗教狂热,通过发动反美、反什叶派的"圣战",动员世界各地具有宗教激进主义思想的人群,支持新近建立的"伊斯兰国"。

鉴于伊斯兰极端主义的形成和发展演变有极为深刻和错综复杂的国内外社会政治根源、思想文化根源和宗教历史根源,而极端主义思潮与20世纪90年代以来甚为活跃的政治伊斯兰主义有某种"剪不断,理还乱"的关系,与世界各地的伊斯兰教社团组织在宗教感情上有某种难以彻底切割的关联,因此,为了精准打击"三股势力",学术界和政府有关部门确实需要对伊斯兰极端主义进行全面、深入系统的调查研究,以期深化认识,提出符合实际、行之有效的相关政策策略。目前,从已知的情况看,域外宗教极端势力对伊斯兰教的曲解、利用和炒作主要集中表现在下述三方面问题上,可以方便地称为伊斯兰极端主义思想的三种形态。拨乱反正,才能从学理和具体事实上分清什么是伊斯兰正信、正行,什么是假借宗教名义宣扬的极端主义思想。

一 故意混淆宗教法规与国家法律的明确区别,大肆宣扬以教法教规取代国法,狂热鼓吹建立或重建以教法教规为基础、"名副其实"的伊斯兰国家

历史上,伊斯兰教法自其产生之日起就有广义、狭义之分。广义伊斯兰教法称为"沙里亚"(Sharia),其阿拉伯文原意是"通向水源之路",《古兰经》中称为"主道""正道""真主的大道"。在教法学意义上,"沙里亚"一词意指教法的"渊源",即法源的神圣性、权威性、恒定性。因此,后人常以"真主之言""真主之道"来诠释"沙里亚"的意涵。狭义伊斯兰教法称为"斐格海"(Fiqh),意指后世宗教学者对"真主天命"(真主意志)的"参悟"和理解。显然,"斐格海"一词是在区别于"沙里亚"的意义上使用的,它所强调和指称的是世人对"真主之言""真主之道"的具体理解和解释,故此该词语也指"教法学"和教法规则的具体内容。中世纪历史上,所谓"伊斯兰教法"并非现代意义的律法。它是当时一批虔诚的宗教学者为了抵制、消解社会生活中出现的世俗化趋势而以经训教义名义提出和阐释的仅适用于穆斯林大众日常生活的一套行为规范。教法教规包含宗教、道德、法律三种互有区别的元素,它们都是"真主的法律"的组成部分。但宗教学者编著教法学著作和通俗教法知识读本,其目的并非为宗教法庭提供审判依据,而仅仅是为了表达他们自己对"真主天命"即"沙里亚"的理解和感悟。这种初衷表现在学术成果上以两方面尤为显著:一是宗教学者著书立说的基本出发点是为了阐释他们对宗教伦理道德具体含义的理解和认定,以便为普通穆斯林民众的行为举止提供指导,而基本做法则可称为"寻路",即根据《古兰经》经文启示所涵盖的具有"法律内涵"的经文,提出相应的具有约束力的行为规范和准则。二是宗教学者的学术思辨活动是自发的,并没有统一的组织机构,也不是为了制定由国家政府组织实施的法律。只是在阿巴斯哈里发帝国(750—1258)兴起后,封建君主哈里发为了在伊斯兰教的名义下"治国理政",才强行要求各地的宗教学者求同存异、捐弃分歧、确立共同的教法学说,但这一目的未能完全实现。因此,在近代以前,并不存在一部条规形式的、明确的伊斯兰教法;中世纪教法教规包罗万象之说指的是当时宗教学者编著的教法学著作和经堂教育读本内容的广泛性,而其分类则是后人根据现代法律门类整理出来的,乃有教律、民事、商事、刑事

等律例之说。①

有些西方专家学者认为,"伊斯兰教法"(Islamic Law)这一词语概念是西方学者率先使用的,后来伊斯兰世界也广泛使用这一现代表述,而整个中世纪时期,穆斯林学者从未使用过这一词语。这表明,传统的教法学或法理学只是以经学为主体的伊斯兰教分支学科之一,它在很大程度上并不是作为法律、法学加以研究的。除了诠释、推导"例律"的方式方法发生了巨大变化之外,现代伊斯兰教法以两大深刻变迁而引人注目。其一,如果说中世纪的伊斯兰教法实际上是宗教学者阐释、宣扬和维护的宗教伦理道德学说,那么现代伊斯兰教法最突出的特征则是教法教规走出了经院经堂,成为国家法律的一部分。此外,作为现代法规,伊斯兰教法已不再是包罗万象的学术著作或教学读本,而成为条规形式的国家立法。其二,现代伊斯兰教法经过由国家主导的法治改革运动,经过简化、"瘦身",内容仅限于与穆斯林个体相关的婚姻家庭和遗产处分两个领域事体,其名称也从原来的"伊斯兰教法"改为"穆斯林家庭法"(Muslim Family Law)或"个人身份法"(Law of Personal Status)。传统伊斯兰教法的发展演变,是由国家主导的社会现代化进程的一部分,也曾得到伊斯兰国家社会各阶层的广泛支持和赞赏。如今,宗教极端主义以及政治伊斯兰主义出于政治斗争和政治利益诉求的需要,都以各种方式在伊斯兰教法问题上大做文章,应当引起高度重视。本文之所以要用适当的篇幅来简略回顾伊斯兰教法的历史,是因为现实问题涉及用什么样的历史观来认识和看待教法教规与国家、社会、个体、群体极为复杂的关系问题,将现实热烈争议的重大问题提升到历史的高度,便于人们认清这些问题。

引起我们思考的一个重要问题是:宗教极端势力缘何要在伊斯兰教法问题上大做文章?以阿富汗塔利班为例,它在1996年夺取国家政权后,一是将国名改为"阿富汗伊斯兰酋长国",二是宣布以伊斯兰教法"治国理政",实际上是把教法教规作为统治人民的工具。阿富汗塔利班是以宗教院校的学生为骨干队伍,他们当年大都曾在阿巴边界地区临时组建的经文学校里免费接受教育,后来成为一支颇有实力的武装力量,直至在战乱中夺取全国政权。他们在宗教院校就读期间从当地只有一知半解知识的毛拉那里学到一些宗教知识,但同时也使他们在宗教思想上变得极端愚昧落后和封闭保守。究其原因,以两点更为重要。一是他们当年就读的数百所经文学校绝大部分是从沙特民间瓦哈比派社团组织获得财政支持的,宗教思想上难免会受到极端保守的瓦哈比派教义的影响,因为沙特阿拉伯政府的本意就是希望通过资助建寺、建经文学校来"输出"瓦哈比派意识形态。二是邻国巴基斯坦"伊斯兰学者协会"的思想影响。沙特除资助阿巴边界地区数百所经文学校外,还大力资助巴基斯坦宗教界开办经文学校,主要向巴主流宗教团体——"巴伊斯兰学者协会"提供资助。有关资料显示,1947年印巴分治时,巴基斯坦全国仅有经文院校147所,而到20世纪90年代末,经文院校的数量已猛增至9000多所。② 这些经文院校不论在课程设置上还是在教学思想上,都深深地受到瓦哈比派乃至极端赛来非派的影响,如主张字面解经、净化信仰,唯我独尊、排斥异己等思想倾向,在伊斯兰教法问题上也是如此。阿富汗塔利班鼓吹以教法教规"治国理政",但它对"建制伊斯兰"持否定态度,拒

---

① 关于中世纪伊斯兰教法学著作中涉及的分类内容提要,有兴趣的读者可参见吴云贵《伊斯兰教法概略》,中国社会科学出版社1993年版,第315—321页。

② John L. Esposito, *Unholy War: Terror in the Name of Islam*, Oxford University Press, 2002, p.109.

绝遵从逊尼派四大教法学派任何一派的传统，而完全根据自己的理解随意解释伊斯兰教法。例如，"阿塔"以打击社会犯罪、强化社会治安为名，强制颁行在许多国家早已弃之不用的伊斯兰教"固定刑"（Hudud 胡杜德），包括对酗酒者处以鞭刑，对偷窃者处以"断手刑"，对强奸犯和通奸者处以"石击刑"。"阿塔"还以净化社会风气和"劝善戒恶"为名颁布许多禁令，包括禁止奢华享乐、色情服务、斗鸡斗狗，禁止照相、收藏塑像、听音乐、跳舞、看电影、看电视和看录像带，禁止参加各种娱乐活动。这些禁令都属于教法教规范畴，都源自"阿塔"毛拉的愚昧无知和随意性解释，同时也都反映了沙特极端瓦哈比派的影响。"阿塔"颁布的旨在限制妇女权益的一些规定也都是以实施教法教规的名义下达的。如在受教育权利方面，"阿塔"只允许女孩上学到9岁，等于变相剥夺了妇女受教育权利。在工作权利方面，"阿塔"反对妇女参加社会工作，甚至要求就业妇女回家去生儿育女、服侍丈夫。在人身自由方面，"阿塔"以整顿社会道德为名对妇女的行为举止严加管束，这方面不成文的相关规定包括：禁止妇女独自外出和参加社交活动；禁止妇女穿"不体面"的服装；9岁以上的女子必须戴盖头或头巾，穿从头裹到脚的长袍。这些以宗教名义对妇女的禁束使人感到在"阿塔"统治下的阿富汗社会，妇女既没有独立的人格和尊严，也没有真正的人身自由。

除了阿富汗塔利班"案例"外，以本·拉登为首的"基地"组织也经常以伊斯兰教法的名义发号施令，动员人们积极参加世界范围的反美、反西方"十字军"圣战。切勿忘记，在中世纪伊斯兰教法文献中，对"异教徒"举行"圣战"是穆斯林个体必须身体力行完成的宗教义务之一。"基地"组织发布"圣战"律令也是践行伊斯兰教法的一种形式，尽管"基地"领导人不具备发布律令（Fatwa 法特瓦）的资格和权威。但这一国际宗教极端势力长期未能建立起独立的国家政权或政治实体，因而也没有机会颁布实施伊斯兰教法。值得注意的是，以扎卡维为首的"基地"组织伊拉克分支早在2002年就确立了建立"哈里发国家"的目标。由美国主导的伊拉克战争的爆发推翻了以世俗主义为方向的萨达姆·侯赛因政权，似乎为建立政教合一的伊斯兰国家提供了某种难得的条件和历史机遇。因此，扎卡维在发表的讲话和声明中曾多次表示，在伊拉克建立一个符合经文启示的伊斯兰哈里发国家，既是他领导的"信主独一与圣战组织"（"伊斯兰国"的前身）的"奋斗目标"，也是"基地"组织伊拉克分支的"战斗使命"。2004年，扎卡维在向"基地"组织负责人本·拉登表示效忠之际，曾满怀信心地向外界表示，伊斯兰哈里发国家"必将在我们手中建立"。[①] 2006年6月12日，"基地"组织伊拉克分支宣布正式成立"伊拉克伊斯兰国"，由阿布·贝克尔·巴格达迪出任"哈里发"，即国家元首。其发言人穆哈里卜·朱布里对外界表示，他们是"遵循"当年伊斯兰教先知穆罕默德的典范创建"伊斯兰哈里发国家"的。2007年1月，"伊斯兰国"的"伊斯兰教法委员会"发表声明，宣称"伊斯兰国"的属性是根据伊斯兰教法判定和确证的，但这只是一种"说辞"，其实连"基地"组织重要负责人之一的艾曼·扎瓦希里也不予确认。扎瓦希里认为，所谓"伊斯兰国"实际上只是一个"战斗团体"，而巴格达迪也完全没有资格出任哈里发职务。

需要明确指出，宗教极端主义关于建立以教法为基础的"伊斯兰国家"的政治诉求完全没有历史依据，而只是对中世纪伊斯兰政治理论（哈里发学说）的一种随意性曲解。

[①] 转引自刘仲民、俞海杰《伊斯兰国的极端主义意识形态探析》，《西亚非洲》2016年第3期。

历史上，伊斯兰教法最重要的解释主体是那些精通经训的宗教学者（Ulema），他们所留下的浩如烟海的教法文献中从未论及关于国家政治体制问题的"哈里发学说"。这表明，"伊斯兰哈里发国家"不属于伊斯兰教教法学的范畴，因此也无法从教法传统中寻求法理或道义依据。当然，历史上也确有一批政治伊斯兰理想主义者，诸如巴格达迪、马瓦尔迪、朱违尼、安萨里、伊本·赫勒敦、伊本·泰米叶等宗教学者，他们尤为关注国家政治体制与"先在"的"真主的法律"的关系问题。[①] 但他们所引用的"伊斯兰教法"为广义的"真主之言""真主之道"，即"法源"。将广义的"沙里亚"等同于狭义的伊斯兰教法，对当代的政治伊斯兰主义者而言，如果不是"偷换"概念，也必定是一种"误读"。这种现象相当普遍，如今世界各地的宗教极端势力也是如此。他们大肆鼓吹建立或"恢复"以伊斯兰教法为基础的"伊斯兰国家"，实际上只是借用政治伊斯兰主义（原教旨主义）早在20世纪下半叶就一再提出和重申的一个政治诉求和宣传口号，没有任何新意。例如，巴基斯坦著名宗教思想家、巴伊斯兰教促进会领导人阿布尔·阿拉·毛杜迪（1903—1979）早在1967年发表的《伊斯兰教法与宪法》这部文集中就明确提出以"真主主权论"为基础构建"伊斯兰国家"的理论框架和基本原则。毛杜迪根据《古兰经》"代治"思想提出和论证的国家职能之说，强调伊斯兰国家政府没有立法权和司法权，而只有"代行"真主主权的行政权，这一说法是对历史上一度盛行的哈里发国家学说的"现代诠释"。[②] 较之政治伊斯兰主义关于构建现代伊斯兰国家的理论论述，伊斯兰极端主义在理论思想上相当贫困，毫无建树。他们只是借用和重复政治伊斯兰主义的一些词语概念和空洞口号而已。

应当承认，传统是一种巨大无形的力量。宗教传统更是如此。因此，不论是政治伊斯兰主义者还是极端伊斯兰主义者，他们都企图以体现"真主天命"的教法教规来彻底否定基于世俗主义或民族主义之上的社会政治制度。这在思维逻辑上所遵循的是传统主义的"伊斯兰"与"非伊斯兰"的二元对立。一项民意调查表明，在幅员广阔的穆斯林世界，自1991年海湾战争以来，由于以美国为首的西方对政治自由和宗教信仰认同的威胁在不断加深，促使普通的穆斯林大众愈益倾心于体现"主命"的沙里亚，而求助于回归传统穆斯林社会的思维范式，至少已有数百年的历史。[③] 但回归传统还需要超越传统，因为社会在不断发展演进，只有在扬弃传统的基础上不断创新，才能跟上时代潮流，而这正是当今伊斯兰世界面临的一大难题。政治伊斯兰或原教旨主义虽然只反映了部分人的意愿，但如果确有适当的民主氛围，还可以就此进行对话和讨论。而诉诸暴恐的极端主义则必然为主流民意断然拒绝。

二 不问时间、地点、条件，大肆鼓吹、宣扬所谓伊斯兰"圣战"（吉哈德），企图为宗教极端势力在世界各地进行暴恐袭击、制造社会动乱寻求所谓"法理依据"

伊斯兰教初创时期，由于宣教布道活动遭到代表旧秩序的反对派势力的压制和迫害，

---

① 详见 Ann K. S. Lambton: *State and Government in Medieval Islam*, Oxford University Press, 1981。
② 详见吴云贵《近当代伊斯兰宗教思想家评传》，中国社会科学出版社2016年版，第254—276页。
③ ［美］约翰·L. 埃斯波西托、达丽亚·莫格海德：《谁代表伊斯兰讲话？》，晏琼英、王宇洁、李维建译，中国社会科学出版社2010年版，第135页。

《古兰经》乃以"真主启示"的名义发布多节经文,指明为了捍卫宗教信仰的权利,必要时穆斯林可以使用武力同压迫者进行战斗。但这种为"主道"而"动武"只限于"自卫""反抗",不得"过分"。《古兰经》关于这一主题的经文计有20多节,主要内容包括:自卫反抗的权利(22:39);信仰者为"主道"而战,不信道者为"魔道"而战(4:76);信仰者要以生命和财产支持对"以物配主者"或"不信道者"战斗(3:157,158),为"主道"而战必将获得真主丰厚的奖赏(3:169—172);拒绝"主命"者必将在后世遭到痛苦的惩罚(9:81,48:16)。与此相关的经文还包括要"善待战俘",战利品的分配以及签订停战协定等内容。此外,还有一些具体规定,内容涉及在何种特殊情况下可免除穆斯林个体的"圣战"义务,禁止在斋月、宗教活动场所动武等。上述经文构成伊斯兰教"圣战"观的基础。概括起来,所谓"圣战",其本意是指为了维护信仰自由,伊斯兰教允许同压制自由权利的"不信道者"(阿拉伯半岛的多神教信徒)进行有限的、自卫性的战斗。

历史的发展演进突破了《古兰经》关于"吉哈德"的界定。8世纪下半叶,宗教法学兴起,少数教法学家在构建教法学说过程中开始撰著论文,较系统地论述以武力反对"异教徒"问题。由于"圣战教义"形成之际正是阿拉伯帝国大规模地对外扩张之时,"征服性圣战"的正当性得到教法学家的首肯和赞许。其间,"圣战"思想的变迁以两大特点而引人注目。一是系统性和规范化。"圣战"作为以《古兰经》、"圣训"和伊斯兰教法为基础的宗教思想,不仅内容变得更为充实厚重,而且具有不容争议的权威,它已成为穆斯林个体的一种"善行",一种宗教义务。二是"圣战"主体从信仰者个体转化为国家行为。尽管对穆斯林个体而言,"圣战"依然是宗教义务,但对国家而言,所谓"圣战"实际上已成为以宗教名义对外扩张的战争行为。当时的教法学家将世界区分为"伊斯兰国土"(Dar al-Islam)和"战争国土"(Dar al-Harb),"圣战"的目的就是要不断扩展伊斯兰世界的版图。由此"自卫反抗"式"吉哈德"被"征服性圣战"所取代,而"异教徒"(主要指犹太教徒和基督教徒)则成为伊斯兰"圣战"的对象。

然而,当历史的脚步迈入近代以后,由于伊斯兰世界急剧衰落,而西方迅速崛起,力量对比的改变促使传统伊斯兰"圣战观"发生了巨大而深刻的变迁。近代以来,伊斯兰教对西方殖民统治的回应,以现代主义和传统主义两股思潮最为重要。现代主义运动的领导者是穆斯林世界少数开明的知识精英,他们一般都受过西式现代教育,受到西方现代思想文化的影响,主张通过向先进的西方学习并实行某些改革,以改变伊斯兰国家积贫积弱的状况。现代主义者反对在政治、军事上与强大的西方对抗,认为与"异教徒"举行"圣战"的传统观念已经过时。传统主义对西方殖民主义扩张的回应虽然仍然诉诸伊斯兰"圣战",但在性质、方式、规模上都无法同当年阿拉伯帝国发动的"征服性圣战"相比。以19世纪上半叶印度西北部的"圣战者运动"为例,它实际上只是在阿拉伯半岛的瓦哈比运动影响下发生的一场旨在净化信仰、复兴"正信"的小规模的群众运动。这场运动与传统伊斯兰"圣战"思想的唯一联系是运动的领导者把在英国殖民主义者控制下的印度领土称为"战争领土",而把印度西北部穆斯林聚居区称为"伊斯兰领土",号召"圣战者"以后者为"根据地"不断以武力进攻前者,直到彻底赶走英国殖民主义者。[①]

纵观近代以来穆斯林世界兴起的形形色色的"圣战运动",可以发现它们都有某些共

[①] 详见吴云贵《穆斯林民族的觉醒——当代伊斯兰运动》,中国社会科学出版社1994年版,第17页。

同的特点或思想倾向。其一，与"异教徒"举行"圣战"的传统思想观念之所以能够在反对殖民主义斗争中发挥一定的作用，是同时代条件的局限分不开的。在整个19世纪，穆斯林世界尚未出现民族主义意识形态和民族主义政党，在这种情况下，人民群众只能以宗教的方式来表达自己的意愿，包括以伊斯兰"圣战"的旗帜宣传民众、组织民众，以"圣战"的名义进行反对殖民统治的武装斗争。其二，在宗教思想上，近代以来世界各地旨在反对西方殖民统治的"圣战运动"都表现出强烈的回归传统的思想倾向。东北非洲苏丹的马赫迪运动高举宗教的旗帜举行反英起义，实际上是在新兴苏非教团基础上发动和领导的"圣战者运动"。马赫迪运动对《古兰经》和伊斯兰教义有自己的解释，但在政治理念上仍以哈里发"代治"为正统观念，并在取得政权后自称为"哈里发"。因为根据伊斯兰教法，发布"圣战令"是哈里发的专权。同期兴起于北非的赛努西运动也是如此。它在以武力抗击意大利军队入侵过程中，积极寻求奥斯曼帝国苏丹－哈里发的支持，也表达了一种效忠哈里发的传统观念。哲马鲁丁·阿富汗尼（1838—1897）深知奥斯曼苏丹腐败无能，但他发动和领导的泛伊斯兰"圣战"运动仍然一如既往地以忠于奥斯曼苏丹作为宣传和动员民众的口号。这表明，传统伊斯兰"圣战"思想是以"忠君报国"（忠于哈里发国家）为前提的。其三，"圣战"思想的解释主体开始出现多元化趋势。传统上，"圣战"观念属于伊斯兰教法文献的组成部分，而教法教规公认的权威解释主体则是各个时代那些精通经训、知识渊博的宗教学者阶层。但近代以后，传统宗教学者因为思想偏于保守，其地位和影响明显下降，而新的解释主体愈益活跃。如在发布"圣战令"问题上就出现了许多新的说法。苏丹反英民族起义的领导者自称为穆斯林大众期盼的救世主"马赫迪"（Mahdi）。西非尼日利亚"圣战者运动"的领袖自称为"穆贾迪德"（Mujadid），即穆斯林宗教传说中百年一遇的"信仰复兴者"。

如果说解释主体多元化是当代伊斯兰教的趋势之一，那么人们有理由相信，这种趋势主要是因为传统的解释已经无法满足愈益现代化、世俗化和社会分层化现实的需求而导致的结果。尽管宗教极端主义对伊斯兰教的诠释带有随意性、选择性和政治功利主义目的性，但作为一种思潮，它在世界各地仍有一定的受众和社会基础。这在如何正确地认识和界定伊斯兰"圣战"问题上尤为明显。本文之所以要以适当的篇幅来回顾和评述历史上伊斯兰"圣战"观的发展演变，是希望用比较的观点和方法来评判传统"圣战观"与极端主义"圣战观"的异同。

当代伊斯兰极端主义在完全不同的世界格局和社会政治环境之下，诉诸一千多年前的"圣战"观念，仅仅是出于政治需要而把"吉哈德"作为一种工具手段。这方面最典型的案例当首推埃及的"伊斯兰圣战组织"，它于1981年10月6日在光天化日之下刺杀了时任埃及总统萨达特，罪名是谴责萨达特总统"背叛"伊斯兰教。而"叛教"尽管根据伊斯兰教法确有判处死刑之说，但认定"叛教"要经过一定的程序，而且要给予一定的"悔改期"，只有死不悔改者才可以判处死刑。[①] 历史上很少听说某人仅仅因为"叛教"言行而被宗教法庭处死。埃及极端组织仅仅以宗教的名义就可以肆意杀害一位民选总统，足见思想混乱、是非不分已经发展到何种严重的程度。此次事件之后不久，埃及"圣战组织"散发题为《被遗忘的义务》宣教小册子，宣称以"圣战"来反对"异教徒"和"不信道者"本是真主的"天命"，是穆斯林个体必须履行的"宗教义务"。然而，由于

---

① 详见吴云贵《伊斯兰教法概略》，中国社会科学出版社1993年版，第165页。

宗教学者的疏忽，这一"天命"早已被人们遗忘。因此，所有"真正"的穆斯林都应当高举"圣战"的旗帜，遵行真主的"天命"，用"利剑"去"结束"埃及这一"非伊斯兰国家"及其领导人安瓦尔·萨达特。①

关于埃及"圣战组织"的意识形态，有两点特别值得注意。一是它接受当代政治伊斯兰主义主流派的基本思想观点和政治主张，对埃及等践行世俗阿拉伯民族主义的国家和社会制度秉持否定和拒绝的立场和态度。这尤为明显地表现在"圣战组织"在其宣教小册子中多次引用和宣扬哈桑·班纳、阿布尔·阿拉·毛杜迪和赛义德·库特布等当代政治伊斯兰主义领导人的言论和思想观点。这种现象提示人们，应当高度重视伊斯兰极端主义思想与政治伊斯兰主义的密切关联。也就是说，极端主义思想实际上是政治伊斯兰主义的一部分，只要政治伊斯兰主义尚有一定的社会基础，极端主义思想就难以根除。二是作为激进的"圣战组织"，它主张以暴力乃至恐怖主义手段开展所谓"伊斯兰革命"，推翻被其认定为"非伊斯兰"或"无神论式"的埃及民族主义国家政权，因而经常被某些西方学者称为埃及的"革命团体"。"圣战组织"声称，伊斯兰国家政权的"合法性"是以伊斯兰教法为基础，埃及政府拒绝实施教法，故为"非法政权"，理所当然地应予推翻。这种极端主义的逻辑论证可谓荒唐可笑。首先，以宗教名义提出的"伊斯兰教法"（斐格海）并不等同于称为"真主之言""真主之道"的沙里亚。其次，所谓"沙里亚"，其正确含义是指伊斯兰教法的"渊源"，而非教法实体。再次，即使是在中世纪伊斯兰教历史上，伊斯兰教法也并非绝无仅有的一部法律，还有至高无上的封建王权，而教法教权历来仅仅起到"辅政"的作用。目前，中东阿拉伯国家尽管政治制度不同，但都确认伊斯兰教为"国教"，大部分宪政国家都确认沙里亚为国家立法的主要渊源或渊源之一。宗教在国家政治和社会生活中已经占据了相当大的空间，而是否要以教法教规"治国理政"，极端主义只表达了少数狂热分子的声音，很难获得公共舆论的广泛支持。

埃及伊斯兰"圣战组织"以及其他反政府的激进宗教组织主要通过清真寺开展各种活动。统计资料显示，20世纪70年代，埃及私立清真寺的数量从2万座增加到4万座，这些失控的清真寺成为传播宗教极端思想的平台。萨达特总统遇刺后，"圣战组织"被取缔，许多骨干分子被捕入狱，但与此同时，这一极端组织也进行了重组。重组后的"圣战组织"与另一规模更大的激进组织"伊斯兰集团"（Gamaa Islamiyya）联手合作，从事反对穆巴拉克政府的秘密活动。20世纪90年代初，阿富汗抗苏战争宣告结束，自阿富汗战场归来的艾曼·扎瓦希里成为埃及激进宗教势力的"教父"。② 扎瓦希里连同他当年从阿富汗战场带回的众多"阿拉伯圣战者"，他们的归来为"圣战组织"和"伊斯兰集团"带来更加激进的新思想新观念。在其领导和营造之下，埃及"圣战组织"由原来的地区性极端组织转变为致力于"全球圣战"的国际恐怖组织。1993年，美国纽约世贸中心地下车库爆炸案的发生导致"圣战组织"分裂，扎瓦希里的追随者以"征服先锋队"组织

---

① ［美］J. L. 埃斯波西托：《伊斯兰威胁——神话还是现实？》，东方晓等译，社会科学文献出版社1999年版，第174页。

② 艾曼·扎瓦希里青少年时代即为埃及穆斯林兄弟会成员。1979年加入"圣战组织"，后成为该组织领导骨干之一。1980年萨达特遇刺后，他因私藏武器被判处3年徒刑，获释后回诊所工作，不久后移居沙特。阿富汗战争期间，扎瓦希里结识"基地"组织负责人本·拉登及其精神导师阿布杜拉·阿扎姆。1996年重返阿富汗营地后，成为本·拉登的助手。据信，扎瓦希里为"9·11"事件的主要策划者之一。

的名义另立山头,后来并入以本·拉登为首的"基地"组织。

如果说埃及"圣战组织"的兴起是埃及社会矛盾在宗教思想上一种扭曲的反映,那么"基地"组织的兴起则是"圣战"观念全球化的一个标志。埃及极端组织鼓吹"圣战",把矛头指向一度被尊为"信仰者总统"的萨达特及其所代表的国家,而"基地"组织在全球范围发动"圣战",则是以伊斯兰教的名义对以美国为首的西方及其文化价值观宣战。显然,"基地"组织只是把"圣战"作为一种政治宣传和政治动员的工具,企图通过泛化伊斯兰"圣战"来达到反西方的目的。人们不会忘记,在当时长达10年(1979—1989)的阿富汗战争中,本·拉登以及阿拉伯圣战者武装曾经是美国的盟友,并被美国主流传媒赞誉为"自由战士"。只是在1991年海湾战争爆发之后,本·拉登因为坚决反对沙特王国政府与美国结盟,反对这一"认敌为友"的政策,才走上反沙特、反美的"圣战"不归之路。为此,本·拉登曾提出"打倒美国""打倒伊斯兰世界的腐败政权"的战斗口号。[①]

"基地"组织的"圣战"思想以两篇文献至关重要。1996年,"基地"组织成立后不久即发表了"反对美国占领两圣地土地之战争宣言",阐述了"基地"组织对海湾战争爆发后中东时局的看法。沙特阿拉伯王国历来宣称它是伊斯兰教两大圣地监护人,圣地的安危,沙特负有重大职责。而这篇"圣战宣言"认为,在海湾战争中,沙特与美国"恶魔"结盟并允许美国空军进驻沙特军事基地是一种"认敌为友""背信弃义"的行为,是伊斯兰教先知辞世以来"美国十字军"及其盟军对两大圣地最严重的侵略和占领事件,也是对"伊斯兰乌玛"(世界穆斯林共同体)尊严的严重损害。因此,全世界的穆斯林应当立即行动起来,用"圣战"来打败非法侵入"圣地"的"异教徒恶魔"。这篇"圣战宣言"的显著特点,是把国际政治问题归结为宗教信仰问题,并根据宗教信条来区分善恶是非。为此,宣言把世界区分为黑白分明的"善"与"恶"两界,伊斯兰与穆斯林是"正义"的化身,而基督教的西方则是"邪恶"的总根源。"宣言"强调指出,世界善良无助的穆斯林人民,从伊拉克到巴勒斯坦,从车臣到波斯尼亚,正在遭受犹太-十字军联盟的野蛮侵略和粗暴干涉,只有联合起来对这些"恶魔"进行英勇的"圣战",才能摆脱苦难,恢复伊斯兰教往昔的荣耀。"宣言"对沙特的批评谴责,也同样是以宗教信条而非世界各国公认的联合国宪章和国际法基本准则为依据。沙特政府被指"认敌为友",理由是沙特与美国结盟违背了《古兰经》(5:51)关于"同教为盟友"的"天命"。以宗教为由来质疑非宗教性的"政治结盟",这篇"宣言"可为"范例"。

"基地"组织发表的第二篇"圣战宣言"是在1998年2月,题为"世界伊斯兰阵线反对犹太人和十字军圣战宣言"。这篇"宣言"以"世界伊斯兰阵线"的名义发布,旨在强调反美、反西方泛伊斯兰团结的紧迫性和重要意义。"宣言"不再攻击"沙特腐败政权"而集中攻击美国,历数了海湾战争以来美国在中东地区犯下的"三大罪状"。一是美国在阿拉伯半岛非法侵占了包括两大圣地在内的大量"伊斯兰教的土地",掠夺别国领土,架空当地统治者,迫害当地人民,建立军事基地,以便进一步侵略"穆斯林人民"。二是美国不顾多年来已经给伊拉克人民造成的巨大灾难,继续以联合国的名义对伊拉克实行制裁,企图彻底毁灭伊拉克国家和人民。三是美国发动海湾战争固然是为了一己私利,

---

① 详见吴云贵《本·拉登及其"基地"组组》,《中国社会科学院学术咨询委员会集刊》2005年第2辑,社会科学文献出版社2006年版,第425页。

但也是为了帮助至今仍非法侵占阿拉伯领土的犹太人，分散人们对巴勒斯坦问题的注意力。较之前一篇"圣战宣言"，这篇"圣战檄文"有两点不同。一是集中攻击美国，认为美国的侵略扩张政策是"万恶之源"。二是鼓吹对美国实施"无差别圣战"。"宣言"声称，"基地"组织所谓"圣战"不必区分"穿军装的人"与平民，所有美国人都是"圣战"的合法对象。理由是所有美国纳税人都以"纳税行为"支持美国政府，因此也必须为美国政府的错误政策承担后果。

"圣战"无差别之说，是本·拉登"基地"组织对传统"圣战"思想的随意解释，这种扭曲解释在其他相关方面也多有表现。中世纪或古典伊斯兰教"圣战教义"是根据教法原则所确定的，主要包括如下几项原则：一是正当的"圣战"只限于"自卫"，只有当信教的权利遭到敌对势力的压制，才可以实施"自卫反抗"；二是适度原则，为"主道"而诉诸暴力和武力必须适度，不得"过分"；三是禁止以"圣战"为名伤害无辜的平民百姓；四是发布"圣战令"的权力仅属于统治者或国家元首，他人无权染指。[1] 因此，一切违反上述基本原则的所谓"圣战"与伊斯兰教无涉，属于"滥用"宗教和"圣战"。针对"基地"组织假借"圣战"之名滥杀无辜，权威的爱资哈尔大学伊斯兰教研究理事会曾多次发表声明予以严厉谴责。声明指出：伊斯兰教有明确的准则和道德规范，禁止杀害非战斗人员、妇女、儿童和老人，禁止追击战败之敌，禁止杀害战俘，禁止破坏未曾被用于敌对行动的财产。[2]

三 为了宗派主义狭隘利益，不惜以各种理由和借口美化、抬高自己，攻击、诋毁他人，不断制造教派纷争和暴力冲突

历史上伊斯兰教创立后不久，由于多种复杂的原因，穆斯林社团内部就分裂为人数众多的逊尼派和人数较少的什叶派，彼此互相攻击，纷争不已。在教义思想上，二者的主要分歧是对政治继承权问题各执己见，互不宽容。近代以后，因历史恩怨导致的教派纷争虽然并未绝迹，但已出现明显缓和的趋势。特别是在19世纪下半叶以后，由于欧洲列强不断对外侵略扩张，伊斯兰世界一度兴起泛伊斯兰主义思潮和运动，呼吁逊尼、什叶两派捐弃分歧、联手合作，共同抗击欧洲殖民主义势力侵略扩张。

教派纷争再度加剧的首要原因是政治因素特别是中东地缘政治因素的介入。20世纪70年代末，伊朗"伊斯兰革命"的爆发改变了中东政治格局，加剧了中东地区大国之间的争夺和互相挤压。首次染指国家政权的伊朗什叶派宗教上层人士在"宗教思想政治化"大潮的驱动之下，不断向以沙特阿拉伯为首的逊尼派伊斯兰国家"输出革命"，造成很大声势和压力。而以沙特为"盟主"的、保守的逊尼派国家也以宗教正统派的名义处处设防，并不断在政治和外交上抹黑、诋毁伊朗。伊朗和沙特两国争夺地区事务主导权，使得原本属于非政府宗教组织层面的教派纷争政治化而成为国家政府行为。这方面最突出的事例有三：一是沙特当年之所以积极追随美国参与"阿富汗抗苏战争"，其重要目的之一就是希望扩大伊斯兰教逊尼派势力在中亚的影响，以便联合逊尼派伊斯兰教的阿富汗共同在伊朗周围构筑一道"防护墙"，以遏制什叶派伊朗的扩张势头。二是在"两伊战争"中，

---

[1] John L. Esposito, *Unholy War: Terror in the Name of Islam*, Oxford University Press, 2002, p. 157.
[2] John L. Esposito, *Unholy War: Terror in the Name of Islam*, Oxford University Press, 2002, p. 158.

沙特以巨大的物力、财力支持过去它并不看好的伊拉克，也同样是出自削弱伊朗的战略需求考量。三是为了防范伊朗，沙特联手海湾国家五个"小兄弟"成立了地区安全组织"海湾国家合作委员会"（海合会），迄今，该组织已成为积极配合美国实施反对和孤立伊朗战略的一支重要力量。

20世纪90年代初，伴随着苏联解体、中东剧变，冷战世界格局宣告结束，中东地缘政治格局也随之发生了巨大而深刻的变化。美苏两极机制的消失，促使原来长期被掩盖的各种矛盾和潜在利益冲突突然暴发，宗教与民族主义开始在国际政治舞台上扮演更为重要的角色，发挥某种独特的作用。在这种情势下，伊斯兰极端主义在中东部分国家和地区迅速泛滥成灾，逊尼与什叶两派之间的纷争呈现急剧恶化之势。它也是宗教极端主义思潮的重要形态之一，引起宗教学术界的高度重视。

教派纷争急剧恶化与外部势力干预引起的中东地缘政治格局的突变密切相关。2003年，美国在以"反恐战争"为名推翻阿富汗塔利班政权之后，又把战火引向西亚的伊拉克。美国以武力推翻"政治强人"萨达姆·侯赛因政权，使得长期支持和依托国家政府的伊拉克逊尼派遭到沉重打击，而一直受到压制的什叶派宗教势力则"异军突起"，成为战后主导伊拉克政局的一支重要力量。从此，反对伊拉克的什叶派，成为动员和重组境内的逊尼派（包括宗教极端势力）的指导思想和行动口号。"基地"组织伊拉克分支负责人阿布·穆萨布·扎卡维成为这一行动方案的主要策划者和实施者。①

早在2003年，扎卡维就开始策划实施他的反什叶派行动方案。2004年1月，驻伊拉克美军情报部门公布了扎卡维写给本·拉登及其助手艾曼·扎瓦希里的一封信。扎卡维在信中表示，在伊拉克境内反抗美军十分困难，唯一可行的办法是挑起境内什叶派与逊尼派之间的内战，以便为"圣战者组织"营造一个长期作战的有利社会环境。为此，扎卡维精心设计了一个"零时"袭击什叶派的行动计划，以激起他们对逊尼派的反击。② 该行动方案于2003年3月2日"零时"实施，而它的前一天3月1日，适值什叶派纪念该派殉教遇难的伊玛目侯赛因的"阿舒拉日"。这次在什叶派圣地卡尔巴拉和巴格达等地策划实施的暴恐袭击总共造成180多人死亡，遇难者均为什叶派普通信众。为了挑起逊尼、什叶两派之间的暴力冲突，扎卡维不断制造舆论企图使人们相信，反什叶派既是一种政治战略选择，更是一个基于伊斯兰教"正信"的正确抉择。扎卡维宣称，伊拉克的什叶派与美国结盟以反对"本真"的伊斯兰教信仰，因此逊尼派穆斯林必须"无情反击"。为了激起对什叶派的深仇大恨以挑起教派冲突，扎卡维主要从三方面来丑化、诋毁、攻击什叶派伊斯兰教信仰。

首先，在宗教神学思想层面，彻底否定、拒绝什叶派信仰体系的合法性。什叶派与逊尼派在信真主、信使者、信天经等基本信仰方面并无不同，只是在政治继承权问题上意见分歧，二者均为世人公认的两大教派。扎卡维出于政治斗争的需要却从根本上否认什叶派

---

① 阿布·穆萨布·扎卡维，约旦人，20世纪80年代曾以"自愿者"名义赴阿富汗参加"反苏圣战"。归国后曾加入一个名为"效忠伊玛目"的极端组织，1993年因参与袭击以色列犹太人而被约旦当局监禁，1999年获释后重返阿富汗训练营地组建"认主独一"武装组织。2002年扎卡维返回伊拉克，次年整合当地激进组织，建立"认主独一与圣战组织"，锁定美国和伊拉克什叶派为"圣战目标"。2004年10月，扎卡维向本·拉登宣誓效忠。2006年6月，宣布在伊拉克建立"伊斯兰国"，同年被美军击毙。

② ［荷兰］罗伊·梅杰主编：《伊斯兰新兴宗教运动——全球赛来菲耶》，杨桂萍等译，民族出版社2015年版，第78页。

穆斯林的合法身份和地位，而把他们视为偏离"正道"的"叛教者"（卡非尔 Kafir）和"异教徒"。扎卡维为什叶派罗织的罪名包括：舍弃真主而公开信仰多神，崇拜圣墓并在圣墓上祈祷，攻击、诋毁圣门弟子为"异教徒"，用恶言恶语侮辱"穆斯林之母"，诽谤熟悉《古兰经》的宗教学者，如此等等，不一而足。总之，在扎卡维及其追随者看来，什叶派如同犹太教徒和基督教徒等"有经人"一样，是敌视伊斯兰教的"另类"，即"异教徒"。而异教徒当然也就是伊斯兰"圣战"的对象。

其次，在历史层面，明确认定什叶派所扮演的"负面"角色。什叶派的主流为十二伊玛目派，该派在16世纪至17世纪在伊朗创立的萨法维王朝为近代历史上三大伊斯兰教国家政权之一，对巩固什叶派社团的社会政治地位发挥了重要作用。而扎卡维对此却不以为然。相反，他认为什叶派萨法维王朝的奠立像一把利剑一样刺进了伊斯兰教的"心脏"，其破坏效应十分明显。扎卡维从历史角度否认什叶派的许多言辞，不完全是他个人的见解，而在很大程度上是受到13世纪逊尼派著名宗教学者、罕百勒表义学派教法家伊本·泰米叶（1263—1328）的思想影响。伊本·泰米叶在伊斯兰教历史上是一位颇有争议的人物。当年他曾因为严厉批驳什叶派的伊玛目教义和该派伊斯玛仪支派的神秘主义宗教哲学挑起教派冲突而被埃及马木路克王朝苏丹判刑，甚至被剥夺教长职务。[①] 扎卡维所谓什叶派在1258年蒙古军队攻陷巴格达时扮演了不光彩的角色（做内应）的说法也都源出于伊本·泰米叶的著作和言论。

最后，在现实层面，强调什叶派对逊尼派和国家利益构成严重威胁。扎卡维及其追随者煽动教派武装冲突，其根本出发点是企图借此改变伊拉克逊尼派社团的艰难处境和不利地位。这表明他一意孤行、一手炮制的所谓"伊斯兰国"实际上是以政治失意的伊拉克逊尼派信众为社会基础的。而逊尼派作为一个宗教政治群体，本来就是与什叶派社团相比较而存在、相斗争而发展，二者之间确实存在着一定的利益冲突。为了在政治上彻底否定什叶派，扎卡维不仅严厉谴责什叶派与美国结盟，而且将什叶派判定为"异教徒"。人们认为，在这一点上扎卡维深深地受到他的精神导师阿布·穆罕默德·马克迪西的影响。马克迪西为极端狂热的"圣战赛来非派"的意识形态专家。他在诠释"忠诚与拒绝"原则时以《古兰经》一节经文（60：4）为依据，将其与伊斯兰教"认主独一"基本信仰相联系，认为真正的"信士"与"舍真主而崇拜其他神明者"（异教徒）之间的仇恨"永远存在"。马克迪西的另一极端思想是以弘扬"易卜拉欣的正教、正道"为名，随意将他人，包括什叶派穆斯林判定为"不信教"行为（库夫尔 Kufr）主体，并将其"革除教籍"（塔克非尔 Takfir）。因此，扎卡维将什叶派判定为"异教徒"，不是他个人的一时冲动，也反映了极端主义思想在特定人群中确有深厚的社会基础。

扎卡维煽动教派冲突的做法甚至也遭到"基地"组织领导层的强烈反对。尽管"基地"组织也把什叶派视为偏离"正道"的"叛教者"，但出于策略考虑，他们主张对其进行"开导"和"教育"，而不是从肉体上加以消灭。据说，2005年扎瓦希里曾要求扎卡维不要攻击伊拉克什叶派及其清真寺，以免引起该派教民的反感和抗议。扎瓦希里还告诫扎卡维，公开处决"罪犯"和什叶派信众的过激行为不得人心，会使自己陷于孤立。2013年10月，在伊拉克教派冲突不断加剧的情况下，扎瓦希里曾公开下令禁止"伊斯兰国"攻击什叶派和苏非修道团体。但势力不断增强的巴格达迪及其"伊斯兰国"我行我

---

① 参见吴云贵《回望伊斯兰历史长河中的赛来菲耶》，《世界宗教研究》2016年第4期。

素,根本不把"基地"领导层放在眼里。野心不断膨胀的"伊斯兰国"政要声称要以"普世哈里发"的名义,向世界穆斯林"发号施令"。总之,"反什叶派"已成为"伊斯兰国"基本行动纲领的一部分。

结 语

在结束本文时,笔者想提出以下几个基本观点与学界同仁一起讨论。其一,宗教极端主义的生存环境和生存方式问题。伊斯兰极端主义是一种非主流的思潮、运动和派系,在世界各地,它通常是与政治伊斯兰主义"联体共生",但在行动方式上则"别具一格",从而与"政治伊斯兰"互有区别。因而,人们不宜孤立地观察和研究伊斯兰极端主义,而应当将其放在当代伊斯兰复兴的广阔背景下进行深入系统的研究。其二,宗教与极端主义的关系,也即如何看待伊斯兰教与极端主义的关系问题。如果"伊斯兰极端主义"系指用极端主义观点来诠释伊斯兰教,那么我们似乎没有理由对二者进行"彻底切割"。如本文所揭示的,宗教极端主义企图用是否践行"沙里亚"来判定国家政治体制是否正确合理,用"吉哈德"来证明暴恐的正当性,用是否偏离"正道"来判定教派属性并以此挑起教派冲突。这些事实表明,不能脱离伊斯兰教背景来研判、认定何为"正信",何为"极端主义"宗教思想。如果认为极端主义完全与伊斯兰教无关,恐怕也就很难令人信服地指明"宗教极端主义"的含义及其产生的思想根源。其三,宗教极端主义与暴力恐怖主义的关系问题。宗教极端主义系指对宗教信仰体系所做的一种极端、片面、有害的随意性解释倾向。暴力恐怖主义是一种反人类、反社会、反文明的违法犯罪行为,它与宗教之间没有必然的联系。但在当今世界,伊斯兰极端主义与暴力恐怖主义因为种种复杂的原因,互为表里,关系极为密切。在许多情况下,极端主义宗教思想往往成为对现实不满的特定人群的政治意识形态,为之提供实施暴恐行为的"精神动力",因而许多从事暴恐活动的秘密组织也几乎都是宗教极端组织。反之亦然。其四,反对宗教极端主义是世界范围的头等大事之一,是一项政策性很强的工作。伊斯兰教影响世界广大人民的知与行,是具有群众性、民族性和国际性的世界宗教。反对宗教极端主义并不是要把矛头指向伊斯兰教,而只是反对用极端主义观点解释伊斯兰教。由于国际社会"反恐"经常因为实施"双重标准",对宗教极端势力的认定也往往带有随意性,加之世界各地的穆斯林社团生活的社会政治环境不同,对经典、教义、教法和教史的理解、认同互有差异,因此反对宗教极端主义将是一个长期、复杂和艰难的过程。只有伊斯兰世界的政界、宗教界人士和广大民众都积极行动起来,才可能根除宗教极端主义的负面影响。

(原文发表于《世界宗教文化》2018 年第 2 期)

改革开放40年来中国特色社会主义宗教理论的发展阶段及其主要成果*

毛 胜**

摘 要： 改革开放以来，中国共产党运用马克思主义立场、观点、方法，科学分析和深刻回答了宗教工作的一系列重大理论和实践问题，创立了中国特色社会主义宗教理论。这个理论的发展阶段及其主要成果大致如下：以邓小平为核心的第二代中央领导集体，开创了中国特色社会主义宗教理论，主要表现为奠定"三基"：理论之基、法治之基、政策之基；以江泽民为核心的第三代中央领导集体，推进了中国特色社会主义宗教理论，主要表现为阐述"三性"：根本是长期性、关键是群众性、特殊的复杂性；以胡锦涛为总书记的党中央，丰富了中国特色社会主义宗教理论，主要表现为深化"三论"：基本方针论、和谐关系论、发挥作用论；以习近平为核心的党中央，在新时代发展了中国特色社会主义宗教理论，主要表现为明确"三定"：定名、定位、定向。中国特色社会主义宗教理论是中国特色社会主义理论体系的重要组成部分，是马克思主义宗教观与中国国情和宗教实际相结合的成果，是认识和做好中国社会主义时期宗教工作的行动指南。

关键词： 改革开放 中国共产党 中国特色社会主义宗教理论 发展阶段

改革开放以来，中国共产党以马克思主义宗教观为指导，从中国国情和宗教实际出发，走出了一条中国特色宗教工作之路，保障了宗教信仰自由，促进了宗教关系和谐，发挥了宗教界积极作用，取得了重大成就。2016年4月，习近平总书记在全国宗教工作会议上深刻总结历史经验，明确提出"中国特色社会主义宗教理论"这个概念，强调要"坚持和发展中国特色社会主义宗教理论，全面贯彻党的宗教工作基本方针，分析我国宗教工作形势，研究我国宗教工作面临的新情况新问题，全面提高宗教工作水平"。[1] 在纪念改革开放40周年之际，回顾中国特色社会主义宗教理论的发展阶段及其主要成果，有助于我们深入学习贯彻习近平总书记的重要讲话精神，更好地坚持和发展中国特色社会主义宗教理论，指导新形势下宗教工作不断取得新成就。

一、以邓小平为核心的第二代中央领导集体，总结和阐述了中国共产党关于社会主义时期宗教问题的基本观点和基本政策，并根据改革开放历史新时期的新形势和宗教方面的新情况作出新判断新部署，开创了中国特色社会主义宗教理论，主要表现为奠定"三

---

* 基金项目：国家社会科学基金项目"习近平总书记宗教观研究"（项目编号：17BZJ012）。
** 毛胜，1982年生，历史学博士，中央党史和文献研究院副研究员。
[1] 参见《发展中国特色社会主义宗教理论，全面提高新形势下宗教工作水平》，《人民日报》2016年4月24日。

基":理论之基、法治之基、政策之基。

新中国成立后,中国共产党在社会主义革命和建设的实践中,对宗教问题进行了新的探索,提出了宗教"五性"论、宗教问题属于"人民内部的争论问题"等重要观点,并在推动宗教制度民主改革、坚持独立自主主办教会等方面取得了重大成就,为创立中国特色社会主义理论提供了历史前提、理论准备和宝贵经验。令人痛心的是,在十年"文化大革命"中,宗教领域和其他领域一样经历了一场大灾难。党的宗教理论遭到歪曲,党的宗教政策遭到破坏,党的宗教工作遭到践踏。1978年12月召开的党的十一届三中全会实现了具有伟大意义的历史转折,开启了改革开放和社会主义现代化的历史新时期。在实现宗教领域拨乱反正的基础上,党的宗教理论探索和实践创新取得了重要成果。

第一,理论之基:中共中央1982年19号文件全面论述了中国共产党关于宗教问题的基本观点和基本政策,成为中国特色社会主义宗教理论的奠基之作。

党的十一届三中全会召开后,一系列的根本性转变,使党的宗教工作迎来了"春天"。1980年12月,中央书记处听取中央统战部、国务院宗教事务局党组关于落实宗教政策的情况以及仍然存在的主要问题的汇报,着眼于做好改革开放新时期的宗教工作,决定组织力量起草一个中国共产党关于宗教问题的观点和政策的文件。经过一年多的努力,《关于我国社会主义时期宗教问题的基本观点和基本政策》顺利完成,从十二个方面对新中国成立后宗教工作的正反两方面经验进行了系统的总结。1982年3月,这份纲领性文献(中发〔1982〕19号文件)作为党内文件下发,成为处理历史遗留问题、开创宗教工作新局面的行动指南。同年4月,第九次全国宗教工作会议在北京召开,强调19号文件提出了正确认识和处理中国社会主义时期宗教问题的"一整套观点和办法",必须结合各地区、各宗教的情况来贯彻落实好文件精神,"巩固和扩大各民族宗教界的爱国政治联盟,为建设现代化的社会主义强国、完成祖国统一事业、维护世界和平而共同奋斗"。[1] 实践充分证明,19号文件重申和坚持了马克思主义宗教观的基本原理,澄清和批判了附加于马克思主义宗教观之上的错误观点,丰富和深化了马克思主义宗教观的一些理论政策主张,并在新的实践中丰富和发展了马克思主义宗教观,具有重大的理论与实践意义,可谓中国特色社会主义宗教理论的奠基之作。

第二,法治之基:五届全国人大五次会议审议通过了现行宪法,通过法定程序将党关于宗教的基本观点和基本政策转化成国家意志,是制定和执行涉宗教问题的方针政策和法律法规的基石。

宪法是一个国家的根本大法,其对宗教问题的规定是处理宗教问题的根本依据。1954年9月,一届全国人大一次会议表决通过的《中华人民共和国宪法》第三章第八十八条规定:"中华人民共和国公民有宗教信仰的自由。"[2] 这就将"宗教信仰自由"确立为社会主义中国的一项基本政策,确立为公民的一项基本权利。1982年12月,五届全国人大五次会议表决通过了现行的《中华人民共和国宪法》,第二章第三十六条对宗教问题作出更加明确的规定:"中华人民共和国公民有宗教信仰自由";"任何国家机关、社会团体和个人不得强制公民信仰宗教或者不信仰宗教,不得歧视信仰宗教的公民和不信仰宗教的公民";"国家保护正常的宗教活动。任何人不得利用宗教进行破坏社会秩序、损害公民身

---

[1] 参见赤耐主编《当代中国的宗教工作》(上),当代中国出版社1998年版,第149页。
[2] 《建国以来重要文献选编》第5册,中央文献出版社2011年版,第466页。

体健康、妨碍国家教育制度的活动";"宗教团体和宗教事务不受外国势力的支配"。① 就此规定,彭真在宪法修改草案的说明中进行了专门阐释,强调"公民有宗教信仰的自由",是马列主义、毛泽东思想对待宗教信仰问题的"一贯方针"。有人信仰宗教是"客观存在的社会意识形态问题",绝不能采取强制手段去解决。《宪法修改草案》恢复了"五四宪法"第八十八条,并有所发展,写得更加明确具体。②"八二宪法"为《全国人民代表大会组织法》等宪法相关法涉及宗教的规定,以及《宗教事务条例》等宗教法规和规章,提供了指导和依据。而今,中国已经初步形成了以《宪法》相关规定为核心,包括综合性行政法规、地方性法规、部门规章、地方政府规章在内的依法管理宗教事务的法律法规体系,宗教工作的法治化、规范化、制度化水平不断提升。

第三,政策之基:在新时期的理论与实践探索中,宗教信仰自由、依法管理宗教事务、坚持独立自主自办、引导宗教与社会主义社会相适应逐步形成共识,积淀为党和国家关于宗教问题的基本政策。

党的十一届三中全会召开后,随着党的宗教方针政策得到贯彻落实,宗教工作很快取得显著成绩。具体来讲,这包括平反宗教界的冤假错案;恢复和健全各级党和国家宗教工作机构,恢复和建立各宗教爱国宗教团体,恢复和新办宗教院校;落实宗教团体的房产,恢复开放和安排宗教活动场所;等等。在这个过程中,日后成为党的宗教工作基本方针的"四句话"逐步成为各界共识。比如,关于宗教信仰自由,强调这是中国共产党的一贯方针和长期政策,必须坚决贯彻执行,指出这个政策的实质就是"要使宗教信仰问题成为公民个人自由选择的问题,成为公民个人的私事"③;关于宗教事务管理,强调宗教领域的问题要通过宗教立法,依法加以管理和解决,"对于极个别披着宗教外衣,借机进行煽动破坏社会主义事业和其他反动活动的反革命分子,则必须坚决予以揭露和打击"④;关于独立自主自办,强调既要积极开展宗教方面的国际友好往来,又要坚决抵制国际宗教反动势力重新控制我国宗教的企图,防止敌对势力利用宗教进行破坏活动;关于引导宗教与社会主义社会相适应,强调要"注意把宗教界的积极性利用起来,引导他们做一些社会服务工作"⑤,使宗教"同社会主义社会相适应,发挥它在社会主义现代化建设中应有的作用"。⑥

二、以江泽民为核心的第三代中央领导集体,在冷战结束后国际格局发生深刻变化、中国改革开放不断深入的新形势下对宗教问题的探索,推进了中国特色社会主义宗教理论的发展,主要表现为阐述"三性":根本是长期性、关键是群众性、特殊的复杂性。

党的十三届四中全会以后,以江泽民为核心的第三代中央领导集体,既保持党的宗教政策的稳定性和连续性,推进宗教工作不断向前发展,又把握中国社会主义现代化建设的新实践和宗教领域出现的新情况,借鉴苏联和东欧社会主义国家在宗教问题上的经验教训,坚持用马克思主义的科学方法探索宗教问题,提出了很多新观点和新论断,特别是深

---

① 《十二大以来重要文献选编》(上),中央文献出版社 2011 年版,第 194 页。
② 《新时期宗教工作文献选编》,宗教文化出版社 1995 年版,第 75 页。
③ 《新时期宗教工作文献选编》,宗教文化出版社 1995 年版,第 59—60 页。
④ 《新时期宗教工作文献选编》,宗教文化出版社 1995 年版,第 78 页。
⑤ 《新时期宗教工作文献选编》,宗教文化出版社 1995 年版,第 105 页。
⑥ 《新时期宗教工作文献选编》,宗教文化出版社 1995 年版,第 119 页。

刻分析了宗教问题的几个主要特点。

第一，根本是长期性：宗教有深刻的社会历史根源，将长期存在并发挥作用，必须发展地而不是静止地认识宗教在社会主义条件下的存在和发展，积极引导宗教与社会主义社会相适应。

宗教是人类社会发展到一定阶段产生的历史现象，有其发生、发展的客观规律，将在社会主义社会长期存在，是马克思主义宗教观的一个基本论点。"文化大革命"结束后，宗教领域的拨乱反正得以顺利开展，理论前提就是正视宗教在社会主义条件下的存在和发展。对于这一点，江泽民有着深刻的认识。他在2000年全国统战工作会议上指出："宗教作为一种社会现象，具有漫长的历史，在社会主义社会也将长期存在。宗教走向最终消亡也必然是一个漫长的历史过程，可能比阶级和国家的消亡还要久远。"[1] 在2001年全国宗教工作会议上，他再次强调："由于我国生产力发展水平还不高，科学技术还不发达，人们的思想道德素质和科学文化素质也还不高，加上国际环境的影响，我国宗教存在的根源仍将长期存在。"他鲜明地提出，在宗教的诸多特点中，"最根本的是宗教存在的长期性"。[2] 在此基础上，江泽民总结中国和世界的宗教历史，指出"宗教都要适应其所处的社会和时代才能存在和延续"，并系统地阐述了"积极引导宗教与社会主义社会相适应"这个论断的基本内涵：不是要求"宗教界人士和信教群众放弃宗教信仰"，而是要求他们"热爱祖国，拥护社会主义制度，拥护中国共产党的领导，遵守国家的法律法规和方针政策"；要求他们"从事的宗教活动要服从和服务于国家的最高利益和民族的整体利益"；支持他们"努力对宗教教义做出符合社会进步要求的阐释"；支持他们"同各族人民一道反对一切利用宗教进行危害社会主义祖国和人民利益的非法活动，为民族团结、社会发展和祖国统一多作贡献"。[3] 关于宗教与社会主义社会相适应的论述，是江泽民对马克思主义宗教观的重大创新，对当代中国宗教工作具有重要指导意义。

第二，关键是群众性：宗教是一种群众性的社会现象，必须全面正确地贯彻宗教信仰自由政策，并保持这一政策的稳定性和连续性，团结信教和不信教群众共同致力于中国特色社会主义事业。

中国共产党始终认为信教群众是人民群众的一部分，是可以团结和依靠的重要力量。认识和处理宗教问题，根本任务是做好信教群众的工作，必须坚定不移地贯彻党的群众路线。对此，江泽民站在政治大局的高度，指出："在社会主义条件下，信教和不信教以及信仰不同宗教的群众，他们在这种信仰上的差异是比较次要的差异，他们在政治上、经济上的根本利益是相同的"；中国信仰各宗教的群众有一亿多，他们也是"建设有中国特色社会主义的积极力量"，必须团结、教育、引导信教群众，"把他们在生产和工作中的积极性和创造性充分调动起来，以利依靠和团结全体人民共同推进社会主义物质文明和精神文明建设"。[4] 深刻把握宗教问题的背后是群众问题，就要全面正确地贯彻宗教信仰自由政策。江泽民对各宗教团体主要领导人说，党的宗教信仰自由政策"一定会保持稳定性和连续性，是绝对不能改变的"。因为实践已经证明这个政策是完全正确的，"只要正确

---

[1] 《江泽民文选》第3卷，人民出版社2006年版，第150页。
[2] 《江泽民文选》第3卷，人民出版社2006年版，第379、378页。
[3] 《江泽民文选》第3卷，人民出版社2006年版，第387页。
[4] 《江泽民文选》第3卷，人民出版社2006年版，第384、381页。

贯彻这一政策，就有利于民族团结、国家和社会稳定，有利于社会主义建设，否则，就会产生多方面负效应"。①

第三，特殊的复杂性：宗教问题往往不是孤立的问题，而是与经济问题、政治问题等密切相关，必须坚持依法管理宗教事务，坚持独立自主自办原则，切实做到"保护合法，制止非法，抵御渗透，打击犯罪"。

改革开放以来，我国宗教工作形势总体上是好的，但也存在一些突出问题。比如，一些地方滥建、扩建寺观教堂；有的地方频繁进行大型宗教活动；一些势力利用宗教干涉行政、司法、教育、婚姻和群众生产、生活；等等。江泽民还深刻指出一些宗教问题背后的反动政治企图："有的地方非法宗教势力乘虚而入，与我们争夺基层政权"②；敌对势力利用宗教进行政治渗透，将此作为他们对中国推行和平演变战略的一个重要手段，这"实质上是政治问题"。③ 这表明，宗教问题同政治、经济、文化、民族等因素紧密关联，而且历史矛盾与现实问题相互交错，国内因素与国际因素相互影响。宗教问题的特殊复杂性，使宗教在我国社会主义条件下既有积极的一面，也有消极的一面。客观地辩证地看待这个问题，就要采取符合中国实际的措施，有效地抑制宗教中的消极因素，发挥宗教中的积极因素的作用。比如，依法管理宗教事务，不是干预正常的宗教活动和宗教团体的内部事务，而是将宗教活动纳入法律、法规和政策的范围，既保护宗教信仰自由和宗教界的合法权益，又防止"利用宗教反对党的领导和社会主义制度，破坏国家统一和国内各民族的团结"，"损害国家和社会的利益，妨碍其他公民的合法权利"。④ 坚持独立自主自办原则，同样不是为了限制宗教活动、阻碍宗教对外交往，而是要以"独立自主、平等友好、互相尊重"为前提，不断增进与各国人民及宗教界的相互了解和友谊，绝不允许任何境外宗教势力重新控制中国宗教，坚决抵御境外势力利用宗教进行的渗透。

三、以胡锦涛为总书记的党中央，在新世纪新阶段总结新的经验，继续推进宗教理论创新、开创宗教工作新局面，丰富了中国特色社会主义宗教理论，主要表现为深化"三论"：基本方针论、和谐关系论、发挥作用论。

中共十六大以后，以胡锦涛为总书记的党中央，清醒认识新世纪新阶段的世情、国情与宗教领域的新情况，以科学发展观为指导，着眼于构建社会主义和谐社会，要求保持和促进宗教关系和谐，发挥宗教界人士和广大信教群众在经济社会发展中的积极作用。这不仅开创了宗教工作的新局面，而且深化了对社会主义时期宗教问题的认识。

第一，基本方针论：明确"全面贯彻党的宗教信仰自由政策，依法管理宗教事务，坚持独立自主自办的原则，积极引导宗教与社会主义社会相适应"这四句话为党的宗教工作基本方针。

党的宗教工作基本方针不断完善并正式确立，是中国特色社会主义理论与实践的重要成果。如前所述，在20世纪80年代的探索中，构成这一方针的核心部件已经开始形成。在1993年全国统战工作会议上，江泽民就宗教问题提出了"三句话"：一是"全面、正确地贯彻执行党的宗教政策"，二是"依法加强对宗教事务的管理"，三是"积极引导宗

---

① 《新时期宗教工作文献选编》，宗教文化出版社1995年版，第210页。
② 《十四大以来重要文献选编》（下），人民出版社2011年版，第120页。
③ 《新时期宗教工作文献选编》，宗教文化出版社1995年版，第211页。
④ 《江泽民文选》第3卷，人民出版社2006年版，第385—386页。

教与社会主义社会相适应。"①。到了2001年全国宗教工作会议，他又增加了一句话，即："全面贯彻党的宗教信仰自由政策，依法管理宗教事务，积极引导宗教与社会主义社会相适应，坚持独立自主自办的原则。"② 这是第一次把"四句话"放在一起，党的十六大也将之写入大会政治报告。2003年底，中共中央在有关宗教工作的内部文件中第一次将"四句话"明确称为党的宗教工作基本方针，并把第三句话与第四句话在前后次序上做了调整。③ 2004年1月，贾庆林在全国宗教工作座谈会上指出，以胡锦涛为总书记的党中央"重申宗教工作要坚持全面贯彻党的宗教信仰自由政策，依法管理宗教事务，坚持独立自主自办的原则，积极引导宗教与社会主义社会相适应的基本方针，使宗教工作在保持连续性、稳定性的基础上继续向前推进"。④ 从此，"党的宗教工作基本方针"成为专有名词，有了特定内涵。胡锦涛在2006年全国统战工作会议上强调，"做好新形势下的宗教工作，关键是要全面理解和认真贯彻党的宗教工作基本方针"⑤，并对"四句话"的内涵与要求进行了逐条阐述。中共十七大报告郑重地写道："全面贯彻党的宗教工作基本方针，发挥宗教界人士和信教群众在促进经济社会发展中的积极作用。"⑥

第二，和谐关系论：保持和促进宗教与社会和谐相处，各宗教和谐相处，信教群众和不信教群众、信仰不同宗教群众和谐相处，努力构建社会主义和谐社会。

在2006年全国统战工作会议上，胡锦涛提出政党关系、民族关系、宗教关系、阶层关系、海内外同胞关系是中国政治领域和社会领域中涉及党和国家工作全局的五个重大关系，强调要保持和促进宗教关系和谐。⑦ 2006年10月，党的十六届六中全会又指出，要全面贯彻党的宗教工作基本方针，"加强信教群众同不信教群众、信仰不同宗教群众的团结，发挥宗教在促进社会和谐方面的积极作用"。⑧ 中国是一个多宗教的国家，有道教、佛教、伊斯兰教、天主教和基督教五大宗教，还有少数其他宗教和多种民间信仰。保持宗教关系和谐，发挥宗教在促进社会和谐方面的积极作用，既包括最为重要的政教关系和谐，也包括不同宗教之间的和谐，宗教内部的和谐、同一宗教不同教派之间的和谐，还包括宗教同经济、文化、民族等方面的和谐。中国共产党和人民政府既不会特意压制某种宗教，也不会特意扶持某种宗教，而是鼓励和支持不同宗教相互尊重、和谐相处。2007年2月，贾庆林邀请全国性宗教团体负责人到中南海座谈，并代表胡锦涛向全国宗教界人士和广大信教群众祝贺新春佳节。他在讲话中强调，要不断"增进不同宗教之间的尊重和理解，加强各宗教间的对话和交流，尊重差异，增进共识，形成和保持'和而不同'的境界，营造各宗教和谐共处的良好社会环境，使各宗教都能够更好地团结在党和政府的周围，为促进社会稳定、民族团结、人民幸福发挥积极作用"⑨。

第三，发挥作用论：巩固和发展党同宗教界的爱国统一战线，充分发挥宗教界人士和

---

① 《新时期宗教工作文献选编》，宗教文化出版社1995年版，第253页。
② 《江泽民文选》第3卷，人民出版社2006年版，第382页。
③ 参见王作安《谈谈宗教工作基本方针》，《中国宗教》2009年第2期。
④ 参见《全国宗教工作座谈会在京召开》，《人民日报》2004年1月7日。
⑤ 《胡锦涛文选》第2卷，人民出版社2016年版，第478页。
⑥ 《十七大以来重要文献选编》（上），中央文献出版社2009年版，第24页。
⑦ 《胡锦涛文选》第2卷，人民出版社2016年版，第477页。
⑧ 《十六大以来重要文献选编》（下），中央文献出版社2008年版，第667页。
⑨ 参见《贾庆林与全国性宗教团体负责人举行迎春座谈》，《人民日报》2007年2月13日。

广大信教群众在促进经济社会发展中的积极作用。

改革开放以来，中国共产党一贯重视和鼓励宗教界为社会主义现代化建设贡献力量。党的十六大以后，胡锦涛根据宗教不断适应社会主义社会的情况，进一步深化了发挥宗教积极作用的认识。2007年12月，他主持中央政治局第二次集体学习时指出，要增强做好宗教工作的责任感和使命感，"努力把宗教界人士和信教群众紧紧团结在党和政府周围，切实发挥宗教界人士和信教群众在促进经济社会发展中的积极作用"。[①] 他还就怎样发挥宗教团体、宗教界人士、广大信教群众的积极作用提出了具体的要求。关于发挥宗教团体的积极作用，强调要"帮助和指导他们增强自养能力，依法依章搞好自我管理，反映信教群众意愿，切实维护宗教界合法权益"；关于发挥宗教界人士的作用，强调要加强宗教教职人员队伍建设，"加大培养、选拔、使用工作力度，努力造就一支政治上靠得住、学识上有造诣、品德上能服众的合格宗教教职人员队伍"；关于发挥广大信教群众的积极作用，强调要"深入进行爱国主义、集体主义、社会主义教育，进行社会主义荣辱观教育，普及科学文化知识特别是现代科学知识，塑造理性平和、积极向上的健康心态，使信教群众更好为中国特色社会主义事业贡献力量"。[②]

四、以习近平同志为核心的党中央，科学分析新形势下宗教工作面临的新情况新问题，提出一系列新思想新观点，作出一系列新决策新部署，在新时代发展了中国特色社会主义宗教理论，主要表现为明确"三定"：定名、定位、定向。

中共十八大以来，以习近平同志为核心的党中央立足于坚持和发展中国特色社会主义、实现中华民族伟大复兴的中国梦，深刻总结改革开放40年来宗教工作的成就与经验，科学分析新形势下宗教工作面临的新情况新问题，提出一系列新思想新观点，作出一系列新决策新部署，具有鲜明的时代特征和现实针对性，进一步推动了马克思主义宗教观中国化和时代化。

第一，定名：系统总结中国共产党坚持和发展马克思主义宗教观的创新成果，将之定名为"中国特色社会主义宗教理论"，使之成为中国特色社会主义理论体系的"宗教篇"。

2013年1月，在新进中央委员会的委员、候补委员学习贯彻中共十八大精神研讨班上，习近平总书记强调马克思主义"必定随着时代、实践和科学的发展而不断发展"，社会主义"从来都是在开拓中前进的"；坚持和发展中国特色社会主义"是一篇大文章"，新一代中国共产党人的任务"就是继续把这篇大文章写下去"。[③] 做好新形势下宗教工作，是这篇大文章的重要内容。2016年4月，全国宗教工作会议在北京召开，这是时隔15年之后再次由中共中央、国务院召开的全国宗教工作会议。习近平总书记出席会议并发表重要讲话，明确提出"中国特色社会主义宗教理论"这个概念，强调"做好新形势下宗教工作，就要坚持用马克思主义立场、观点、方法认识和对待宗教，遵循宗教和宗教工作规律，深入研究和妥善处理宗教领域各种问题，结合我国宗教发展变化和宗教工作实际，不断丰富和发展中国特色社会主义宗教理论，用以更好指导我国宗教工作实践"。历史告诉我们，中国特色社会主义宗教理论是马克思主义宗教观与中国国情和宗教实际相结合的成果，是中国共产党正确认识和处理中国社会主义时期宗教问题的理论原则和经验总结，是

---

① 《胡锦涛文选》第3卷，人民出版社2016年版，第22页。
② 《胡锦涛文选》第3卷，人民出版社2016年版，第24—25页。
③ 《十八大以来重要文献选编》（上），中央文献出版社2014年版，第114页。

中国特色社会主义理论体系的重要组成部分。在当代中国，坚持中国特色社会主义宗教理论，就是坚持马克思主义宗教观。

第二，定位：从中国特色社会主义事业发展全局的战略高度，强调宗教工作具有特殊重要性，指出宗教工作的本质是群众工作，要求加强和改进党对宗教工作的领导。

在2016年全国宗教工作会议上，习近平总书记指出宗教问题"始终是我们党治国理政必须处理好的重大问题"，宗教工作"在党和国家工作全局中具有特殊重要性，关系中国特色社会主义事业发展，关系党同人民群众的血肉联系，关系社会和谐、民族团结，关系国家安全和祖国统一"。他还在2015年中央统战工作会议提出的"宗教工作的本质是群众工作"的基础上，进一步把能不能把广大信教群众团结在党和政府周围作为评价宗教工作成效的根本标准。关于宗教工作的特殊重要性、宗教工作的本质这两个重要论断，使宗教工作有了明确的定位，指明了宗教工作的着力点。立足于此，习近平总书记要求各级党委不断提高"处理宗教问题能力，把宗教工作纳入重要议事日程，及时研究宗教工作中的重要问题，推动落实宗教工作决策部署"；"统战部门要负起牵头协调责任，宗教工作部门要担负起依法管理责任，各有关部门及工会、共青团、妇联、科协等人民团体要齐抓共管，共同做好宗教工作"；党的基层组织特别是宗教工作任务重的地方基层组织，"要切实做好宗教工作，加强对信教群众的工作"。[①] 习近平总书记还站在建设社会主义法治国家的高度，明确提出处理宗教问题的基本原则就是："保护合法、制止非法、遏制极端、抵御渗透、打击犯罪"。[②] 在2016年全国宗教工作会议上，他进一步强调"提高宗教工作法治化水平，用法律规范政府管理宗教事务的行为，用法律调节涉及宗教的各种社会关系"。

第三，定向：做好党的宗教工作，关键是要在"导"上想得深、看得透、把得准，做到"导"之有方、"导"之有力、"导"之有效，要支持我国宗教坚持中国化方向，不断提高宗教与社会主义社会相适应的广度和深度。

事实证明，中国宗教必须与社会主义社会相适应，也能够与社会主义社会相适应。党的十八大以来，习近平总书记总结新的经验，进一步深化了这个问题的认识。在2015年中央统战工作会议上，他就积极引导宗教与社会主义社会相适应的基本要求提出了内容丰富、精辟深刻的四个"必须"，即"必须坚持中国化方向""必须提高宗教工作法治化水平""必须辩证看待宗教的社会作用""必须重视发挥宗教界人士作用"。[③] 在2016年全国宗教工作会议上，习近平又强调做好宗教工作，"关键是要在'导'上想得深、看得透、把得准，做到'导'之有方、'导'之有力、'导'之有效，牢牢掌握宗教工作主动权"。并对积极引导宗教与社会主义社会相适应的丰富内涵作出新的概括，主要是引导信教群众"热爱祖国、热爱人民，维护祖国统一，维护中华民族大团结，服从服务于国家最高利益和中华民族整体利益"；"拥护中国共产党领导、拥护社会主义制度，坚持走中国特色社会主义道路"；"积极践行社会主义核心价值观，弘扬中华文化，努力把宗教教义同中华文化相融合"；"遵守国家法律法规，自觉接受国家依法管理"；"投身改革开放和社会主义现代化建设，为实现中华民族伟大复兴的中国梦贡献力量"。他还特别强调支

---

① 参见《发展中国特色社会主义宗教理论，全面提高新形势下宗教工作水平》，《人民日报》2016年4月24日。
② 参见《坚持依法治疆团结稳疆长期建疆，团结各族人民建设社会主义新疆》，《人民日报》2014年5月30日。
③ 参见《巩固发展最广泛的爱国统一战线，为实现中国梦提供广泛力量支持》，《人民日报》2015年5月21日。

持我国宗教坚持中国化方向,是积极引导宗教与社会主义社会相适应的一个重要任务,要求"用社会主义核心价值观来引领和教育宗教界人士和信教群众,弘扬中华民族优良传统,用团结进步、和平宽容等观念引导广大信教群众,支持各宗教在保持基本信仰、核心教义、礼仪制度的同时,深入挖掘教义教规中有利于社会和谐、时代进步、健康文明的内容,对教规教义做出符合当代中国发展进步要求、符合中华优秀传统文化的阐释。"2017年10月,习近平总书记在党的十九大报告中强调,要"全面贯彻党的宗教工作基本方针,坚持我国宗教的中国化方向,积极引导宗教与社会主义社会相适应"。[①] 这为做好新时代宗教工作、更好地引导宗教与社会主义社会相适应明确了方向。

"却顾所来径,苍苍横翠微。"纵观改革开放40年来中国特色社会主义宗教理论的发展阶段及其主要成果,可以看出它是中国共产党经过艰辛探索而创立的科学理论,总结和概括了邓小平理论、"三个代表"重要思想、科学发展观,习近平新时代中国特色社会主义思想关于宗教问题的重要论述。它源于中国共产党处理宗教问题的实践,又对宗教工作发挥着指导作用,并在新的实践中得到检验和发展,具有鲜明的实践特色、理论特色、民族特色、时代特色。进入新时代,在中国共产党的领导下,宗教工作必将展现新气象新作为,中国特色社会主义宗教理论也必将在新的实践中与时俱进。

(原文发表于《世界宗教文化》2018年第5期)

[①] 习近平:《决胜全面建成小康社会,夺取新时代中国特色社会主义伟大胜利》,《人民日报》2017年10月28日。

略论丛林教育的内涵与特色

李四龙

摘　要：丛林教育是中国汉传佛教的传统寺院教育，狭义的理解专指禅宗寺院教育，但也可以包括其他宗派的寺院教育。丛林教育以适应寺院生活为基本任务，以领悟佛门心法为终极目标。本文立足于对历代高僧的类型分析，认为"丛林教育兴于清规，立于传法，成于心法"。丛林教育的特色是各宗各派、不同祖庭各有自己的宗风与祖道。当前的佛学教育应当弘扬宗风，振兴祖道，重视和延续汉传佛教传统的丛林教育。

关键词：丛林教育　僧教育　宗风　祖道

当前中国的佛学院建设常有一句话挂在嘴边，"学院丛林化"[①]。然而，什么是传统的丛林教育？这是颇难说清的问题。丛林教育，狭义的理解，是指禅宗寺院的僧教育。尽管现在的寺院格局、修持方式基本上是延续明清佛教，本文在论及丛林教育时，并不局限于明清时期的寺院教育，而是泛指传统的佛学教育，包括中国佛教史上所有宗派的寺院教育。

"丛林"是"寺院"的别名，从印度传来的"寺院"这种社会组织，在中国社会从一开始就有某种教育功能。譬如在魏晋时期，一方面有文化的僧人容易与士大夫等社会名流交往，另一方面那些出身贫寒的僧人进入寺院以后接受良好的教育而成为社会名流。不仅如此，依据许理和先生的研究，当时大多数有文化的僧人来自社会底层，这些僧人凭借寺院的力量逐渐打破了魏晋社会的门阀等级制度，寺院是当时重要的学术和文化中心[②]。寺院的这种教育功能，在以后的中国佛教史里始终存在，甚至还有一些寒门子弟在寺院发愤苦读，最后科举及第。但本文并不关注寺院对一般信徒的教育，而是聚焦僧人在寺院里的受教育现象。严格地说，丛林教育是在马祖道一（709—788）、百丈怀海（720—814）创立"丛林清规"之后才开始的，与一般的寺院教育有所不同。但无论怎么强调丛林教育的特色，它确实源自于传统寺院的僧教育，或者说，丛林教育是僧教育在禅宗兴起以后的新形式。

一　僧教育的分科与内容

几乎所有的佛教史研究都很关注僧人弘法或外出求法的事迹，但对他们在寺院里如何

---

[*] 本文系国家社会科学基金重点项目"中国本土宗教与外来宗教关系研究"（16AZJ002）的阶段性成果。
[**] 李四龙，北京大学哲学系教授，人文学部副主任。
[①] 李四龙：《刍议当代中国佛学教育》，载《人文宗教研究》第二辑，宗教文化出版社2012年版。
[②] ［荷］许理和：《佛教征服中国》，李四龙、裴勇等译，凤凰出版传媒公司2017年版，第7—11页。

学习的故事一直关注不多,更谈不上系统的研究。这方面的材料其实非常丰富,我们在这里仅以梁、唐、宋三部《高僧传》为依据,梳理传统僧教育的主要内容。完整的僧团是一个复杂的基层社会组织,需要各式各样的佛教人才,僧教育必须覆盖所有的内容。因此,僧人的分类或分科就变得十分必要。

慧皎(497—554)《高僧传》十四卷(下文称《梁高僧传》)对后世的僧传具有根源性的影响,收录正传257位僧人,附传274人,分设"十科":译经35人、义解101人、神异20人、习禅21人、明律13人、亡身11人、诵经21人、兴福14人、经师11人、唱导10人。十科的分法原本只有八科,最后两科"经师"与"唱导"属于后加。僧人类型的这种分法源自宝唱《名僧传》三十卷。该书集录东汉至齐梁间425人[①],共分八科:外国法师(四卷)、中国法师(十三卷)、律师(一卷)、禅师(二卷)、神力(一卷)、苦节(七卷)、导师(一卷)、经师(一卷)。《梁高僧传》的分科既反映了当时佛教界的工作分工,也反映了受大家认可的僧人类型,也就是佛学教育所要实现的人才培养目标,对后世影响深远。

道宣(596—667)《续高僧传》三十卷(下文称《唐高僧传》)收录正传489人,附见229人[②],亦设"十科":译经、义解、习禅、明律、护法、感通、遗身、读诵、兴福、杂科。在慧皎的基础上,道宣有所调整:改"神通"为"感通","亡身"为"遗身","诵经"为"读诵",合"经师""唱导"为"杂科",新增"护法"一科,各科的次序、比例也有明显的调整,体现了时代的变化。

赞宁(919—1002)《宋高僧传》三十卷,收录正传531人,附见125人,亦设"十科":译经32人、义解72人、习禅103人、明律58人、护法18人、感通89人、遗身22人、读诵42人、兴福50人、杂科45人。

表1　　　　　　　　　三部高僧传各科僧人数比较

梁高僧传	人数(人)	比例(%)	唐高僧传	人数(人)	比例(%)	宋高僧传	人数(人)	比例(%)
译经	35	13.6	译经	15	3.1	译经	32	6
义解	101	39.3	义解	161	32.9	义解	72	13.6
神异	20	7.8	习禅	98	20	习禅	103	19.4
习禅	21	8.2	明律	29	5.9	明律	58	10.9
明律	13	5	护法	18	3.7	护法	18	3.4
亡身	11	4.3	感通	118	24.1	感通	89	16.8
诵经	21	8.2	遗身	12	2.5	遗身	22	4.1
兴福	14	5.4	读诵	14	2.9	读诵	42	7.9

---

① 《卍新续藏》第77册收录《名僧传抄》一卷,仅存该书目录及部分文本。
② 《唐高僧传》初成于贞观十九年(645),但实际止于麟德二年(665)。道宣自序称,正传331人,附见160人。但后来又有增补,成《后集续高僧传》十卷。两书合并,所记高僧有正传489人,附见229人。历代藏经版本不同,因此收录僧人数目不同。譬如《高丽藏》收录本传414人,附传201人。此处的人数依通行本。据陈垣先生依《碛砂藏》统计,"正传凡四百八十五人,附见二百十九人"(《中国佛教史籍概论》卷二"续高僧传",中华书局1982年版,第30页)。今据苏晋仁先生的统计,参见中国佛教协会编《中国佛教》第四辑,知识出版社1989年版。

续表

梁高僧传	人数（人）	比例（%）	唐高僧传	人数（人）	比例（%）	宋高僧传	人数（人）	比例（%）
经师	11	4.3	兴福	5	1	兴福	50	9.4
唱导	10	3.9	杂科	12	2.5	杂科	45	8.5

以上（见表1）是依据三部僧传各科僧人数而对僧人类型的统计分析，关键项是僧人数及其占比。以下（见表2）依据各科所占的卷数而对僧人类型进行统计分析，关键项是卷数及其占比。这两组数据综合起来可以较好地反映不同类型的僧人在历代僧团里的比例，也可以大致体现历代僧团的基本结构，以及僧教育的主要内容及其变化。

表2　　　　　　　　　　　　四部僧传各科篇幅比较

名僧传	人数（人）	比例（%）	梁高僧传①	人数（人）	比例（%）	唐高僧传	人数（人）	比例（%）	宋高僧传	人数（人）	比例（%）
外国法师	4	13	译经	3	23.1	译经	4	12.9	译经	3	10
中国法师	13	43	义解	5	38.5	义解	11	35.5	义解	4	13.3
律师	1	3.3	神异	2	15.4	习禅	6	19.4	习禅	6	20
禅师	2	6.6	习禅	0.5	3.8	明律	2	6.5	明律	3	10
神力	1	3.3	明律	0.5	3.8	护法	2	6.5	护法	1	3.3
苦节	7	23	亡身	0.5	3.8	感通	3	9.7	感通	6	20
导师	1	3.3	诵经	0.5	3.8	遗身	1	1.6	遗身	1	4.1
经师	1	3.3	兴福	0.33	2.6	读诵	1	1.6	读诵	2	7.9
			经师	0.33	2.6	兴福	1	3.2	兴福	3	9.4
			唱导	0.33	2.6	杂科	1	3.2	杂科	1	8.5

尽管僧传对僧人的分类未必恰当，譬如《宋高僧传》把黄蘗希运（？—850）归入"感通"科，把永明延寿（904—975）归入"兴福"科②，但对僧人的"分科"反映了僧传作者或当时佛教徒对这些高僧的整体评价与分类。从佛学教育的角度看，这些不同的科目及其在僧传里所占比例的变化直接体现了不同历史阶段的僧教育内涵。

作为对比项，宝唱《名僧传》的分科比较粗略，尤其是十三卷"中国法师"并没有细致的分类，而在七卷"苦节"里包括"兼学""感通""遗身""寻法出经""造经像""造塔寺"等类型。慧皎《梁高僧传》的分类相对合理，奠定了僧传的基本体例。道宣《唐高僧传》略做调整，赞宁《宋高僧传》完全因袭唐代旧例。考察以上两张表格，我们不难发现其中的重要历史变化：

（1）"习禅"类僧人的比例急剧上升，从《梁高僧传》篇幅不到4%上升到《唐高僧

---

① 《梁高僧传》14卷，但真正记录僧传仅十三卷。此处计算比例以总数十三卷为分母。
② 《宋高僧传》卷第二十二、卷第二十八，《大正藏》第50册，第842、887页。

传》的19%，《宋高僧传》维持20%的占比；而且，《唐高僧传》把"习禅"类僧人提前到第三位，替代《梁高僧传》"神异"类。

（2）"义解"类僧人的比例在唐宋之际直线下滑，梁唐《高僧传》篇幅基本维持在35%以上，但到《宋高僧传》仅占13%。

（3）"译经"类僧人的比例在梁唐之际已经有大幅度的下滑，篇幅从23%降到13%，降幅接近一半；唐宋高僧传的占比基本持平。如果考察《大明高僧传》，译经僧仅有1人，译经活动接近于完全停滞。适成对比的是，"明律"类僧人的比例，梁、唐、宋僧传稳步上升。

（4）"神异"或"感通"类僧人的占比相对比较复杂。若论篇幅，三部高僧传的占比呈U型线，《梁高僧传》15%，《唐高僧传》10%，《宋高僧传》20%；若论僧人数，三部高僧传的占比呈快速增长而后下滑，《梁高僧传》8%，《唐高僧传》24%，《宋高僧传》17%。总体上看，宣扬"神通"的僧人代不乏人，深受信赖，但不占主流，地位不高。

其他科目，"遗身""诵经""兴福""经师""唱导"的比例变化总体上并不突出。上述"十科"的设置是传统僧教育的主要内容，也是僧教育所要达成的人才培养目标。"译经"是中国早期佛教特别需要的工作，到了后期这项工作的紧迫性逐渐消失，但在今天，佛教界对"译经"人才的需求又被重新提上议事日程。"义解"与"习禅"类被认为是最重要的佛教人才，他们在僧传里占了40%以上，《唐高僧传》更是超过50%。"明律"类的比例不高，但稳步上升，说明"明律"虽不被当作僧教育特色，但"以戒为师""持戒"这样的观念越来越受重视。到了元代，佛教寺院被分成三大类——"禅、教、律"三院，律院自成一体。"护法""感通""读诵""唱导""兴福"等虽属传统的佛学教育内容，但并不居于核心地位，而被用来辅助传教。这些门类的增设也是适应社会需求的结果。譬如，《梁高僧传》增加"经师""唱导"两科即是迎合信徒的口味，如南齐王琰《冥祥记》多有"转读""宣唱"一类的记载。这些教化信徒的内容与各种法会仪式相结合，在北宋以后，尤其是到了明清时期大放异彩，对佛教的弘化发挥了巨大作用。明初洪武十五年（1382），朱元璋颁诏，对佛教寺院重新分类，易元代"禅教律"为"禅讲教"，体现了佛教界人才格局的实际变化，禅寺僧人参禅悟道，讲寺僧人重在讲经说法，教寺僧人主要教化信众，举办佛事。到洪武二十四年（1391）颁布《申明佛教榜册》，还对各种佛事活动给出各种指导价格。最后一类看似地位不高，但信徒的需求最迫切，实际影响力最大，这种类型的寺院数量最多。

因此，从历代僧传的角度看，传统僧教育的核心内容是"义解"、"习禅"与"明律"，无论是排序还是僧人的占比，全都处在十分显著的位置。这样的教学内容也完全符合佛教"戒定慧"三学的基本框架。以我们今天的眼光来看，"义解""习禅"两类僧人是隋唐以后各佛教宗派的祖师大德。从这个意义上说，唐代以后的僧人培养目标，从最初主张会通经论寻求圆教逐渐调整为宗派思想的传承。特别是在宋代，缘于佛教史学的高度发达，禅宗、天台宗等各自汇总自己的宗派典籍，这同时也是佛学思想的重组过程。元代、明初对寺院的重新分类，是这种思想重组的结果。我们现在所讲的"八大宗派"在北宋以后的佛教界其实并没有特别的区分，朝廷或社会对寺院的分类主要是依据这些宗派的教学方式或修持法门，也就是主要依据它们的宗风。元代单列"律院"，主要着眼于佛教内部的修行；明代不单列"律院"而设置"教寺"，则是关注佛教界应付佛事的社会需要。

从上述分析来看，禅宗在佛教史上的地位表现出明显的上升轨迹，最后基本上一家独大。这个宗派的核心思想与教学方法是传统僧教育最主要的内容。下文将以禅宗的宗风与祖道为中心，重点探讨丛林教育的教学过程。

二 丛林教育的基本过程

中国的寺院，严格地说，并没有特别明确的宗派归属，它们在不同的历史阶段所表现出来的宗风并不固定，通常会随当时的祖师或宗派归属而有变化。但不管这些寺院的宗风如何灵活多变，丛林教育的基本过程则是相对固定的，而且与寺院的组织制度直接相关。缘于明清以来的寺院绝大部分已被归到禅宗名下，以下所谈的丛林教育主要是以禅宗寺院为原型。

如何能让"寺院"这种新型的社会组织扎根于中国社会，历代高僧大德做出了艰苦的努力，逐步把印度的戒律演化为中国寺院的僧制、清规。最典型的事例是禅宗史上的"马祖创丛林，百丈立清规"。百丈怀海倡导"一日不作，一日不食"的"农禅"规制，融会、折中大小乘经律，制定《禅门规式》。此后的中国佛寺大多延续百丈清规的精神，制定各自的常住规约。到北宋末年，《禅苑清规》的出现，标志着丛林制度基本完备。其他宗派仿效禅宗清规，如律宗《律苑事规》、天台宗《教苑清规》，成为中国寺院组织管理的基本制度。现在恢复丛林教育，首先是要恢复丛林制度，至少要继承"农禅并举""师徒传授"的丛林精神。

丛林教育的最关键处，是重视老师对学生的直接指导，以禅宗自己的话说就是"直截承当"[①]。为什么到百丈怀海的时候会出现清规呢？有的学者研究马祖道一的教育方法，认为在他那里，传法方式发生了"转折性的变化"，宗风为之一变，从开堂说法转变为机缘问答，从口头传法方式扩展到动作传法方式。[②] 在六祖慧能以前，中国佛教的传法形式主要是师父公开讲法，信徒在场聆听，梁、唐僧传很少记载法师对某位弟子的特别开示。如果弟子确有疑问，通常是公开向师父提问，或者写信咨询。但在慧能的《坛经》里，师父直接给弟子传法，已是常态。尽管当众说法还是重要的寺院生活，但法师给特定弟子的接引备受关注，师父的教导被记录下来，即是所谓的"语录"，进一步则被提炼成"公案"。这样的寺院生活，在禅宗语录或公案里，常被记录为"上堂开示""对机垂示"。弟子领受师父教导的方式，从公开的说法教导转变为私下的应机点化，以"不说破"为主要特色，强调弟子直接的心领神会。这种"以心传心"的交流过程在禅宗常以佛祖与迦叶的"拈花微笑"为喻。与佛祖拈花这种静默的宗风相映成趣，中国的禅师在六祖以后常以棒打、大喝、竖拂、吹耳等种种肢体语言点拨弟子。语默、动静的变化交替，完全取决于禅师对弟子悟道机缘的捕捉。这是真正意义上的"传法"，是丛林教育在"宗风"形成过程中的关键时刻。如果读者还想追问他们到底在传什么法，很可能会遭到那些禅师的呵斥，甚至棒打，当然也有可能只是请您"吃茶去"。

以今天的教育观念来看，丛林教育重视个性化的教学，因人而异，分流培养。但与现

[①]《圆悟佛果禅师语录》卷6、卷8；《碧岩录》卷8等。
[②] 邱环：《马祖时期教导方式的转变》，载《普门学报》2006年第33期。

代大学教育不同的是,并不是所有的弟子都有机会得到师父的传法,或者说,并不是所有的弟子都被当作合格的传法对象,有的法师终其一生就是在修福田。丛林是一个小社会,不同类型的僧人被安排到不同的岗位上,只有利根利器才会得到师父单独的传法。师父所要传授的是心法,或称"祖道"或称"宗统",而不是管理寺院的权力。得到传法的弟子未必在师父的寺院里当住持。譬如,六祖慧能在法脉上是五祖弘忍(601—674)的法嗣,但他到广州法性寺(今光孝寺)才出家,继印宗法师而为方丈。传法,亦称"嗣法""付法",在禅宗寺院很受重视,一度以传授袈裟作为正法传授的象征,甚至还有以衣钵相传为信的说法①,但后来通用的做法是传授"法卷"。现在,"传法"常被当作方丈的权力交接,十分重视法师升座任方丈的"晋院"仪式。但这在历史上只是师徒传法的一个特例,是属于清规的住持制度。真正的传法,是禅宗师徒之间心法的传授。

"明心见性"是禅宗的核心思想。慧能以后的禅宗强调以心传心,不立文字,教外别传,甚至平常的说法也不受推重。但这并不是否定文字的功能,而是强调"心法"独立于或超越于公开的教导。那些被记录下来的"公案"或"话头",最著名的莫过于赵州和尚"狗子佛性",并没有明确的答案,需要弟子有切身的体会,而不是光从字面去理解。这些被反复琢磨的公案在禅门被说成是"现成公案"或"见成公案",它们不允许被当作陈年老账,而要禅师"活学活用"。据说,黄檗希运当年参究"狗子佛性","心花顿发,悟佛祖之机"②。宋代以后,禅宗的心法常被说成是"祖道"。譬如,法演(1025—1104)说"发挥祖道,建立宗风",把顿悟见性当作"祖道",把参究公案看话头当作"宗风"。③ 禅宗在慧能之后一花开五叶,五家还有各自的宗风,灵活多变。譬如,临济义玄(?—867)说:"佛法无用功处,只是平常无事,屙屎送尿,著衣吃饭,困来即卧"(《临济录》)。这位看似平常的禅师,在接引弟子时,总能因材施教,或棒喝交施,或机锋话头,甚至呵佛骂祖,不一而足。

千年禅风,留下无数脍炙人口的公案故事,有很多精辟的概括。譬如,临济喝,德山棒,赵州茶,云门饼。但是,禅宗的这些家法现在并不被大众熟悉,机锋棒喝亦难在当今的丛林再现,取而代之的主要是明清以降的"参究念佛"。事实上,即使是"参究念佛",在今天亦属难得。本焕老和尚在深圳弘法寺总以一句"照顾话头"接引众生,问一句"讲话的是谁",在当前的佛教界几成绝响。所以,恢复祖道与宗风,是当前佛教界开展僧教育的重点内容。笔者研究天台宗,经常困惑于还有多少人在修持天台止观?现在,我国寺院的日常生活多数保留了朝暮课诵,有早晚两堂功课诵经礼佛,但对佛教心法的重视并不充分。

因此,历史上的丛林教育始于清规,立于传法,成于心法。清规、传法与心法,围绕这三个方面的讲授构成了丛林教育的基本过程。三者之中,"心法"最为其上,但最是不能强求,属于僧传"习禅"的范围。广义的"传法"是指佛法思想的传承,对佛教的历史、典籍与思想有深入的了解,所有宗派的典籍、历史,包括禅宗史、灯录,都是丛林教

---

① 《旧唐书·神秀传》:"昔后魏末,有僧达摩者,本天竺王子,以护国出家,入南海,得禅宗妙法,云自释迦相传,有衣钵为记,世相付授。"(列传第一百四十一"方伎")

② 《黄檗断际禅师宛陵录》,载《大正藏》第48册,第387页。

③ 《法演禅师语录》卷上,载《大正藏》第47册,第654页。有关法演禅的研究,参见朴慧承《发挥祖道,建立宗风——五祖法演之顿悟宗旨与看话禅风》,博士学位论文,北京大学,2017年。

育的学习范围，属于僧传"义解"的范围，"心法"融会于其间，古德的说法是"禅教一致"。狭义的"传法"，与寺院的清规戒律有关，涉及寺院内部的人事制度，属于"持戒"或"明律"的范围。以现在的说法，这是寺院的制度建设。恢复寺院的丛林教育，制度建设是保障，宗风建设是根本。

三 宗风与祖道是丛林教育的特色

寺院对僧人的教育，核心环节或基本形式是前面提到的广义的"传法"，最关键处是师父对弟子传授心法，即所谓的"祖道"。所以，丛林教育的特点就是这个传授方法，即所谓的"宗风"。不同的宗风，是从不同的角度展现佛门一以贯之的祖道。

祖道的形成与传承，是对特定宗义的发扬光大；宗风的孕育与弘扬，是重视师徒之间直接的教学方法。法眼禅师说："绍先圣之遗踪，称提祖令，为后学之模范，建立宗风。"[①] 只有印证了这样的宗风，教化弟子，才配得上"祖师"的称号。《释氏要览》说："明佛心宗，行解相应，名为祖师。"[②]《禅林备用清规》说："三世诸佛，历代祖师，严净毗尼，恢弘祖道。"[③] 因此，祖师在祖道的形成、宗风的弘扬方面发挥了不可替代的关键作用。

祖师的魅力首先表现为能有效地把握点拨度人的机缘。"宗风"是禅师接引众生的教学方式，不仅包括独特的说话方式，也包括非语言的行为方式；"祖道"则是潜藏于这些宗风的、源自释迦佛祖并由历代祖师发扬光大的思想或心法。在现有的各类佛学辞典里，关于"宗风"或"祖道"的解释十分简略。譬如，丁福保《佛学大辞典》的解释是："一宗之风仪也。禅宗特称宗师家宗乘举扬之风仪曰宗风，犹言'家风'、'禅风'等。若就宗师家一人之风仪而云，如称'云门宗风、德山宗风'等是也。又祖师禅风相承，为其宗独特之流仪，亦曰宗风。如'临济宗风、曹洞宗风'是也。"在此，"宗风"之"宗"是指禅宗或宗门，"风"指"风仪"，《佛光大辞典》将之解释为"风貌"，个别辞典还解释为"风化"。综合而言，"宗风"是指禅宗的教学方式。各佛学辞典关于"祖道"的解释更是出奇的简略，仅四个字，"祖师之道"。依据对多部汉文大藏经的电子检索，宗风、祖道是两个高频出现的词汇。尽管出现这两个词汇的语录、公案涉及唐代禅师，但它们的编撰年代全在宋代以后。

南北朝时期儒家的宗法思想已被引入佛教的法脉传承。《付法藏因缘传》讲述释迦牟尼之后从迦叶到师子23代付法的故事，天台宗灌顶（561—632）在整理《摩诃止观》时引述这部史传，称"龙树是高祖师"。以宗法关系理解法脉传承，这在佛教各宗派成为普遍的现象，尤其是禅宗，全以"祖师"称谓传法谱系上的历代禅师。宋元时期编撰的佛教史书，如《传法正宗记》《佛祖统纪》《佛祖历代通载》，充斥着儒家的宗法观念。释迦牟尼被当作"远祖"或"始祖"，后来的祖师则被当作"近祖"。所以，"祖道"指释迦佛的思想或心法，也包括历代祖师的思想或心法，在佛教典籍里还有"祖意""祖令"等不同说法。契嵩说："能仁氏之垂教，必以禅为其宗，而佛为其祖。祖者乃其教之大

---

① 《法眼禅师语录》卷上，《大正藏》第47册，第654页。
② 《释氏要览》卷上，《大正藏》第54册，第259页。
③ 弋咸编：《禅林备用清规》卷8，《续藏经》第63册，第650页。

范,宗者乃其教之大统。"① 这是后来通用的理解,"宗"指禅宗,所谓"宗门",与"教门"相对;"宗风"是禅宗内部各派的家风,如"菏泽宗风""临济宗风"等说法。

不过,实际上,被归入"教门"的宗派,如天台宗、华严宗,把自己的佛法概括为"教观总持""禅教一致",经典与禅修同等重视,乃至净土宗也说自己有"弥陀教观"(语见《乐邦文类》)。所以,"宗风"的实际用法并不专指禅宗,而是遍及诸宗。宋代天台宗典籍如《四明尊者教行录》《佛祖统纪》等,多次出现"宗风"一词,甚至有"白莲宗风"的说法。

中国佛教在隋唐时期形成了自己的佛教宗派,禅宗、天台宗、净土宗、三论宗、华严宗、唯识宗、律宗、密宗,这些宗派各有自己的宗风与祖道。本文把它们分成三种基本类型:参悟型,专指禅宗;教学型,包括天台宗、三论宗、净土宗、华严宗与唯识宗;实践型,包括律宗与密宗。

参悟型的宗风与祖道:参悟型的宗派专指六祖以后的禅宗,主张"不立文字,教外别传,直指人心,见性成佛"。从达摩到四祖道信,以《楞伽经》为根本,主张"借教悟宗",并未否定经典在修行中的意义,但从弘忍开始,禅宗的经典依据改为《金刚经》,特别重视"明心见性",乃至有慧能在佛教史上的"革命",既淡化坐禅之于解脱的意义,也反对单纯诵经的价值。

教学型的宗风与祖道:天台、三论、净土、华严、唯识五宗都被列入教门,即偏重于经典学习。尽管这些宗派都很重视禅修实践,尤其是天台宗,它的特色被概括为"教观总持",兼顾佛教经典的学习与止观禅法的实修。在这些宗派的思想体系里,不仅有丰富的印度佛教经典,还有复杂的禅修止观体系,教学方式与禅宗的宗风迥异,拥有自己的风格。

实践型的宗风与祖道:律宗、密宗的实修色彩浓厚,经典的学习仅起辅助作用。律宗依《四分律》建宗,以持戒精严著称;密宗依真言、手印、观想,三密相应,期待"即身成佛",注重修持上的仪轨与行法。另外,在明清时期,大批寺院很难有宗派归属,但确实也在应付佛事,济度世人,有明显的实践风格。

这种分类是从丛林教育的角度重新规划寺院的功能,并不见得特别有说服力,譬如净土宗、密宗的宗风与祖道,到底放在教学型还是实践型,其实都有道理。事实上,每个宗派都有参悟、教学与实践三方面的内容。当初朱元璋把寺院分成"禅、讲、教"三类,突出了寺院所承担的社会教化功能。当前,寺院在社会上的教化功能远不如传统社会重要,相反,寺院对自己僧人的教育变得十分必要。对宗风与祖道做出这样的分类,就是希望各宗各派的祖庭能够切实关注自己的祖师及其思想,让寺院成为中国传统文化、东方佛教思想的重镇。

结 语 寺院应以教育为本

当前,我国佛教界躬逢盛世,国家高度重视佛学院建设和寺院的文化建设。各地的祖庭现在应该致力于恢复传统的丛林教育,落实从清规、传法到心法的教学过程。有些禅观、仪轨,包括法器的制作与使用,失传现象比较严重。挖掘和接续这方面的内容并不仅

---

① 契嵩:《传法正宗记》卷首《上皇帝书》,《大正藏》第51册,第715页。

仅是佛教界自身的需要，也是我国保护非物质文化遗产的需要。当前的佛学院主要精力是在教育学生了解基本的佛教历史与思想，熟悉基本的寺院生活与相关技能。办得比较好的佛学院还会教授学生从事佛教学术研究。但就本文所分析的丛林教育而言，心法的接续是当前的核心使命。无论是佛学院的课程建设，还是寺院祖庭的宗风建设，"心法"是关键，是丛林教育与佛学院教育的结合点。

（原文发表于《世界宗教文化》2018年第5期）

元代全真教关于道教起源、分期的讨论及申论

张广保[*]

摘　要：关于道教起源及分期的问题，近年以来在道教研究界引起热议。这一问题意识不仅关涉道教，以此连带还涉及对道教精神的重新理解。本文以元代全真教对诸如道教起源及分期、道教与道家的关系等问题的讨论为切入点，展示道教历史上关于上述问题的看法，并指出应摆脱近代以来以西方近代学科分类标准对道教的理解，重新探讨道教的起源及分期。

关键词：道教起源　道教分期　全真教　黄帝

近代以来，尤其民国以降，由于中国文化在与西方文化的碰撞中遭受暂时的挫折，国人一度丧失对自己文化传统的自信。在西方文化的强势冲击下，学术界对中国精神传统的认知被完全笼罩在全盘西化的阴影之下，没有体察出中华精神传统的独创性，其典型表现就是以西方近代学科分类标准对中国传统知识系统予以重新分类，结果直接导致中国精神传统的肢解，完全割裂了中国传统知识体系的整体性与有机性。对此，少数具有睿智的前辈学者已有清醒认识，并表达了深切的忧虑。例如蒙文通（1894—1968）就曾以传统经学为例，论述经学之自成体系，不可以西方知识体系予以裁割："自清末改制以来，昔学校之经学一科遂分裂而入于数科，以《易》入哲学，《诗》入文学，《尚书》《春秋》《礼》入史学。原本宏伟独特之经学遂至若存若亡。殆妄以西方学术之分类衡量中国学术，而不顾经学在民族文化中之巨大力量，巨大成就故也。其实，经学即是经学，本为一整体，自有其对象，非史、非哲、非文，集古代文化之大成，为后来文化之先导者也。"[①] 此外，熊十力在《读经示要》中针对民国传统经学的衰落，也痛心疾首地指出："自庚子乱后，吾国见挫于西人，即在朝在野守旧之徒，畴昔自信自大之念，已一旦丧失无余。是时思想界，一方面倾向排满革命，欲移植西方之民主制度于吾国；一方面根本诋毁固有学术思想。不独六经束高阁，且有烧经之说。"[②] 又说："经学既衰绝，古人成己成物之体要，不复可窥见。于是后生游海外者，以短少之日力，与不由深造自得之肤泛知见，又当本国政治与社会之衰蔽，而情有所激，乃妄为一切破坏之谈。则首受攻击者，厥为经籍与孔子。北庠诸青年教授及学生，始掀动新潮，而以打倒孔家店，号召一世。六经本弃置已久，至此又剥死体。"[③] 这都是非常有卓识的见解。可惜其时曲高和寡，未能引起学界的

---

[*] 张广保，北京大学哲学系教授、博士生导师。
[①] 蒙文通：《论经学遗稿三篇·丙篇》，载《经史抉原》，巴蜀书社1995年版，第149—150页。
[②] 熊十力：《读经示要》卷一，中国人民大学出版社2009年版，第5页。
[③] 熊十力：《读经示要》卷一，中国人民大学出版社2009年版，第8页。

重视。

学术界对道教历史的认知，也像人文社会科学其他领域一样，受到西方近代学科分类体系的影响，以西方文化对宗教的定义为蓝本，以教义、教理、教规、教主、教堂、教仪等诸因素为标准检讨道教的起源，划定道教史的分期，进而分判道家、道教的关系。这一最典型的表述就是漠视道教传统对教史起源的叙事，将道教的成立确定于东汉中后期，其典型的创始道派为五斗米道、太平道。不顾道教术道合一，体用一如的根本立教原则，强行按照西方近代学科分类标准分割道教精神传统，将道家判为哲学，道教则归属为宗教。此种关于道教史的叙事模式在今天几成标准叙事，充斥国内外各种道教著述。这种对道教史的新认知并没有得到来自新史料的支撑，仅是根据西方的宗教观念来重新理解道教，充其量只有解释学的意义。

其实孕育于中国文化大传统下的宗教，尤其是以道教、中国化佛教为代表的中国宗教有着与西方一神教很大不同的精神维度。不少学者都囿于西方文化传统对宗教的认知，只看到它的宗教信仰属性，看不到其中更重要的文化属性，看不到中国宗教信仰的人文性、此岸性、功效性，以至于认为宗教就等同于封建迷信。这种对中国宗教的认知是缺乏文化传统自信，以西方宗教观念来剪裁中国宗教的表现，其结果将导致文化虚无主义，是很不可取的。众所周知，中国古代讲三教，讲儒、释、道，这个教与西方对宗教的理解的"教"有很大不同，这个教的意思除了信仰意义上的宗教之外，主要承担政治、道德等社会教化之责，此即教化之道。与儒家、佛教相比，虽然同为中国社会中的教化之道，但道教还是具有自身的特点，此即它是以道为标识，以体道、证道为终极归依的一套综贯信仰、思想、仪式、法术、典籍为一体的独特教化体系。与西方文化传统的宗教，诸如基督教（包括天主教）、伊斯兰教等一神教相比，道教在神灵信仰方面有自己的特色：既具有自己的神灵谱系，例如以元始天尊为主位的三清神谱，其神灵构成有主有次，层次分明，职事明确，绝非单一神灵崇拜，也非多神混同，杂乱无章。然而，道教又具有超神论的向度，《老子》二十五章曰："道大，天大，地大，人亦大"，[①] 讲域中有四大，道居四大之首，四大最终都从属于道。庄子说道"神鬼神帝"，这就是说道是唯一、至上、最根本的终极存在，居于鬼神之上，元始天尊之所以是道教最尊位的神，乃是因为是道的化身。因此，从这一角度看，道教又是超神论宗教，是以道为根本信仰的。这与西方文化传统的宗教完全不同，与东方文化孕育的佛教较为接近。有神论与超神论的分判，表明道教的立教精神根本上有别于西方的一神教。因为道是贯通神与人，灵与肉，统合形而上与形而下，打通人与自然，指向一个具有连续性、整体性、贯通性的独特精神传统。而这是人类文明源自石器时代以来的主流精神传统，相比之下，西方文明传统孕育的一神教反而是个特例。

因此，只有正确把握道教立教的独特精神，才能对诸如道教起源及分期、道教与道家的关系等问题有合理的认识。以下我们将以元代全真教对上述问题的讨论为切入点，看看历史上前辈高道、士大夫是怎样看待这些问题的。这或许有助于将道教的另外一个面貌呈现给我们。

---

① （魏）王弼注：《老子道德经注校释》，中华书局2008年版，第64页。

一　元代全真教对道教起源、分期的认知

关于道教起源及分期的问题，近年以来在道教研究界引起热议。这一问题意识不仅关涉道教，与此连带还涉及对道教精神的重新理解、道教区别于西方一神教传统的特点、道教与道家的关系、道教在中国传统文化中居处的地位等。道教自身对其起源的解释以《魏书·释老志》的解释最为典型："道家之原，出于老子。其自言也，先天地生，以资万类。上处玉京，为神王之宗；下在紫微，为飞仙之主。千变万化，有德不德，随感应物，厥迹无常。授轩辕于峨嵋，教帝喾于牧德，大禹闻长生之诀，尹喜受道德之旨。至于丹书紫字，升玄飞步之经；玉石金光，妙有灵洞之说。如此之文，不可胜纪。其为教也，咸蠲去邪累，澡雪心神，积行树功，累德增善，乃至白日升天，长生世上。所以秦皇、汉武，甘心不息。灵帝置华盖于濯龙，设坛场而为礼。及张陵受道于鹄鸣，因传天官章本千有二百，弟子相授，其事大行。齐祠跪拜，各成法道。有三元九府、百二十官，一切诸神，咸所统摄。"① 这里论列道教起源、道教教祖、帝王道教以及道教教义、经典、仪式、传承等一系列重要问题。文中提到的道教教祖老子为先天地存在的道的化身，是一无生无灭、应世化现的神格。《魏书·释老志》对于道教历史的这一认知在道教内部具有深远影响，乃是道教界经典的教史叙事模式。

蒙元时期以全真教高道为主体，道教内外对诸如道教的起源、分期等关涉道教史的一些重要问题展开集中讨论。其参与者在教内主要有毛养素、姬志真、李鼎、朱象先等教史家，在教外则主要有徒单公履、辛愿、宋子贞、赵孟𫖯等士大夫，他们一无例外都是全真教的外护。这次讨论涉及的论题有道与教的分判，道教与法教，宫观、道士的起源，道教不同时期的特点等重要教史问题。虽然此次道教史大讨论并没有某一个特定的组织者，但讨论的确围绕上述问题意识来展开。当然蒙元时期全真教对这些道教教史问题的讨论并非仅仅出于对道教史的知识兴趣，其主要用意乃在使全真教这一新道教顺利接续道教的大传统。然而这次讨论的结果无疑反映时人对道教历史的独特认知，有些观点或许对我们今天重新理解道教的历史具有重要借鉴意义。我们先来梳理一下全真教内对上述问题的看法。

1. 元代全真教论道教起源、分期

依据现存全真教文献、碑铭，全真第四代高道毛养素是较早对道教史提出系统看法者。毛养素（1177—1259），字寿之，道号纯素子，蒙古国时期曾被加封颐真冲虚真人号。元李国维专门为他撰写《颐真冲虚真人毛尊师蜕化铭》，此文收入全真教史家李道谦所编《甘水仙源录》卷七。毛养素家族与全真教渊源很深，其祖父毛麾系马丹阳同学和好友，并为几部重要全真教文集，如《重阳全真集》撰写序言。毛养素师事丹阳法嗣田无碍，属马丹阳一系。他曾参与蒙古国时期《玄都宝藏》的编纂，对道教的性理之学有深刻领悟："师于性理之学，克意终世，斯须无少间断，故能透脱融贯，全真正脉，其造之也不为不深。"② 毛养素对道教的历史颇有研究。在撰于太宗十三年（1241）的《金莲正宗记序》中，他将道教的历史追溯至轩辕黄帝，并总结黄帝、老子以来，下至周、秦、汉、唐道教发展的历史，概括出各时段道教发展的特点。就中特别区分道与教的不同，以

---

① 《魏书》卷114《释老志》，（北齐）魏收：《魏书》，中华书局1974年版，第8册，第3048页。
② 李国维：《颐真冲虚真人毛尊师蜕化铭》，陈垣：《道家金石略》，文物出版社1988年版，第535页。

体用一对概念分判道与教："道无终始，教有后先。或曰：道与教不同乎。曰：不同。湛寂真常，道也；传法度人，教也。道之为体，虽经无数劫，未尝少变。教之为用，有时而废，有时而兴。"① 这是以体用来分判道与教，以道为体，以教为用。道体无动无变，湛然常寂。教则有兴有衰，有先有后。这其实已触及道家与道教的关系。论及道教之创始，毛养素认为应溯源至黄帝，以黄帝荆湖铸鼎作为道教创始的标志性事件。其云："或曰：教之兴也，自何而始？曰：轩辕黄帝铸鼎之后，乘火龙而飞升太虚，然后知有长生久视之说。虽有其说，知而行之者七十二人而已。下逮殷王武丁之世，老君示现于濑阳，东临魏关，西度流沙，演化者九百九十六岁，乃跨白鹿，升苍桧，超碧落，游玉京。虽有如此显异，而人犹颜顶而未知信向也。及汉天师张静应之出世也，亲受正一法录，战鬼狱而为福庭，度道士而为祭酒，其教甚盛，化行四海。继之以寇、吴、杜、叶，祛妖鹹祟，集福禳灾，佐国救民，代天行化，历数十世，宫观如林，帝王崇奉。及正和之后，林天师屡出神变，天子信向，法教方兴，而性命之说犹为沉滞而未之究也。及炎宋之讫录，挺生重阳，再弘法教，专为性命之说，普化三州，同归五会，以金莲居其首，东游海上，度者七人，以柔弱谦下为表，以清静虚无为内，以九还七返为实，以千变万化为权，更其名曰全真，易其衣而纳甲。"② 这一段论述有两点值得注意，其一是毛养素勾勒的道教史将道教区分为道教与法教，道教源于轩辕黄帝，历七十二传，始至太上老君，然后再经汉天师正一之宏传，寇谦之、吴猛、杜子恭、叶法善之嗣续；而法教则始于北宋徽宗政和时期，高道林灵素是法教之代表。毛养素认为王重阳创立全真教，实际上也是传承林灵素所开创的法教传统，不过全真教倡导性命之说，以九还七返之内丹学更新林灵素以来的法教传统。毛养素对道教历史的这一叙述很有创新性，为前此所未见，对蒙元全真教关于道教史的认知影响深远。就中尤其是对全真教史家姬志真的道教史观有很大影响。

姬志真（1193—1268），俗名姬翼，字辅之，自号紫微野人、夷山老人、知常子，元世祖至元四年（1267），元廷宣诏赐予"文淳德懿知常真人"号。姬志真是蒙元时期全真教重要教史家，为金元时期全真教史的书写与编纂作出重要贡献。他传承郝大通、王志谨宗系，并于元世祖中统二年王志谨逝后接任该宗宗主之位。生平著作除《云山集》见于《道藏》之外，另还有《周易直解》《道德经总章》《冲虚断章》《南华解义》，今均已佚失。《云山集》今存于《道藏》。在此需要指出的是，《道藏》本《云山集》分为八卷，收入太平部。实际上这是一个残缺本，国家图书馆收藏并影印元仁宗延祐六年（1319）李怀素所刻《云山集》，该版框高234毫米，宽161毫米，题五卷，现残存三卷，即卷三至卷五。这个版本的刊刻距离姬志真仙逝仅五十一年，比《道藏》本《云山集》早一百二十五年，具有非常重要的价值。世祖忽必烈中统元年（1260），姬志真六十八岁，是年撰作《玄教袭明论并序》一文。该文《道藏》本《云山集》佚失，仅见于元仁宗延祐六年（1319）李怀素所刻《云山集》。此文对道教史尤其是全真教史做了系统而独到的勾勒，是一篇很重要的全真教史文献。可惜此前学界研究全真教史时均未提及此文。此文在建构道教史时，溯源于传说中的龙汉时期，文中称"原夫龙汉纪初，玄中道祖，三洞启关。赤明而下，众真垂训，异代殊时，师师相授，明明相袭，浩浩万古。源源而来，以及

---

① （元）秦志安编：《金莲正宗记》序，《道藏》，文物出版社、上海书店、天津古籍出版社1988年版，第3册，第34页。

② （元）秦志安编：《金莲正宗记》序，《道藏》第3册，第343页。

于今。"① 其玄教袭明一语，即源于此，系指道教传承之意。值得注意的是，《玄教袭明论并序》一文叙述道教传承的历史，始于三皇时期。由伏羲时的郁华子、历神农时大成子、黄帝时广成子、颛顼时赤精子、帝喾时录图子、帝尧时务成子、商汤时锡则子，直到商武丁时的老子。这是我们今天读到的一份最古老的道教史建构，该文当源于令狐璋、史志经等人编著的《老子八十一化图》，也是继承自东汉以来道教一脉相承的太上老君变化说。值得注意的是，文中以"法箓符篆，祭醮斋科"概括汉唐道教，可谓独具卓识。又姬志真论述老子之后道教史，继承毛养素的看法，把道教史分为两大时段，即道教与法教两大不同的时段。道教始于秦汉以前，老子—关尹子—亢仓子—辛文子—列子—庄子，此为传道袭真之教。两汉之际，道教变为法教。法教之传，肇始于全真教五祖之一少阳帝君，少阳帝君传正阳子钟离权，再传纯阳子吕洞宾，然后依次为刘海蟾、王重阳。这就是全真教的五祖。这与毛养素上述以北宋林灵素开法教之教统有所不同，更未提及自汉以来道教的其他派别，例如天师道。这说明姬志真更重视全真教独开教统的贡献，予以全真教在道教史中一个颇为独立的地位。我们再联系全真教在蒙古国时期李志常掌教期间曾被汗廷封为玄门正派，说明其时全真教是以道教正统自居的。此外，还有一处值得我们注意的是，姬志真在《玄教袭明论并序》中列王重阳传承时，只依次列马丹阳、谭长真、刘长生、丘长春、王玉阳、郝广宁，而未像稍前全真教史家秦志安在《金莲正宗记》中列女真孙不二。这说明承自郝大通、王志谨一系的姬志真对早期全真教史的建构有自己独特的思路。

此外，蒙元时期全真教参与道教史讨论的还有最长寿的教史家虚舟道人李鼎（1186？—1298？），他传承刘处玄、宋德方法脉，撰有多通全真教碑铭，并系《全真大传》的主要撰作者。他在《大元重修古楼观宗圣宫记》中对道教传承从全真教角度予以概述：

> 昔自玄元（老子）、文始（尹喜）契遇于兹，抉先天之机，辟众妙之门，二经（《道德经》《文始真经》）授受而教行矣。世既下降，传之者或异。一变而为秦汉之方药，再变而为魏晋之虚玄，三变而为隋唐之禳襘，其余曲学小数，不可殚纪，使五千言之玄训束之高阁，为无用之具矣。金大定初，重阳祖师出焉，以道德性命之学唱为全真，洗百家之流弊，绍千载之绝学。②

李鼎此处论及道教史重点在于以秦汉之方药、魏晋之虚玄、隋唐之禳襘概括各历史时期道教的特点，并认为全真教的创立具有返本开新、重新接续老子创立的清净淳朴之真源道统。据此他认为全真教在道教史上具有绍承千载绝学的意义。这与上述姬志真高扬全真教的道教史观可互相发明。

以上全真教史家均系出自原金朝统治区的北方全真教。最后我们来看一下来自江南茅山的全真教史家朱象先对道教史的认知。他是元代少数有意识地对诸如道教宫观、道士发源等道教史问题进行思考的教史家。一虚子朱象先（1227？—1319？）原系茅山道士，南

---

① （元）姬志真：《玄教袭明论并序》，李修生主编《全元文》卷49，江苏古籍出版社1998年版，第2册，第50页。

② （宋）朱象先：《古楼观紫云衍庆集》卷上《大元重修古楼观宗圣宫记》，《道藏》第19册，第555页。同见陈垣《道家金石略》，第552页。

宋灭亡后皈依全真教，仁宗时出任古楼观大宗圣宫三洞讲师，并担任楼观说经台住持。他于仁宗皇庆二年（1313）撰作《大元重修泾阳县北极宫记》一文，此碑文对道教及宫观之渊源明确予以思考，并提出解答："窃尝因是而思之，教曷从而兴乎？自黄帝问道于空同，教之所由生也。宫观曷从而兴乎？自尹喜结草为楼，观星望气，此宫观之所由始也。《关尹内传》云'穆王追访草楼真迹，为建楼观，度道士七人，此为道家者流之权舆欤？'以是而言，曰教、曰宫、曰道士，其来远矣！……谓（道教）盛于近代则可，谓始于近代则非也。"①朱象先在此也像上述北方全真教史家一样，将道教的创始溯源于黄帝。他还征引《关尹内传》所记穆王访草楼真迹以建楼观，并度道士之载述，认为制度化道教宫观、道士应始周穆王（公元前1054至公元前949）之时。而活跃于北宋哲宗朝（1085—1100）的高道贾善翔编《犹龙传》考索道观起源，将其溯源于黄帝："（广成子）又传《二仪真形图》与帝（黄帝），帝受讫，乃置像于高观，以异香名花，千珍万宝，晨夕供养，虽后妃宰辅，莫得睹焉。观之上常有异色云气，加之天香芬郁，谓之道观。道观之号，自兹始也。"②在此需特别注意的是，朱象先讨论宫观、道士的由来，这就涉及制度化道教的起源。

2. 元代士大夫论道教起源

众所周知，蒙元时期全真教史的书写、建构除全真教史家充当其中生力军之外，不少亲近全真教的士大夫，如徒单公履、元好问、王鹗、宋子贞、徐琰等也积极参与。从这方面看，全真教之所以能在金元异军突起，与这些教外的外护大力支持紧密相关。值得注意的是，这些接近全真教的士大夫也不约而同在所撰全真教碑铭中探讨道教起源诸问题，而他们对此问题的解答又受到流行于北方的蜀学尤其是苏轼对道教史认知的影响。

金末经义进士，曾任世祖忽必烈翰林侍讲学士的徒单公履，为丘处机高徒、十八大士之一的潘德冲撰写《冲和真人潘公神道之碑》，此文被收入李道谦所编全真教史名作《甘水仙源录》卷五。在这篇碑铭中，徒单公履对道教的发端及演变历史予以勾勒：

> 自黄帝问道于广成，而神仙之说始兴。老氏跨殷历周，以道德五千言推极要妙，其教被于万世。降秦及汉，代有显人，安期、赤松、张道陵之流，或出而不常，神奇之征，昭揭于世人之耳目者，非一事也。涉魏晋隋唐以来，蜕迹圜嚣，凝神碧落者，其名不可殚纪。③

此文虽然是阐述神仙家的演变，然而看得出他眼中的神仙家与道家是一回事。与上述全真教史家一样，他也将道家的发端溯至黄帝。在金元文人中，持这种看法者绝非只有徒单公履一人，而是金元文士拥有的对于道教史认知的一种共识。如女几野人辛愿（？—1231）在其所撰《大金陕州修灵虚观记》中也有相似的说法：

> 谨按道家源于黄帝、老聃，至列御寇、庄周氏，廓而大之，乃与孔子之道并立，为教于天下而不废。盖其一死生，齐物我，会群有于至虚，而取其独为最妙者，而其

---

① 陈垣：《道家金石略》，第747页。
② （宋）贾善翔：《犹龙传》卷2，《道藏》第18册，第11页。
③ （元）李道谦：《甘水仙源录》卷5，《道藏》第19册，第761页。

秕糠之余，犹降而为天地神明内圣外王之业。①

相形之下，元朝名臣、曾出任世祖朝平章政事的宋子贞（1185—1260）则相对谨慎地推老子为道家之祖。在撰作的《顺德府通真观碑》中，他论述说：

> 夫道家者流，推老氏为始祖。老氏之教，主之以太一，建之以常无有，以冲虚恬淡养其内，以柔弱谦下济其外，盖将使人穷天地之始，会万物之终，剖心去智，动合于自然。以之修身则寿而康，以之齐家则吉而昌，以之治国平天下则民安而祚久长，非有甚高难行之论，幻怪诡异之观也。世既下降，传之者或异，一变而为秦汉之方药，再变而为魏晋之虚玄，三变而为隋唐之禳禬，使五千言之玄训，束之高阁，以为无用之具矣。②

在此文中他也是以秦汉之方药、魏晋之虚玄、隋唐之禳禬等概述各期道教的特点。这与上述全真教史家李鼎的描述如出一辙。

以上诸人均生长于原金朝统治区。接下来我们看看来自南宋的士大夫是如何看待道教起源及分期的。我们以赵宋宗室、在元代享有盛名的赵孟𫖯（1254—1322）为例。他在《重建万寿宫记》一文中也对道教的起源、各期的特点做了勾勒：

> 道家者流，出于黄帝、老子，以清净虚无为宗，颐神养性为事，长生久视为著效，神仙飞升为极致。自秦皇、汉武，闻方士之说，问蓬莱之津，求不死之药，举世欻然玄风。厥后其徒支分派别，为符箓，为斋醮，为炼丹石，为饰土木，抑皆事乎其末。③

这里值得重视的是将黄老以下道教区分为符箓、斋醮、金丹等派别。其对道教历史的认知与上述金统区士大夫并没有太大不同。那么为什么在南北隔绝的时代，士大夫对道教历史的认知呈现惊人的相似？他们有没有一个共同的源头。对此，我们认真研究之后，发现应与北宋大文豪苏轼对道教历史的认知密切相连。在传世名篇《上清储祥宫碑》中，苏轼（1037—1101）对道教的历史及其与儒家的关系做了经典的论述：

> 臣谨按道家者流，本出于黄帝、老子，其道以清静无为为宗，以虚明应物为用，以慈俭应物为行，合于《周易》"何思何虑"，《论语》"仁者静寿"之说，如是而已。自秦汉以来，始用方士言，乃有飞仙变化之术，黄庭大洞之法，太上、天真、木公、金母之号，延康、赤明、龙汉、开皇之纪，天皇、太乙、紫微、北极之祀，下至于丹药奇技。符箓小数，皆归于道家。学者不能必其有无。然臣尝窃论之：黄帝、老子之道本也，方士之言末也……。④

---

① （元）李道谦：《甘水仙源录》卷9，《正统道藏》第19册，第803页。
② （元）李道谦：《甘水仙源录》卷10，《正统道藏》第19册，第580页。
③ （元）赵孟𫖯：《重建万寿宫记》，李修生主编：《全元文》卷596，第211页。
④ （宋）苏轼：《上清储祥宫碑》，陈垣：《道家金石略》版，第295页。

东坡在此首先将道家的历史追溯至黄帝,虽然他也以本末区分黄老之道与方士之言,但毕竟承认丹药奇技、符箓小数也归属于道家。这实际上就将道家等同于道教。可见中国传统士大夫对道家、道教并没有像今天这样刻意予以分别。苏轼对道教的这一论述对北宋以后士大夫有关道教的认知具有决定性影响。因为他们不少人在学习作文时都有规摹苏文的经历。

二　黄帝为道宗

由上所述我们得知,蒙元时期无论是全真教史家,还是士大夫普遍都将道教的开端溯至黄帝。这一对道教起源的认知值得我们认真对待。近代以来由于受到西方文化的强势冲击,中国知识阶层一度丧失对自己精神传统的自信,出现矮化传统、质疑古史的思潮。在此思潮的影响下,中国传统历史叙事受到嘲笑,中国古代的历史被大大缩短,以黄帝为首的五帝一律被判为神话人物。如此道教创始于黄帝自然也是神话叙事,不值得我们认真对待。今天当大量古代文明遗址,例如红山文化、良渚文化、龙山文化、陶寺文化等被挖掘出来,我们再也不能无动于衷,应该重新评估中国传统历史叙事。而道教由于师徒秘密传授的原因,保存更多的私人授受传统,因而传承了不同于正史的史源。因此,我认为讨论上古历史时,更应该借鉴道典的叙事。道教不仅是中国传统文化的重要组成部分,而且还保存了其中最古老的内容。

南宋道教教史家陈葆光在其所撰《三洞群仙录》中曾言"盘古物祖,黄帝道宗"[1],称黄帝为道宗。研究中国哲学史的学者也普遍承认战国时期曾存在黄老学派,只不过认为该学派托名黄帝。那么道经关于黄帝与道教的叙事具有何等独特视角,其与正史、外典的记载有着怎样的关联?我们先看正史的记载。

《史记·五帝本纪》列黄帝为五帝之首,其下依次为颛顼、帝喾、尧、舜。值得注意的是司马迁笔下的黄帝形象虽然主要呈现为人帝,但已颇关涉神仙之事,与修道长生颇相关联。如其文中说:"(黄帝)获宝鼎,迎日推筴。""顺天地之纪,幽明之占,死生之说,存亡之难。"[2]

又《史记·封禅书》也记述黄帝骑龙上天的传说,其文云:"黄帝采首山铜,铸鼎于荆山下,鼎既成,有龙垂胡髯下,迎黄帝,黄帝上骑龙,群臣后宫从上者七十余人。"又"黄帝得仙上天,群臣葬其衣冠。"[3]

司马迁记载黄帝骑龙上天之事,重点关注黄帝铸鼎、骑龙等事件。司马迁在撰写《黄帝本纪》时,曾游历相传为黄帝的遗迹,并有选择地采纳了有关黄帝的口传历史。其关于黄帝铸鼎成仙之事,在后世持续受到关注。如三国曹植《黄帝三鼎赞》曰:"鼎质文精,古之神器;黄帝是铸,以像太一。能轻能重,知凶知吉,世衰则隐,世和则出。"[4]又晋曹毗《黄帝赞》亦云:"轩辕应玄期,幼能总百神,体炼五灵砂,气含云露津。掺石

---

[1] (宋)陈葆光:《三洞群仙录》卷1,《道藏》第32册,第235页。
[2] 《史记》卷1《五帝本纪第一》,(汉)司马迁:《史记》,中华书局1959年版,第1册,第6页。
[3] 《史记》卷28《封禅书第六》,(汉)司马迁:《史记》,第1394页。
[4] (清)严可均编:《全三国文》,卷17,《全上古三代秦汉三国六朝文》,中华书局影印组1958年版,第1146页。

曾城岫，铸鼎荆山滨，豁焉天扉辟，飘然跨腾鳞。仪辔洒长风，搴裳蹑紫宸。"① 马骕《绎史》引《汉书》称"黄帝作宝鼎三，象天、地、人。"引《鼎录》说："金华山，黄帝作一鼎，高一丈三尺，中如十石瓮。作龙腾云，百神螭兽满其中。文曰：真金作鼎，百神率服。"② 这都是将鼎视为通天神器，似乎鼎并不仅是合炼外丹的器物。

司马迁之后，班固在《汉书》中也记载黄帝修仙之事。根据班固《汉书·艺文志》的记载，西汉以前诸子百家多尊黄帝为宗，其著书往往依托黄帝。例如道家有《黄帝四经》四篇、《黄帝君臣》十篇、《黄帝泰素》二十篇；小说家有《黄帝说》四十篇；阴阳家有《黄帝十六篇》；天文家有《黄帝杂子气》三十三篇；历谱家《黄帝五家历》二十三卷；五行家《黄帝阴阳》二十五卷；杂占家《黄帝长柳占梦》十一卷；医家《黄帝内经》十八卷；房中家《黄帝三王养阳方》二十卷；神仙家《黄帝杂子步引》十二卷；《黄帝岐伯按摩》十卷；《黄帝杂子芝菌》十八卷；《黄帝杂子十九家方》二十一卷。③

关于黄帝的种种神异之迹，外书中除上述《史记》《汉书》所述外，出于西汉哀、平以前的纬书也多有记载，不过纬书多记黄帝感生、受图（即河图洛书）、玄女授符等事。④ 另外现存中医经典《黄帝内经》也记载黄帝学仙升天之事，该书《上古天真论篇》说："昔在黄帝，生而神灵，弱而能言，幼而徇齐，长而敦敏，成而登天。"⑤《黄帝内经》还记载黄帝从岐伯、雷公、鬼臾区等学习摄生、医病之道。由此可见，正史、外典也广泛记载黄帝修习仙道，传承各种方术。总之，一致肯定黄帝与神仙家具有密切关联。

我们再来看看道家的知识传统关于黄帝修道的叙事。我们发现道书系统关于此事传达的信息远较外书丰富，就中重点突出黄帝修道证仙的叙事内核。《庄子》一书最先记载黄帝师承广成子修道。此书《在宥》《天地》等篇都载述黄帝修道所经历的艰苦历程。其中《在宥》篇载述的"黄帝问道于广成"是一例经典记载，在后世为世人所乐道，成为道教史中帝王修道之经典佳话。

又东晋高道葛洪在其所撰名作《抱朴子内篇》中对黄帝与道教的关联做了总结性的论述。在《抱朴子内篇》之《地真篇》《极言篇》中，葛洪综合东晋以前道典史籍中有关黄帝求道的各种载述，从而对黄帝与道教的关系做了一次总结。其《地真篇》云：

> 昔黄帝东到青丘，过风山，见紫府先生，受《三皇内文》，以劾召万神；南至负陇，荫建木，观百灵之所登，采若干之华，饮丹峦之水；西见中黄子，受九茄之方；过崆峒，从广成子受《自然之经》；北到洪堤，上具茨，见大隗君、黄盖童子，受《神芝图》；还陟王屋，得《神丹金诀记》；到峨眉山，见天真皇人于玉堂，请问真一之道。⑥

这里提到黄帝传道之师除广成子外，还有紫府先生、中黄君、大隗君、黄盖童子、天

---

① （唐）徐坚等：《初学记》卷9，中华书局2004年版，第215页。
② （清）马骕：《绎史》卷5《黄帝纪》，中华书局2002年版，第69页。
③ 《汉书》卷30《艺文志第十》，（汉）班固：《汉书》，中华书局1962年版，第1779页。
④ 见《绎史》卷5，引《龙鱼河图》等纬书，第34页。
⑤ 《黄帝内经素问补注释文》卷1，《道藏》第21册，第3页。
⑥ （晋）葛洪：《抱朴子内篇》卷18，《道藏》第28册，第243页。

真皇人等；所受道经有《三皇内文》《九茄之方》《自然之经》《神芝图》《神丹金诀记》等。

又《抱朴子内篇·极言》更广衍其说，称黄帝："入金谷而谘涓子，论导养则资玄、素二女，精推步则访山稽、力牧，讲占候则询风后，著体诊则受雷、岐，审攻战则纳五音之策，穷神奸则记白泽之辞，相地理则书青乌之说，救伤残则缀金冶之术。"① 这是将房中、推步、占候、中医、外科、兵法、风水、厌咒等古代各种方技之术都与黄帝牵连起来，如此黄帝就成了古代世界名副其实的百科全书式的人物。

《极言篇》还征引《神仙经》，称黄帝与老子奉事太乙元君，受外丹要诀，引《荆山经》《龙首记》记黄帝因服神丹而骑龙升天等。这些都是外典、史籍中没有提到的。那么我们应该如何评价葛洪上述记载，是全然向壁虚构，还是另有史源依据？对此，我们仔细推敲《抱朴子内篇·遐览》，发现其中载录的道经很多都不见于正史《艺文志》的著录。这说明道教经籍的传承自有其统系，并不完全归属正史著录系统。因此，对道典所记黄帝修道证仙之事应予以重视，不能只简单判为神话叙事。当然，其中肯定也有附会之说。

依据现有资料，唐王瓘所撰的《广黄帝本行纪》是现存最全面的一种记载黄帝修道成仙的传记文献。此书收录于《道藏》②。又《云笈七籤》卷一百《纪传部》收录的《轩辕本纪》即系转录此文，略有变动，文前并有北宋真宗皇帝御制《先天纪叙》。此外元赵道一《历世真仙体道通鉴》卷一亦载有一种黄帝传记，大体也是以此文为基础予以改写。由此可见王氏这部书在道教中具有很高的权威性。虽然此书只录黄帝修道部分，然据《云笈七籤》本可知此书原先当分为两部分：第一部分述黄帝施政理国之事，尤其注重载述黄帝的各项文化创造，诸如服牛乘马、筑宫室、建城邑等，其取材可以考出源于《庄子》、《史记》、《列子》、《世本》、《帝王世纪》、《黄帝内经》、纬书等各种文献。作者将散见于唐以前诸书有关黄帝的记载综合起来，使之条理化。第二部分着重载述黄帝寻真修道之事，系综合《庄子》、《山海经》、《列仙传》、《神仙传》、《抱朴子内篇》、《遁甲开山图》及各种道经有关黄帝的记载。可以看出，他采用了《抱朴子内篇》之《极言》《地真》的主体叙事，予以补缀，追记唐以后传世的《阴符经》，综合《列仙传》《神仙传》的相关叙事，这样就将本来互不关联的叙事糅合成一整体，从而最终完成一个完整的有关黄帝本行的叙事。

考之于道典，葛洪、王瓘有关黄帝修道证仙之叙事都是有来历的。道教文献中，将黄帝与炼丹之事相连，最迟应始于东汉，《正统道藏》收录一种名为《黄帝九鼎神丹经诀》的典籍，共二十卷，论者均谓首卷出于东汉之前，是《道藏》收录出世年代最早的外丹文献之一。此书卷首称黄帝受还丹之道于玄女，丹成服之登仙。《黄帝九鼎神丹经诀》卷一云："黄帝受还丹至道于玄女。玄女者，天女也。黄帝合而服之，遂以登仙。"③

又云："黄帝以传玄子，诫之曰：此道至重，必以授贤者。苟非其人，虽积金如山，地方万里，亦勿以此道泄之也。得一足仙，不必九也。"④

又我们上引《抱朴子内篇》引用《荆山经》《龙首记》，也称黄帝系服丹登仙。此外

---

① （晋）葛洪：《抱朴子内篇》卷13，《道藏》第28册，第219页。
② （唐）王瓘：《广黄帝本行纪》，《道藏》第5册，第32页。
③ 佚名：《黄帝九鼎神丹经诀》卷1，《道藏》第18册，第795页。
④ 佚名：《黄帝九鼎神丹经诀》卷1，《道藏》第18册，第795页。

葛洪之前西晋崔豹《古今注》也认为黄帝系服丹之后，神龙下迎而升天。[①] 这些记载都说明至少在晋以前，民间已广泛流传黄帝合炼外丹、服之升天的传说。

北宋真宗张君房《云笈七籖》卷一百"纪"，系摘录唐代王瓘《广黄帝本行纪》，此书记载黄帝于鼎湖铸鼎炼丹之事，并考证出炼丹具体地点："黄帝铸鼎于此，旧曰鼎州弘农郡，《地理志》云，冯翊怀德县南之荆山是也。是鼎神质文精也，知吉知凶，知存知亡，能轻能重，能息能行，不灼而沸，不汲自满，中生五味，真神物也。黄帝炼九鼎丹服之。逮至炼丹成后，以法传于玄子，此道至重，盟以诫之。帝以《中经》所纪，藏于九嶷山东，号委羽，承以文玉，覆以盘石。其书金简玉字，黄帝之遗谶也。夏禹得之，亦仙化去。又云藏之于会稽覆釜山中也。"[②]

又称婺州金华县缙云山也有黄帝炼丹的遗迹：

> 黄帝往练石于缙云堂，于地练丹，时有非红非紫之云见，是曰缙云，因名缙云山。在婺州金华县，一云永康县也。[③]

据汉刘向《列仙传》所记，黄帝还修尸解之道。《抱朴子内篇·极言》引《列仙传》说："黄帝自择亡日，七十日去，七十日还，葬于桥山，山陵忽崩，墓空无尸，但剑舄在焉。"[④] 又北周出世的《无上秘要》广引六朝以前道书，堪称《小道藏》，亦称黄帝修剑解法得道，其书云："黄帝轩辕姓公孙，行步纲之道，用剑解之法，隐变桥陵，驾龙玄圃，乘云阆风，得道。"[⑤]

有趣的是唐以前道教还给成仙之后的黄帝安排不止一种仙位。此种安排依经典所属宗派的不同亦呈现差异。如《中山玉柜服气经》称黄帝为"大黄帝君"[⑥]，称太一真君以《玄元内景气诀妙经》授大黄帝君。又《云笈七籖》卷六十四之《金丹诀部》称黄帝为"太极元真帝君"，玄女、元君授黄帝外丹合炼术。[⑦] 另外同书卷一百引《轩辕本纪》称黄帝上仙后，"升天为太一君，其神为轩辕之宿，在南宫。"[⑧] 这些都是唐以前道经授予黄帝的各种不同仙位。

值得我们重视的是，在南北朝道经中，三洞中的每一洞述其授受源流时都列黄帝为本宗经书的重要传人，其中尤以洞玄灵宝、洞神三皇为甚。兹分述如次：首先，洞真部。《云笈七籖·三洞经教部》记襄城小童授轩辕黄帝《七元六纪飞步天纲》之经，[⑨] 此经即南北朝上清一系主要经典之一。其次，洞玄灵宝部。同书引南北朝以前出世的《四极盟科》说："洞玄经万劫一出，今封一通于劳盛山。昔黄帝于峨眉山诣天真皇人，请灵宝五

---

① 详见《绎史》卷5，引崔豹：《古今注》："世称黄帝炼丹于凿砚山，乃得仙，乘龙上天，群臣援龙须，须坠而生草曰龙须。"第69页。
② （宋）张君房：《云笈七籖》卷100，《道藏》第22册，第683页。
③ （宋）张君房：《云笈七籖》卷100，《道藏》第22册，第682页。
④ （晋）葛洪：《抱朴子内篇》卷13，《道藏》第28册，第219页。
⑤ 《无上秘要》卷84，《道藏》第25册，第244页。
⑥ （宋）张君房：《云笈七签》卷60《诸家气法部》，《道藏》第22册，第416页。
⑦ （宋）张君房：《云笈七签》卷64，《道藏》第22册，第446页。
⑧ （宋）张君房：《云笈七籖》卷100，《道藏》第22册，第683页。
⑨ （宋）张君房：《云笈七籖》卷6，《道藏》第22册，第32页。

芽之经；于青城山诣宁封真君，受灵宝龙蹻之经。"① 这说明黄帝在灵宝系经典的传承中扮演重要角色。同书卷三又称元始天尊及众仙真下降，授黄帝《灵宝五符真经》，帝乃依文解义，造作宫殿城台，制作礼乐。② 这就进一步认为黄帝的各种发明制作都源于灵宝等三洞经文的启示。又元陈致虚《太上洞玄灵宝无量度人上品妙经注》序，认为灵宝部的核心经典《度人经》上卷亦经黄帝传承："寻详是经，元始天尊于龙汉初、天地始分，玉字且出，乃撰此经。时以紫笔书于空青之林，字皆广长一丈，以授玉晨道君。玉晨授玄一真人，玄一授天真皇人。皇人细书其文，以为正音，秘而藏之。轩辕时，皇人与太清三仙王会峨嵋山，黄帝再拜问道，皇人授以五牙三一之文，并《度人经》上卷。黄帝修之上仙。"③ 最后，洞神一系。其核心经典是《三皇内文》，又称《三皇经》或《三坟》。《云笈七籤》卷六引晋鲍靓《序目》说："《小有三皇文》本出《大有》，皆上古三皇所受之书也。作字似符文，又似篆文，又似古书。"④ 前引葛洪《抱朴子内篇》就提到黄帝过风山，紫府真人授《三皇内文》。然而道经又说"黄帝登南霍山，有朱灵神人以《三皇内经》授"⑤。

三 黄帝家族与帝王道教

与史籍不同，南北朝道经还记载了黄帝后嗣修道成仙之事。按《史记·五帝本纪》称黄帝二十五子，得姓者十四人，五帝中的其他四帝：颛顼、帝喾、尧、舜都是黄帝后嗣。另外大禹为三王之首，亦系黄帝之后。正史外典中很少有他们修道活动的记载，只有与道教密切相关的谶纬书间或提及。然而道经却记载不少他们修道传经的经历。北周出世的《无上秘要》载帝颛顼受道经之事云："玄帝颛顼，黄帝之孙，游行四海，埋宝鼎于洞山，受灵宝五符得道。"⑥ 又同书载黄帝曾孙王子"受《灵宝五符》，又诣钟山受《九化十变之经》，以隐遁日月，游行星辰，修剑解之道"。⑦《云笈七籤》卷六《三洞经教部》称九天真王下降牧德之台，授帝喾《灵宝经》，"帝行之得道，遂封秘于钟山"⑧。同书卷三《灵宝略记》亦载此事。⑨《太上灵宝五符序》亦述黄帝曾孙帝喾于牧德之台受《九天真灵经》《三天真宝符》，帝喾不能明了天书经义，于是将其埋藏于钟山之下："其时有天人神真之官降之，乘宝盖玄车而御九龙，策云马而发天窗，自称九天真王、三天真皇，并执八光之节，佩景云之符，到于牧德之台，授帝喾以《九天真灵经》《三天真宝符》。……然其文繁盛，天书难了，真人之言，既不可解，太上之心，众亘近测，自非上神启蒙，莫见发擿。是以帝喾自恨其才下，徒贵其书而不知其向。帝喾乃祭天帝北河之坛，藏于钟山

---

① 《云笈七籤》卷6，《道藏》第22册，第32页。
② （宋）张君房：《云笈七籤》卷3，《道藏》第22册，第12页。
③ （元）陈致虚：《太上洞玄灵宝无量度人上品妙经注》序，《道藏》第2册，第393页。
④ （宋）张君房：《云笈七籤》卷6，《道藏》第22册，第33页。
⑤ （宋）张君房：《云笈七籤》卷3，《道藏》第22册，第17页。
⑥ 《无上秘要》卷84，《道藏》第25册，第244页。
⑦ 《无上秘要》卷84，《道藏》第25册，第244页。
⑧ （宋）张君房：《云笈七籤》卷6，《道藏》第22册，第32页。
⑨ （宋）张君房：《云笈七籤》卷3，《道藏》第22册，第12页。

之峰，封以青玉之匮，以期后圣有功德者令施其幽滞。"①

这里值得注意的是，颛顼、帝喾传授的都是洞玄灵宝系的经典。这说明灵宝派强调本系经典传承的帝王法系。此外，据灵宝系经典记载，三王之首的大禹也传承灵宝派经典，并认为大禹治水之所以成功，是因为得到《灵宝五符经》的启示。

《云笈七籖》卷三《灵宝略记》载大禹于治水时在阳明洞天感降太上，获授《灵宝五符经》，禹以之治水，檄召万神，开山疏浚，遂大获成功，"后得道为太极紫庭真人"。②又称大禹"乃巡狩于钟山，祀上帝于玉阙，归洪勋于天后，还大成于万灵。然后登彼玄峰，于绣岭之阿，琼境之上，忽得此书（《灵宝五符经》）。禹乃更恭斋馨林幽岫，请奉佩身。真人告禹曰：汝功德感灵，天人并助，而年命向雕，崄矣哉。乃口诀以长生之道，示以真宝服御之方，分擿而别。还乃计功劳于会稽之野，召会羣神于东越之山。是时四气温隆，清风既鼓，玄功妙畅，虚心内治。思退身以灭迹，惟藏景于幽绪，覩九天之灵奥，观三天之宝囿，动以全生为大顺，静以舍精为久视，上览天经，幽而难缕，下愍羣生，不知其纪，乃复凤翔南山，龙峙海岛，更撰真灵之玄要，集天宫之宝书，差次品第，分别所修，行五色定其方面，名其帝号。"③据文中提到"更撰真灵之玄要，集天宫之宝书，差次品第，分别所修"云云，则称禹王不仅传承道经，还撰作整理道经。

《灵宝经》还引孔子答吴王阖闾之语，称大禹所得灵宝经系传承黄帝、帝喾等所藏。据此再联系上引颛顼受灵宝五符得道之载述，那么按灵宝系道经所记，则自五帝之黄帝、颛顼、帝喾，直至三王之大禹，存在一个帝王道教传承的法脉："昔夏禹治水，拓平山川，功举事讫，巡狩于钟山之阿，得黄帝、帝喾等所受藏，上三天太上灵宝真经。后游会稽，更演解灵宝玄文，撰以为灵宝文，藏一通于名山石硕，付一通于水神，当有得道道士，得之而献王者。"④

至于尧、舜，道书也记载他们传承道经，不过不是灵宝系经书，而是其他道派的经书。《云笈七籖》卷三《灵宝略纪》载虚无先生传唐尧《正一经》。⑤最后是帝舜，《太上老君开天经》说老子"帝舜之时，老君下为师，号曰尹寿子，作《太清经》"。⑥我们再联系六朝高道陶弘景在《真灵仙业图》中将历史中的人间帝王列入神仙谱系，诸如在第三左位列轩辕黄帝、颛顼、帝喾、尧、舜、夏禹、周穆王，⑦第七左位列夏启、周文王、周武王、齐桓公、晋文公、秦始皇、汉高祖、魏武帝、晋宣帝等。⑧据此可知，对于帝王传承道教，上清

---

① 《太上洞玄灵宝五符序》，《道藏》第6册，第315页。
② （宋）张君房：《云笈七籖》卷3，《道藏》第22册，第12页。
③ （宋）张君房：《云笈七籖》卷3，《道藏》第22册，第12页。
④ 同上。又《云笈七籖》卷三《灵宝略纪》："在昔帝喾时，太上遣三天真皇赍灵宝五篇真文以授帝喾，奉受供养，弥其年稔，法箓传乎世。帝喾将仙，乃封之于钟山。钟山在西北弱水之外，山高万五千里。至夏禹登位，乃登名山巡狩，度弱水，登钟山，遂得帝喾所封灵宝真文。于是奉持出世，依法修行。禹唯自修而已，不传于世，故禹得大神仙力，能凿龙门，通四渎。功毕，川途治导，天下又安。乃托尸见死，其实非死也。"
⑤ （宋）张君房：《云笈七籖》卷3，《道藏》第22册，第12页。
⑥ （宋）张君房：《云笈七籖》卷2《混元混洞开辟劫运部》，《道藏》第22册，第10页。
⑦ （梁）陶弘景：《洞玄灵宝真灵位业图》，《道藏》第3册，第272页。
⑧ （梁）陶弘景：《洞玄灵宝真灵位业图》，《道藏》第3册，第272页。

派也是认同的。①《灵宝经》对于帝王传承道经的记载，在其后道教中也还有沿袭。唐末高道杜光庭在《太上黄箓斋仪》卷五二开列出一份更为全面的帝王授受道经名单：

老君授黄帝《道德经》
天真皇人授黄帝《三一经》《龙蹻经》
老君授颛顼《微言经》三十卷
老君授天老《天元经》
老君授帝喾《黄庭经》五十卷
老君授帝尧《玄德经》
老君授帝舜《政事离合经》
老君授夏禹《德戒经》
老君授殷汤《长生经》四十卷
老君授文王《赤精经》
老君授武王《虚无经》
老君授昭王《八天隐文经》
老君授宋王《六甲经》
老君授始皇《鬼林经》②

我们看到杜光庭的这份帝王传授道经名单除五帝三王之外，又增加后世的商汤、周文王、周武王、周昭王直至秦始皇。

这些都是道经中载述的黄帝家族修道成仙之事。其中可以看出，在道教各派中灵宝派最热衷于在黄帝家族与道教之间牵线搭桥。

结　语

道教渊源悠久，以独特的叙事保存中国文明最古老的集体记忆，乃是传统文化的重要组成部分。道教是一种具有原创性、独创性的宗教，它对"教""神"等宗教基本问题的理解与西方一神论宗教有着很大不同。道教思想在世界观、物质观、生命观方面具有整体性、连续性、贯通性及有机性等特点。因此我们必须对道教存在的独特性有深刻理解，才能正确解答道家与道教的关系、道教与神仙家的关系，进而探讨道教的起源等道教史问题，真正走出全盘西化的阴影，从而重新树立文化自信、传统自信。

（原文发表于《宗教学研究》2018 年第 2 期）

---

① （梁）陶弘景：《洞玄灵宝真灵位业图》，《道藏》第 3 册，第 272 页。
② 参见《无上黄箓大斋立成仪》卷 21《历代圣人神仙所受经》，《道藏》第 9 册，第 510 页：《玄中大经》（上三皇）　《太素经》（中三皇）　《开元经》（中三皇）　《金阙秘经》（下三皇）　《摄提本经》（稷三皇）　《元阳经》（伏羲）　《元精经》（神农）　《安神经》（祝融）　《道德经》（黄帝）　《微言经》（颛帝）　《天元经》（天老）　《黄庭经》（帝喾）　《玄德经》（帝尧）　《政事离合经》（帝舜）　《德戒经》（夏禹）　《长生经》（殷汤）　《赤精经》（文王）　《虚无经》（武王）　《八天隐文经》（昭王）　《出塞经》（以下六经并尹喜受）　《西升经》　《元阳经》　《道德经》　《内解经》　《九室经》　《卫生经》（南荣）　《六甲经》（宗王）　《鬼林经》（始皇）　《太平经》（干［于］吉）　《王诀九千篇》（以下四品张天师受）　《符图七千章》　《神咒四十首》　《科律教戒一千二百卷》（寇谦之）　右诸经并老君授

"信仰惯习"：一个分析海外华人民间信仰的视角[*]

——基于新加坡中元祭鬼习俗的田野研究

李向振[**]

摘　要：宗教市场理论在解释宗教现象与宗教实践时具有较强的解释力，但其过分强调信众个体经济理性的逻辑起点，使其在解读华人民间信仰时存在明显不足。从深层文化结构看，海外华人群体深受中华传统文化影响，某种程度上，其信仰选择也是文化传统在具体仪式实践中的投射。基于田野作业，通过对新加坡华人族群中元祭鬼习俗的考察，发现在解读华人群体民间信仰及其仪式实践时，与宗教市场理论相比，"信仰惯习"理论或更为贴近事实。

关键词：信仰惯习　民间信仰　海外华人　宗教市场理论

新加坡是以华人为主体的移民国家。[①] 虽然不同时期受不同政府管理影响，加上各族群混居，文化多有交流，社会呈现文化多元性局面，但从深层文化结构来看，新加坡华人族群的文化底蕴仍是中华传统文化。就学术研究而言，国内外学界对新加坡华人族群的社会认同与身份认同已有相当深入研究，著述从政治、经济到社会、语言、文化等不一而足[②]。新加坡华人族群的民间信仰问题，在过去几十年里也得到包括人类学、宗教学、宗教社会学等学科的关注，并产生不少富有启发意义的学术成果。[③] 2015年11月17日，习

---

[*] 本文为国家社会科学基金委特别委托项目子课题"中国节日志·七月半"（项目编号：JRZ2011014）阶段性成果。

[**] 李向振，山东大学文学（中国民间文学）博士，武汉大学社会学院副研究员，国家民委民族研究优秀中青年专家。

[①] 根据新加坡统计局统计数据，截至2016年6月，新加坡华人占总人数比为74.3%，参见 Population Trends 2016, Department of Statistics Singapore, http://www.singstat.gov.sg/. 2016 - 6 - 07。

[②] 关于新加坡华人华侨研究的相关著述，可参考赖美惠《新加坡华人社会之研究》，嘉新文化基金会1979年版；[新]王赓武《中国与海外华人》，商务印书馆1994年版；曹云华《变异与保持——东南亚华人的文化适应》，中国华侨出版社2001年版；刘宏、黄坚立主编《海外华人研究的大视野与新方向》，八方文化企业公司2002年版；曾玲《越洋再建国家——新加坡华人社会文化研究》，江西高校出版社2003年版；曾少聪《漂泊与根植——当代东南亚华人族群关系研究》，中国社会科学出版社2004年版等。

[③] 如石沧金：《跨国网络中的何氏九仙信仰与琼瑶教》，《世界宗教研究》2015年第2期；郑志明：《客家社会大伯公信仰在东南亚的发展》，《华侨大学学报（哲学社会科学版）》2004年第1期；李勇：《敬惜字纸信仰习俗在海外的传承与变迁——以新加坡崇文阁为例》，《世界宗教研究》2013年第2期；张禹东：《东南亚华人传统宗教的构成、特性与发展趋势》，《世界宗教研究》2005年第1期；徐李颖：《新加坡道教与民间教派、"信仰群"——以黄老仙师信仰为例》，《宗教学研究》2011年第4期；袁佳方：《"神缘"与身份认同：祖籍地信仰与海外华人——以猴屿张村与新加坡潘家村为例》，《文化学刊》2015年第7期；Daniel Goh. Chinese Religion and the Challenge of Modernity in Malaysia and Singapore: Syncretism, Hybridization and Transfiguration. Asian Journal of Social Science 2009 (37): 109 – 137. Cheu Hock Tong ed. Chinese Beliefs and Practices in Southeast Asia: Studies on the Chinese Religion in Malaysia, Singapore and Indonesia. Petaling Jaya. Malaysia: Pelanduk. 1993。

近平主席在新加坡国立大学作的题为"深化合作伙伴关系　共建亚洲美好家园"的演讲中提到"将中国和新加坡关系定位为与时俱进的全方位合作伙伴关系"。其中即涉及中新间文化交流与合作，其基础是加深双方文化了解和理解。在此时代背景下，引入新研究视角，重新评估和分析新加坡华人宗教信仰与社会文化状况，对制定有助于"一带一路"倡议"落地生根"的相关政策具有现实意义，同时也有利于进一步探究海外华人民间信仰及其仪式实践的社会内涵和文化逻辑。

一　从"宗教市场"到"信仰惯习"：研究视角的转变

在宗教社会学领域，宗教市场理论是近二十年来最富影响力也颇具争议的理论体系。作为宗教市场理论的"领衔者"，斯达克等人从宏观、中观和微观三个层次对宗教市场理论进行概括，并乐观地指出"就跟它们足以解释加拿大的宗教行为一样，它们足以解释中国的宗教行为"[1]。宗教市场理论的核心观点是宗教系统与世俗社会市场经济具有极大相似性，因此，可以将经济学原理应用于宗教现象的解释和分析。在斯达克看来，当代宗教变化主要取决于宗教产品的供给者而不是消费者，他认为宗教市场"是由一个社会中所有宗教活动构成，包括一个现在和潜在的信徒'市场'，一个或多个需求吸引或维持信徒的组织以及这（些）组织所提供的宗教文化"[2]。

宗教市场理论进入国内学术界伊始即引起不少学者关注。[3] 一些学者基于本土事实，从不同角度对该理论进行了反思和回应。杨凤岗在批评斯达克等人的宗教市场理论时，指出该理论过分强调宗教市场的供需两面，而较少关注政府对宗教的管理或管制[4]，并以此为基础提出宗教"三色市场"模型，认为"加强宗教管制的结果不是宗教信仰和行为的总体减低，而是致使宗教市场复杂化，即出现三个宗教市场，而且每个市场都有自身特别的动力学。"[5] 梁永佳对中国大陆民间信仰复兴问题研究现状进行了梳理，指出学界主要解释模式有三种，即"传统的发明"、"国家—社会"关系、"宗教市场"，并对宗教市场理论进行反思，认为"解释中国农村宗教的复兴，不能将其宗教现象还原为'政治'或

---

[1] ［美］罗德尼·斯达克、罗杰尔·芬克：《信仰的法则：解释宗教之人的方面》，杨凤岗译，中国人民大学出版社2004年版，第1页。

[2] ［美］罗德尼·斯达克、罗杰尔·芬克：《信仰的法则：解释宗教之人的方面》，杨凤岗译，中国人民大学出版社2004年版，第237页。

[3] 如姚南强：《论宗教社会学的范式革命——斯达克〈信仰的法则〉读后》，《世界宗教研究》2004年第3期；魏德东：《宗教市场论：全新的理论范式》，《中国民族报》2006年1月24日；［美］杨凤岗：《中国宗教的三色市场》，《中国人民大学学报》2006年第6期；卢云峰：《超越基督宗教社会学——兼论宗教市场理论在华人社会的适用性问题》，《社会学研究》2008年第5期；范丽珠：《现代宗教是理性选择的吗？质疑宗教的理性选择研究范式》，《社会》2008年第6期；李向平、杨林霞：《宗教、社会与权力关系——"宗教市场论"的社会学解读》，《华东师范大学学报（哲学社会科学版）》2011年第5期等。直到近几年，仍有不少学者在继续关注宗教市场理论，如梁永佳：《中国农村宗教复兴与"宗教"的中国命运》，《社会》2015年第1期；刘芳：《从范式更替到结构转型：当代中国宗教社会学理论的本土化进程》，《世界宗教文化》2015年第3期；王康宁：《新范式的转化？——关于罗达尼·斯达克的宗教市场理论的争议与拓展》，《世界宗教文化》2015年第4期等。

[4] ［美］杨凤岗：《中国宗教的三色市场》，《中国人民大学学报》2006年第6期。

[5] ［美］杨凤岗：《中国宗教的三色市场》，《中国人民大学学报》2006年第6期。

'经济'等其他现象。"① 范丽珠在反思宗教市场理论时,更是直言"'宗教经济'范式中的宗教市场的'供方'与'求方'是理解宗教的错误逻辑,在工具理性和价值理性两个重要概念中有相互混淆和偷换之嫌;目前仅以宗教市场理论研究中国宗教具有一定的危险性。"② 卢云峰讨论了宗教市场理论在研究中国宗教上的限度,尤其是在"非排他性宗教"研究上所遇到的困境③。彭睿在简单梳理了宗教市场理论的基本观点及其在现代宗教社会学研究中的优势后,指出该理论体系中的"需求—供给"分析框架,"仍局限于'个体理性'的假设,这与现代经济学的发展依然存在较大差距。"④ 以上诸种研究,分析视角和反思路径各异,难免互有差异,但总问题意识一致,即宗教市场理论在解读华人宗教信仰问题方面具有很大局限性。

本文认为,在面对华人民间信仰问题时,宗教市场理论不足之处主要表现在:第一,过分强调"制度—结构"与"需求—供给"层面的分析,而对民间信仰形成的历史过程关注不够,忽视因文化传统不同而形成的宗教图式各异的现象;第二,理性经济人的预设忽视了华人群体选择某种信仰时非个体理性因素(如家庭环境、传统文化惯习等)的重要作用;第三,将宗教所产生的神圣性资源看成是"既成"产品,而忽视了华人民间信仰中神圣性资源未完成性和过程性的基本特质,信众往往通过仪式实践获得神圣性资源,至于生产神圣性资源的具体神灵是谁,并不非常重要,因此,斯达克等人认为宗教变化取决于宗教商品供给者的观点存在很大局限性。

对此,笔者认为在解读华人宗教信仰问题时,研究者有必要回到布迪厄的实践和惯习理论。布迪厄认为"惯习生成的原则是社会结构的产物,并趋向于把社会结构嵌入一个象征关系系统之结构中,从而以一种变样难辨的形式再生产这类社会结构。"⑤ 本文认为,将惯习理论置于民间信仰研究,强调信众的实践感与仪式的嵌入性,并不反对信众在行动选择时具有理性,而是强调其行动深受社会环境和文化传统影响,同时其行动意义在实践过程中得以体现。因此,"信仰惯习"或可成为理解华人宗教信仰的基本特质,以及反思宗教市场理论阐释力不足的学术视角。

在考察泰国华人族群的空道教(真空教)后,陈进国指出早期空道教在泰国乃至东南亚地区流行,实际上是"华人华侨在国弱民穷的时代对个体身体的自我清整,更包含着一定的文化象征意义,体现了移民社群在异质文明挤压之下对于社会身体治疗的内在硬度。道堂实际上成为在地华人'命运共同体'的承载体之一,满足了华人的社群归属感,以及对原乡文化传统乃至母国之认同的需求。"⑥ 可以说,移居南洋的华人群体发展到现在,可能早已没有选择某种宗教信仰的最初之虞,但不少地区(如新加坡)华人族群仍保留大部分信仰及其仪式活动,这不仅是市场经济理性选择的结果,更是传统文化惯习力量使然。郑志明对东南亚华人社会流行的大伯公信仰进行梳理考察,其虽未明确提出"信仰惯习",但在具体研究中已注意到深层次传统文化对华人群体民间信仰及其实践活

---

① 梁永佳:《中国农村宗教复兴与"宗教"的中国命运》,《社会》2015年第1期。
② 范丽珠:《现代宗教是理性选择的吗?质疑宗教的理性选择研究范式》,《社会》2008年第6期。
③ 卢云峰:《超越基督宗教社会学——兼论宗教市场理论在华人社会的适用性问题》,《社会学研究》2008年第5期。
④ 彭睿:《罗德尼·斯达克的宗教市场理论》,《中国社会科学报》2015年3月4日第B02版。
⑤ [法]皮埃尔·布迪厄:《实践感》,蒋梓骅译,译林出版社2003年版,第149页。
⑥ 陈进国:《传统的留守——泰国空道教(真空教)考察》,《世界宗教研究》2009年第2期。

动的重要影响①。陈彬等人在研究中使用了"信仰惯习",并指出"信仰惯习在一定社会经济文化条件下历经常年的磨砺、积累、过滤、沉淀而成。而此种信仰惯习一旦形成,就像是构成了一个信仰基因库,则反过来对中国人信仰产生巨大的型塑力量,规定了中国人信仰的基本品格,包括心理观念、仪式特征、实践模式"②。

总的来说,当前学界对宗教市场理论的批评和反思主要集中于学理上的讨论,从田野个案出发对该理论进行反思的著述尚不太多。本文打算在前人研究基础上,引入"信仰惯习"分析视角,通过对新加坡华人群体中元鬼节祭祀活动③的考察,与宗教市场理论形成对话,并具体探讨影响新加坡华人某种信仰选择的主要因素,同时分析新加坡华人群体民间信仰的基本特质及其在维系社群感情和强化华族群体文化认同与社区互动上的现实意义。

二 鬼节习俗流变与信仰组织的社团化

农历七月鬼节是新加坡华人社会中最重要的传统节日之一。19 世纪初期以前,祭鬼习俗即已被早期移民带到新加坡。据现有资料记载,早在 1836 年,福建帮群侨领为加强对恒山亭④的管理,制定《恒山亭重议规约五条》,其中即有"中元普渡,当俟四点敬神,俟至七点撤俎,不可语白昼致祭,实于幽明不便"⑤的记载。由此可见,新加坡华人祭鬼习俗在 19 世纪二三十年代已较为普遍,并在一些华社组织内部形成较固定的仪式制度。

在 1890 年前,新加坡华人庆赞中元主要有两种方式:一是家庭内部祭祀;二是各帮派、会所等华社组织的庆赞活动。⑥后者声势较大,有些帮派或会馆甚至以此作为争强斗胜的博弈场。1890 年英国当局政府修订社团法令,许多华人社团被迫解散,由其组织进行的庆赞中元活动日益衰弱。到 20 世纪初社团、会馆组织的庆赞活动已经基本消失。⑦不过,基于传统的惯性,华人社会集体性庆赞活动并未随之消失,而是改由街坊或商户组织继续延传下来,直到现在。

新加坡华人社会各种民间社会组织主要包括四类:一是基于"血缘"形成的家庭

---

① 郑志明:《客家社会大伯公信仰在东南亚的发展》,《华侨大学学报(哲学社会科学版)》2004 年第 1 期。
② 陈彬、刘文钊:《信仰惯习、供需合力、灵验驱动——当代中国民间信仰复兴现象的"三维模型"分析》,《世界宗教研究》2012 年第 4 期。
③ 在新加坡农历七月间,随处可见商号门前挂着"庆赞中元"的横幅,或在一些商场里张贴着写有"庆赞中元"字样的海报。新加坡华人鬼节时的庆赞活动,根据参与主体不同,名称也有差异,如以道观为主的庆赞活动,一般称之为"中元会";以佛教寺庙为主的庆赞活动,称为"盂兰胜会"或"普渡会";民间集体性庆赞活动,有的称之为"盂兰胜会",有的称之为"庆赞中元会"等。
④ 恒山亭,主要供奉福德正神(土地神),建立于 1828 年,主要用来办理乡侨丧葬祭奠事宜,但其时闽侨比较严肃的集会和议事也都在这里举行,实质上是闽籍华人移民("福建帮")早期的管理机构,后来 1860 年福建会馆建立,此机构被取代。
⑤ 参见《恒山亭重议规约五条》,载[加]丁荷生、[新]许源泰《新加坡华文铭刻汇编(1819—1911)》(上卷),广西师范大学出版社 2016 年版,第 80 页。
⑥ 据介绍,当时宫观、寺院等道教、佛教庆祝或祭祀活动往往依附各帮派会馆等,独立举行庆赞活动的宗教场所并不多见。
⑦ 汪鲸:《新加坡华人族群的生活世界与认同体系(1819—1912)》,博士学位论文,暨南大学,2011 年,第 71 页。

（家族）组织；二是基于"地缘"形成的宗乡会馆等，如安溪会馆、三江会馆、宁波会馆等；三是基于"业缘"形成的行业公会组织，其中规模最大的是中华总商会，其他的还有茶商公会等；四是基于"神缘"（信仰）形成的各种宗教团体。与之相应，根据组织主体，鬼节祭鬼活动大体上可分为以下几类：一是以家庭或公司等为主体的个体性祭祀；二是以地缘关系为基础的邻里组织举办的集体性"庆赞活动"；还有一类是依托佛教、道教等宗教团体及庙宇宫观举行的各种仪式活动，比如观音寺每年都在中元节举行盂兰盆会等。相对而言，最为普遍的还是邻里组织举办的集体性庆赞活动，这也是传承历史最悠久、最能体现华人宗教信仰特质的仪式实践。

作为集体性庆赞活动的机构，各邻里组织往往会设置庆赞活动委员会，该机构一般由正炉主、副炉主、头家、财政、理事等组成，商户比较密集或街道人口较多的地方还设有正副交际等职位。从具体形式上看，新加坡华人信仰组织呈现明显的社团化倾向。既有文献和研究资料表明，信仰组织社团化倾向大概受到两个因素影响：其一，如前所述，受早期华人社会组织与信仰组织不分彼此的文化传统影响，直到现在不少地缘性质的会馆还组织各种信仰仪式活动，如温州会馆每年阴历七月都会组织举办"鲁班祖师诞"，安溪会馆每年正月都会举办"清水祖师诞"等；其二，受新加坡政府宗教与社会管理政策影响，为规范各族群宗教行为，新加坡政府先后制定《维持宗教和谐法案》《社团法案》《穆斯林管理法案》，明确规定了各族群信仰组织的主要架构和原则，与一般性社会团体规定相似。

庆赞中元活动中，能够沟通"人神"的最重要物质载体莫过于"灵物"。不少华人认为，用来祭祀燃香的香炉极具灵性，供奉家中会得到神灵保佑。有资格将当年度香炉带回家中供养的个人或商户称为"炉主"。"炉主"是委员会主要负责人，负责组织本年度所有相关活动及来年鬼节期间的庆赞活动。必要时"炉主"还要率领其他"头家"、理事等到各商户募集资金，在募集的资金难以维持庆赞活动时，还要自掏腰包，补齐差额。"炉主"的付出以"声望"和"神佑"作为回报。在社会生活中，"声望"往往被看作社会成员对社会地位或社会关系的认可，而"社会认可赋予行动者身份和名誉，为被认可的个体提供了更多的资源与结构内的价值和安全感。"[1] "神佑"则是信众与神祇达成的契约关系，信众认为行为虔诚及必要的物质财富耗费就会得到神祇的回报。作为象征资本的"声望"和"神佑"，每年都会吸引许多人前来竞争该职位，委员会一般会通过"打杯"仪式在众多候选人中确定"炉主"。

"打杯"有时也被称为"掷杯""开杯"[2] 等，主要是以在神像前投掷贝壳的方法确定"炉主"人选的仪式。"打杯"仪式一般由上届"炉主"或区域内较有威望的人来主持。在举行仪式前，主持人在神像前香炉里点燃三炷香，候选人按照事先抓阄确定的顺序，依次跪在供桌前蒲团上祈祷，之后双手捧两片贝壳向上抛掷，每人抛掷一定次数（根据候选人人数多少，分为6次、10次、12次不等），两片贝壳凹面均向下为"阴杯"，均向上为"笑杯"，一上一下为"有效杯"。主持人以写"正"字的方式进行计数，所有

---

[1] ［美］林南：《社会资本——关于社会结构与行动的理论》，张磊译，上海人民出版社2005年版，第40页。
[2] 徐天基：《香港海陆丰人的盂兰胜会——牛头角区第四十四届盂兰胜会调查报告》，《民俗研究》2012年第6期。

候选人都抛掷完毕后,"有效杯"数最多者当选为"正炉主",其次是"副炉主"①,之后是几位"头家",最后是理事。对此,多次担当过"炉主"的茶店老板白进火先生解释道:

> 基本上就是说,每年"胜会"的时候,都要去开圣杯,开越多杯的,就当选了,比如说,一共十二个圣杯,(规定)五个圣杯的就当选了,之后的可能是副炉主什么的,如果今年,五个圣杯,刚好有两个人,第一个先来的就做炉主,我们这边是这样的,先来者先得……②

需要说明的是,参与者认为通过"打杯"方式连续几年得中"炉主"是非常难得的事情,此人或该商户将会连续几年走好运。有些地方庆赞活动中,某人或商号连续三年获选"炉主",就有权永久性供奉该香炉。皇后镇山水河村飞显庙法律顾问王明杰先生说:

> (当选"炉主"的人)好啊,就特别好,每个人都特别喜欢(这样的事情)。如果能一连拿三年是最好的,打到三年,这个炉就是你的了……再买新炉,重新做,不好拿啊,随机抽出来的,看你的运气了,也有这样的事情(发生过)。③

三 庆赞中元:民间信仰及其仪式的实践

节日中与信仰相关的仪式实践是制度性集体活动的重要表现形式。在仪式中,参与者通过个体行动,与他人(包括神灵)进行互动,并在具体活动中加强彼此社会联系。邻里组织举办"庆赞中元"除搭建祭棚祭祀亡灵或延请僧道举行打醮仪式等神圣性活动外,更包括诸如喊标、宴请等世俗性活动,本文认为正是通过这些神圣性和世俗性活动,邻里组织成员获得了社交场合和平台,平日难以互动的邻居间借此进行更广泛的交流,同时增加组织的社会资本和象征资本,从而维持邻里组织的稳定和持续。从笔者的田野资料来看,华人群体的各种仪式实践活动基本都是从"老辈人"那里传承下来的,不少参与者甚至声称,根本不相信世上有鬼神,但还是会参与活动,原因是"大家都是这么做的,而且从老辈就开始这么做了,你不参与,就很另类的。"④

(一)打醮、祭祀

学界关于华人社区中元节"打醮"活动的研究,主要集中在中国东南部各省区、香

---

① 副炉主也会得到可以供奉一年的香炉,不过不是主香炉,而是供奉在其他神祇前的香炉。
② 讲述人:白进火,男,1968 年生于新加坡,现经营家族茶庄生意,讲述时间:2014 年 8 月 4 日,讲述地点:新加坡摩士街白新春茶庄内。
③ 讲述人:王明杰,男,1964 年生于新加坡,法律工作者,现为多个庙宇法律顾问,讲述时间:2014 年 7 月 30 日,讲述地点:新加坡皇后镇山水河飞显庙醮棚前。
④ 讲述人:白进火,讲述时间:2014 年 8 月 4 日,讲述地点:新加坡摩士街白新春茶庄内。

港、台湾等地区，其中对香港地区的"打醮"研究尤为引人瞩目①。对于新加坡华人社区而言，社会信仰与"打醮"等仪式活动的研究仍不多见。不过，就具体"打醮"仪式而言，从笔者所获的田野资料来看，无论其形式还是具体实践，与其他地区华人社区相关仪式大同小异，其中徐天基关于香港地区海丰人盂兰胜会"打醮"仪式的田野描述，同样能反映一些新加坡华人社区庆赞活动中"打醮"仪式的基本情况②。

新加坡华人社会庆赞中元活动，从本质上来说是以祭祀鬼神和亡灵为主体的信仰实践习俗。早期移民到新加坡的闽粤籍华人大多受生活所迫背井离乡远离故土，到南洋谋生。这些人在离开祖国后，纷纷将家乡的各种信仰习俗带到栖身地，并在这里形成新传统。他们根据这里的社会结构与生活环境，对原有信仰体系进行调整与整合，重新赋予这些信仰以社会蕴涵，从而构建出一套新的神鬼体系，并在祭祀与仪式活动上强化了华族身份认同③。

如前所述，早期新加坡华人庆赞中元活动往往与宗教团体活动结合起来，经常有大规模"打醮"活动，不过当时相关记载资料甚少。时至今日，虽然宗乡会馆等传统组织已不再主办庆赞活动，但邻里组织的庆赞活动中，很多仍保留着邀请宗教团体举行"打醮"的传统祭祀活动。不过，不同区域组织庆赞活动邀请的宗教团体也不尽相同，比如摩士街盂兰胜会邀请的是道教团体：

> （这边有请法事吗）有很多种，有的是请佛教的，有的是请道教的，这一个他们请的是道教的，我们这条街一路来请的是道教，因为这条街早期它是广东人经营的，所以它是道教……④

从白进火先生的叙述中不难发现，他使用了"一路来"，事后他曾给笔者解释他也不知道为什么要选择道教仪式，而是遵从老辈传承来的习惯。他还说，早在庆赞前一个月即与相应道观进行预约，并告知"醮"的规模，到庆赞活动时，该道观即派道士前来举行各种祭祀仪式并诵读经典。⑤ 除道教外，还有一些社区邀请佛教团体举办"普渡会"，借助佛事活动，超度亡灵。

就个体家庭来说，鬼节时一般会在家中设立简单香案供桌以祭祀先人。现在，为防范火灾等，许多社区设立专门用于焚烧香纸的铁桶，社区内华人则将寄托着对先人追思和祈祝的香纸投入桶内进行焚烧，这是华族特有的文化实践活动，其他族群的人很难理解其中

---

① 蔡志祥指出，"传统的价值观念和习俗，在转变中的社会政治环境中如何保存和变更……在现代都市化过程中，乡民如何从打醮的组织和仪式中，把掩盖了的族群意识和社群间的矛盾和竞争，不断地重新诠释"（蔡志祥：《打醮：香港的节日与地域社会》，香港三联出版社2000年版，第23页）。相关研究还包括蔡志祥：《从喃呒师傅到道坛经生：香港的打醮和小区关系的演变》，收入林美容主编《信仰、仪式与社会》，台北"中央研究院"民族学研究所2003年版；黎志添、游子安、吴真：《香港道堂科仪历史与传承》，香港中华书局2007年版等。

② 徐天基：《香港海陆丰人的盂兰胜会——牛头角区第四十四届盂兰胜会调查报告》，《民俗研究》2012年第6期。

③ 笔者曾在一篇文章中详细分析了新加坡华人"庆赞中元"活动中祭祀的鬼神体系及其意义构建。参见拙文《新加坡华人"庆赞中元"活动调查报告》，《民族艺术》2015年第5期。

④ 讲述人：白进火，讲述时间：2014年8月4日，讲述地点：新加坡摩士街白新春茶庄。

⑤ 讲述人：白进火，讲述时间：2014年8月4日，讲述地点：新加坡摩士街白新春茶庄。

的含义。通过这些活动，参与者实现了"阴"与"阳"的沟通，并在沟通中将传统文化中的"慎终追远"理念传承下去。

（二）"喊标、竞标"

"喊标"是一种募集资金的方式。举办庆赞活动的大量资金，除"炉主""副炉主"及信众捐献善款外，拍卖信众捐献"标物"是较为有效的办法。新加坡华人将竞拍标物的活动称为"喊标、竞标"。王明杰先生认为：

> 喊标的意思就是，我把这个东西标出来啊，把弄的钱用来作为活动基金，如果明年我们这个活动增加拜什么，就需要钱啊，现在每个东西都需要钱嘛，所以你给它找钱，哪这么好找，所以就喊标，所以你要有心啊，你价钱高，你就拿了，明年我们这个活动就有钱了。①

信众捐献标物，需在举办庆赞活动前到委员会报名，其所捐献之物可以是寓意吉祥的物品，如头炮灯笼（指挂在神像旁边的灯笼）、二炮灯笼（指挂在大、二爷伯②醮棚上的灯笼）、发财糕、红包等，也可以是日常生活用品，如大米、食用油、木炭（黑金）、鲤鱼、酒等，还可以是来自家乡的土或其他有象征意义的物品。庆赞活动当天晚饭之前，工作人员将标物放到事先搭建的"标台"上，等前来参加庆赞宴会的信众落座后，主持人即大声喊出标物及标价与捐献者姓名，号召大家竞标。若有信众对某标物举手示意，工作人员会立即走到该信众前，将写有姓名、公司名称、家庭住址、联系方式、标物名称、所出价格等内容的表格交给该信众，待其填完后即拿出相应钱数获取标物。当然，大件标物或价格比较昂贵的标物，信众不必直接付钱，可在事后向委员会缴纳。于是，也会出现信众带走标物而拒不交钱的现象：

> 有的人喊了标了，不给钱，我们也不追究，你欠的不是我们的钱，你欠的是那些"好兄弟"的钱，因为你答应了，东西你拿去了，就归你了，你不给也无所谓，你自己知道。你心里要有数嘛，你喊的时候高兴了，到后来又不给钱，我们也不追究。③

需要说明的是，有些标物是标得使用权，而并非所有权，如头炮灯笼、二炮灯笼及其他香炉等，参与者标得的是一年的张挂或供奉资格，第二年庆赞活动时，他们要将这些物品还给委员会，继续作为标物进行"喊标"。参与者在张挂或供奉过程中，标物如有损坏，则需购置新的以作赔付。

> 有些地方的炉标价是十万、二十几万那种都有的，我们新加坡的那个城隍庙，一个炉是几十万的都有，二十多万、三十多万的都有。（他们后来拿钱了么）对啊，就

---

① 讲述人：王明杰，讲述时间：2014年7月30日，讲述地点：新加坡皇后镇山水河飞显庙醮棚前。
② "大、二爷伯"是新加坡华人庆赞中元时祭祀的双鬼，"大、二爷伯"对应的是"黑白无常"。参见拙文《新加坡华人"庆赞中元"活动调查报告》，《民族艺术》2015年第5期。
③ 讲述人：王明杰，讲述时间：2014年7月30日，讲述地点：新加坡皇后镇山水河飞显庙醮棚前。

是拿钱回来,但是就是让你供奉一年哦,你看我们现在还要搬回去给他,之后如果又中,又要搬回来,这样一年呐,不是永久性的。①

(三)宴请:包座与包桌

包座与包桌实际上是新加坡华人族群的一种社交活动。庆赞活动中的包桌吃饭主要有两种形式:一是购买座位(包座),一是购买桌位(包桌)。购买座位是指参与者在庆赞活动的晚宴上,花费一定数量的金钱,购买一个座位,然后与其他人同在一桌吃饭,一方面促进交流,同时也能参与各种娱乐活动。包桌是某人花费金钱将整个桌位包下,请其亲朋好友前来享用美食与观看文艺演出等。许多地方庆赞活动时,还设有老人桌,专供境内符合条件的老人前来免费享用食物与观看娱乐演出等。

包座与包桌也是一种募集资金的办法,但由于参与者会得到委员会赠送的大米、金桔或其他物品,实际上他们捐献的资金并不多。善府宫圣佛堂普渡会上一位负责人反复告诉笔者,承包桌位的钱实际上以餐饮和吉祥物品形式返还了回去,"他们不吃亏,我们也赚不到(多少)"②。

(四)献歌、献戏

据说,过去庆赞活动一般由各种宗乡会馆主持操办,当时经常邀请原籍戏班前来助兴演出,如福建籍移民通常邀请闽剧班,广东籍移民则大多请潮州戏班和粤剧班等。现在还有一些地方庆赞活动时会邀请地方戏③,但大多数都已换成邀请歌台。庆赞活动前,委员会将邀请本地较有名的歌台前来助兴,"喊标"后即进行文娱演出,演员一般都是本地人(也有少数马来西亚人),大多以"跑场"④形式进行演出。艺人大多通晓多种方言,表演过程中会积极与台下互动,如台下人群多属于闽籍,则多选择闽南歌曲;如果潮汕人多,他们就会多选唱粤语歌曲。

庆赞活动期间的献歌、献戏活动被赋予多种社会意义,参与者通过这些活动建立人与神鬼之间、人与人之间的秩序,正如康海玲所指出的那样,"在华人社会中,戏曲表演借助宗教的神圣力量,包括神祇、祖先、族源等超凡的力量建构一种较为理想的人与神、人与鬼、人与人之间和谐的秩序"⑤。

---

① 讲述人:林明珠,女,1947年生于马来西亚,现长居新加坡,讲述时间:2014年8月2日,讲述地点:新加坡武吉知马林明珠家中。
② 讲述人:张姓老人,70多岁,新加坡华人,讲述时间:2014年8月2日,讲述地点:新加坡善府宫圣佛堂普渡会现场。
③ 献戏活动,现在马来西亚一些华人聚居的地区还很盛行,参见康海玲《深层的展演——人类学视野下的马来西亚华语戏曲》,《戏曲研究(第77辑)》2008年。笔者在2012年田野考察期间亦曾看到某地庆赞活动时,邀请木偶戏、粤剧戏班等演出。
④ 所谓跑场,指的是比较有名的艺人往往会同时收到数个庆赞委员会邀请,因此,他们会在一个庆赞现场唱完自己的歌曲之后,立即赶往下一个庆赞现场。据李秉萱先生讲,有些"跑场"的艺人为了赶时间,会将出租车停在歌台外面,唱完歌后,立即坐车走人,连服装都来不及换。
⑤ 康海玲:《深层的展演——人类学视野下的马来西亚华语戏曲》,《戏曲研究(第77辑)》2008年。

四 小 结

如前所述,华人族群的具体信仰及仪式活动带有明显的祖籍地域特征,如来自闽南地区的华人多去天福宫祈福;来自温州的华人群体则供奉鲁班祖师,并于每年农历七月举行盛大的鲁班祭;来自安溪地区的华人移民群体在农历正月初六举办清水祖师诞等。华人群体在选择这些信仰时,很难说仅仅是基于个体经济理性选择,或是某种信仰本身所蕴含的独特结构性意义,而更多可能是基于传统文化惯习的影响。正如范丽珠所言,"中国宗教的实践性、丰富性和其历史性不是一个简约的经济学模式能够解释得了的"[①]。

根据笔者的田野观察,发现从信仰实践的在场者来看,新加坡华人民间信仰主要有两种模式:一种是以神职人员为中介而形成的"神灵—神职人员—信众"模式;另一种是没有神职人员参与的"神灵—信众"模式。[②] 相对而言,弥散于日常生活的"神灵—信众"模式更为普遍。两种不同的信仰实践模式并存,是华人民间信仰的重要特点。因此,以西方基督教研究为中心的宗教市场理论过分强调信众的"人身依附性"和专职神职人员的不可或缺性,在面对华人民间信仰事实时呈现出明显的不足,尤其是在面对民间信仰时,宗教市场理论难以解释没有专职神职人员参与的信仰如何成为可能并长时间持续稳定的存在。

另外,立足于新边际主义经济学理论的宗教市场理论在阐释华人宗教信仰及仪式实践时也存在缺陷,宗教市场理论假定宗教信仰如同流通的商品可以自由选择,而且信众如同消费者一样是完全理性行为人,同时也具备完全能够满足其个体生活诉求的自由选择能力。实际上,正如前文分析的那样,在民间信仰及其仪式实践中,信众选择何种宗教信仰并不总是完全受理性支配,更常见的情况是受所处的家庭环境与文化传统影响,而且其赋予信仰的意义也主要是在仪式实践过程中完成的,而不是在事先已经确定的。正因为如此,新加坡华人族群与中国信众在对待民间信仰时的态度一样,即相信只要在仪式实践中的表现尽可能完美,尽可能通过身体(如叩拜)来表达"心诚",就会得到神灵的护佑,而是否能得到护佑,在仪式之前,信众并不确定。

新加坡华人群体的深层文化是中华民族的传统文化,而后者在千百年发展历程中早已将儒释道等多种信仰和知识体系的内核糅合在一起,形成了根深蒂固的"信仰惯习"。本文认为,信仰惯习理论强调信众的实践感与仪式的嵌入性,并不反对信众在行动选择时具有理性,而是强调其行动深受社会环境和文化传统影响,同时其行动的意义是在实践过程中实现的。换句话说,信仰惯习强调的是信众赋予宗教意义并不完全是以结果为导向的,而是贯穿整个实践过程之中的。因此,信仰惯习理论一定程度上能够克服源自宗教社会学的宗教市场理论在面对华人宗教信仰时阐释力不足的缺陷。

在文化的诸多表现形式中,宗教信仰是最具惰性的文化之一,尤其是源自中华传统文明的民间宗教信仰,其在传承与实践中特别强调"心诚",认为"心诚则灵"。而实际操作中,"诚"并没有具体标准,新的信众只好完全至少尽可能地保持前辈信众在仪式场合

---

① 范丽珠:《现代宗教是理性选择的吗?质疑宗教的理性选择研究范式》,《社会》2008 年第 6 期。
② 华人民间信仰的另一个特征是信众与宗教组织之间一般不具有人身依附关系,即信众不必正式加入宗教组织,而通过各种仪式实践就能获得嵌入该宗教组织的社会和宗教资本。

的言行，并将之内化为自己的默会知识并践行之。这种以实践为主要特质的信仰模式，最大限度地保持了仪式实践在代际传承中的不变性。从这个意义上说，新加坡华人是在中华文化传统浸濡下选择某种信仰，并按照基于惯习形成的默会知识将之付诸实践的。

（原文发表于《世界宗教研究》2018年第1期）

印度佛教的论议及其生成背景[*]

何剑平[**]

摘　要：本文考察了印度佛教论议的名义及其生成背景，认为印度佛教论议是一种判决经典真伪、以种种异文句义解释佛说的学术辩论活动，它肇始于古印度爱好神学辩论的文化传统，它的产生与佛陀说法的广略有直接关系，也与佛陀时代百家竞进、善论者为世所重的社会风尚密切相关。在小乘向大乘转型的过程中，论议的成败成为各宗教团体争取信徒、地盘以及供养权的关键所在。由此，佛教论议作为佛门对他宗斗争的现实之需而被强调，成为彰显自宗正理的重要手段。

关键词：佛教论议　解释佛说　六师外道

对于佛教论议的研究，目前主要集中在汉传佛教领域[①]，但是，汉地佛教的论议源于印度，追溯源头，将有助于我们更清楚地认识中土佛教论议的本质，鉴乎此，故撰斯文，先论其名义及生成背景，以求咨于方家。至于印度佛教的论议轨式、论议程序以及论辩的方法诸问题，容别为论究。

一　论议之名义

何为"论议"（upadeśa）？《阿毗达磨大毗婆沙论》（五百大阿罗汉等造、三藏法师玄奘译）卷一百二十六《业蕴第四中自业纳息第五之三》说：

　　论议云何？谓诸经中，决判默说、大说等教。又如佛一时略说经已，便入静室，宴默多时。诸大声闻共集一处，各以种种异文句义，解释佛说[②]。

---

[*] 本文系教育部人文社会科学重点研究基地重大项目"中国民间佛教信仰及其东传研究"（16JJD730005）阶段性成果。

[**] 何剑平，文学博士，四川大学中国俗文化研究所教授。

[①] 如释印顺：《说一切有部为主的论书与论师之研究（上）》之第一章《序论》（中华书局2011年版，第19—35页）；高山有纪：《中世兴福寺维摩会の研究》［勉诚社，平成九年（1997）刊］；蓑轮显量：《中世初期の论义——以东大寺图书馆所藏资料为中心》（《唱导·讲经文学报告书》，第34—40页）；李正宇：《敦煌俗讲僧保宣及其〈通难致语〉》（《程千帆先生八十寿辰纪念文集》，江苏古籍出版社1992年版，第210—219页）；王小盾、潘建国：《敦煌论议考》（《中国古籍研究》第一辑，国家古籍整理出版规划小组主办，上海古籍出版社1996年版，第169—227页）；李小荣：《汉译佛典文体及影响研究》（上海古籍出版社2010年版，第419—458页）；郑阿财：《敦煌讲经活动都讲司与文献遗存考论》（郑阿财等：《佛教文献与文学》，佛光文化事业有限公司2011年版，第650—694页）；侯冲：《汉地佛教的论议——以敦煌遗书为中心》（《世界宗教研究》2012年第1期）等。

[②] 《大正藏》第27册，第660页上。

有关论议之定义，这里涉及两层意思：第一层含义是诸经中的"决判默说、大说等教"。何谓默说？即神泰所谓"无所禀承所发言说名为默说"，而窥基则说"外道邪说及诸恶说名默说"。可见，默说即是无出处、无来由的言说，以及一切的"外道邪说"。而大说即是"有禀承如从佛、菩萨处闻说"，或曰"内道正说及诸善说"[①]。由此，论议"决判默说、大说等教"，是决判诸经中何者为佛说，何者不是，即判决经典真伪。论议的第二层含义即是弟子对佛说的解释。佛"略说"法毕，弟子"各以种种异文句义，解释佛说"。前一层意思着重于佛灭度后的时代，佛教经典结集时佛之弟子决判经文是非的实况，而后一层意思则着眼于经典结集以前（佛在世时）佛之弟子解释佛说的情形。

值得注意的是，文中提及的佛说法时的"略说"现象。即佛说是"略"，弟子的解说是"广"，这是当时佛说法中常有的现象。据《杂阿含经》卷八记载，佛为众多比丘略说法要（"当觉六入处"），不广分别，而入室坐禅，致使弟子对于佛的略说法，不能解了，是故弟子寻求堪能"于世尊略说法中广为我等演说其义"的人选，由于阿难"常侍世尊，常为大师之所赞叹，聪慧梵行"，故众比丘共往诣尊者阿难所，问其要义。阿难即"于世尊略说法中"，为众比丘"广说其义"。不过，大量记载显示，众弟子中解义最著者当推迦旃延[②]。总之，就佛的略说法要而广说其义，即为论议。

当然，佛鉴于自己先前所说法隐略，弟子犹未解了，故有时亦为广说，出现佛对自己的说法先略说、后广说的情况，也即佛自说论议经的情况。例如，《摩诃僧祇律》卷一七《明单提九十二事法之六》记须深摩本是外道，后于如来法中出家，因对众多比丘云何于佛前说"我已得证，我生已尽，梵行已立，更不受后有"诸句不解，又嫌诸比丘的回答"所说简略，义相未现"，为求广说，须深摩往诣佛所，问如是事：

（须深摩）往诣佛所，头面礼足，却住一面。具以上事广白世尊："是事云何？"佛告须深摩："先法智后比智。"须深摩又白佛言："世尊所说隐略，我犹未解。"佛告须深摩："汝虽未解故，先法智后比智。"须深摩白佛言："善哉世尊，我犹未解，唯愿世尊。广为我说。"佛告须深摩："我还问汝，随汝所解答我。须深摩于意云何，缘生故有老死不？"答言："如是，世尊。"佛言："善哉，须深摩，于意云何，无明缘故，生诸行不？"答言："如是。"佛言："善哉，须深摩！于意云何，生缘灭故老死灭不？乃至无明灭故诸行灭不？"答言："如是。""善哉，须深摩！"佛告须深摩："若比丘于此法中正观正知，所应得者，尽皆得不？"答言："如是。"又问须深摩："汝知缘生故有老死不？"答言："如是。""缘无明故有诸行不？"答言："如是。"又问："生缘灭故老病死忧悲苦恼盛阴灭不？"答言："如是。""无明灭故诸行灭不？"答言："如是。"佛告须深摩："汝知如是法者，汝得天眼宿命智诸解脱得不？"答言："不得，世尊。"佛告须深摩："汝自言知如是诸法而复言不得，是诸功德谁当信者？"

---

① 释遁伦集撰《瑜伽论记》卷五（之下）《论本卷第十六》，《大正藏》第42册，第414页下。释印顺：《说一切有部为主的论书与论师之研究（上）》之第一章《序论》谓"'默说'显然是'黑说'的讹写，非是。第21页。

② 此例甚多，见于《中阿含经》卷二八《林品蜜丸喻经》（《大正藏》第1册，第603页下）、《中阿含经》卷四二《根本分别品分别观法经》（《大正藏》第1册，第694页下）、《中阿含经》卷四三《根本分别品温泉林天经》（《大正藏》第1册，第697页上）、《杂阿含经》卷二十（五四九）（《大正藏》第2册，第143页下）、《杂阿含经》卷二十（《大正藏》第2册，第144页中）。

须深摩白佛言:"世尊,我为无明恶邪所缠缚故,生如是邪见。我从世尊所,广闻正法,灭恶邪见,得法眼净。"①

此文详细地记录了佛广说法的过程。佛略说本义是让须深摩自己体悟,然而须深摩不解,反复询问,佛只好广说。此即佛自说论议经②。

佛自说论议经,还有一种情况是,当时有人对解释佛说的弟子(如摩诃迦栴延等诸大智人)的说法不认可,谓非佛说。如《成实论》所记:"摩诃迦栴延等诸大智人,广解佛语。有人不信,谓非佛说。佛为是故说有论经,经有论故,义则易解。"③

这说明,佛教内部论议之产生与佛说法的广略有直接关系。因为当时佛及圣弟子说法的不同特性,形成"略"与"广"两种说法,从而导致不同的教学法④;佛所说法有"广""略"之分,也由此产生佛经注疏中的"广本"与"略本"⑤(初编本与增订本);解释佛说,先是口头说法,然后有文字记录。因记录者对佛法内容取舍的重点不同,由此形成各种不同版本。

3世纪,龙树《大智度论》卷三三《释初品中见一切佛世界义》对论议这种文体——论议经做了理论总结:

> 论议经者,答诸问者,释其所以。又复广说诸义,如佛说四谛,何等是四?所谓四圣谛。何等是四?所谓苦、集、灭、道圣谛。是名论议。何等为苦圣谛?所谓生苦等八种苦。何等是生苦?所谓诸众生各各生处,是中受苦。如是等问答,广解其义,是名优波提舍。如摩诃衍中,佛说六波罗蜜。何等六?所谓檀波罗蜜乃至般若波罗蜜。何等是檀波罗蜜?檀波罗蜜有二种:一者、具足,二者、不具足。何等是具足?与般若波罗蜜和合,乃至十住菩萨所得,是名具足。不具足者,初发菩萨心,未得无生忍法,未与般若波罗蜜和合,是名不具足。乃至禅波罗蜜,亦如是。般若波罗蜜具

---

① 《大正藏》第22册,第362页中。
② 佛自说论议经者,还有其他文献记载。例如,德慧法师造、陈天竺三藏真谛译《随相论》:"佛本说优波提舍经,以解诸义。佛灭后,阿难、迦旃延等,还诵出先时所闻,以解经中义。如诸弟子造论解经,故名为经优波提舍。"(《大正藏》第32册,第158页中)昙无谶译《大般涅槃经》卷一五《梵行品》:"何等名为优波提舍经?如佛世尊所说诸经,若作议论分别广说,辩其相貌,是名优波提舍经。"(《大正藏》第12册,第452页上)所谓"佛本说优波提舍经,以解诸义",讲得极明白:佛有自说优波提舍经以解诸义之习。
③ 《成实论》卷一《十二部经品第八》,《大正藏》第32册,第244页下。
④ 例如譬喻的产生,如《中阿含经》卷二八《林品蜜丸喻经》:"尔时,尊者大迦旃延告曰:诸贤,听我说喻,慧者闻喻则解其义。"(《大正藏》第1册,第604页上)
⑤ 《摩诃般若波罗蜜经》卷二一《方便品》记须菩提白佛言"佛所说法若略、若广",佛告须菩提,"菩萨摩诃萨略广学六波罗蜜,当知一切法略广相"(《大正藏》第8册,第371页下)。龙树:《大智度论》卷八二《释方便品》释曰:"须菩提:如佛所说八万四千法聚,十二部经,若广、若略,诸三乘人所学,此中说菩萨欲得阿耨多罗三藐三菩提,应学六波罗蜜若略、若广;学者应当受持、亲近是法,读、诵、思惟、正观,乃至入无相三昧,心、心数法不行。菩萨能如是学,则能知诸法略、广相。'广'者,从八万四千法聚已来无量佛法;'略'者,乃至小品,小品中一品,一品中一段。复次,'略'者,知诸法一切空、无相、无作,无生无灭等;'广'者,诸法种种别相分别,如后'善知识'中说。"(《大正藏》第25册,第639页上)云何为"毘婆沙"?尊者法救造、宋天竺三藏僧伽跋摩等译:《杂阿毘昙心论》卷一《序品第一》注:"广说,梵音云毘婆沙。以毘婆沙中义,庄严处中之说。诸师释法胜阿毘昙心义,广略不同。法胜所释,最为略也。优婆扇多有八千偈释,又有一师万二千偈释,此二论名为广也。和修槃头以六千偈释法,宏远玄旷,无所执着于三藏者,为无依虚空论也。"(《大正藏》第28册,第869页下)

足者，有方便力；未具足者，无方便力。复次，佛所说论议经，及摩诃迦栴延所解修多罗，乃至像法凡夫人如法说者，亦名优波提舍①。

此段有关"论议经"的论述大致谈到三点：一、问答解义的形式（"答诸问者，释其所以"），即论议经乃问答体，回答诸种疑难，解释何以如此的原因。二、广说诸义、条分缕析的论议方法。即对小乘法与大乘法（摩诃衍）所涉及的诸种佛教名相"广说诸义"，进行逻辑严密的辨析。三、论议经亦名优波提舍（Upadeśa），其种类包括：1. 佛自说的论议；2. 佛弟子摩诃迦栴延等对修多罗的解说；3. 像法凡夫契于佛理的言说，或者说信顺佛说而不违背的言说②。文中提及论议经特质之一："又复广说诸义，如佛说四谛，何等是四？……如是等问答，广解其义，是名优波提舍"诸语，则标示着佛典经由口头传播到文字记录的过程，后世佛经注疏之学或由是而生。此外，文中此段对论议经种类的区分与《大智度论》卷十八《序品》所云——"云何名阿毘昙门？或佛自说诸法义，或佛自说诸法名，诸弟子种种集述解其义"，"一一分别相义"③——完全一致。

至无著、世亲时代，佛教学者将论议视为阿毘达磨（Abhidharma）的同义语，认为对一切契经深义的研究解释皆为论议。此亦名为摩咀履迦（Mātṛkā），摩咀履迦亦名阿毘达磨。其内容不仅包括佛对自己先前所说诸经进行"分别广说"，"辨其相貌"的阐释以及圣弟子对佛说的释难抉择，还包括以阿毘达磨为据（本母）对其余诸经的解释。论议成为佛教经典传播的重要一翼，它在契经等十二分教中不可或缺，使诸经义的宣说分明而不杂乱④，形成深究细辨的学风。

二 佛教论议的生成背景

论议之习由来久远，在早期古印度的民众生活中就有着重要地位。"印度人一向爱好神学辩论，这是他们的民族爱好"⑤。在古印度六十四种世间技艺中即有"论议难问法"⑥，论议作为世俗生活中的重要生存技能被强调。而《长阿含十报法经》卷下也记论议为世间八法之一。⑦ 古印度的原始信仰中也极为崇尚论议。古相师有云"胎中众生了达

---

① 《大正藏》第 25 册，第 308 页上－中。
② 天台智者大师说《妙法莲华经玄义》卷六上："优波提舍者，答诸问者，释其所以，广说诸义。如是等问答解义，皆名优波提舍也。佛自说论议经，迦栴延所解，乃至像法凡夫人如法说者，亦名优波提舍经也。"智者对"优波提舍"的解说全袭《大智度论》。《大正藏》第 33 册，第 751 页下。
③ 《大正藏》第 25 册，第 192 页下。
④ 对论议的解释，见于《瑜伽师地论》卷二五、卷八一（《大正藏》第 30 册，第 418 页中、第 753 页中）、《显扬圣教论》卷六《摄净义品》（《大正藏》第 31 册，第 509 页上）、卷一二《摄净义品》（《大正藏》第 30 册，第 538 页下）、《阿毘达磨顺正理论》卷四四《辩业品》（《大正藏》第 29 册，第 594 页下）。
⑤ ［英］查尔斯·埃利奥特：《印度教与佛教史纲》第一卷，李荣熙译，商务印书馆1982年版，第 177 页。
⑥ 《大智度论》卷二《释初品中婆伽婆》，《大正藏》第 25 册，第 73 页中。
⑦ 后汉安息国三藏安世高译《长阿含十报法经》卷下："第三八法。当知八世间法：一为利，二为不利，三为名闻，四为不名闻，五为论议，六为称誉，七为乐，八为不乐。"《大正藏》第 1 册，第 237 页上。

一切论，能令母生论议之心"①；古婆罗门教徒认为，种族为"树生者"是有智慧的，其表现即是"多闻聪辩，论难无滞"②。据《大智度论》卷十一《释初品中舍利弗因缘》，自古印度至佛教兴起之时，有龙信仰的摩伽陀国人民为答谢龙王兄弟，"常以仲春之月，一切大集至龙住处"，为龙举行大龙集会。在龙会上，"作乐谈义"成为一种习俗，所敷四大高座中，论士座为其一。论议胜者，国王赏赐甚丰，并乘象舆，振铃广而告之，"十六大国，六大城中无不庆悦"③，由此可见论议被推崇的程度。

对论议的推崇源于对知识的渴求。"对于知识的尊重和渴望，较之爱好苦行或仪式的性癖，甚至是印度人精神状态中更密切的一个部分"④。印度上古时代也称吠陀时代。产生于佛陀（公元前566至前486）出世以前的吠陀文献（吠陀本集、梵书、森林书和奥义书）都展现了当时古印度人崇尚智慧、追求知识、嗜好论议的文化风尚。人们耽于哲理，深探世界之本质。学士聚会常进行讨论。如《大森林奥义书》（Bṛhadāraṇyaka Upaniṣad）第二章及《憍尸多基奥义书》第四章都记载了以博学闻名的伽吉耶·跋罗基行诣迦尸王阿阇世处，欲为王讲授梵，结果最终为阿阇世王的学识所折服，拜其为师，获得昔所未闻的知识的故事⑤。《大森林奥义书》第六章《第二梵书》记阿庐尼（婆罗门种姓）之子希婆多盖杜来到般遮罗族的集会上，因不能回答问题而甘为梵行者（指充当学生）的过程⑥。《歌者奥义书》第五章记几位大长者和大学者聚在一起探讨"什么是我们的自我，什么是梵"的问题⑦。当学者多游心于穷理达本之学的时候，一种崇尚知识、善于论辩、爱好玄思的文化传统得以建立。

由于时人认为知识或智慧之道即是真道，宗教生活向来被视为是寻求真理的旅程⑧，

---

① 宋天竺三藏求那跋陀罗译《杂阿含经》卷二五："尔时，世尊告四大天王：巴连弗国，于彼国当有婆罗门，名曰阿耆尼达多，通达比陀经论，彼婆罗门当纳妻。彼时，中阴众生当来与其作子，入母胎中时，彼母欲与人论议。彼婆罗门即问诸相师，相师答云：是胎中众生当了达一切论，故令母生如是论议之心，欲将人论议。如是日月满足，出生母胎，以为童子，了达一切经论，恒以经论教授五百婆罗门子，及余诸教授余人，以医方教医方者，如是有众多弟子。有众多弟子故，名曰弟子。次当从父母求出家学道，乃至父母听其出家，彼即于我法中出家学道，通达三藏，善能说法，辩才巧妙，言语谈说，摄众眷属。"（《大正藏》第2册，第178页上）唐义净译：《根本说一切有部毘奈耶出家事》卷一："作是记已，后于异时，底沙婆罗门而与舍利论难，舍利得胜。时底沙作如是念：昔时论难，我已得胜。今时不如，此有何缘？复作是念：此应由胎，是彼威德。"（《大正藏》第23册，第1023页上）

② 唐义净译《根本说一切有部毘奈耶杂事》卷三十四："于时世尊即作是念：此摩纳婆将释迦种，类同野象，毁过太甚。我今宜可为彼宣说过去因缘根源种族，令息慢心。作此念已，见摩纳婆过去之世是释迦子婢之所生，即释迦子是彼曹主。告摩纳婆曰：'汝今何姓？'白言：'乔答摩，我姓箭道。'佛言：'摩纳婆，我今见汝往昔之祖，是释迦婢所生，今诸释子是汝曹主。'时乔耆宿诸婆罗门，共白佛言：'汝乔答摩，勿言树生是婢所生何以故？此树生者，多闻聪辩，论难无滞。共乔答摩依正法，语往还论议。'佛告婆罗门：'若言树生多闻大智能击论者，汝等默然，令言论。若不能者，彼可默然，汝答即说。'婆罗门言：'树生多智，能与乔答摩而为论难，我等且默。'"（《大正藏》第24册，第378页中）

③ 《大正藏》第25册，第136页上。
④ ［英］查尔斯·埃利奥特：《印度教与佛教史纲》第一卷，第177页。
⑤ 黄宝生译：《奥义书》，商务印书馆2010年版，第39—42、354—358页。
⑥ 徐梵澄译：《五十奥义书（修订本）》之《大林间奥义书》第六分《第二婆罗门书》，第454—455页；黄宝生译：《奥义书》，第108页。
⑦ 黄宝生译：《奥义书》，第185页。
⑧ 《根本说一切有部毘奈耶出家事》（义净译）卷一记南天竺婆罗门邬波驮耶带弟子欲往中国承事参礼彼方诸师，"随路而行，或有诸余智人来者，与其言论，悉皆得胜"云云。《大正藏》第23册，第1022页上。

故寻师论辩之风盛行,聪叡辩才、善能谈论者颇受社会爱戴。查尔斯·埃利奥特在《印度教与佛教史纲》第一卷中结合早期文献如是描写了当时宗教和知识阶级的寻师论辩风气:

> 我们常常听说有婆罗门单身或结伴旅行,寻求知识,居停于休息所中。《沙多波多·婆罗门书》描写优陀罗迦·阿庐尼,说他驾车漫游,悬赏黄金一块给予能够在辩论中击败他的人。大规模的祭礼往往就是举行这种辩论的机会。……在辩论中最露头角的人,最受人欢迎充当祭师,并且获得最高的报酬。①

此文中还提及,崇尚论议除了追求真知而外,还有名声和经济的考虑——"获得最高的报酬"。《根本说一切有部毘奈耶出家事》卷一也谈到佛教界论议获胜之益:"彼国论师,我欲伏之。我等名称,必远知闻。多获珍财,而为利益。"②《根本说一切有部毘奈耶》卷十一记六众苾刍共相告曰:"有论议者,我当折伏。令名称远闻,众所钦仰。"因此,许多人希望经历——"于大论师伏膺受业,降伏诸论,谈吐激扬,发起名誉,多获财利"③——的生活。

论议的兴盛也和国王的倡导密切相关。天竺王宫所在地往往成为论辩的中心场所,所谓"凡有聪明解激论者及余学士,咸在王庭"。当时帝王亦奖励甚殷,且以身作则,参与论议:"帝王与学者问诘,亦不滥用威力,当依义理,相习成风"④。如《那先比丘经》卷上(失译人名附东晋录)记天竺舍竭国有弥兰王"能知九十六种道,所问不穷,人适发言,便豫知其所趣"。寻求国中道人及人民谁能与之共难经道者,在与智慧卓绝的那先比丘论辩时,取平等的智者问难之法,而不取"语自放恣"的王者问难之法。《杂阿含经》卷四二记波斯匿王为首,并七国王及诸大臣悉共集会,讨论"五欲之中,何者第一",有人言"色最第一",又复有人称声、香、味、触为第一者。人人各说第一,竟无定判,波斯匿王遂与七国王、大臣、眷属来诣佛所,以决众疑。《根本说一切有部毘奈耶》卷九《妄说自得上人法学处第四》记有诸方论师汇集婆罗痆斯城王所,兴建论端,王遣劫比罗与诸论人论难,结果劫比罗获胜,国王"欢喜惊嗟,特异优赏。令乘大象灌顶,称尊号曰论王,众所瞻仰"。

佛教对论议的重视正是产生于这样的文化语境中。时百家竞进,善论者为世所重。非雅善论术,几无以自存⑤。佛教的传播受到前所未有的挑战,如《增壹阿含经》卷四十记满呼王子请佛及比丘僧,唯独不请朱利槃特比丘,因为朱利槃特比丘"诸根闇钝无有慧

---

① [英]查尔斯·埃利奥特:《印度教与佛教史纲》第一卷《第二篇早期印度宗教概况》之《第六章佛教以前的印度宗教生活》,第197页。
② 《增壹阿含经》卷八(东晋罽宾三藏瞿昙僧伽提婆译)记尊者周利槃特与世典婆罗门论议之事,涉及论议前有盟约或者赌语:所谓"设婆罗门能与彼二人论议得胜者,我等五百余人,便当供养,随时所须,亦当相惠千镒纯金"(《大正藏》第2册,第585页下)。
③ 《大正藏》第23册,第671页上。
④ 汤用彤:《印度哲学史略》之《第三章释迦同时诸外道》,收入汤用彤《汤用彤全集》第三卷,河北人民出版社2000年版,第34页。
⑤ 印顺:《印度之佛教》,中华书局2011年版,第164页。

明",与卢迦延梵志论议时不能答对①;《杂阿含经》卷三五则记众多种种异道出家沙门、婆罗门集于讲堂,讥笑佛徒"智慧犹如空舍,不能于大众中建立论议"②;《五分律》卷一七《第三分初受戒法下》记彼尼捷子比丘先从佛法出家学道,问其师跋难陀经律,跋难陀悉不能答。尼捷比丘便轻贱佛法,"还复外道"("着袈裟入外道众中")③。这些记载都表明,释迦时代有些佛教徒因为不善论议而被异道沙门所轻视,由此影响到了教义的传播及佛教的威望。崇重论议乃成了佛门对他宗斗争的现实之需。论议的成败往往成为各宗教团体争取信徒④、地盘⑤以及供养权⑥的关键所在。尤其至佛陀时代,异说并出,除了佛教徒之外,有组织的沙门宗派主要是正命论、顺世论⑦、耆那教和不可知论。这些宗派不仅各自内部有论议辩难⑧,而且不同宗派之间也有论议活动。当时的王舍城纠集了富那罗等六师,以及长爪梵志、婆蹉姓、拘迦那大等外道大论议师,他们不信佛法,各怀嫉妒,"与佛为对"⑨。在此情势下,特别需要能降伏外道的大论议师。佛教徒普遍认为,若能降伏"善能激论"的婆罗门教徒,并使之出家,也可以"绍隆佛法"。因是,在反对婆罗门的辩论中,为训练生徒和传播教义,僧团将论辩的才能提到特别重要的地位。提倡法辩、义辩、词辩、应辩等"四无碍辩",且以"义辩""法辩""应辩"来强调比丘"辩才能

---

① 《大正藏》第2册,第767页下。
② 《大正藏》第2册,第252页上。
③ 此事又载姚秦罽宾三藏佛陀耶舍共竺佛念等译《四分律》卷三四(二分之十三)《受戒揵度之四》。
④ 论议的胜利常能争取大量信徒,如《根本说一切有部毘奈耶》(三藏法师义净译)卷三五《施一食处过受学处第三十二》记南方有无后世外道论师(邬陀夷),人无敌者,舍利子以无碍辩,令其降伏。与授学处,证阿罗汉果,"诸来大众,敬信倍常"(《大正藏》第23册,第816页下)。
⑤ 唐义净译《根本说一切有部毘奈耶破僧事》卷八记给孤长者,为世尊初欲造寺。诸外道众,往长者所,谓长者言:"然乔答摩沙门上首弟子,与我等共相论议,若能胜我,随意造寺。"此言论议乃诸教派争地盘之手段。(《大正藏》第24册,第140页上)
⑥ 东晋罽宾三藏瞿昙僧伽提婆译《增壹阿含经》卷三十二《力品第三十八之二》记佛及比丘僧住毘舍离城,为人民所供养,城外六师不为人民所供养,六师为争供养权,欲往与佛徒论议,以较胜负。佛声闻中第一比丘尼输卢与六师共论而得胜,六师"极怀愁忧,出毘舍离城而去,更不入城"。此例表明,论议之起因或为教徒争供养权(《大正藏》第2册,第728页上)。《摩诃僧祇律》卷一七《明单提九十二事法之六》记佛住舍卫城祇树给孤独园,受到世人供养尊重。尔时出家外道亦在舍卫城,不得世人恭敬供养之利。为得供养,出家外道遣须深摩往沙门瞿昙法中出家修梵行,受诵彼经已,还外道法中"展转相教,亦当还得供养,与彼无异",此所谓为得供养,"于佛正法中为偷法故,贼心出家"之显证。而"未出世时,外道得种种供养,佛既出世,一切外道皆失利养。何以故?知佛法深妙故",指出佛教流行论议之背景(《大正藏》第22册,第362页中)。
⑦ 关于顺世论弟子论议击败释家弟子事,在后来大乘佛典中有记载,如《楞伽阿跋多罗宝经》(宋天竺三藏求那跋陀罗译)卷三《一切佛语心品之三》记佛告大慧菩萨语:"大慧!释提桓因,广解众论,自造声论。彼世论者有一弟子,持龙形像,诣释天宫,建立论宗,要坏帝释千辐之轮。随我不如,断一一头,以谢所屈。作是要已,即以释法,摧伏帝释。释堕负处,即坏其轮,还来人间。"(《大正藏》第16册,第503页中)。并见《入楞伽经》(元魏天竺三藏菩提留支译)卷六《卢迦耶陀品第五》,《大正藏》第16册,第547页上。
⑧ 《大智度论》卷三《释初品中住王舍城》记往古世时,王舍城有居家婆罗门与诸出家仙人共论议,共诤"天祠中,应杀生噉肉"还是"不应天祠中杀生噉肉"之问题,诸居家婆罗门即以其夜先到婆薮仙人(国王出家做仙人者)所,语婆薮仙人:"明日论议,汝当助我"云云,《大正藏》第25册,第76页上。
⑨ 《大智度论》卷三《释初品中住王舍城》记当时佛陀多住王舍城,除了王舍城"多精舍,坐禅人所宜,其处安隐"之因素外,还有一个重要原因是,王舍城"中有富那罗等六师,自言我是一切智人,与佛为对;及长爪梵志、婆蹉姓、拘迦那大等,皆外道大论议师;及长者尸利崛多、提婆达多、阿阇贳等,是谋欲害佛,不信佛法,各怀嫉妒"云云,《大正藏》第2册,第77页下。

说"的能力①,其意义在于:获得四种辩才是论议场上能触难答对的先决条件。拘绨罗乃佛诸弟子得四辩才中之最杰出者,并被佛推崇为诸比丘学习之楷模②。《分别功德论》卷四记佛之弟子满愿子说法第一者,有三事得称第一。第一事即"说法时先以辩才唱发妙音,使众座欢喜,佥然倾仰"③。

论议遂成为考核及测试比丘是否诵经、持法、奉戒、博学多闻的重要依据④,比丘不知法、不能为弟子解疑释难者,不得与人出家受具足戒⑤。《大唐西域记》卷二记当时印度佛教徒"时集讲论",对僧人论议才能的考量举措,其能"商搉微言、抑扬妙理、雅辞赡美、妙辩敏捷"者,可"驭乘宝象,导从如林";其"义门虚阙、辞锋挫锐、理寡而辞繁"者,则被"面涂赭垩,身坌尘土","斥于旷野,弃之沟壑"⑥。

佛之弟子亦多修论法,据《萨婆多毗尼毗婆沙》卷四记佛之弟子舍利弗"当修智慧及论议法",并与目连处高座,为诸新比丘沙弥说法,为了在论议中击破外道,教学诵外书,⑦ 此后,佛制戒:"从今听为破外道故,诵读外道书"⑧。佛虽然听诸比丘学卢迦耶等诸外俗论,但又明确规定:"自知明慧、多闻、强识、能摧外道者,方可学习"⑨。

由此,佛界出现了论议兴盛的盛况。《四分律》卷三四记载舍利弗与裸形外道论议,"时彼裸形以五百迫难难舍利弗,舍利弗即称彼五百迫难,而更以深义难问,而彼裸形得难问不解",遂复生念欲从舍利弗出家学道⑩;《大智度论》卷十八记毘耶离梵志,名论力,诸梨昌等大雇其宝物,令与佛论。取其雇已,即以其夜思撰五百难,明旦与诸梨昌至佛所,欲与佛论"一究竟道、为众多究竟道"之义。当时六师外道与释迦及弟子曾有过许多论议,卓越的辩才不仅有助于推广教义,而且成为释家弟子争取信徒的重要手段。佛教徒在与婆罗门的论辩中也获得"彼宗宽广,甚深难测。世论不能伏、俗智不能知。众

---

① 《增一阿含经》卷二一《苦乐品第二十九》,《大正藏》第2册,第656页下;《摩诃僧祇律》卷三十《明杂诵跋渠法之八》,《大正藏》第22册,第474页上。

② 《增一阿含经》卷三《弟子品第四》:"得四辩才,触难答对,所谓摩诃拘绨罗比丘是。"《大正藏》第2册,第557页中。

③ 《大正藏》第25册,第46页上。

④ 东晋罽宾三藏瞿昙僧伽提婆译《增一阿含经》卷二十《声闻品第二十八》引佛告诸比丘语:"比丘当知,若有比丘从东方来,诵经、持法,奉行禁戒。彼便作是语:我能诵经、持法,奉行禁戒,博学多闻。正使彼比丘有所说者,不应承受,不足笃信。当取彼比丘而共论议,案法共论。"《大正藏》第2册,第652页中。

⑤ 《五分律》卷十七《第三分初受戒法下》记跋难陀度一裸形外道尼揵子出家受具足戒,后于异时,彼尼揵问跋难陀经律,悉不能答。便轻贱佛法,谓诸比丘都无所知,还复外道。佛诃责跋难陀已,告诸比丘:"若自不知法,与人出家受具足戒,突吉罗。"(《大正藏》第22册,第114页中。)又载《四分律》卷三四(二分之十三)《受戒捷度之四》(《大正藏》第22册,第806页下)。

⑥ (唐)玄奘、辩机原著,季羡林等校注:《大唐西域记》,中华书局1985年版,第193页。

⑦ 《十诵律》卷三八(第六诵之三)《明杂法之三》:"佛未制是戒时,长老舍利弗、目连处高座上,为诸新比丘沙弥说法,教学诵外书,为破外道论故。制是戒已,长老舍利弗、目连,便不处高座为新比丘沙弥说法教学外书。"《大正藏》第23册,第274页上。

⑧ 《十诵律》卷三八《明杂法之三》记佛为了使弟子在论议中击破外道,制戒:"从今听为破外道故,诵读外道书"。《大正藏》第23册,第274页上。

⑨ 唐义净译《根本说一切有部毘奈耶杂事》卷六:"佛言:不应愚痴少慧不分明者,令学外书。自知明慧多闻强识能摧外道者,方可学习。"《大正藏》第24册,第231页下。

⑩ 宋罽宾三藏佛陀什共竺道生等译《五分律》卷十七《第三分初受戒法下》记佛在王舍城,舍利弗为使佛法不受到毁辱,与摩竭国人所宗敬的外道尼揵做七百论议,王舍城长者居士、沙门、婆罗门共往观听。

一其心，不求名利"① 之美誉。

佛陀入灭后约二百年，阿育王盛弘佛教，沙门外道辩论反复，各立异说。逮至小乘向大乘演化的过程中，论议又一次在佛教发展史上发挥了重要功用，作为佛教徒摧灭一切外道邪论，令其辞理穷屈之利器而存在。《大唐西域记》多处讲到古印度大乘论师的论辩，为我们提供了翔实可靠的资料。如《大唐西域记》卷八《摩揭陀国上》所记：

> 阿湿缚窭沙（唐言马鸣）菩萨，与鬼辩婆罗门较论剧谈，国王"命驾躬临，详鉴辩论"。马鸣"论三藏微言，述五明大义，妙辩纵横，高论清远"，婆罗门"默然杜口"②。
>
> 波咤厘城外道诸师，高才达学，僧徒虽众，辞论肤浅。外道论胜，国王应外道之请而定制：自今已后，诸僧伽蓝不得击捷稚以集众。"僧徒受耻，忍诟而退，十二年间不击捷稚"。时南印度那伽阏剌树那菩萨（龙树）之大弟子提婆，欲雪前耻，入波咤厘城求论，外道"竞陈旗鼓，誼谈异义，各曜辞锋"。提婆菩萨"既升论座，听其先说，随义析破，曾不浃辰，摧诸异道"，国王大臣"莫不庆悦，建此灵基，以旌至德"。③
>
> 南印度有德慧菩萨，闻外道摩沓婆论极幽微，远来求论，"摩沓婆闻，心甚不悦，事难辞免，遂至论场。国王、大臣、士、庶、豪族，咸皆集会，欲听高谈"。
>
> 护法菩萨之门人尸罗跋陀罗（唐言戒贤）论师与南印度外道论议，戒贤"循理责实，深极幽玄"，外道"辞穷，蒙耻而退"。戒贤论义得胜，国王以邑城封之④。
>
> 迦奢布罗城傍有故伽蓝，唯余基址，"是昔护法菩萨伏外道处"⑤。

这些记载说明，在大乘学说发展之初期及中期，有许多大乘论师以破外道、重兴佛学为己任，名声显赫，其事迹在中、南印度广为流传。引文提到的马鸣是雄辩家，鸠摩罗什译《马鸣菩萨传》称马鸣为"辩才比丘"，说他"世智聪辩，善通论议"，即通达当时的辩论术。马鸣所处的时代（2 世纪初），数论（Sāṃkhya）与胜论（Vaiśesika）的教理已大体完成⑥。五分论（即由宗、因、喻、合、结五分组成的古因明之推理论式）已在学界流行⑦。这无疑成就了他的论辩才能。而龙树菩萨弟子提婆也"博识渊揽，才辩绝伦。擅名天竺，为诸国所推"，他曾经竖论与八方诸论士论议，"各撰名理，建无方论，而与酬酢。智浅情短者，一言便屈。智深情长者，远至二日，则辞理俱匮"。史书记载，他还曾

---

① 《根本说一切有部毘奈耶》卷九《妄说自得上人法学处第四》，《大正藏》第 23 册，第 671 页上。
② （唐）玄奘、辩机原著，季羡林等校注：《大唐西域记》，第 648 页。
③ 据《马鸣菩萨传》，难破外道与再举楗稚，本为马鸣菩萨师长——长老胁尊者的功绩，后误传为提婆。参释印顺《说一切有部为主的论书与论师之研究（上）》之第七章《〈大毘婆沙论〉的诸大论师》的相关论述。中华书局 2011 年版，第 289 页。
④ （唐）玄奘、辩机原著，季羡林等校注：《大唐西域记》，第 644—645、654、661 页。
⑤ （唐）玄奘、辩机原著，季羡林等校注：《大唐西域记》，第 473 页。
⑥ 释印顺：《说一切有部为主的论书与论师之研究（上）》第七章《〈大毘婆沙论〉的诸大论师》，第 291—293 页。
⑦ 马鸣《大庄严论经》卷一引憍尸迦言："如僧佉经说有五分论义得尽：第一言誓，第二因，第三喻，第四等同，第五决定。"《大正藏》第 4 册，第 259 页下。

经以神力化"信用邪道"的南天竺王,致使"殿上有万婆罗门,皆弃其束发,受成就戒"①,为佛教的振兴与发展作出了重要贡献。

除了摧伏来自教外的六师外道,其时的大乘论师还要与部派小乘学者辩论,解决来自内部的教内之净(教理之异执、意见之纷歧等问题),如下列资料所示:

> 钵逻耶伽(Prayāga)国大城西南"发爪窣堵波侧,有故伽蓝,是提婆(唐言天受)菩萨作《广百论》,挫小乘、伏外道处"②。
> 憍赏弥城东南有故伽蓝,"伽蓝东南重阁上,有故砖室,世亲菩萨尝住此中作《唯识论》,破斥小乘,难诸外道"③。
> 鞞索迦国大都城南道左有大伽蓝,护法菩萨"于此七日中,摧伏小乘一百论师"④。
> 珠利耶国大都城西有故伽蓝,"提婆菩萨与罗汉论议之处"⑤。

提婆、世亲及护法皆大乘教派博闻辩智的大论师。其中提婆为大乘祖师龙树弟子,造《百论》《四百论》等,乃大乘中宗(空宗)大师。世亲为无著之弟,专弘法相唯识之学,为大乘瑜伽行派之祖师。而护法则是世亲之后出世的瑜伽行派十大论师之一。这些记载说明,其时的辩师不仅担负摧伏六师外道的重任,还要为佛教正本清源,厘清内部义理纷歧的各类学说。在这样的情势下,论辩不可避免地成为显示正理的重要手段。

中国西行求法僧也为我们记录了他们拜谒早期印度佛教论议圣迹的状况。如《高僧法显传》记法显到拘萨罗国舍卫城时,"出祇洹东门,北行七十步,道西,佛昔共九十六种外道论议。国王、大臣、居士、人民皆云集而听。……又于论议处起精舍,高六丈许,中有坐佛像。其道东有外道天寺,名曰影覆,与论议处精舍夹道相对";又记到迦维罗卫城,发现诸佛有四处常定,其第三处为"说法论议伏外道处"⑥。类似的记录又见于《大唐西域记》卷六《室罗伐悉底国》(即法愿所谓拘萨罗国舍卫城)记"伽蓝东六七十步,有一精舍,高六十余尺,中有佛像,东面而坐。如来在昔,于此与诸外道论议";又记"影覆精舍东三四里,有窣堵波,是尊者舍利子与外道论议处"⑦。沙门慧立本、释彦悰笺《大唐大慈恩寺三藏法师传》卷三记至室罗伐悉底国"伽蓝东七十余步,有精舍,伽蓝高大,中有佛像东面坐,如来昔共外道论议处,次东有天祠,量等精舍,日光移转,天祠影不及精舍,精舍影常覆天祠。次东三四里有窣堵波,是舍利子与外道论议处"⑧。可以想见,作为当时多种沙门学派中之一,释迦牟尼及其弟子通过与六师外道的激烈诤辩而建立声望,拓展地域,释迦之教最终能遍布东亚,不仅在其教义之深广,亦因其论辩艺术确有过人之处。

(原文发表于《宗教学研究》2018 年第 4 期)

---

① 姚秦三藏鸠摩罗什译:《提婆菩萨传》,《大正藏》第 50 册,第 186 页下。
② (唐)玄奘、辩机原著,季羡林等校注:《大唐西域记》卷五《钵逻耶伽国》,第 641 页。
③ (唐)玄奘、辩机原著,季羡林等校注:《大唐西域记》卷五《憍赏弥国》,第 471 页。
④ (唐)玄奘、辩机原著,季羡林等校注:《大唐西域记》卷五《鞞索迦国》,第 476 页。
⑤ (唐)玄奘、辩机原著,季羡林等校注:《大唐西域记》卷十《珠利耶国》,第 849 页。
⑥ 东晋沙门释法显撰,章巽校注:《法显传校注》,中华书局 2008 年版,第 62、63 页。
⑦ (唐)玄奘、辩机原著,季羡林等校注:《大唐西域记》,第 498、499 页。
⑧ (唐)慧立、彦悰著,孙毓棠、谢方点校:《大慈恩寺三藏法师传》,中华书局 2000 年版,第 59 页。

年度推荐论文

张天师与云台山治考论

詹石窗　李怀宗[*]

摘　要：东汉末年，天师张道陵创立"二十四治"，以传播正一盟威之道。二十四治分上八治、中八治、下八治。其中，"云台治"为下八治之首，在制度道教形成过程中占有特别重要的地位。然而，全国各地存在十九座云台山，作为二十四治之一的"云台治"到底出自哪座云台山，至今存在模糊认识。笔者通过文献查证与实地考察之后认为：四川省的苍溪县云台山才是"云台治"的治所地标。当年张道陵以云台山为基地，带领370门徒于此修道弘教，有力推动了正一盟威之道的传播，留下了珍贵的文化遗产。

关键词：张道陵　云台山　云台山治

道教祖师张道陵于东汉末年创立"正一盟威之道"，至今有1800多年历史。张天师一生足迹广布，他不但是制度道教的首创者，且为后世留下丰富的思想、文化资源和历史遐想。张天师创立二十四治，其中就有云台山治。这个"云台山治"到底在哪里？已有多位学者撰写论著涉及。例如，袁有根曾于1994年至1995年间进行田野考察，撰写了《神妙的云台山》一书，其中对张道陵修道的云台山以及顾恺之的《云台山画记》具有较为详细的介绍。1996年，王纯伍所撰《天师道二十四治考》由四川大学出版社出版，该书对云台山治也有专门论述。这些成果为进一步稽考张道陵与云台山治的关系问题奠定了基础。鉴于全国各地存在许多云台山，目前在这个问题上依然存在模糊性认知，笔者重新查证相关历史文献，撰就此文，略述管见。

一　云台山治、云台观与云台山辨析

"云台山治"，简称"云台治"。说起"云台山治"，对此有兴趣的人们或许马上就会想起"云台观"与"云台山"。由于历史原因，一些文献会把三者混用，甚至等同，以至于掩盖了事实真相，造成理解上的困惑。因此，将三者区别开来，辨析其各自的内涵，这是弄清"云台治"实际地理位置、明了张天师与"云台治"关系的前提。

就词源而论，"治"早见于金文中，写作"𤔲"，左右结构。左边"𠱠"上下两个"古"字，口口相对，表示言辞对抗，"古"字中间一横，表示双方之分界；右边"𠂇"是"司"的略写，表示主持公道，平息对抗。后来，到了篆书，写成"𤔲"，依旧是左右结

---

[*] 詹石窗，1954年生，哲学博士，现为四川大学道教与宗教文化研究所教授、博士生导师；李怀宗，1982年生，现为四川大学公共管理学院哲学系中国哲学专业博士研究生。

构。左边为水流的象形，表示洪汛来临；右边为"台"字，表示土石堆积成为坝堤。篆书的造字本义是：疏通水流，筑堤建坝，以防止水流泛滥成灾。对此，汉代文字学家许慎于《说文解字》中说："治，水。出东莱曲城阳丘山，南入海。从水台声。"意思是讲，"治"乃是河流的名称，这条河流发源于东莱郡曲城县的阳丘山，而后向南流入大海。其字以水为偏旁，而"台"则是声旁。许慎把"治"解释为一条具体的河流，这与金文、篆书的造字本义已相去甚远，不过其象征的思想旨趣却是原来具有的。正是沿着这种思路，"治"字被引申出多种含义。其中最重要的含义是治疗，具体而言就是疏通人体的血脉系统，以疗伤除病。从本质上看，疏通血脉、疗伤除病，正如疏通河流一样，是对人体"内河"的管治；先民们将这种人体管治予以放大、延伸，就形成了家国管治的措施、办法，于是"治"又有家庭管理、社会管理、国家管理的意涵，如《尚书·周官·太宰》所谓"冢宰掌邦治，统百官，均四海"便是在国家管理上使用"治"的一个例证。历史上，国家管理是分级别的。就汉代来说，基本的管理层级是郡、县，每个郡、县管辖一定的区域，其管理机构的驻地就称作"治所"，因而有郡治与县治。张道陵当年设置的"二十四治"大抵是以汉代行政管理机构为摹本，既是政区也是教区，体现了政教合一的管理精神。一方面，按照天上"二十八星宿"的对应原则，"二十四治"代表了地上的一定空间区域；另一方面，"二十四治"又意味着教化管理机构的处所。从这个角度看古文献使用的"云台治"或"云台山治"名称，我们就明白了它首先是"二十四治"中的一个教区；与此同时，它也指该教区的治所。在不同语境里，到底是指教区还是指治所，要根据行文上下关系来判断。

"云台山治"是不是等同于"云台观"呢？当然不是。这个问题涉及"观"如何理解。"观"这个字，念作平声，本作动词使用，表示"观察"或者"观看"等，例如《周易·系辞下》所谓"仰则观象于天，俯则观法于地"之"观"字，就是在"观察"的意义上使用的。角度不同，"观察"的立意、功能也不同。在《庄子·秋水》中，作者通过河伯与北海的对话，阐述了"趣观""功观""差观""俗观""物观""道观"的不同立场、不同效果。"趣观"就是按照兴趣立场来观察事物，"功观"就是按照功利立场观察事物，"差观"就是按照差等立场观察事物，"俗观"就是按照习俗立场观察事物，"物观"就是按照物本立场观察事物，"道观"就是按照大道法则观察事物。通过对比，《庄子》强调"道观"的重要性。在《秋水》篇里，作者所谓"道观"，完整的表达是"以道观之"，这个"观"是动词；后来，在制度道教里，"道观"演变为名词，成为道士们观察天体自然、祭祀神明、修炼身心、领悟大道的场所。如葛洪为《关尹子》作序称："今陕州灵宝县太初观，乃古函谷关候见老子处，终南宗圣宫乃关尹故宅，周穆王修其草楼，改号楼观，建老子祠。道观之兴，实祖於此。"这样看来，作为处所的"道观"起源相当之早。从诸多文献的描述可知，制度道教用以居处的"道观"与上古的庙堂类似，它具有一定的占地面积，汇修道、祭祀与道务管理之功能于一体。根据此地情形可知，"云台观"与"云台山治"是不可以等同起来的。就教区范围而言，"云台山治"或者"云台治"可以包括"云台观"；就治所角度看，"云台山治"与"云台观"可能是重合的。换句话来讲，"云台山治"的治所有可能就设在云台观。当然，也有可能早先把治所称作"云台山治"，后来建筑物倒塌予以重修，遂取名"云台观"，该道观也就成为汉代"云台山治"之治所化身或曰标识。

至于"云台山"，当然既不是"云台山治"，也不是"云台观"，但却是"云台山治"

与"云台观"处所建立的地标。随着时间的推移,"云台山治"之治所各种建筑物可能毁坏,而"云台观"也可能几经翻修、面目大改,但作为地标,"云台山"的地理位置则是确定的,即使形貌上有所变化,也依然具有标志性意义。所以,寻找真正的"云台山治",就应该从云台山入手来追溯、稽考。

二 云台山分布甚多,孰是天师弘道之治?

通过检索,可以发现全国有十九座山名为"云台山"。它们是:河南省修武县云台山、南京市江宁区云台山、陕西省蓝田县云台山、江苏省镇江市云台山、广西资源县云台山、湖南省安化县云台山、山东省莱芜市云台山、湖北省大冶市云台山、广西凌云县云台山、江苏省连云港市云台山、贵州省施秉县云台山、江西省贵溪市云台山、山西省晋城市云台山、河北省献县云台山、四川省宜宾市云台山、四川省南充市云台山、四川省三台县云台山、四川省阆中市云台山、四川省苍溪县云台山。这十九座"云台山"遍布全国许多省份,显示了该名称的巨大魅力,故能为人们所喜爱。再仔细核查,可知上述云台山中有十三座与张天师毫无关系,其有关系者仅六座:江西省鹰潭市贵溪县云台山、四川省宜宾市云台山、四川省南充市云台山、四川省三台县云台山、四川省阆中市云台山、四川省苍溪县云台山。

照葛洪《神仙传》等资料记载,张道陵寿命很长,年轻时曾做官,一生到过不少地方,江西省贵溪县的云台山是可能留下张天师活动足迹的。因为这座"云台山"系整个龙虎山脉景区的一个景点,而张道陵当年入蜀前是到过龙虎山的。关于此,《汉天师世家》留下了重要线索。该书卷二称:

> 永元初,和帝征为太傅、冀县侯,三诏不就,居桐柏太平山。独与弟子王长从淮入潘阳,登乐平雩子峰。山神拜于道,愿受驱策,命庙食峰下。炼丹其间,山神知觉,而双鹤导其出入。遂弃其地,溯流入云锦山,炼九天神丹,丹成而龙虎见,山因以名,时年六十余,饵之益壮。[①]

其中的"永元"系汉和帝刘肇的第一个年号,时在公元89—105年间。《汉天师世家》这段描述大体意思是讲:永元初年,汉和帝刘肇起用张道陵为太傅,委任其为冀县侯,三次下了诏书,但张道陵却没有就任,他先是居于河南省东南部的桐柏县太平山。以后带着弟子王长走过许多地方,其中很重要的一站就是云锦山,师徒二人于此山炼丹,据说炼丹有成而龙虎现形,于是云锦山就更名为龙虎山,那时候张道陵已经六十来岁,他服用了金丹而身体更加强壮。

《汉天师世家》所谓"山神拜于道"等,固然是宗教性言辞,具有明显的神秘色彩,一般人恐难于置信,但其中讲的云锦山后来更名为龙虎山确也是事实。正是这个龙虎山脉的广大区域包含了云台山,所以当代一些介绍贵溪县云台山的资料便说当年张道陵到过贵溪的云台山修道练功、采药炼丹,在山顶建立供练功、住宿的庙宇。如此推论,大体上合乎逻辑,于情理有所依据。不过,必须指出的是,江西省贵溪县的云台山不属于早期

[①] 《道藏》第34册,第820页。

"二十四治"范围,这是可以肯定的。因为"二十四治"是在张天师入蜀之后建立起来的,所以贵溪的云台山尽管与张道陵有关,却非云台治所在地。

排除了江西省贵溪县的云台山,接下来可以把目光聚集在四川省境内的五座云台山,它们是:宜宾市云台山、南充市云台山、三台县云台山、阆中市云台山和苍溪县云台山。现存诸多文献显示,张天师当年建立政教合一的"二十四治",大部分分布在现在的川东及川东北地区,而四川省内的几座云台山恰好就在这样的区域。因此,这几座云台山都有可能是当年张天师建立"云台治"用以修道布教的地方。

关于宜宾市的云台山,当地政府介绍文字表明,该山坐落于云溪区,元代时该山建有云台书院,明代士子汪忱、唐佐都曾在此寒窗攻读,留下诸多不朽篇章,后来二人高中进士,成为佳话。再后来,云台书院被改造为云台寺,作为佛教的文化活动场所。故而,从历史上看,我们找不到任何与张道陵传教的迹象,因此该地云台山亦可淡出视野,不需进一步稽考了。

关于南充市的云台山,查市区方志可知,该山坐落于嘉陵区安平镇巨石乡。明崇祯八年,此山曾建有一座佛教寺庙,名为东岭寺,常住僧人十余人。崇祯十七年,即清顺治元年(1644),东林寺毁于战乱,僧人十八口一夜之间惨死于张献忠部队乱刀之下。从此以后很长时间,南充的云台山再无什么像样的宗教活动场所。直到民国时期,有唐继成、唐继亭兄弟来此修复古寺,变佛教庙宇为道观,教门弟子称其庙宇为"三元台"。"文化大革命"初期,三元台遭受破坏。1991年,有道门信士唐衍尧、唐衍珏率众重建,名为云台山道观,又称冲仙院。此后陆续扩大完善。该道观占地10余亩,殿分五重,分别为三清殿、开辟殿、魁星楼、灵霄殿和仙佛楼。由此看来,南充的这座云台山道观即使追溯到其前身东岭寺,也不过是明代建筑,与东汉张道陵设立"二十四治"亦无瓜葛。

关于三台县的云台山,其中建有"云台观"。现存《云台观碑记》称:

> 云台观为赵肖庵开创。原名佑圣观。南宋嘉定七年(1214)九月九日,赵肖庵于此升隐(去世),后钦封"妙济真人"。明朝正德八年(1513),钦差太监锦兴、锦衣卫千户龚清到云台修醮。十年,遣内宫造金玉帝像、帐幕纹炉、府花爵盏恭诣云台朝谒。先建拱宸楼,阶下一台名曰"玉玺",命工于玺上建八角楼,题额"天乙阁"。十一年又遣官修治。十五年(1520),钦赐绿幡二首,上书"大明皇帝喜舍玉幡"张挂观中。肃王命铸渗金帝像一尊,执旗旅行袋、捧剑、灵童、玉女、温、关、马、赵、灵官十像,于嘉靖四十三年(1564),遣官送观安放。明清两朝曾培修十余次。清光绪十二年(1886)失火将前殿及拱宸楼烧毁,是年附近绅耆捐金培修,历五年竣工。

这通碑记表明,三台县的云台观是南宋人赵肖庵首先建造的,他既然被封为"妙济真人",可见他属于道门中人;不过,既然始建年代是在南宋,也就不是张天师修道的云台治所在地了。

接下来只剩下阆中市云台山和苍溪县云台山。通过实地考察可知,阆中市云台山和苍溪县云台山虽然在名称上不同,但实际所指却一致。原因在于行政区划经过了多次变更,现今的阆中市和苍溪县濒临,此区域的云台山位于交界处,一部分在苍溪县境内,另一部分在阆中市境内。因此,在检索中就出现了云台山既在阆中市又在苍溪县的有趣现象。实际上,这座云台山(云峰镇境内)及山上的云台观属于苍溪县管辖。故而,我们的目光最后就落到苍溪了。

三 苍溪云台山作为"云台治"地标的依据

四川省苍溪县的云台山到底与张天师有何关系?研究这个问题的人们向来会注意东晋画家顾恺之《画云台山记》。此文虽属画论,但其中却蕴含着张天师于云台山布道弘教的线索。其略云:

> 天师坐其上,合所坐石及荫。宜涧中桃傍生石间。画天师瘦形而神气远,据涧指桃,回面谓弟子。弟子中有二人临下,倒身大怖,流汗失色。作王良,穆然坐,答问;而超升神爽精诣,俯盻桃树。又别作王、赵趋。一人隐西壁倾岩,余见衣裾,一人全见室中,使清妙泠然。凡画人,坐时可七分,衣服彩色殊鲜微,此正盖山高而人远耳。①

文中的"天师"即指张道陵。弟子"王良"当是"王长",而"超升"当为"赵升"。在这里,"长"的繁体"長"与"良","赵"的繁体"趙"与"超",皆字形相近,恐后人传抄之误。

顾恺之所画云台山,所彰显主要人物之所以是张道陵,是因为画面中有"据涧指桃"以考验两弟子的细节。这个细节可由葛洪《神仙传》获得佐证。该书卷四称:

> 陵语诸人曰:你辈多俗态未除,不能弃世,正可得吾行气导引、房中之事,或可得服食草木数百岁之方耳。其有九鼎大要,唯付王长。而后合有一人从东方来,当得之。此人必以正月七日日中到,具说长短形状。至时果有赵升者,恰从东方来,生平原相,见其形貌,亦如陵所说。陵乃七度试升,皆过。②

所谓"七试"指的是七次考验。第一试,赵升到门前却不使之通过,叫人辱骂四十余日,赵升没有离开,张天师这才接纳;第二试,令赵升于草中守黍,夜间派遣美女调戏骚扰,而赵升不动心;第三试,在道路上丢掷三十饼黄金,赵升虽然看见却不取;第四试,吩咐赵升进山砍柴,有三只老虎拦路,咬赵升衣服,赵升却不恐惧;第五试,吩咐赵升到市场上买绢十余匹,赵升付了钱,但卖主却说未得款项,赵升遂脱下衣服抵押;第六试,赵升守田谷,有一人前往叩头乞食,此人衣裳破烂不堪,满面灰尘,身有疮脓,臭不可闻,赵升见之,怜悯动容,将自身衣服脱下,给乞食者穿上,而后将自己要吃的食物给了这个乞丐;第七试,以下悬崖峭壁摘桃测其胆量。据说经过了这七次考验,张天师才正式将道法秘诀传给了赵升。

---

① 按:顾恺之《画云台山记》为唐代张彦远《历代名画记》收录而得以保存,但流传写本多有错误,今以马采《顾恺之〈画云台山〉校释》(载《中山大学学报》1978年第3期)为主予以校正引述。

② (晋)葛洪:《神仙传》卷四,见《龙威秘书》第一集。按,现存葛洪《神仙传》多种版本,行文差别较大,例如《文渊阁四库全书》本,并无张道陵七试弟子的情节,恐"四库馆臣"认为其荒诞不经而删去。

追溯一下七试过程，不难看出顾恺之《画云台山记》正是以葛洪《神仙传》的记载为蓝本的。其中，尤其值得注意的是第七试，葛洪描写得很仔细：

> 至第七试，陵将弟子登云台绝岩之上。下有一桃树如人臂，傍生石壁，下临不测之渊，桃大有实。陵谓诸弟子曰：有人能得此桃实，当告以道要。于时伏而窥之者二百余人，股战流汗，无敢久临，视之者莫不却退而还，谢不能得。升一人乃曰：神之所护，何险之有？圣师在此，终不使吾死于谷中耳。师有教者，必是此桃，有可得之理故耳。乃从上自掷投树上，足不蹉跌，取桃实满怀，而石壁险峻，无所攀援，不能得返。于是乃以桃一一掷上，正得二百二颗。陵得而分赐诸弟子各一，陵自食一，留一以待升。陵乃以手引升，众视之，见陵臂加长三二丈，引升，升忽然来返，乃以向所留桃与之。升食桃毕，陵乃临谷上，戏笑而言曰：赵升心自正，能投树上，足不磋跌，吾今欲自试投下，当应得大桃也。众人皆谏，唯升与长默然。陵遂投空，不落桃上，失陵所在。四方皆仰，上则连天，下则无底，往无道路，莫不惊叹悲涕。唯升长二人，良久乃相谓曰："师则父也，自投于不测之崖，吾何以自安？"乃俱投身而下，正堕陵前，见陵坐局脚床千帐中。见升长二人笑曰："吾知汝来"，乃授二人道毕。①

《神仙传》这段记述不仅点出了故事发生的地点是"云台绝岩"，而且情节生动有趣，人物形象活灵活现。从第七试的情节看，临场的弟子就有201人，说明这个"云台山"在东汉末年人气是相当旺盛的。

不过，葛洪的描述尚难以确认这座"云台山"到底坐落于什么郡县。于是，笔者进一步稽考，发现北周宇文邕编纂的《无上秘要》卷二十三《正一炁治品》有比较明确的记载：

> 云台治，上应胃宿。昔张天师将诸弟子三百七十人住山治上，教化二年，白日升天。其后一年，天师夫人复升天。此即赵升取桃之处也，在巴西郡界。②

这段话言及，张道陵带了370个弟子住在"山治"上。所谓"山治"即"云台山治"，简称"云台治"。这里出现的弟子人数与葛洪记载不同。葛洪描述的是第七试时到场的人数，而《无上秘要》讲的则是"山治"里的常住弟子数。在考验过程中，有些弟子未到场，不足为奇，无须深究。其中，应该特别注意的是文中点出了"云台治"就在"巴西郡界"。考"巴西郡"起于汉献帝建安六年（201）。其时，刘璋将巴郡分为东西两半，巴西郡辖阆中、安汉、垫江、宕渠、宣汉、汉昌、南充国、西充国凡八县，属益州，其治所在阆中（今四川省南充市阆中西）。由此可见，张道陵考验弟子赵升的"云台山"是在阆中。行文末尾的"界"字尤其重要，表明"云台山治"坐落的"云台山"是在阆中县临界处。与哪个县临界呢？通过实地田野考察可知，其所临之界，即苍溪县界。关于此，《云笈七籤》卷二十八有一则资料说得更为具体：

---

① （晋）葛洪：《神仙传》卷四，见《龙威秘书》第一集。"陵自食一"一句，原无"一"字，疑脱漏，乃补之。

② （北周）宇文邕：《无上秘要》卷二十三，《道藏》第25册，第64页。

云台山治，在巴西郡阆州苍溪县东二十里，上山十八里方得，山足去成都一千三百七十里。张天师将弟子三百七十人，教化二年，白日升天。其后一年，天师夫人复升天。后三十年，赵升王长复得白日升天。治前有巴西大水，山有一桃树，三年一花，五年一实，悬树高七十丈，下无底之谷，唯赵升乃自掷取得桃子，余者无能取之。治应胃宿，有人形师人发之，治王五十年。又云：云台治山中有玉女乘白鹤，仙人乘白鹿，又有仙师，来迎天师白日升天，万民尽见之。一云：此天柱山也。在云台治前，有立碑处。①

《云笈七籤》有关张天师的弟子数与《无上秘要》的记载一致，只是作为考验赵升的信物——桃树等，描述得更加详细，估计作者有所取材于此前葛洪《神仙传》等文献资料。这条资料不仅将"云台治"径直称作"云台山治"，而且指出了该治的确切地理位置，这就是阆州苍溪县东二十里。"阆州"，于唐高祖时称作隆州，辖阆中、南部、苍溪、南充、相如、西水、晋安、奉国、仪陇、大寅、新井、思恭，凡十二县；至唐玄宗先天元年（712），隆州更名为阆州，且划岐坪县为其所管辖。北宋初，虽然所管辖的县份有所调整，但州名依旧。《云笈七籤》的编者张君房系宋真宗时代的学者，当时有阆州之设，而苍溪是阆州所辖的一个县。张君房指出"云台山治"的确切地理位置在苍溪县东二十里，清楚表达了山治的地标界限。类似的记载还见于王悬河撰《三洞珠囊》卷七、杜光庭《洞天福地岳渎名山记》、谢守灏《混元圣纪》等诸多文献中，说明自葛洪以来，苍溪云台山作为张道陵所设"二十四治"下八治首治所在地，这是有案可稽的。

四 苍溪云台山治的实地考察与文化遗存追踪

当年张道陵天师为何选择苍溪云台山作为"二十四治"的下八治之首呢？根据以上文献记载的线索，笔者决定进行实地考察，以探明原因。2017年11月15日上午，我们一行多人到了苍溪云台山。这里有一座道观名为云台观，住持李晨维道长率众欢迎我们。李道长系正一道"叮当派"② 第八代传人，他的年纪不大，谈吐却不凡，对现今道教发展态势以及自己所管理的云台观都有丰富知识与独到认识。

在李道长引领下，我们首先察看了云台山的总体地形。李道长说，这里时常是朝云暮雾，天地朦胧，神仙灵台若隐若现，故称"云台"。站在"云台"前端，周围景色尽收眼底，可以发现整个云台山自然地形成了凸起和凹陷的两个部分，凸起部分像阴阳鱼太极图的阳鱼，鱼头所在部分即是当年张天师七试赵升取桃之处及天师飞升之处，云观正处于"鱼眼"位置；山体凹陷处为阴鱼，"鱼眼"为凹陷谷底一天然清泉，泉水清澈甘甜，冬暖夏凉。阴阳两鱼一黑一白，一实一虚，一阴一阳，首尾相交，浑然相合。云台山主体四周有八个山脚，分别是石庙梁、邓家咀、鸡公咀、黄梁咀、九道拐、麻石咀、青龙咀、凤凰梁，构成了云台内八卦。此内八卦分布在云台山的正北、东北、正东、东南、正南、西南、正西、西北八个方向，云台山的太极图恰在其中；而云台山周围还有八座相对较矮的

---

① （宋）张君房：《云笈七籤》卷二十八，《道藏》第22册，第207页。
② "叮当派"系川北正一道的一个分支，因为该道派进入乡村做法事，其法器叮当作响，老百姓遂称之为"叮当派"。

山，分别是紫阳山、铜鼓山、博树崖、文城山、双山垭、文笔垭、北斗山、冒火山，构成了云台外八卦。从地形上看，这实在是天然造化，奇妙无比。

当我们极目远望，发现群山蜿蜒起伏，与天相接，云遮雾绕，仿佛置身于一个壶天世界中。此时此刻，李晨维道长轻声念诵一首诗："天星胃宿昭，圣地起云涛。炼气仙家乐，壶公境界高。"原来这是李道长的即兴创作。李道长说，此地与天上二十八星宿的"胃星"①照应，婉转四周，宛如一个大壶。李道长这种说法不是没有来历。查《云笈七籤》即载有"壶公"故事，该书卷二十八引《云台治中录》称：

> 施存，鲁人，夫子弟子，学大丹之道三百年，十炼不成，唯得变化之术，后遇张申，为云台治官，常悬一壶，如五升器大，变化为天地，中有日月，如世间，夜宿其内，自号壶天。人谓曰"壶公"，因之得道在治中。②

关于"壶公"的由来，《后汉书》卷一百一十二《方术传下》也有相关记载，谓费长房为市吏时，有卖药老翁，"悬一壶于肆头，及市罢，辄跳入壶中，市人莫之见，唯长房于楼上睹之，异焉，因往再拜，奉酒脯。翁知长房之意其神也，谓之曰：子明日可更来。长房旦日复诣翁，翁乃与俱入壶中，唯见玉堂严丽，旨酒甘肴盈衍其中，其饮毕而出"。《后汉书》说的卖药老翁也就是《云台治中录》记载的张申，他是继张道陵之后第二任云台治的祭酒治官。不论"跳入壶中见日月"的道术如何衍生，我们都可以感受到，流传久远的这个神仙故事具有深刻而丰富的意涵。它的源头出自苍溪云台山，可以看作云台山治幽趣的一种表征。或许正是这种幽趣和灵秀给了张道陵天师极大吸引力，使得他对此地情有独钟，所以才率领370个徒弟于此修行。

日月如梭，光阴似箭。1800余年过去，昔日云台山治的首任治官张道陵天师早已"升入云端"，而那位接任者"壶公"张申也永远地隐潜于壶中不再出来卖药。不过，由他们开辟的"云台山治"却留下了诸多蛛丝马迹，可供追寻。

继续考察云台观的外围，发现到处都是残砖断瓦，显示着云台山治悠久的历史。据李道长介绍，曾有不少专家来此考察，认为这里的残砖断瓦有好些是秦汉时期的遗留。在云台观正殿背后，前不久刚出土了一尊盘坐石像，大约有1.1米，类似一个寿星的形象，脑袋顶部凸起圆润而光亮。有专家根据其服饰判断，这尊人物石像出于西汉时期，可能是老子的早期造型。由此可见，早在张天师之前很久，云台山一带就有神仙信仰流布。事实上，在张道陵来云台山传道之前，此地也早与"炼丹"结下不解之缘。葛洪在《神仙传》卷二中说："李八百者，蜀人也……以丹经一卷授（唐）公昉，入云台山作药，药成服之，仙去。"唐公昉，城固人，王莽居摄二年（5）为郡使，在云台山炼丹的时间比张道陵早100多年。早期神仙信仰的存在，为张天师开创制度道教并在云台山设治提供了地缘文化基础。汉末三国之后，苍溪云台山治是如何维持的，现已难于详考。不过，有资料显示，到了宋代时期，云台山治迎来了新一轮的复兴。宋淳熙九年（1182），云台观前修建白鹤楼、天师殿、紫薇宫、九皇楼、司令堂，以供奉张天师以及紫薇北极大帝、九皇、司令等道教神衹，还建有九转亭、魁柏亭、望鹤亭以及麻姑、芙蓉、平仙、峻仙等洞穴。

---

① "胃"为二十八星宿的西方白虎七宿之二。
② （宋）张君房：《云笈七籤》卷二十八，《道藏》第22册，第207—208页。

现有云台观由东观、中观、钟楼三部分组成。以前的宏大规模虽已不见踪影，但在现有道观四周仍然有各类古代遗址、遗迹20多处，其中包括天师墓地宫、石亭子摩崖造像、飞仙崖、炼丹炉、炼丹池、丹灶堂、九转亭、浸药泉、八角井、玉丹亭、玉鱼池、松根、蟠桃二岩等，在飞仙崖一侧的石壁上有许多古代道士修炼、打坐的洞穴。其中有一处洞穴遗址内部空间特别大，分为四部分，据说是炼丹房。看来当年张天师选择此山建立治所，实在是适合正一道内修和外炼的绝好处所。

我们继续在云台观周边察看，发现不远处都是耕地，并且种植了各类水果、蔬菜等。十一月中旬，粮食作物已经收成，但蔬菜依然翠绿，长势喜人。可以看出，这里土地肥沃，水源充足，灌溉方便。查《太平寰宇记》，有如下记载：苍溪县云台山，一名天柱山，其"高四百丈，上方百里，有鱼池，宜五谷，无恶毒，可度灾。"对照一下文献与现实，更加可以体会到张道陵选择此地修道传教的明智。当年张天师或许也看中苍溪云台山一带适合生存的特殊环境，如遇灾荒可以安然度过，才将"二十四治"的下八治之首设置于此。在他晚年，东汉帝国统治摇摇欲坠，走向衰落。面对当时的社会情势，张天师应该已经预感到国家不久将动荡不安。果然，在其升真之后不过三四十年，天下大乱，反抗东汉政权的起义风起云涌，各种政治势力激烈角逐，战争连年不断，而张天师于云台山设立治所和宫观，能够维持"政教合一"的管理模式，继续弘扬"正一盟威之道"，没有出现刀兵灾祸，更没有其他地区饿殍遍地的情形，这实在是庆幸的。

第三十代天师张继先曾写了《云台治》一诗云：

> 汉朝人与道翱翔，是处遗踪属静方。
> 烟外桃花非俗种，风前柏实有余香。
> 杖穿翠霭通深窅，舟驾洪波入渺茫。
> 千八百年三十代，云台空碧佩琳琅。[①]

这是张继先拜谒苍溪云台山治之后留下的。其中所描述的"桃花"虽然早已谢去，但那饱经风霜的柏树却依然郁郁葱葱。绕过那高大的柏树，进入云台观的大殿，数幅大型的符箓呈现在眼前，那龙飞凤舞的线条顿时把我们带入一个神妙的道教古文字世界。李晨维道长告诉我们，这些符箓是他爷爷亲笔所画，是一代代传下来的，其源头可以上溯于东汉末云台山治首任治官张道陵祖师那里。

我们不知道这些符箓的具体传承情况，但将其源头上溯于张道陵天师却有充足根据。查《太上三五正一盟威箓》载有当年张道陵天师创立"二十四治"时由太上老君授予的各种符箓。其中卷六将《八卦护身箓品》列为第十七，谓其"炁应九月节，其日角亢，镇云台治，夏至后一百五日寒露。"[②] 又有《太上正一八卦护身箓》，亦列为第十七，谓其"镇云台治，左监贡炁祭酒，属火，在阆州苍溪县，应角亢宿，寒露九月节。"[③] 符箓是什么？从形式上看，它是上古云书（中国最古老的文字）的演变，相传黄帝作"云书"，故"以云纪官"，天地春夏秋冬"六官"之官名皆有"云号"。这种古老文字后来在制度道

---

① 《三十代天师虚靖真君语录》卷五，《道藏》第32册，第378页。
② 《太上三五正一盟威箓》卷六，《道藏》第28册，第457页。
③ 《太上三五正一盟威箓》卷六，《道藏》第28册，第457页。

教里演变为符箓。从宗教信仰传承的角度看，符箓又是一种信物，象征着师徒盟约的缔结。值得注意的是，张道陵当年所创制度道教的正式名称为"正一盟威之道"，而他授予门徒弟子的"护身箓"系"太上三五正一盟威箓"中的重要品类，这显示了云台山治在制度道教形成过程中扮演了举足轻重的角色。从信物的传承和弟子汇聚众多的情况来看，将苍溪云台山治与大邑县鹤鸣山都看作制度道教发源地，这也是有充足理由的。

（原文发表于《世界宗教文化》2018年第1期）

19世纪欧洲宗教学家的佛经翻译和研究及其学术文化影响[*]

——以麦克斯·缪勒为代表

洪修平 孙亦平[**]

摘 要：以麦克斯·缪勒为代表的19世纪欧洲宗教学家努力摆脱欧洲传统的基督教神学束缚，通过学习东方语言，翻译东方宗教经典，以比较宗教学为方法，期望对纷繁复杂的宗教现象进行"不偏不倚"的客观研究，不仅推动了宗教学这门学科的建立，而且展示了佛教在世界宗教中的地位，为西方语境之"他者"的佛教进入欧洲世界打开了大门，推动了佛教在欧洲的传播，加深了欧洲人对佛教的认识，也为宗教学的创立提供了丰富的文化资源，同时推动了欧洲的佛教研究以及欧亚佛教文化的交流。麦克斯·缪勒在将梵语佛经译成英语的过程中，注重对名词概念的词源性考证，重视通过佛教与其他宗教的横向比较研究，以此来展现对佛教文化特质的认识，由此形成了欧洲佛教研究中的文献学与哲学并重的学术路向，其以学术中立的姿态去解读东方佛教之本义的良好学术志向对推动欧洲现代佛学研究的展开产生了深远的影响。回顾考察以麦克斯·缪勒为代表的19世纪欧洲宗教学家的佛经翻译和研究，对于今天不同宗教之间的理解、对话以及东西方学术文化的交流都是很有意义的。

关键词：欧洲宗教学家 麦克斯·缪勒 佛经翻译和研究

宗教学作为一门对人类拥有的各种宗教现象进行科学归纳与综合研究的学科，能够在19世纪的欧洲社会中逐渐兴起，原因是多方面的，其中与19世纪欧洲宗教学家对东方宗教文化抱有特殊热情，努力摆脱欧洲传统的基督教神学束缚，通过学习东方语言，翻译东方宗教经典，以比较宗教学为方法，期望对纷繁复杂的宗教现象进行"不偏不倚"的客观研究有着密切关系[①]。其中最有代表性的人物是英国牛津大学语言学教授麦克斯·缪勒（F. Max Muller，1823—1900），他通过对佛经的翻译，推动了佛教在欧洲的传播，加深了欧洲人对佛教的认识，也为宗教学的创立提供了丰富的文化资源，同时推动了欧洲的佛教

---

[*] 本文为国家社会科学基金重点项目"近现代佛教入世转型研究"（批准号16AZJ003）和"江苏道教文化史"（批准号12AZJ003）的阶段性成果，部分内容曾在2016年8月26—28日于西班牙马德里举行的"佛教艺术暨佛教在欧洲的传播国际高峰论坛"上报告。

[**] 洪修平，教育部"长江学者"特聘教授，南京大学特聘教授，南京大学东方哲学与宗教文化研究中心主任，哲学系宗教学系教授、博士生导师；孙亦平，南京大学哲学系宗教学系教授、博士生导师，全国老子道学会副会长。

[①] 孙亦平主编：《西方宗教学名著提要》前言，江西人民出版社2002年版，第11页。

研究以及欧亚佛教文化的交流。

一 通过了解佛教为创立宗教学提供丰富的文化资源

麦克斯·缪勒年轻时就学习梵文，后来到英国牛津大学着手《梨俱吠陀》的翻译工作，由此对印度的宗教和民族文化产生了兴趣，这促使他将研究目光从西方转向东方，从语言学转向神话学并进入宗教学研究领域。在麦克斯·缪勒看来，语言、民族与宗教存在着一种天然的联系。如果我们了解早期宗教语言的情况，那么就知道语言科学的分类也能适用于宗教科学。如果不同民族语言之间确实有系谱关系，那么，也可以通过系谱关系把全世界的宗教联系在一起进行研究。于是，麦克斯·缪勒以比较语言学（Comparative Philology）为模型来建构比较宗教学，并由此而展示了佛教在世界宗教中的地位。从1853年开始，麦克斯·缪勒撰写了一系列有关东方宗教的著作，其中包括1862年出版的《佛教》。

正是通过对各种宗教的具体研究，麦克斯·缪勒带着一种真正的热诚，一种想要懂得其他各种宗教的诚心要求，从纯理论兴味的角度，以印度各种宗教为例证，来考察宗教的起源与发展（Origin and Growth of Religion）。麦克斯·缪勒说："有一个非常古老的格言说，我们如果不知道一个事物的起因，就永远不了解这个事物。我们可以大量地了解宗教，我们可以读许多圣经、信经、教义问答手册，世界各地的祷文，然而除非我们能够追溯到宗教赖以产生的最深刻的根源，否则就不能完全理解宗教。"于是，"我们只是收集世界各地所能发现的关于一切宗教的历史证据，将其甄选和分类，以便尽力发现所有信仰的必要的前身，找出制约人类宗教发展和消亡的规律，以及所有宗教趋向的目标。"① 1870年2月至3月，麦克斯·缪勒在伦敦英国科学研究院作的四次有关宗教学的讲座中提出了一系列问题：真正的宗教科学研究从什么意义上说是可以进行的？我们通过什么材料才能切实可靠地了解世界的主要的宗教？这些宗教按什么标准进行划分？麦克斯·缪勒的问题意识为其以比较方法来研究宗教提供了进路。

麦克斯·缪勒认为，对这些问题的回答必须要回溯到宗教最深层、最本质的信仰内涵，这就是人的那种对"无限"的精神渴求："宗教是一种内心的本能，或气质，它独立地、不借助感觉和理性，能使人们领悟在不同名称和各种伪装下的无限，没有这种才能，也就没有宗教，甚至连最低级的偶像崇拜和物神崇拜也没有。"② 麦克斯·缪勒这一从"无限"来理解宗教本质的看法，虽然招致一些批评，但他正是从"无限观念的发展史，不多不少正是宗教的历史"③ 出发，才能够既包含又超越于具体宗教而建构起以全面性、整体性为特征的宗教学理论体系。从宗教学的创立来看，麦克斯·缪勒从语言、民族和宗教的相互关系出发，通过利用各种宗教圣典所具有的资料，从信仰的角度将世界宗教分为三大类：雅利安宗教、闪米特宗教和图兰宗教，并通过对三大类宗教中的八个有经典的宗教之间关系的梳理，来揭示佛教的历史演变、信仰类型与传播范围。

麦克斯·缪勒的宗教学著作大量引用佛教经典内容，将佛教与基督教、犹太教、婆罗

---

① ［英］麦克斯·缪勒：《宗教的起源与发展》，金泽译，上海人民出版社1989年版，第154页。
② ［英］麦克斯·缪勒：《宗教的起源与发展》，金泽译，上海人民出版社1989年版，第14页。
③ ［英］麦克斯·缪勒：《宗教的起源与发展》，金泽译，上海人民出版社1989年版，第38页。

门教、古代波斯宗教进行比较，以鉴别各种宗教之间的异同以及连带关系。在麦克斯·缪勒看来，"比较就是分类，即根据世界上各种宗教的历史形态进行分类，由此找到宗教的秩序和规律。"① 这才是比较研究方法的真实意义与实际作用。正是通过对人类所信仰的那些主要宗教进行比较研究，麦克斯·缪勒才能够第一次提出"宗教学"（Science of Religion）② 这个概念，并创立了"对世界诸宗教进行真正的科学研究"③ 的"宗教学"这门学科。1873 年，麦克斯·缪勒将这次讲座的内容以《宗教学导论》之名汇集成书，出版后被国际学术界公认为是西方宗教学的奠基之作。

麦克斯·缪勒对佛教的基本看法是，在雅利安族系的印度人中产生了婆罗门教和佛教。"佛教直接起源于婆罗门教，但却是与它对立的。""佛教在它诞生的土地上经历了一段时间以后，衰败了，只是在从印度移植到亚洲大陆腹地图兰族系诸民族并扎下根以后，它才真正取得了重要地位。佛教一开始本是雅利安人的宗教，最后成了图兰人社会的主要宗教。"④ 佛教的广泛传播与佛经的深远影响使之发展为世界性宗教。麦克斯·缪勒是从进行比较宗教学的需要而进入佛教研究领域并开始佛经翻译的，而通过了解佛教，又为创立宗教学提供了丰富的文化资源。

二 编纂《东方圣书集》，推动欧洲的佛教研究及欧亚佛教文化的交流

从佛教在欧洲的传播来看，印度早期的佛教经典大多是用梵文书写的。梵文属于印欧语言中的雅利安语系。麦克斯·缪勒从翻译《梨俱吠陀》开始，一生热心于包括佛教在内的印度宗教研究。虽然他推动的佛经翻译以及对佛教的研究尚处于附属于东方学、印度学的研究阶段，但却为佛教这位西方语境中之"他者"进入欧洲世界打开了大门。

麦克斯·缪勒根据南传佛教和北传佛教的传说认为，起初的佛教经典有 8 万部或 8.4 万部，但大部分已失传，现在只剩下 6000 部。据《楞伽经》中的说法，佛教经典的正文和注释共有 3936.8 万个字母。而英译本《圣经》据说只有 356.7 万个辅音字母，元音字母没有计算在内。现在佛教的经典分两类，南传佛教的经典用巴利文写就，北传佛教的经典采用了梵文。据估计，巴利文的佛教经典比《圣经》的篇幅大一倍，若译成英文，则可能是《圣经》的四倍。梵文佛教经典的藏文译本分为两类，即"甘珠尔"和"丹珠尔"，共计有最大开本三百二十五卷。因此，不仅是欧洲学者，包括佛教各团体中最有学问的人，谁能说他已读过佛教教会的全部经典？更不用说全部读过评论那些经典的文章和后世写的论文了。⑤ 由此可见，麦克斯·缪勒对佛经的全貌以及研究的难度，已经有了一个比较全面的认识。他说："我们拥有佛教徒用巴利文、缅甸文、暹罗文、梵文、藏文、蒙文和中文等各种文字写的全套佛教经典。这套重要的经典至今没有任何一种欧洲文字的

---

① ［英］麦克斯·缪勒：《宗教学导论》，陈观胜、李培茱译，上海人民出版社 1989 年版，吕大吉著《序》，第 4 页。
② ［美］约阿欣·瓦哈（Joachim Wach）在《比较宗教学》一书中认为：这个名词是用以表示其从"宗教哲学"（Philosophy of Religion），特别是从"神学"里面所解放出来的新的学科。（台湾大乘文化出版社 1980 年版，第 1 页）
③ ［英］麦克斯·缪勒：《宗教学导论》，陈观胜、李培茱译，上海人民出版社 1989 年版，第 4 页。
④ ［英］麦克斯·缪勒：《宗教学导论》，陈观胜、李培茱译，上海人民出版社 1989 年版，第 40、41 页。
⑤ ［英］麦克斯·缪勒：《宗教学导论》，陈观胜、李培茱译，上海人民出版社 1989 年版，第 44 页。

完整的译本，那只能怪我们自己。"①

佛教产生于印度，本来是雅利安人的宗教，传入中国后形成了中国佛教，又产生了大量佛教经典。麦克斯·缪勒超越了欧洲中心论的立场，从全球化的视野来看待并解读佛教经典因传播到不同地区及不同民族中而形成的不同语言特色，故提出应当把锡兰、缅甸、暹罗为一方的佛教，与尼泊尔、蒙古、中国（包括汉传和藏传）、朝鲜和日本为另一方的佛教区别开来。在中国，北传佛教以梵文经典为主，而南传佛教以巴利文为主，它们相互配合才完整体现了佛经的内容。

在麦克斯·缪勒着手翻译佛经之前，佛教作为一种宗教并没有受到欧洲人的特别关注。只有一些东方学者在进行零星的翻译或研究工作，例如，1836 年，法国汉学家雷慕沙（Jean Pierre Abel-Rémusat, 1788—1832）翻译的东晋高僧法显撰《佛国记》② 法文译本出版，被认为是第一部认真地致力于研究佛教的西方著作③。虽然之前有法国东方学家鲍诺夫（Eugene burnouf, 1801—1852）与挪威学者拉森（Lassen, 1800—1876）合著的《巴利语论集》于 1826 年出版，他又把梵文《妙法莲华经》等译成法文，但鲍诺夫据当时英国驻尼泊尔公使霍格森分赠予伦敦大学和牛津大学在尼泊尔收集的梵文贝叶经文献资料整理出版的《印度佛教史导论》却在 1845 年才出版。值得注意的是，麦克斯·缪勒是鲍诺夫的学生，受其影响，从学习梵文入手也开始关注印度佛教中的梵文佛经。

19 世纪下半叶，随着欧洲汉学热的兴起，英译佛典工作才在中国与欧洲同时展开。如果说，英国来华传教士艾约瑟（Joseph Edldns）、艾德（Ernest John Eitel）、毕尔（Samuel Beal）、李提摩太（Timothy Richard）等④，已不再像当年的耶稣会士和早期新教传教士那样简单地指称佛教为迷信、偶像崇拜，而是开始对中国佛教有了学术上的探究（例如艾德在中国佛教词典编撰方面首开先河，毕尔有关佛教方面的著述很多）⑤，他们的根本目的当然是通过了解佛教中国化来促进基督教的发展，但这却标志着来华传教士之中国佛教研究进入了一个新阶段，那么，在当时欧洲英语出版的佛教经典则往往是以"丛书"的形式出现，其中最为著名的是由麦克斯·缪勒主编的《东方圣书集》（Sacred Books of the East）⑥。

麦克斯·缪勒带领一些东方学者所进行的佛经翻译是在《东方圣书集》的框架下较为系统地进行的。当麦克斯·缪勒在写作《宗教学导论》时，就考虑到"近来社会上对

---

① ［英］麦克斯·缪勒：《宗教学导论》，陈观胜、李培茱译，上海人民出版社 1989 年版，第 14—15 页。
② 《佛国记》又名《历游天竺记》《法显传》，是东晋高僧法显于公元 399—413 年的游历天竺的见闻记录。
③ 值得注意的是，《佛国记》译成法文后，在雷慕沙去世后的 1836 年才以《佛国记：法显论佛教诸国往来关系》（Relation des royaumes bouddhiques de Fahien）为题出版。这是第一部认真地致力于研究佛教的西方著作，而佛教在 17 世纪和 18 世纪的欧洲中国学家的眼里看来，是非常受到贬低的一种宗教（参见黄长著、孙越生、王祖望主编的《欧洲中国学》，社会科学文献出版社 2005 年版，第 69 页）。
④ 艾约瑟在《中国佛教》第二版前言中说："晚至 1879 年，很少有人对这一课题进行研究"；"我四十多年前就开始研究中国佛教，艾德博士、毕尔牧师随后也对中国佛教进行了研究，且做得很好。早在他们开始发表有关中国佛教论文之前，我就已经指出，许多世纪以前，中国佛教各宗已经传入日本，并在那里生根。" 在 1854—1855 年间的《北华捷报》（The North China Herald）上，艾约瑟发表了研究佛教的系列文章，1859 年又出版了《中国宗教状况》一书。根据考狄（Henry Cordier）的《中国书目》统计，艾约瑟是第一位用中英文撰写有关佛教论著的来华传教士，他较早以学术眼光来研究中国佛教，也是第一位将汉文佛经译为英文的来华传教士。
⑤ 李新德：《"亚洲的福音书"——晚清新教传教士汉语佛教经典英译研究》，《世界宗教研究》2009 年第 4 期。
⑥ 牛津大学出版社 1879—1910 年出版，有时也译为《东方圣书》。

佛教感兴趣的人甚多，所以我们认为应当将佛教的各个发展阶段尽可能全面地介绍于世。"① 于是，他计划要出版一套二十四卷的《东方圣书集》，通过将东方古代宗教，包括婆罗门教、佛教、琐罗亚斯德教、伊斯兰教和中国儒家、道家的经典译成英文，以更好地向欧洲人介绍东方宗教。②

从1876年开始，麦克斯·缪勒获得英国皇家学会的支持，团结了一批欧洲东方学者进行《东方圣书集》的编译工作。对于其中的佛教经典，译什么，怎么译，麦克斯·缪勒都有自己的认真考虑和精心选择："待译的佛教圣书主要选自两种文字（南传的巴利文和北传的梵文）的原文经卷。要从中做出选择当然是件很不易的事。我希望首先要翻译出版的经卷将是：《长部》的《素怛缆》、《律藏》的一部分、《法句经》、《天譬喻》、《普曜经》，或佛的传奇文学。"③ 这项工程比原计划更为浩大，从1879年出版第1卷，直到麦克斯·缪勒去世后的1910年出版第49卷，再加上温特尼茨编纂的《索引》一卷，《东方圣书集》共出版了50卷，其中有30多卷是印度古代宗教的经典，包括一些从梵文、巴利文、中文翻译过来的小乘佛教和大乘佛教经典。例如，第10卷是缪勒与傅斯堡合译的《法句经》与《经集》；第11卷是大卫斯译的《佛经》；第13、17、20卷是大卫斯与奥登伯格合译的《律藏》，其中包括《波罗提木叉》《大品》《小品》；第19卷是比尔译自汉文的《佛所行赞》；第21卷是克恩译自尼泊尔梵文本的《法华经》；第35、36卷是大卫斯译的《弥兰陀王问经》；第49卷是高威尔与缪勒等合译的《大乘佛教经典》。④与浩若烟海的佛经相比，《东方圣书集》还仅仅是只翻译了一些比较重要的佛经而已。

麦克斯·缪勒作为语言学家，一向将梵文视为印欧语言的母语，他对佛经采用的是先校勘梵文，然后再翻译成英文的方法。例如，《阿弥陀经》（梵文1881，英译1894）、《无量寿经》（梵文1883，英译1894）、《金刚般若波罗蜜经》（梵文1881，英译1894）、《般若心经》（梵文1884，英译1894），这又与他借日本学生南条文雄、高楠顺次郎、笠原研寿等人的帮助来进行翻译工作有关。《东方圣书集》的编译也培养出了一批佛教研究和东西方学术交流的人才。

南条文雄（1849—1927）是日本佛教净土真宗大谷派佛教学者，美浓（今岐阜县）人，其父为日本真宗僧人溪英顺，故南条文雄7岁就开始学习净土三经，8岁时又从菱田海鸥学习外典，18岁师事稻叶道贯修习真宗学，23岁时成为越前（今福井县）僧人南条真兴的养子，故改姓南条。南条文雄因精通汉语和英语，1876年，日本东本愿寺22世法主、真宗大谷派管长大谷光莹就派其去英国留学。其时恰逢麦克斯·缪勒在牛津大学开设"比较宗教学和语言学"讲座，南条文雄就跟随他学习梵文，麦克斯·缪勒也借助南条文雄来解读佛经。在当时英文佛学用词尚未固定的情况下，他们字斟句酌地合作了英译梵语《无量寿经》、《金刚般若波罗蜜经》、《阿弥陀经》、《佛顶尊胜陀罗尼经》和《般若心经》等。南条文雄为将汉译的三藏佛典介绍给西方学术界，还于1883年英译了日本黄檗版大藏经所收的《大明三藏圣教目录》，并补充了一些内容，如卷首附有序论及参考书目；卷

---

① ［英］麦克斯·缪勒：《宗教学导论》，陈观胜、李培茱译，上海人民出版社1989年版，第224页。
② 有关《东方圣书集》最初编纂的设想，请参见《东方的圣书》及《致主教的一封信》，载［英］麦克斯·缪勒《宗教学导论》，陈观胜、李培茱译，上海人民出版社1989年版，第219—220、221—226页。
③ ［英］麦克斯·缪勒：《宗教学导论》，陈观胜、李培茱译，上海人民出版社1989年版，第219页。
④ 李四龙：《欧美佛教学术史》，北京大学出版社2009年版，第509—510页。

尾则附有印度作者与中国译者、作者之解说目录及索引等。这部目录又名为《南条目录》,因有着汉、梵、英译音对照,为当时欧洲人阅读佛经提供了工具。

值得注意的是,麦克斯·缪勒第一次将梵文的广本、略本《心经》以天城体[①]与罗马拼音版本的方式译出,以现代标准来看,有些用词虽然还有待修正,但由于麦克斯·缪勒既较好地掌握了佛法关键词汇的梵文原义,又用适合于当时欧洲人易于理解的英文词语表达出来,使佛经翻译迅速成为促进东西方文化对话、交流与融合的一种方式。现代学者曾将麦克斯·缪勒的《心经》英译本和玄奘的中译本相比较,从文义上看,两者相似度高达95%—100%[②]。随着佛经不断地译成英文,欧洲人才通过阅读佛经而逐渐了解外来的佛教,既推动了佛教研究在欧洲的兴起,也从梵文的角度促进了亚洲佛教研究学术风潮的展开。

佛学研究能够在日本明治时代登上大学的讲坛,与麦克斯·缪勒也有着密切关系。率先接受西方文化洗礼的日本近代佛教研究先驱南条文雄、高楠顺次郎等,都曾到牛津大学跟随麦克斯·缪勒学习梵语,协助其翻译佛经。他们回到日本后,"以其卓越的智慧,在高等学府发挥佛学精义,培植青年人研究佛学的兴趣,遂使日本佛教研究走上一个新时代的阶段"[③]。南条文雄于1884年回国后,先后在东京大谷大学、东京帝国大学教授梵语,开日本大学教授梵语之先河。高楠顺次郎(1866—1945)作为日本梵文研究的佛教学者之一,将欧洲的现代佛教研究引进日本高等教育中,在东京大学设立佛学科目,并开设独立的佛学讲座。受麦克斯·缪勒编译《东方圣书集》的影响,高楠顺次郎对佛教研究的最大贡献是编纂了《大正新修大藏经》100册,以至于今日研究佛教的学者都直接或间接地受其惠泽。

麦克斯·缪勒出于比较宗教学的需要而进行的佛经翻译,对中国近代佛教文化的复兴也起到了间接的推动作用。近代中国佛教文化复兴的重要开创者和奠基者杨文会(1837—1911)年轻时深得曾国藩的器重。1878年,他随曾纪泽出使英、法,考察西方政教,当时正是欧洲东方学蓬勃向上发展的时代。杨文会在伦敦结识了留学英伦的日本学者南条文雄后,又与麦克斯·缪勒结识而有交谊,并积极向麦克斯·缪勒学习通过文献学方法来整理佛经、开展佛教学术研究的方法,这对他的研佛和刻经事业都有一定的影响。杨文会以寻求佛教之真谛为己任,在此后的三十年间,他与南条文雄书信不断。正是在南条文雄等人的帮助下,杨文会才从日本、朝鲜等地收集到中国佚失的历代佛教经论注疏、高僧著述达300余种,择要出版《汇刻古逸净土十书》等刻印行世[④]。同时,杨文会也为日本藏经书院刻印的《续藏经》选目提供意见,并提供中国收集的佛教秘藏善本供对方选用[⑤]。杨文会在南京创办金陵刻经处,从佛经编纂的角度开辟了中日近代佛学合作研究,不仅促进了东亚佛教文化的学术交流,而且也带动了一些来华基督教传教士受其影响逐渐

---

① 印度的天城体文字是婆罗米文字(Brahmi)的后代,最早用于书写梵语。今天,梵语本身已经消失,但现在的天城体文字是用于书写印度官方语印地语(Hindi)的主要文字之一。另外,全部的梵文佛教经典也都采用这种文字出版(参见龙昌黄编著《印度文明》,北京出版社2008年版,第51页)。

② 张宏实:《图解心经》,海南出版社2010年版,第219页。

③ 释东初:《东初老人全集》2,《中日佛教交通史》,东初出版社1970年版,第669页。

④ 杨仁山:《汇刻古逸净土十书缘起》,载《杨仁山大德文汇》,华夏出版社2012年版,第195页。

⑤ 楼宇烈:《杨仁山居士小传》,载楼宇烈等编校《中国现代学术经典·杨文会、欧阳渐、吕澂卷》,河北教育出版社1996年版,第6页。

意识到"不研究佛学，不足以传道"①，其中就包括挪威传教士艾香德（Karl Ludvig Reichelt）②。杨文会还与英国传教士李提摩太一起将《大乘起信论》译成英语，又促进了佛教在欧洲的传播，这一做法与麦克斯·缪勒一脉相承。

麦克斯·缪勒生前虽然没有完成编纂《东方圣书集》这一伟大任务，但《东方圣书集》至今仍被世人称为19世纪最重要的东方学术与宗教的成果之一。尤其是这些英译的佛经既点燃了欧洲人去了解乃至研究佛教的热情，也引发了亚洲人通过学习梵文来把握印度佛教经典的兴趣，这既促进欧洲学术界在佛教研究伊始就形成了文献学与哲学并重的研究传统，也通过将翻译佛经作为一种文化再创造，推动了东西方佛教文化交流的展开。

三 对佛教的独特理解及对佛经翻译与传播的主要贡献

如何在佛经翻译中既忠实于原著精神，又能有利于不同民族的阅读习惯，麦克斯·缪勒提出自己的看法："通过经卷来研究东方古代宗教的时候已经来到，因此在古代宗教性质和特征上的两可的判断，无论是这些古代教规的支持者或贬低者的判断，都可以就此了结。要把这些经卷中的所谓冗长乏味的内容去掉，我看就是不诚实的行为，我从来就不支持这种做法。载于丛书中出版的这些译文都是历史文献，只要一窜改就会损害它们的价值。从中看出什么是好的和什么是不好的内容，那是历史学者的事。而我却认为，凡是有观察力的人都会清楚地认识到，从这些古书里找得到天然的金块。这些天然金块深深地埋藏在垃圾之中，也就是说深藏在古代思想的'瓦砾'之下，一旦出土，就显得格外地珍贵了。"③ 麦克斯·缪勒认为在佛经翻译中应遵循忠实原著的精神并由此而逐渐加深对佛教的了解。在他的宗教学研究中，在对两种或多种性质相同、具有内在联系的事物进行比较研究，以进一步探求这些宗教的历史源流和发展情况时，佛教是一个经常被提及的典型宗教案例。在他眼中，佛教既有世界性宗教的共同特征，也有一些其独特的宗教信仰和传教方式。

第一，从佛教经典记载来看，佛教中的传奇内容是佛陀之后的佛弟子们出于对导师的崇拜有意编撰的，其目的在于增添佛陀的神圣性："佛教的传奇充满了极多的据说是佛陀及其弟子们的奇迹——其神奇超凡显然超过了任何其他宗教的奇迹；然而佛教经典却记录了佛陀说他禁止弟子们行奇迹，即使群众恳求他们显示神迹以使众人相信，也不可这样做。那么佛陀命令他的弟子们行什么奇迹呢？他说：'将你的善行隐藏起来；在众人面前坦白你的罪孽。'这是佛陀的真正的奇迹。"④ 因此，麦克斯·缪勒认为："如果我们想判断一个宗教，我们必须根据它的创始人的思想来研究它。"⑤ 佛陀之后印度佛教的发展与经典圣书的"结集"是联系在一起的："我们从佛教史可以清楚地看出一部经典圣书形成

---

① 王治心：《基督徒之佛学研究》，上海广学会1924年版，第2页。
② 艾香德在南京时，曾专门参观欧阳竟无在金陵刻经处的基础上创立的支那内学院，还著有《支那佛教教理与源流》，向西方普通大学生讲解他们十分陌生的中国佛教，并在中国创建带有中国佛教文化特色的基督教堂——南京景风山、杭州天风山、香港道风山等，开展宗教对话活动。请参见孙亦平《艾香德牧师与中国佛教：民国时期宗教对话的一个案例》，《世界宗教研究》2010年第6期。
③ ［英］麦克斯·缪勒：《宗教学导论》，陈观胜、李培茱译，上海人民出版社1989年版，第225—226页。
④ ［英］麦克斯·缪勒：《宗教学导论》，陈观胜、李培茱译，上海人民出版社1989年版，第16页。
⑤ ［英］麦克斯·缪勒：《宗教学导论》，陈观胜、李培茱译，上海人民出版社1989年版，第129页。

的过程。我们在这里以及别的地方均可看到,当导师在世时,没有人要将他的事迹记录下来,也没有人要编一部记述他所说的话语的圣典。他的信徒们跟他在一起就感到满足了,他们很少想到未来,更没想到未来的荣耀。只是当佛陀离开人世以后,他的弟子们才力图追忆他们已离去了的朋友和导师的言行。那时,只要是能增加佛陀荣光的言论,不论多么离奇,多么荒谬,都被热情地接受下来;倘若目击者大胆批评或驳斥那些毫无根据的言论,他们连发言的机会都不会有。不仅如此,当出现不同意见时,人们不是根据证据仔细地检验那些意见,而是很快地发明了'怀疑者'和'异端'这两个名字。这一点,在印度跟在别处是一样的。"① 麦克斯·缪勒一方面指出佛经中之所以包含驳杂内容的原因,另一方面,又认为正是那些虔信弟子通过将佛陀言论的不断神圣化、神秘化,才促进了作为宗教团体的佛教的持续发展。

第二,佛教有着不同于其他宗教的哲学思想。如果说让宗教信徒带上他视为最珍贵的东西,那么"佛教徒带的是永恒法则观念,他对它的驯服,以他的忍耐、他的慈悲为怀。"② 虽然后世将佛陀神化,但"佛陀本人只求助于我们所说的'悟性'"③。在麦克斯·缪勒看来,"在最基本的宗教问题上,佛教和基督教就像南北极那样遥遥相对。佛教不认为一切取决于最高的力量,因而不承认有最高的神。而基督教的全部根本在于对上帝的信念,相信上帝为天父,人子为上帝之子,并使人们通过对上帝之子的信念成为上帝的子民。尽管如此,奇怪的是佛陀对他的弟子说的话竟然同基督对他的门徒说的话一样。"④ 若对照佛教史,就可见释迦牟尼悟道成佛后,即开始向大众宣说自己证悟的真理,主要是四谛、八正道等法。麦克斯·缪勒更注重宣说佛陀证悟的真理与智慧,他认为当佛陀第一次宣讲他的"四谛"教义时说:"僧人们,我的眼、知识、智慧、明见、悟性都发展了,才获得了这四个以前不了解的教义。"⑤ 佛陀所说有"四谛"是超越了感性和理性之上的极致道理,所遵循的道德准则是世间所知道的最完美的道德准则。"佛陀因为有这样崇高的美德,所以能从一切欲念中解脱出来,于是得到神圣的知识,修成了佛。因此,聪明的人在抛弃一切享乐的念头以后,为人们做好事,甚而献出自己的生命,这样他就能获得真正的知识。"⑥

第三,佛教具有一种宽容性。麦克斯·缪勒指出,"也许除了早期的佛教以外,没有一个宗教会赞成对世界诸大宗教进行不偏不倚的比较这一想法,也不会容忍宗教学这一学科"⑦。这是因为佛教具有宽容的精神,它既保持自身独特的信仰,又在与其他思想文化交流中不断发展,故佛教在后来的发展中,一方面始终将佛陀所说的"四谛"、"五蕴"、"八正道"和"十二因缘"作为基本信仰;另一方面,"又在许多宗教问题的理解上有很大分歧的,从这种分歧中可以看到佛教的发展与变化。部派佛教与原始佛教的区别,除了表现在上述由于对某些戒律的看法不同而导致了宗教实践方面的差异之外,还突出地表现

---

① [英]麦克斯·缪勒:《宗教学导论》,陈观胜、李培茱译,上海人民出版社1989年版,第17页。
② [英]麦克斯·缪勒:《宗教的起源与发展》,金泽译,上海人民出版社1989年版,第264页。
③ [英]麦克斯·缪勒:《宗教学导论》,陈观胜、李培茱译,上海人民出版社1989年版,第52页。
④ [英]麦克斯·缪勒:《宗教学导论》,陈观胜、李培茱译,上海人民出版社1989年版,第115页。
⑤ [英]麦克斯·缪勒:《宗教学导论》,陈观胜、李培茱译,上海人民出版社1989年版,第52页。
⑥ [英]麦克斯·缪勒:《宗教学导论》,陈观胜、李培茱译,上海人民出版社1989年版,第116页。
⑦ [英]麦克斯·缪勒:《宗教学导论》,陈观胜、李培茱译,上海人民出版社1989年版,第21页。

在对佛陀的不同看法以及对业报轮回的主体与宇宙万物的实有、假有等问题的争论上。"①在麦克斯·缪勒看来，如何既坚持佛陀是"无所不知"的信仰，又以宽容态度吸收不同地区的不同民族文化，消弭不同教派的意见分歧，就体现了佛教在发展中的一种宽容性。他以《弥兰陀王问经》②为例来加以说明：佛陀的"早期弟子称他是萨婆若，也就是无所不知；但到了后世，发现佛陀在某几个问题上说的是他那个时代的语言，他在大地的形状和天体运动等问题上，犯了与他同时代的人同样的错误，于是佛教神学家做了一个重大让步。对佛陀，他们把'无所不知'这个词做了一些限制，只说佛陀对有关他体系的主要教义，是无所不知的。……这种观点肯定为佛教神学家增添了光彩。我们在《弥兰陀王问经》中，就见到伟大的那先的心里已有这种看法了。当弥兰陀王问及佛陀是不是无所不知时，他问答说：'是的，伟大的国王。佛陀无所不知。但佛陀并不在任何时候都运用他无所不知的能力。他通过冥想能知晓一切，在冥想时他能知晓他要知晓的一切。'那先的这个回答，显然是想在能用感觉和理性知晓的事物与只能通过冥想知晓的事物之间做出区别。在感觉和理性范围内的问题上，那先并没有说佛陀无所不知，绝无谬误；但在只有通过冥想才能认识的事物上，换句话说，就是我们所称的信仰问题上，那先说佛陀既是无所不知，又是绝无谬误的。"③

总之，麦克斯·缪勒对佛经的翻译与传播的主要贡献如下。

第一，从宗教学的创立来看，他以极其开阔的理论视野，并且努力站到"不偏不倚"的高度，通过将佛教与基督教、犹太教、婆罗门教、古代波斯的琐罗亚斯德教等进行比较研究，第一次提出"宗教学"这个概念，并创立了"宗教学"这门学科。④

第二，从佛教在欧洲的传播来看，虽然他推动的佛经翻译以及对佛教的研究尚处于附属于东方学、印度学的研究阶段，但却为西方语境之"他者"的佛教进入欧洲世界打开了大门，在客观上推动了佛教在欧洲的传播及欧亚之间佛教文化的交流。

第三，从欧洲的佛学研究来看，针对人们往往不自觉地用西方思想来理解佛教，麦克斯·缪勒不是站在信仰主义的立场上，也不是从哲学角度对宗教现象进行哲学思辨和直观推测，而是抱着理智的态度，采用比较语言学等方法对宗教现象进行学术性的研究，因此，他在佛经翻译中形成了自己的思路与特色，即将梵文作为雅利安语系之源，在将梵文佛经译成英语的过程中，比较侧重于采用比较语言学的方法；在佛学研究中，比较注重对名词概念的词源性考证，以对宗教的起源与发展的纵向比较为进路，力求还原本初的"纯粹佛教"，同时重视通过佛教与其他宗教的横向比较研究，来展现对佛教文化特质的认识，为比较宗教学研究寻找有益的素材，由此形成了欧洲佛教研究中的文献学与哲学并重的学术路向。

第四，从研究立场和研究方法上看，麦克斯·缪勒期望能够超越基督教的文化传统与西方学术的知识背景，努力以学术中立的姿态去解读东方佛教之本义，这一良好的学术志

---

① 洪修平：《中国佛教文化历程》（增订版），江苏教育出版社2005年版，第12页。
② 《弥兰陀王问经》是南传佛教巴利文佛经，记载了公元前3世纪统治古印度西北部的希腊国王弥兰陀和比丘那先有关佛教的问答，最后弥兰陀王受那先的教化而归依了佛教，故汉译本名为《那先比丘经》。
③ [英]麦克斯·缪勒：《宗教学导论》，陈观胜、李培茱译，上海人民出版社1989年版，第52页。
④ 受缪勒建立宗教学的影响，第一次较为完整地英译中国儒家的"四书五经"及道家的《老子》《庄子》而被收入《东方圣书集》中的英国著名汉学家、伦敦布道会传教士理雅各（James Legge，1815—1897），于1880年出版其著《中国宗教》（Religions of China）时，就力争建立"不偏不倚"的中国宗教观。

向对推动欧洲现代佛学研究展开产生了深远的影响。

当然，作为19世纪欧洲宗教学家的麦克斯·缪勒，他从事的佛经翻译和研究是为当时他所致力于从事的比较宗教学服务的，就其对佛教和佛学的研究而言，有些问题并没有充分展开，例如对佛教信仰和佛教根本教义的理解等，但不可否认的是，回顾考察以麦克斯·缪勒为代表的19世纪欧洲宗教学家的佛经翻译和研究，对于今天不同宗教之间的理解、对话以及东西方学术文化的交流都是很有意义的。

（原文发表于《世界宗教研究》2018年第2期）

滇西北多元宗教研究的文化意义[*]

张泽洪[**]

摘　要：滇西北是南方丝绸之路、茶马古道、藏彝走廊的重要地区，历史上多元族群与多元宗教砥砺共生。本文通过对滇西北的社会文化生态与多元族群、佛教各派在滇西北社会的浸润影响、滇西北社会多元宗教格局的形成三个维度的考察，认为滇西北少数民族传统宗教、佛教、道教、伊斯兰教及基督教多元信仰格局的形成，是历史上南方丝绸之路、茶马古道、藏彝走廊文化传播共同作用的结果。滇西北族群与宗教的多元共生，相互融摄互动，是中华民族多元一体格局影响所致。

关键词：滇西北　多元族群　多元宗教

滇西北包括云南省大理州的云龙、大理、洱源、剑川、鹤庆、宾川、漾濞、永平，丽江地区的丽江、宁蒗、永胜，迪庆州的中甸、德钦、维西，怒江州的兰坪、泸水、福贡、贡山，保山地区的保山、腾冲等地，是西南边疆多元民族宗教最具典型性的地区。滇西北世居少数民族有藏、白、彝、傈僳、纳西、普米、回、怒、独龙等，历史上有阿吒力教、藏传佛教、汉传佛教、道教、伊斯兰教、天主教、基督教、少数民族传统宗教等多元宗教并存。本文拟从南方丝绸之路文化交流的视野，从茶马古道经济文化传播，藏彝走廊民族迁徙的多维视角，来探讨滇西北多元宗教的内涵与特质。

一　滇西北的社会文化生态与多元族群

地处藏彝走廊南端的滇西北地区，历史上是西南民族迁徙的孔道，形成多元族群汇聚之地。滇西北地处中原文化、南亚文化、东南亚文化、青藏高原文化板块的边缘地带。滇西北地处西南六江流域南端，金沙江、澜沧江、怒江南北纵贯全境。史称"维西地处极边，为西藏出入门户，山高路险，介金沙、澜沧两江之间，延袤宽广环境约两千余里，实为滇西阨塞要害之区"。[①] 南北纵向排列的横断山脉，金沙江、澜沧江、怒江三江并流，构成滇西北特殊的生态环境，形成了西南最具特色的地理单元。

连接中外的南方丝绸之路，滇西北的茶马古道既是商业贸易的通道，更是历史上宗教文化传播之道。丝路与茶马古道沿线驿站的开通，各族群人员往来的频繁，促进了滇西北多元宗教格局的形成。滇西北的永昌、维西，历史上就是南方丝绸之路、茶马古道的重要

---

[*] 教育部人文社会科学重点研究基地重大项目"滇西北多元宗教历史与现状研究"（15JJD730001）阶段性成果。
[**] 张泽洪，四川大学道教与宗教文化研究所教授、博士生导师。
[①] （清）谢圣纶纂：《滇黔志略》卷十四，清乾隆间修，清乾隆二十八年（1763）刻本。

驿站所在。清周化凤《修辟永昌道路碑》："且永郡僻处天末，内卫滇西各郡，外控缅甸诸彝，盖西南之通衢，而永昌之要路。"① 维西是滇藏道出入西藏的门户，也是丝路与茶马古道所必经的重要驿站，清代维西至奔子栏、阿墩子的驿站畅通无阻。清谢圣纶《滇黔志略》卷十四载：

> 乃由金沙江至所属奔子栏、吉咱、丁拉等处，则有一十八站之远。又由澜沧江至所属阿墩子、梅里树、牛马甲浪等处，则有一十四站之远。②

民国《新纂云南通志》卷一百三十五载：

> 维西厅，一在阿墩子，距城北八站，……一在奔子栏，距城西北八站。③

明清时期川西藏区连接滇西北的道路畅通无阻，此道可视为南方丝绸之路的支线。清光绪《西藏图考》卷四《诸路程站附考》"自巴塘经云南中甸厅至丽江府路程"说：

> 此间有两道。一由巴塘西行，至竹巴笼，过河九站，至阿墩子，又十站至云南属之维西厅，皆行金沙江之外。一由巴塘南行，经六玉、奏堆，至云南属之中甸厅，皆行金沙江之内，较近数站。④

中甸旧称建塘，藏语称"建塘宗"，与川西藏区的巴塘、理塘合称为"三塘"。由于明代"三塘"属木氏土司控制地区，因此此路实际沟通了滇藏道与川藏道。

中甸以下的丽江、大理，历来是滇西北交通枢纽。丽江位于滇西北高原金沙江上游，为滇藏之间的咽喉要地，它的北部和中甸藏族地区相接，南部和大理白族地区相连。居住在这里的民族以纳西族最多，其次是汉、藏、白、傈僳等。清倪蜕《滇小记·藏程》就说："而自内地入藏，必以丽江为正路。"⑤ 丽江地处滇西北交通要道，历史上有滇西藩篱之说。清康熙《剑川州志》卷九载：

> 剑之圯有丽江，为滇西藩篱，与吐番接壤，而无城池可守，我朝开疆，已于鹤府设镇，分防石鼓。⑥

清倪蜕《滇小记·藏程》具体记载滇西北通西藏三条道路说：

> 西出有江内、江外及危习等三路，而三路内，又各有分投之路。盖自元明以来，

---

① 清康熙《永昌府志》卷二十五，（清）罗伦修，李文渊纂：（康熙）《永昌府志》，清康熙四十一年（1702）刻本。
② （清）谢圣纶纂：（乾隆）《滇黔志略》，清乾隆间修，清乾隆二十八年（1763）刻本。
③ 龙云、卢汉主修，周钟岳、赵式铭等编纂：（民国）《新纂云南通志》，民国38年（1949）铅印本。
④ （清）黄沛翘纂：（光绪）《西藏图考》，清光绪十二年（1886）滇南李培荣刻本。
⑤ 方国瑜主编：《云南史料丛刊》第十一卷，云南大学出版社2001年版，第155页。
⑥ （清）王世贵修，张伦纂：（康熙）《剑川州志》，清康熙五十二年（1713）刻本。

西戎即叙，而丽江木氏又有以控制之故，底把、中甸、江外之途坦然无阻，其宗、拉、蓉、江内之路荡荡通行。①

丽江是连接西藏的交通要道，而大理作为南诏大理国都城，历史上是滇西北政治经济中心。明杨慎《大理府志序》称：

> 大理，滇西繁雄郡也。缘珥水，出罢谷，为西南巨浸；浸苍山，像灵鹫，为西南巨镇。而襟带，而岩险，而物华，而人英，又衮然育，烨然缛，犁然有当于中土之奥区，卓乎无谢于南溟之奇甸焉。②

清康熙《大理府志序》：

> 夫叶榆为南诏都会，北接吐蕃，西南通交缅。点苍、鸡足，雄峙于中；黑水、金沙，联络于外。前抚昆弥，则崇冈峻壁，鸟道羊肠，诚有一夫当关，万夫莫开之势。右联金齿，左带丽江，则番彝杂处，藉其力足以强，获其利足以富。以故酋长之雄，乘间窃取，战中国之兵，疲天下之力，而莫可谁何？③

清康熙《大理府志序》：

> 滇迤之西，称山水之胜者，莫过于大理，东有若水九岩，南有昆弥铁柱，云龙黑水扼其西，铁桥石门镇其北，一雄郡也。④

滇西北东部的大理是南方丝绸之路的重镇，史称"大理为滇西巨镇，四会之冲。国初，南郭外为馆，以待迎送宿息。"⑤ 明代大理商务殷繁，人文荟萃，确乎是西南边疆一大都会。

滇西北地处青藏高原区域，毗邻西藏和四川，界连缅甸，邻近印度，是南方丝绸之路连接国际的重要地段，南诏大理国时期就是梵僧传教的重要通道。地处藏彝走廊最南端的滇西北，历史上又是民族迁徙流动的大通道，西南氐羌族群在此走廊的迁徙活动最为频繁。对于滇西北地区的族群构成情况，我们以维西、丽江、中甸为例说明。民国《维西县志》卷二载境内民族构成及分布说：

> 我邑种族，考旧志以麽些、古宗、喇妈、龙巴、喇嘛、栗粟、怒子、狑子等为八

---

① 方国瑜主编：《云南史料丛刊》第十一卷，云南大学出版社2001年版，第155页。
② （天启）《滇志》卷二十四，（明）刘文征撰，古永继校点：《滇志》，云南教育出版社1991年版，第801页。
③ （清）傅天祥、李斯佺修，黄元治等纂：（乾隆）《大理府志》，清康熙三十三年（1694）刻本，清乾隆十一年（1746）补刻本，民国二十九年（1940）大理严氏铅印本。
④ （清）傅天祥、李斯佺修，黄元治等纂：（乾隆）《大理府志》，清康熙三十三年（1694）刻本，清乾隆十一年（1746）补刻本，民国二十九年（1940）大理严氏铅印本。
⑤ 明隆庆《云南通志》卷十四杨士云《外馆驿记》，（明）邹应龙修，李元阳纂：（隆庆）《云南通志》，明隆庆六年（1572）修，万历四年（1576）刻本。

种。幺些居城外亦村及河边沿江一带。古宗居在奔子栏、阿敦子两区。喇妈、龙巴、栗粟三种，散居河边江边山头。喇嘛概在佛寺，乃古宗、麽些两种人为之。怒人远在怒江，狱人远在狱江，各有地。如诸语言习惯。①

麽些即纳西族，古宗即藏族，喇妈为白族支系，栗粟为傈僳族，㺯子为怒族，狱子为独龙族。其中，维西的纳西族支系为"玛利马沙人"，维西的白族支系今称为"那玛人"，龙巴为尼西藏人，中甸自称为"龙巴"的尼西藏人，意思就是"河谷人"。

清光绪《丽江府志》卷一载丽江的民族有幺㑇、西番、古宗、猡猡、怒人、猫子、狱人、猡猡、僰人等。清吴大勋《滇南闻见录·丽夷》载丽江的族群构成说：

> 丽郡夷人有九种，如民家、白夷、鲁俫之类，散处各乡。山外江外，则㑇人、怒子、生、熟栗粟四种，已远于人类，有茹毛饮血，巢居穴处之风。中甸、维西皆古宗，地近藏，服饰似喇嘛，人最黠。至郡城左右，则摩莎也。②

清乾隆三十八年（1773）至四十四年（1779），吴大勋出任丽江知府，所载猫子即苗族，僰人指丽江属于百濮、百越的族群。

民国中甸县的人口构成，史称有汉族、回族、藏族、摩些族（纳西族）、力些族（傈僳族）、猡猡族（彝族）、苗族七种，而汉族人多系中原迁徙移民。民国《中甸县志稿》卷上载：

> 中甸汉族有陕籍、赣籍、湖广籍、川籍、滇籍诸种，其一部份系为绿营弁兵之苗裔所繁衍，其余则为贸易、开垦、游艺而来。……综计全县七种民族共六千三百五十九户，男女三万一千九百二十四口。③

滇西北的少数民族以氐羌系为主，亦包括苗瑶系的族群，元明清时期迁徙进入的回族，更有明代以后大量来自中原的汉族人，这里是西南边疆最具典型性的多元族群分布之地。时至今日，在滇西北迪庆藏族自治州境内，就有藏、傈僳、纳西、汉、白、回、彝、苗、普米等9个千人以上的民族和其他16种少数民族。

滇西北多元族群与多元宗教的最大特点，是藏传佛教在云南康区的长期浸润影响，所谓南方丝绸之路、茶马古道、藏彝走廊，在滇西北地区的地理人文呈现，都与藏传佛教的存在和社会影响有关，以致清代考察滇藏路的驿站，沿途的藏传佛教寺庙及僧人都是避不开的话题。清光绪《西藏图考》卷四《诸路程站附考》载：

> 竹挖根红教寺，宿寺，有喇嘛三百余名。喜经堂、佛殿颇庄严。……左往阿墩子八站，前往德绒四站，右循小沟而进为中甸路。次日行三十里，一路碉房，俱然烟以示敬。……中甸宿，自巴塘至中甸，行十八日，约计一千余里。中甸抚夷同知所辖，

---

① 李炳臣修，李翰湘纂：（民国）《维西县志》，民国二十一年（1932）修，抄本。
② 方国瑜主编：《云南史料丛刊》第12卷，云南大学出版社1998年版，第20页。
③ 段绶滋纂修：（民国）《中甸县志稿》，民国二十八年（1939）稿本。

幅员三百余里，夷民言语，与藏地不同。所奉红黄二教，城外有大寺，剌麻二千余名。①

总之，地处藏彝走廊南端的滇西北，是多元族群分布最为典型的地区，这里多元宗教文化交融共生，也是西南边疆具有典型性的地区。

二 佛教各派在滇西北社会的浸润影响

历史上南方丝绸之路的开通，滇西北茶马古道的经济交往，各族群在藏彝走廊的迁徙，有助于儒释道三教在滇西北地区的传播。滇西北各民族传统宗教在此文化交融的过程中，都不同程度受到中原儒释道三教影响，而滇西北藏、彝、白、纳西、普米、傈僳宗教文化互渗的趋势至为明显。

滇西北各族群保存着自己独特的宗教信仰。在高原上居住着信仰藏传佛教的藏族；居住在金沙江河谷与丽江盆地的是信仰东巴教的纳西族；在高原与河谷、低地间的山坡上，居住着信仰"夷教"的彝族和信仰韩规教的普米族；在南部山区与河谷中，生活着信仰传统宗教的傈僳族、怒族、独龙族；在东南部山地与盆地中，生活着信仰本主的白族。甚至不同宗教在同一族群中长期传播，如泸沽湖畔的摩梭人有达巴教的原始宗教信仰，但历史上也接受了藏传佛教；大理白族人崇拜"本主"，但也先后接受阿吒力教、汉传佛教。

1. 汉传佛教在滇西北的传播影响

从南诏大理国时期开始，阿吒力教、汉传佛教就已传入滇西北地区。对于汉传佛教在滇西北的兴盛状况，元郭松年《大理行记》有生动的记叙：

> 然而此邦之人，西去天竺为近，其俗多尚浮屠法，家无贫富，皆有佛堂，人不以老壮，手不释数珠；一岁之间，斋戒几半，绝不茹荤饮酒，至斋毕乃已。沿山寺宇极多，不可殚记。②

明谢肇淛《滇略》卷四《俗略》说："叶榆以西，接壤竺国。故自唐宋以来，崇奉释教，日甚一日。"③ 此论所载南诏大理国时期的释教，指阿吒力教和汉传佛教。清康熙《云南通志》卷二十六《仙释》："滇西可达葱岭，上世摩腾、竺昙时游斯地，故其俗尚浮屠。"④ 这些记载都凸显滇西北佛教的兴盛和南方丝绸之路所起的地理作用。

历史上随着汉族移民的迁徙，滇西北汉传佛教亦进入极盛时期，以致洱海周边地区形成宾川鸡足山、大理点苍山、祥云水目山、剑川石宝山、鹤庆龙华山、洱源标山、兰坪金鸡山、永胜灵源箐等汉传佛教名山。时人有"妙香国为神僧灵迹，鸡足山为迦叶道场"

---

① （清）黄沛翘纂：（光绪）《西藏图考》，清光绪十二年（1886）滇南李培荣刻本。
② （天启）《滇志》卷十九，（明）刘文征撰，古永继校点：《滇志》，云南教育出版社1991年版，第620页。
③ 《文渊阁四库全书》，台湾商务印书馆1986年版，第494册，第142页。
④ （清）范承勋、王继文修，吴自肃、丁炜纂：（康熙）《云南通志》，清康熙三十年（1691）刻本。

之说。① 大理国天开十六年（1220）立《皎渊塔之碑铭并序》载大理国高氏之族高泰明曾孙皎渊出家为僧，有"达摩西来之旨，祖祖相传，灯灯起焰，自汉暨于南国，代不失人"的赞语。② 祥云水目山是大理国汉传佛教传播中心之一。石宝山是滇西北汉传佛教圣地，明李元阳《游石宝山记》载所见石宝山佛教石刻造像说：

> 剑川石宝山，缘崖多石像，有观音，有诸菩萨、罗汉，皆若雕镂，然及省其手足指爪剥折之处，又皆空洞如人之骨，乃之其为天成，又省其空洞之穴，皆有凿痕。反覆辩别，莫究端倪。③

石宝山以石窟和摩崖造像彰显佛教的传播，开凿于南诏大理国时期的石窟造像，享有"西南敦煌"的美誉。

元明时期控制滇西北的木氏土司，历史上以崇奉佛教而知名。《明末滇南纪略》卷三《沐公顺贼》称："丽江土官自明朝开国以来，惟以一檄而定，素不知兵，俗多好佛，常以金银铸佛，大者丈余，次者八九尺，再次之二三尺不等，如是罗列供养。"④ 清吴大勋《滇南闻见录·木氏》说木氏土司，"崇奉佛教，所在营建寺庙，极其华丽，有藏经楼，贮藏经全部，经文皆楷书。"⑤

永胜灵源箐石刻观音像，为滇西北佛教神像之较古者。景泰《云南图经志书》卷四北胜州古迹曰："石刻佛像，本州东山下石壁间，有古时镌刻释迦、观音二像，其旁题曰：'唐吴道子笔'。"⑥ 史称灵源箐香火之盛，为永北之冠。

2. 滇西北白族佛号命名所见佛教的影响

南诏大理国时期白族民间有佛号命名习俗，这是佛教影响滇西北社会的实例。清王崧道光《云南志钞》卷七《土司志上》"浪穹县"条说："其时俗尚佛教，人名多冠以佛号。"⑦ 所谓佛号命名，是信徒将修炼的"本尊"之名加入名字中，以象征希望达到的修炼境界。即在世俗姓与名之间加上佛号，形成姓+佛号+名的取名方式。南宋有大理商人李观音得，其中"观音"是其佛号，即他修炼的"本尊"。云南地方史籍中所见佛号命名者有高妙音护、高观音政、高逾城隆、段易长顺、杨天王长、张药师莲、段易长兴、赵般若宗、段延寿妲、董伽罗尤、李大日贤、张药师王明等，这是滇西北信众表达佛教信仰的特殊方式。

白族佛号人名最早见于宋代文献，宋范成大《桂海虞衡志·志蛮》"大理"条曰：

> 乾道中癸巳冬，忽有大理人李观音得、董六斤黑、张般若师等，率以三字为名，凡二十三人，至议市马。……其人皆有礼仪，擎诵佛书，碧纸金银字相间。邕人得其

---

① 清咸丰《邓川州志》卷四《风俗》，（清）钮方图修，侯允钦纂：（咸丰）《邓川州志》，清咸丰四年（1854）杨炳锃刻本。

② 邱宣充主编：《水目山志》，云南科技出版社2003年版，第131页。

③ （天启）《滇志》卷十九，（明）刘文征撰，古永继校点：《滇志》，云南教育出版社1991年版，第628页。

④ 方国瑜主编：《云南史料丛刊》第4卷，云南大学出版社1998年版，第704页。

⑤ 方国瑜主编：《云南史料丛刊》第12卷，云南大学出版社1998年版，第19页。

⑥ （明）陈文撰，李春龙、刘景毛校注：《景泰云南图经志书校注》，云南民族出版社2002年版，第254页。

⑦ （清）王崧纂：（道光）《云南志钞》，清道光九年（1829）吉佑堂藏版。

《大悲经》，称为"坦绰赵般若宗祈祷目疾而书"，坦绰、酋望、清平官，皆其官名也。①

明永乐二十一年（1423）《故□记姚安奉议大夫杨公惠武墓志铭》载：

> 孝男将仕郎金堂县主簿杨鼎，娌何观音婢，次男杨春，娌彭观音桂；孝孙杨保、杨贤、□□；孙娌李观音香、杨观音修；孙女法华圆、法华芳、法华息、观音才、观音和；孝女观音□、观音玉；婿杨寿段□；孝孙昭信校尉百户杨珠，孙婿杜坚、杨顺；外孙杨德春、李玄岱、段观成；外孙女妙祖、春花好、冬菊花立。②

此碑文的题名中共列杨氏家族25人，其中采用佛号"观音""法华"者有11人，显示杨氏家族女性多为信佛之人。徐嘉瑞《大理古代文化史稿》指出："白子婴儿，弱病难养，则请巫师举行一种仪式（富豪则请阿叱尼，仪式较大），向神佛寄名。巫师假神佛之名，赐婴儿名字。此名字必含所寄名之佛或神之称号，最下一字，多为生、光、明、保、安等字样。"③

宋元明时期白族人名夹佛号"观音"的有330人。其中宋代38人，元代87人，明代205人。④ 涉及李、高、陈、朱、章、张、孟、董、苏、段、杨、尹、刘、寸、车、彭、赵、木、何、王等二十姓。其中又以南诏大理国时期洱海地区白蛮大姓杨、李、赵、段、董、高、张等姓名居多。所用佛号计有观音、逾城、药师、般若、金刚、大日、天王、文殊、妙音、易长、随求、法华、华严、三宝、难陀、圆通、诸天、天神、普贤、梵僧、大师、和尚、左梨、普法、大藏、延寿、婆罗、舍利、玄化、佛、吉祥、弥陀、释迦、迦罗、波罗等三十五种。⑤ 方国瑜先生亦认为："其时俗尚佛教，人名多冠以佛号，所说甚是。而佛教宗派以密宗用佛号为名者多，今之康藏如此。"⑥ 佛号是信众宣示信仰的象征符号，是佛教影响白族社会的典型例证。

3. 滇西北的苯教与噶玛噶举派

藏传佛教在滇西北地区的传播，早期是苯教与噶玛噶举派共存。吐蕃在公元7世纪中期进入滇西北，苯教也随吐蕃军队的行动传入南诏。进入滇西北地区的苯教，经历长期传播形成控制区域。民国时期《三省入藏程站纪》记载说："自龙树塘历阿敦子，多木沿江

---

① （宋）马端临著：《文献通考》卷三百二十九《四裔考六》。（宋）范成大撰，胡起望、覃光广校注：《桂海虞衡志辑佚校注》，四川民族出版社1986年版，第257—258页。
② 《中国少数民族社会历史调查资料丛刊》修订编辑委员会编：《白族社会历史调查》（四），民族出版社2009年版，第154页。
③ 徐嘉瑞著：《大理古代文化史》，云南人民出版社2005年版，第336页。
④ 见范成大《桂海虞衡志》，胡蔚本《南诏野史》，剑川《向湖村杨氏宗谱》，张洪《平缅记》，大理北汤天《大方广佛华严经》题记，昆明《地藏寺经幢造幢记》，祥云《渊公塔碑》，腾冲《孟观音墓碑》，大理《处士群众公墓碑》，祥云水目山成化六年铜钟题记等。
⑤ 田怀清：《宋、元、明时期的白族人名与佛教》，《云南民族大学学报》2002年第1期。
⑥ 民国《新纂云南通志》卷九十《金石考十·大理国》，龙云、卢汉主修，周钟岳、赵式铭等编纂：（民国）《新纂云南通志》，民国38年（1949）铅印本。

行五十里至桥头……渡桥至澜沧江西岸，为黑喇嘛所属地。"① 所载澜沧江西岸为黑喇嘛即本教地盘。德钦、中甸、宁蒗等地称本教为黑本，地方志中亦称之为黑教。民国《中甸县志稿》卷下称："中甸在前明中叶，喇嘛教即已盛行，惟其时仅有红教，亦间有奉行黑教或白教者。"②

清乾隆《丽江府志略》卷下《风俗》载夷民："土人家家供佛，信喇嘛僧。""俗尚古朴，惟好佛信鬼。"③ 元明滇西北藏传佛教兴盛，形成家家有佛堂、村村有经堂的信仰格局。明代纳西族木氏土司推崇噶玛噶举派，所谓"么些则只奉红教"即指此。清余庆远《维西见闻纪》载：

> 红教喇嘛，相传有十三种，维西惟格马一种。格马长五人，谓之五宝，轮回生番地，均十余世不灭，人称活佛。维西五寺，红教喇嘛八百人，皆格马四宝喇嘛之法子也。④

滇西北流播的噶玛噶举派，云南地方文献多概称红教。维西红教五寺，指寿国寺、兰经寺、达摩寺、来远寺和奔子栏的荣宣寺。据清王崧《道光云南志钞·边裔志下·西藏载记》载：明至清初噶玛噶举派在中甸共建立大宝寺、康司寺、甲夏寺等25座寺庙。⑤

木氏土司崇奉噶玛噶举派的举措，是在丽江、维西兴建红教十三寺，即文峰寺、指云寺、普济寺、福国寺、玉峰寺、林昭寺、喜化寺、答来寺、寿国寺、来景寺、普化寺、达摩寺、来远寺。其中福国寺、文峰寺、指云寺、普济寺、玉峰寺又合称为丽江五大寺。而其中最早兴建的福国寺，在明万历年间又经历了从禅林到藏传佛教寺庙的转化。

4. 滇西北藏传佛教及其高僧

藏传佛教在滇西北藏族、纳西族、怒族、普米族、摩梭人、玛丽玛萨人等族群中有不同程度的传播。至清代由于统治者的支持，滇西北经历了红教、黄教的嬗变消长，格鲁派取代噶玛噶举的独尊地位，成为滇西北藏传佛教后来居上的教派。但尽管如此，红教则依然顽强保持着自己的传统，最终形成藏传佛教各派共存的格局。清谢圣纶《滇黔志略》卷十四谈红教、黄教的关系说：

> 红教则四宝法王统之，其势弱；黄教则大宝法王统之，其势强。余任维西所属，有兰经、寿国二寺，则红教喇嘛所居。有东竹林寺，则黄教喇嘛所居。……维西红教约百余人，黄教则有五百余人。邻境中甸黄教一寺，至有千余人之多。⑥

民国《中甸县志稿》卷下载：

---

① 范铸编：《三省入藏程站纪》，吴丰培辑：《川藏游踪汇编》，四川民族出版社1985年版，第434页。
② 段绶滋纂修：(民国)《中甸县志稿》，民国二十八年（1939）稿本。
③ （清）管学宣修，万咸燕纂：(乾隆)《丽江府志略》，清乾隆八年（1743）刻本。
④ （清）余庆远撰：《维西见闻纪》，维西傈僳族自治县志编委会办公室，1994年6月，第61—62页。
⑤ 段志诚主编，云南省中甸县地方志编纂委员会编纂：《中甸县志》，云南民族出版社1997年版，第229页。
⑥ （清）谢圣纶纂：(乾隆)《滇黔志略》，清乾隆二十八年（1763）刻本。

迨前清康熙己未年经达赖五世，奏请朝廷剿灭红教，崇尚黄教，奉旨建归化寺，敕赐度牒三百三十本，剃度黄教喇嘛三百三十名。准在中甸境内打鼓念经，宏扬红教。旋又请准于归化寺额设黄教喇嘛一千二百二十六名，年给口粮、酥油、盐、茶、银两等物。①

清乾隆时期中甸归化寺额定喇嘛1226名，至新中国成立初期还有1329名喇嘛的规模。

明清时期滇西北藏传佛教有一批高僧大德，他们的笃志修行在社会上已形成良好的影响。清乾隆《丽江府志略》卷下载："太极庵，在芝山巅，僧得天、的敬、的痴习静处，景最清幽。"②"的知，喇嘛僧，自幼入芝山修行，即与象异，未几退居山岭太极庵，每日默坐持念，不履城市，五十余年，鹤发童颜，喜笑自若，见人略无烦恼，意隆冬大雪，露肘袒肩，一如常时。四宝法王及西域高僧来叩其所得，皆敬礼之而去。"③ 在芝山太极庵修行的的知是噶玛噶举高僧，其修行成就获得噶玛噶举最高领袖四宝法王的尊敬。

清乾隆《丽江府志略》卷下《仙释》载清代西域僧呵哈哈摩尼的神异事迹。"初至丽，往来雪山麓，以石结茆，终日兀坐，夷象伺之，每夜趺坐石龛，喃喃持梵咒。晨起取清泉灌其体，自顶及踵，虽严寒日必三焉。鹤发童颜，步履如飞，或叩以导引术，笑而不言，神色清润，年已百余岁矣。后往鹤庆，住锡东岳宫。"而另一高僧处音都知，"顺治己丑年，自西藏来，住锡解脱林，为四众说法。"④ 中甸归化寺亦有"经典深湛、修持严谨"的名僧。⑤

三 滇西北社会多元宗教格局的形成

滇西北阿吒力教、汉传佛教、藏传佛教、东巴教、道教、伊斯兰教、基督教、天主教、原始宗教多元共生，其多元族群与多元宗教的格局由来已久。滇西北永宁民间盛行多元宗教信仰，达巴教的达巴和藏传佛教的喇嘛常共同举行法事。如在纳西人的丧葬仪式上，达巴教的达巴主持"开路送魂""洗马"仪式，藏传佛教的喇嘛则念经做点火仪式。⑥ 怒族支系阿怒人居住的丙中洛，是多元族群与多元宗教并存之地，基督教、天主教、藏传佛教、少数民族传统宗教都有影响。

1. 道教在滇西北地区的传播影响

明代木氏土司在丽江兴建吴烈山神庙、束河九顶龙王庙、大觉宫、七河大王初神庙、九河神庙、县城玄天阁、中海雷音寺、白沙真武祠、太极庵等。清光绪《丽江府志》卷四《寺观》说："丽江接壤西域，佛寺颇多，道观次之。"⑦ 丽江壁画作于明洪武十八年（1385）至万历四十四年（1616），明代传世的云南丽江壁画，其题材内容展示了道教的

---

① 段绶滋纂修：(民国)《中甸县志稿》，民国二十八年（1939）稿本。
② （清）管学宣修，万咸燕纂：(乾隆)《丽江府志略》，清乾隆八年（1743）刻本。
③ （清）管学宣修，万咸燕纂：(乾隆)《丽江府志略》，清乾隆八年（1743）刻本。
④ （清）管学宣修，万咸燕纂：(乾隆)《丽江府志略》，清乾隆八年（1743）刻本。
⑤ 民国《中甸县志稿》卷末，段绶滋纂修：(民国)《中甸县志稿》，民国二十八年（1939）稿本。
⑥ 云南省编辑组：《宁蒗县纳西族社会及其母系制调查》，云南人民出版社1986年版，第113页。
⑦ （清）陈宗海修，李星瑞纂：(光绪)《丽江府志》，清光绪二十一年（1895）稿本。

神仙信仰。丽江壁画的内容汇聚多种宗教，其题材多元化与丽江民族构成和宗教信仰相关。丽江各族群之间保持着亲密关系，纳西族著名长诗《创世纪》说人类的祖先生了三个儿子，老大是藏族，老二是纳西族，老三是白族。木氏土司适应各族群的宗教信仰，因此丽江壁画的题材内容呈现道教、汉传佛教、藏传佛教融汇的趋势，展现出多元文化并存的格局。①

丽江道教题材的壁画是木氏土司尊崇道教的结果。明代徐霞客游历云南，曾目睹云南道教之现状。徐霞客亲历玉皇阁、真武庙、关帝庙、城隍庙、文昌宫等道教宫观。清光绪《丽江府志》卷一《风俗·节令》载："九月上旬，道士朝真，村人络绎进香者凡九日。"② 说明道教信仰已融入民俗活动之中。

清代巍山道教进入兴盛时期，其时山上兴建的道教宫观有文昌宫、主君阁、玉皇阁、斗姥阁、清霞观、三皇殿、观音殿、元极宫、培鹤楼、□真楼、道源宫、云鹤宫、长春洞，以及祭祀土主的嵯耶庙、巡山殿。③ 云南巍山道教至明清以来，形成了斋醮敬香的民俗活动。民国时期巍山的巡山会、老君会、南斗会、北斗会、巡山老祖会、财神会等会期，在民间都颇具影响。④ 道教色彩的洞经会在滇西北白族、纳西族社会都很盛行，洞经会庆祝道教神仙诞辰，念诵的经书是民间传布的道经。滇西北白族民间的莲池会、神灵会期以供奉道教神仙为特色，是道教影响滇西北白族社会的典型例证。

2. 滇西北少数民族传统宗教与民间信仰

滇西北少数民族传统宗教更有长期的传承和深厚的土壤，纳西族东巴教、普米族韩规教、白族本主教、彝族毕摩教、傈僳族尼扒教、普米族韩规教长期共存。而各族群的宗教信仰往往是多元的，如在滇西北普米族民间社会，就是藏传佛教、释比教、韩规教多元共生的格局。民国时期周汝诚《宁蒗见闻录》就说：

> 永宁境内之宗教比较多：本地土司和吕喜信喇嘛教和达巴教；么些信东巴教；彝族信碧玛教；傈僳族信尼扒教；西番族信奉扈第叭教。在这民族众多的社会里，信教比较自由。永宁各少数民族各有其宗教，及其心理和信仰。⑤

周汝诚所载本地土司即民国时期永宁土知府阿氏土司，阿氏及称为"吕喜"的摩梭人信仰藏传佛教和达巴教。宁蒗的么些即纳西族信仰东巴教，宁蒗的彝族信碧玛教即毕摩教，傈僳族有尼扒教的原始宗教信仰。西番即普米族信奉扈第叭教。

滇西北怒江怒族的朝山节，是往有仙气的神山朝拜，这些神山以有"仙人洞"为特征。云南白族农历七月半做中元会，在本主庙设皇坛、经坛、亡坛，由道士主坛行荐亡拯

---

① 陈兆复：《关于丽江壁画笔记》，云南省编辑组：《纳西族社会历史调查》（二），云南民族出版社1986年版，第80页。
② （清）陈宗海修，李星瑞纂：（光绪）《丽江府志》，清光绪二十一年（1895）稿本。
③ 民国《蒙化志稿》卷十五，李春曦修，梁友檍纂：（民国）《蒙化志稿》，民国九年（1920）云南崇文书局铅印本。
④ 薛琳：《巍宝山道教调查》，云南省编辑组：《云南巍山彝族社会历史调查》，云南人民出版社1986年版，第252页。
⑤ 该文作者原稿为《宁蒗见闻录》，整理出版时更名为《永宁见闻录》。周汝诚著，郭大烈整理：《永宁见闻录》，云南省编辑组：《纳西族社会历史调查》（二），云南民族出版社1986年版，第176页。

孤活动。清咸丰《邓川州志》卷四《风俗》载：

> 余则尊祀文昌帝君，关圣帝君，十室之邑，必择地营殿宇，恭值诞其牺牲虔祭。而文昌洞经会，里巷间尤加意整饬，各立社规。凡道家所谓神诞日必肃衣冠，就祠庙部署经坛，讽诵竟日。①

来自中原的儒释道三教及民间信仰在滇西北的传播，有力说明中华文化对西南边疆少数民族的凝聚力。宗教对凝聚西南各族群起着重要的整合作用，滇西北地区少数民族原始宗教与神学宗教多元共生，为宗教学理论的建构提供了中国特色的田野例证。

3. 滇西北多元族群与多元宗教共生局面的形成

滇西北是多元宗教文化交汇之地，是受中华民族多元一体格局影响的典型地区。多元宗教对世俗社会生活的影响力，决定着滇西北地区社会发展的进程。滇西北多元宗教格局的形成，是历史上民族走廊族群迁徙与南方丝绸之路文化传播共同作用的结果。

丽江纳西人有原始信仰的东巴教，但藏传佛教在纳西族中的传播是影响多元族群的典型例证。清余庆远《维西见闻录》载纳西族"头目有二子，必以一子为喇嘛"。清乾隆八年（1743），维西其宗么些头人之7岁的儿子达机被噶玛噶举派选定为活佛，"远近么些闻之，百千成群，顶香皈拜，布施无算"。②乾隆丁亥年（1767），噶玛噶举派四宝法王命喇嘛数人来维西六村纳西族王永善家迎请其子为噶玛噶举派活佛，"六村么些闻，皆赴免冠拜"，其子后成为"格马四宝喇嘛之高第弟子"。③历史上不乏纳西人信仰藏传佛教的记载。民国《中甸县志稿》卷末《方外》载江边境北地甲摩些族人鲁苴宜吗，"乃入归化寺为喇嘛，精研黄教教义，后进藏留学三十五年，凡三藏大乘经典，无不通晓，屡考得格协学位"。④

元明时期伊斯兰教随回族迁徙传入滇西北地区，来自中原的汉族移民带来了儒释道三教及民间信仰，近代以来天主教、基督教相继传入滇西北地区，而滇西北各族群恪守原始宗教信仰，由此在滇西北形成多元族群与多元宗教相融共生的格局。明清以来的滇西北地方志客观反映了多元宗教并存的历史实况。明隆武《重修邓川州志》卷三《风境志·风俗》："密僧叱龙救旱；道士驱雷逐疫，皆有天功。若二月八日迎佛，四月八日浴佛，九月朔至九日拜斗，皆自唐代以来，仪文尚奢，而敬念可取。"⑤清代维西县有滇西副军刘德成《三圣宫碑记》曰："三教之兴，洋溢中外。维西虽极边塞，而讽经祝国供佛向善者甚不乏人。如城中三圣宫，自有义张都督创始，数十年来，优昙零落。阐道无闻，几几乎有钟寂鼓寞之势。今幸官绅士庶共襄善举。重修庙宇，再绘金身，诚为佛门，光辉其色。"⑥民国《中甸县志稿》卷下："佛道混合教，凡县城及第三区江边，汉族人民均崇信之。非其先有佛道混合教之见解与目标而后立教，实本中国人见像必拜，见庙必礼，见

---

① （清）钮方图修，侯允钦纂：(咸丰)《邓川州志》，清咸丰四年（1854）杨炳铎刻本。
② （清）余庆远撰：《维西见闻纪》，维西傈僳族自治县县编委会办公室，1994年6月，第64页。
③ （清）余庆远撰：《维西见闻纪》，维西傈僳族自治县县编委会办公室，1994年6月，第66页。
④ 段绶滋纂修：(民国)《中甸县志稿》，民国二十八年（1939）稿本。
⑤ （明）敖泓贞修，艾自修纂：(隆武)《重修邓川州志》，明隆武二年（1646）刻本。
⑥ 李炳臣修，李翰湘纂：(民国)《维西县志》，民国二十一年（1932）修，抄本。

经必读之相沿习惯。"①

清乾隆《丽江府志略》卷下《寺观》载有：观音阁、福国寺、太极庵、观音堂、玉峰寺、金刚殿、护法堂、雪嵩庵、迎仙楼、西园庵、真武祠、大觉宫、元天阁、元光寺、九顶龙王庙、万松庵、兜率园、三宝庵、指云寺、文峰院、大王初神庙、九河神庙、迷剌瓦神庙等。民国《维西县志》卷一《坛庙寺观》所载民间信仰祠庙有：关岳庙、文昌宫、万寿宫、东岳宫、三清殿、财神殿、维安阁、奎星阁、西岳庙、城隍祠、北龙庙、龙王庙、三霄殿、忠烈祠、川主宫、三圣宫、先农坛。所载藏传佛教寺院有：寿国寺、来远寺、达摩寺、东竹林寺、太平寺院、兰经寺。

民国《泸水志》记载基督教初传泸水的情况：

> 自民十八年春，有龙陵县人民来泸赶沼塘会，与夷人结合，用英文字母编成夷语传耶教。自后有美国教士贝牧师者，来泸借民房暂住，夷民入教逐渐增。十九年，向老窝土司属之驼基住民买有屋基一块，近已修成木板房，成为教堂。……每一星期，附近三四十里者，俱来集会一次。教长贝牧师，学校每村设一校，入教人数全区在三百户以上，概系猓猓，他族入耶教者无一人。②

傈僳族信仰原始宗教尼扒教，近代以来又接受了基督教、天主教信仰。滇西北怒江的傈僳族、怒族、独龙族都是受基督教传播影响的族群。

结 语

历史上南方丝绸之路的开通、滇西北茶马古道的经济交往、各族群在藏彝走廊的迁徙促进了儒释道三教在滇西北的传播。滇西北各民族传统宗教都不同程度受中原儒释道三教影响，而滇西北藏、彝、白、纳西、普米、傈僳宗教文化互渗现象至为明显。历史上多元宗教文化在滇西北各民族间的交流，在信仰的层面将促进各民族的认同感，从而增强中华民族的向心力和凝聚力。可以说，滇西北多元宗教历史与现状的生成，是中华民族多元一体格局的必然结果。

（原文发表于《宗教学研究》2018 年第 3 期）

---

① 段绶滋纂修：（民国）《中甸县志稿》，民国二十八年（1939）稿本。
② 殷承钧纂修：（民国）《泸水志》，民国二十一年（1932）石印本。

契嵩本《坛经》新发现[*]

侯 冲[**]

摘 要：新见闾山双泉寺等刊本《坛经》，是"洪武六年"刊本的覆刻本。它们证明"洪武六年"刊本确实如铃木大拙所说，就是契嵩本《坛经》。但其结构和文字，却并不像铃木大拙所说，与流行本即宗宝本《坛经》没有大的区别。契嵩本《坛经》是契嵩在旧本《坛经》的基础上，综合了《景德传灯录》等非《坛经》文献编纂而成，并全面开启了在经文正文中加注的模式。契嵩本《坛经》的新发现，不仅让我们知道了何为契嵩本《坛经》，还帮助我们明确了不同本《坛经》的具体内容，以及《坛经》由敦煌本、存中本、惠昕本、契嵩本、过渡本、德异本、宗宝本和德清本这一不断被改编的历程。胡适基于新资料发现研究《坛经》的一些结论，因此得到了印证。所以，在利用《坛经》研究禅宗乃至唐代以降中国佛教史时，有必要在辨析《坛经》不同版本的基础上展开。

关键词：《坛经》 契嵩本 法海等集本 《景德传灯录》 胡适

虽然迄今为止有关《坛经》研究的著述已经为数不少，但由于长期缺少新资料，无法弄清契嵩本《坛经》的具体情况，所以对《坛经》诸版本的关系一直无法梳理清楚。[①]宋人郎简《六祖法宝记叙》说：六祖所说《法宝记》此前曾经增损，以致文字鄙俚，内容繁杂不可考。看到契嵩《坛经赞》后，郎简表示如果契嵩能对其进行补正，他愿意出资刊印。两年后，契嵩得到"曹溪古本"，对《六祖法宝记》做了校正，分为三卷，于是郎简在宋至和三年（1056）三月命工镂板刊印，并亲自作叙说明。[②]郎简所说契嵩校正本《坛经》，就是本文所说的契嵩本《坛经》。

自1934年胡适发表《记北宋本的六祖坛经（跋日本京都堀川兴圣寺藏北宋惠昕本

---

[*] 本文承上海高校高峰高原学科建设计划资助项目、教育部人文社会科学重点研究基地重大项目"中国民间流传佛教仪式文献整理与研究（16JJD730007）"资助。

文章初稿完成后，方广锠、定源（王招国）、曹凌、皮庆生、张风雷、张文良等先生先后提出了宝贵的修改补充意见。谨致谢忱！

[**] 侯冲，1966年生，上海师范大学哲学系教授、博士生导师。

[①] 有关《坛经》早期研究的相关综述及重要成果目录，参见释明生主编《六祖坛经研究集成》，金城出版社2012年版；有关《坛经》研究成果的细目，参见明生主编《六祖慧能与〈坛经〉论著目录集成》，广东人民出版社2014年版。

[②] 郎简：《六祖法宝记叙》，释契嵩《镡津文集》卷十二，见邱小毛等《镡津文集校注》，巴蜀书社2014年版，第241—242页。

〈坛经〉影印本)》① 一文后，通过不断的梳理，"现存《坛经》真正有代表性的其实只有敦煌本、惠昕本和契嵩本三种"②的看法，已经得到不少人的认同。但是，究竟哪一种《坛经》是契嵩本《坛经》？此前一直未见有人能做出肯定而明确的结论。③ 以契嵩本《坛经》为基础对相关问题展开的研究，如对《坛经》诸版本关系的讨论，由于未能结合具体文本展开，存在诸多不确定性，自然无法让人信从。④

笔者近年收集到的间山双泉寺刊本等"洪武六年"《坛经》覆刻本，证明铃木大拙认为"洪武六年"刊本《坛经》是契嵩本《坛经》的观点是正确的。但是，铃木大拙所言该刊本与流行本《坛经》即宗宝本的构成和文字没有大的差别，则与事实不符。本文通过对新资料"洪武六年"刊本具体内容的释读，首先明确其为契嵩本《坛经》，其次以之为基础对契嵩本《坛经》的编纂进行探讨，最后陈述契嵩本《坛经》新发现对《坛经》研究的重要意义。

一 "洪武六年"刊本《坛经》为契嵩本《坛经》

虽然不少人在编排《坛经》版本体系时，会将"洪武六年"刊本纳入其中⑤，但此前似仅铃木大拙在其著述中提到石井光雄有此藏本⑥。在铃木大拙看来，此刊本即契嵩本，但其构成和文字与流行本《坛经》差不多。⑦ 铃木大拙此说是否正确？就笔者所了解来看，此前似尚未有人做过讨论。

在看到"洪武六年"刊本具体内容后，可以肯定铃木大拙"洪武六年"刊本就是契嵩本的观点是正确的。但是，由于他似乎未仔细勘对过其文字，所以他的"洪武六年"刊本的构成和文字与流行本《坛经》差不多的说法，则需补正。

为证明上述论点，本节首先介绍笔者收集到的几种"洪武六年"刊本《坛经》的覆

---

① 胡适：《记北宋本的六祖坛经（跋日本京都堀川兴圣寺藏北宋惠昕本〈坛经〉影印本）》，《文史丛刊》1934年第1期；《坛经考之二（记北宋本的六祖坛经）》，见蓝吉富主编《禅宗全书》第三十七册，文殊文化有限公司1988年版，第85—102页。

② 洪修平：《关于〈坛经〉的若干问题研究》，《世界宗教研究》1999年第2期。洪修平和白光合作《〈坛经〉版本及其与南宗禅发展之互动研究》一文最新提法是："现存的《坛经》本子大致可分为三个系统，即法海集记系、惠昕所述系及契嵩校勘系。""现存《坛经》真正有代表性的其实只有法海集记本、惠昕所述本和契嵩校勘本三种。"见洪修平主编《佛教文化研究》第三辑，江苏人民出版社2016年版，第31—32页。

③ 石井修道《契嵩本「六祖壇経」の一臆说》（《宗学研究》1981年第3期）一文是目前所知唯一专门谈契嵩本《坛经》的论文（感谢王招国先生提供石井修道此文的电子文档！），但受资料限制，该文主要是回应胡适的相关研究，对何为契嵩本《坛经》并无明确的说明。其他学者谈到契嵩本《坛经》时，也仅只是做简单的推论，未提出明确的证据。

④ 由于不能确定契嵩本存在，人们对《坛经》的讨论，长期以来只能基于敦煌本、惠昕本、德异本和宗宝本四种《坛经》文本展开。参见驹泽大学禅宗史研究会编著《慧能研究—慧能の傳記と資料に關する基礎的研究—》，（东京）大修馆书店，昭和五十三年（1978），第398页。

⑤ 如驹泽大学禅宗史研究会编著《慧能研究—慧能の傳記と資料に關する基礎的研究—》，第399页。

⑥ 陈继东：《日本对六祖惠能及〈六祖坛经〉的研究综述》，见释明生主编《六祖坛经研究集成》，金城出版社2012年版，第160页。

⑦ 铃木大拙《加賀大乗寺所藏の「六祖壇經」と「一夜碧巖」につきて》，《支那佛教史学》第一卷第三号，第3页。并见《铃木大拙全集（增补新版）》，第三十二卷，岩波书店2002年版，第225页。衷心感谢王雪同学帮助查找并提供此文的照片！

刻本，其次指出其为契嵩本的证据，肯定铃木大拙"洪武六年"刊本《坛经》为契嵩本《坛经》的结论。至于对铃木大拙误判观点的补正，将在后面几节再展开。

（一）闾山双泉寺本等四种"洪武六年"刊本《坛经》的覆刻本

1. 闾山双泉寺刊本

2015 年 8 月 1 日，笔者在孔夫子拍卖网上购买了一册"闾山双泉寺"刊本《六祖大师法宝坛经》。该刊本 2014 年 1 月中旬曾经在线拍卖[①]。流拍后即挂在书店区售卖[②]。拍售说明显示，该书天头书脊有残，后几页中间有洞，伤字，品相较差。标价 1449 元。

柳田圣山编《六祖坛经诸本集成》被认为"目前收录《坛经》各种版本最为齐备"[③]，已被收入《禅宗全书》，广东省佛教协会近年又刊印了收录十七种《坛经》版本的《六祖坛经集成》，如果要翻检习见版本的《坛经》，目前已经极为便利。为什么笔者要花上千元购买一本品相较差的《坛经》呢？

因为笔者推测该刊本可能是新的《坛经》刊本。不仅闾山双泉寺刊本（见图一）此前未见提及，而且孔夫子拍卖网网页中照片显示的闾山双泉寺刊本，与习见诸本《坛经》有以下不同之处：

首先是书名页后"妙理即是人心"等文字（见图二），未见于诸本《坛经》，属于《坛经》研究新资料。

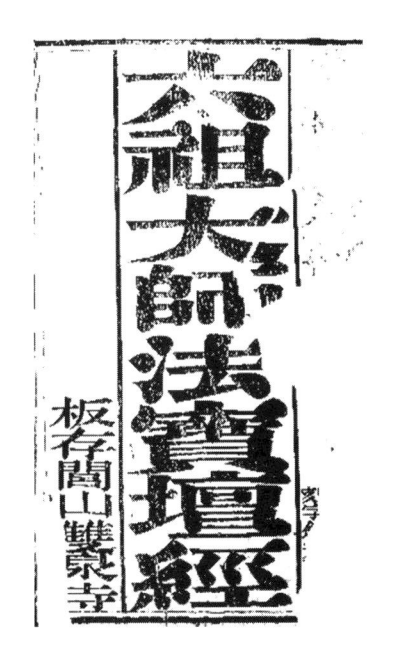

图一　　　　　　　　　　图二

[①] http：//www.kongfz.cn/13434489/（2017 年 7 月 9 日星期日摘取）。
[②] http：//book.kongfz.com/22946/223629734/？ref = search（2017 年 7 月 9 日星期日摘取）。
[③] 释明生主编：《六祖坛经研究集成》，第 25 页。

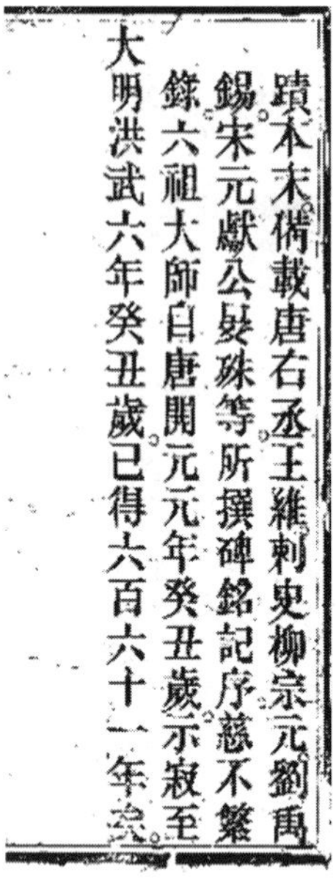

蹟本末備載唐右丞王維刺史柳宗元劉禹
錫宋元獻公晏殊等所撰碑銘記序茲不繁
錄六祖大師自唐開元元年癸丑歲示寂至
大明洪武六年癸丑歲已得六百六十一年矣

图三

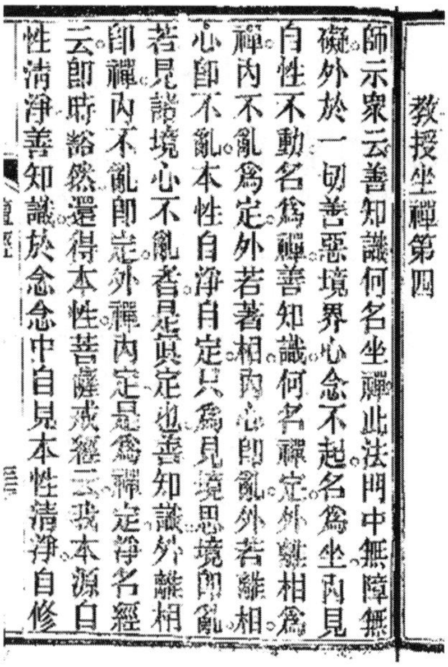

教授坐禪第四
師示衆云善知識何名坐禪此法門中無障無
礙外於一切善惡境界心念不起名爲坐內見
自性不動名爲禪善知識何名禪定外離相爲
禪內不亂爲定外若著相內心即亂外若離相
心即不亂本性自淨自定只爲見境思境即亂
若見諸境心不亂者是眞定也善知識外離相
即禪內不亂即定外禪內定是爲禪定淨名經
云即時豁然還得本性菩薩戒經云我本源自
性清淨善知識於念念中自見本性清淨自修

图四

其次是卷末“六祖大师自唐开元元年癸丑岁示寂至大明洪武六年癸丑岁，已得六百六十一年矣”（见图三）等文字，未见于习见诸本《坛经》。包括这段文字的闾山双泉寺刊本值得关注。

最后是该刊本《坛经》“教授坐禅第四”部分“《菩萨戒经》云：‘我本源自性清净。’”（见图四）一段文字，与习见诸本《坛经》均不同。尤其是其中“本源自性清净”数字，仅见于敦煌本，可知其当与敦煌本同源，属于版本较早的《坛经》。

2015 年 8 月 3 日中午，笔者收到所购之书，发现它确实与柳田圣山编《六祖坛经诸本集成》收录的诸本《坛经》都不同。最突出的就是卷首《六祖大师法宝坛经略序》和首题“六祖大师法宝坛经”下均署“门人法海等集”。就卷末文字来看，当即铃木大拙所说“洪武六年”刊本《坛经》。但由于纸质年代较晚，显然不是“洪武六年”原刊本，而只能是“洪武六年”刊本的覆刻本。

2. 其他三种“洪武六年”刊本《坛经》的覆刻本

由于所购闾山双泉寺本后面几页残破伤字，在继续收集补正闾山双泉寺本相关资料的过程中，笔者又看到了其他三种覆刻本。它们分别是凝道堂刊本（1898）、漱润斋本（1905）和函月山房本（1914）。

三种刊本中，漱润斋本与闾山双泉寺本尽管书名页文字不尽相同，但全书内容依次均为佚名刊经序、宋吏部侍郎郎简述《六祖大师法宝记序》、门人法海等集《六祖大师法宝坛经略序》、门人法海等集《六祖大师法宝坛经》、大师取首之记灵验记、达摩所传信衣西域屈眴布制、慧能衣钵相关记录、唐宋加谥记载，而且版式、字体也一样，所以是同一版本。凝道堂刊本与闾山双泉寺本内容不同的地方，一是卷首以《御制六祖法宝坛经序》代替了佚名刊经序；二是卷末另有《坛经附录》，包括柳宗元《赐谥大鉴禅师碑》、刘禹锡《大鉴禅师第二碑》、刘禹锡《佛衣铭并引》、刊经牌记、蜜庵附录《师子尊者摄五众》和宋明教大师契嵩撰《六祖大师法宝坛经赞》。其他内容则相同。函月山房本《坛经》与凝道堂刊本内容大致相同，唯一的不同是，前者首篇是佚名刊经序，而后者是《御制六祖法宝坛经序》。

3. 闾山双泉寺本等四种刊本为"洪武六年"《坛经》的覆刻本

就诸本内容来看，除佚名刊经序未见于凝道堂刊本外，闾山双泉寺本《坛经》的内容，在其他几种《坛经》刊本中都可以看到，因此这四种《坛经》刊本是同源的。由于其中都包括"六祖大师自唐开元元年癸丑岁示寂至大明洪武六年癸丑岁，已得六百六十一年矣"等文字，故它们都是"洪武六年"刊本的覆刻本。而闾山双泉寺本《坛经》的内容，就是洪武六年刊本《坛经》的主体内容。至于洪武六年刊本《坛经》是否包括凝道堂刊本、函月山房本都有的"《坛经附录》"，有待新资料的发现才能确定。基于此，下文暂不讨论《坛经附录》部分的内容。

除部分文字略异之外，诸"洪武六年"《坛经》覆刻本共有内容并无区别，故可将其统称为"洪武六年"刊本《坛经》。

（二）"洪武六年"刊本《坛经》为契嵩本《坛经》

在对闾山双泉寺本《坛经》录文并做初步比较后，笔者发现，此《坛经》当即胡适等人此前曾经讨论，但一直未能找到并确定其具体文本的契嵩本《坛经》。除上面提到的该刊本与敦煌本《坛经》同源的文字外，尚有其他四个证据支持笔者的观点。

其一，该刊本卷首佚名刊经序，明确说"是经于京都旧书坊中得之，系宋时郎简所集官本"《坛经》（见图五），即本文所说的契嵩本《坛经》。

其二，该刊本卷首的第一篇序，即郎简述《六祖大师法宝记序》（见图六），既与佚名刊经序相印证，又与此本原为郎简刊刻并作序相符。

其三，该刊本卷首的第二篇序，为"门人法海等集"《六祖大师法宝坛经略序》（见图七），与此刊本正文首题下署"门人法海等集"前后对应，说明该序确实是"门人法海等集"《坛经》原序，但因该书原为郎简刊刻本，所以此序只能放在郎简序之后。

| 图五 | 图六 | 图七 |

其四，该刊本主体文字中出现"《景德传灯录》"字样（详后），表明其出现的时间晚于宋僧道原《景德传灯录》。但在德异本和宗宝本《坛经》中出现的部分文字，又未见于该刊本，说明其成书较德异本和宗宝本早。目前所知符合这一早一晚时间节点的只有契嵩本《坛经》。

可能存在的问题是，郎简说契嵩本《坛经》有三卷，今存"法海等集"本不分卷，其中是否有区别呢？我们的答案是：二者的区别只是分卷不同。能支持这一认识的证据是，宋代惠昕本等《坛经》分上下两卷，契嵩本《坛经》内容比惠昕本等《坛经》有较大增补，完全可以分成三卷。但将其分成两卷[①]，或者不分卷同样是可以的。因此，分卷不同不是否定"洪武六年"刊本《坛经》为契嵩本《坛经》的理由。

在既有《坛经》研究成果中，铃木大拙曾提出"洪武六年"刊本《坛经》即契嵩本《坛经》。笔者所见闾山双泉寺刊本等清末民国初刊《坛经》，虽然不是"洪武六年"原刊本，而只是"洪武六年"刊本的覆刻本，但仍能证明，铃木大拙所说洪武六年刊本为契嵩本《坛经》的观点，是可以信从的观点。正是基于这一点，下文将以"洪武六年"刊本指代契嵩本《坛经》。

二 契嵩本《坛经》的编纂

按郎简《六祖法宝记叙》的说法，契嵩本《坛经》是契嵩根据"曹溪古本"对此前文字鄙俚的"俗本"《坛经》的校正本。那么，契嵩得到的"曹溪古本"是什么？他与郎简最先看到的《坛经》又是哪一个本子？

较早在现代学术意义上研究《坛经》的胡适先后对这两个问题做了回答。在他看来，契嵩赖以校正的"曹溪古本"，是《曹溪大师别传》[②]；契嵩赖以校正的"俗本"，也许就是惠昕本《坛经》。[③] 但是，《曹溪大师别传》虽然有"曹溪"二字，但并不是《坛经》，其内容与《坛经》并不相对应，可以被用来校正《坛经》的内容不多，无称为《坛经》"曹溪古本"的依据。郎简所说"曹溪古本"，当是《坛经》而不是其他著作。对于契嵩如何校正《坛经》，应根据其具体内容来考察。

事实上，比较诸本《坛经》文字，可以看出契嵩既用《坛经》的"曹溪古本"校正了"俗本"《坛经》，又大量采纳了宋代才出现的佛教文献《景德传灯录》，还全面开启了《坛经》加注的模式。

（一）用惠昕本校正存中本《坛经》

在敦煌本《坛经》之后出现，现存日本的宋代《坛经》刊本和写本中，金山天宁寺本和大乘寺本《坛经》卷首均有政和六年（1116）存中序并书的《韶州曹溪山六祖师坛

[①] 如笔者新收藏的白水碧云禅寺清嘉庆四年（1799）刊本《坛经》（http://www.kongfz.cn/29061625/pic/，2017年11月1日摘取）和上海市图书馆藏清同治二年天童古松堂本，即为二卷本（参见 http://www.kongfz.cn/15336604/pic/，2017年7月15日摘取）。

[②] 胡适：《坛经考之一》，柳田圣山主编：《胡适禅学案》，正中书局1975年版，第66—75页；蓝吉富主编：《禅宗全书》第三十七册，第79、90页。

[③] 胡适：《坛经考之二》，柳田圣山主编《胡适禅学案》，第76—92页；蓝吉富主编：《禅宗全书》第三十七册，第90、99页。

经序》，可统称为《坛经》"存中本"。真福寺本①《坛经》卷首有惠昕《韶州曹溪山六祖坛经序》，卷末有周希古《〈六祖坛经〉后叙》，兴圣寺藏本仅卷首有惠昕《六祖坛经序》和晁子健《六祖坛经序》，卷末无周希古《〈六祖坛经〉后叙》，此两种可统称为《坛经》"惠昕本"。从内容看，它们成书的时间都比契嵩本《坛经》早。

此前我们通过对比诸本《坛经》文字，指出"荷泽神会系'《坛经》传宗'本，是现存诸本《坛经》的祖本"②，并且"在后来的传播过程中，《坛经》的内容有所变化，在增加部分内容的同时，又减少了部分内容"③。后来，我们对敦煌本、存中本、惠昕本和契嵩本等数种《坛经》中慧能行由得法部分的文字进行了比较，发现诸本之间存在明显的异同，较好地表现了它们之间的相互关系。兹择其中有代表性的文字列表分别比较，并在"备注"栏说明它们之间的异同：

敦煌本	存中本	惠昕本	契嵩本	备注
客答曰：我于蕲州黄梅县东冯墓山，礼拜五祖弘忍和尚，见今在彼门人有千余众。我于彼听见大师劝道俗，但持《金刚经》一卷，即得见性，直了成佛。	客云：我从蕲州黄梅县东冯茂山，礼拜五祖和尚，见在彼山门人一千余众。我到彼山，听和尚说法劝道俗，但持《金刚经》，即得见性，直了成佛。	客云：我从蕲州黄梅县东冯母山来。其山是第五祖弘忍大师在彼主化，门人一千有余。我到彼山礼拜，听授此经。大师常劝僧俗，但持《金刚经》，即自见性，直了成佛。	客云：我从蕲州黄梅县东禅寺来。其寺是五祖忍大师在彼主化，门人一千有余。我到彼中礼拜，听受此经。大师常劝僧俗，但持《金刚经》，即自见性，直了成佛。	1. 敦煌本与存中本独同作"礼拜五祖""道俗""即得见性"。2. 惠昕本与契嵩本独同为"五祖弘忍大师""僧俗""即自见性"。
惠能闻说，宿业有缘。	某甲闻说，宿昔有缘。	惠能闻说，宿业有缘。	能闻说，宿昔有缘。	敦煌本与惠昕本独同为"宿业"；存中本与契嵩本独同为"宿昔"。
大师欲更共议，见左右在傍边，大师更便不言，遂发遣惠能，令随众作务。	大师更欲共某甲久语，且见徒众总在身边，乃令某甲随众作务。	大师更欲共惠能久语，且见徒众总在身边，乃令随众作务。	祖更欲与语，且见徒众总在左右，乃令随众作务。	敦煌本和契嵩本独同有"左右"二字。
无	五祖一日忽见某甲，言：吾思汝之明见，恐有恶人害汝，遂不与言，汝知之否？某甲言：弟子亦知师意，不敢行至堂前，令众人不觉。	五祖一日忽见惠能，言：吾思汝之见可用，恐有恶人害汝，遂不与汝言，知之否？惠能言：弟子亦知师意，不敢行至堂前，令人不觉。	祖一日忽见惠能曰：吾思汝之见可用，恐有恶人害汝，遂不与汝言，汝知之否？惠能曰：弟子亦知师意，不敢行至堂前，令人不觉。	1. 敦煌本无。2. 惠昕本和契嵩本独同为"吾思汝之见可用""令人不觉"。3. 存中本和契嵩本独同为"汝知之否"。

---

① 此抄本未见影印出版。衷心感谢业师方广锠先生惠赐该书的影印件照片！
② 侯冲：《现存〈坛经〉的祖本及其演变》，《古典学辑刊》第一辑，华东师范大学出版社2015年版，第555页。
③ 侯冲：《现存〈坛经〉的祖本及其演变》，《古典学辑刊》第一辑，华东师范大学出版社2015年版，第555页。

续表

敦煌本	存中本	惠昕本	契嵩本	备注
五祖忽于一日唤门人尽来，门人集讫，五祖曰……汝等自性迷，福门何可救汝？汝总且归房，自看，有智惠者，自取本性般若之知，各作一偈呈吾。吾看汝偈，若悟大意者，付汝衣法，禀为六代。火急急！	五祖一日唤诸门人总来……汝自性迷，福何可救？汝等各去后院，自看，有智惠者，取自本心般若之性，各作一偈来呈吾看。汝等偈，若悟大意，付汝衣法，为第六代祖。火急便作，不得迟滞！	五祖一日唤诸门人总来……自性若迷，福何可救？汝等各去后院，自看智慧，取自本心般若之性，各作一偈来呈吾看。若悟大意，付汝衣法，为第六代祖。火急速去，不得迟滞。	祖一日唤诸门人总来……自性若迷，福何可救？汝等各去，自看智慧，取自本心般若之性，各作一偈来呈吾看。若悟大意，付汝衣法，为第六代祖。火急速去，不得迟滞。	敦煌本与存中本独同为"自性迷""有智惠者"；惠昕本与契嵩本独同为"自性若迷""自看智慧"。存中本与惠昕本、契嵩本同为"本心般若之性""不得迟滞"。
夜至三更，不令人见，遂向南廊下中间壁上，题作呈心偈，欲求衣法。若五祖见偈，言此偈语，若访觅我，我见和尚，即云是秀作；五祖见偈，言不堪，自是我迷，宿业障重，不合得法。圣意难测，我心自息。	神秀作偈成已，数度欲呈，行至堂前，心中恍惚，遍体汗流，拟呈不得。前后经过二十三度。乃自思惟：不如向廊下书著，从和尚见，忽若道好，即出礼拜，云是我作；若道不堪，自我性迷，宿业障重，不合得法，枉在山中受人礼拜，何名修道！	神秀作偈成已，数度欲呈，行至堂前，心中恍惚，遍身汗流，拟呈不得。前后经四日，一十三度，呈偈不得。秀乃思惟：不如向廊下书著，从他和尚看见，忽若道好，即出顶礼，云是我作；若道不堪，枉向山中数年受人礼拜，更修何道！	神秀作偈成已，数度欲呈，行至堂前，心中恍惚，遍体汗流，拟呈不得。前后经四日，一十三度，呈偈不得。秀乃思惟：不如向廊下书着，从他和尚看见，忽若道好，即出礼拜，云是秀作；若道不堪，枉向山中数年受人礼拜，更修何道！	存中本与契嵩本独同为"遍体"，惠昕本独作"遍身"。敦煌本与存中本独同有"宿业障重，不合得法"；惠昕本与契嵩本独同作"更修何道"。
《金刚经》云：凡所有相，皆是虚妄。不如留此偈，令迷人诵。依此修行，不堕三恶；依法修行人，有大利益。	《金刚经》云：凡所有相，皆是虚妄。不如但留此偈，令迷人诵。依此修行，免堕三恶，有大利益。	《金刚经》云：凡所有相，皆是虚妄。不如留此偈，令迷人诵。依此偈修，免堕三恶道。依此修行人，大有利益。	经云：凡所有相，皆是虚妄。但留此偈，与人诵持，依此偈修，免堕恶道；依此偈修，有大利益。	1. 敦煌本与存中本独同作"依此修行"，惠昕本与契嵩本同作"依此偈修"；2. 惠昕本独作"大有"，其他三本作"有大"。

结合上表对《坛经》文本的比较，我们有了此前未曾提出的看法："俗本"《坛经》是存中本一类《坛经》，而"曹溪古本"则是惠昕本一类《坛经》。郎简所说契嵩用"曹溪古本"校正了"俗本"《坛经》，是指契嵩用惠昕本校正存中本《坛经》。理由有三：

其一，存中本《坛经》的成书时间早于惠昕本；存中本一类《坛经》堪称"曹溪本"《坛经》。真福寺本《坛经》卷首惠昕《韶州曹溪山六祖坛经序》作于宋太祖乾德五年丁卯（967）[①]，卷末周希古《〈六祖坛经〉后叙》写于北宋大中祥符五年（1012），而存中《韶州曹溪山六祖师坛经序》作于政和六年（1116），时间上不仅晚于惠昕，也晚于周希古，但上表中慧能行由得法相关文字表明，存中本文字更接近敦煌本《坛经》，其成书时间当早于惠昕本。据陈继东介绍，"铃木大拙认为比较两者，道元本（存中本——侯冲注）似乎更为朴素"[②]，铃木大拙还认为"惠昕本对道元本有所补足，并做了变更或改订"[③]，从一个侧面证明了存中本早于惠昕本。

除金山天宁寺本上卷尾题未见外，存中本《坛经》不论是序还是其他的首尾题，都包括"曹溪"二字；金山天宁寺本上卷封皮和扉页题名中，也都包括"曹溪"二字。这是其他本《坛经》没有的（惠昕本《坛经》仅真福寺藏本卷首有"韶州曹溪山六祖坛经序"字样，其他首尾题均作"六祖坛经"）。称存中本一类《坛经》为"曹溪本"《坛经》，当无问题。

其二，惠昕本《坛经》有被称为"曹溪古本"的理由。如上所说，目前事实上只有铃木大拙等为数不多的学者认为卷末有"道元书"的存中本早于惠昕本，惠昕本对存中本做过变更或改订。但是，存中本一类《坛经》，在存中政和六年作《韶州曹溪山六祖师坛经序》之前，并无其他序跋，而周希古《〈六祖坛经〉后叙》写于北宋大中祥符五年，因此，如果不对二者具体内容做过比较，像现在不少学者一样，会以为惠昕本《坛经》成书时间较存中本一类"曹溪本"早，从而将其称为"曹溪古本"。

其三，契嵩本《坛经》兼有存中本和惠昕本《坛经》的内容，但契嵩本与惠昕本共同独有的文字，远多于契嵩本与存中本共同独有的文字，表明契嵩更接近惠昕本，即用惠昕本校正了存中本一类《坛经》。一方面，契嵩本部分文字仅与存中本共同独有，也有不少文字仅与惠昕本共同独有，可以看出契嵩本《坛经》既参考过存中本一类《坛经》，也参考过惠昕本《坛经》。这是契嵩确实用所谓"曹溪古本"（惠昕本）校正过"文字鄙俚繁杂"的存中本一类《坛经》的证据。另一方面，尽管契嵩本不少文字仅与存中本共同独有，但从总体上看，契嵩本与惠昕本共同独有的文字更多，尤其是大量文字仅与兴圣寺刊惠昕本共同独有。这就表明，契嵩本《坛经》的编纂，是在用兴圣寺刊惠昕本一类《坛经》校正存中本一类《坛经》基础上完成的。

总之，由于敦煌本与存中本共同独有的文字，远多于敦煌本与惠昕本共同独有的文字，而契嵩本与惠昕本共同独有的文字，又远多于契嵩本与存中本共同独有的文字，表明《坛经》演变的轨迹，是依次从敦煌本、存中本、惠昕本到契嵩本。在这个演变过程中，契嵩用兴圣寺刊惠昕本一类《坛经》校正了存中本一类《坛经》。

（二）采纳《景德传灯录》

此前未见学者明确指出，契嵩编纂《坛经》的重要资料是《景德传灯录》。"洪武六

[①] 胡适：《坛经考之二》，柳田圣山主编：《胡适禅学案》，第78页；蓝吉富主编：《禅宗全书》第三十七册，第87页。

[②] 陈继东：《日本对六祖惠能及〈六祖坛经〉的研究综述》，见释明生主编《六祖坛经研究集成》，第160页。参见铃木大拙「加賀大乘寺所藏の「六祖壇經」と「一夜碧巖」につきて」，『支那佛教史學』第一卷第三號，第4頁。並見『鈴木大拙全集（增補新版）』，第三十二卷，岩波書店2002年，第226頁。

[③] 陈继东：《日本对六祖惠能及〈六祖坛经〉的研究综述》，见释明生主编《六祖坛经研究集成》，第160页。

年”刊本在结构上分为十个部分，其中“南顿北渐第七”前，有如下一段附释文字（见图八）：

> 六祖法嗣四十三人，见《景德传灯录》。是经结集，于南岳让、青原思、永嘉觉皆曰禅师。盖其时化已盛行，而继有褒谥，此无可议。于法海、法达等，终至于志彻、神会，则或曰一僧某，或曰禅者某，或曰童子某，此乃他本增损去取之未详耳。虽《传灯》列法海等皆曰禅师，然施于此经则有未安。今从善本，例曰比丘。窃惟六祖所说之法，既尊为经，则其体格言词，与《语录》《行状》《塔铭》之文，固当有异。其称比丘者，深契立题之旨。有识者鉴焉。

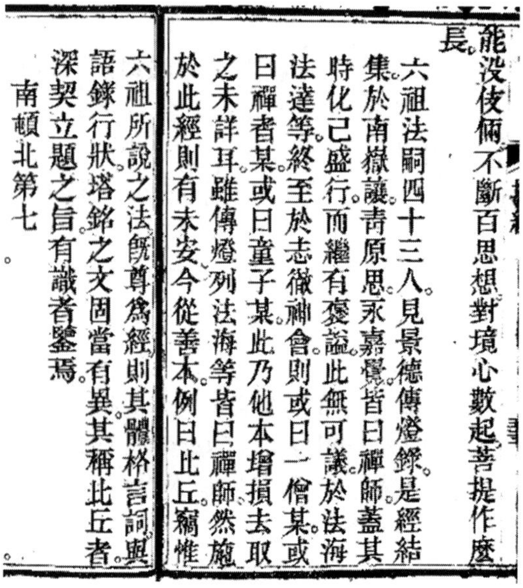
能沒伎倆不斷百思想對境心數起菩提作麼長
六祖法嗣四十三人見景德傳燈錄是經結集於南嶽讓青原思永嘉覺皆曰禪師蓋其時化已盛行而繼有褒謚此無可議於法海法達等終至於志徹神會則或曰一僧某或曰禪者某或曰童子某此乃他本增損去取之未詳耳雖傳燈列法海等皆曰禪師然施於此經則有未安今從善本例曰比丘竊惟六祖所說之法既尊為經則其體格言詞與語錄行狀塔銘之文固當有異其稱比丘者深契立題之旨有識者鑒焉
南頓北第七

图八

尽管诸本《坛经》中，只有洪武六年刊本中出现了这段文字，但既有研究成果表明，契嵩本《坛经》与《景德传灯录》之间存在的较大相似性，证明洪武六年刊本所言不误。

事实上，此前石井修道已经注意到，契嵩本《坛经》改编本中的文字，有的确实仅见于《曹溪大师别传》；有的既见于《曹溪大师别传》，也见于《景德传灯录》，而且见于《景德传灯录》的文字，比《曹溪大师别传》更接近《坛经》；还有不少文字，则只见于《景德传灯录》，在《曹溪大师别传》中并未出现。[①] 哈磊考证德异本《坛经》增补内容时编制的《德异本增补39条引用及佐证文献表》也表明，在非《坛经》文献中，德异本引用最多或与德异本相关内容最多的是《景德传灯录》和《五灯会元》[②]。当然，由

① 石井修道：『契嵩本「六祖壇経」の一臆説』，《宗教学研究》1981年第3期。

② 哈磊：《宗宝本的材料来源和价值》，见明生主编《禅和之声：2009广东禅宗六祖文化节学术研讨会论文集》，宗教文化出版社2010年版，第394—445页；哈磊、丁小平：《大陆地区惠能及〈六祖坛经〉研究综述》，见释明生主编《六祖坛经研究集成》，第20—24页；哈磊：《德异本〈坛经〉增补材料之文献溯源考证》，《宗教学研究》2015年第4期。

于不是从最大相似或相近性的视角来讨论各种文献与契嵩本《坛经》的关系，所以石井修道和哈磊都没有能指出，在各种较早引用和佐证文献中，《景德传灯录》是与契嵩本《坛经》文字相同率最高的非《坛经》文献，是契嵩编纂《坛经》的重要资料。

限于篇幅，这里仅举哈磊所谓"一具臭骨头，何为立功课"条为例，证明契嵩确实利用《景德传灯录》编纂了《坛经》。契嵩本"南顿北渐第七"志诚条，较此前诸本《坛经》增加了三首偈子。其中第二首偈显然是据见于惠昕本等《坛经》的文字改编成的。因为惠昕等本中的"吾心地无非自性戒，心地无痴自性慧，心地无乱自性定"等文字，在契嵩本中已成为偈句："心地无非自性戒，心地无痴自性慧，心地无乱自性定，不增不减自金刚，身去身来本三昧。"由于《景德传灯录》中相对应的文字是："一切无心自性成，一切无碍自性慧，不增不减自金刚，身去身来本三昧。"尤其是《景德传灯录》另外两个偈句与契嵩本相对应，从而可以证明，契嵩本《坛经》中新增加的这三个偈句，是契嵩据《景德传灯录》编纂并增加的。

总之，既有比对《坛经》与《景德传灯录》文字的研究结论，与上引洪武六年刊本《坛经》有文字明确提到《景德传灯录》能互相印证，证明了《景德传灯录》不仅被契嵩用来校正《坛经》，而且是契嵩编纂《坛经》时采纳最多的非《坛经》文献。

（三）全面开启加注模式

受资料限制，《坛经》中的注文此前未得到充分的关注。目前所见《坛经》加注的情况，最先当出现于存中本，以及稍后依次成书的真福寺本和兴圣寺本。这几种本子在第八章章名下都有"武帝问功德附"六字，第十一章章名下都有"灭度年月附"五字。兴圣寺刊本《坛经》另外在第二章末还有双行小字："祖谓明曰：不思善，不思恶，正与么时，如何是上座本来面目？明大悟。"[①] 总体而言，这三处《坛经》加注，注文一是在章名下，二是在该章之文末。与契嵩本《坛经》的加注模式不同。

契嵩编纂本《坛经》全面开启了《坛经》随文加注的模式，在某些需要注释的文字后即出注说明。具体有以下几个地方：

1. 法海等集《六祖大师法宝坛经序》正文末"今殿前左侧有铁塔镇处是也"下"龙骨至己卯寺罹兵火，因失，未知所之。"

2. "悟法传衣第一"中"若如此者，轮刀上阵，亦得见之"下"此喻得底人见机而作，不在言句也。"；"能辞祖已，发足南行，两月中间，至大庾岭"下"五祖归，数日不上堂。众疑，诣问曰：和尚少病少恼否？曰：病即无，衣法已南矣。问：谁人传受？曰：能者得之。众乃知焉。"；"明礼辞"下"明回至岭下，谓趁众曰：向陟崔嵬，竟无踪迹，当别道寻之。趁众咸以为然。慧明后改道明，避师上字。"

3. "参请机缘第六"中"法海比丘"下"韶州曲江人。"；"法达比丘"下"洪州人。"；"智通比丘"下"寿州安丰人。"；"智常比丘"下"信州贵溪人。"；"志道比丘"下"广州南海人也。"；"行思禅师"下

---

① 蓝吉富主编：《禅宗全书》第三十七册，文殊文化有限公司1988年版，第335页上。

"吉州安城人,姓刘氏。";"怀让禅师"下"金州人,姓杜氏。";"玄觉禅师"下"永嘉人,姓戴氏。"。

4."南顿北渐第七"中"志诚礼拜,愿为执侍,朝夕不懈"下"诚,吉州太和人。";"志彻比丘"下"江西人。";"禅会比丘"下"襄阳人,姓高氏。";"神会后入京洛,大弘曹溪顿教,著《显宗记》行于世"下"神会即荷泽禅师也。"。

契嵩本《坛经》的加注模式,对后世至少有两点影响。一是部分注文,尤其是契嵩本"参请机缘第六""南顿北渐第七"中的注文,被此后诸本《坛经》直接或删改后作为正文流通。在明永乐南藏本、永乐北藏本、房山石经本《坛经》中,契嵩本"悟法传衣第一"中的三条注文,有两条被刊成了正文。二是注文模式为此后诸本《坛经》继承和沿袭,并不断有新的注文增加。如见于德异本、宗宝本等《坛经》第十章中的注文,都是元代新增加的。

综上所述,契嵩对《坛经》的编纂,一是用惠昕本校正存中本一类《坛经》,二是大量采纳《景德传灯录》相关文字编纂《坛经》,三是全面开启了《坛经》的加注模式。

三 契嵩本《坛经》新发现的意义

新发现闾山双泉寺等刊本是"洪武六年"刊本《坛经》的覆刻本,它们都属于契嵩本《坛经》。这一新发现至少有以下三个方面的意义:

首先是知道了何为契嵩本《坛经》。契嵩本《坛经》至少具备以下几个要素:一是其内容依次为宋吏部侍郎郎简述《六祖大师法宝记序》、门人法海等集《六祖大师法宝坛经略序》、门人法海等集《六祖大师法宝坛经》、大师取首之记灵验记、达摩所传信衣西域屈朐布制、慧能衣钵相关记录、唐宋加谥记载。卷首为宋吏部侍郎郎简述《六祖大师法宝记序》、门人法海等集《六祖大师法宝坛经略序》的《坛经》,基本可以确定就是契嵩本《坛经》。二是首尾题均作"六祖大师法宝坛经",首题下署"门人法海等集"。三是经分十章。四是全面开启加注模式。五是"悟法传衣第一"中无"但吃肉边菜"数字;"释功德净土第二"中无"使君!东方人但心净即无罪,虽西方人心不净亦有愆。东方人造罪,念佛求生西方;西方人造罪,念佛求生何国?""在家能行,如东方人心善;在寺不修,如西方人心恶"二段文字。六是"参请机缘第六"和"南顿北渐第七"提及诸人籍贯时,都是以注释的形式表现。七是"南顿北渐第七"前有一段说明该刊本与《景德传灯录》有关的文字。八是第八章章名为"心要传奏第八"。九是《坛经》正文中不见"以铁叶、漆布固护师颈入塔""达磨所传信衣系西域屈朐布"等文字,它们只在《坛经》附录中出现。以上九点除第三点外,其他八点都说明,契嵩本《坛经》与流行本《坛经》不仅有区别,而且是有比较大的区别。

其次是在知道何为契嵩本《坛经》的基础上,明确了不同本《坛经》的具体内容,知道了契嵩本《坛经》与敦煌本、存中本、惠昕本、过渡本、德异本和宗宝本等《坛经》之间的关系(见图九)。目前已有的认识是:

(一)敦煌本是目前存世最早的《坛经》,也是现存《坛经》的祖本。存中本是敦煌本《坛经》的演绎。如铃木大拙已经指出的一样，惠昕本是存中本一类《坛经》的补正；兴圣寺刊惠昕本是存世较早对《坛经》正文加注的本子。虽然契嵩本《坛经》是契嵩在用惠昕本校正存中本一类《坛经》基础上，大量采纳《景德传灯录》编纂而成，与存中本和惠昕本的关系较为密切，但契嵩本似与敦煌本也有直接关系。如上所说，"洪武六年"刊本惠能行由文字中，有仅见于敦煌本的文字；"教授坐禅第四"一章中，"《菩萨戒经》云：'我本源自性清净。'"（图四）一段文字，与习见诸本《坛经》均不同。尤其是其中"本源自性清净"数字，仅见于敦煌本，其与敦煌本同源显然。

（二）契嵩本既用惠昕本《坛经》这一"曹溪古本"校正过存中本一类《坛经》，又采纳了《景德传灯录》的大量内容，编纂出了《坛经》新本，并全面开启了正文加注模式。这一署"门人法海等集"的新本《坛经》，是宋代以降《坛经》的祖本。

（三）契嵩本与德异本之间有一过渡本。所见本子为明刊本，未见前人提及，需要专门介绍和讨论，故有关该本《坛经》的详情，俟专文再叙，这里仅略做介绍。从其内容来看，契嵩本成书后，有人对其做了增改。一是将契嵩本卷首《六祖大师法宝坛经略序》改作《六祖大师法宝坛经外纪》。二是正文中增加了"但吃肉边菜""使君！东方人但心净即无罪，虽西方人心不净亦有愆。东方人造罪，念佛求生西方；西方人造罪，念佛求生何国？""在家能行，如东方人心善；在寺不修，如西方人心恶"等文字。三是将第六、第七两章中的注释文字或改成了《坛经》正文，或删除，仅"诚，吉州太和人"仍保持注释形式。四是将"参请机缘第六"章中智通条"此转识为智也。教中谓，转前五识为成所作智，转第六识为妙观察智，转第七识为平等性智，转第八识为大圆镜智。虽六、七因中转，五、八果上转，但转其名而不转其体也"一段文字改为注文。五是将契嵩本的章名"心要传奏第八"改为"唐朝征诏第八"。此刊本中新增加的文字以及正文变注文的转换、注文变正文的转换，在德异本和宗宝本等本《坛经》中均出现。根据书末部分文字，可推断其成书晚于契嵩本，但早于德异本，是契嵩本变成德异本的过渡，故称其为过渡本。

（四）元至元二十七年（1290）休休庵刊行的德异本，是过渡本的改本。这个改本与过渡本的区别，一是过渡本卷首的佚名《刻法宝坛经序》、佚名《六祖大师法宝坛经外纪》，在德异本中作古筠比丘德异撰《六祖法宝坛经序》《略序》；二是过渡本首题下所署"门人法海等集"，德异本改作"门人法海集"；三是过渡本与德异本中部分字数不多的注文，往往此有彼无，不尽一致；四是"付嘱流通第十"中"师于太极元年壬子七月"下，增加了注文"玄宗八月即位，方改先天元年，次年遂改为开元。先天即无二年，他本作先天二年者，非。"；五是将契嵩本中的大师取首之记灵验记、达摩所传信衣西域屈眴布制等附录文字并入"付嘱流通第十"中；六是休休庵刊德异本经文后附录，如王维、柳宗元和刘禹锡等人所作碑文，在所见过渡本中未看到。

（五）宗宝本是参照契嵩本对过渡本和德异本的改本。至元二十八年辛卯（1291）宗宝《〈坛经〉跋》称宗宝"续见三本不同，互有得失"，所说"三本"，当即契嵩本、过渡本和德异本。宗宝本继承了过渡本和德异本的大部分特点，诸如新增加的"但吃肉边菜"等内容；像过渡本、德异本一样将契嵩本"参请机缘第六"中智通条部分正文改成了注文；不仅在"付嘱流通第十"中"师于太极元年壬子七月"下增加了注文，还将契嵩本中的大师取首之记灵验记、达摩所传信衣西域屈眴布制等附录文字都并入到"付嘱流通第十"中。但是，宗宝本不是过渡本和德异本的简单继承，而是参照契嵩本做了一定的改编。主要表现有六：一是未采纳德异本的《略序》，而沿袭了过渡本中的《六祖大师法宝坛经外纪》，但将其作为附录。二是首题下署"风幡报恩光孝禅寺住持嗣祖比丘宗宝编"（部分本子如永乐南藏本从契嵩本，仍署"门人法海等集"）。三是如王起隆所说，将契嵩本统一的四字章目尽改为二字，作"行由第一，般若第二，疑问第三，定慧第四，坐禅第五，忏悔第六，机缘第七，顿渐第八，宣诏第九，付嘱第十"。四是结构上略有调整，关于这一点，前贤已经多次做过比较①，此不赘。王起隆称其弊在"分一篇为两截""割裂不通"。五是省略部分注文。如契嵩本"悟法传衣第一"中"若如此者，轮刀上阵，亦得见之"下"此喻得底人见机而作，不在言句也"，过渡本未改，德异本改作"古德云：譬如轮刀上阵，不问如何。若何此喻得底人见机，而作，不在言句也"，宗宝本则略作"喻利根者"。六是将部分正文当注文。如契嵩本、过渡本和德异本"悟法传衣第一"中"能曰：我亦要诵此，结来生缘，同生佛地。上人，我此踏碓八个余月，未曾行到堂前"，宗宝本"行由第一"改作"能曰：一本有我亦要诵此，结来生缘。上人，我此踏碓八个余月，未曾行到堂前"。契嵩本、过渡本和德异本"付嘱流通第十"中"二十八菩提达摩尊者"下"此土是为初祖"数字，均为正文，但在宗宝本中则成了注文。七是增加注文。如"机缘第七"中"师自黄梅得法回至韶州曹侯村，人无知者"下"他本云：师去时至曹侯村，住九月余。然师自言不轻三十余日，便至黄梅。此求道之切，岂有逗留？作去时者，非是。"，仅见于宗宝本。"机缘第七"中行思条"谥弘济禅师"、怀让条"敕谥大慧禅师"、永嘉玄觉条"谥曰无相大师，时称为真觉焉"，方辩条末"永为人天福田"后"师仍以衣酬之。辩取衣分为三，一披塑像，一自留，一用椶裹瘗地中，誓曰：后得此衣，乃吾出世，住持于此，重建殿宇。宋嘉祐八年，有僧惟先修殿掘地，得衣，如新。像在高泉寺，祈祷辄应。"等，都是宗宝本新增加的注文。八是参考过契嵩本《坛经》。契嵩本《坛经》"南顿北渐第七"中"神会后入京洛，大弘曹溪顿教，著《显宗记》行于世"下"神会即荷泽禅师也"，在过渡本和德异本中均做过删改，最主要的，是"神会即荷泽禅师也"数字被删除。宗宝本"顿渐第八"神会条最末增加了"是为荷泽禅师"数字，并以注文的形式出现，无疑是参照并根据契嵩本重新增补的。因为在宗宝本之前的《坛经》诸本中，这几个以注文形式出现的相关文字，仅见于契嵩本。

（六）宗宝本《坛经》的改编本有永乐南藏本、永乐北藏本、房山石经本和德清本。

永乐南藏本、永乐北藏本和房山石经本《坛经》的内容，大致相当于宗宝本第一至第六章的内容，故它们都是宗宝本《坛经》的改编节略本。其共同点至少有三：一是从头至尾未分章节。二是将宗宝本《坛经》中的部分注文改成正文。如宗宝本"行由第一"中"若如此者，轮刀上阵，亦得见之"下"此喻得底人见机而作，不在言句也"，"能辞祖已，发足南行，两

---

① 松本文三郎：《六祖坛经书志学的研究》，守志试译，《现代佛教》第五卷第八期，1933年；宇井伯寿：《〈坛经〉考》，杨曾文译，《世界宗教资料》1980年第4期；《慧能研究—慧能的傳記と資料に關する基礎的研究—》，第401页；杨曾文校写：《新版敦煌新本六祖坛经》，宗教文化出版社2001年版，第274页。

月中间，至大庾岭"下"五祖归，数日不上堂。众疑，诣问曰：和尚少病少恼否？曰：病即无，衣法已南矣。问：谁人传授？曰：能者得之。众乃知焉。"，"明礼辞"下"明回至岭下，谓趁众曰：向陟崔嵬，竟无踪迹，当别道寻之。趁众咸以为然。惠明后改道明，避师上字。"，双行小字均被改为正文。三是删除宗宝本《坛经》中的部分注文。如宗宝本"行由第一"中"亦得见之。喻利根者。"，"能曰：一本有我亦要诵此，结来生缘。上人，我此踏碓八个余月，未曾行到堂前"，双行小字在这三个本子中都被删除。

　　德清本也是宗宝本《坛经》的改编本。该本对宗宝本的改编包括以下几个方面：一是对章节名略有改动，并增加了"品"字①。宗宝本的"行由第一，般若第二，疑问第三，定慧第四，坐禅第五，忏悔第六，机缘第七，顿渐第八，宣诏第九，付嘱第十"，在德清本中被依次改为："自序品第一，般若品第二，决疑品第三，定慧品第四，妙行品第五，忏悔品第六，机缘品第七，顿渐品第八，护法品第九，付嘱品第十"。二是删掉了部分文字。如像永乐南藏本、永乐北藏本和房山石经本一样，将宗宝本"行由第一"中"能曰：一本有我亦要诵此，结来生缘。上人，我此踏碓八个余月，未曾行到堂前"的双行小字删除；将"上上人有没意智，若轻人即有无量无边罪"删为"上上人有没意智"；将"求道之人，为法忘躯，当如是乎"删为"求道之人当如是乎"；将"云能本是南中人，久不知此山路，如何出得江口。五祖言，汝不须忧，吾自送汝。祖相送直至九江驿，祖令上船。五祖把橹自摇，惠能言，请和尚坐，弟子合摇橹。祖云"删改为"五祖送至九江驿，祖令上船，惠能随机把橹，祖云"②等。对宗宝本"付嘱第十"中不少文字，也做了删减。③三是将部分注文改为正文。如将宗宝本"机缘第七"中智通条的"如上转识为智也。教中云，转前五识为成所作智，转第六识为妙观察智，转第七识为平等性智，转第八识为大圆镜智。虽六、七因中转，五、八果上转，但转其名而不转其体也。"，行思条的"谥弘济禅师"，怀让条的"敕谥大慧禅师"，永嘉玄觉条的"谥曰无相大师，时称为真觉焉"，方辩条末"永为人天福田"后的"师仍以衣酬之。辩取衣分为三，一披塑像，一留，一用椶裹瘗地中，誓曰：后得此衣，乃吾出世，住持于此，重建殿宇。宋嘉祐八年，有僧惟先修殿掘地，得衣如新。像在高泉寺，祈祷辄应。"，"顿渐第八"中"是谓荷泽禅师"等注文，都印为正文。四是对部分内容的顺序做了调整。如将宗宝本"顿渐第八"中神会条调到"机缘品第七"智煌条后④；将宗宝本中的附录文字置于尾题前。⑤

---

　　① 笔者目前所见《坛经》诸本中，德清本是目前存世最早的增"品"字目的《坛经》。
　　② ［日］中岛隆藏：《关于"曹溪南华禅寺建寺一千五百年纪念"刊行德清勘校〈六祖坛经〉》，载释正传、释妙峰主编《曹溪禅研究》（三），中国社会科学出版社2003年版，第165页。
　　③ ［日］中岛隆藏：《关于"曹溪南华禅寺建寺一千五百年纪念"刊行德清勘校〈六祖坛经〉》，载释正传、释妙峰主编《曹溪禅研究》（三），中国社会科学出版社2003年版，第171—172页。
　　④ ［日］中岛隆藏：《关于"曹溪南华禅寺建寺一千五百年纪念"刊行德清勘校〈六祖坛经〉》，载释正传、释妙峰主编《曹溪禅研究》（三），中国社会科学出版社2003年版，第168—170页。
　　⑤ ［日］中岛隆藏：《关于"曹溪南华禅寺建寺一千五百年纪念"刊行德清勘校〈六祖坛经〉》，载释正传、释妙峰主编《曹溪禅研究》（三），中国社会科学出版社2003年版，第172页。

最后是通过对《坛经》编纂历程的梳理，印证了胡适《坛经》研究的一些结论，提醒我们在利用《坛经》研究禅宗时，有必要结合《坛经》不同版本展开。上文的梳理表明，从敦煌本到存中本，《坛经》内容有了较大增加；从存中本到惠昕本，不仅章名中增加了"门"字，内容较有补充，而且文字略有修改。契嵩在存中本一类《坛经》基础上，参校惠昕本，大量采纳《景德传灯录》中的相关内容和文字，删除并见于敦煌本、存中本和惠昕本的部分文字后，新编成了契嵩本《坛经》。这一本子是宋代以降诸本《坛经》的祖本，但其第六、第七两章中的不少注文，在过渡本、德异本和宗宝本中或被改为正文，或被删除，保存了注文形式的仅极个别注文。此外，契嵩本正文的部分文字，也有被过渡本、德异本和宗宝本改为注文的情况。明南藏、明北藏、房山石经本中，此前的注文都被改为正文；德清本不仅把宗宝本中的相当多注文都刊印成正文，还把契嵩本中属正文且被过渡本、德异本和宗宝本都改为注文的文字，印成了正文。

很显然，《坛经》从敦煌本到德清本，经历了一个内容由简单到复杂，文字由俗俚不通到文顺意明，不少文字存在由正文变注文，又由注文变正文的转换历程。《坛经》的这个演变历程，就是它不断被改编而这些改编又都未被怀疑的历史。既有的《坛经》研究中，胡适在广泛收集资料并仔细校勘诸本《坛经》文字的基础上提出的"明藏本的祖本是北宋契嵩的改本"[①]、"《坛经》的普通传本都是契嵩以后又经后人增改过的"[②]等观点，无疑因此得到印证。由于胡适是以新发现文献为基础展开《坛经》的版本研究，因此，在方法论意义上，"回归胡适，也许是未来中国禅宗史研究的走向之一。"[③]

《坛经》的不同版本出现于不同历史时期，有不尽相同的内容。部分早期《坛经》版本中的内容，如与荷泽神会系关系密切的文字，未见于后代《坛经》中；部分早期《坛经》版本中未见的内容，如出现在后代《坛经》版本中的"但吃肉边菜""使君！东方人但心净即无罪，虽西方人心不净亦有愆。东方人造罪，念佛求生西方；西方人造罪，念佛求生何国？""在家能行，如东方人心善；在寺不修，如西方人心恶"等文字，在北宋契嵩改编《坛经》时尚未出现。因此，在利用《坛经》研究禅宗乃至唐代以降中国佛教史时，有必要在辨析《坛经》不同版本的基础上展开。为便于区别《坛经》不同版本，兹附《坛经》演变表如下：

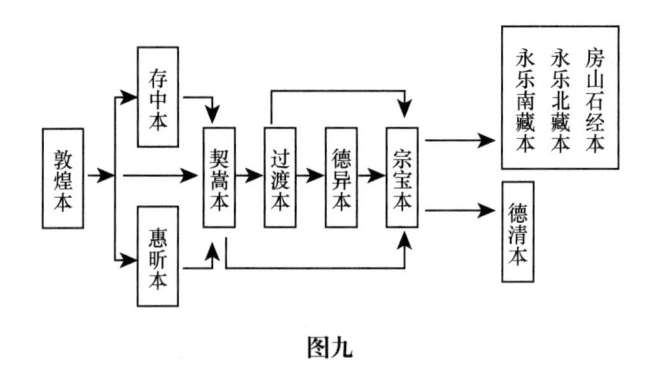

图九

（原文发表于《世界宗教研究》2018年第4期）

---

① 柳田圣山主编：《胡适禅学案》，正中书局1975年版，第68页；蓝吉富主编：《禅宗全书》第三十七册，第77页。
② 柳田圣山主编：《胡适禅学案》，第80页；蓝吉富主编：《禅宗全书》第三十七册，第90页。
③ 侯冲：《现存〈坛经〉的祖本及其演变》，《古典学辑刊》第一辑，第561页。

土家族原始宗教信仰的伦理意蕴[*]

易小明[**]

摘 要：土家族原始宗教信仰，是一种包括图腾、祖先、自然崇拜于其中的多神信仰。其伦理意蕴主要体现在两个方面：一是宗教—道德的原始一体化存在，使宗教信仰直接表现为某种道德约束；二是经由长期的宗教道德信仰而形成的敬畏心理为道德的播植预留了肥沃的土壤。今天来看，土家族原始宗教信仰既可利于一种理性生态主体的培养，亦可利于克服极端的个人主义，转化生成合理的人际伦理原则。

关键词：土家族 原始宗教信仰 伦理 道德

土家族历史悠久，世居湘、鄂、渝、黔毗连的武陵山区。延续至今的土家族原始宗教信仰，是一种包括图腾、祖先、自然崇拜等于其中的多神信仰，这些宗教信仰内含着较为丰富的道德基因，根据时代要求，充分挖掘并合理利用这些道德基因，对于土家族传统宗教文化的时代转换，对于土家族道德文明建设都具有十分重要的价值。

一 土家族原始宗教信仰的基本内容

土家族原始宗教之多神信仰，乃在万物有灵观念影响之下逐渐形成，主要表现为图腾崇拜、祖先崇拜、自然崇拜。

土家族的图腾崇拜即为虎图腾崇拜。《后汉书·南蛮西南夷列传》载："廪君死，魂魄世为白虎，巴人以虎饮人血，遂以人祀焉"[①]。据传，古时鄂西一带就存有人祭现象，但宋以后，或以为杀人祭祀过于残忍而改为血祭——巫师割破自己前额以滴血祭神，后来又改为椎牛还愿。此祭一般无神像、庙宇，但旧时四川黔江土家族在堂屋神龛上供有木雕小虎，并在神龛下或大门上贴有"白虎皇王地府神群君位"之神符。

但在湘西土家族宗教文化中，白虎神分为两种，一为"坐堂白虎"，一为"走堂白虎"。认为前者行善、后者作恶，人们敬奉的只是"坐堂白虎"，而对"走堂白虎"则予以驱赶。当地谚云："白虎穿堂过，无灾必有祸"，故对于走堂白虎必驱赶、射杀。当小孩出现抽筋、吐白沫、翻白眼等病症时，人们便认为是走堂白虎作祟，往往请土老司前作

---

[*] 此文系国家社会科学基金重点课题"民族文化差异与区域协同发展"（12AMZ007）相关成果，获"湖南省差异与和谐社会研究基地"资助。

[**] 易小明，湖南师范大学道德文化研究中心、中国特色社会主义道德文化协同创新中心潇湘学者特聘教授，吉首大学哲学研究所教授，哲学博士，博士生导师。

[①] （南朝·宋）范晔撰：《后汉书》，卷86，《南蛮西南夷列传》，中华书局2007年版，第524页。

法驱赶。过去湘西许多地方，凡带婴幼儿出门时，往往用锅烟墨在小孩前额画上十字；大人需出门干活小孩留家独睡时，就会在其摇床上插上剪刀或火钳之类，用以驱赶走堂白虎。20世纪80年代中期，湘西龙山洛塔乡一些村寨还有赶白虎的余存，但其形式已经非常简化，就是在堂屋的中柱上画一上弦弓箭或钉上一钉子，以示驱赶走堂白虎。

祖先崇拜也是土家族宗教信仰的重要内容。土家人认为，自己的历代祖先去世之后都化成了祖先神，在另一个神境仙界关注着后人。因此土家人凡重要集会、逢年过节，凡遇重大事项筹划等，都必诚挚敬祭之。

土家族祖先神主要包括氏族祖先神、土司神、家先神三种。氏族祖先神在不同地方的家族中有不同的内容，在湘西最著名的就是八部大王。据传，他们是湘西土家族八部落之首领，因开辟湘西蛮荒之地有功而被当地土司封为八部大神，并在保靖县的水八峒、龙山县的马蹄寨等地建有庙宇，每年春节过后就于庙前举行盛大祭典活动。而在湖南桑植、永定、石门和湖北五峰、鹤峰等地的田氏家族，其祖先神则是大、二、三神。据传，大、二、三神是田姓氏族中的三个好汉，他们因帮助女娲补天、为人间民众脱离水灾立下大功而被后人尊为氏族神。人们按照三人的不同面相，塑造了黑、红、白三种不同颜色的脸谱神像立于庙内，以让后人供祭。而湘西古丈县的田姓始祖神则是社巴神——据传他是因外出作战英勇、并最后牺牲在外而被土司王封为大神的。

土王神是土家族祖先崇拜的第二类神。土王神其实就是各地的土司——管理当地土家族的最高统治者死后而被尊为神。土家族地区封建统治自元代就设立了土司制度，一直实行军政合一的土司世袭统治——直到清代的改土归流为止。土司在长达八百余年的统治中励精图治，使土家族地区的政治、经济、文化各方面都得到相对稳定发展，从而在土家民众中树立了极高威望，后代的土家人便将其中有功于族群者作为神来加以敬仰。特别是几个大的土司去世后，人们在当地都建立了土王庙，每过春节之后，土家族人都要为他们举行隆重祭祀活动。湘西的彭氏土司非常著名，彭氏土司即溪州刺史彭士愁，其左丞右相为"向老官人"和"田好汉"。土家人将这三位人物塑为三尊神像立于庙宇，以让后人供祀。而鄂西一带，则以信奉田、覃、向三姓土王神为主，他们曾是三姓土司首领，后人们也为其立有"三抚庙"——供奉三尊神像于其内，以供世代祭祀。

土家先民的自然崇拜内容非常丰富，他们相信万物有灵，认为一切事物皆由鬼神支配，一般是神行善、鬼作恶，但有部分神作恶、鬼行善的，故有多元的鬼神崇拜。神主要包括：阿密婆婆、梅山神、张五郎、豕官神、社巴神、火畲神、五谷神、毛娘神、土地神、水井神、财神、灶神、门神、田神、茶神、牛神、龙神、蛇神、树神、山神、雷神、风神等；鬼主要包括：高坡煞、麻阳鬼、火烟鬼、摆子鬼、青草鬼、水鬼、瘟神等。这些神和鬼，有些是由外来文化传来的，但大多数是土家族传统信仰中固有的，它们为土家先民所独创，带有土家人的"泛神"思维特征，长期为土家族人民所信奉。

二 土家族原始宗教信仰的伦理意蕴

土家族原始宗教信仰的伦理意蕴主要体现在两个方面：一是宗教—道德的原始一体化存在，使宗教信仰直接表现为某种道德约束；二是经由长期的宗教道德信仰而形成的敬畏心理为道德的播植预留了肥沃的土壤，信仰心理为道德心理的形成提供了基本的同质性架构。

从第一个方面来看，土家族原始宗教—道德一体化——宗教的规定几乎直接就是或直接内含着某些道德的规定，宗教的"道德约束价值"一目了然，这主要表现在三个方面。

一是图腾崇拜、部分祖先崇拜中，明显地表现出对有功者、特别是有德者的尊崇与神化，从而使信仰与伦理直接联系起来。其实，先秦时期的祖先崇拜就已经形成较为成熟的祭祀理论。《国语·鲁语上》载春秋时鲁国大夫展禽说：夫圣王之制祀也，法施于民则祀之，以死勤事则祀之，以劳定国则祀之，能御大灾则祀之，能捍大患则祀之。非是族也，不在祀典。[①] 可见，得以被祭祀的五个原则其实就是一个原则：成就社会、帮助他人的道德原则。这里，宗教祭祀的道德规定显而易见。土家族的原始宗教信仰也是如此，许多相关内容表现在其史诗《摆手歌》中。《摆手歌》所"歌颂的大多是那些造福社会、为民请命的强者或德性人物"[②]，他们因其德望、因其事功而被尊为神，如此的宗教信仰当然也就直接内含着相应的伦理规范价值。土家族的图腾崇拜主要是白虎崇拜，而白虎崇拜本质上仍然是对有德有能之祖先的崇拜。据《后汉书·南蛮西南夷列传》记载："巴郡、南郡蛮本有五姓：巴氏、樊氏、曋氏、相氏、郑氏，皆出于五落钟离山。其山有赤、黑二穴。巴氏之子生于赤穴，四姓之子皆生黑穴。未有君长，俱事鬼神；乃共掷剑于石穴，约能中者，奉以为君。巴氏之子务相乃独中之，众皆叹。又令各乘土船，约能浮者，当以为君。余姓悉沉，唯务相独浮。因共立之，是为廪君。乃乘土船从夷水至盐阳。盐水有女神，谓廪君曰：此地广大，鱼盐所出，愿留共居。廪君不许。盐神暮辄来取宿，旦即化为虫，与诸虫群飞，掩蔽日光，天地晦冥。积十余日，廪君思其便，因射杀之，天乃开朗。廪君于是君乎夷城，四姓皆臣之。廪君死，魂魄世为白虎；巴氏以虎饮人血，遂以人祠焉"[③]。可见，廪君是一个德能兼备的英雄，除了其神秘的力量外，他还有超凡的智慧、卓越的军事才能以及出类拔萃的劳动技能。更为重要的是，他具有神通广大的"神性"道德能力，不仅能够辟邪免灾、化险为夷，还能赐福于子孙，带给后人各种福祉，因而得到众人与后人的由衷崇拜。廪君是作为神秘力量、智慧力量和道德力量的统一载体而为后人敬信的，只不过其神秘力量、智慧力量是相对显性的，而道德力量则是相对隐性的，因此对于他的崇拜，既是对其神秘力量的崇拜，也是对其智慧力量的崇拜，同时还是对其道德力量的崇拜。并且，由于人际智慧与道德的某种内在相互促进关系——智慧因道德而行为方向明确、道德因智慧而更有实现力量，因此"德望"常常成为"事功"的一种必要素质基础。因此，土家人对于廪君功业的崇拜，便总是与其对廪君的道德崇拜紧密联系在一起的。

同时，土家族的宗教—道德一体还体现在部分祖先崇拜中——具体来说就是对祖先神和土司的崇拜。前已述及，在湘西，土家族对祖先神的崇拜就是对八部大王的崇拜，八部大王作为八个部落首领，他们是因为对开辟湘西、建设家园有功而被封为八部大神的。湖北五峰、鹤峰及湖南桑植、永定、石门等地的大、二、三神，也都是因帮助女娲补天为人间带来福祉而得到土家后人崇拜的。而对土王神的崇拜，则更因为他们为湘西的发展作出了突出贡献。这些被崇拜对象，从外在成就来看，是因为他们有功，而从内在人品来看，则是因为他们有德。可见，土家族宗教信仰的道德向度不仅非常明显，而且"不可避免"。

[①] （吴）韦昭注：《国语》，上海古籍出版社1978年版，上册第166页。
[②] 周兴茂、肖英：《论土家族文化的基本特征》，《湖北民族学院学报》2013年第5期。
[③] （南朝·宋）范晔撰：《后汉书》，卷86，《南蛮西南夷列传》，中华书局2007年版，第524页。

二是土家族的家先神崇拜直接规定着他们的孝亲伦理思想。土家族的祖先崇拜，除了祖先神、土司神崇拜，还包括崇拜自己的家先神。湘西土家人认为，先人过世后都会化为神，后人便将其供奉于堂屋的神龛之上，并书以"天地国亲师位"，每逢年节必敬祭之。

土家族对于家先神的崇拜，直接与土家人的孝亲伦理连为一体。因为祖先是神，他们不仅能够帮助后人中的行善之人，也能够处罚后人中的作恶之人，而且还能帮助或处罚其他氏族中相应的为善者或作恶者。因此这种先人崇拜其实包含着某种只准后人行善、不准后人作恶的他律的因素，并且这种他律因为是基于祖先崇拜而显得非常深厚——因是祖先，有亲情基础，所以更信；因祖先是神，所以非常威严，二者相互补益，其影响当然铭心刻骨。所以，土家族的家先神崇拜，无论对于后人的劝善还是抑恶，都带有其他神祇崇拜难以具有的更加深切更加有效的道德规导价值，而且这种规导价值在具备孝亲意识的人们心中不断发酵、扩展。

土家人总是带着孩子参加敬祖活动。孩子们在父辈祭祀其父母及先人的活动中，也感受着父母的虔诚与孝心，这种孝敬意识在严谨的环境和神秘的氛围中被深深地植入他们的心灵，为其今后的孝敬行为打下了情感—心理基础。由于祭祀活动的广泛性、恒常性、庄严性、虔诚性，土家人的孝敬意识的生成与培养，既普遍又深入，这种普遍深入的孝敬意识成为其普遍的深层的具体孝敬行为之重要心理力量。所谓普遍，就是人们日常生活中要事事顺着父母，父母过世后要时常念着父母；所谓深入，就是在父母过世当时，要"尽心"好好安葬父母；去世后，在过年节要虔诚地纪念父母，总之就是要在特殊的时间、特殊的场合表现出特别深沉孝敬之情。同时，土家族的孝亲意识还会通过其他神的力量得以培植。湘西地区的土家人认为，人不孝顺，不仅得不到先人的保佑，而且会遭到雷劈，在湘西的许多县志中都有雷劈孽子的记录，时至今天，在湘西土家族地区还有"闻雷而省孝"的心理暗示①。

土家人的孝亲思想可能与儒家文化的深度传播有关，有学者就指出，在很早的时候土家人的孝礼就与儒家的大致相同——比如丧事的基本规制就仍是儒家礼制。今天，湘西土家人的葬礼与当地汉人的几乎毫无二致。整个丧事程序是这样的：长者停止呼吸时，由子女抱于胸前，称为"接气"，然后将一些纸钱烧成灰烬包好放在棺内，同时要为死者梳洗换装，然后置于堂屋中的柳床上（实际是一门板）。入殓时，棺木底铺上皮纸，并用灯草做亡人枕。盖棺后，子女亲属恸哭，燃放鞭炮，然后在棺下点地府灯。丧家择吉日举行葬礼，此后则为主葬日。主葬日期从亡人去世之时起有押三朝、五朝、七朝之分。程序：下柳床、开路、荐亡、交牲、上熟、散花解结、辞灵、扫屋、解方灯、解游灯、小解灯、破血湖池、大解灯。葬礼期间，孝男孝女要"披麻戴孝"，行礼时握器丧棒一根。开吊期间，每晚唱孝歌，打绕棺，跳"撒儿嗬"。②孝歌唱词大部分为死者生平及其待人处事之事，多取材于儒家历史故事，突出忠孝仁义之主题，既赞扬亡者，也教育生者。出葬时，本邻寨青壮年男子自愿抬灵柩上山。

土家族的葬礼之所以如此繁复，是与土家人表现其孝心、实现其孝亲伦理、从而获得"尽心尽力"之"孝子"之评价的心理期待内在地联系在一起的。因此，对于亲人的葬礼

---

① "闻雷而省孝"，当听见雷声，就想到自己有没有不孝，若没有不孝就不必害怕。而若平时有些不孝言行，那么有响雷之时，往往不敢于雨中前行，这是一种自然而然的习惯性反思。

② 宋祖红：《儒学对土家族传统伦理道德的影响》，《商场现代化》2005年第1期。

土家人是高度重视的，家里就是再穷，也要尽力厚葬父母。关于这一点，可从三个方面加以说明：从个体的情感角度来讲，因为它体现着土家人"特殊场合表现特殊情感"的深厚孝亲意识；从个体的利益角度来讲，它是后人今后能否获得先人护佑的重要根据；从个体的社会认同角度来讲，丧事办得如何会得到族人或其他人"非常认真的"评价，同时也是大致判断子女平时是否孝顺、从而获得他者高度道德认可的一个看得见的重要标准。

土家族的孝亲伦理还表现在对家先神的祭祀上。土家人在每年大年前夜和清明节，都要去亲人坟前，点香烛、撒纸钱以祭祀先人，既表孝敬之心，也求先人护佑。平时，每逢大事决策，也会以如此方法祭祀，既求先人保佑事业成功，又表达向先人请教、尊重家先神"意见"之诚意。

土家族的家先神崇拜的确为其孝亲伦理直接提供了一些规范内容与动力资源。同时，由于土家地区广泛传播中原儒家文化，儒家的"生事之以礼，死葬之以礼、祭之以礼"对于土家族的孝亲伦理也应有深度影响，因此，土家族的孝亲伦理其实是内含着人无完人儒家文化要素的，二者融为一体，共同培育了土家族绵延不绝的孝亲伦理和孝亲文化。

三是土家族的自然神崇拜，与相应的生态伦理有着内在协同，发挥了环境保护的道德规约作用。"原始人对神的恐惧敬畏分别产生了两种行为，前者引发了禁忌，通过约束人的行为以达到不冒犯神灵和顺从神意；后者产生了祭祀，通过祭祀仪式向神灵献祭以取悦神灵，求得人类世界的安宁。"① 禁忌和祭祀虽然是原始宗教的产物，但明显可以成为一种行为准则而制约人们，而人们则在遵守准则的实践过程中养成了相应的道德规范意识，实现了从"神性规范"到"人性规范"的转移。如果说"祭祀"约束主要表现着道德自律意识的话，那么禁忌作为"人类在其漫长的发展进程中所最早出现的有意识或无意识地进行自我约束、自我规定、自我限制、自我控制的法则"②，则更偏重于他律了。

土家族原始宗教是多神信仰，其中的自然崇拜也多种多样。山有山神、水有水神、龙有龙神、蛇有蛇神，人们的行为只能遵从而不能背离这些神的意志，而对于神意的遵从往往通过禁忌的方式直接表现出来：一是上山打猎有禁忌，要请梅山神，不准打动物幼崽，同时不准打村寨周围的竹林和树林里的鸟，否则会家畜喂养不成器。从今天生态伦理的角度来讲，这实质是有利于动物保护的。二是树木砍伐有禁忌，不准砍伐太小的幼木，不准砍村寨边的风水树，不能砍特别大、特别老的树（说是已经成精），建屋砍树时要敬树神，否则会房屋倒塌或发生火灾，这实质是有利于植物保护的。三是对待河流、水井有禁忌，不准往河中丢死蛇、死老鼠，不准在溪河里用药闹鱼，不准在水井附近修厕所、牛栏、猪圈，不准在水井里洗手等，否则会得各种怪病，这一切都是有利于水资源清洁保护的。土家人的这些基于原始宗教伦理的禁忌，反映出土家族先民长期积累的生活智慧与生存伦理。

当土家先民的智力、知识、生产力发展水平非常低下时，他们只能匍匐在自然面前，其对待这些压力的一点"能动性"都转化为服从的能动，因为他们的服从是与其将对象理解为一种神秘、超越的力量密切相关的——当饥饿、战争、疾病发生时，他们除了借助于"外力"来为其生存给予精神慰藉之外还能做什么呢？正是在极其险恶的自然环境中，不可抗拒的自然力量与难以控制的社会力量的共同压迫使人变得无能无助，正是由于这种

---

① 彭宇：《中国原始宗教的伦理思考》，《吉林师范大学学报（人文社会科学版）》2011年第4期。
② 张锡勤、柴文华：《中国伦理道德变迁史稿》（上卷），人民出版社2008年版，第18页。

无能无助，土家先民才通过想象将生存的希望寄托在某种神秘的对象身上，并通过对其俯首帖耳、百般献媚的方式来恳求它们的帮助，实现族人平安、稳定、有序地生存。因此，土家族原始宗教在产生之时便强烈地表现出化解生存危机、维护社会秩序、寻求生存安宁的特质，而对生存危机的化解、对社会秩序的维护、对生存安宁的寻求，也正是社会伦理规范的基本内容和要求，宗教目的与道德目的的内在一致，使土家族宗教信仰必然表现出强烈的伦理特质，这是毫无疑问的。

土家族宗教与道德的连通，心理机理上其实是通过善恶报应来维持和实现的。土家族"在人神之间架起了一道'善恶报应'的价值桥梁。神是本体，是至高无上、强大无比、不可战胜的；人若违背了神的意志或人间的道德，就一定会遭到神的惩罚"[1]，而若顺应神的意志——按照自己的良心做事，就会得到神的保佑和奖赏，就能平安幸福地生活。显而易见，神的意志与个体道德的要求在这里是高度一致的——至少它们的价值指向高度一致。正因为这种一致，土家人的原始宗教信仰才通过善恶报应而将原始宗教与伦理道德内在地勾连在一起，在人的行为善恶与其命运的好坏之间建立起因果联系。善恶报应一方面因"善有善报、恶有恶报"的"正负反馈"而强化了人们的原始宗教信仰，另一方面则又因"善必有善报、恶必有恶报"的"事先既定"而"迫使"人们必须内化相应的伦理规范，宗教与伦理之价值指向的一致，使宗教信仰与伦理规范得到双重强化，而这双重强化反过来又使人们对善恶报应机制深信不疑，于是善恶—报应与伦理—宗教之间便形成了一种相互依赖、相互促进、相得益彰的发展关系。

从主体觉醒的角度来讲，土家族基于这种善恶报应的宗教—伦理观，其实是在以神为本的天命观支配下的人的能动性的发挥，它集中地体现了土家族先民调节自身行为、人神关系、人际关系的规范智慧和实现美好生活的良好愿望。在过去，人们之所以认为这种善恶报应并不只是一种假说，往往是因为通过"真有其事"的民间传说而在民众心中得以固化。民国《永顺县志·杂记》载："丁大富，对山寨人，贫而孝。一日耕于山，忽得鲤鱼一尾，约重斤余，携归奉母，母喜曰：'儿贫至今止，富自今始矣！'自是不十年，果大富焉。"在湘西土家族居住区，还广泛流行着这样一种说法，无论人们的恶行如何隐秘，最终都逃不过天神的法眼，一旦天神发现他恶贯满盈，就会立即派雷公将其劈死。从宗教学的角度来讲，这当然是一种神判法，但这种神判法作为原始社会文化的一种遗留，它却表现出以道德为判断根据的评判特质，表现着原始宗教与伦理道德精神的高度一致，所以说"神判法是原始社会宗教（神灵）对社会道德纠纷的直接干预，具体体现了当时宗教对于道德的直接作用与影响"[2]。

从第二个方面看，敬畏心理的生成为道德价值的植入准备了沃土。

《易·系辞》中讲："阴阳不测为神"，神是一种神秘莫测，可以化生万物的自然力量，也正是因为它的神秘莫测，所以才让人敬畏。根据敬畏产生的根源及其对象的不同，我们可以将其分为迷信式敬畏、理性式敬畏和德性式敬畏。湘西土家族的敬畏观主要是迷信式敬畏，但同时也夹杂有一些德性式敬畏。"迷信式敬畏是人们为了摆脱异己力量的束缚、祈求庇护所产生的直接的、蒙昧的、非理性的、拟人化的敬畏。各种超人间的力量都

---

[1] 周兴茂、肖英：《论土家族文化的基本特征》，《湖北民族学院学报》2013年第5期。
[2] 吕大吉主编：《宗教学通论新编》，中国社会科学出版社1998年版，第771页。

可以成为人们卑躬屈膝、盲目祷告与敬畏的对象。"①

湘西土家族敬畏心理的生成，是土家宗教文化长期熏染的结果。一是家庭教育，土家族的小孩从开始说话时起，父母就教育他们要有所顾忌，其行为、语言不能完全随意而发，而是有所敬畏、有所禁忌、有所约束的。比如，不能糟蹋粮食，否则会遭雷劈；不能虐待老人，否则会遭雷劈或生怪病；夜间不能大叫或吹口哨，否则会因叫醒鬼而被其缠身。二是参加祭祀活动也有严格要求，祭祀时要安静、不能大声喧哗，要保持真诚虔敬之心等。长期的禁忌行为造就了稳定的敬畏心理，而长期稳定的敬畏心理则可能生成一种相应的心—身机制。土家族人民日常生活中处处都有神巫文化的因素，长期生活在这种神巫文化之中，深受其影响，就有可能生成出相应具有某种自然性的心—身机制。现代医学表明，人类大脑皮层的前额叶承担了人类行为的重要功能。"前额叶……我们现在可以重新确定这个所谓人类的精神维度，给予它特殊的性质，即辨别不同的形势和状态的能力，做出选择的能力，认同某种价值观和目标的能力，在我们的头脑中预见短期和长期的可能或大概情形以及我们相应行动的结果的能力：我们应该做什么，如何做是正确的，还有分辨善恶的能力。"② 长期的认知行为、道德行为导致人体内生成相应的认知器官、道德器官，长期的敬畏行为也应同样如此。因此，我们的敬畏之心，我们的禁忌经过长期的心—身积淀和演化，便可能集成于我们的大脑，形成相应的物质器官。所以，我们认为，敬畏性组织器官有可能恰恰就是道德器官的前身或其组织的重要组成部分。

不同宗教文化作为人的文化总有相通之处。其实基督教早就认为，敬畏是美德的源泉，是道德的奠基；敬畏之心是道德实践的主体条件，是道德人格的内在根据。中国古人亦云："畏则不敢肆而德已成，无畏则从其所欲而及于祸。"③《尚书》说："予畏上帝，不敢不正。"朱熹则视"敬"为"圣门之纲领，存养之要法"，"为礼以敬为本"，并强调"敬"与"畏"的联系。从道德心理的角度来讲，敬畏不是简单的尊敬或顺从，而是一种伴随畏惧的道德心理收摄准备状态，它是人们能够有德行地生活的深层心理根地，是伦理规范形式得以内化的基础和内在动力，是否拥有敬畏之心对于道德原则的内化与否以及内化的程度、水平怎样都有着直接的关系。因此，法国哲学家里克尔指出："经由害怕而不是经由爱，人类才进入伦理世界……畏惧从开始就包含了后来的所有要素，因为它自身隐藏着它自己消失的秘密；由于它已经是伦理的畏惧，而不仅仅是肉体上的害怕，因此所畏惧的危险本身是伦理的。"④ 总之，只有当人心常存敬畏，其行为才有所顾忌，才不会为所欲为，才会"战战兢兢，如临深渊，如履薄冰"。否则，人们若毫无敬畏之心，其行事就会无所顾忌，就必然胆大妄为、胡作非为、无法无天。

从一般心理学的角度来讲，敬畏心理其实已为伦理观念的植入准备了条件。我们知道，人的道德发展都要经历一个从他律到自律的过程，土家族人的道德发展进程——无论是整个的还是个体的，当然也不能例外。他律，是指儿童的道德判断往往为他们并不认同、并没内化的价值标准所支配，他律性是早期儿童道德发展的本质特性。此时他们的道德判断和选择是根据外在于己的道德准则而进行的——并且只注意行为之服从或不服从的

---

① 曹剑波：《基督宗教的敬畏观》，《中国宗教》2009年第5期。
② [英]乔治·弗兰克尔：《道德的基础》，王雪梅译，国际文化出版公司2006年版，第98页。
③ （明）吕坤撰：《呻吟语》，民国二年（1913）石印本。
④ [法]保罗·里克尔：《恶的象征》，公车译，上海世纪出版集团2003年版，第17—18页。

客观后果而不关心主观的动机，他们选择执行某种道德原则的动机往往是对惩罚的害怕。故显而易见，敬畏为他律道德的植入准备了相应的心理条件——并且，一种长期稳定的敬畏之心，也构成了自律生成的必要前提和生成后的依然持存状态。也就是说，许多的道德发展即使已经达到自律水平，但人们却往往仍然保持着与往前同样的敬畏之心，而这种敬畏之心的持存，又使相应的道德主体不断开放着更多道德规范领地，接纳着更为丰富的道德约束条目。

湘西土家人在日常生活中有一句口头禅叫作"无敬则无为"，我们认为，它是有其深厚意蕴的。首先，这个敬已经从宗教活动中摆脱出来而进入了人们的日常生活，因此它虽然包含着对于神灵的敬畏但又不只是对神灵的敬畏，它已然成为人们行为处事的一种基本态度。其次，这个敬与儒家的诚有几分相似，如果说儒家的诚是发现和实现仁的根本途径，那么土家族的敬则不仅是通达于仁的道路，它更是走向成功的秘诀，它其实是"无敬则必然无德、无德则必然无为"的缩写。最后，这个敬的内容应当说是土家文化与汉文化共同作用的结果，但又远远超越它早先的基本内质。这个敬除了宗教道德方面的特殊规定外，至少还包括以下三个方面的意思：一是指要积极应对、有所准备，不能无所谓，不能消极怠工；二是指要临危不惧、沉着冷静应对，充分发挥理性的作用，不能感情用事、不能轻佻漂浮；三是尊重对手、直面困难，见招解招谨慎行事。可见，这个敬其实已经演化为人们行为处事的一种基本态度和素质。无敬则无为，这里的无为，既指行为本身，也指行为结果，它将个体的内在道德动机与个体的外在事功追求连接为一种因果关系，并通过主体道德内化而成为一个被信仰的内在心理结构或心理通道。真正生长于土家族"敬畏文化"中的人，他们大多不是兼济天下者就是独善其身者，他们的成功必有民族宗教—道德文化的一份功劳。

由此可见，土家族的原始宗教中的敬畏心理，其实为其道德发展准备了条件，这是土家族人民合理处理内部关系和族际关系、求得自身和谐发展的重要因素，也是土家人走出武陵山区、走向世界的关键性内在力量。

三　土家族原始宗教的当代伦理价值

随着时代的变迁，土家族原始宗教信仰的内容和范围也在不断地变化，土家人原来有图腾崇拜、自然崇拜、祖先崇拜，但在今天，大部分地区除了祖先崇拜中的家先神崇拜之外，其他的（至少在物质现象层面）大都消失了。当然从消逝的程度来讲，不同的地区也是有差异的。同时，从原始宗教对人们的实际影响来看，虽然单纯的宗教活动现象不见了，但相应的文化、相应的精神却还浸透在人们的日常生产生活实践中，特别是人们相应的某种宗教心理仍然在他们的内心深处扎着根呢。比如修建房屋、出远门时都请祖先保佑，打牌时心中默念神灵保佑赢钱——而其理由常常是赢了将补济家里急用（如小孩上学），或将做善事帮助他人之类。今天，土家族的家先神的崇拜还相当普遍，这种崇拜行为与敬畏心理相互促进、协同共生，敬畏心理当然仍然是道德植入、成长、开花、结果的肥沃土壤。土家族原始宗教的当代伦理价值主要表现在以下几个方面。

一是土家族原始宗教有利于一种理性生态主体的培养，成为超越人类中心主义，播散生态伦理思想的种子。马克思指出："宗教是那些还没有获得自己或是再度丧失了自己的人的自我意识和自我感觉。"① "用宗教意识去掌握现实世界的人，其主体性即自主、自立、自觉、自为的人格是虚无的。宗教指的是人的自我空虚的行为"②。虽然，宗教是人与自然关系的一定阶段的一种表现，随着不同阶段人与自然关系的变化，宗教也会产生相应的变化，但人与自然的矛盾与对立不可能获得彻底解决，即无论人的主体性提高到何种程度，自然对于人的压迫从某种意义上说是不可能完全消除的。

"神圣的东西，只有当其跟我的个性相对立而又跟我的本质相统一时，才成为我的对象"③。人与神灵其实是处在一种统一而又对立的状态之中的。所谓统一，就是指神灵总是人们根据自己的存在方式而塑造出来的；所谓对立，就是神性总高于人性，并对人性进行控制。神灵越具有权威性，异己的力量就越强大，人的力量当然也就越显弱小，人就越可能深受压迫。

但是，现代社会，随着生产力的不断发展，特别是科学技术水平的不断提高，人的主体性又得到极大的发展，逐渐生成出人类中心主义。人类中心主义虽然是一个包括多方面内容的理论主张，但其核心思想却是，一切以人为中心、一切以人为尺度、一切从人的利益出发，并以此为唯一标准去衡量和对待其他事物。正如美国哲学家胡克所说："人的实践正是从把自己的特征投射到整个世界中开始的。这使世界相当地集中于人类，并以与人类的关系去评价世界。"④

但是，恩格斯早就警告人们："不要过分陶醉于我们对自然界的胜利。对于每一次这样的胜利，自然界都报复了我们。"⑤ 当人类通过不断发明、制造和使用先进工具向自然进行无限制索取时，带来的却是这样的结果：生态失衡、环境污染、水土流失、人口膨胀……在物质文明的表面繁荣下，不断显现着日益严重的生存危机。人类只有重新反思自己的能动性、反思人类中心的消极方面从而改变已有的生产生活方式，才可能持续生存下去。

要理性地认识人的合理地位。虽然人不是无所作为的存在物，人有其能动性，它是在一定层面按照自己的要求来改变自然以满足自己的需要，但这是有其限度的，不仅总体上有限，而且不同时代也有其不同的限度。

人不是神，不能战胜一切。因为大自然无论在空间上还是时间上都是无限的存在，人类在它面前都显得非常渺小，尽管人的认识能力是不断提升着的，但人是不可能从总体上来清晰认识和把握大自然的——在其最宏观的层面我们无所得知、在其最微观的层面我们也知之甚少，我们只是在中观的层面有所知识，而且这些知识还很不全面。因此，人对自然应当怀有敬畏之心，否则，人类的狂妄行为、人类一知半解下的任性都将导致自我损伤甚至自我毁灭。而土家族传统文化中的敬畏，则为人类敬畏自然提供了某种先在的心理基础。尽管土家族原始宗教中的敬畏中可能还夹杂着某种神秘的因素，但这种神秘的东西并不与科学完全对立，而是在科学精疲力竭之时为之开辟一块精神栖息之地——歇息一下

---

① 马克思、恩格斯：《马克思恩格斯选集》（第1卷），人民出版社1995年版，第1页。
② 马克思、恩格斯：《马克思恩格斯全集》（第1卷），人民出版社1971年版，第648页。
③ ［德］费尔巴哈：《费尔巴哈哲学著作选集》（下集），荣震华等译，商务印书馆1984年版，第55页。
④ ［美］胡克：《进化的自然主义实在论》，《国外自然科学哲学问题》，中国社会科学出版社1991年版，第70页。
⑤ 恩格斯：《自然辩证法》，人民出版社1971年版，第158页。

吧，因为已知范围越广，与未知世界接触的边界也越广。况且今天的土家族人的某种神性意识，已经不是原始初民们那种基于对自然一无所知的前提下的对自然力量的迷信，而是对人向自然归附的一种总体性的心理意识，它只是感觉在自然之中总是存在着某种不以人的意志为转移的巨大力量，而这种感觉在知识有限的前提下，恰恰表现着某种理性取向，某种意义上来讲，不仅是正确的，而且是应当的，因为只有这种带有某种强烈情感因素的敬畏，人们在自然面前才表现得更加虔诚，其行动才更加谨慎，遵循自然规律才更加自觉，而这不正是人类最需要的也最合理的思想和行动吗？

二是土家族原始宗教有利于克服极端的个人主义，生成合理的人际伦理。

社会转型时期，生活不断地世俗化使人们的敬畏感普遍缺失。随着改革开放的纵深挺进，我国社会发展的基本战略有了重大转变，即实现由计划经济向市场经济的转移，原来生长于计划经济条件下的主流意识形态，由于自身没有随着市场体制的建立而发生相应改变，故其他权威地位不再，原有的信仰系统、价值观念、道德准则难以再让广大公众获得普遍认同，而新的欲取而代之的具有现代品格的信仰系统、价值体系又尚未充分发展和建立起来，这种情况下，一些人对道德、对法律总是缺乏敬畏之心，他们总是以自我为中心，总只从自身的利益角度来考虑如何应对道德规导与法律制约。如此的缺乏敬畏之心支撑的道德与法律，常常只是人们利益追求道路上想方设法去跨越的障碍，它们便当然无法内化为其行为的内在准则，于是当利益巨大时，道德、法律往往被他们践踏在脚下，整体大众唯利是图、社会无序不可避免。

极端个人主义有其本质特点：一是在一切方面都把个人的私利放在第一位；二是只顾自己私利，不管他人的、社会的利益；三是为了个人私利，可以不择手段。

今天，许多仍然保有着原始宗教信仰遗存的土家族人，虽然已经不是仅仅以神为中心，但也绝对不是仅仅以自我为中心。它首先存在两个中心点，即自我与神，个人利益的获得当然要得到神的支持与帮助才行，因此，它其实是在个人意志与神的意志之间寻求一条合理的、二者可以协同的道路。事实上，由于神的意志总是体现着道德原则，体现着对他者利益的关照，于是，从神的这个中心点就必然可分化出他者利益这个中心点，就形成了一种个人—他者—神三位一体的三角关系，个人与他者之间的现实应然关系因被神所"看重"而得以强化：个人要实现自我利益，就必然关照到神的意志，而神的意志又因体现着关注着他者利益的道德原则，因此也就意味着，个人利益的实现必须以尊重他人利益为前提，且由于关注和尊重他者利益是神的意志，因此这种个体对他者利益的尊重就产生了一种来自内心深处的巨大的约束力量。

所以，我们认为，借用土家族人仍然存在的敬畏心理，对其进行创造性转换，为现代新的人际道德的接纳提供必要的心理基础，从而内化并创生新的道德原则以提高人们的道德素质，这是有可能的，也是很必要的。敬畏心理对于道德内化与生成的内在价值显而易见。

（原文发表于《宗教学研究》2018 年第 1 期）

华严学研究的历史、现状与未来

王 颂[*]

摘 要：华严学是当代佛学研究的重要领域，在国际上拥有举足轻重的地位，但国内学术界对此尚未予以充分重视。本文通过对学术史的回顾，系统阐述了华严学的研究对象与方法，重点说明了其价值和意义，特别指出：中国是华严学的故乡，华严对中国佛教乃至中国古代思想文化都有重要影响，华严学研究应视为传统文化研究的一部分。同时，华严学是中印两大文明交汇的产物，围绕着华严信仰形成了丰富多彩的典籍和思想，华严信仰的传播与发展充分体现了古代文明在丝绸之路上的传播路径。推动华严学研究对于古典学研究、区域与国别研究有重要意义。华严信仰在我国藏地也有一定影响，推动华严研究对发掘藏传佛教文化也有积极意义。最后，本文还介绍了华严学研究的新动向，对研究前景进行了展望。

关键词：华严学 传统文化 古典学 区域与国别研究 一带一路

"华严学"一词并不见于古典文献，它是现代佛教学者对有关《华严经》、华严宗、华严信仰与文化等内容进行研究的相关学科的概括。[①] 不同于传统的佛教义学，华严学集中体现了现代佛学的特点：它的研究对象丰富，包括经典、历史、思想、艺术等方面；研究方法多样，包括文献学、历史学、哲学、考古学、图像学等等。特别需要指出的是：华严经典的核心部分虽然来自于印度，但大部《华严经》编纂完成于现在我国的新疆和田地区。阐释华严经典思想的地论学派与华严宗也诞生于中国，他们特别是后者创立了印度所没有的宏大义学体系，尽管他们的视角和方法与现代学者有所不同，但从宽泛的角度而言，他们的学说既是现代华严学的研究对象，又是现代华严学的前身，故而可以将中国称为华严学的故乡。华严经典与华严信仰自印度经由陆上与海上丝绸之路东传，最终汇聚于中国，又自中国辐射到整个东亚地区。其思想是南亚、中亚、西亚、东亚文明的智慧结晶。故而华严学可以成为一条金线，贯穿"一带一路"和"区域与国别"研究。

一 华严学学术史和研究现状

华严思想与《华严经》的源头在印度。由于华严典籍中已经包含了丰富的般若思想，

---

[*] 王颂，北京大学哲学系教授。

[①] 据笔者考察，"华严学"的概念最早由已故国际华严学领域、中国佛教史研究领域的权威学者镰田茂雄（1927—2001）教授，以及韩国金知见教授、日本木村清孝教授等人提出。1997年由"镰田茂雄博士古稀纪念会"编修的『華厳学論集』（東京：大蔵出版，1997）汇集了数十位国际知名华严学者的论文，使得"华严学"这一概念广为学界所接受。欧美学界将之译为 *Huayan/Kegon/Hwaŏm Buddhism Studies*。

一般认为，其产生时代在大乘般若思想流行之后。《华严经》的核心部分也是较早形成的部分，如《十地品》阐述了大乘佛教的修行次第理论，相较于早期佛典如《大事》等，内容更加完备。《十地品》中还提出了三界唯心等观点，是唯识思想的先声。大品《华严经》的内容就更加丰富，融入了代表大乘菩萨实践精神的普贤行。这些都说明，华严类典籍是早期印度大乘佛教的经典，对佛教义学和修行实践产生了重大影响。由此，在古代印度和中国形成了对《华严经》进行注疏、阐释的传统。印度方面最具代表性的是龙树《十住毗婆沙论》、世亲《十地经论》、德光《十地疏》、金刚军《十地释论》、坚慧《略释》等作品。其中，《十地经论》在6世纪初由勒那摩提和菩提流支译出后，在中国影响巨大，相关研究蔚为显学。因为诠释和师承的不同，还分别形成了地论宗南北两道。地论宗的一些代表人物不但占据了当时佛教界的领袖地位，还对其后的佛教思想史产生了重要影响，如南道派的慧光和净影寺慧远。一般认为，早期华严即通过智俨与净影寺慧远一系的师承关系，继承了地论宗南道派。唐代则出现了智俨、法藏、澄观、宗密等华严学大师，这一点已广为人知。

世亲《十地经论》已经对《华严经》的内容进行了哲学化的抽象提炼，最典型的例子是六相说的提出。经由南北朝时期地论师的不断发挥，六相已经具有了系统表述整体与部分、一般与个别的哲学范畴和命题的性质。这样的阐释方法为智俨、法藏等人发扬光大，构建了独具中国特色的宏大义学体系。法藏对当时印度佛教思想的发展情况非常了解，他试图超越印度空有两宗的对立，吸收而非照搬如来藏一系，同时还吸收借鉴了天台宗智𫖮、法相宗大乘基的一些理论，建立了无所不包的宏大义学体系。法藏之后的澄观则进一步将华严学中国化。他经由禅宗牛头宗、南北两宗，将中国固有的心性学说、老庄思想引入了华严，概括出了理事四重法界等重要学说，再经由其弟子宗密的会通禅教，反过来又对其后的禅宗和中国佛教的发展给予了莫大的影响。唐代华严的另一条中国化道路则由李通玄开创，他以象数为枢纽，打通了华严与易学的联系。这两派思想的传承在后世绵延不绝，作为宗派的华严宗的法脉则一直延续到清代。华严学还远及日韩，当地的华严宗自不待言，华严宗以外的佛教派别，如日本空海创立的真言宗，其十住心的佛教义学体系也受到了华严的重要影响。

如上所述，传统华严学虽然可以溯源到印度龙树、世亲，但其完整的构建却是在中国佛教义学的脉络之下完成的。传统华严学是佛教思想中国化的典型，体大思精，代表了当时中国哲学的最高水平，在今天仍具有丰富的启发意义，值得进一步研究。然而，传统华严学毕竟与现代学术有所不同，在研究中要注意区别二者。首先，传统华严学是基于信仰的佛教义学，这与追求客观性和实证性的现代学术在出发点上就有所不同。对于《华严经》中一些带有神话色彩的内容，如龙宫中有几种华严大本的传说，义学家们不但不会加以怀疑，还会作为论证的依据。他们的一些理论前提，如佛果地与菩萨因地的两重构造，在信仰层面被认为是不证自明的公理；一些核心命题的提出，如丰富的三昧理论也是建立在实证实修或曰宗教经验基础之上的。对于前代祖师的学说，他们往往也是因循守旧，而不敢采取批评、质疑的态度。其次，传统华严学是非历史的。其对历史的阐释往往从阐释者自身的义学思想出发，而非以历史事实为依据。如法藏的五重判教说，将大乘空宗列于有宗之后，就不是按照历史次序而是义学的内在逻辑做出的论断。再次，基于上述两点，传统华严学关注的问题与现代学术也有所不同。传统华严学是为信仰服务的，而现代学术则没有禁区，其关注点是多种多样的。最后，传统华严学与现代华严学在材料占有上也是不对称的。传统义学僧人对语料和文献的取舍较为随意,也不具有现代研究的规范性,更不追求尽可能地将材料搜罗殆尽,这一点与现代学术方法有根本不同。因此,现代华严学可以吸收借鉴古代华严学的精华,但不能照搬其方法和问题。古代华严学本身就是现代华严学的研究对象,二者应当有所区分。

现代佛学研究发轫于欧洲。欧洲学者在对印度古代文明的发掘、梳理过程中,运用语言学、文献学、历史学、比较宗教学的方法,勾勒出了古代印度佛教的面貌,整理了文献,阐发了思想。这一风气首先影响到了具有悠久佛教历史的日本,进而波及中国,推动了梵汉文本、印度佛教与东亚佛教的比较研究,激发出了更多的研究成果,对人文学科的其他领域也产生了相当程度的影响。

作为现代佛学研究的一个专门领域,现代华严学受到普遍重视,日本学术界在此领域的成就最为世人瞩目。这主要是因为,华严宗作为一个佛教宗派,在日本奈良时代曾经占据举足轻重的地位,其后虽然不断式微,但宗派团体一直延续到当代(这一点与中国有所不同),故而其典籍与思想获得了较为完整的传承。日本学者又往往在扎实的汉语文献解读能力的基础上,拥有梵、藏语言的研读能力;配合文本研究,又辅之以活生生的田野经验,故而在此领域取得了不俗的成绩。最早的具有现代意义的华严学研究著作当属汤次了荣的《华严大系》,该书诞生于百年(1915)前。[①] 虽然在行文风格等方面该书仍然带有明显的江户时代宗学的风貌,但就内容而言已经是一本系统、综合的现代华严学概要书。[②] 自此到二战结束以前,日本学术界相继有境野黄洋、常盘大定、铃木宗忠、铃木大拙、河野法云、龟谷圣馨、高峰了州、石井教道等人曾从事华严学的相关研究,其中不少人还有专著问世。[③] 战后则是日本华严学的全面繁荣期,先后出现了坂本幸男、镰田茂雄、木村清孝、吉津宜英等华严学大家,他们的著作在国际华严学界产生了广泛的影响,欧美以及中日韩的诸多华严学者都是他们的弟子。[④] 此外,还有龟川教信、织田显佑、键主良敬、伊藤瑞叡、中条道昭、小林实玄、石井公成、佐藤泰舜、石桥真诚等学者是华严学名家,长尾雅人、古田绍钦、山崎宏、高雄义坚、荒木见悟、玉城康四郎等知名学者虽

---

① 日本学界的历史划分标准与我们有所不同,他们以明治时代到二战结束前为一个统一时代,故而将藤谷还由『華厳学荃』(東京:光融館、1897)一书定为现代华严学的开端。但就内容而言,该书与『華厳大系』(東京:法林館、1915)不同,还不具备现代的特征。

② 该书分为"教史、本经、教判、教理、修证"五编,每一编之下都有系统的内容。如"教史"编有五章,分别阐述印度、中国、日本的华严宗史;"教理"编分为四章,分别阐述"唯心缘起论""一真法界论""十玄缘起论""六相圆融论";"修证"编分为四章,分别阐述"观法论""断惑论""佛身论""佛土论"。已经开始自觉地运用历史学、哲学的方法研究华严,时至今日仍有一定的学术价值。

③ 河野法雲、亀谷聖馨『華厳発達史』、東京:名教学会、1913。亀谷聖馨『華厳聖典の哲学的根本問題』、東京:名教学会、1921。亀谷聖馨『華厳哲学研究』、東京:名教学会、1922。亀谷聖馨『華厳聖典研究』、東京:宝文館、1925。鈴木宗忠『原始華厳哲学の研究』、東京:大東出版社、1934。鈴木大拙『華厳の研究』、京都:法蔵館、1955。高峯了州『華厳思想史』、京都:興教書院、1942。高峯了州『華厳思想史』(改定版)、京都:百花苑、1963。高峯了州《华严思想史》(汉译本),蓝吉富主编:《现代佛学大系》,台北:弥勒出版社,1983年。

④ 上述四家的代表作有:坂本幸男『華厳教学の研究』、京都:平楽寺書店、1956。鎌田茂雄『中国華厳思想史の研究』、東京:東京大学出版会、1965。鎌田茂雄『中国佛教思想史研究』、東京:春秋社、1968。鎌田茂雄『宗密教学の思想史的研究』、東京:東京大学出版会、1975。吉津宜英『華厳禅の思想史的研究』、東京:大東出版社、1985。吉津宜英『華厳一乗思想の研究』、東京:大東出版社、1991。木村清孝『初期中国華厳思想の研究』、東京:春秋社、1977。木村清孝著,李惠英译:《中国华严思想史》,台北:东大图书,1996年。

然并不专攻华严学,但也发表过相关研究。[1] 日本华严学的兴旺发达由此可见一斑。在日本学界的带动下,欧美学术界也出现了一批华严学者。[2]

中国学术界对华严学的研究始于民国,周叔迦、吕澂等巨匠多有涉猎,且取得了重要成果,杨文会、太虚、月霞、应慈、持松等人则致力于复兴华严。[3] 建国特别是改革开放以来,陆续又有一些华严学研究成果问世。[4] 具有代表性的研究者包括侯外庐、任继愈、方立天、魏道儒等。其中以方立天《佛教哲学》《华严金狮子章校释》、魏道儒《中国华严宗通史》内容最为全面丰富、论述最为简明扼要,影响力最大,迄今为止仍是这一领域最好的汉语著述。[5]

如今,包括中国学术界在内的国际华严学研究成果可谓层出不穷,主题丰富多彩。限于篇幅,我们在此仅以代表国际最高水平的前三届世界华严学大会为例,分析说明华严学研究的现状。[6] 通过对这三届大会所发表的论文进行分析,我们发现:第一,华严思想研究仍然占据最大比例。其中又可以细分为:1. 对传统教义思想的哲学研究;[7] 2. 华严思想与当代思潮的对话;[8] 3. 华严思想与中国古代哲学,如宋明理学的比较研究;4. 华严宗与其他佛教宗派的关系。[9] 第二,运用语言文献学进行的经典研究始终是华严学的重要

---

[1] 相关研究参考：鎌田茂雄『華厳学研究資料集成』、東京：東京大学出版会、1983。

[2] 部分代表著作有：Garma C. C. Chang, *The Buddhist Teaching of Totality*: *The Philosophy of Hwa Yen Buddhism*, University Park: The Pennsylvania State University Press, 1971. Robert Gimello, *Chih-Yen and the Foundations of Hua-yen Buddhism*, New York: Columbia University, PhD Dissertation, 1976. Francis H. Cook, *Hua-yen Buddhism*: *The Jewel Net of Indra*, University Park: The Pennsylvania State University Press, 1977. Steve Odin, *Process Metaphysics and Hua-yen Buddhism*: *A Critical Study of Cumulative Penetration Vs. Interpenetration*, Albany: State University of New York Press, 1982. Thomas Cleary, *Entry into the Inconceivable*: *An Introduction to Hua-yen Buddhism*, Honolulu: University of Hawaii Press, 1983. Robert M. Gimello and Peter N. Gregory (eds.), *Studies in Ch'an and Hua-yen*, Honolulu: University of Hawaii Press, 1983. Peter. N. Gregory (tr.), *Inquiry Into the Origin of Humanity*, Honolulu: University of Hawaii Press, 1995. Peter. N. Gregory, *Tsung-mi and the Sinification of Buddhism*, Honolulu: University of Hawaii Press, 2002.

[3] 相关研究成果参考:《华严学概论》《华严思想论集》《华严宗之判教及其发展》《华严典籍研究》,张曼涛主编:《现代佛教学术丛刊》,台北:大乘文化出版社1978年版。

[4] 研究综述参考：铂净《20 世纪的华严学研究》,《佛学研究》2005 年第 00 期。

[5] 方立天:《方立天文集》六卷本,中国人民大学出版社2006年版。魏道儒:《中国华严宗通史》,江苏古籍出版社2001年版。

[6] 第一届大会于 2004 年 5 月在匈牙利首都布达佩斯举行,第二届大会于 2008 年 8 月在法国首都巴黎举行。两届大会的论文集相继在欧洲出版。Imre Hamar (ed.), *Reflecting Mirrors*: *Perspectives on Huayan Buddhism*, Asiatische Forschungen, 151, Harrasssowitz Verlag, 2007. Rober Gimello, Frederic Girard, Imre Hamar (eds.) *Avatamsaka Buddhism in East Asia*: *Origins and Adaptation of a Visual Culture*, Asiatische Forschungen, 155, Harrasssowitz Verlag, 2012. 第三届大会于 2017 年 11 月在北京举行,论文集待刊。

[7] 如魏道儒《智俨与华严宗哲学的核心内容》、郝清新 (Imre Hamar)《解构与建构瑜伽行：华严教义中的十重唯识与一心》、Kim-May Hyung-Hi《空与唯心：以华严经中所见菩萨行的考察为线索》、格里高利 (Peter Gregory)《华严三性说》、南妮卡 (Jana Nenicka)《洞山良价五位观与华严圆融思想》、吉拉德 (Frederic Girard)《道元的唯心说是继承自华严唯心说吗》等。

[8] 如木村清孝 (Kiyotaka Kimura)《华严哲学在全球化时代的研究意义》、朴普蓝 (Park Bo-ram)《二点零五早于二点十分吗?：华严的时间观》、高承学 (Koh Seung-hak)《以分析哲学的方法研究华严哲学》等。

[9] 如土田健次郎 (Kenjiro Tsuchida)《受容与对抗：中日两国华严与朱熹思想的关系》和竹村牧男 (Makio Takemura)《空海密教与华严思想的关系》等。

方面。① 第三，从艺术史、考古学、图像学角度进行的研究逐渐成为华严学的一个重要领域。② 第四，政教关系方面的研究。由于中国的武周时代，以及稍后的日本圣武天皇时代（r. 724 – 749），华严信仰在朝廷支持下成为一种主流意识形态，故而对此方面的研究主要集中于这一时代。第五，从地域角度出发，研究者们的重心显然仍然在中国华严方面，即汉地从南北朝到明清的华严学，但也出现了专攻其他领域的名家，如专门研究日本华严的吉拉德（Frederic Girard）、佛尔（Bernard Faure），研究韩国华严的石井公成（Ishii Kosei）、普拉森（Joerg Plassen）、缪勒（Charles Muller）、佐藤厚（Sato Atsushi）、麦克布莱特（Richard McBride），研究西夏华严的索罗宁（Kirill Solonin）等。当然，他们在研究中也都很重视与中国汉地华严的比较研究。

二 华严学研究的对象和方法

吕澂先生明确指出："从思想方面说，华严宗和《华严经》各有分际，是不应混同的。"③ 魏道儒《中国华严宗通史》一书则率先提出了"华严经学"和"华严宗学"的概念。"华严经学"指历史上自华严类小品经——如后汉支娄迦谶译《兜沙经》——流传以来的有关华严类经典的研究学说；"华严宗学"则特指历史上由智俨、法藏等人创立的华严宗宗派的教义哲学。由于后者自产生后影响巨大，基本上垄断了对华严经典的阐释权，故而后人往往戴着华严宗学的眼镜去考察华严经学，混淆了二者的界限。笔者认为，魏教授提出的这一对学术史的概念具有重要的启发意义。笔者在此借用这一对概念，略微调整其内涵和外延，将其解释为华严学研究的两个首要对象，即华严类经典和华严宗。

华严类经典不仅仅包括汉译三种、藏译一种的大部《华严经》（《大方广佛华严经》），还包括自后汉以来陆续翻译出来的小部别出经，被称为眷属经的与《华严经》性质相同的单部经，基于华严思想编纂的疑伪经等，这是经的部分。按照《大正藏》的划分，属于"华严部"的范围。还有就是论的部分，这包括印度自龙树、世亲以来对《华严经》不同品类的释论，在《大正藏》中属于"释经论部"。还有疏注和单行著述，前者指东土法师对印度经论的疏注，后者指在疏注基础上进一步自由阐发义理，或者在义理基础上建立观行、仪轨的东土著作。这一类著作的范围较广、种类较多，按照《大正藏》的划分方法，属于"诸宗部"的范围。④ 总而言之，所有与华严信仰有关的古代典籍，应该都属于华严经学的研究对象，从使用语言来划分，主要是汉语、其次是藏语，还有少量的梵语和其他语言文献。

---

① 如那体慧（Jan Nattier）《华严思想的印度先驱：汉译佛典的新视角》、郝清新（Imre Hamar）《大部华严与小部华严》、纪强（George Keyworth）《由题记重思写经的仪式性：论松尾神社佛教写经中华严经的显要地位》、堀申一郎（Shinichiro Hori）《中亚保存的梵文华严经残片》、大竹晋（Susumu Otake）《华严经典的起源和初期发展》等。

② 在既往的三届大会上，每届都有三篇到四篇这方面的专题论文。美国的王静芬（Dorothy C. Wong）、中国的李静杰是这方面的代表性专家。

③ 吕澂：《中国佛学源流略讲》，中华书局1979年版，第368页。

④ 《大正藏》收录的华严类典籍并不完整，但是其目录分类继承了历代藏经的传统且有所创新，故而在此笔者引《大正藏》为例。又目前 CBETA "华严部类" 收录了绝大部分华严类经典，最便于使用，但不利于初学者了解藏经目录的沿革，且有些典籍尚未收入或者收入别部，如"史传部"。

华严宗学即对华严宗的研究，包括思想和历史两个方面。历史上的宗学指宗派内部的教义学，即佛教的经院哲学、神学。我们这里所说的华严宗学当然与之不同，在思想研究领域应采取客观的、批判的（critical）立场，注意区分其教义理论中神学的和哲学的部分，剥离神秘主义的成分和宗教信仰的立场。历史的研究则要注重实证性，跳出宗派叙事的窠臼。这一点在我国现有的华严宗的历史研究中问题尤为突出。许多研究者分不清圣传（hagiography）与史传（biography）、宗派性叙述与历史性叙述的区别，也不懂得引入社会史、宗教学等社会科学的研究方法，不注意运用藏外文献，如写本、碑铭，以及教外文献，如正史、地方志、笔记、小说等材料，一味照本宣科，人云亦云，不但谈不上是严肃的学术研究，即便是从护教的立场出发，也难以做出有价值的贡献。

笔者认为，批判性的实证立场不但对于华严宗学的研究至关重要，对华严经学研究同样意义重大，甚至可以说，只有在清晰地、自觉地把握华严宗学的研究方法论的基础上，才能避免陷入历史上以宗释经的误区，对华严经学做出客观的研究。例如对于华严经典的诠释与研究，既往几乎集中于大部《华严经》，这就是受到了传统宗学的影响。传统宗学为了构筑其体系的自洽性，以大部经来统领一切，而这恰恰是与华严经典的历史形成过程相悖的。我们看不到这一点，就不能认识到单品经、眷属经的价值。再比如，即便是对大部经的研究，在华严宗内部也有一个诠释思想的变迁。自智俨创作大部《华严经》的注疏《搜玄记》以后，法藏创作有《探玄记》，慧苑创作有《刊定记》，澄观创作有《华严经疏》和《演义钞》。其中澄观对唐译《华严经》的阐释，既有对法藏的继承，又有他自己的创新与转变。然而自唐末以来，由于澄观及其弟子宗密倡导的禅教一致的学说成为主流，澄观对于《华严经》的疏钞注释就成了传统宗学的权威学说，一直延续到近代。如果我们将澄观的学说等同于大部《华严经》的思想，就不可能真正推动华严经学的研究。近代虽然有不少志士仁人致力于复兴华严，但由于未能对经典诠释的历史变迁予以客观的考察，导致一些研究仍然囿于传统的窠臼，难以取得充分的学术价值。

需要强调的一点是，在经学研究领域，笔者反对一味照搬唐宋华严宗人对《华严经》的诠释学说，将他们的诠释简单粗暴地理解为经典自身的思想，但这并不意味着否定这些诠释著述的价值。恰恰相反，这些文本本身已经具有了经典性，对于它们的考察是解经学研究的重要任务。因此，华严经学从大的角度而言可以分为两个方面：华严类经；经的诠释性著作或曰解经著作。这样的划分与传统的经律论三藏的区分方法并不相同，因为它打破了传统的"印度与印度之外"的地域划分标准。传统的界定以印度著述为三藏圣典，以东土著述为疏注。而我们认为，华严类经的形成背景较为复杂，融汇了多种文明的信息，思想文化极其丰富，应对其进行语言的、文学的、宗教的研究；而解经类著作则具有另一种共性，它们将经原本具有的丰富的、甚至是驳杂的内容梳理、构建为严整的、抽象的义学思想，对文本的性质予以了彻底转换。自印度的龙树、世亲到中国南北朝，如灵辩、净影寺慧远、唐法藏、澄观、宋净源等人，乃至日韩诸多名家，这一特点一脉相承，无分彼此（印度或印度之外），故而对于他们更应该采用哲学的方法，一以贯之，把握其整体的脉络和思路，才能捕捉其局部的特点和差异。只有具备这样的对于两类不同文献的方法论自觉，才能摆脱古人的束缚，在华严经学领域拓展出新的天地。

需要强调的另一点是：华严经典的影响不仅限于汉译经典。就佛教经典语言而言，华严经典的梵文本保存有限，其大部经是否曾在印度流传都为大多数学者所质疑。[①] 因此，对于汉译华严类典籍的研究今后仍然是华严经学研究的重点。特别是对早期华严类典籍的研究，由于汉译经典从时间上要远远早于现存梵文本，其丰富程度又远非后者所能比拟，故而汉译华严类经典的研究价值仍然是首屈一指的。但是，使用另一种佛教经典语言即藏语传承的华严类典籍也值得关注。由于各种特殊原因，欧美学界在此领域起步较早。藏传佛教典籍是属于整个中华民族乃至全人类的文化瑰宝，党和国家对此高度重视，中国学者理应在此领域有所作为，相关研究应尽早提上日程。

除上述华严经学和华严宗学（华严宗的历史和思想）之外，华严学还有丰富的研究对象和多种研究方法，相关内容可以参考本文的其他部分，兹不赘述。

三 华严学研究的价值和意义

我们在本文开篇既已经指出，华严学是中国人的创造发明，是中印两大文明交汇的产物。华严学研究的价值首先体现在继承、弘扬优秀传统文化方面。

自近代以来，章太炎、康有为、谭嗣同、马一浮等人都已经注意到华严义学与中国传统思想的联系，当然他们更多的是借用这一历史资源来阐发自己的哲学。真正从思想史、哲学史的角度来梳理二者的关系则始于冯友兰。冯友兰两卷本《中国哲学史》（1931、1934）对佛教哲学虽然只有简略论述，但已经指出法藏及华严宗教义学说的特色在于其与中国传统思想的结合。他说："法藏立一常恒不变之真心，为一切现象之根本，其说为一客观的唯心论。"这与冯所认为的玄奘一系的"主观的唯心论"有所不同。他还指出，法藏与玄奘对于"圆成实性"的解释不同，"法藏所说之空，不如玄奘所说之空之空也。"与"颇有与中国人思想之倾向不相合"的玄奘相比，法藏和华严宗的学说"系中国人之思想倾向也。"[②] 钱穆论述佛学的中国化，列举了四条理由，其中第四条特别提到："中国思想侧重人文本位，社会人事不易有急剧之大变，一切思想自向此原本位而凑合融化。如贤首宗之'事理无碍''一多相涵'，正是将佛教人文化之最圆密的理论。"[③] 侯外庐主编的《中国思想通史》则对华严宗哲学有更为深入的探讨。该书特别指出，"'理''事'之说既承接玄学与佛学合流的绪统，又是各派佛学与中国传统思想相糅合的交络之点。到了华严宗，'理''事'之说就突出地成为这一宗派的教义的理论核心。"[④] 该书以理事范畴为核心，深入分析了华严宗思想的哲学内涵，同时指出其对宋明理学的影响。他说："朱熹哲学思想在一定程度上是接受了华严宗教义的影响和启示的，当然，朱熹所谓的'理'或'太极'并不就是华严宗所谓的'理'或'性'，而他的'生生不穷'之说也不是一多重重无尽之说的简单的重复，但许多思维途径上的类同，却不能说是偶合的。"[⑤] 魏道儒《中国华严宗通史》一书指出："从华严经学到华严宗教理的转变，是在中国传统

[①] 近年有学者认为根据新发现的梵文写本残卷，可以证知古代印度人至少知道有大部《华严经》的存在。感谢叶少勇老师告知相关资料。Jonathan Silk（ed.），*Brill's Encyclopedia of Buddhism*, Leiden & Boston: Brill, 2015, p. 122.
[②] 冯友兰：《中国哲学史》下卷，重庆出版社2009年版，第179页。
[③] 钱穆：《中国思想史》，九州出版社2011年版，第139页。
[④] 侯外庐主编：《中国思想通史》第四卷上册，人民出版社2004年版，第232页。
[⑤] 吕澂：《中国佛学源流略讲》，中华书局1979年版，第262页。

思想文化诱导下发生的理论创造过程，是哲学化的过程。它从启动到结束，有赖于多种因素的共同作用，而最根本的动力，源自中国思想文化中固有的不迷经、崇理性、尚创新的精神。"[1]

由智俨、法藏创立的华严宗义学体系，广泛吸收了印度中观、瑜伽行、如来藏的多种思想因素，同时又结合中国玄学、心性学说的传统，创造性地提出了法界缘起、性起的新学说。[2] 构建了以中观学缘起性空说、唯识学三性六义说、三界唯心说、如来藏佛性说为基础，以十门义理为核心范畴，以六相、十玄为核心命题的恢宏体系。其后的澄观、宗密又发展出四法界说、真心说，对禅宗、整个中国佛教，乃至宋明理学都产生了深远影响。中国佛教的主流传统一向被概括为台（天台）、贤（华严）、禅（禅宗）、净（净土），其中前二者构建了中国佛教的全部理论大厦，被誉为中国佛教的双璧。因此，华严思想研究是中国古代哲学研究不可或缺的部分。同时，印度的佛教经疏之学在南北朝时期经过中国义学僧人的吸收与改造，建立了兼具中印两国特色的解经学，法藏等人的佛教义学正是在解经学的基础之上发展而来。[3] 因此，华严学对于佛教解经学等古典学研究而言也有重要意义。

华严学研究与中亚佛教特别是于阗佛教的研究关系密切。根据近现代学者的研究，《华严经》的核心部分或曰原始形态如《十地品》和《入法界品》发源于印度，其完整形态则形成于西域于阗一带（今新疆和田）。佛教自陆路传入汉地，隔塔克拉玛干大沙漠相望，成南北两道。北道以龟兹（今新疆库车）为中心，盛行小乘禅数之学；南道以于阗为中心，流传大乘经教。《华严经》融会大乘般若、如来藏等多种思想，倡导文殊智慧与普贤愿行的统一，编纂于南亚、西亚、中亚、东亚等多种文明的交汇地于阗，其思想和内容是多元文化相互碰撞、激发的产物。其六十卷本晋译经的底本由东晋庐山慧远的弟子支法领取自于阗，由佛陀跋陀罗在扬州道场寺（今南京）[4] 译出，其八十卷本则由武则天亲自下诏，自于阗请来经卷底本和译人实叉难陀，而在印度则未见有大本经卷流传的痕迹，由此可证知于阗是《华严经》与华严信仰的故乡。

19世纪末以来，伴随着新资料的发现，于阗佛教研究引起了学界的关注。[5] 这方面的传世文献原本集中在汉、藏语撰写的各种游记、传记中。汉语资料如《法显传》中有关于阗国行像等仪式的记述[6]，《大唐西域记》中有关瞿萨旦那国（于阗）的段落[7]，《宋云

---

[1] 魏道儒：《中国华严宗通史》，江苏古籍出版社1998年版，第2页。
[2] 法界缘起等概念在地论学派文献中已经出现，经法藏等人的阐发成为系统的学说。
[3] 拙作《南北朝佛教解经学文体源流略考》（《哲学门》总第35辑，北京大学出版社2017年版）指出，印度的佛教哲学为中国古代义学家所吸收和发展，经过了由经到论、由论至疏、由疏到进一步自由发挥的演变过程，中国人通过对经和论的传译、模仿，消化吸收了印度思想并进一步创造、发展出了中国佛教哲学。
[4] 南京地区在三国两晋南北朝时称吴州，治所在建业（建邺）即南京，隋开皇九年改称扬州，治所仍然是南京，称丹阳，至唐高祖武德八年（625），迁扬州治所于江北。但唐法藏等人于著述中仍沿用隋代旧称。
[5] 早期的重要研究著作如法人雷慕莎（Jean Pierre Abel Rémusat, 1788—1832）《于阗史》、日人羽溪了谛（1883—1974）《西域之佛教》，二战以后在此领域的代表学者有我国的季羡林（1911—2009）、德国的恩默瑞克（Ronald Eric Emmerick, 1937—2001）等人。相关学术史与研究文献的综述，参考张广达、荣新江《于阗史丛考》增订本（中国人民大学出版社2008年版），荣新江指导的日本学者广中智之《汉唐于阗佛教研究》（新疆人民出版社2013年版）。
[6] 这方面的研究名作众多，不再一一赘述。
[7] 参见季羡林等校：《大唐西域记校注》，中华书局1985年版。

行纪》(《洛阳伽蓝记》卷五)中有关于阗瑞像的描写①,《高僧传》中法献在于阗获舍利的故事等②,都已经为大家所熟悉。藏文则包括《于阗国授记》《牛角山授记》等。敦煌文献"出土"以后,除了与传世的汉藏文献重叠的部分,最重要的是发现了一部分于阗文文献。之后,考古学家又在和田地区陆续发现了汉文、梵文、于阗文的文献,为相关领域的拓展与深入奠定了基础。目前,有关于阗佛教的研究,在语言文献学、艺术史、考古等领域已经取得了重要进展。于阗与华严学的密切关系,除了上述华严大部经的编纂外,文献与图像学的线索比比皆是。如于阗文汇编资料《赞巴斯塔书》第 10 章和第 16 章与《十地经》谈菩萨修行次第的内容平行;第 9 章谈如来藏、法身、一乘,也与《华严经》有关;第 3 章据段晴的研究,与于阗僧人提云般若在长安译出的《大方广佛花严经修慈分》是平行文本。③ 又如《宋云行纪》《大唐西域记》《于阗国授记》中所记佛教传入于阗的传说,都提及源自一位名曰毗卢遮那(毗卢旃)的阿罗汉,正与《华严经》的本尊毗卢遮那佛同名。这不能不让人揣测华严与于阗的关系。

总而言之,华严学对于了解中亚历史文化,对于了解南亚、西亚、中亚与东亚之间的文化交流都有一定意义,因此它也可以纳入"一带一路"研究和"区域与国别研究"。

四 华严学研究的未来展望

目前,华严学研究呈现出一些新动向。笔者认为,中国学者应积极捕捉这些热点,拓展学术空间。兹列几条如下。

第一是地论学派与相关典籍文献的研究。这一领域是由日本学者率先开拓的,其背景是敦煌文献以及日本古写经、日韩刊本等藏外文献的广泛应用。地论学在南北朝时期一度成为显学,著述甚伙,但随着地论学派的衰落,其资料大多已经散佚。因而历代大藏经往往收录有限甚至付之阙如。伴随着新资料,如日本杏雨书屋藏品的公布与出版(《敦煌秘笈》),以及对"旧资料",如英、法、中等国所藏敦煌吐鲁番文献的细致化梳理,地论研究呈现出方兴未艾的趋势。日本学者青木隆、石井公成等人在此领域贡献突出。④ 韩国金刚大学则以留日韩国学者金天鹤、日本学者池田将则、山口弘江等人为中心,组织了强有力的研究团队,搜集整理原始资料,并先后组织数次国际会议,推动相关领域的国际学术合作。欧美学者以及部分中国学者,如方广锠、圣凯、张文良和笔者也应邀参加会议并发

---

① 参见周祖谟校释:《洛阳伽蓝记校释》,中华书局 1963 年版,"宋云惠生使西域"。
② 参见陈垣:《法献佛牙隐现记》,原载《文史》1962 年第 1 辑。
③ 参见段晴:《于阗僧提云般若》《大方广佛花严经修慈分》等,段晴著:《于阗·佛教·古卷》,中西书局 2013 年版。
④ 青木隆自二十世纪八十年代中期开始,陆续发表了一系列有关天台宗与地论学派关系的论文,指出智顗使用的"缘集"概念源自于地论学派,这为梳理地论学派的思想奠定了基础。青木隆、古泉圆顺、石井公成等人根据地论学派的思想特征整理敦煌文献,梳理出了一批地论研究资料。荒牧典俊自 1995 年起,为期五年组织了"北朝后半期佛教思想史研究班",研究敦煌地论宗文献,其成果体现为:荒牧典俊编『北朝隋唐中国仏教思想史』(京都:法藏館、2000)。参见石井公成『地論宗研究の現狀と課題』,金剛大学仏教文化研究所編集『地論思想の形成と変容』、東京:国書刊行会、2010、第 20—41 頁。

表了论文。上述成果已经在日本和韩国出版。① 这些研究对于厘清地论学派与摄论学派的思想与历史,《大乘起信论》等重要典籍的形成,乃至南北朝佛教与隋唐佛教的关系等都有重要意义,因而在国际上引起了广泛反响。

第二是对历史上的于阗等地区的华严信仰,乃至整个中亚地区佛教信仰的研究。这虽然不是"新"研究,但仍然是有待开拓与深入的领域。这一点在本文第三部分已经予以介绍,在此不再赘述。

第三是10—13世纪北方(包括宋、辽、金、西夏)华严信仰的研究。既往学术史在此方面几乎是空白,包括日本学术界在内,对华严学的历史研究往往集中于唐代,对唐以后则不甚了了。如唐末五代被称为华严学的"黑暗时代",对宋代华严的研究则局限于所谓"二水四家"。这都是受到传统的宗派史观的束缚,将华严信仰的传播史简单地等同于华严宗派史所致。在此种史观的引导下,我们对10世纪以后广泛传播、影响巨大的华严信仰的巨象视而不见,却拿着放大镜去寻找其实根本不存在的谱系传承的蚂蚁,结果当然是一无所获、踯躅不前了。对宋代华严的研究如果不注重运用社会史、教团史、经济史的方法,则不能看到宋代华严与唐代华严的本质区别,不能质疑华严宗奠定于法藏时代的传统说法。不仅谈不上史识与史观,连史实都搞不清楚。如笔者通过研究,近年来已经多次指出,传统所谓华严宗创立于唐代的说法乃宋代人的构建,并非真实的历史。② 宋代华严研究的难点在于资料过于繁杂,视野狭窄则落入陈见,广泛采撷则难以聚焦;而辽、金、西夏华严的研究则涉及语言文字问题,且上述地区的佛教受到了汉藏两地的影响,需要具备两方面的背景知识,这些都抬高了研究的准入门槛。随着俄藏黑水城文献的陆续公布和一些考古发现,这一领域可谓华严学研究的富矿,值得投入。

第四是经典文献研究。这涉及语言与文献学训练,在此领域我国还需要不断培养、积蓄人才。中国历史上出于复杂原因,珍贵的华严典籍大多烟消云散,两宋与清末民初曾两度自海外大规模搜罗,如近代月霞、应慈等人曾汇集版本,编订《华严经疏钞》,功莫大焉。但迄今为止,尚有相当数量的善本、孤本流失海外,有待收集,且天台宗、禅宗、真言宗都编有全书或全集,华严的汉语(包括汉译和汉语著述)文献仍未能获得系统全面的整理。此外,对梵、藏等文本的研究仍然是我国的薄弱环节,有待加强。

第五是对华严宗义理的研究。这一领域本来是我国学术界的"强项",但其实存在大量的低水平重复劳动。例如对于地论学派的思想研究,如果不置于魏晋南北朝佛教思想史的整体框架之下,对般若学、涅槃学、唯识古学有一全面之了解,恐怕是无能为力的。对唐代华严思想的研究,如对玄奘一系的新唯识学缺乏了解,也是难以深入的。对于华严与禅的研究,如果只是纠结于宋代的语录、灯录,那也只能是断章取义,特别是如果不注意到辽金西夏的华严禅传播,不了解宋明理学与华严和禅的关系,那就难免是坐井观天了。

以上种种是指华严学研究的新热点,面向未来的突破点,但并不是说其他问题就不重

---

① 金刚大学仏教文化研究所编集『地論思想の形成と変容』、東京:国書刊行会、2010。青木隆、方广锠、池田将则、石井公成、山口弘江《藏外地论宗文献集成》(首尔:CIR, 2012年)。青木隆、荒牧典俊、池田将则、金天鹤、李相旻、山口弘江《藏外地论宗文献集成·续集》(首尔:CIR, 2013年)。金刚大学仏教文化研究所编集『地論宗の研究』、東京:国書刊行会、2017。金刚大学仏教文化研究所编集『敦煌写本〈大乗起信論疏〉の研究』、東京:国書刊行会、2017。

② 王颂:《宋代华严思想研究》,宗教文化出版社2008年版。王颂:《昭如白日的晦蔽者:重议宗派问题》,《佛学研究》2013年第22期。

要，没有继续研究的价值了。况且限于笔者学识，所举难免挂一漏万，还请方家批评指正。总而言之，仅就笔者上述所陈管见，我们已经看到，华严学研究可以推动与佛教相关的语言学、历史学、文献学、艺术学的研究，完全有理由成为佛学研究的新的增长点。

（原文发表于《宗教学研究》2018 年第 4 期）

后土信仰与中国民间宗教

李志鸿[*]

摘　要： 后土信仰在民间社会影响重大，与无生老母信仰也关联甚深。后土在民间又被称为地母娘娘、后土老母等。无生老母是明清民间宗教教派构造出来的一位至高无上的尊神。在历史上，民间宗教教派与全真道交涉颇多，不仅传承全真道的丹道，亦传承全真道的斋醮仪式。当代一些华北全真道更是将无生老母与后土老母等十二老母的塑像置于自己的宫观内。"十二老母朝无生"神话在华北有着广泛的信仰基础。在无生老母的传说中，有"化身"神话，以为后土老母等十二老母都是无生老母的化身，如"西王母即无生老母化身"，"无生老母在灵山失散，改了号名，叫离山老母"，"无生化为观音，观音化为吕祖，是一女身"。该神话又说，信徒"要敬奉碧霞元君，始能见无生老母"。这样的神话设计，将无生老母与众多老母、娘娘等神佛系为一身。这是民间宗教"全神"观念的体现。

关键词： 后土崇拜　地母娘娘　民间信仰　宝卷

引　言

无生老母是明清民间宗教教派构造出来的一位至高无上的尊神。在历史上，民间宗教教派与全真道交涉颇多，不仅传承全真道的丹道，亦传承全真道的斋醮仪式。当代一些华北全真道更是将无生老母与十二老母的塑像置于自己的宫观内。"十二老母朝无生"神话在华北有着广泛的信仰基础。

民间宗教在中华文化中有特定的位置，在长期的流传中，不仅构成了千千万万底层群众的笃诚信仰，而且也深刻地影响着各个地区的民风、民俗，下层民众的思维方式、生活方式。[①] 马西沙先生以为，民间宗教与正统宗教虽然存在质的不同，但差异更多地表现在政治范畴，而不是宗教本身。就宗教意义而言，民间宗教与正统宗教之间没有不可逾越的鸿沟。[②]

改革开放以来，宗教信仰自由政策得以落实，民众的经济生活也得到极大的改善，中国民间宗教在广大乡村社会再次盛行。诸如福建莆田的三一教、金幢教，闽西的罗教，闽北的真空教、江南斋教，河北的天地门教、弘阳教，天津的西大乘教，广西的普渡道、魔

---

[*] 李志鸿，中国社会科学院世界宗教研究所副研究员。
① 马西沙、韩秉方：《中国民间宗教史》，上海人民出版社1992年版，第2页。
② 马西沙、韩秉方：《中国民间宗教史》，上海人民出版社1992年版，第2页。

公教等民间宗教均在民间复活，有的出现复兴的景象。① 可以说，"20世纪80年代以来，随着中国社会经济的转型，以及由此引起的中国政治文化的动荡，反映在信仰领域的一个突出表现就是在广大乡村乃至许多城镇出现了民间宗教复兴的态势。据有关部门统计和学者田野调查，除西藏等少数地区外，某些曾在历史上产生和活动的民间宗教教派，或以'气功'、或以'武术'、或以'花会'、或以'民间音乐会'、或以'民间信仰'等形式，乃至打着佛教、道教旗号，重新活跃于大庭广众之中，展现在众目睽睽之下，对当代中国社会的民众精神生活产生了重要影响，并由此产生了一些社会问题"②。

1980年代以来，民间宗教重新在乡村社会活跃起来。民间宗教现实活动呈现出如下特点：一是公开建造庙宇、佛堂等宗教活动场所；二是部分教派信仰人数增长迅速；三是各教派开始着手整理本门的经卷，以作传播教理教义之用；四是当代民间宗教与民众的民俗生活结合得越发紧密。

一 明清民间宗教无生老母与后土信仰

清道光朝直隶官员黄育楩所撰《破邪详辩》对明清民间宗教的历史、经卷有大量的描述，其中对无生老母与十二老母的记载颇多：

> 邪教有《混元红阳临凡飘高经》二本，共二十四品……《充天六祖临凡品》并《灵山如意佛临凡品》，总言二辈充天祖等共六祖，番天母等共三十位老无生，一同临凡，三辈如意佛等共三位，遮天母等共十二母老无生，又有骊山观音一同临凡，谁有功劳谁坐灵山。……

> 邪教有《护国威灵西王母宝卷》，内云：金枝大仙投生邰基，名曰姜嫄，即高辛帝妃，生前为后稷之生母，没后为月殿之老母。以后又言西王母考察儒释道三圣人，又言西王母即无生老母化身。

> 邪教有《佛说离山老母宝卷》，内云，"无生老母在灵山失散，改了号名，叫离山老母，往东京汴国凉城王家庄，度化王员外，同子王三郎名文秀。"

> 邪教有《灵应泰山娘娘宝卷》，内云："到西方亲见了无生老母，也无生也无死，永不还乡。"噫，世称泰山娘娘即碧霞元君，由来已久，屡著灵验。至于无生老母，原系明末骡精，被雷殛死，确有实据。今反谓习邪教者必敬奉碧霞元君，始能见无生

---

① 参见濮文起《当代中国社会的民间宗教问题及其对策研究——以河北省天地门教、弘阳教为例》，《当代宗教研究》2005年第2期；濮文起：《民间宗教的活化石——活跃在当代中国某些乡村社会的天地门教》，《天津社会科学》2006年第3期；濮文起：《民间宗教的又一块活化石——活跃在当今天津市西青区杨柳青镇的明代西大乘教》，《当代宗教研究》2006年第3期；王熙远：《桂西民间秘密宗教》，广西师范大学出版社1994年版；王宏刚：《上海农村城市化过程中的宗教问题研究》，《世界宗教研究》2005年第4期；王宏刚：《上海农村城市化过程中的宗教及民间信仰问题研究》，《宗教与世界》2005年第11期。

② 濮文起：《当代中国社会的民间宗教问题及其对策研究——以河北省天地门教、弘阳教为例》，《当代宗教研究》2005年第2期。

老母。

邪教有《普度新声救苦宝卷》，内云，"无生化为观音，观音化为吕祖，是一女身。因正统皇帝北征，吕祖化为疯婆当路劝阻。土木败绩后，吕祖为帝送饭，又剜出泉水。迨帝回朝，吕祖在路上劝帝闭口藏舌"。……

如上所说，无生老母本与番天母、遮天母、骊山观音等十二位老母坐定灵山。可怜元人（黎民百姓）在凡间受尽苦难，特临凡（下降凡尘）来普度众生，同归灵山。在无生老母的传说中，有"化身"神话，以为十二老母等诸多老母都是无生老母的化身，如"西王母即无生老母化身"，"无生老母在灵山失散，改了号名，叫离山老母"，"无生化为观音，观音化为吕祖，是一女身"。又说，信徒"要敬奉碧霞元君，始能见无生老母"。这样的神话设计将无生老母与众多老母、娘娘等神佛系为一身，是民间宗教"全神"观念的体现。

以上所引宝卷中，《混元红阳临凡飘高经》是弘阳教经卷，《灵应泰山娘娘宝卷》《普度新声救苦宝卷》是西大乘教经卷。可见，无生老母与十二老母神话应该渊源于明清时期的民间宗教教派。其中，与弘阳教关系最为密切。

弘阳教是明清时期在华北影响很大的民间宗教，其宝卷中记载有关"无生老母"神话多种。弘阳教创教人韩太湖，号宏阳，直隶曲周县人，生于明隆庆四年（1570），早岁读书，解医道。十九岁出家，参拜明师，在临城太虎山修悟，又曾在北禅山曹溪洞静修三年，得真人口诀真传。大概于此时，他吐经及忏文，其中以《混元弘阳临凡飘高经》《混元弘阳叹世真经》《混元弘阳苦功悟道经》等五部经为最著者，通计数十部经、忏，遂创弘阳教。据云曾受封敕为"正德明医真人"。[①] 创教后，为弘扬教法，韩太湖在二十六岁时离开曲周，赴京传教。他投靠太监为其奥援，先后结识了御马监程公、内经厂石公、盔甲厂张公等有势力的太监，诸太监成为弘阳教护法。弘阳教教势日炽，如日中天。在太监庇护下，本来仅刊印佛藏、道藏、蕃藏的皇家内经厂，大批弘阳教经卷、忏文得以在此刊印流通。明刊本的弘阳教经卷大都是以金黄色锦缎作封套的梵夹本，精美端方，其外在形制与"正统佛经无异"。弘阳教经卷之多之精在民间教门世界首屈一指，并以此使弘阳教成为明末十八大教门中之重镇。明万历二十六年（1598），韩太湖物故，生年二十八岁。[②] 他学道、传道、倡教，不过十载。死后被信徒奉为"飘高老祖"，崇拜者成千累万，历时四个多世纪。至今在河北地区仍然有韩祖庙，香火不绝。明刊本弘阳教《混元红阳悟道明心经》记载："虚空老母排銮驾""无生老母香烟受"以及"后土老母""八母无生""十四无生""折地""折天""透天""收天"等六十余位老母：

虚空老母排銮驾，下降天宫度儿郎。香烟超出三界外，过了天宫到安养。……老母正在莲台坐，一枝真香罩安养。……我下天宫度儿郎，老母离了莲台位，上在金船坐官仓。番天折地二位母，护定无生下天宫。燃灯八母船头站，后土折天走慌忙。离山观音来护佑，折天老母下天宫，……治天老母来下界……拔天老母下天堂……石郎

[①] 清光绪重修《广平府志》卷六十。
[②] 明刊本《混元弘阳叹世真经》。

老母清风使……不招老母去扯蓬……离了安养东土去……①

……举起明香请无生,我请老母下天宫。无生老母香烟受,番天老母受明香,折地老母香烟受,八母无生受明香,折天老母香烟受,后土老母受明香,总敕老母香烟受……②

宝卷中所提及"过了天宫到安养","离了安养东土去",应该指的是"安养国"。在佛教教义里,阿弥陀佛是西方极乐世界的教主,他的世界没有丝毫的苦楚,只有无穷的快乐,往生到那里的人便安稳舒服得了不得,所以又叫作"安养国"。阿弥陀佛就是安养国里的教主。民间宗教借用了佛教这一概念,将"无生老母"等同于佛教的阿弥陀佛,视为极乐世界的主宰,所以有"无生老母""过了天宫到安养","离了安养东土去"之说。可见,方城县黄石山半山顶供奉无生老母的"安阳宫"其实应该是"安养宫"。

二 河南的无生老母与后土信仰

在河南开封、南阳地区,民间宗教复兴则表现为"十二老母朝无生"神话的盛行。开封古称东京(亦有汴梁、汴京之称),简称汴,位于河南省东部,在中国版图上处于豫东大平原的中心位置。开封是我国七大古都之一,有"七朝都会"之称。后唐天成元年(926),在曹门外始建东岳庙。元太宗五年(1233),开封兴建"重阳观"。元初扩建,更名"朝元宫",是纪念道教全真教主——王喆而建。"重阳观"位于开封城内包公湖东北岸,是中国道教史上具有重要地位的宫观。明洪武六年(1373)改名为延庆观,沿用至今。延庆观虽然剩下的规模不大,但其历史地位显赫,明、清两代都是河南道教道纪司所在地。延庆观在清末已经式微,1927年废观毁像改为省会公安局第三警察分驻所。以后东偏院改为民宅,抗战前后三清殿已改成卷棚式殿屋三间,东院有罗祖殿、吕祖殿等,成为理发行业等同业集会之所。清末民初开封城隍庙仍然有盛大的庙会活动,今黄河水利学院即开封城隍庙旧址。1949年后,开封道教、民间宗教遭到破坏,庙址被占用,教徒星散,教势陡然凋敝。1999年8月,经开封市宗教局、龙亭区委统战部、龙亭区宗教局同意,鲍永贵道长③负责筹备恢复无梁庙为道教活动场所。这是开封市第一处经政府批准正式开放的道教活动场所。④ 2004年,随着宗教政策的落实,为满足道教界人士过正常宗教生活的需要,开封市开放了6处道教活动场所,成立了市道教协会筹备组。⑤ 2007年5月18日,开封市道教第一次代表会议举行。鲍圆彦当选为市道教协会会长,段爱菊、闵欣当选为副会长,闵欣兼任秘书长,康圆慧当选为副秘书长。开封市委、市政府有关领导及兄弟教会代表和来自全市8处正式开放的道教庙院的31名代表参加会议。⑥ 鲍圆彦会长2011年因病逝世,开封市道教协会目前暂缺会长。开封市道教协会所在地无梁庙一切事

---

① 《混元红阳悟道明心经》卷上之《无生老母排銮驾品第六》。
② 《混元红阳悟道明心经》卷下之《先请老母祝香文品第一》。
③ 鲍永贵道长1949年前曾在开封东岳庙、龙亭大殿等地出家修道,是鲍圆彦、鲍元诚道长的父亲。参见2012年5月10日16:00—18:00笔者对开封市龙亭区无梁庙开封市道教协会无梁庙住持鲍元诚道长的访谈。
④ 参见2012年5月10日16:00—18:00笔者对开封市龙亭区无梁庙开封市道教协会无梁庙住持鲍元诚道长的访谈。
⑤ 郭宝光:《开封市建立道教界人士每月学习会制度》,《中国道教》2004年第4期。
⑥ 郭宝光:《河南开封市道教第一次代表会议召开》,《中国道教》2007年第4期。

务由鲍圆彦会长弟弟鲍元诚道长主持。目前开封市登记在册的道士有35人左右，人员稀少。原有的东岳庙、城隍庙均已被征用、拆毁。而延庆观、龙亭、禹王台等则开辟为旅游场所，不隶属于开封市道教协会，道教的活动空间大为受限。①

与此相反的是，无生老母在民间有着广泛的影响。在开封禹王台公园内供有"无生老母"和"七十二全神"。禹王台公园位于开封东南隅，原是古代梁园遗址，距今已两千五百多年，是开封市历史最久的游览胜地。因开封屡遭黄河水患，为怀念大禹治水的功绩，于明嘉靖二年（1523）在台上建禹王庙，故吹台被改称为禹王台。此后，明清两代对台上的建筑物曾多次修葺。

禹王台公园内建有"碧霞元君祠"。碧霞元君祠建于明成化十八年（1482）。碧霞元君又名泰山老母，据说她是在泰山上修炼成仙的道门女神，被天神封为天仙玉女碧霞护世弘济真人。开封临近黄河，古代经常闹水患天灾，人们在这里修建碧霞元君祠供奉泰山老母，以求助于她的神灵，赐予开封风调雨顺，五谷丰登；生男育女，人丁兴旺。"碧霞元君祠"内又供有"无生老母"等"十二老母"。无生老母为明清时民间宗教中至高无上之女神，被视为创世主，又为拯救苦海中之人类的救世主，具有无上之权威。她既是造物主，又是救世主：她是人类的祖先，创造了宇宙与人类，同时又拯救沉沦于苦海中的后代，派释迦佛或弥勒佛或天真古佛等下凡，或自己亲自下凡救度众生。明清的民间宗教几乎都以无生老母为最高神祇，"无生老母，真空家乡"成为民间宗教的"八字真言"。自从民间宗教提出无生老母这个神以后，许多教派也都以无生老母为自己的最高神。明清两代的几百种民间秘密宗教，绝大多数都直接或间接地奉无生老母为最高神。无生老母在河南、陕西、山西、山东以及河北大部信仰十分广泛，人们习惯称无生老母为"老母""老娘""老无生"。民间传说老母的道场是灵山，在华北、中原及汉中有很多地方都有灵山；老母的殿堂一般叫"安阳宫""老母洞"，里面大都供奉着十三个老母，即俗话说的"十二老母朝无生"。②

碧霞祠中的无生老母神位

---

① 参见2012年5月10日16：00—18：00笔者对开封市龙亭区无梁庙开封市道教协会无梁庙住持鲍元诚道长的访谈。

② 2012年5月11日10：00—13：00笔者在开封禹王台公园碧霞祠内对香客N氏的采访。

七十二全神神位

"七十二全神"神灵谱系

天皇，地皇，人皇，元始天尊，通天教主，盘古大神，女娲娘娘，鸿钧老祖，无生老母，
西天如来佛，药师佛，阿弥陀佛，弥勒佛，地藏菩萨，日光菩萨，月光菩萨，持国天王，增长天王，广目天王，多闻天王，
玉皇大帝，太上老君，王母，太白金星，顺天老母，二郎神，托塔天王，风伯，雨师，雷公，闪电佛，
送子观音，文殊菩萨，普贤菩萨，文昌帝，孔圣人，张天师，姜子牙，禹王，文王，哼将，哈将，
千手千眼佛，大仙奶奶，二仙奶奶，三仙奶奶，眼光老母，麦奶奶，灵山老母，泰山老母，送子老母，保生老母，地母娘娘，
关公，南顶老爷，阎罗王，赵公明，王灵官，大神爷，福星，禄星，寿星，瘟神，
财神，龙王，城隍，马王，土地，岱王，药王，牛王，王道爷，

  所谓"七十二全神神位"是指共聚天地间有代表性的佛道神仙形象的一张图。最上排是中华民族的始祖，盘古、女娲等。其中，"地母娘娘"往往与"千手千眼佛，大仙奶奶，二仙奶奶，三仙奶奶，眼光老母，麦奶奶，灵山老母，泰山老母，送子老母，保生老母"等一同供奉。

  在禹王台公园内的碧霞祠里聚集了大量的香客，这些香客以老年妇女为主，她们来自开封以及安阳、辉县等地。在她们看来，"无生老母"信仰属于"道门"，不是佛教，也不同于道教：

>   信仰无生老母的是"道门"，不是佛教，佛教的叫"菩萨""佛祖"，和道教也不太一样。"道门"叫"老娘"。无生老母是最高的神，管着其他神。无生老母要和十二老母一起供，叫"十二老母朝无生"。我今年60多了，经常去各处烧香。河南很多地方供有无生老母，比较有名的是：北灵山、西灵山、中灵山、南灵山、东灵山。刚才来的那些人是安阳来的。安阳来的比较远，他们是包车来的，来这里烧香就

是一种缘。①

```
┌─────────────────────────────────┐
│   开封禹王台碧霞祠供奉神像图示   │
└─────────────────────────────────┘
            ┌──────┐
            │碧霞元君│
            └──────┘
```

| 送子老奶 | 九莲圣母 | 碧霞元君 | 劈山老母 | 眼光老母 | 三圣老母 | 观音老母 | 西天老母 | 无生老母 | 王母娘娘 | 女娲老母 | 泰山老母 | 药王老母 | 地藏老母 | 无极老母 |

南阳古称宛，位于河南省西南部、豫鄂陕三省交界处，为三面环山、南部开口的盆地，因地处伏牛山以南、汉水以北而得名。东汉建武年间，光武帝刘秀长姐湖阳公主在裕州（今方城县）建炼真宫一座，是为道教在南阳活动的滥觞。该县三贤山庙、黄石山仙翁观、南召县九分垛祖师庙和皇后铁牛庙、南阳县老君堂等，均建于东汉时期。② 东晋孝武帝太元九年（384），麻衣子修道于内乡石堂。南北朝时期（420—589年），南朝齐明帝倡建桐柏山金庭馆，名列当时五大道观之三。唐、宋、元是南阳道教活动的兴盛时期。明朝时，南阳府道纪司常设于玄妙观，由方丈担任都记。南阳玄妙观独受清皇室青睐。康熙年间，易名元妙观。顺治、乾隆、咸丰诸年间，屡有修葺，增添殿堂楼阁。雍正八年（1730），颁元妙观内宫斗姥雕像一尊，并赐"慈云法雨"匾额一面。同治六年（1867），因住持张宗璇抗击捻军有功，特赐《道藏》一部。光绪三十年（1904），为兴办元宗学堂再赐"惠浃中州""全真广学"匾额两面。斯时，元妙观声名远播，有殿宇、房舍310多间，神像75尊，道众200余名，田产7700亩，建筑占地150多亩，被誉为全国道教四大丛林之一，与北京白云观、山东长青观、西安八仙观相媲美。③ 1966年"文化大革命"开始后，道教宫观和道教活动遭到冲击，道教活动被迫中止。④ 1979年开始，方城、镇平、桐柏、南召四县陆续有50名道人回到宫观，他们自筹资金，重修重建宫观，开展道教活动。⑤ 至1985年底，全区道人营建道观7处，房屋达130余间，恢复道观20处，在观道士有48人。⑥ 2001年，南阳道教开放宫观达65

---

① 2012年5月11日10：00—13：00笔者在开封禹王台公园碧霞祠内对香客N氏的采访。
② 南阳民族宗教志编辑室编：《南阳民族宗教志》第一编《道教》，第159页。
③ 南阳民族宗教志编辑室编：《南阳民族宗教志》第一编《道教》，第162页。
④ 南阳民族宗教志编辑室编：《南阳民族宗教志》第一编《道教》，第169页；南阳道协：《南阳道教综述》，《中国道教》2002年第4期。
⑤ 南阳道协：《南阳道教综述》，《中国道教》2002年第4期。
⑥ 南阳道协：《南阳道教综述》，《中国道教》2002年第4期。

处，有道人537人。①

南阳市道教协会设于独山脚下重建的南阳玄妙观内

现在的南阳市道教协会设于独山脚下重建的南阳玄妙观内。

与南阳道教同步复兴的是无生老母信仰在民间的潜藏默运。在方城县独树镇北9公里处，有山名黄石山，又名方城山、北武当山，俗称小顶山，海拔716.8米，山势雄浑，峰险洞幽，怪石突兀，群山拱之。相传道教仙翁黄石公在此传兵书与张良，故称黄石山，又与湖北武当山相对，为道教圣地，故称北武当山。相传葛玄仙翁、真武帝君（俗称祖师爷）、张三丰等先后飞升或修炼于此。传谓山上庙观始建于西汉文帝年间，至明代最盛，形成七宫二观、二庵十七殿、二桥四堂庙、五洞一街、三道天门的庞大道教建筑群。每逢阴历三月三日、九月九日古刹大会，远近游人如织，盛况空前。山前，有明万历皇帝敕谕北武当山玄帝殿住持并御赐二十柜经书而立的圣旨碑。此山盛产砚石，"中国黄石砚"闻名遐迩。

据《南阳民族宗教志》所载，黄石山上道教为全真派，其中，太和宫、庄庙宫、万寿宫、安阳宫、城隍庙、祖师庙、舜王庙等属于南无派；灵官庙、祖师庙、宝珠堂、通仙观、黑龙庙属于龙门派。② 现在山下还有2001年立的"南无正宗二十四代吴公讳清贤道长功德碑"以及吴清贤道长墓葬一座。

---

① 南阳道协：《南阳道教综述》，《中国道教》2002年第4期。
② 南阳民族宗教志编辑室编：《南阳民族宗教志》第一编《道教》，第164—165页。

吴清贤道长墓　　　　　　　　　　　　　吴清贤道长功德碑

在黄石山上有一"土地庙"，庙里供奉有无生老母神像，其面带微笑，满头白发，身披霞帔，两手持八卦，与考笔老母、南海老母一同供奉。在半山顶的"安阳宫"里，也供奉着无生老母。① 在南阳市独山的祖师宫里，无生老母则与十二老母一同供奉。

"土地庙"里无生老母与考笔老母、南海老母一同供奉

---

① 据安阳宫重修碑载，该宫重修于 1990 年。

年度推荐论文 303

"安阳宫"的无生老母　　　　　南阳独山祖师宫的无生老母与十二老母

南阳方城县黄石山土地庙供奉神像图示

| 考笔老母 | 无生老母 | 南海老母 |

南阳方城县黄石山安阳宫供奉神像图示

| 南海老母 | 无生老母 | 西王母 |

南阳独山祖师宫祖师殿供奉神像图示

真武祖师

| 南海老母 | 丽山老母 | 眼光老母 | 文殊老母 | 王母娘娘 | 地母娘娘 | 太极老母 | 无极老母 | 无生老母 | 三声老母 | 普贤老母 | 观音老母 |

三 民间宗教宣卷仪式中的后土信仰

笔者在闽西、赣南、浙南收集到大量民间宗教罗祖教宝卷。这些宝卷许多是罗祖教师徒授受的"秘本"。透过这些宝卷，我们可以更加深入地去认识民间宗教的传承历史、教派活动及其与正统宗教的关系。

所谓"宝卷"，其实主要是由唐、五代佛教变文、变相及讲经文孕育产生的一种传播宗教思想的艺术形式。它多由韵文、散文相间组成，多数宝卷可讲可唱，引人视听。[1] 讲唱宝卷的仪式称为"宣卷"。至少到明代初年，宝卷已经开始与民间宗教相结合，成为民间宗教传播宗教思想的一种形式。据统计，国内外公私收藏的宝卷计有1500余种，5000余种版本。[2] 20世纪二三十年代，顾颉刚、郑振铎、向达等学者开始搜集、研究宝卷。此时的研究主要是将宝卷作为民间俗文学来看待的，研究方式主要是进行文献学上的编目。[3] 日本学者泽田瑞穗著《增补宝卷的研究》，[4] 是海外汉学界收集最丰者。在宝卷目录研究上，车锡伦堪称集大成者，其著《中国宝卷总目》是目前收入最全的宝卷目录。20世纪50年代开始，已经有学者开始对宝卷演唱活动进行调查。[5] 20世纪80年代之后，宝卷的田野调查卓有成绩。[6] 随着宝卷调查研究的深入，学者对宝卷研究进行了反思，[7] 对"宝卷学"[8] 也进行了阐述。

在马西沙先生主编的《中华珍本宝卷》第二辑中收有《先天元始土地宝卷》。[9] 据宝卷叙述，土地神得太白李金星指引至三清官，元始天尊将如意钩赐予土地神作拄杖。土地神持如意钩将南天门打开，使六方震动。玉帝派天兵神将前去捉拿，均被土地神杀败。于是玉帝调四大天王、八大金刚及齐天大圣孙行者前来助战。最后，玉帝像收服齐天大圣孙悟空一样制伏了土地神。此宝卷堪称"大闹天宫"的土地神版本。

2003年，北京师范大学民俗学博士生尹虎彬完成其论文《河北民间后土信仰与口头叙事传统》，这篇论文运用了民俗学的方法论，对河北某一地区的乡土社会进行了两年时间的一以贯之的专题调查。他对那一地区后土信仰分布状况、核心庙宇的信仰变迁、后土信仰与道教、民间宗教的关系进行了研究。同时，将宝卷作为心理的、行为的、仪式的传承文本，考察宝卷与口头叙事传统的互为文本的历史意义，反映了一种信仰及其文本的历

---

[1] 马西沙主编：《中华珍本宝卷》第一辑第一册"前言"，社会科学文献出版社2012年版。
[2] 车锡伦：《中国宝卷总目》，北京燕山出版社2000年版。
[3] 1927年，郑振铎在《中国文学研究》上发表《佛曲叙录》。20世纪40年代，恽楚材先后发表《宝卷续录》《宝卷续志》。此后，傅惜华的《宝卷总目》、胡士莹的《弹词宝卷目》、李世瑜的《宝卷综录》也相继问世。李世瑜的《宝卷综录》著录国内公私19家收藏宝卷618种，共计1487种版本，还收藏有见诸文献著录不见传本的宝卷35种。
[4] 泽田瑞穗：《增补宝卷的研究》，国书刊行会，1975年。
[5] 《江苏南部民间戏曲说唱音乐集》，音乐出版社1955年版；1957年张颔《山西民间流传的宝卷抄本》载于《火花》第3期。
[6] 1991年，《酒泉宝卷》由甘肃人民出版社出版。江浙的宝卷调查也有成果问世。1992年，段平《河西宝卷的调查研究》、方步和《河西宝卷真本校注研究》先后在兰州大学出版社出版。
[7] 车锡伦：《中国宝卷研究的世纪回顾》，《东南大学学报（哲学社会科学版）》2001年第3期。
[8] 濮文起：《宝卷学发凡》，《天津社会科学》1999年第2期。
[9] 马西沙主编：《中华珍本宝卷》第二辑第十九册，社会科学文献出版社2014年版。

史的、文化上的内在联系。尹虎彬认为，地方性的宝卷和民间叙事传统是在本地的后土信仰传统中发展起来的。宝卷的演唱是包括在民间神灵与祭祀的现场活动中，神灵与祭祀是民间叙事传统的原动力。①

《中华珍本宝卷》所收《先天元始土地宝卷》②

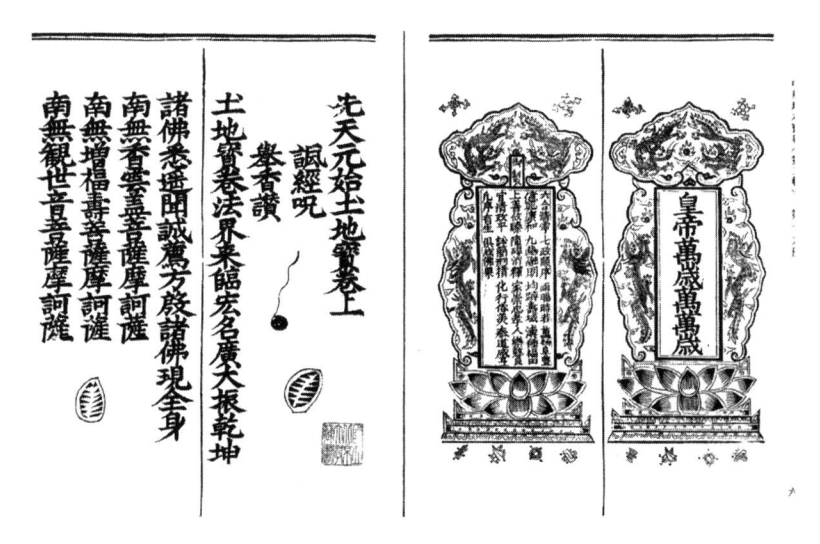

《中华珍本宝卷》所收《先天元始土地宝卷》③

---

① 尹虎彬：《河北民间后土信仰与口头叙事传统》，博士学位论文，北京师范大学，2003年；《河北民间后土地祇崇拜》，学苑出版社2015年版。
② 马西沙主编：《中华珍本宝卷》第二辑第十九册，社会科学文献出版社2014年版。
③ 马西沙主编：《中华珍本宝卷》第二辑第十九册，社会科学文献出版社2014年版。

在闽西罗祖教的宝卷中有《地母经》。此为闽西罗祖教藏本,又称《无上生天地母老太佛》。有当代手抄经折本,以及当代油印本多种。闽西罗祖教用此经为施主消灾祈福。

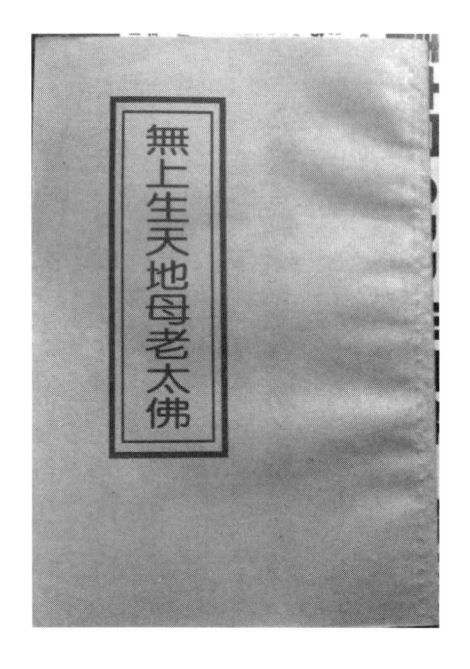

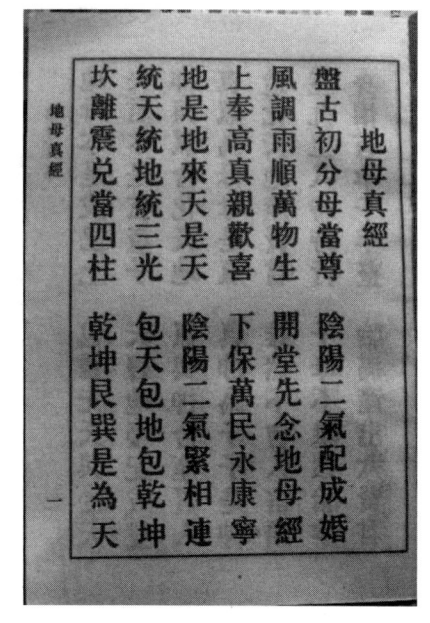

闽西罗祖教《地母经》

而闽西罗祖教宣卷仪式中,则必须奉请"地母娘娘"。

闽西罗祖教诵经仪式之神灵谱系

佛教神明	灵山会上人天教主千百亿化身本师释迦牟尼佛
	过去七佛、十方十佛、五十三佛、百七十佛、庄严劫千佛、现在贤劫千佛、未来星宿劫千佛
	清净法身毗卢遮那佛、圆满报身卢舍那佛、西方接引阿弥陀佛、当来下生弥勒尊佛、十方三世一切诸佛
	文殊师利菩萨、大愿地藏王菩萨、普贤菩萨、大势至菩萨、观世音菩萨、清净大海众菩萨、十方菩萨
罗祖教本派祖师	雾灵山得道悟空罗老祖,佛正,佛广,太宁祖师,春雷祖师,传灯会上历代传法祖师,梁明谷、林应贤、李太宁、刘本通四位护法
三教圣贤	儒释道三教圣贤、前朝古今历代圣贤、玉皇大帝、太乙救苦天尊、元始天尊、太上老君、三元三品三官大帝、三百六十应感天尊
地方神明	天下名山显应浮邱王郭三仙、熊刘二仙、王马元帅、五谷真仙、五公菩萨、地母娘娘、十八位伽蓝、天上人间地府三界内外一切有感尊神、财神老爷、千贤万圣、本省本府本县本乡本村神主、社稷真官、门神户尉、井灶神君、本家历代先祖先妣一脉宗亲千千诸神万万圣贤

闽西归根道仪式抄本《三教合宗》则记载有赞文多种,其中就有地母宝诰。这些诰

文函括：焚香赞、燃烛赞、开卷神咒、净口神咒、净心神咒、净身神咒、安土地神咒、净金刚神咒、净天地（解秽）神咒、祝香神咒、集灵神咒、卫灵神咒、请社令神咒、观音宝诰、罗祖宝诰、天上圣母宝诰、玉皇宝诰、中皇宝诰、三官宝诰、阿弥陀佛宝诰、功曹宝诰、神农宝诰、家神宝诰、司命宝诰、门丞宝诰、户尉宝诰、花公圣母宝诰、地母宝诰、王母宝诰、斗母宝诰、灵祖宝诰、福主宝诰、土祇宝诰、太上老君宝诰、地藏王宝诰、城隍宝诰、十王宝诰、三教总诰、诸圣总诰、上供科文（供养偈、供养真言等）、忏罪文、观音如来十二大愿文、报恩文、谢神文等。

地母宝诰为：志心皈命礼，地母化生，普天肃静，河海静默，山岳吞云，万灵振扶，召集群真，天无杂气，地无妖尘，明慧洞清，大道玄玄，虚空地母，无量慈尊。

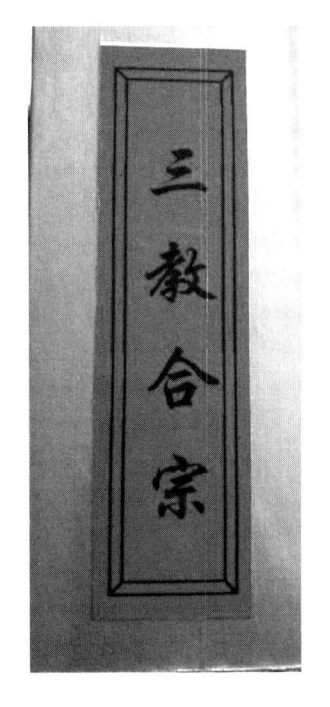

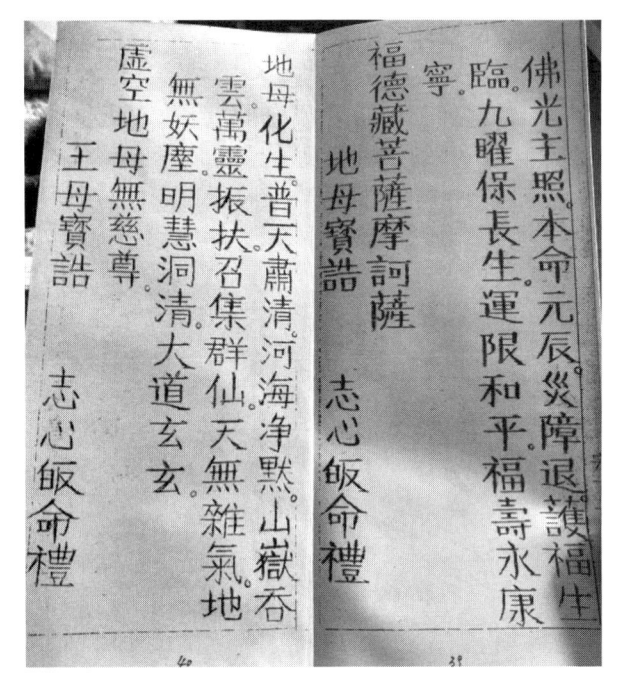

闽西归根道《三教合宗》　　　　**《三教合宗》之《地母宝诰》**

现在莆田民间的金幢教流传众多宝卷，其中有《地母真经》。这些经典文本包括：《九莲经》、《西来集》（又名《慈悲悬华宝忏法卷》）、《证明来路》（又名《皈依文》）、《收殡经》、《开金堂教叙》、《古佛宗派》、《蔡公出世》、《三极根源行脚事迹集》、《续三极根源事迹集》、《住世老爷降凡家谱》等历史上已见记载的文献外，亦传行一些新的经典：《宝忏一藏白话问》《大忏解》《各种忏文》《皈依解》《指三会》《目连经》《南斗经》《北斗经》《各种文和帖》《礼义廉耻》《禳制手册》《地母真经》《解三玄》《满桌·四十八愿·忏文》《三官经》《蔡阿公后代部分家谱录》《佛说救苦观世经》《观世音真经》《帖谱》《谢天恩》《佛门联·喜、丧什底薄》《对联·帖文·立旌·赦柩·开满》《佛诞帖谱》《大乘佛祖家谱流传》。[①] 这些经卷不仅叙述了金幢教的本门发展史，而且是

---

① 陈松青：《福建金幢教研究》，硕士学位论文，福建师范大学，2006年。

该教门为广大民众提供仪式服务的重要典籍。正因为仪式生活的鲜活性，大量教门的新科仪本也正在不断的创造中。此堪为当代民间宗教复兴的一重要特征。

结　语

后土信仰在民间社会影响重大，与无生老母信仰也关联甚深。后土在民间又被称为地母娘娘、后土老母等。

无生老母是明清民间宗教教派构造出来的一位至高无上的尊神。在历史上，民间宗教教派与全真道交涉颇多，不仅传承全真道的丹道，亦传承全真道的斋醮仪式。当代一些华北全真道更是将无生老母与十二老母的塑像置于自己的宫观内。"十二老母朝无生"神话在华北有着广泛的信仰基础。

在无生老母的传说中，有"化身"神话，该神话以为后土老母等十二老母都是无生老母的化身，如"西王母即无生老母化身"，"无生老母在灵山失散，改了号名，叫离山老母"，"无生化为观音，观音化为吕祖，是一女身"。又说，信徒"要敬奉碧霞元君，始能见无生老母"。这样的神话设计，将无生老母与众多老母、娘娘等神佛系为一身。这是民间宗教"全神"观念的体现。

（原文发表于《世界宗教文化》2018年第3期）

试析西欧中世纪基督教世界的内在张力

杨华明[*]

摘　要：本文以"神圣与世俗""革新与守旧""教权与王权""中心与边缘""圣战与救赎"多重张力之视角，分析了西欧世界在中世纪建构起统一的"基督教王国"，从而实现其内部基督教文化同质化的历史。

关键词：中世纪　西欧　基督教

步入第一个千年的中世纪西欧社会经历了一个基督教文化同质化的历史进程，在统一的基督教王国的发展过程中包含着"神圣与世俗""革新与守旧""教权与王权""中心与边缘""圣战与救赎"多重张力，勾画出一幅明暗交错、光影斑驳、色彩繁复的图画。色调明快处是教宗手中的光辉权杖、皇帝头顶的荣耀冠冕、经院哲学家手中的书籍笔墨、教会改革家口中的反腐革新、十字军身上的"十字架"标志以及大教堂窗棂间的彩色玻璃；光线暗沉处则有神秘主义者眼中所见的异象、异端人士中悄然传播的信息、宗教裁判所法庭上的审判、修道院里晚祷的钟声……凡此等等，勾勒出一幅以信仰为基调、以写实为笔触，间以象征之手法，浓墨重彩与轻描淡写交相呼应的中世纪西欧基督教世界图景。

此时的西方基督教世界经历了一个"欧洲化"的进程。当时地中海沿岸的三大文明：拜占庭文明、伊斯兰文明与西欧文明之地位已然发生改变，原先处于弱势的西欧在外敌趋弱、商业复兴、农业革新、教育普及以及教会改革的有利处境中开始兴盛。欧洲的人口稳步增长，到1300年之时，人口已增至千年之初的两倍之多。人口密度的加大导致人们组建社会生活的方式开始出现农村与城镇社会、教区、君主领地、公国以及王国等不同形态的多样化复合形态，进而带来财产多元共有情形的出现。政治中央集权在俗世与教会两个领域同时形成，世俗君主与罗马教宗都比以往拥有了更大的权柄。中世纪早期仅能以口授或记忆流传下来的宗教、文化知识此时开始通过文字记录进行传播，西欧从文盲社会进展成为一个文化社会。西方基督教世界在一个人口增多、经济发展、政治集权以及文化进步的有利境遇中开始对外征服和殖民，这让中世纪中期的西方基督教世界疆土面积几近翻番，马扎尔人的匈牙利、穆斯林的领域伊比利亚半岛等地都成为基督教世界的新领地。与此同时，以托钵修士为主体的传教士群体开始把基督教的福音带到了新开拓的疆土，而十字军运动则试图以武力实现信仰的统一。

在同一种信仰、同一位上帝、同一位教宗和同一位神圣罗马帝国皇帝的引领下建构起西欧人民的同一个"基督教王国"，实现了西欧内部的基督教文化同质化，这就是中世纪西欧的"欧洲化"进程。

---

[*] 杨华明，中国社会科学院世界宗教研究所副研究员。

一 神圣与世俗

西欧"欧洲化"的进程就是其"信仰化"的进程。原先仅被视为社会分支之一的教会，在实现了"欧洲化"、建构起共同基督教王国的西欧，于13世纪成为西欧社会的主体，俗世社会民众的信仰愈加虔诚，在原先社会中的三类人——劳动者、战斗者与祈祷者中，祈祷者明显成为信仰社会中的主导力量与上流阶层。11世纪伟大教宗格列高利七世绘制的教会发展宏伟蓝图在此时终得实现，教宗不仅仅是罗马的主教，而且是全体信众的主教，"经过神学的锻造、法律的巩固以及教会政治的实践已经为大多数基督徒所接受。"①"教会开始进入'大统治'时代，即所谓的'教宗君权制'，教会不仅欲要在更广阔的政治舞台上留下自己的印记，而且要在更深层次上产生影响，深入到基督教王国的每一个普通百姓的生命中，规范其言行甚至思想。"②

年度告解、定期领圣体、教会年的各种节庆、圣母崇拜和形形色色的圣徒崇拜，占据了中世纪欧洲普通民众的日常生活，大多一生都难有机会走出自己生活的教区范围，而共有的基督教信仰无形中赋予他们一种跨越民族与国境界限的"国际身份"。有条件的人士则会通过进入修院修行、加入十字军队伍、捐资襄助教士与教堂修院建设、搜寻购买圣物等方式直接参与到神圣领域，而皇帝只有获得教宗的加冕才能得到上帝的祝福，成为名副其实的"神圣罗马帝国"的皇帝。宗教观念被运用于中世纪西欧社会的方方面面，"这种把宗教观念运用到所有事物上和所有场合中的倾向是神圣生活的深刻根源。作为一种文化现象，此种相同的倾向蕴含着严重的危险。宗教对生活中所有关系的渗透意味着宗教领域和世俗思想的不断混合。圣物将会变得过于平常，人们难以有深刻的体验。"③ 于是，世俗领域与神圣领域之间的边界开始模糊、不再分明。

俗世的神圣化带来的一个后果就是宗教的世俗化。充满信仰激情、革新精神与果敢行动力的"运动"总是有向固化、守旧与机械化的"建制"方向发展的趋势，这似乎是一种必然规律。西欧基督教世界的发展亦不例外。作为一个隔离的宗教团体而存在的初期教会，面对时常遭受迫害的生存处境，凭借的是克里斯玛式宗教领袖的带领、传播福音的火热激情和对基督即将复临的热切盼望站立在世界上的，这是一场张扬生命力与革命性的福音"运动"。当基督教在君士坦丁大帝之后成为罗马帝国的国教，君士坦丁主义开始成为西欧基督教的基本维度。基督教会借助世俗统治者的力量登上了西欧主流社会的舞台，而世俗君主则借助教会为自己的"君权神授"正名。政教双方似乎相得益彰。罗马皇帝的君权源于"神授"，而罗马教宗则有了类似俗世中的"君权"，在理想的格列高利式基督教王国图景中，罗马教宗位于教会等级顶端，依次是大主教、主教、司铎等教士阶层，而普通信众位于最底层，由此构成了一种与世俗皇权相似的教会中央集权。

---

① Edited by Miri Rubin and Walter Simons, *The Cambridge History of Christianity* (Volume 4): *Christianity in Western Europe c. 1100 – c. 1500*, Cambridge University Press, 2009, p. 38.

② Edited by Miri Rubin and Walter Simons, *The Cambridge History of Christianity* (Volume 4): *Christianity in Western Europe c. 1100 – c. 1500*, Cambridge University Press, 2009, p. 76.

③ [荷] 约翰·赫伊津哈：《中世纪的衰落：对14世纪和15世纪法兰西、尼德兰的生活方式、思想及艺术的研究》，刘军、舒炜等译，北京大学出版社2014年版，第130页。

走过千年的基督教会早已失去了初期教会的"运动"特质，转变成为一种具有神学根基、法律支柱与物质支持的体系化建制，克里斯玛式的宗教领袖被金字塔式的教阶体系所代替，朴素的传教激情为精心撰写的布道文和专门设计的布道手势所取代，单纯的信仰开始需要精致缜密的经院哲学来论证，简陋的聚会场所消失了，取而代之的是金碧辉煌的哥特式教堂……原本以在天上的"上帝国"为旨归的基督教会开始在地上建立上帝国的宏图伟业。由是，在世俗社会越来越虔诚的同时，神圣领域却越来越世俗。教会和修道院拥有越来越多的财富与田产，并执着于形形色色、层出不穷的朝圣教堂、宗教仪式、节日、圣物与图像，以期获得更多资助，圣徒人数与修会机构数目也逐年递增。教会的世俗化让普通信众的宗教生活也沾染了俗世的气息，人们通过朝圣、慈善、购买赎罪券等方式追求拯救，拯救似乎成为一种以商业手段就能购买的货品。当整个西欧社会弥漫于浓厚的宗教氛围内时，教会似乎开始将以教宗国为核心的西欧基督教世界等同于福音书中所说的"天国"。这就导致了中世纪中期教会的最大弊病："一种潜在的自满，由此导致教士阶层对宗教生活产生了浅薄的理解与机械化的态度，以及对教会财产的贪恋。中世纪教会虽然列了许多圣人，但在教士那里，信仰的深度渐渐地在处理日常事务时给打磨掉了，他们不仅有村庄里的事情要处理，还要负责大面积的地产，解决土地纠纷，保持教会威信。"①

无论是极端教宗权力至上论者，还是极端宗教灵性主义者，任何让社会实现全面宗教化、精神化的尝试带来的都是世界秩序的失衡，"旨在将超越的精神完全纳入实存中的努力，不过是使它的超越权威日益削弱。若神性实在被拽入事物的实存秩序中，它就不再以其不可言传的神秘吸引我们。一种入世的精神从决定性的意义上讲已不再是精神的。……将神性实在纳入人类经验的做法与人类之独立于一切和神的联系的世俗主义断言之间难分彼此。唯有紧张地被经验到的神性实在的吸引力才在人类存在中起到秩序之源的作用。"②圣俗之间张力的松弛让基督教世界失去了神圣向心力，社会的失序与混乱让基督教会开始认识到唯有在神圣秩序与世俗秩序之间的紧张本质中寻求平衡，才可维系其"在世而不属世"的身份，这势必呼唤自我否定、自我更新的力量。

二 革新与守旧

西欧基督教世界中一直存在着一股反建制、反君士坦丁主义的潮流，这就是诞生自3世纪、其后逐渐发展起来的修道院运动。圣本笃（约480—550）是西方修院制之父，他制定的会规是西方基督教世界修院制的基础，其基本宗旨是祈祷、沉思和劳动，为基督徒的敬虔与修行提供了遁世的精神避难所。本笃会富含的改革精神是对教会中开始出现的低效、腐败倾向的抵制，"围绕着阅读、祷告、沉思展开的生活乃是要寻求与上帝的神秘合一，以期成为被拣选进入天上耶路撒冷的一员。在修士们眼中，在尘世里与这天上的城市最接近的无外乎修院，这里是最能彰显灵性尊严与福祉的净土。"③

---

① ［美］朱迪斯·M. 本内特、C. 沃伦·霍利斯特：《欧洲中世纪史》第 10 版，杨宁、李韵译，上海社会科学院出版社 2007 年版，第 201 页。

② ［美］沃格林：《政治观念史稿卷三：中世纪晚期》，段保良译，华东师范大学出版社 2008 年版，第 18 页。

③ Edited by Miri Rubin and Walter Simons, *The Cambridge History of Christianity* (Volume 4): *Christianity in Western Europe c. 1100 – c. 1500*, Cambridge University Press, 2009, p. 42.

历史证明，这个精神避难所、这片净土也难免落入俗世的牢笼，随着修院田产的增多，诸多出身贵族的修士修女为修院带来大量的财产。圣本笃的追随者们开始掌管大片土地、管理着最好的学校，修道院的大门也仅向贵族阶层敞开。一方面，财富与声望使"遁世修行"的场所修道院也沾染上俗世的气息；另一方面，颇为吊诡的是，恰恰是充足的土地与财富让修院制能保持独立于世的精神，可以没有任何后顾之忧地追求纯粹的神圣生活。10 世纪初，以克吕尼修道院为核心的克吕尼改革运动承袭本笃会的革新精神，开始对教会内部守旧、世俗的腐败倾向发起抨击，因其得到富裕人士的资助，因而不会轻易陷入腐化。随后，各地修道院竞相效法，并由此带来了修院制的重大变革。原先的本笃会是由多所修道院构成、遵循共同的会规但相互独立自治的修会建制，并非某种等级森严、组织严谨的团体制度，而克吕尼改革运动则形成了一个以克吕尼修道院为核心的遍及欧洲的修会组织，每所处于该组织下的修道院都隶属于克吕尼修道院，而克吕尼修道院院长也成为克吕尼修会的总会长。由此，便形成了以克吕尼修道院为核心、以本笃会会规为宗旨的史上最早的修会组织克吕尼修会，隶属其中的修道院之间形成了正式的联系。

然而，到了 12 世纪，克吕尼改革也从革新"运动"落入了守旧"建制"的窠臼，拥有稳固地位、众多修院和大片良田的克吕尼修会开始故步自封，而城市大学的兴起也让修会丧失了原先在教育领域中的优先地位。显而易见，西欧的修院制是在一次次发动新改革、从而祛除旧改革中日益生发的腐化因素的过程中发展起来的。强调严谨遵守本笃会会规的西多会改革运动在 12 世纪成为取代克吕尼修会的革新力量。西多会的生活方式突破了会规的界限，这里没有占据首位的修道院院长，而是奉行一种会议协商体制，全体修道院院长都必须每年定期到西多参加年度大会。修院之间无隶属关系，亦无财物关联。西多会奉行严苛简朴的修行生活，重体力劳动，轻学术研究，倡导个人隐修与独自祷告，与世隔绝的简陋小屋是其显著标志。遵循使徒之道、恪守神贫生活、追求宗教圆满是所有修会改革的初衷，但现实中的修会往往难逃俗世牢笼，西多会著名代表人物明谷的伯尔纳亦不例外，时常辗转于烦冗俗务。既然与世隔绝的理想难以实现，西方修院制开始出现了从"避世"到"入世"的转向，伴随十字军运动产生的各种军事修会开始致力于扩张基督教世界的边界，这是修院生活的精神力量转化成为社会发展推动力的明证。① 而一个世纪之后诞生的方济各会、多明我会等托钵修会则更是将重心转向传教事业，托钵修士们不再像西多会士那样囿于修道院的院墙内，而是轻装上阵、乞讨为生，云游四方、传播福音，不仅成为欧洲城镇布道团的主体，而且将福音带到了欧洲边境之外。恰恰是这种走入世界的方式，使得修会找到了摆脱俗世干扰的途径。如多明我会 1236 年的章程规定："没有什么可以阻碍修士们研究与布道的决心：'让有讲道或研究使命的人远离一切俗务，如此他们便可以更完美、更有效地完成身上肩负的灵性使命。'"②

毋庸置疑，西方修院制的发展进程见证了中世纪西欧在教会改革、社会净化方面的努力。中世纪西方教会改革的目标是清除教会中出现的鬻卖圣职、教士结婚等腐化现象，扭转由其导致的不良社会风气。鬻卖圣职对教会带来的危害不言而喻，而教士结婚的问题更

---

① 参见［美］朱迪斯·M. 本内特、C. 沃伦·霍利斯特《欧洲中世纪史》第 10 版，杨宁、李韵译，上海社会科学院出版社 2007 年版，第 213 页。

② Edited by Miri Rubin and Walter Simons, *The Cambridge History of Christianity* (Volume 4): *Christianity in Western Europe c.* 1100 – *c.* 1500, Cambridge University Press, 2009, p. 65.

不仅仅是教士个人的道德问题，而且会成为教会腐败的一个重要源头，教士以教会的土地、财产与资源豢养自己的妻子儿女，如果土地以遗产的形式传给子嗣，那么原本教会公有的土地就会沦为家庭私产。在如此处境中发展出来的西方修院制传统时常在"偏离"与"归正"的两难中谨慎前行，"一直都有唯恐偏离修会创始人之修会标准的担忧，也一直存在返回最初标准的愿望。"① 无论是采取独立自治还是统一管理的建制形式，无论是持有避世隐修还是积极入世的态度，历次修会革新都旨在维护教会的纯洁与崇拜的敬虔，使其免受俗世的影响。虽然其自身也时常受到俗世气息侵染，但修士修女们坚守的神贫、贞洁与服从的誓愿，奉行的祈祷、沉思和劳动的生活方式，仍使其成为在一个圣俗张力松弛、界限模糊的社会中的一股信仰的清流，而修会团体因其秉持的优良价值观而"与中世纪流传下来的其他事物迥异，修院制仍在我们的生活当中焕发着勃勃生机。"②

三 教权与王权

13世纪是西欧基督教世界形成的关键时期，以教宗英诺森三世为代表的教会领袖实现了11世纪教宗们的改革宏图，自诩为"基督"代表的教宗权力至上，手持"属灵权力"与"属世权力"两把剑，在自5世纪以来就出现、在11—13世纪陷入一种拉锯式斗争的政教间的权势较量中占领上风。与其说政教纷争是圣俗冲突，毋宁说这是一种在帝国统一体中以教宗与皇帝为代表的两套秩序之间的冲突。当精通法学的诸位教宗在这一冲突中开始把持发言权，教会就逐渐从对一套精神秩序的要求转变为对法律权限的要求，成为一个在组织上类似世俗君主国的集权体制。英诺森三世在位期间，欧洲经济中形成了以工业与贸易为代表的新模式，欧洲人的目光已经从自己狭小的领域放眼至全世界，怀有收复圣地宏志的十字军在世界范围内引起了关注，而教育、文化、艺术与宗教生活的丰富与发展都促成了一个泛欧洲文化圈的形成。

经过神学的锻造、法律的巩固以及教会政治的实践，帝国统一体中的教宗君权制实现了以"教宗国"为其世俗权力基地的大统治，不仅成为为引导西方世界宗教、道德方向的权威力量，而且开始朝向一个由教宗领导的"基督教国家联合体"的方向（但即便是在英诺森三世那里也未能实现此目标）③ 前进，而"要大规模地维系这个权力组织的有形存在，实施其政治目标，势必需要一种国际性的税收体系和财政管理，而这跟正在成长、日趋封闭的民族政治统一体的利益相冲突。"④ 自11世纪"卡诺莎事件"中皇帝亨利四世向教宗格列高利七世的屈膝跪拜之后，神圣罗马帝国就逐步沦为政教纷争与地方分权主义的牺牲品，仅落下一个空名，而英法等国则逐渐发展成为行政体系自成一体的中央集权国家。如何在以大一统信仰体系为宏旨的集权教会与日益兴起的民族国家及相应的国家教会、地方教区间寻求平衡，如何协调至高权柄控制的精神"统一"与具有地域民族差异

---

① Edited by Miri Rubin and Walter Simons, *The Cambridge History of Christianity* (Volume 4): *Christianity in Western Europe c. 1100 – c. 1500*, Cambridge University Press, 2009, p. 71.

② Edited by Miri Rubin and Walter Simons, *The Cambridge History of Christianity* (Volume 4): *Christianity in Western Europe c. 1100 – c. 1500*, Cambridge University Press, 2009, p. 72.

③ 参见 [美] 朱迪斯·M. 本内特、C. 沃伦·霍利斯特《欧洲中世纪史》第10版，杨宁、李韵译，上海社会科学院出版社2007年版，第370页。

④ [美] 沃格林：《政治观念史稿卷三：中世纪晚期》，段保良译，华东师范大学出版社2009年版，第38页。

的信仰"多元"间的分歧,成为关系到中世纪西方教会兴衰存亡的关键问题。

14世纪初,教宗卜尼法斯八世颁布了中世纪关于教权与王权关系问题的最重要文献《一圣教谕》。教谕论证了罗马教宗在基督教世界中的地位问题,宣称教宗的属灵权力高于一切属世权力,"属灵的剑和属世的剑均执于属灵权力之手,属灵的剑由其自身运用,属世的剑则在属灵权力的意志和容许下由国王们代为运用。属世权力若是越轨,将面临属灵权力的审判。"[①]《一圣教谕》将自教宗格列高利七世以来关于教权高于王权的理论进一步系统化与完整化,明确提出了教宗有权对世俗君主进行审判的观点,是中世纪有关教宗权柄至高无上的最著名诏书。尽管《一圣教谕》仍然使用的是原先的"属灵""属世"的传统词汇,但实质上表达的是"一"与"多"的问题,背后的问题是"从基督教西方的共同政策向特殊统一体的世俗主义政策的转变。……卜尼法斯八世试图在属灵权力至上的陈旧外衣下,通过反抗西洋列强的特殊主义政治来捍卫西方共同利益的至上性。"[②] 教宗君权制最终只能沦为一种理论上的中央集权,滥觞于农村宗教社区、修道院教堂和各种家族教堂的教区制度,其管理权掌管在地方主教手中,理论上的教宗—大主教—主教—司铎的金字塔式教阶体制在具体的宗教事务管理中并不是总能得到贯彻,教宗的指令因"天高皇帝远"而被无视是常有之事。地方主教与地方统治者与贵族的联络显然要比远在罗马的教宗要频繁密切得多,而君主们更借机对自己领地内的教会机构加强控制。

诸王国君主与各自国家教地方主教的联系越密切,与教宗制的一统结构之间的超领土联系就越松弛。教宗在地方的影响力逐渐衰颓,而其在圣俗两界的征税能力也大大削弱。或许卜尼法斯八世宣布1300年为大赦年便是为缓解这一危机、重振教宗威望的一个手段,而后来颁发赎罪券更是解决教廷财政危机的直接方式。法王腓力四世以将卜尼法斯八世软禁于阿纳尼的宫殿作为对《一圣教谕》的回应,而"阿纳尼事件"恰如对"卡诺莎事件"的反动,彰显出大一统的教宗君权制在日益强大的民族国家面前不堪一击。在意大利内乱不已、教宗人身安全受到威胁的情况下,教廷于1305—1378年迁往阿维尼翁,这一段被喻为"巴比伦之囚"的历史与"卡诺莎事件"和"阿纳尼事件"一样,都具有象征意义:教宗已经失去了西方的政治命令权,"教廷已漂泊于一片它无法掌控的力量海洋的外在征象,"[③] 教廷只能以此迁就之法来维持西欧世界与罗马传统的联系。

在中世纪西欧圣俗互渗、政教交融的境遇中,用圣与俗、教与政的分野来界定教权与王权的斗争显然已不精准,"一"与"多"的范畴更能彰显"统一"的基督教世界理念与"多元"的民族国家信仰、中央集权的教宗制与以教区为单元的地方教会、作为基督在地上唯一代表的罗马教宗与掌控本国宗教事务管理权的各国统治者之间的日趋疏离的关系。这相应会带来疏离于"统一"宗教理念的"多元"宗教现象,这包括:崇拜仪式的多样化与民族化趋势,崇拜语言的方言转向,游离于正统教义之外的"异端"思想的兴盛,新拓疆域中包括犹太人、穆斯林等异教人士在内的信仰群体的多元化走向等诸个方面。显然,"统一"与"多元"的疏离关系并不局限于西方基督教世界的政教关系中,也同样体现在主流信仰群体与边缘人群的关系当中。

---

① [美]沃格林:《政治观念史稿卷三:中世纪晚期》,段保良译,华东师范大学出版社2009年版,第40页。
② [美]沃格林:《政治观念史稿卷三:中世纪晚期》,段保良译,华东师范大学出版社2009年版,第42页。
③ [美]沃格林:《政治观念史稿卷三:中世纪晚期》,段保良译,华东师范大学出版社2009年版,第179页。

四　中心与边缘

中世纪诸教宗的改革，旨在"扫除异端、明晰教义、发展宗法、回应修行生活和教职发展的需要，并继续在欧洲范围内与世众的王公贵族争夺最高领导权。"① 对于一直致力于革弊鼎新的罗马教会而言，若能处理好"边缘"问题，无疑有助于稳固改革成果，凸显教会的"中心"地位，在与世众王公贵族的斗争中可以立于不败之地。生活于基督教世界的犹太人与穆斯林，处于主流教会之外的异端教派，在信众人口中占多数而在社会地位上却被差别对待的女性基督徒，位于宗教生活边缘地带的非建制修会、第三会，以及形形色色的隐修士、神秘主义者，都是为基督教世界确立中心、划出界限的边缘群体。与其说"边缘"群体偏离甚或否定了"中心"，毋宁说恰恰是这些"边缘"群体界定、造就了西欧基督教社会的"中心"场景。异教徒、异端教派、隐修士、第三会、神秘主义者等群众演员共同勾勒出中世纪西欧社会舞台的背景画面，正是在这个背景下才上演了一场由教宗、各级教士、皇帝、国王、修士、十字军战士、经院哲学家等群星主演的绚丽舞台剧。

在第四次拉特兰公会议（1215）颁布的决议中，英诺森三世尝试对与主流教会唱反调的各种人群和运动进行批判与归正，旨在明确基督教世界的轮廓、强化基督教世界的统一。在关于犹太人的四项条款中，改变了原先相对宽容的政策，强调了基督徒与犹太人两个群体之间的界限，尽可能限制双方的互动与影响。在中世纪初期犹太人领地被穆斯林占领后，犹太人发出"宁受制于以东，不屈服于以实玛利"的口号，他们更倾向于生活在基督徒而非穆斯林的区域当中。直到13世纪初，犹太人一直能很好地融于基督教信仰的生活环境。而第四次拉特兰公会议颁布的法令在犹太人和基督徒之间"划分明确界限，以表明内外有别，并防止二者之间发生任何有可能的接触，这一迫切需求成为13世纪基督教世界制定相关于犹太人的法律、措施的基本内容。"② 对于犹太人而言，这势必导致他们的生活从一个相对宽容缓和的处境转变为一个被敌视、迫害性的处境。而与此同时，划清界限又俨然是让他们各自保持其自我身份认同的有效手段。

与遍布西欧基督教世界中的犹太人不同，基督教世界中的穆斯林主要生活于新辟疆域中原属穆斯林领地的区域，如匈牙利、意大利南部的少数地区，尤其是伊比利亚半岛，穆斯林成为当地的少数民族。在中世纪的一些神学家眼中，伊斯兰教是基督教的一种异端，神学家里尔的阿朗有一部维护公教会信仰、反对异端势力的著作，其中有一卷涉及的就是犹太教和伊斯兰教这两种非基督教信仰的内容。而在生活于伊斯兰领土上的穆斯林眼中，"基督教世界中的伊斯兰教"无疑是一个自相矛盾的说法。由此可见，基督教世界中的穆斯林处于一种身份尴尬，难求认同的境遇，他们既要为基督教信仰的大环境所接纳，又要坚守自己的伊斯兰信仰。对他们来说，与他们的基督徒邻居展开宗教辩论至关重要。异质文化、不同信仰间的对话与争辩让他们双方从"借以界定自身的宗教中学到的东西，远

---

① ［美］朱迪斯·M. 本内特、C. 沃伦·霍利斯特：《欧洲中世纪史》第10版，杨宁、李韵译，上海社会科学院出版社2007年版，第222页。

② Edited by Miri Rubin and Walter Simons, *The Cambridge History of Christianity* (Volume 4): *Christianity in Western Europe c. 1100 – c. 1500*, Cambridge University Press, 2009, p. 137.

超他们在以自己族群主导的地方从与他们有共同信仰的人身上学到的东西",① 这是由于在为自身信仰辩护、维持自身信仰身份认同的过程中所洋溢出来的信仰凝聚力与文化自豪感,比生活于同质宗教文化中的信徒要强烈得多。

生活于基督教世界中的异教徒势必会让追求一统信仰的公教会产生一定程度的焦虑,从而会实施相对不宽容甚至迫害性的政策,在边缘性群体与主流群体间划出分界。但不可否认的是,异质信仰间的对抗与辩论实际上对双方而言都产生了积极的影响,增强了各自民族、宗教与文化多层面的认同感,从而有可能带来基督徒成为更好的基督徒、犹太人成为更好的犹太教徒、穆斯林成为更好的穆斯林的多方共赢的最佳结果。

在基督教信仰内部,中心与边缘的辩证关系最显著地彰显于正统信仰与异端思想之间的张力。西欧这一时期的主要异端派别是卡特里派与韦尔多派。卡特里派是西方本土灵性运动和借助十字军运动和商贸活动进入拉丁世界的东方教派鲍格米勒派结合的产物。"卡特里"源于希腊文,意为"清洁",该教派有摩尼教色彩,持一种温和二元论观点,强调摒弃一切物质财富,以逃避身体的牢笼,上升到纯精神的境界,成为"纯全者",亦即完美之人。卡特里派中有一支盛行于法国南部图鲁斯阿尔比城,称为"阿尔比派",英诺森三世曾发动十字军运动征讨阿尔比派。韦尔多派又称里昂穷人派,主张回到使徒时期的贫穷生活。不同于卡特里派,该派发端于公教会信仰内部,因呼吁平信徒和女性传道、无视教阶体制的限制而与等级教会产生分歧。对于主流教会而言,无论是教义上与正统思想相悖(卡特里派),还是组织结构上与正统教派龃龉(韦尔多派),都会对大一统的教会观念与教会机制形成威胁,其离经叛道之行对人们的得救形成了阻碍。于是,教会统治阶层开始借助讲道宣传、宗教裁判所以及十字军等手段镇压异端派别、维护正统教会的权威地位。新教改革家往往以此作为攻击中世纪黑暗与公教会迫害机制的切入点,"将公教会描绘成一个大权在握、施行高压政策的形象。"②

西欧各地因地域、民族、语言、习俗等方面的天然差异导致了基督教形态与立场的千差万别,这导致中世纪教会如同一个庞大的建筑群,"但其中有一座中心建筑,它的建构需要权力与地位"。③ 无疑,对异己群体的排斥与镇压是主流教会确保其权力与地位的一个方略,但不能因此就得出此时期的西欧社会是一个"迫害性社会"的结论。事实上,迫害运动的发生往往不是单纯的教义与信仰问题,常伴有其他政治争端与社会问题,因而只是局限于某一时期、某一地域,而并非一种常态与普遍现象。镇压与迫害本身不是目的,其根本目的是界定、规范与稳固。事实上,在诸多对传统宗教理念与机制有所偏离的宗教现象中,完全遭到批判与否定、被判为异端的仅是少数,通常的情况是,日趋多元的宗教现象在教会吐故纳新、更新与归正交替辩证发展的过程中逐渐被"扬弃",扬弃绝不是否弃,而是批判地接受与吸纳。因此,镇压机制仅仅是"一个致力于产生、改进正统

---

① Edited by Miri Rubin and Walter Simons, *The Cambridge History of Christianity* (Volume 4): *Christianity in Western Europe c. 1100 – c. 1500*, Cambridge University Press, 2009, p. 169.

② Edited by Miri Rubin and Walter Simons, *The Cambridge History of Christianity* (Volume 4): *Christianity in Western Europe c. 1100 – c. 1500*, Cambridge University Press, 2009, p. 357.

③ Edited by Miri Rubin and Walter Simons, *The Cambridge History of Christianity* (Volume 4): *Christianity in Western Europe c. 1100 – c. 1500*, Cambridge University Press, 2009, p. 358.

信仰认同之更大体系中的一个组成部分，"① 而盛行的异端、残酷的宗教裁判所等特殊宗教现象因为有更多的文字记录流传下来而更易吸引人们的眼球，但仅凭此就断定中世纪的黑暗与残暴，而忽略当时更普遍、更日常的多元信仰语境则是片面之举。

在与边缘群体的互动与冲突中，西方基督教会不断界定与更新着自己的"中心"，在与异己群体及其观念的对话、冲突乃至残酷镇压过程中形成了自己的正统思想与正统建制。若论及"中心"与"边缘"关系的最极致体现，非十字军运动莫属。正是加入圣战队伍的十字军战士将基督教信仰的救赎中心带到了拉丁基督教世界的边缘甚至以外的地域。

五　圣战与救赎

西欧在 11 世纪已基本完成了封建化进程，一直处于稳步增长的欧洲人口逐渐达到一个临界点，社会的继承体系与婚姻制度都开始受到重压。急于向外扩张寻找财富的封建主们逐渐形成了一种向东方扩张的思想；城市商人为了巩固地中海东部的商业阵地，也支持封建主向东方扩张；贫苦的农民与城市贫民希望有机会免除沉重的债务、摆脱受奴役的枷锁；西欧当时的长子继承制使大批非长子成为无地骑士，以服军役和打劫商旅为生，他们这些人恰恰为实现西欧封建主与罗马教廷向东扩张提供了一支庞大的军事力量，而离开家乡参加远征是一种防止多余男性对家庭造成负担的好办法。对罗马教会来说，组织十字军东征可以一箭三雕：一来可以避免圣地耶路撒冷遭受异教徒的侵占，二来给拉丁教会与希腊教会实现合一提供了有利契机，三来通过向东方扩张能够缓解西欧各国封建化过程中的内在危机，为实现欧洲和平寻求出路。不过，在参与到十字军运动中的战士们那里，除了上述诸种俗世、外在的原因，促使他们戴上十字架、踏上圣战之途的更直接原因乃是寻求灵魂的得救。

对于中世纪西方的普通信众而言，赎罪与得救是基督教信仰给他们的生命带来的最大盼望。人们从上帝那里获得恩典、涤清罪恶继而得到拯救的方式有多种：进入修道院修行，在与世隔绝的环境中祈祷、沉思、读经、抄写，从而亲近上帝；走上朝圣之路，来到圣地、进入圣殿，近距离接触圣物，从而洁净自身；通过向教会奉献、遗产馈赠或直接购买赎罪券，得以减轻罪恶；参加定期举行的圣体、告解等教会圣礼以及通过圣母崇拜、圣徒崇拜等宗教仪式，以求得救……十字军运动便是这诸种救赎之路的综合体，为教会外的普通信众提供了一个涤罪获救的途径。

十字军是格列高利改革的产物，聚合了当时的三大时代热潮："宗教、战争和贪欲。"② 十字军战士身上佩戴的十字架标志、远赴耶路撒冷收复圣城、赎清罪孽以获救赎的行为都彰显出浓郁的宗教色彩，然而这场宗教运动却采取了最世俗的方式：战争。宗教与战争两个要素的结合让十字军运动有了类似伊斯兰教"吉哈德"的性质，成为一种"圣战"。"圣战"带给西方教会的直接益处就是让罗马教宗成为整个欧洲的精神领袖，并

---

① Edited by Miri Rubin and Walter Simons, *The Cambridge History of Christianity* (Volume 4): *Christianity in Western Europe c. 1100 – c. 1500*, Cambridge University Press, 2009, p. 371.

② ［美］朱迪斯·M. 本内特、C. 沃伦·霍利斯特：《欧洲中世纪史》第 10 版，杨宁、李韵译，上海社会科学院出版社 2007 年版，第 243 页。

将西欧基督教世界内部源于各种圣俗张力与政教冲突的战斗欲转向外部，从而缓解了内战危机。在教宗乌尔班二世及各地主教为鼓动人们参加、支持十字军运动的宣传中，东方世界是金银珠宝遍地、香料瓜果满园、到处都流淌着奶与蜜的天堂："这边所有的不过是忧愁和贫困，那边有的却是欢乐和丰足"。这让后世的诸多史学家都认为十字军东征是一种"殖民运动"，在"'流着奶与蜜的地方'以及在拥有传奇般财富的地域获取新领地，这一前景深深吸引着农民、无地未婚的儿子们以及一大家子仅能分享越分越小的一块领地的家族的成员们，驱使他们前往开拓新的生活。"① 无疑，"圣战"成为满足人贪欲的一条捷径。

在以教宗为首的教会人士的宣传中，上帝让罪人们出征作战，这样便可获得赦罪的好机会；参加十字军的人，死后直接升天堂，不必在炼狱中受熬炼；无力偿付债务的农民和城市贫民可免付欠债利息，出征超过一年便可免纳赋税。直接的精神报偿与物质奖励对普通的信众来说自然有相当大的吸引力。但在这浅薄的"准商业"买卖行为背后，隐藏着"圣战"与"救赎"之关系的深层信仰内涵。对于踏上朝圣之旅的十字军战士个人来说，能让其赎罪得救的行为绝不仅限于对敌厮杀、流血牺牲的战争行为，而更主要的是那种在灵魂深处中采取的主动忏悔苦修的方式。灵里的征战比外在的战争更能给他们带来救赎。十字军遵行着包含赎罪仪式和斋戒礼仪在内的宗教仪轨，在每次重要行动之前，饥饿的战士还要进行斋戒，十字军在行军途中仿佛具有了准修道院的性质，他们如同僧侣般遭受贫穷与独身，是远离尘世的放逐者，恰如暂居修道院中生活的俗人，他们在一定时期内脱离了俗世，加入一个流动的宗教社群中。②

从"中心"与"边缘"这一对辩证范畴的角度看，以"原先加洛林王朝统治下中心区域的民众成为其主导构成"的十字军运动，"无疑成为一股自中心向外发射的充满自信且有扩张趋势的力量"，③ 然而，其征战对象并不限于东方世界的穆斯林和正教会，"圣战"征讨的敌对势力包括所有异于正统教会中心的疏离群体，包括生活于西方基督教社会中的犹太人和异端。强迫犹太人洗礼皈依、攻打阿尔比派与胡斯派异端的十字军战争，都是十字军运动范畴的组成部分。因此，边缘并不仅仅是地域的边缘，同时也是信仰的边缘，无论是针对外敌的十字军远征，还是针对内部异己力量的内向十字军运动，都成为捍卫基督教世界统一信仰的圣战。事实上，西欧教会历史上先后发动的八次十字军东征只是具有偶然性的历史事件，但真正在西欧人民信仰中生根发芽的是一种"持续的十字军圣战"的观念。圣战面向一切外敌与内部异己力量，亦同时面向十字军战士（可以是每一个接受这种"圣战"观念的基督徒）信仰深处的所有不洁与罪恶。由此可见，对十字军运动的理解不可狭义地局限于偶然的历史事件与个殊的参与群体，"圣战"已然成为让人获得"救赎"的一个普遍途径，它产生的影响堪称"改变了中世纪后期欧洲文明的基督教身份认同。"④

---

① [英]乔纳森·赖利—史密斯：《十字军史》，欧阳敏译，商务印书馆2016年版，第26页。
② 参阅[英]乔纳森·赖利—史密斯《十字军史》，欧阳敏译，商务印书馆2016年版，第64页。
③ Edited by Miri Rubin and Walter Simons, *The Cambridge History of Christianity* (Volume 4): *Christianity in Western Europe c.1100 – c.1500*, Cambridge University Press, 2009, p. 341.
④ Edited by Miri Rubin and Walter Simons, *The Cambridge History of Christianity* (Volume 4): *Christianity in Western Europe c.1100 – c.1500*, Cambridge University Press, 2009, p. 352.

六　小结

　　中世纪的西欧基督教世界撰写了一部自君士坦丁大帝设基督教为国教以来,"基督教王国"的理念在世界中实现与实践的历史巨著,讲述了一个天国如何在地上运行的历史故事。这个由上帝借助教宗、主教、皇帝和国王等尘世代理人实现统治的地上天国,呈现了一幅圣俗互渗、新旧更替、政教相驳、一多互动、信理辩证的多彩画卷。"神圣与世俗""革新与守旧""教权与王权""中心与边缘""圣战与救赎"等二元要素共同构建的多重张力,成为推进中世纪西欧基督教世界历史运行的内在动力,从而令处于这一历史时期的西欧世界实现了其内部的基督教文化的同质化,建构了一个拥有统一信仰内核而又包含多元辩证要素的"基督教王国"。

(原文发表于《世界宗教文化》2018年第5期)

俄罗斯东正教圣愚崇敬现象探析[*]

王 帅[**]

摘 要： 圣愚是东正教中一个特殊的文化现象，发源于埃及，后传播到叙利亚、小亚细亚，并在拜占庭帝国一度流行，14—17 世纪，在俄罗斯大地上达到繁盛，成为透视俄罗斯文化的一个棱镜。本文拟分三个部分探究俄罗斯东正教的圣愚崇敬现象：首先，理清圣愚的概念与基本特征；其次，从神学基础、社会服务性以及俄罗斯的民族性格几个角度解析俄罗斯所以对圣愚推崇备至的社会文化根源；最后，对俄罗斯的东正教圣愚崇敬现象进行反思，探讨与民间崇敬圣愚这一现象相对的，教会对圣愚的态度，解读由教会、信徒、传记作家、文化等共同构建的俄罗斯圣愚文化的独特性，以及"愚文化"的普世性。

关键词： 俄罗斯 东正教 圣愚 圣愚崇敬

圣愚是东正教中一个特殊的文化现象，发源于埃及，[①] 比较早的一位圣愚是埃及塔本那修道院（Тавенский женский монастырь）的女圣愚伊西多拉（Исидора）[②]，后这种修行方式传播到叙利亚、小亚细亚，并在拜占庭帝国一度流行。其中备受崇敬的两位圣愚分别是第一位真正意义上的"古典"圣愚——埃美萨的谢苗（Симеон Эмесский，6 世纪）和君士坦丁堡的圣安德烈（Андрей Константинопольский，？-936）。11 世纪以后，虽然对这两位圣愚的崇敬声势不减，但圣愚式修行在君士坦丁堡教会却很难得到认可，很多圣徒只是在一段时间内用这种方式进行修行。当拜占庭的最后一位圣愚马克西姆·卡夫索卡利维特（Максим Кавсокаливит）于 1365 年离世后，真正意义上的圣愚在拜占庭已不复存在。然而，与此同时，14—17 世纪，在俄罗斯大地上圣愚式修行却达到了顶峰。可以说，世界上没有哪个国家如俄罗斯一样有如此多的圣愚，也没有哪个国家对圣愚如此之崇

---

[*] 本文是国家社会科学基金青年项目"俄罗斯东正教圣徒传统与俄罗斯民族性格的形成研究"（批准号 15CZJ009）的阶段性成果。

[**] 王帅，北京大学外国语学院助理教授。

[①] 埃及是最早出现修道制度的地区，并产生了"自贱"式的修行模式，由此发展出后来的圣愚式修行。据记载，有一位埃及的荒野修士，他的门徒邀请苦修士到他的父亲家做客，当苦修士远远地看到人们拿着长明灯出来迎接他的时候，他脱去自己的外衣扔到河里，赤身裸体地开始洗衣服。门徒见此情形觉得很难堪，对人们说："请转过身去，因为长老疯了（εξεστη）。"之后，门徒询问苦修士："长老，你为什么要这么做呢？要知道大家都说是魔鬼俘获了长老！"苦修士答道："这正是我想听到的。"参见 Иванов С. А. Блаженные похабы. Культурная история юродства. М., 2005. 电子书：http：//www.libros.am/book/read/id/314421/slug/blazhennye-pokhaby。

[②] 伊西多拉头戴破布条，赤着脚，表现得有些像疯子，她忍受着修道院中修女们的嘲笑、辱骂，甚至殴打，默默地承担着修道院最肮脏和繁重的工作，毫无怨言。后修士圣徒皮基姆（Питирим）认出她的圣性，此后，修女们开始忏悔，并对其表示崇敬，而伊西多拉无法忍受这种荣耀而悄悄离开，不知所终。

敬,上至沙皇、贵族,下至平民百姓,无不对圣愚爱戴有加,从16世纪和17世纪几位曾短暂生活在俄罗斯的外国人的札记中即可见一斑,如奥地利人西格蒙德·赫贝施泰因(Siegmund Freiherr von Herberstein,1486—1566)[1]、英国人贾尔斯·弗雷泽(Giles Fletcher,1548—1611)[2] 和哲罗姆·豪斯(Jerome Horsey,约1550—1626)[3]、荷兰人伊萨克·马萨(Isaac Abrahamszoon Massa,1587—1635)[4] 等。本文就将对俄罗斯这一独特的圣愚崇敬现象进行较为深入的解析。

一 何为圣愚及其基本特征

圣愚(юродивый)是为了基督的愚拙(юродивый Христа ради)的简称,指东正教会一种独特的圣徒类型,这些人采取一种特殊苦修方式:佯装愚拙疯狂,放弃尘世正常的物质生活,以自愿受难(самоизвольное мученичество)[5] 的方式克服内心的骄傲与荣耀,不断完善自我,以期实现圣性(святость)。这里有必要对圣性这一概念做一简单解释,在东正教语境下,圣性是上帝最主要的属性之一,是其脱离于尘世、高于所有受造物的特性,具有神秘、不可言说、不可知性。上帝是圣性的唯一源泉,但上帝借由恩典将之传递给被拣选的人。对人而言,圣性即是指人参与上帝,人的神化,在上帝的恩典之下变容,在完成变容的身上恢复没有被罪所摧毁的本性,与上帝实现合一。[6] 人实现圣性的方法和途径并不是唯一的,东正教会根据实现圣性的不同进路将东正教圣徒划分为如下一些主要类型:始祖、先知、圣母玛利亚、使徒、殉教士、认信者、与使徒齐名的圣徒、主教圣徒、修士圣徒、正信者、虔守教规者、圣愚等。其中圣愚即是通过其独特的修行方式最终实现神化的圣徒。

---

[1] 西格蒙德·赫贝施泰因,奥地利外交家、作家和历史学家。1517年和1526年两次出使莫斯科公国,著有《莫斯科随笔》(*Записки о Московии*)。赫贝施泰因在自己的随笔中写道:"圣徒赤身裸体地行走,身体的中央遮上一块破布,头发肆意散乱,颈上挂着铁链。他们被当作先知一样崇拜——被他们所揭露的人公开地说道:'这是因为我的罪。'如果他们从小铺上拿了什么东西,商家还会感谢他们。"参见 *Федотов Г. Святые древней Руси. М.：Московский рабочий*,1990. С. 102。

[2] 贾尔斯·弗雷泽,英国诗人和外交家。1588年来到俄罗斯,1589年返回英国。1591年在伦敦出版了著作《关于俄罗斯帝国》(*Of the Russe Common Wealth*),该书是研究俄罗斯16世纪下半叶历史的一部重要文献。弗雷泽写道:人们认为他们是先知,是圣人……如果这样的人谴责某人,那么他也没什么可反驳的,只能说这是因其罪而应得的。参见 *Флетчер Дж. О государстве Русском. СПб.*,1911. С. 142-143。

[3] 哲罗姆·豪斯,英国贵族,外交家,1573—1591年生活在俄罗斯,著有《哲罗姆·豪斯先生的旅行》(*Путешествия сэра Джерома Горсея*)、《费奥多尔·伊万诺维奇的盛大加冕礼》(*Торжественная коронация Федора Ивановича*)以及一些书信,其中《哲罗姆·豪斯先生的旅行》具有重要的历史意义。根据豪斯和弗雷泽的记述,伊万雷帝听从了圣愚尼古拉的劝说,使得普斯科夫免遭涂炭之灾。

[4] 伊萨克·马萨,荷兰商人、旅行家和外交家。1601—1609年生活在莫斯科,是俄罗斯混乱时期的见证人。著有文章《关于17世纪初莫斯科的简讯》(*Краткое известие о Московии в начале XVII в.*),其中记录了混乱时期 И. И. 博洛特尼科夫(И. И. Болотников)起义和其他历史事件。马萨还描写了鲍里斯·戈东诺夫几次拜访圣愚叶莲娜(俄罗斯的历史学家 С. А. 伊万诺夫认为叶莲娜是个女占卜者)的故事。

[5] 罗斯托夫的德米特里语。参见 *Панченко А. М. Русская история и культура：Работы разных лет. СПб.：Юна*,1999. С. 392。

[6] 参见 *Живов В. М. Святость. Краткий словарь агиографических терминов*. 电子书:http://azbyka.ru/tserkov/svyatye/zhivov_agiografia_1g1_all.shtml。

圣愚的修行方式所以被冠以"独特"这样的修饰语，可以从如下几个特征加以理解。

首先，从外在形象来看，圣愚（特别是俄罗斯的圣愚）大多赤身裸体，或是衣衫褴褛，赤着脚，无论严寒酷暑。一些圣愚还会佩戴沉重的铁制饰品，如锁链、铁帽或金属十字架等。① 其特殊的外表成为尘世社会一道独特的"风景"。

其次，从外在行为来看，主要表现为三个特征：挑衅尘世、预言和揭露。挑衅尘世，即不按照尘世"既定的"、通行的社会准则行事，这是圣愚的一个主要特征。他们以一种怪异的形象游荡于城市或乡村的街巷，这是一种挑衅；他们以缄默或是嘲笑的方式面对尘世，这是一种挑衅；他们乖张胡闹、做出一件件背离道德之事：如在斋期吃肉，与妓女交好，毁坏市场上的商品等，这更是一种挑衅。圣愚的乖谬行为常常招至人们对其的嘲笑、辱骂，甚至殴打，而圣愚总是欣然领受，并作为对自己的一种磨炼。在拜占庭，12世纪起，预言作为圣愚的一个特征得到强化②，而在俄罗斯，克洛普的米哈伊尔（Михаил Клопский，？—约1453—1456）开启了将圣愚与预言家等而观之的传统。③ 圣愚囫囵不清的言语、怪异的姿势和行为中经常隐含着某种预言，且常常是可怕的预言：灾难、死亡等。而揭露，特别是揭露权贵，这一特征虽然在君士坦丁堡的安德烈的传记中有过只言片语的描写，但在14—17世纪俄罗斯的圣愚身上得到进一步放大，并成为这一时期俄罗斯圣愚的一个重要特征，如著名的莫斯科圣愚瓦西里·勃拉仁内（Василий Блаженый，1462/1469—1557）指责伊万雷帝在教堂做礼拜时心不在焉，普斯科夫的圣愚尼古拉（Николай Салос，？—1576）招待伊万雷帝生肉，寓意他血洗诺夫哥罗德的残暴，等等。

最后，从独处时的行为来看，圣愚表现为虔诚不休的祈祷。圣愚是佯装疯狂之人，他们并非每时每刻都戴着疯癫愚痴的面具。白天，在众人面前，他们是愚拙的狂人；夜晚，在独处或与信任的人相处时，他们则恢复其本真的面貌，或是在教堂的台阶上，或是在自己不能遮风避雨的破屋内不眠不休地祈祷，或是偷偷地帮助他人。如在乌斯秋格的圣普罗科皮（Прокопий Устюжский，？—1303）的传记中如此写道：夜里普罗科皮在教堂的台阶前祈祷度过，白天在城市中行走，忍受人们的嘲笑、辱骂和殴打……④ 又如彼得堡的女圣愚克谢妮雅（Ксения Петербургская，1719/1730—1806），白天穿着亡夫肥大的制服在彼得堡街头漫游；夜晚，无论春夏秋冬，何种天气，她都在原野上交替向四个方向磕头，跪着祈祷直至天明。当斯摩棱斯克墓地新建教堂的时候，她在夜间工人休息时悄悄运来小山一样高的砖材。⑤

---

① 在拜占庭，大约从13世纪开始，圣愚和锁链成了一对并生物。在俄罗斯，17世纪，佩戴铁链成为圣愚式修行必不可少的一个特征。参见 Иванов С. А. Блаженные похабы. Культурная история юродства. М.，2005. 电子书：http：//www.libros.am/book/read/id/314421/slug/blazhennye－pokhaby。

② Иванов С. А. Блаженные похабы. Культурная история юродства. М.，2005. 电子书：http：//www.libros.am/book/read/id/314421/slug/blazhennye－pokhaby。

③ 参见 Иванов С. А. Блаженные похабы. Культурная история юродства. М.，2005. 电子书：http：//www.libros.am/book/read/id/314421/slug/blazhennye－pokhaby。

④ 参见 Ковалевский Иоанн Юродство о Христе и Христа ради юродивые восточной и русской церкви. Исторический очерк и жития сих подвижников благочестия. М.：Книдный Клуб Книговек，2013. С. 148。

⑤ 参见 Лялин В. Н. По святым местам. 电子书：https：//azbyka.ru/fiction/po－svyatym－mestam/。

可见，圣愚的疯癫、怪异行为不是生理、心理或是精神方面的缺陷，而是一种清醒的、自愿的苦修。圣愚不是真正的疯癫愚痴之人，而是"隐于市""若愚"的智者，诚如俄罗斯文学和文化学家潘琴科（А. М. Панченко，1937—2002）所言："世界充满了傻子，唯一的真正的智者是表现为傻子的圣愚。"① 圣愚这种苦修方式的意义就在于：其一，之于自身，以褴褛、肮脏的形象示人，以消除自身对肉体的执念，对尘世物质生活的眷恋；其二，自愿忍受"为基督"而遭受的种种非难、侮辱和责打，以此消除心中的傲慢和虚荣心，达到更完全的谦卑；其三，圣愚的主要活动场所在城市②，其区别于避世苦修的隐修士的一个重要特点就在于服务社会的属性，圣愚以自身"非理性"的行事方式对抗俗世中"理性"的人与社会，警醒世人反躬自省。

二　俄罗斯东正教圣愚崇敬的神学基础及社会文化根源

前文提及，16 世纪和 17 世纪的西方旅行家们都曾在自己的札记中记录了俄罗斯人对圣愚的崇敬行为，俄罗斯历史学家和考古学家 И. Е. 查别林（И. Е. Забелин，1820—1908）在《16 和 17 世纪俄罗斯沙皇的日常生活》（*Домашний быт русских царей в XVI и XVII столетиях*）一书中也曾写道："沙皇对待这些长老非常尊敬，沙皇本人经常出席他们的隆重的葬礼……这些高级朝圣者也被称之为高级乞丐，其中就有圣愚。皇后和成年公主的居所也有这样的高级朝圣客和圣愚。"③ 由此可见，圣愚在俄罗斯上层和普通民众心目中崇高的地位。缘何这样一些貌似疯癫愚痴之人会受到如此的推崇呢？笔者以为可以从如下几个方面进行探讨。

1. 神学基础

《圣经》是基督教的经典，也是其神学、教义的根本。《圣经》中关于圣愚这种违背一般"理性"的修行方式的有力依据是圣愚得到教会承认，并在民间广为流行的重要支撑。

首先，圣愚"非理性"的行为方式是对旧约先知的效法。如耶和华曾晓谕亚摩斯的儿子以赛亚："你去解掉你腰间的麻布，脱下你脚上的鞋。"④ 先知耶利米的颈项上亦曾戴着轭。⑤ 再如，耶和华曾指示以西结向左侧卧三百九十日，以担当以色列家的罪；再向右侧卧四十日，担犹大家的罪。⑥ 先知的一个门徒奉耶和华的名对其同伴说："你打我吧！"⑦ 耶和华还命先知何西阿娶淫妇为妻。⑧ 可见，先知的行为模式在一定意义上构成了圣愚行为方式的原型，只是先知是为上帝所拣选的，其行事方式受命于上帝，他无法拒绝这一"拣选"，其异于常理的怪异行为中隐藏着上帝的训诫、暗示和预言；而圣愚的行为

---

① Панченко А. М. Русская история и культура: Работы разных лет. СПб.: Юна, 1999. С. 397.
② 个别圣愚主要生活在修道院，如塔本那修道院的伊西多拉、克洛普修道院的米哈伊尔等。
③ Забелин И. Е. Домашний быт русских царей в XVI и XVII столетиях. Ч. I. Изд. 3 - е. М., 1895. С. 374.
④ 《旧约·以赛亚书》20：2。
⑤ 《旧约·耶利米书》27：2。
⑥ 《旧约·以西结书》4：4—8。
⑦ 《旧约·列王纪上》20：35。
⑧ 《旧约·何西阿书》1：2。

一般是自己的选择，是对"警示"世人与"诱惑"世人边界的探寻，他要为自己的选择负责。

其次，《新约·哥林多前后书》为圣愚式修行提供了理论支点。使徒保罗对哥林多的信徒们讲道："人不可自欺。你们中间若有人在这世界自以为有智慧，倒不如变作愚拙，好成为有智慧的。因这世界的智慧，在神看是愚拙。"[1] 保罗又不乏嘲讽语气地指出："我们为基督的缘故算是愚拙的，你们在基督那里倒是聪明的；我们软弱，你们倒强壮；你们有荣耀，我们倒被藐视。"[2] 保罗前一句话所说的"愚拙"指的是"尘世的智慧"，后一句话强调基督徒恰恰是因为信仰"神圣的智慧"而被认为是"愚拙"。早期的教父一致认为，与神圣的智慧相比尘世的智慧是微不足道的，大巴西尔（Василий Великий，约330—379）号召"抛弃一切鼓吹理智的行为"。[3] 金口约翰（Иоанн Златоуст，约347—407）说道："应当依靠信仰接受（经上）所说的，而不是粗鲁地好奇打听。"[4] 正是基于对尘世智慧的蔑视，对神圣智慧的追求，才开启了圣愚反叛尘世理性的修行之路。

最后，圣愚的行为是对耶稣基督训诫的践行。耶稣对门徒说："凡为我的名撇下房屋或是兄弟、姐妹、父亲、母亲、儿女、田地的，必要得着百倍，并且承受永生。然而，有许多在前的，将要在后；在后的，将要在前。"[5] 圣愚为了基督的缘故，不仅自愿放弃了尘世舒适的生活，放下了父母妻儿，更是放下了内心的骄傲，抛开了所谓的"人的尊严"，成为最"低贱"、被鄙夷的人群，接受世人的侮辱、咒骂，甚或殴打。圣愚以这种极端的方式为追寻"永生""天国"的人们立下了常人难以企及的高度，也是让常人钦羡甚或退缩的高度。

2. 社会服务性

圣愚虽与苦修有着密切的联系，但又与避世隐修的苦修士不同。圣愚的修行不仅是个人走向自我完善的道路，他还有一个重要的目的——回到尘世，生活在尘世中，也即是服务尘世，也正是这种服务社会的属性使其赢得了人们加倍的崇敬。

其一，圣愚是"行走的良心"，他们为社会注入了基督教的道德原则，是社会良心的治疗师。圣愚的种种挑衅行为，赤裸、胡作非为、与妓女交好等，恰恰是通过自己反常态的方式去警醒世人，有的人在其胡闹的行为中看到了"可笑"，而有的人则在他们的闹剧中意识到了自身的罪。苏联哲学家 И. В. 库兹涅佐夫（И. В. Кузнецов，1911—1970）和俄罗斯历史学家 Г. П. 费奥多托夫（Г. П. Федотов，1886—1951）都认为，面对信仰和道德的逐渐退化，圣愚的"否定"方法是进行道德训诫最为合适的手段。[6] 从圣愚身上，人们感受到生命的意义不在于俗世舒适、碌碌无为的生活，而在于尘世之外另一个永恒的美

---

[1] 《新约·哥林多前书》3：18—19。

[2] 《新约·哥林多前书》4：10。

[3] 转引自 Иванов С. А. Блаженные похабы. Культурная история юродства. М., 2005. 电子书：http://www.li-bros.am/book/read/id/314421/slug/blazhennye-pokhaby。

[4] 转引自 Иванов С. А. Блаженные похабы. Культурная история юродства. М., 2005. 电子书：http://www.li-bros.am/book/read/id/314421/slug/blazhennye-pokhaby。

[5] 《新约·马太福音》19：29—30。

[6] 参见 Недоспасова Т. Русское юродство XI–XVI веков. М., 1997. 电子书：http://nedospasovat.narod.ru/urodstvo.html。

好世界，也因此而推崇圣愚，因为他代表了自己被染着了的良心。

其二，揭露权贵。俄罗斯早期圣愚的主要特性还集中于自我完善，及至 14—17 世纪，揭露，特别是揭露权贵，甚至是沙皇，构成圣愚的一个重要特征，而这一时期也恰恰是中央集权国家逐渐形成的时期，强权、不公、道德的衰退成为新时期社会中较为突出的问题。圣愚发出了社会弱势群体所不敢发出的声音，做出了普通百姓无力而为的壮举，带有某种英雄人物的色彩，因而受到人们的尊崇。诚如弗雷泽所写的那样："除了修士，俄罗斯民族特别崇敬圣愚，这是因为圣愚，就像讽刺文章，指出显贵的缺点，而这一点是任何人都不敢的。"[1] 俄国著名历史学家 B. O. 克柳切夫斯基（В. О. Ключевский，1841—1911）也曾指出圣愚揭露人世间的欲望、弊端，享有很大的言论自由，"这个世界的强权人物，达官和沙皇，伊万雷帝本人曾耐心地听取了蒙福的街头流浪汉勇敢的、嘲笑的、或是辱骂的言辞，而不敢动其一个指头"[2]。例如诺夫哥罗德的阿尔谢尼（Арсений Новгородский，？—1570）因伊万雷帝血洗诺夫哥罗德而谴责沙皇的冷酷，并拒收沙皇赠予的礼物；再如前文所提及的普斯科夫的尼古拉大胆地谴责伊万雷帝血洗诺夫哥罗德的暴行，等等。然而，需要指出的是，圣愚的揭露主要针对的是违反基督教伦理的行为，而不是社会制度，圣愚本质上是保守的道德主义者[3]。

第三，预言的能力。预言并不是早期圣愚的一个主要特征，然而在俄罗斯，从 15 世纪预言成为圣愚不可分离的一个特征后，及至 17 世纪，随着对圣愚式修行政策的收紧，圣愚乖张的行为日渐收敛，而预言的功能却更加凸显出来，并成为人们崇敬圣愚的一个非常重要的因素。因为预言是神迹的一种，被看作是达到圣性的圣徒的一种禀赋。从理性主义的角度看，预言带有神秘主义的色彩；从世俗的角度来看，预言帮助世人对莫测的未来做好心理建设；在基督教的语境下来看，预言则是神恩的显现，是被拣选的标志，也是世人认出这些愚拙之人身上神性的一个重要指标。正因如此，人们会对圣愚表现出景仰和畏惧之情。

3. 俄罗斯的民族性格

俄罗斯民族是一个有着深刻宗教性的民族，俄罗斯哲学家洛斯基（Н. О. Лосский，1870—1965）对此曾有过专门的论述，他指出："俄罗斯民族性格基本的、最深层的特点是它的宗教性，以及与此相关的对仅存在于天国的绝对之善的追寻。"[4] 著名的哲学家别尔嘉耶夫（Н. А. Бердяев，1874—1948）也说过："俄罗斯人或者与上帝同在，或者反对上帝，但不能没有上帝。"[5] 英国诗人莫里斯·巴林（Maurice Baring，1874—1945）在其著作《俄罗斯的主要起源》（Главные истоки России）一书中写道："俄罗斯农民有着深刻的宗教性，它们在一切事物中看到上帝，并认为不信仰上帝的人是不正常的，不明智之

---

[1] Федотов Г. Святые древней Руси. М.：Московский рабочий, 1990. С. 102.

[2] Ключевский В. О. Соч. Т. III（Курс русской истории. Ч. 3）. М., 1957. С. 19.

[3] 参见 Лихачев Д. С., Панченко А. М., Понырко Н. В. Смех в Древней Руси. Л., 1984. С. 132。

[4] Лосский Н. О. Характер русского народа. Frankfurt am Main：Изд. Посев, 1957. 电子书：http://litresp.ru/chitat/ru/%D0%9B/losskij-nikolaj-onufrievich/usloviya-absolyutnogo-dobra/3。

[5] ［俄］叶夫多基莫夫：《俄罗斯思想中的基督》，杨德友译，学林出版社 1999 年版，第 31 页。

人。"① 可见，信仰是俄罗斯民族灵魂深处的呼喊。然而，俄罗斯民族性格中还有另外一个突出的特点，即二律背反，别尔嘉耶夫对此有过精彩的论述："在俄罗斯民众身上可以发现诸多矛盾的特性：专制主义、膨胀的国家意识和无政府主义、恣意妄为；残酷、暴力倾向和善良、人性、温和；信奉礼仪和寻求真理；个人主义、敏锐的个性意识和无个性的集体主义；民族主义、自我吹嘘和普济主义、全人类理念；末世—弥赛亚宗教观和表面的虔诚；对上帝的寻求和战斗的无神论；谦逊和放肆；奴性和反抗。"② "俄罗斯精神祈求一个绝对的神圣国家并准备认同一个相对的野蛮国家。它希望绝对生活中的神圣，唯有绝对神圣才使它迷恋，而它也准备着与相对生活中的污秽和卑鄙友好相处。所以，神圣的罗斯永远拥有与粗野的罗斯相反的另一面。"③ 俄罗斯人这种矛盾的性格，令其在行事上喜欢走极端，难以企及"中庸之道"的智慧。而在宗教性背景下的这种矛盾性格，使其一方面满怀对神圣的憧憬与向往，虔诚笃信，另一方面又可以与"生活中的污秽和卑鄙友好相处"，甚至做出最粗鄙之事。圣愚的行为中就隐藏着这样的二律背反，即智慧—愚蠢、纯洁—污秽、传统—无根、温顺—强横、崇敬—嘲讽。④ 可见，具有深刻宗教性的、矛盾的民族性格既是俄罗斯所以有如此多的人采取圣愚式修行的一个内因，同时也是俄罗斯人所以能够接受，并对其推崇备至的一个根源，因为圣愚从本质上与俄罗斯人最亲近。

此外，俄罗斯的圣愚与俄罗斯民间文学中的"傻子"形象有着异曲同工之妙，虽然难以判定两者间的相互影响关系，但可以确定的是俄罗斯民族对于"愚者"的偏爱。俄罗斯民间文学中的"傻子"在故事之初总是最不走运的那一个，常常遭到人们的鄙视，嘲笑，谩骂甚至殴打，在自己的家里也不为人所喜爱，此外，他们还会有一些小毛病，例如，很懒散，不愿工作，大部分时间躺在炉灶上睡大觉，而且很脏，不喜欢洗澡等。"傻子"一个更主要的特征是，他做一切事情都按照傻子的方式，与实用主义的现实世界相悖。然而，就是这样一个"无所长"的主人公往往会得到来自神奇力量的帮助，而最终成为最幸运之人。"傻子"的人生哲学就在于拒绝为理性所掌控的行为，这种理性阻碍人认识最高的真理。只有当人放弃意识，心灵处于一种"理解的消极"的状态时才能够触及这一真理。⑤ 正因为俄罗斯人对"傻子"的偏爱，在文学长廊中才会出现许多带有傻瓜色彩的人物形象，如 И. А. 冈察洛夫（И. А. Гочаров，1812—1891）笔下终日无所事事的奥勃洛摩夫（Обломов），他的愚拙和懒惰皆因他那"水晶般纯净的灵魂"不接受虚伪生活中的忙碌与空洞。俄罗斯人对于傻子的喜爱表明，在他们看来，对人而言最重要的不是实用主义、功利主义的"成功"，而是灵魂的纯洁、善良和公义。在圣愚身上，正体现了抛弃虚伪、算计的"荣耀"，在疯癫愚傻的面具下寻求最高的真理的哲学。

---

① *Лосский Н. О.* Характер русского народа. Frankfurt am Main：Изд. Посев，1957. 电子书：http：//litresp. ru/chitat/ru/%D0%9B/losskij - nikolaj - onufrievich/usloviya - absolyutnogo - dobra/3。
② 转引自王志耕《圣愚文化与俄罗斯性格》，载《文化哲学》2006 年第 4 期。
③ 汪剑钊编选：《别尔嘉耶夫集——一个贵族的回忆和思索》，上海远东出版社 2008 年版，第 24 页。
④ ［美］汤普逊：《理解俄国：俄国文化中的圣愚》，杨德友译，三联书店—牛津大学出版社 1998 年版，第 23 页。
⑤ *Синявский А. Д.* Иван-дурак：очерк русской народной веры. М. ：Аграф，2001. С. 19.

三　对俄罗斯圣愚崇敬现象的几点反思

1. 教会对圣愚的排斥。

早在691—692年在君士坦丁堡召开的五六会议（Трулльский собор）上曾明令（第60条）禁止过伪圣愚式修行，在圣像破坏运动时期，圣愚式修行一度沉寂，之后在拜占庭依然比较流行。11世纪以后，无论是教会内部还是外部，越来越多的人对圣愚式修行提出质疑，认为这种方式会给世人造成迷惑和危害，圣愚式修行也不得不在形态上做出一些适应情势的改变，如更加突出预言的特征等。在俄罗斯，尽管圣愚备受推崇，然而从教会的视角来看，圣愚的光环并没有那么耀眼，甚至于教会和国家有害。

一方面，从教会的政策来看，从17世纪开始，教会开始对圣愚这种修行方式进行限制和排挤。1602年，莫斯科礼拜仪式书中一些圣愚的名字，如君士坦丁堡的安德烈、罗斯托夫的伊西多尔（Исидор Ростовский, ? —1474）、乌斯秋格的普罗科皮（Прокопий Устюжский, ? —1303）、莫斯科的马克西姆（Максим, ? —1434）和瓦西里[①]被用朱砂笔勾掉。[②] 1636年，牧首约阿萨夫（Иоасаф, ? —1640）在一份命令中写道，圣愚的行为对于普通人是很大的诱惑。[③] 1646年，牧首约瑟夫（Иосиф, ? —1652）禁止圣愚进教堂。[④] 1666—1667年的宗教会议上，教会借谴责伪圣愚式修行之机，同时也在一定程度上打压了真正的圣愚式修行。1737年，主教公会下令搜寻、抓捕各种各样的"迷信者"，并将其送入世俗法庭，包括"伪装的圣愚和赤脚者及纠发病人士"。[⑤] 可见，此时的圣愚已经开始因其外在特征遭到迫害，而无关乎其"愚拙"背后的目的。圣愚就这样一点点被排挤出"正统的"舞台，成为一种"民间的"信仰。18世纪末疯人院的建立，为圣愚的"归属"提供了一个新的去处。直到1988年，俄罗斯地方宗教会议封圣了一些圣徒，其中就包括18世纪圣彼得堡的女圣愚克谢妮雅。这次封圣看似是教会与圣愚的和解，然而，从宗教会议对其苦修形式的认定来看，她已与传统意义上的圣愚相去甚远了。

另一方面，从封圣的人数来看。虽然从外国旅行家的札记，以及一些研究者的论著中可以看到，俄罗斯的圣愚数量可观，已形成一个特殊的阶层，然而，被教会封圣，特别是封为全教会圣徒的圣愚却非常之少。俄罗斯东正教会全教会圣徒有名字的有4000余人，其中殉教士，包括20世纪末21世纪初新封圣的新殉教士和认信者占了绝大多数，有名字的约3200余人，无名的达54000余人，修士圣徒约726人（不包括修士殉教士），主教圣徒约222人，使徒80余人，虔守教规者59人，正信者46人，先知32人，与使徒齐名的

[①] 1659年，不再在克里姆林宫的圣母安息大教堂庆祝瓦西里·勃拉仁内的纪念日（8月2日），1667年开始，牧首不再在圣母庇护教堂（Собор Покрова на Рву），即瓦西里·勃拉仁内教堂主持礼拜。参见 Ерусалимский К. Ю. Василий Блаженный//ПЭ. Т. 7. 2004. С. 129。

[②] 参见 Иванов С. А. Блаженные похабы. Культурная история юродства. М., 2005. 电子书：http://www.li-bros.am/book/read/id/314421/slug/blazhennye-pokhaby。

[③] Ковалевский Иоанн Юродство о Христе и Христа ради юродивые восточной и русской церкви. Исторический очерк и жития сих подвижников благочестия. М.: Книдный Клуб Книговек, 2013. С. 137.

[④] Ковалевский Иоанн Юродство о Христе и Христа ради юродивые восточной и русской церкви. Исторический очерк и жития сих подвижников благочестия. М.: Книдный Клуб Книговек, 2013. С. 137.

[⑤] Полное собрание законов Российской империи с 1649 г. Т. Х. 1737–1739. № 7450. С. 361–364.

圣徒 20 人，严格意义上的圣愚仅 29 人，其中包括拜占庭的圣愚 3 人。① 由此可见，圣愚在俄罗斯东正教会的圣徒中所占比例非常之微小，虽然其数量与先知的数量相当，且略高于与使徒齐名的圣徒，然而前者在整个基督教会中的地位是毋庸置疑的，后者从其名字即可窥见这一类别圣徒的重要性；而被封为圣愚的圣徒，很多同时也被归入其他一些类别，如修士圣徒，或是加以显神迹者等称号。事实上，从教会的视角来看，圣愚的地位并非如民间渲染的那么崇高，在俄罗斯备受推崇的仍是圣徒中的圣徒——圣母，还有主教圣徒圣尼古拉（Николай Чудотворец，约 270—约 345）、修士圣徒谢尔吉（Сергий Радонежский，1314/1322—1392）和谢拉菲姆（Серафим Саровский，1754/1759—1833）等人。

与民间的圣愚崇敬相对照，教会对于圣愚的态度显得十分审慎，甚至并不十分友好，究其原因主要有如下几个方面。

其一，圣愚游离于"体制"外。圣愚这种修行方式既游离于共同修道院的体制，又游离于普通信徒的日常生活，对于制度、等级、管理日益成熟的教会来言，圣愚这样的修行方式在一定程度上也是对"制度"的挑衅，他们大部分人既不在修道院中，也几乎不受制于白神品神甫，因而教会对进行这种修行之人持不欢迎的态度，教会史学家 E. 格卢宾斯基（Е. Голубинский，1834—1912）就曾指出，严格来讲圣愚式修行与正典相悖。②

其二，伪圣愚的大量滋生。由于人们对圣愚的崇敬，加之圣愚是佯装的"愚拙"，难以辨认其目的，故而导致大量伪圣愚的出现，对圣愚本身造成了冲击和负面影响。"伪先知、男人和妇女、少女、老妪从一个村子跑至一个村子，赤身赤脚，披头散发，颤抖抽搐，喊叫着：'圣阿纳斯塔西娅和圣皮亚特尼察命令你们。'"③ 再如，佯装圣愚的安德烈扬·彼特罗夫（Андреян Петров）假装圣愚式修行是为了让人们承认他是圣徒，并给他更多的施舍。④ 此外，还有一些智力不健全的人，或是占卜者等也逐渐被拉进圣愚的队伍，使得圣愚这个群体越来越复杂，这也在一定程度上迫使教会不得不谨慎待之，并于 1666—1667 年的宗教会议上正式谴责了"伪圣愚式修行"，并认为任何一种圣愚式修行都

---

① 此处的统计数据不同类别的圣徒可能会有小部分的重合，因为一些圣徒有时同时被归入几个类别。
圣愚的统计数据不包括曾短暂进行过圣愚式修行的洞窟修道院的伊萨基（Исаакий Печерский，？—1090）, 俄罗斯东正教会将其列为修士圣徒；埃及的显神迹者、荒野隐修士维萨里翁（Виссарион, чудотворец Египетский，4—5 世纪）和埃及的穿粗麻外衣的谢拉皮翁（Серапион Синдонит，5 世纪）。И. 科瓦列夫斯基在其著作《东方教会和俄罗斯教会的圣愚》(Юродство о Христе и Христа ради юродивые восточной и русской церкви) 中将后两者归入圣愚之列，但俄罗斯教会将两者均列为修士圣徒。
Г. 费奥多托夫在其著作《古罗斯的圣徒》一书中指出俄罗斯的圣愚 14 世纪 4 人，15 世纪 11 人，16 世纪 14 人，17 世纪 7 人。希腊教会受崇敬的圣愚有 6 人，其中谢苗和安德烈在古罗斯也得到了广泛的认可。参见 Федотов Г. Святые древней Руси. М.：Московский рабочий，1990. С. 97. Г. 费奥多托夫的统计应该不仅包括全教会圣徒，可能也包括一些地方圣徒，或是曾短暂进行过圣愚式修行的圣徒。
Т. 涅多斯帕索娃在《俄罗斯 11—16 世纪的圣愚》中列出了一份圣愚名录，收录了 11—20 世纪的俄罗斯圣愚，共 64 人，可能也囊括了一些地方圣愚。参见 Недоспасова Т. Русское юродство XI - XVI веков. М.，1997. 电子书：http：//nedospasovat. narod. ru/urodstvo. html。

② Иванов С. А. Византийское юродство. М.，1994. С. 5.
③ Недоспасова Т. Русское юродство XI - XVI веков. М.，1997. 见 http：//nedospasovat. narod. ru/urodstvo. html.
④ 后被判处鞭刑，流放。参见 Иванов С. А. Блаженные похабы. Культурная история юродства. М.，2005. 电子书：http：//www. libros. am/book/read/id/314421/slug/blazhennye - pokhaby.

有可能是"伪圣愚式修行"。

其三，作为反对派的圣愚。17世纪之前，圣愚基本上是孤独的行者，尼康改革后，一些圣愚不接受改革，团结在旧礼仪派的代表人物大司祭阿瓦库姆（Протопоп Аввакум，1620—1682）周围，成为反对教会改革团体中的一员。阿瓦库姆的教女大贵族摩罗佐娃（Ф. П. Морозова，1632—1675）家里收留了一些圣愚，如"蒙福者基普里安（Киприан）①，多灾多难的费奥多尔（Феодор）②和勤劳的雇工阿法纳西（Афанасий）"。③如果说改革前圣愚是在以一己之力对抗尘世之弊，那么现在圣愚则站到了官方教会的对立面，也因此遭到教会对之的排挤与迫害。

其四，理性主义思潮。17—18世纪，在欧洲发生了一场启蒙运动，其核心思想即是"理性崇拜"，这一思想随着彼得大帝（Петр Первый，1672—1725）面向欧洲的改革也传到了俄罗斯。受理性主义思想的冲击，作为理性对立面"非理性"的圣愚式修行对于日渐被启蒙的人们，以及受到西方拉丁主义神学教育影响的教会而言，愈来愈显得怪异，也日益遭到人们越来越多的质疑与拷问。当人们用理性的目光去审视这样一种修行方式的时候，圣愚被接受的难度也就越来越大，形成新的圣愚崇敬的可能性也就越来越小。

2. 教会+信徒+传记作家+文化，共同打造了俄罗斯的圣愚崇敬文化。

事实上，关于圣愚，特别是早期圣愚的资料留下来的很少，我们今天所知的被教会所认可的圣愚，资料主要源于其传记，而这个传记中所塑造的圣愚不一定是历史上真实的人物，在一定意义上他是文学人物，是教会所塑造的典型人物，以及信徒心中神化的人物。受制于圣徒传记的体裁特点和写作规范，圣愚的形象具有同化的特性；因为教会对传记的审查和规定，对于圣愚的一些行为方式难免有美化之处；又由于传记在一定程度上源于民间的传说，因而会将圣愚身上一些神秘的、英雄主义的力量放大、扩散，如揭露沙皇的类似情节出现在几个人物的传记或是传说之中。④无论是传记作家、信徒还是教会，都植根于一定的文化，他们所塑造的貌似置身于"文化"之外的圣愚，又切切实实地生活于文化之中，并带有其特定地区的文化印记。因此，虽然俄罗斯圣愚的行为模式以拜占庭的圣愚为范本，但仍体现出俄罗斯圣愚文化的一些特点。首先，在与妓女的互动上，俄罗斯圣愚传记中对于这一点鲜少提及，可见俄罗斯文化对于"贞洁"更为看重。其次，在教堂的表现，俄罗斯圣愚的胡闹行为大部分在街市上，而在教堂的台阶、教堂内，他们大都表现出虔敬的态度，与埃美萨的谢苗在教堂熄灭蜡烛、乱扔核桃的大胆行为相比，俄罗斯的圣愚面对神圣空间表现出更加敬畏的态度。最后，俄罗斯的圣愚身上笼罩着一丝不祥，甚至可怕的光环，例如维亚特卡的普罗科皮（Прокопий Вятский，1578—1627）杀死了一个婴孩，虽然之后又将其复活；瓦西里令装死欺骗他大衣的人真正死去……由此可见，俄罗斯教会所承认的圣愚较之于拜占庭的圣愚更"理性"了一些，更有"威慑力"，在他们身上粗鄙与神圣、爱与憎的界限相对分明，相应地也"愚"得不那么彻底，并在一定程度上减少了俄罗斯人对圣愚崇敬的"非理性"成分。

---

① 基普里安后被处死。
② 阿瓦库姆在自己的传记中讲述了费奥多尔的圣愚式修行。
③ Лихачев Д. С., Панченко А. М., Понырко Н. В. Смех в Древней Руси. Л., 1984. С. 132.
④ 1570年，普斯科夫的圣愚尼古拉借生肉揭露伊万雷帝血洗诺夫哥罗德的残暴，这一故事后来被其他的圣愚传记借用，如诺夫哥罗德的阿尔谢尼、尼古拉·科恰诺夫（Николай Кочанов, ?—1392）和瓦西里·勃拉仁内。

3. 愚文化的普适性。

圣愚的"愚",并非生理缺陷,这种"愚"是对世俗世界人们所认为的"理性"的反拨,是对庸庸碌碌的物质世界、肉体生命的否定,是对一种更高精神生命的追求,虽然俄罗斯的圣愚文化具有一定的特殊性,但对"愚"的推崇事实上在很多文化中都存在。如古希腊的犬儒主义,犬儒主义者抛弃世俗的功利追求,寻求世俗所不了解的内在美德和价值。他们自觉地否定美,否定公认的美好的理想,更准确地说就是将这种理想头脚倒置,将丑陋上升至美学之美的高度。[①] 正因为如此,犬儒主义也被视为圣愚的一个源头。在东正教的兄弟天主教中,并没有严格意义上的东方圣愚,然而备受崇敬的阿西西的圣方济各(Franciscus Assisiensis, 1182—1226)[②]、托迪的雅各伯(Iacobus de Benedictis, 1230/1236—1306)[③]、乔万尼·哥伦比尼(Giovanni Colombini, 1300—1367)[④] 等,他们的行为方式在一定程度上都表现出了圣愚的特征,只是他们同时又表现出东方圣愚所缺少的组织性倾向。此外,在同为亚伯拉罕宗教的伊斯兰教中也存在类似的愚文化,即自责派(Malāmatiyya/Malamatis),或称噶萨里派,这是一个神秘主义苦修流派,其追随者反对表面的虔诚,有时甚至做出一些不体面之事,堪称伊斯兰教的"圣愚"。在中国的宗教和哲学中也不乏类似的"愚"文化,如著名的癫僧济公(1148—1209)的行为模式与圣愚如出一辙,而中国的哲人老子先于古希腊的犬儒主义者百余年就已提出了"俗人昭昭,我独昏昏;俗人察察,我独闷闷","众人皆有以,而我独顽且鄙"这样的"愚人"智慧。对于"愚"文化的允许和推崇,体现了人们看待和理解世界的另一种视角和方式,表现出不同文化下人们对于表象和真理的探究,对于感官的质疑与对内在的关注。

总之,圣愚的"愚"是一种"变容",是在世人眼中反向的变容,精神世界中正向的变容。对这种"变容"的推崇既具有历史的传承性,在俄罗斯大地上又具有其特定的时代和民族烙印,符合其时其地其人的信仰心理与需求。

(原文发表于《世界宗教研究》2018 年第 5 期)

[①] Бахтин М. Проблемы поэтики Достоевского. Изд. 3-е. М., 1972. С. 397.

[②] 阿西西的方济各,天主教圣徒,方济各会创始人。

[③] 托迪的雅各伯,意大利宗教诗人,方济各会修士。

[④] 乔万尼·哥伦比尼,意大利商人,圣哲罗姆宗座教士修会的创立者,该修会创立于1360年,1668年被取消。

宗教管理的律令化模式

——唐代宗教信仰禁令研究

梁克敏[*]

摘　要： 唐代是一个律令制社会，对宗教的管理采用律令化的手段，曾颁布过不少与宗教信仰有关的禁令。这些禁令涉及僧尼、道士的行为规范和世俗信众的宗教信仰行为，也涉及其他宗教及民间信仰。唐王朝颁布宗教信仰禁令，完善了唐政府管理宗教信仰的方式，对规范宗教信仰行为、维护社会秩序具有重要的意义；但其中的某些禁令又成为统治者控制宗教和思想的工具，产生了消极的影响。

关键词： 唐代　宗教信仰　禁令

唐代是一个律令制社会，制定法律、颁布诏令是实现国家治理和王朝统治的重要方式。唐王朝非常重视律令在宗教管理中的作用，先后以律、诏、敕、制等形式颁布了许多宗教信仰禁令，来规范人们的宗教信仰行为。这些禁令的主要内容有哪些，对唐代宗教和社会发展有何作用，这些都值得我们深入地探讨。通过对唐代宗教信仰禁令的系统研究，有利于认清唐代的宗教政策，也可为当前的宗教管理提供一些借鉴，具有一定的学术价值和现实意义。目前，学术界对唐代宗教信仰禁令的研究虽已取得了一些成果，[①] 但多聚焦于佛教的戒律问题，或者从法学角度对某一类问题进行探讨，尚缺乏全面系统的研究。本文拟通过对唐代宗教信仰禁令的系统研究，以期深化对唐王朝宗教政策的认识。

一　关于僧尼道士行为的禁令

唐代社会虽存在着多种宗教，但在整个信仰体系中信众最多、影响最大的是佛、道二教。因此，唐代的统治者也更注重对佛教和道教的管理，曾颁布一些禁令对僧尼、道士和

---

[*] 梁克敏，陕西师范大学历史文化学院博士研究生。

[①] 目前这方面的专著主要有：劳政武《佛教戒律学》（宗教文化出版社1999年版）、王永平《道教与唐代社会》（首都师范大学出版社2002年版）、张国刚《佛学与隋唐社会》（河北人民出版社2002年版）、严耀中《佛教戒律与中国社会》（上海古籍出版社2007年版）、张海峰《唐代法律与佛教》（上海人民出版社2014年版）。论文主要有：武乾《中国古代对巫术邪教的法律惩禁》（《法学》1999年第9期）、王永平《论唐代的民间淫祠与移风易俗》（《史学月刊》2000年第5期）、王媛媛《唐开元二十年禁断摩尼教原因辨析》（《中华文史论丛》2008年第2辑）、杨月君、王东波《唐代对妖书妖言罪的预防与惩治》（《兰台世界》2014年第3期）、张雪松《唐代法律对宗教异端书籍的查禁制度探析——以佛教疑伪经录为个案的研究》（《世界宗教文化》2015年第3期）、陈玺《唐代惩禁妖妄犯罪规则之现代省思》（《法学》2015年第4期）。

世俗信众的某些信仰行为作出了明确而具体的规定。

其一，禁止僧尼道士蛊惑民众。

在唐代，佛、道二教信徒众多，僧尼、道士与文武官员、普通百姓的往来较为频繁，这种情况有利于佛教和道教的传播，但若被一些心怀叵测的人所利用，也会危害统治秩序。贞元初，就有资敬寺僧人李广弘自称"见岳、渎神，当作天子"，引诱射生将韩钦绪，神策将魏循、李俨，越州参军事刘昉等作乱；[1] 唐末，道士杜从法以妖言蛊惑昌、普、合三州百姓作乱。[2] 因此，唐代帝王曾多次下令，禁止僧尼、道士的某些活动。如永徽四年（653），唐高宗敕云："道士、女冠、僧、尼等，不得为人疗疾及卜相。"[3] 唐玄宗曾颁诏：僧尼道士"不许与百姓家还往"；[4] 开元十九年（731）又颁《禁僧俗往还诏》：禁止僧人"远就山林，别为兰若，兼亦聚众，公然往来"的活动。[5] 唐代宗《禁僧尼道士往来聚会诏》云："僧尼道士，非本师教主，及斋会礼谒，不得妄托事故，辄有往来，非时聚会，并委所繇官长勾当，[6] 犯者依法惩处；并颁布《禁僧道卜筮制》，重申对僧人道士从事占卜的禁令。[7] 唐文宗敕令：京城及诸州府城，僧尼不得"置讲集众，兼□戒懺"。[8] 另外，一些由狂热的宗教信仰引起的阻碍城市交通、浪费财物、自残身体、盗窃和弃耕等行为，严重冲击了正常生产生活秩序。元和十四年（819），唐宪宗迎佛骨，京城王公士庶"瞻礼施舍，如恐不及"，有人为求供养"废业竭产，烧顶灼臂"，"佛骨所在，往往盗发"，农民弃耕奔走京城。[9] "当佛教发展与社会秩序发生冲突时，统治者同样会通过法律来规范佛教僧侣的违法犯罪行为，以有效维护社会秩序。"[10] 因而，唐王朝颁布禁令对僧尼道士之间的往来聚会和与世俗之间的往来加以限制，以防僧道之间相互串联、利用卜筮来蛊惑百姓叛乱，扰乱社会秩序，危害王朝统治。

其二，禁止僧尼道士与权贵往来。

统治阶级内部权力分配的不均，经常引起争权夺利的斗争，在历史上重大的政治斗争中几乎都能看见宗教信仰的影子。佛道僧侣出入宫禁，往还权贵之家，利用他们所掌握的通灵和占卜能力，妄陈祸福，蛊惑人心，"污巫和政治人物勾结……不仅在社会上导致人们之间的互相不信任，而且在政治上造成严重的影响，以至于形成政治人物之间的互相对立。"[11] 唐初，李世民与李建成之间的皇位争夺中，一些道士就经常出入秦王府，为李世民出谋划策。道士薛颐说："德星守秦分，王当有天下，愿王自爱。"[12] 鼓动李世民与太子李建成争夺最高权力；而李建成倾向佛教的态度，使"在东宫与秦王之间的斗争中，佛

---

[1] （宋）欧阳修、宋祁：《新唐书》卷一五六"韩游瓌传"，中华书局1975年版，第4907页。
[2] （宋）司马光：《资治通鉴》卷二六二，唐昭宗天复元年闰六月，中华书局2011年版，第8675页。
[3] （宋）王溥：《唐会要》卷五〇"杂记"，上海古籍出版社2006年版，第1028页。
[4] （宋）王钦若等：《册府元龟》卷六三"帝王部·发号令三"，中华书局1960年版，第708页。
[5] （清）董诰等：《全唐文》卷三〇，中华书局1983年版，第339页。
[6] 《全唐文》卷四六，第508页。
[7] （宋）宋敏求：《唐大诏令集》卷一一三，中华书局2008年版，第590页。
[8] 《唐大诏令集》卷一一三"条流僧尼敕"，第591页。
[9] 《唐会要》卷四七"议释教上"，第982页。
[10] 《唐代法律与佛教》，第274页。
[11] ［韩］文镛盛：《中国古代社会的巫觋》，华文出版社1999年版，第121页。
[12] （后晋）刘昫：《旧唐书》卷一九一"薛颐传"，中华书局1975年版，第5089页。

教徒是站在太子一方,为其助威呐喊的。"[1] 高宗时,道士明崇俨为武则天行厌胜之法,密奏"章怀太子不堪承继大位",太子使人将其刺杀,引起武后不满,最后被废;[2] 开元初,僧人慧范依附太平公主,与窦怀贞、萧至忠等人密谋毒杀玄宗,行废立之事。封建皇帝作为最高权力的既得者,对各种宗教信仰引起的可能觊觎皇权的人和事都非常警惕,常对"执左道以乱政"者,[3] 给予严厉的惩处。为了防止贵族官吏与宗教人员的勾结,唐代先后颁布了《禁百官与僧道往还制》《禁百官交结匪人制》,"卜相占候之人,皆不得出入百官之家",[4] 禁止王侯百官与僧道、占卜之人往来密切;并告诫官员"卜祝之流,妄陈休咎;占候之辈,假托徵祥,诳惑既生,僭违斯作,因构谗慝,遂行讪毁",[5] 不得与此色人往来交游,防止官员受其蛊惑,而产生僭逆之心,以防止其扰乱正常的政治秩序。

其三,禁止僧尼道士传播"伪经"。

在唐代,一些佛、道经文若有不利于统治的内容,就会被禁止流传。唐初出于政治的需要,唐太宗以老子为祖先,"拥真人之阀阅"借以提高皇室的地位,但是僧人法琳却称:"拓拔达阇唐言李氏。陛下之李。斯即其苗。非柱下陇西之流",并讽刺李唐以老子为祖先,自诩陇西李氏,就像"以金易鍮石,以绢易缕褐,如舍宝女与婢交通"之时。唐太宗听后勃然大怒,斥责法琳"爬毁朕之祖祢,谤黩朕之先人"。[6] 因此,《开元释教录》记载:《汉法本内传》和《沙门法琳别传》等佛经被"明敕禁断,不许流行。"[7] 史载:三阶教的《三阶佛法》《十大段明义》《根机普药法》《明善人恶人多少法》《敬三宝法》等经文,因"党其偏见,妄生穿凿。既乖反圣旨,复冒真宗",被认定为伪经,开元十二年(724),唐玄宗敕令:"诸寺三阶院,并令除去隔障,使与大院相通,众僧错居不得别住,所行集录悉禁断除毁。"[8] 即便是作为国教的道教,只要有碍唐王朝的统治,其经文也会被禁止。《三皇经》中有:"凡诸侯有此文者,必为国王……妇人有此文者,必为皇后",有煽动谋反之嫌。因此,唐太宗贞观二十年(646)敕"三皇经文字既不可传,又语涉妖妄,宜并除之",要求收藏者上交官府,送到礼部集中焚毁。[9] 道教被禁的另一经典是《老子化胡经》,总章元年(668),唐高宗召集百官、僧、道辩论《化胡经》,定为伪经,"敕令搜聚伪本,悉从焚弃";[10] 神龙元年(705),唐中宗再次下制:诸道观中所画"老子化胡之变"限敕到十日内除毁,其他"诸部化胡经事及余说化胡事处,并宜除削"。[11]

其四,禁止僧尼道士违反戒律。

---

[1]《道教与唐代社会》,第23页。
[2]《旧唐书》卷一九一"明崇俨传",第5097页。
[3](清)孔希旦撰,沈啸寰、王星贤点校:《礼记集解》卷一四"王制三",中华书局1989年版,第373页。
[4]《资治通鉴》卷二一二,唐玄宗开元十年八月,第6870页。
[5]《全唐文》卷二二"禁百官交结匪人制",第258页。
[6](唐)彦悰:《唐护法沙门法琳别传》卷下,《大正藏》第50册,NO.2051,(台北)财团法人佛陀教育基金会出版部1990年版,第210页。
[7](唐)智升:《开元释教录》卷一三,《大正藏》第55册,NO.2154,第625页。
[8]《开元释教录》卷一八,《大正藏》第55册,NO.2154,第678—679页。
[9](唐)释道世撰,周叔迦、苏晋仁校注:《法苑珠林校注》卷五五"破邪篇·舍邪归正六",中华书局2003年版,第1675—1676页。
[10](宋)志磐撰,释道法校注:《佛祖统纪校注》卷四〇,上海古籍出版社2012年版,第924页。
[11]《册府元龟》卷五一"帝王部·崇释氏一",第575页。

从魏晋南北朝至隋唐，佛教和道教都逐渐完成了从民间宗教向官方宗教的转变，戒律作为宗教内部规范僧尼道士行为的准则，也逐渐向封建国家伦理靠拢，在某种程度上与封建社会的道德法令具有一致性，成为稳定国家政权和维护社会秩序的工具，违反戒律也就不再仅仅是宗教内部事务，更构成了对封建秩序的破坏。随着佛、道二教内部人员构成的复杂化，唐代佛、道二教人员违戒犯法的行为也日益增多。开元九年（721），濮州圣佛寺僧多摩，持画诳惑百姓，大聚钱财；① 曾有僧人"结党屠牛捕鱼"，僧常满、智真等"于倡家饮酒，烹宰鸡鹅"，法师云晏等五人"聚集赌钱，因由喧诤"；② 僧人文淑聚众俗讲，"假托经论所言，无非淫秽鄙亵之事"；③ 唐末僧人功德山"于纸上画神寇，放入人家，令作祸祟，幻惑居人，通宵继昼，不能安寝；或致人疾苦……又画纸作甲兵，夜夜于街坊嘶鸣，腾践城郭，天明即无所见；又多画其犬，焚祝之，夜则鸣吠，相咬啮于街衢，居人不得安眠。"④ 僧尼道士违戒不法行为的增加是唐王朝制定相关宗教禁令的现实基础。这些犯戒行为严重扰乱了人们正常的社会生活秩序，有损于宗教的道德示范作用，不利于社会秩序的稳定。因此，禁止僧尼道士的违戒不法行为，成为唐王朝维护社会秩序和王朝统治不可或缺的一部分。唐太宗针对僧人"假托神通，妄传妖怪；或谬称医筮，左道求财；或造诣官曹，嘱致赃贿；或鑽肤焚指，骇俗惊愚"等违戒犯俗行为，要求"依附内律，参以金科"，以佛教戒律和国家法律为依据予以禁止；⑤ 开元初，唐玄宗又以僧道"不守戒律，或公讼私竞，或饮酒食肉，非处行宿，出入市廛，罔避嫌疑，莫遵本教。有一尘累，深坏法门"，因此颁布《禁僧道不守戒律诏》，"令州县官严加捉搦禁止。"⑥ 开元十年（722），他又颁布《禁僧道掩匿诏》，禁止道士僧尼虚挂名籍、侍养私家，以"避其所管，互相掩匿，共成奸诈"；⑦ 十九年，又颁布《禁僧徒敛财诏》，禁止借传教聚敛钱财。⑧《唐六典》中也有禁止僧尼、道士"服俗衣及绫罗、乘大马、酒醉、与人斗打、招引宾客、占相吉凶、以三宝物饷馈官寮、勾合朋党"和"巡门教化、和合婚姻、饮酒食肉、设食五辛、作音乐博戏、毁骂三纲、凌突长宿"等违戒行为的规定，违者要求还俗或罚作苦役。⑨ 会昌二年（842），唐武宗敕令："天下所有僧尼解烧炼、咒术、禁气，背军、身上杖痕、鸟文、杂工功。曾犯淫养妻"等不修戒行者勒令还俗；⑩ 五年，再次降敕：僧尼"行迹非违，不守佛之禁戒者"挑选简练使其还俗。⑪ 此外，唐律中对僧道盗毁神像等行为也作出了规定，"盗毁天尊像、佛像者，徒三年"，盗毁真人、菩萨像的减一等处罚⑫。这些禁令通过对僧人、道士的一些日常违戒行为作出禁止性规定，来防

---

① 《册府元龟》卷一五九"帝王部·革弊一"，第1923—1924页。
② （唐）范摅：《云溪友议》卷下"金仙指"，古典文学出版社1957年版，第71—73页。
③ （唐）赵璘：《因话录》卷四"角部"，上海古籍出版社1979年版，第94页。
④ （宋）李昉等：《太平广记》卷二八七"功德山"，中华书局1961年版，第2285—2286页。
⑤ 《全唐文》卷五《度僧于天下诏》，第67页。
⑥ 《全唐文》卷二九，第327页。
⑦ 《全唐文》卷二八，第323页。
⑧ 《全唐文》卷三〇，第339页。
⑨ （唐）李林甫等撰，陈仲夫点校：《唐六典》卷四"礼部·祠部郎中"，中华书局2014年版，第126页。
⑩ ［日］圆仁撰，顾承甫等点校：《入唐求法巡礼行记》卷三，上海古籍出版社1986年版，第158页。
⑪ （宋）李昉等：《文苑英华》卷四二九"会昌五年正月三日南郊赦文"，中华书局1966年版，第2174页。
⑫ （唐）长孙无忌等撰，刘俊文点校：《唐律疏议》卷一九"盗毁天尊佛像"条，中华书局1983年版，第353页。

止其沾染世俗社会的一些不良习气，以保持宗教的纯洁性和神圣性，发挥宗教的道德示范作用。

其五，禁止僧尼道士不拜君亲。

佛教某些教义与中国传统观念存在着一定的冲突，其中最明显的就是"沙门不拜君亲"的问题。佛教宣扬佛法面前人人平等，强调"天上天下，唯佛为尊"，① 坚持出家人"不向国王礼拜，不向父母礼拜。六亲不敬，鬼神不礼"② 的高傲姿态，把佛置于包括皇权在内的一切世俗权威之上，蔑视王法。佛教传入中国后，有高僧大德自持超出尘世之外，在皇帝面前，不行跪拜之礼。然而，中国很早就已形成了"溥天之下，莫非王土；率土之滨，莫非王臣"的政治观念，③ 以皇帝为首的专制主义中央集权制度，确立了世俗王权凌驾于其他社会主体之上的权威。同时，在中国古代"家国同构"的社会建构模式中，家是最基本的社会单元，儒家以孝为核心的家庭伦理成为整个社会秩序的基础，正所谓"因父子之敬，建君臣之序，制法度崇礼秩"，④ 把孝作为建立君臣礼法秩序的基石，由父子之孝，延伸到君臣之忠，强化天下臣民的忠君观念，"为帝王的统治和法律制度的设计提供了正当性，稳定了君主与臣民、家庭内部尊卑长幼的纲常伦理关系，进而维护了以身份等级制度为特征的统治秩序"。⑤ 而佛教弃家离俗，坐受父母返拜，在统治者看来都是"损风害俗，悖乱礼经"⑥ 的不孝行为，这与唐王朝"以孝治国"基本国策是冲突的。唐高祖即位时，"百官拜舞，僧但山呼，拱立一面"，⑦ 引起尉迟敬德等人的不满。因此，从唐高祖到玄宗不断颁布禁令，要求僧尼道士致拜君主和不得接受父母礼拜。显庆二年（657），唐高宗颁布《僧尼不得受父母及尊者礼拜诏》，⑧ 禁止僧道坐受父母及尊者礼拜的行为；玄宗时，又颁布《令僧尼道士女冠拜父母敕》，强制僧尼道士女冠礼拜父母，依照月令为父母服丧。⑨

此外，唐代还曾颁布过一些有关佛、道二教的其他禁令。天授二年（691），武则天下制，禁止僧道之间相互毁谤，违者先决杖，再令还俗，对佛道冲突持一种折中调和的立场，以维护统治的稳定；久视元年（700）又以"不达妙理，轻徇常情"为由，禁止天中寺葬舍利骨的行为。⑩ 唐王朝也曾一度"禁僧午后不得出"。⑪ 会昌四年（844），唐武宗下敕：不许佛寺供养佛牙、佛指节，违者脊杖二十。⑫ 这与唐武宗崇信道教、厌恶佛教不无关系。

---

① （唐）释道宣：《广弘明集》卷一"归正篇序"，上海古籍出版社1991年版，第100页。
② （后秦）鸠摩罗什译：《梵网经》卷下，《大正藏》第24册，NO.1484，第1008页。
③ 程英俊、蒋见元：《诗经注析》之"小雅·北山"，中华书局1991年版，第643页。
④ （唐）彦悰：《集沙门不应拜俗等事》卷一，《大正藏》第52册，NO.2108，第444页。
⑤ 周东平：《论佛教礼仪对中国古代法制的影响》，《厦门大学学报（哲学社会科学版）》2010年第3期。
⑥ （唐）吴兢撰，谢保成集校：《贞观政要集校》卷七"论礼乐"，中华书局2003年版，第395页。
⑦ （元）念常：《佛祖历代通载》卷一一，《大正藏》第49册，NO.2036，第563页。
⑧ 《全唐文》卷一二，第147页。
⑨ 《唐大诏令集》卷一一三"令僧尼道士女冠拜父母敕"，第588页。
⑩ 《全唐文》卷九五"禁僧道毁谤制""禁葬舍利骨制"，第983—984页。
⑪ 《新唐书》卷一七六"贾岛传"，第5268页。
⑫ 《入唐求法巡礼行记》卷四，第175—176页。

二 关于世俗佛、道信仰的禁令

佛、道信仰既在寺观之内,也在其外的广大世俗社会。世俗信众的信仰不只是一种精神活动,更多的外化成一种具体行为,度人出家、购买或抄写经文、塑造神像、修建庙塔和布施财物等成为广大信众表达宗教感情的一种方式。随着唐代前期社会经济的恢复和发展,僧人、寺院的数量和寺院经济也迅速膨胀。贞观二十二年(648),唐太宗诏京城及诸州寺各度僧5人,共度僧18000余人;① 高宗为太子造西明寺、敬爱寺,为诸王公主造资戒、招福等二十余寺。② 武则天造寺铸佛,更是"役无虚岁";③ 上有所好,下必甚焉,有了最高统治者的示范,"贵戚争营佛寺,奏度人为僧"。④ 安史之乱爆发后,唐王朝中央集权严重削弱,原有的僧籍管理制度控制力松弛,许多人为逃避赋役而出家。开成年间,徐泗地区"一户有三丁五丁者,皆发遣一人出家",以规避徭役。⑤ 唐初"佛道二众不满七万",⑥ 到大和年间仅僧尼已达70万人。⑦ 而且唐代的佛寺还日益奢华,花费剧增。景龙三年(709),韦嗣立上疏称"比者营造寺观,其数极多,皆务取宏博,竞崇瑰丽。大则费耗百十万,小则尚用三五万余,略计都用资财,动至千万以上。"⑧ 大历年间,长安兴善寺造一菩萨阁,花费达22487贯。⑨ 因此,大量修建佛寺、道观,导致社会财富的巨大浪费,影响到农业生产。唐代僧人还利用特权兼并土地,经营碾硙、旅店和高利贷等,长安周围的"丰田美利"多归寺观,以致"十分天下之财而佛有其七八"。⑩

寺院的广泛修建,大量人口出家,大量社会财富流向寺院,使唐王朝面临着财政收入和兵力来源减少的双重危机,不得不多次颁发禁令限制僧人、寺观的数量。《唐律疏议》中就有"私入道"的规定:"私度入道及度之者,杖一百",家长连坐,本贯主司及寺观三纲知情者同罪,监临官私度人者,度一人杖一百,二人加一等。⑪ 唐玄宗也颁布《不许私度僧尼及住兰若敕》;⑫ 他还降敕:王公以下不得奏请舍宅为寺观;⑬ 后来又规定:天下寺观"自今已后,更不得创造。"⑭ 如开元九年(721)颁布《禁士女施钱佛寺诏》,⑮ 禁止信徒向寺院大量施舍钱财。唐德宗敕令"自今更不得奏置寺观及度人。"⑯ 元和二年

---

① (唐)慧立、彦悰撰,孙毓棠等点校:《大慈恩寺三藏法师传》卷七,中华书局2000年版,第153页。
② 《法苑珠林校注》卷一〇〇"兴福部第五",第2898页。
③ 《新唐书》卷一二五"苏瓌传",第4398页。
④ 《资治通鉴》卷二一一,唐玄宗开元二年正月,第6813页。
⑤ 《册府元龟》卷六八九"牧守部·革弊",第8220页。
⑥ 《广弘明集》卷七"辩惑篇·历代帝王滞惑解",第139页。
⑦ 《佛祖统纪校注》卷四三"法运通塞志",第984页。
⑧ 《旧唐书》卷八八"韦嗣立传",第2870页。
⑨ (唐)圆照:《代宗朝赠司空大辨正广智三藏和上表制度》,《大正藏》第52册,NO.2120,第851—852页。
⑩ 《唐会要》卷四八"寺",第997页。
⑪ 《唐律疏议》卷一二,第235页。
⑫ 《唐大诏令集》卷一一三,第588—589页。
⑬ 《唐会要》卷五〇"杂记",第1028页。
⑭ 《全唐文》卷二六"禁创造寺观诏",第304页。
⑮ 《全唐文》卷二八,第320页。
⑯ 《旧唐书》卷一二"德宗本纪上",第321页。

（807），唐宪宗南郊赦文也强调：百姓不得冒为僧尼道士逃避徭役，不得创建寺观。[1] 唐文宗颁布的《条流僧尼敕》规定："不得度人为僧尼……擅有髡削，亦宜禁断。"[2] 会昌年间，唐武宗严厉打击佛教，拆毁佛寺，并规定："修饰佛像，但用土木，足以致敬，不得用金、银、铜、铁及宝玉等"。[3] 这些禁令运用国家法令限制社会人口和财富向寺观的过度集中，缓和了宗教和封建国家之间的经济矛盾，对社会生产的正常发展是十分有利的。

随着佛教在唐代社会中的深入传播，在民间社会衍生出许多不同的信仰，以白衣、长发为标志的民间弥勒信仰就是其中之一。[4] 这种弥勒信仰从魏晋以来，就多被一些人利用从事不法行为，因而被统治者屡次禁止。如唐景云中，有长发贺玄景，称五戒贤，"幻惑愚人子女，倾家产事之"，谎称"着仙衣以飞就之，即得成道"，将人推下悬崖，"一时烧杀，没取资财"。[5] 唐王朝也多次下令禁止。敦煌文书 S.1344 号《开元户部格残卷》就记载：咸亨五年（674），唐高宗下令"长发等，宜令州县严加禁断"；[6] 开元三年（715），唐玄宗降《禁断妖讹等敕》说："白衣长发，假托弥勒下生，因为妖讹，广集徒侣，称解观禅，妄说灾祥；或别作小经，诈云佛说；或辄蓄弟子，号为和尚，多不婚娶，眩惑闾阎，触类实繁，蠹政为甚"，要求刺史、县令"严加捉搦"。[7]

另外，为了保持作为维护封建统治工具的佛、道信仰的纯洁性，唐代还对官民借宿寺观、商人铸卖佛像经文等行为作出规定。寺观作为宗教场所，其基本的功能是供僧尼道士居住和从事宗教活动，但唐代官吏、军士、文人、商贩等常常借宿寺观，使僧人道士沾染世俗不良习气。宝应元年（762），唐代宗下敕：州县公私居止寺观，"切宜禁断，务令清肃"；不久，又颁布了《禁天下寺观停客制》，对军士及官吏诸客居止寺观，"狎而黩之，曾不畏忌。缁黄屏窜，堂居毁撤，寝处于象设之门，庖厨于廊庑之下"的现象，严令禁断。[8] 德宗时，再次要求寺观"必资严洁"，"不得宿客居住"。[9] 铸造佛像、抄写经文本是礼佛祈福一种方式，而商人趁机铸佛像售卖，甚至形成了一种比较繁荣的制造小型慈善用品的手工业，[10] 在商业化佛像买卖中，"买者不计因果，止求贱得；卖者本希利润，唯在高价"，使其失去了信仰应有的虔诚，因而唐太宗下令"工匠皆不得预造佛道形像卖鬻。"[11] 唐玄宗发现街巷之内，开铺写经之人"口食酒肉，手漫膻腥，尊敬之道既亏，慢狎之心斯起"，因而下诏："禁坊市等不得辄更铸佛写经为业"。[12] 通过颁布这些禁令，避免损污宗教信仰的神圣性，以维护其作为思想统治工具的有效性。

---

[1] 《册府元龟》卷六四"帝王部·发号令三"，第720页。
[2] 《唐大诏令集》卷一一三，第591页。
[3] 《唐会要》卷四九"杂录"，第1009页。
[4] 这种白衣、长发为民间弥勒信仰的典型服饰。详见唐长孺《白衣天子试释》，《燕京学报》1948年第35期。
[5] （唐）张鷟撰，赵守俨点校：《朝野佥载》卷五，中华书局1979年版，第115页。
[6] 刘俊文：《敦煌吐鲁番唐代法制文书考释》二一"开元户部格残卷"，中华书局1989年版，第277页。
[7] 《唐大诏令集》卷一一三，第588页。
[8] 《唐大诏令集》卷一一三"条贯僧尼敕"，第590页。
[9] 《全唐文》卷五二"修葺寺观诏"，第564页。
[10] [法] 谢耐和：《中国5—10世纪的寺院经济》，耿昇译，上海古籍出版社2004年版，第30页。
[11] 《全唐文》卷九"断卖佛像敕"，第110页。
[12] 《全唐文》卷二六"禁坊市铸佛写经诏"，第300页。

三 关于其他宗教及民间信仰的禁令

唐代中外文化交流频繁，一些外来宗教纷纷传入中原，但由于统治者对其认识的问题，唐王朝也颁布过一些关于三夷教信仰的禁令。开元二十年（732），唐玄宗下敕："末摩尼法，本是邪见，妄称佛教，诳惑黎元，宜严加禁断"，禁止唐人信仰，企图将其传播限制在胡人内部。①《新唐书》记载：两京及碛西地区"禁民祈祭"火祆神。②唐武宗在毁佛的同时，其他外来宗教也连带遭禁。会昌三年（843），下令摩尼寺没收入官，经书烧毁于道，在京城的回纥摩尼配流诸道；③五年，制令"勒大秦穆护、祆三千余人还俗，不杂中华之风"。④由于三夷教本身社会基础薄弱，经会昌年间的禁止，在中原内地就基本绝迹了。

在唐代，一些与民间信仰关系密切的妖言流传，常常能引起民众的骚动不安，危害社会秩序。贞观十七年（643），民间流传官府派枨枨杀人祭天狗，人们"更相震怖，每夜惊扰，皆引弓剑自防，无兵器者剡竹为之，郊外不敢独行"；开元二十七年（739），民间讹言"官取小儿埋明堂下，以为厌胜。村野儿童藏于山谷，都城骚然"；建中三年（782）江淮地区的毛人食人心、大和九年（835）的郑注取小儿心肝炼丹和咸通十四年（873）成都的猳母鬼等讹言，⑤都引起人们的不安，导致人人自危，社会形势紧张。唐王朝颁布禁令对制造、散播妖言的行为进行限制，以维护正常的社会秩序。《唐律疏议》就规定："诸造祆书及祆言者，绞。"向外传播的也是绞刑，只是私藏妖书也要徒二年，杖六十。⑥武德九年（626）九月，唐太宗下令"自非卜筮正术，其余杂占，悉从禁绝。"⑦武则天甚至因相书"妄论祸福"而加以禁断；开元十年（722），敕"百姓不得与卜祝人交游往来"；⑧开元十四年，对利用占筮"诳惑士庶，假说灾祥，兼托符咒，遂行左道"之人，要求有司严加禁断；⑨二十七年，唐玄宗颁布《禁卜筮惑人诏》，"占相吉凶，妄谈休咎，假托卜筮，幻惑闾阎"，今后"缘婚礼丧葬卜择者听，自余一切禁断"⑩。

唐代社会存在着各种各样的民间信仰，在所谓"不当所立之处，不在典籍"⑪者，皆视为淫祠、淫祀，都要禁止。唐太宗就曾诏令"民家不得辄立妖神，妄设淫祀，非礼所祷，一皆禁绝。"⑫高宗也敕令：春秋二社祈农之外，"别立党宗及邑义诸色等社，远集人众，别有聚敛，递相绳纠，浪有征求"，劳扰百姓的结社祭祀，"令官司严加禁断。"⑬长

---

① （唐）杜佑：《通典》卷四〇"职官二十二·视流内·萨宝注"，中华书局1988年版，第1103页。
② 《新唐书》卷四六"百官志一"，第1195页。
③ （宋）赞宁撰，富世平校注：《大宋僧史略校注》卷下"大秦末尼"条，中华书局2015年版，第217页。
④ 《旧唐书》卷一八上"武宗本纪"，第606页。
⑤ 《新唐书》卷三五"五行志二"，第921—922页。
⑥ 《唐律疏议》卷一八"造祆书祆言"条，第345页。
⑦ 《资治通鉴》卷一九二，唐高祖武德九年，第6136页。
⑧ 《唐会要》卷四四"杂录"，第934页。
⑨ 《全唐文》卷二九"禁左道诏"，第332页。
⑩ 《全唐文》卷三一，第347页。
⑪ 《因话录》卷五"徵部"，第109页。
⑫ 《册府元龟》卷一五九"帝王部·革弊一"，第1919页。
⑬ 《册府元龟》卷六三"帝王部·发号令二"，第707页。

庆四年（824），穆宗降敕："所在淫祀，不合礼经者，并委长吏禁断。"① 通过对民间"淫祀""淫祠"的禁止，并把一些有利于统治的民间信仰升格为国家信仰，唐王朝在礼制的名义下建立起一套国家祭祀体系，将沟通天地、人神的权力控制在自己手中。

四 唐代宗教信仰禁令的作用

法律和宗教作为社会中两个不同而又彼此相关的向度，一方的繁荣离不开另一方，"没有法律的宗教，则会丧失其社会有效性"。② 唐代宗教信仰禁令在加强宗教管理上有着不可替代的作用。宗教本身有内部戒律，但戒律作为一种内部自治性行为规范，缺乏足够的强制力，个别僧尼道士的违戒行为很容易损害整个宗教的形象，削弱宗教的道德示范作用；另外，宗教戒律主要是针对宗教内部神职人员的，其适用范围有限，缺乏对社会上世俗信众的行为的约束。而作为国家法令的宗教信仰禁令因具有国家权力赋予的足够强制力和针对全体社会成员的普适性，既能够保证对所有人的宗教信仰行为适用，不论是僧尼道士，还是世俗信众，都能够利用国家的执法机构给违法者予以惩处，又可以给违戒者施加有效的约束，成为维护宗教神圣性的最后一道堤防。

宗教信仰禁令也是唐王朝宗教信仰管理制度的有力补充。尽管唐王朝有一套僧籍制度用来对僧尼道士进行管理，但是这一制度只是对佛道二教的管理的框架结构，而对日常一些具体行为很难做到面面俱到，而宗教信仰禁令则是关于当时宗教信仰中出现的具体问题，有很强的针对性。如有禁止僧尼道士不守戒律的，有禁止僧人道士往来聚会、卜筮、交通官员的，有禁止聚敛钱财、诳惑百姓的，有禁止民间左道、淫祠的，有禁止造妖言妖书的。这些禁令以律令的形式对宗教信仰领域的一些具体问题都做出了明确的规定，划清了宗教信仰的禁区，打击了利用宗教从事各种违法违戒活动，减少了宗教对社会秩序的破坏。而且许多宗教禁令都明确了有关部司和州县官府在宗教信仰管理方面的责任，要求他们按照禁令"严加捉搦"，并派御史进行监督检查，若"所在州县，不能捉搦，并官吏辄与往还，各量事科贬。"③《隋唐嘉话》就记载：狄仁杰为江南安抚使，以周赧王、项羽、吴王夫差、越王勾践等神庙七百余所"有害于人"，奏请毁除，只留夏禹、吴太伯、季札、伍胥四种祠庙；④ 又有苏州刺史于頔、浙西观察使李德裕、岭南节度使韦正贯等在管内除毁淫祠。⑤ 同时，对于正常的宗教活动也给予保护，注意维护寺观的清净庄严，禁止官员无故骚扰。如《禁捕盗烦扰僧人诏》，对于合法僧人"不得恐动"。⑥ 这样既保证了王朝对宗教信仰管理的加强，规范了宗教信仰行为，进一步完善了宗教信仰管理体制，也有利于维护唐王朝的统治和社会秩序。

此外，宗教禁令也在一定程度上协调了宗教与社会的关系，促进了宗教发展。如从唐初开始，唐王朝不断颁布禁止僧尼道士接受尊者和父母礼拜的诏令。在皇权的持续施压

---

① 《册府元龟》卷六五"帝王部·发号令四"，第723页。
② ［美］伯尔曼：《法律与宗教》，梁治平译，中国政法大学出版社2003年版，第1页。
③ 《全唐文》卷三〇"禁僧徒敛财诏"，第339页。
④ （唐）刘𫗧撰，程毅中点校：《隋唐嘉话》卷下，中华书局1979年版，第40页。
⑤ 《旧唐书》卷一五六"于頔传"，第4129页；同书卷一七四"李德裕传"，第4511页；《新唐书》卷一五八"韦皋传附韦正贯传"，第4937页。
⑥ 《全唐文》卷六〇"禁捕盗烦扰僧人诏"，第647—648页。

下,争论了几百年的僧道拜俗问题在唐代基本得到解决,佛教终于向皇权屈服,接受了中国以"忠孝"为核心的传统伦理,承认皇权在现实世界中的至高无上,最终形成了"玄元皇帝我唐天下之圣人,文宣王古今之圣人,释迦如来西方之圣人,今皇帝陛下是南赡部州之圣人"①四圣并存的格局,放弃了唯我独尊的傲慢,"道士、女官、僧、尼,见天子必拜。"② 同时,佛教也强调"以孝为宗",重视"孝"的意义。如僧人善导就认为"以父母精血为外缘,因缘和合,故有此身,以斯义,故父母恩重",那些憎疾父母之人"与畜生无异";③ 而且僧人们也躬行孝道,如《太原王夫人墓志》记载:夫人贞观十年(636)去世,"孝子沙门惠政、行威等居丧逾礼,毁将灭性";④ 福先寺僧人道丕,遇到灾荒,谷价踊贵,他"巡村乞食,自专胎息,唯供母食。"⑤ 这在一定程度上协调了佛教与封建伦理之间的冲突,使之能够适应中国社会的道德要求。关于禁止私度僧人、私建寺观、僧人兼并土地和经营工商业的禁令则将佛、道势力限制在精神信仰领域,缓和了宗教与社会的经济矛盾。戒律的败坏,削弱了宗教作为一种信仰的力量及其道德垂范作用,又成为世俗反对佛、道,甚至是极端灭佛的一个重要借口。宗教信仰禁令利用国家法令的威慑性和强制性,对僧道违戒行为起一种防微杜渐的作用;而且禁令针对的只是违戒行为,对于持守戒律者则给予扶持,"诸僧、尼、道士、女冠等,有精勤练行、守戒律者,并令大寺观居住,给衣食,勿令乏短。其不能精进、戒行有阙、不堪供养者,并令罢遣,各还桑梓",⑥ 这就有助于改善佛、道在人们心目中的形象,缓和因违戒不法行为造成的圣俗之间的紧张关系;并且在宗教信仰禁令的推动下,佛、道二教自身也更加重视戒律的完善,强调"佛之为教,必先戒律",⑦ 并根据社会需要不断对原有的戒律进行补充调整。如道宣著有《四分律删繁补阙行事钞》《四分律含注戒本疏》《四分律随机羯磨疏》,怀海禅师将禅宗的规范法制化、条文化,制定了《禅门清规》,后世相沿不辍;道士张万福、朱法满也编撰了《三洞众戒文》、《洞玄灵宝道士受三洞经戒法箓择日历》和《要修科仪戒律钞》等道教的戒律科仪,在整顿道教和规范道士行为上发挥了很大的作用。这些都推动了宗教戒律学的发展,也有助于从内部规范宗教信仰行为。

值得注意的是,唐代有关宗教信仰的禁令也产生过一些消极影响。如为了神化自己统治的合法性和防止被统治者利用宗教信仰进行反抗活动,唐王朝将宗教信仰牢牢掌握在自己手中,作为控制臣民思想的工具。佛、道二教原本各自有其自治性的戒律来规范内部宗教行为,但是唐王朝强大的专制主义通过禁令对宗教信仰具体行为做出强制性规定,进一步将封建皇权向宗教内部渗透,使其加强了皇权对宗教信仰的约束,增强了统治者对社会意识形态的控制。唐王朝利用宗教信仰禁令,限制僧俗之间的交往,并将不利于统治的宗教经籍定为伪经加以禁毁,禁止许多具有地域历史文化特色的民间祭祀,不利于民间文化的发展。同时,在强大的皇权压制下,佛、道二教为迎合统治者的需要,也逐渐放弃了某

---

① (唐)韦绚:《刘宾客嘉话录》,《唐五代笔记小说大观》(上),上海古籍出版社2000年版,第806页。
② 《新唐书》卷四八"百官志三",第1252页。
③ (唐)善导:《观无量寿经疏》卷二,《大正藏》第37册,NO.1753,第259页。
④ 周绍良、赵超:《唐代墓志汇编》贞观〇五三,上海古籍出版社1992年版,第43页。
⑤ (宋)赞宁撰,范祥雍点校:《宋高僧传》卷一七"道丕传",中华书局1987年版,第432页。
⑥ 《旧唐书》卷一《高祖本纪》,第17页。
⑦ (元)德辉:《敕修百丈清规》卷八"唐洪洲百丈山故怀海禅师塔铭并序",《大正藏》第48册,NO.2025,第1157页。

些教义上的习惯。在唐代,"三教论衡"曾是儒、释、道三教之间一种非常好的思想交流形式,由于统治者的调和主义态度,论议逐渐程式化,蜕化成一种讨皇帝欢心的宫廷娱乐活动,① 以致发生伶人李可及戏谑三教的事情。② 因此,一度百花齐放的佛教宗派和义学探讨到晚唐也都成了过眼烟云,以至于葛兆光先生称唐代在思想上处于"盛世的平庸"。③ 唐王朝颁布的宗教信仰禁令,也曾演变成宗教迫害。会昌年间,唐武宗在全国范围内大规模拆毁佛寺、焚烧经文,其他外来宗教人士也受到迫害,"京城女摩尼七十二人死",回纥摩尼也被"配流诸道,死者大半。"④ 这种采用行政暴力手段解决宗教信仰问题的现象,体现了封建王朝残暴的阶级压迫本性,削弱了宗教信仰对社会思想文化的促进作用。

总之,伴随着中国古代律令制的发展,唐王朝颁布了许多宗教信仰禁令,不仅对唐朝宗教信仰管理的机构和制度作出了明确的规定,而且对僧尼道士的违戒不法、往来聚会、传播伪经,某些与社会不相符的宗教习惯、私度僧人、私建寺观以及民间信仰等的具体问题也作了禁止性规定,涉及当时宗教信仰的诸多方面,逐渐形成了律令化的宗教管理模式,完善了封建国家对宗教的管理,有效地规范了宗教信仰行为,维护了社会秩序,也推动了宗教的自身发展。正因为唐代宗教信仰禁令为封建王朝管理宗教信仰提供了一种有效的手段,故唐以后的历代王朝多承袭了这一宗教管理模式。如被称为唐律翻版的《宋刑统》⑤ 就直接沿用了许多唐代宗教信仰禁令,明清律法中也有不少禁止私创庵院及私度僧道、收藏禁书及私习天文、师巫邪术、术士妄言祸福和造妖书妖言的规定。可见,唐代宗教信仰禁令对中国古代宗教信仰管理方式的转变具有积极的意义。

(原文发表于《世界宗教研究》2018年第4期)

---

① 武玉秀:《隋唐五代之际的宫廷"三教论衡"探析》,《世界宗教研究》2013年第3期。
② (唐)高彦休:《唐阙史》卷下"李可及戏三教",《唐五代笔记小说大观》(下),第1350—1351页。
③ 葛兆光:《中国思想史》第二卷《七世纪至十九世纪中国的知识、思想与信仰》,复旦大学出版社2000年版,第84—85页。
④ 《大宋僧史略校注》卷下"大秦末尼"条,第217页。
⑤ 汪世荣:《中国法制史》,北京大学出版社2007年版,第200页。

年度著作[*]

---

[*] 该板块由陈粟裕编。

1.《中国的宗教系统及其古代形式、变迁、历史及现状》

高延著，花城出版社 2018 年版

内容简介：该书是高延汉学研究代表作之一。大体包括中国上古到清末的丧葬礼仪、死亡与灵魂的观念、坟墓制度、丧葬方式、居丧习俗、风水、灵魂与祖先崇拜、投胎转世观念、鬼神观念、驱鬼辟邪习俗及仪式、神职人员等方面。作者从西方角度对中国本土民间宗教进行了相当全面的介绍与评说，有意义的是，它不但依据经典文本，而且更注重来自田野调查的鲜活资料的采集运用。其征引的史料极为丰富，且注重爬梳野史资料，除了考据和文献学方法，还吸取了人类学、社会学的研究方法，这种研究方法代表了欧洲刚刚发展起来的人类学、社会学和中国学结合的观念和方法。20 世纪 60 年代以来，该书因此而重新引起了欧美汉学界对中国民间宗教的兴趣，成为研究中国宗教的必备参考书。该书史料丰富、翔实、系统，叙述生动，配以丰富的图片资料，不仅具有很高的学术性，同时也具有相当的可读性。

2.《传承：认知与宗教人类学的探索》

杨德睿著，商务印书馆 2018 年版

内容简介：该书是以认知人类学的视角来研究中国宗教文化传承的一番尝试。其立论基础源于法国人类学家 Dan Sperber 在新演化论（Neoevolutionsim）和社会生物学（Sociobiology）的启发下提出、倡导的"文化传承"（Cultural Transmission）研究，主张"传承"是解释文化的演化与现状的核心范畴，并进而提出"表征的流行病学"（Epidemiology of Representation）模型来将其操作化。这本书也是中文世界里首本用这一理论视角和方法来研究中国宗教现象的人类学著作。

3.《中国佛教仪式研究：以斋供仪式为中心》

侯冲著，上海古籍出版社 2018 年版

内容简介：该书对佛教仪轨进行了全面考察，是中国关于佛教仪式的首部专门研究著作，在以思想研究为主的中国佛教研究界，打开了一个新局面。该书在将佛教仪式分为修持仪式和斋供仪式的基础上，结合调查资料，挖掘佛藏经律、敦煌遗书、俄藏黑水城遗书以及传世佛教仪轨文本中的相关材料，通过将道安三例、唱导、水陆法会、预修斋供等放在斋僧平台之上进行考察，研究中国佛教斋供仪式的起源、组成、核心内容、分类和程序、最有代表性的斋供仪式和宋代以后影响最深远的斋供仪式，提出了一系列新观点，开拓了中国佛教研究的新领域。中国佛教仪式无疑融合了印度、中亚佛教的基本形式，在本土化、地域化的长期进程中，寄托着中国信众的思想和习惯，时有充实或略减。明清时期的佛教仪式和现行仪式应有很多不同，还原当时历史情况，对于研究封建时代社会生活史具有重要意义。

4.《上帝与罗马：奥利金与早期基督教的宗教—政治革命》

吴功青著，上海三联书店 2018 年版

内容简介：该书是一部从新的角度理解奥利金与古代思想世界，甚至与现代世界之关系的作品。与西方学者侧重于奥利金的知识世界不同，作者把奥利金的神学系统，包括有关基督信仰的各种知识形式融会于政治思想的分析之中，使用一种考古学技术呈现信仰知识背后的政治原理，把学者们通常视为客观知识的研究对象，诠释为信仰和社会活动关联的主观知识，并与公元 1 世纪以降西方古代社会的革新和变化趋势相连接，将奥利金思想研究置于古代世界的变迁中，从一个思想家所基于的古代社会批判和辩护中，理解中古时期的政治革新和妥协过程，让人耳目一新。

5.《宗教与哲学的相遇：奥古斯丁与托马斯·阿奎那的基督教哲学研究》

黄裕生著，江苏人民出版社 2018 年版

内容简介：该书从研究奥古斯丁和阿奎那的基督教哲学着手，着重探讨了基督教哲学为哲学开辟的新问题与新维度。基督教在罗马帝国传播的过程中与哲学相遇，两者并没有一方取代另一方，而是相互改变了对方，相互造成了影响深远的历史效应。基督教哲学便是这种历史效应的一个集中体现，它既是基督教寻求哲学理解、接受哲学追问的直接产物，也是哲学试图去理解和开显基督教教义的思想产物。

6.《穆斯林与激进主义》

方金英著，时事出版社 2018 年版

内容简介：该书指出，激进主义一直是穆斯林世界的一股破坏性力量，成为伊斯兰教的肘腋之患，流毒千余年，今后还要和我们如影随形地伴生下去。鉴此，作者认为有必要从理论与实践的双重维度，梳理漫长的穆斯林激进主义历史演进轨迹，探寻其背后实现不同时代传承的激进理论家和践行家的言行，目的不是渲染激进思想及其行为，而是力求提供一份能够正确把脉激进势力历史发展趋势的资料，让政府和社会了解这段激进历史，并以史为鉴，找到同激进势力作斗争的坚定信念和智慧，最终为实现国家的长治久安大局和世界和平添砖加瓦。

7.《二元神论——古代波斯宗教神话研究》

元文琪著，商务印书馆 2018 年版

内容简介：该书依据波斯古经《阿维斯塔》和帕拉维语文献，对琐罗亚斯德教神话做了全面深入的研究。在此基础上，提出自己的学术见解，围绕宇宙观、道德观和社会观，充分论证琐罗亚斯德教的核心思想——善恶二元论。同时，结合对摩尼教的研究，确认古波斯的两大宗教为二元神教，并提出二元神教是宗教发展的历史形态之一。

8.《犍陀罗文明史》

孙英刚、何平著，生活·读书·新知三联书店 2018 年版

内容简介：该书指出，犍陀罗佛教艺术有很高的知名度，国外有关的论著可谓汗牛充栋。而在国内，对犍陀罗佛教艺术做深入研究和全面介绍才刚刚起步。之前国内学界一直将犍陀罗视为域外文明，但实际上，犍陀罗文明和中国文明存在着千丝万缕的联系，对犍陀罗文明的研究，有助于我们理解中国自身文明的特点和发展轨迹。该书是第一本有关犍陀罗历史、艺术的综合性中文图书，通过文字和图像的结合，勾勒出这个曾经在中外贸易、文化交流中扮演重要角色的文明的轮廓和发展脉络。

9.《六朝道教古灵宝经的历史学研究》

刘屹著，上海古籍出版社 2018 年版

内容简介：该书充分发挥了中国学者研读基本文献的优长，针对国际道教学界围绕古灵宝经的一系列争论，提出中国学者自己的看法，可算是中国学者对国际道教学界灵宝经研究长期争议问题的一个正式回应。该书是一部严谨、规范、诚实、厚重的著作，除具体解决古灵宝经出世历程等问题，还有维护中国学者在国际道教研究领域话语权的作用。而该书解决古灵宝经研究这一学术难题的经验和启示，将不仅有益于古灵宝经研究，甚至道教研究，更不失为当下的中国学术研究，如何真正理解和吸收国外学者研究成果，推进自身研究进展的典型范例。

10.《仁爱与圣爱：儒家道德哲学与基督教道德哲学之比较研究》

赵士林著，人民出版社2018年版

内容简介：该书综合运用了哲学、宗教学、历史学、心理学的方法及中外多种学科资料，以"仁爱"与"圣爱"为核心，逐层剖析和比较了儒家与基督教两种文化道德哲学的形成、特质、功能以及对于政治思想、文化传统的深层建构与影响。儒家以血缘情感扩展建构宗法生活，其世界观为一个人生一个世界，因而其仁爱也就着力于此生一个生活世界的建设，爱的主要内容是从现实世界延展出的"生"的价值——崇尚生机、尊重生命、珍视生活。就爱的施行而言，儒家的仁爱从孝亲开始培养、生发，立爱自亲始，然后通过忠恕之道推己及人，追求内圣外王的实现以及历史中的不朽。基督教则明于神圣、世俗两个世界的区分，在信仰基础上组织了一种宗教生活，圣爱是上帝的诫命，其圣爱于是更加重视皈依上帝而获得的关怀的自由与灵魂的不朽。儒耶两家都主张将自己的爱向外推广，所不同的是，儒家的仁爱是一种人人关系，因此有己所欲、己所不欲的两面思考；而基督教的圣爱是一种人—神—人关系，这就取消了己所不欲的思考向度，这是基督教传播过程中造成一些问题的内在症因。儒耶两家也都希望爱能够得到为广泛的实现，儒家希望终达成四海之内皆兄弟。

年度新闻*

---
* 该板块由司聘编。

1.《推进我国基督教中国化五年工作规划纲要（2018—2022）》正式启动

2018年3月27—28日，基督教全国两会在江苏省南京市召开"《推进我国基督教中国化五年工作规划纲要（2018—2022）》启动仪式暨神学思想建设宣讲团工作会议"，部分省（自治区、直辖市）基督教两会负责人和118位基督教全国两会神学思想建设宣讲团成员参加会议。

时任中国基督教协会会长的高峰牧师表示，中国教会长期致力于推进中国化进程、《规划纲要》的制定与实施，旨在新时代深化神学思想建设，促进教会和谐健康发展，发挥基督教的积极作用，践行社会主义核心价值观，不断提高与社会主义社会相适应的广度和深度。

2.《中国保障宗教信仰自由的政策和实践》白皮书发表

2018年4月3日，国务院新闻办公室发表《中国保障宗教信仰自由的政策和实践》白皮书。白皮书约八千字，除前言和结束语外共包括五个部分，分别是保障宗教信仰自由的基本政策、宗教信仰自由权利的法律保障、宗教活动有序开展、宗教界的作用得到充分发挥、宗教关系积极健康。

白皮书指出，中国是共产党领导的社会主义国家。中国始终坚持从本国国情和宗教实际出发，实行宗教信仰自由政策，保障公民宗教信仰自由权利，构建积极健康的宗教关系，维护宗教和睦与社会和谐。

白皮书说，党的十八大以来，在以习近平同志为核心的党中央坚强领导下，中国全面推进依法治国，把宗教工作纳入国家治理体系，用法律调节涉及宗教的各种社会关系，宗教工作法治化水平不断提高。信教公民和不信教公民相互尊重、和睦相处，积极投身改革开放和社会主义现代化建设，共同为实现中华民族伟大复兴的中国梦贡献力量。

白皮书指出，中国结合宗教发展变化和宗教工作实际，汲取国内外正反两方面的经验，走出了一条依法保障宗教信仰自由、促进宗教关系和谐、发挥宗教界积极作用的成功道路。中国共产党第十九次全国代表大会报告明确指出，全面贯彻党的宗教工作基本方针，坚持宗教的中国化方向，积极引导宗教与社会主义社会相适应。中国将一如既往地尊重和保障公民的宗教信仰自由，努力建设富强民主文明和谐美丽的社会主义现代化强国。

3. 中国伊斯兰教协会举行"四进"清真寺活动启动仪式

2018年5月18日上午，中国伊斯兰教协会在北京东四清真寺举行"四进"清真寺活动启动仪式，向各地伊斯兰教协会和清真寺发出倡议，倡议开展国旗、宪法和法律法规、社会主义核心价值观、中华优秀传统文化进清真寺活动。现场还举行了隆重的升国旗仪式和向北京清真寺赠书的活动。

中共中央统战部副部长、国家宗教事务局局长王作安出席启动仪式并致辞。他强调，习近平总书记关于坚持我国宗教中国化方向等重要论述为我国宗教包括伊斯兰教的健康传承指明了正确方向，落实总书记的殷切期望，开展"四进"清真寺活动是推动伊斯兰教中国化的具体举措。他指出，新时代中国伊斯兰教要弘扬爱国主义优良传统，增强"四个意识"，坚定"四个自信"，强化"五个认同"，筑牢中华民族共同体意识；要树立宪法意识和法治理念，学习贯彻新修订的《宗教事务条例》，既做好教徒又做好公民；要践行社会主义核心价值观，使其融入宗教规章制度，对教规教义做出符合价值观的阐释，讲深讲透，加强正面宣传引导；要融会中华优秀传统文化，在伊斯兰界开展学习体验活动，让中国伊斯兰教的各个方面都展现中国文化特质。总之，要通过深入开展"四进"清真寺活动，扎实推进伊斯兰教中国化不断取得新的进展。

中国伊协会长杨发明在致辞中希望伊斯兰教界把思想和行动统一到坚持伊斯兰教中国化方向的总要求上来，结合各地实际，精心组织，探索创新，通过举行升国旗仪式、开办专题学习讲座、组织演讲比赛、发放相关书籍等活动，将"四进"清真寺活动持续深入开展下去。

中共中央统战部、中国伊协、北京市政府有关负责人以及北京伊斯兰教界人士和穆斯林群众代表参加了上述活动。中国伊协倡议开展的"四进"清真寺活动得到了各地伊斯兰教界的广泛响应和热情支持，甘肃、青海、宁夏、新疆等地也同时开展了相关活动。

4. 中国佛教协会、中国道教协会号召全国佛教道教界自觉抵制商业化不良影响

十三届全国政协第五次双周协商座谈会上，中共中央政治局常委、全国政协主席汪洋主持会议并讲话。他强调，佛教道教商业化是当前宗教领域的突出问题，扰乱了正常的宗教活动秩序，损害了佛教道教的形象，败坏了社会风气，党中央高度重视，社会各界广为关注。此次双周协商座谈会以"治理佛教道教商业化"为议题，是人民政协贯彻落实党中央决策部署和习近平总书记重要指示精神、以问题为导向开展建言资政和民主监督的重要体现，对于深刻认识宗教商业化的危害性、进一步理清治理思路和政策、促进佛教道教健康发展和净化社会风气具有重要意义。

2018年6月26日，中国佛教协会发布《关于自觉抵制佛教领域商业化不良影响的通知》（以下简称《通知》）。《通知》号召各省、自治区、直辖市佛教协会高度重视佛教领域商业化问题，将自觉抵制商业化不良影响、积极配合党和政府治理佛教领域商业化问题作为当前的重要工作来抓，认真组织当地佛教活动场所、佛教院校和佛教教职人员学习贯彻《宗教事务条例》及十二部门文件精神，自觉抵制商业化不良影响。

2018年7月17日，中国道教协会向各省、自治区、直辖市道教协会下发《关于加强治理、坚决抵制道教商业化问题的通知》，要求各省、自治区、直辖市道教协会高度重视道教领域商业化问题，认真组织道教协会、院校、活动场所和教职人员深入学习党的十九大精神、全国宗教工作会议精神、《宗教事务条例》和十二部门文件精神，从正确认识道教商业化问题、继续加强道教道风建设、规范道教活动场所管理、依法依规加强教职人员管理、规范互联网信息服务、积极维护道教界合法权益6个方面入手，抵制道教领域商业化行为，配合落实党和政府治理道教领域商业化的举措，消除道教领域商业化问题所造成的不良社会影响。

5. 全国性宗教团体负责人在京专题学习十九大精神

2018年8月27日至9月1日，中共中央统战部在京举办全国性宗教团体负责人专题学习班。来自中国佛教协会、中国道教协会、中国伊斯兰教协会、中国天主教爱国会、中国天主教主教团、中国基督教三自爱国运动委员会、中国基督教协会等全国性宗教团体近100名负责人（秘书长、总干事及以上）参加了学习。

2018年8月28日，学习班在中央社会主义学院举行开班式。开班式由中共中央统战部副部长、国家宗教事务局局长王作安主持，中共中央统战部常务副部长张裔炯出席并讲话。中央社会主义学院和中共中央统战部相关部门负责同志参加开班式。来自中共中央党校（国家行政学院）

的知名专家学者分别讲授了习近平新时代中国特色社会主义思想以及习近平新时代中国特色社会主义经济思想、习近平新时代中国特色社会主义外交思想、习近平总书记关于全面依法治国和中国特色社会主义文化重要论述等内容，中共中央统战部有关负责同志围绕统一战线和宗教工作作了专题报告。

6. 中梵签署主教任命临时性协议

2018年9月22日，中国外交部副部长王超同梵蒂冈代表团团长、教廷与各国关系部副部长卡米莱利在北京举行会谈，并签署关于主教任命的临时性协议，表示中梵双方将继续保持沟通，推动双方关系改善进程继续发展。

中国天主教一会一团新闻发言人就此发表谈话指出，中国天主教爱国会、中国天主教主教团衷心拥护临时性协议的签署。中国天主教会深爱自己的祖国，将继续坚持爱国爱教的优良传统，坚持独立自主自办教会原则，坚持中国化方向，坚持走与社会主义社会相适应的道路，在中国共产党的领导下，同全国各族人民一道，为实现中华民族伟大复兴的中国梦而不懈努力。中国天主教会同世界各国天主教会同属一个信仰，愿意在独立自主、相互尊重、平等友好的基础上开展同各国天主教会的友好往来，增进了解和理解，衷心希望中梵关系不断得到改善。

主教任命临时性协议签署后不久，2018年10月3日，中国天主教主教团副主席兼秘书长承德教区郭金才主教、主教团副主席榆林教区杨晓亭主教、主教团副秘书长杨宇神父应邀出席在梵蒂冈举行的世界天主教主教会议。

会议期间，郭金才主教、杨晓亭主教介绍了改革开放以来中国天主教会在牧灵福传、人才培养和圣召培育方面所取得的成就，使与会者更加了解中国的文化和历史。

7. 全体宗教界庆祝改革开放40周年

2018年正值中国改革开放40周年。为庆祝改革开放40周年，10月7日至17日，由中国道教协会主办，四川省道教协会协办，成都市道教协会、青城山道教协会承办的2018成都青城山罗天大醮系列活动在青城山举办。活动集中展示了自落实党的宗教政策以来中国道教界的新发展新面貌，表达了道教界庆祝中国改革开放40周年的美好心愿。

2018年11月26日，中国伊斯兰教协会组织全体工作人员前往国家博物馆，参观"伟大的变革——庆祝改革开放40周年大型展览"。全体人员表示，进入新时代，要坚持以习近平新时代中国特色社会主义思想为指导，高举新时代改革开放旗帜，坚持伊斯兰教中国化方向，以更加坚定的信心为实现中华民族伟大复兴的中国梦作出贡献。

2018年12月12—13日，中国基督教纪念改革开放40周年暨神学思想建设20周年研讨会在上海举办，来自政界、学界、教界的80余人参加了研讨。与会人士共同回顾改革开放给国家和教会带来的繁荣与发展，总结神学思想建设的历程和成果，梳理当前基督教中国化面临的主要困难，学习改革开放解放思想、实事求是的精神实质，探索基督教在新时代中国特色社会主义社会中健康和谐发展的理论思考与实践路径。

8. 第五届世界佛教论坛在福建莆田举办

2018年10月29—30日，由中国佛教协会与中华宗教文化交流协会主办、福建组委会承办的第五届世界佛教论坛在福建莆田隆重举办。中共中央政治局常委、全国政协主席汪洋向大会发来贺信，向出席论坛的海内外高僧大德和各界朋友表示热烈欢迎和诚挚问候。中共中央书记处书记、中共中央统战部部长尤权出席论坛开幕式并致辞。论坛受到了国际社会的高度关注,联合国秘书长古特雷斯、斯里兰卡总统西里塞纳、缅甸总统吴温敏等外国政要,日本、韩国、加拿大、美国、俄罗斯、柬埔寨、菲律宾等国佛教组织领导人来函来电致贺。

论坛以"交流互鉴、中道圆融"为主题,来自55个国家和地区的1000余名佛教界人士、专家学者和其他社会知名人士出席论坛。第五届世界佛教论坛共设立7个分论坛,1场新媒体论坛,2场电视论坛。

9. 中国天主教纪念自选自圣主教60周年

2018年12月18日,纪念中国天主教自选自圣主教60周年座谈会在江苏南京举办。中共中央统战部副部长王作安在讲话中指出,新中国成立后,为了解决多数教区没有主教的严峻问题,1958年,汉口、武昌教区分别选举董光清、袁文华两位神父为主教,排除外部阻挠,举行了祝圣典礼。中国天主教会自选自圣主教由此肇端,成为中国天主教历史上具有标志性意义的重大事件,有力推进了独立自主自办教会事业,对实现"天主教在中国"向"中国天主教"的深刻转变产生了深远影响。

中国天主教主教团主席、中国天主教爱国会副主席马英林主教在主旨发言中表示,要以60周年为契机,大力弘扬爱国爱教优良传统,坚定独立自主自办教会的信念,团结协作、扎实工作,努力开创中国天主教工作新局面。

10. 中国道教协会举行《中华续道藏》编纂出版工程启动仪式

2018年12月20日,中国道教协会在北京举行《中华续道藏》编纂出版工程启动仪式。中国道教协会会长、《中华续道藏》主编李光富道长宣布《中华续道藏》编纂出版工程正式启动。

2015年6月底,中国道教协会第九次全国代表会议提出编纂《中华续道藏》的计划。在中央领导的亲切关怀和中央有关部门的积极支持下,《中华续道藏》作为文化重大工程列入国家"十三五规划"纲要和"中华古籍保护计划"。该工程重点对境内外道经进行系统的调查编目、研究评估、整理编纂、影印和点校出版,以缩微技术、数字技术、影像技术等方式,实现道教典籍和活态文化的保护传承,完善道经入藏体系,使之成为弘扬中华优秀传统文化、增强中国文化软实力、保护道学经典、促进道教健康传承发展的重大文化项目。

年度会议[*]

---

[*] 该板块由王剑利编。

1. 敦煌与丝绸之路多元宗教学术研讨会

2018年5月5—9日，敦煌与丝绸之路多元宗教学术研讨会在敦煌莫高窟召开。会议由敦煌研究院、中国社会科学院世界宗教研究所、中国宗教学会主办，敦煌研究院文献研究所、佛学研究中心和中国社会科学院《世界宗教文化》编辑部承办，来自高等院校和科研单位的120位代表济济一堂，共聚敦煌莫高窟展开学术研讨。研讨会以"敦煌与丝绸之路多元宗教"为主题，共收到近100篇学术论文，涵盖"敦煌古代宗教与丝绸之路多元宗教文化关系""三夷教及其在丝绸之路沿线的传播""丝绸之路沿线的宗教文化交流""敦煌与中亚、印度石窟艺术""敦煌、丝绸之路之相关历史文化研究"等内容。40余位专家、学者围绕会议主题进行了发言和探讨，对深入探讨敦煌古代宗教与丝绸之路沿线多元宗教文化关系的研究具有重要的学术价值。

2. 国际道家哲学会议

2018年6月1—2日，国际道家哲学会议在北京师范大学召开。此次会议由北京师范大学哲学学院主办，北京师范大学道家与中国文化国际研究中心、北京师范大学价值与文化中心和美国三松出版社协办，来自国内外90余所知名大学和研究机构的130余名学者参加会议。会议以"权威与本真"为主题，采取了圆桌会议、全体会议、小组讨论以及工作坊等会议形式，专家围绕"国内外道家研究的现状""权威与真实""道家与社会之间的关系"等议题进行了深入研讨。

3. 新时代中国宗教及其研究高层论坛暨中国宗教学会年会

2018年7月29—30日，新时代中国宗教及其研究高层论坛暨中国宗教学会年会在山东威海召开。论坛由中国宗教学会、山东大学犹太教研究中心、中国社会科学院世界宗教研究所联合举办，来自全国各地高校和科研院所的百余名专家学者、宗教事务工作者和宗教界人士围绕"中国特色社会主义宗教观研究""中国宗教的现状与未来走向研究""新时代中国特色的宗教理论及实践研究""宗教中国化的理论与实践""宗教传播与文明发展""犹太教思想研究""宗教交往与边疆治理""本土宗教的实践与理论""宗教现实问题与反思"等主题进行了研讨。

4. 中国社会科学论坛（2018·宗教学）宗教学研究的传承与创新国际学术会议

2018年9月22—23日，中国社会科学论坛（2018·宗教学）宗教学研究的传承与创新国际学术会议在北京召开。会议由中国社会科学院学部主席团主办，中国社会科学院世界宗教研究所和中国宗教学会联合承办。会议设立九个分论坛，来自国内外近70位专家学者围绕"当代宗教变迁研究""宗教学理论创新研究""宗教艺术研究""宗教思想研究"等议题进行了专题发言和深入探讨。

5. 改革开放四十周年宗教工作理论与实践学术研讨会

2018年10月12—14日，改革开放四十周年宗教工作理论与实践学术研讨会在四川省社会主义学院召开。此次研讨会由中央社会主义学院主办，四川省社会主义学院承办，清华大学道德与宗教研究院协办。来自中央社会主义学院、原国家宗教事务局、北京大学、清华大学、中国人民大学、北京师范大学、四川大学、西南民族大学、四川省委党校及各地方社会主义学院等单位的专家学者，中国佛教协会、中国道教协会、中国伊斯兰教协会、中国天主教爱国会、中国基督教协会和四川各宗教团体负责人，四川省委统战部、四川省民族宗教事务委员会等相关工作部门负责人及全国省级社会主义学院负责人120余人参加会议。研讨会从历史发展观的立场出发，梳理总结了改革开放四十年各大宗教的具体实践，研究了改革开放四十年宗教理论的发展情况，积极探索新时代宗教工作理论与实践。

6. 马克思主义宗教观研讨会（2018）

2018年10月13—14日，马克思主义宗教观研讨会（2018）在浙江省天台县召开。此次研讨会由中国社会科学院世界宗教研究所主办，浙江省社会主义学院宗教与社会研究中心协办，浙江省天台县委党校、县社会主义学校、县社科联承办。近70位专家学者出席会议并围绕中国特色社会主义宗教理论、宗教工作法治化、中国宗教中国化、改革开放以来中国宗教政策的发展、马克思主义无神论、马克思主义宗教观的实践与发展、高校马克思主义宗教观教育、文化自信与精神空间的建构、天台山佛道思想等议题展开研讨。会议期间还举办了青年马克思主义读书班座谈会。

7. 2018年度基督宗教研究系列研讨会

2018年10月20日，2018年度基督宗教研究系列研讨会在北京召开。由中国社会科学院基督教研究中心与中国社会科学院近代史研究所社会史研究中心、福建师范大学中国基督教研究中心共同主办的"基督宗教史学——思想史研究专题论坛"，由中国社会科学院基督教研究中心主办的"基督宗教哲学——中国教父哲学研究论坛（第四届）"，由中国社会科学院基督教研究中心、中央民族大学宗教研究院共同主办的"基督宗教经典文献学——处境化的圣经研究国际论坛"，由中国社会科学院基督教研究中心和北京大学中国社会与发展研究中心共同主办的"基督宗教文化比较与现状——改革开放四十年以来的基督宗教研究论坛"同时在中央社会主义学院举行。四个专题论坛分别从历史、哲学、文献、文化比较及现状研究的角度，对基督宗教进行了客观系统的研究，以期梳理其两千年来在不同阶段、不同处境中的发展历史，评判其在世界思想文化发展史中的地位及影响，考订其产生发展的文献源头及呈现它在不同社会脉络中的现实表现与发展规律。来自政界、学界、教界30余所高校及科研机构的专家学者参与了研讨。

8. 第四届全国伊斯兰教学术研讨会

2018年10月20—21日，第四届全国伊斯兰教学术研讨会在陕西师范大学隆重举行。此届会议由中国宗教学会伊斯兰教专业委员会、中国社会科学院世界宗教研究所伊斯兰教研究室、陕西师范大学中国西部边疆研究院共同主办，来自全国各地200余人参加了此次会议，为全国伊斯兰教研讨会中规模最大的一次。会议紧密围绕"新时代的伊斯兰教研究"这一主题，设置12个议题进行分组讨论，议题包括新时代中国伊斯兰教的本土特色、新时代"一带一路"与伊斯兰教、新时代人类命运共同体与伊斯兰世界、新时代伊斯兰教研究的新视野、新时代伊斯兰教研究的新资料、新时代伊斯兰教研究的新景观、新时代中国伊斯兰教的发展模式、新时代中阿战略合作伙伴关系、当代伊儒相通的互动模式、中华文明与伊斯兰文明的互学互鉴、反对西方话语霸权与历史虚无主义等。此次研讨会是中国宗教学会伊斯兰教专业委员会自2018年7月后主办的首次学术活动。

9. 第七届东南亚宗教研究高端论坛·东南亚宗教与人类命运共同体学术研讨会

2018年10月21—22日，第七届东南亚宗教研究高端论坛·东南亚宗教与人类命运共同体学术研讨会在华侨大学举行。此届论坛由中国社会科学院世界宗教研究所、华侨大学、中国宗教学会联合主办，华侨大学哲学与社会发展学院、华侨大学海外华人与闽台宗教研究中心、华侨大学海外华人宗教与闽台宗教研究创新团队承办，《世界宗教文化》编辑部协办。来自国内外的60余位专家学者汇聚一堂，围绕"东南亚宗教与人类命运共同体"这一会议主题，聚焦东南亚各国的政治、经济、社会、文化等领域的前沿问题、热点问题，开展了热烈而富有成效的讨论。

10. 第五届世界佛教论坛

2018年10月28—30日，第五届世界佛教论坛在福建省莆田市隆重举办。论坛由中国佛教协会和中华宗教文化交流协会主办，第五届世界佛教论坛福建组委会承办，来自55个国家和地区的千余名佛教界人士、专家学者和社会知名人士，围绕"交流互鉴、中道圆融"的主题，共话佛教文化交流和构建人类命运共同体。论坛设立7个分论坛，分别是"佛教与海上丝绸之路分论坛""佛教与公益慈善分论坛""佛教与环境保护分论坛""中美欧佛教分论坛""海峡两岸暨港澳佛教分论坛""中韩日佛教分论坛""澜湄流域佛教分论坛"，并采用现代科技与新兴传播手段，设立了3场新媒体论坛、电视论坛，实现了网络、电视同步直播。

年度研究数据

2018年度我国宗教研究专业学刊目录

王 伟 编

2018年度《世界宗教研究》目录

第一期目录
中国特色社会主义宗教理论研究
党的十九大对新时代宗教工作的指引/卓新平
从习近平主席系列重要讲话看中国特色佛教文化的形成、特性与精神底蕴/李永斌、李利安
专题研究
中国儒学的缄默维度特质/张昭炜
伍廷芳证道学研究/张洪彬
庙宇宗教、四大门与王奶奶——功能论视角下的燕大乡土宗教研究/岳永逸
宗教信仰交往及其私人化特征——基于福建海滨社区信仰关系的研究/赵翠翠
佛教是一个"想象的共同体"吗?——太虚佛教革新运动与日本/何燕生
从《华严经》到《圆觉经》:唐代华严教学中的经典转移/龚隽
"配置土"还是"清净土"?——辨析大乘佛教净土观念的两种思想来源/李想
《新唯识论》翕辟成变说申论/陈强、洪军
"信仰惯习":一个分析海外华人民间信仰的视角——基于新加坡中元祭鬼习俗的田野考察/李向振
青海省贵德县文昌神和二郎神信仰考察报告/曾传辉
关于济南市 d 观义工群体的考察与反思/谭德贵
明清时期传入澳门的伊斯兰教、琐罗亚斯德教、东正教和犹太教/汤开建
当代东南亚华人基督徒数量的估算与评析——兼统计东南亚、世界基督徒与东南亚华人数量/张钟鑫
伊本·泰米叶与苏非主义关系初探/李晓瞳
书评
道教研究领域与研究方法的双突破——评《中国近世道教送瘟仪式研究》/胡瀚霆
综述
动物与宗教:物质主义与情动转向的理论反思/陈怀宇
历史深处的回望 东方与西方的相遇——中国首届景教研究国际论坛会议综述/张迎迎

第二期目录
马克思主义宗教观研究
马克思主义宗教伦理观：宗教中国化方向的一种指引/李志雄、阳国光

坚持宗教中国化方向　妥善处理文明间宗教关系是构建人类命运共同体的重要内容/傅丽、黄杰

专题研究
19世纪欧洲宗教学家的佛经翻译和研究及其学术文化影响——以麦克斯·缪勒为代表/洪修平、孙亦平

中唐至北宋《金刚经》扉画说法图考察/张建宇

汉晋佛经翻译中"出经"含义考释/张振龙、匡永亮

《华严法界观》作者考辨/刘峰

佛教寺院金融与中国金融业的发展/周建波

三一教与道教雷法初探/李志鸿

大理巍山神霄西河派科仪经书的整理与研究/萧霁虹、吕师

白玉蟾多重性考论/于洪涛

闽粤台客家惭愧祖师信仰的互动发展与文化认同——田野调查与文献记载的比较/刘大可

超越作为特殊性的宗教：莎士比亚与圣保罗的普遍主义——以《威尼斯商人》为例/邱业祥

后现代圣经诠释：理论之后/田海华

晚清美北浸礼会传教人员在潮汕的私人经济活动/李期耀

真理情结中的人论——爱任纽《驳异端》的相关文本分析/尚文华

当代伊斯兰教赛莱菲主义的理论与实践/李维建

书评
《近当代伊斯兰宗教思想家评传》述评/马丽蓉

揭开中国民间信仰的"底色"——评李天纲《金泽：江南民间祭祀探源》/段玉明

《禅宗何以成为禅宗：关于开悟的争论和宋代禅宗的形成》评述/孔雁

《二元神论——古波斯宗教神话研究》后记/元文祺

佛教神话研究的精审之作——评陈明著《印度佛教神话：书写与流传》/王萱

第三期目录
马克思主义宗教观研究
马克思宗教艺术观的多维视野/聂清

专稿
宗教与法治："宗教信仰自由"的理解/金泽

专题研究
社会资本、宗教信仰与社会关系——以曲阜市农村老年人宗教信仰调查为例/林瑜胜

新《宗教事务条例》背景下关于宗教活动场所的法律分析/闫莉、于丽娜

中国早期"神明"观演变脉络探源/翟奎凤

帝降、天降与天谴：天灾观念源流考/闵祥鹏
从粟特僧侣到中土至尊——僧伽大师信仰形成内在原因探析/杨富学、张田芳
弥陀净土思想的中国化：以十念往生与别时意的关系为例/杨健
托林寺红殿的建造者及年代考/王瑞雷
元代江南地区僧侣与世俗文士关系的演化与历史转型——以杭州寺院记文与僧人塔铭的书写为视角/王菲菲
黄老道及其源于齐地初考/熊铁基
敦煌清信弟子经戒传授与北周至唐代的国家道教/刘永明、路旻
《吕祖医道还元》生命哲学思想考论/程雅君、赵怡然
灌溉与稻作：晋水流域民间文化信仰研究/苏泽龙
清中叶天主教在华乡村传播策略与管理模式——读鲁之裕《请除天主异教奏折》札记/陈文源
抗战时期自由派基督徒知识分子对于耶稣形象的民族主义诠释/李韦
抵抗与妥协：战争动员下的日本教会学校——以同志社大学为中心/朱虹
中国伊斯兰教中的什叶派问题探析/王宇洁、马超
蒙古族敖包信仰仪式中萨满教与佛教文化交融现状的根源探析/董波

综述
北美中国宗教研究的新动向——以2017年美洲宗教学术年会为例/张淼、李福

第四期目录
中国特色社会主义宗教理论研究
论新时代积极引导宗教与社会主义社会相适应问题/朱哲、李泓霏

专稿
佛教和医药学的考察与思考/杨曾文
全真道承担中华文化之使命/马西沙

专题研究
进化论与日本宗教：理解贝拉公民宗教概念的新视角/孙尚扬、王其勇
"建国君民，教学为先"——安史之乱前的孔子庙学/张宏斌
文明的交流互鉴与中国佛教绘画的发展历程/何劲松
契嵩本《坛经》新发现/侯冲
密教美术中的莲花与那伽/张雅静
宗教管理的律令化模式——唐代宗教信仰禁令研究/梁克敏
道教"灵籤"形成时代考略/黄海德、郭瑞科
全真教史家姬志真及元仁宗延祐六年《云山集》的史料价值/张广保
元朝至民国时期北京东岳庙的道派传承与住持传继/林巧薇
民国武当山道教管理的变迁/王闿
民国时期对奥古斯丁的译介/周伟驰
《召唤》对美国在华传教运动的反思/陶小路
理论苏菲学的体系架构和思想内涵/王希
藏族量理摄类学小因果略观/夏吾李加

书评
互鉴调适、多元通和——读牟钟鉴先生新著《儒道佛三教关系简明通史》/答小群
综述
《中国宗教研究》英文季刊 2018 年道教专号述要/吕鹏志、谭伟伦

第五期目录
中国特色社会主义宗教理论研究
改革开放 40 年来中国特色社会主义宗教理论研究的回顾与思考/毛胜
土地革命战争时期中国共产党的宗教工作研究/谢添
专题研究
从神圣到世俗——伊利亚德宗教史视野中的人与自然/黄增喜
加拿大宗教自由的司法保护：基于 SCC 案例样本的经验观察/张明锋
唐代佛教官寺特殊功能研究/聂顺新
明代佛教政策研究/张德伟
十六尊者与二位侍从：藏密事续部修习仪轨中的汉传佛教渊源/张凌晖
太虚与近代中印交流/印照
论道教内丹学的阴阳哲理/戈国龙
中国古代黄帝神话中的仪式和图腾研究/苟波
宋徽宗崇道成因新考——以宋本《度人经》为中心/李政阳
江西万寿宫与净明道商业伦理/焦玉琴
"阿米尼乌预定论之争"对于加尔文主义信仰的意义/董江阳
俄罗斯东正教圣愚崇敬现象探析/王帅
历史细节的直书与曲笔——关于乔治主教被杀时间的追索/王遥
马元章爱国济世的宗教情怀与社会实践/周晶
巴哈伊社区发展模式探析/梁建华
综述
麦沾恩与《梁发日记言行》及书信/邱志红
任继愈先生的禅宗研究/宁艳红
"乡村佛教"的历史、现实与出路——"乡村佛教与佛教中国化"学术研讨会述评/陈坚
生命道教暨卿希泰先生道教学术思想研究国际论坛综述/盖建民、杨雯
转型期的中国宗教史研究——首届中国宗教史论坛综述/董华锋

第六期目录
专稿
从出土文献对比景教礼仪吟诵的特色/葛承雍
专题研究
奥古斯丁的二阶情感理论/杨小刚
进攻性宗教冲突与防御性宗教冲突：基于地缘政治的分析/章远
退却、出新与融合：试探社会合作视域下的佛教中国化/彭睿

佛教譬喻"二鼠侵藤"在古代欧亚的文本源流（上）/陈明
民国初期的佛教政策及寺院财产管理/纪华传
民初革命派的破除迷信运动透视/许效正
清代以来湘中神像雕刻原因初探/巫能昌
高尚处士刘卞功考/白如祥
中国西南少数民族茅山教文化内涵探析/廖玲
明清时期老司城宗教坛庙时空分异论析/陆群
早期基督宗教历史发展中的《新约圣经》手抄本：一种批判性视角/李丞欣
圣像敬拜：一种信仰生活方式/张晓梅
清代基层社会治理视野中的回民教领/杜常顺、张磊
试论密宗大圆满藏文文献《智慧杜鹃》及其版本/同美、益卓、叶静珠穆
书评
从倡导中国化到建构中国学派——张志刚《"宗教中国化"义理研究》述评/吴华
唐宋转型视域下道教研究的新成果——读孙亦平教授新著《唐宋道教的转型》/聂启阳
综述
经堂教育现状及存在问题的调查研究（上）/哈宝玉
东南亚宗教与人类命运共同体——第七届东南亚宗教研究高端论坛综述/徐浩诚、姜子策

2018年度《世界宗教文化》目录

第一期目录
理论前沿
关于新修订《宗教事务条例》部分条款的理论分析/董栋
"坚持我国天主教中国化方向"理念解析/张弩
专家论坛："一带一路"与宗教研究
"一带一路"沿线伊斯兰支点国家建设及其安全风险防范研究/马丽蓉
"一带一路"倡议下中国—土耳其安全风险防范研究/苏闻宇
"一带一路"倡议下中国—伊朗安全风险防范研究/王畅
国际视野
泰国禅修派与中国佛性论思想/雷晓丽
古代埃及的棺及其反映的宗教观念/张赫名
苏非主义视角下印度圣徒崇拜现象初探/朱璇
现状研究　民间信仰研究
试论宗教性非物质文化遗产的有效传承方式——以岷江上游羌族"释比"传承为例/张泽洪、秦选涵
西南地区"跳端公"的历史演变及人类学意义/李世武
城镇化背景中的民间信仰代际传递机制研究——基于溪村和东镇的个案比较/刘友富
民间信仰的公共化困境——以浙江海滨社区的民间信仰为例/赵翠翠

学术专题　互联网宗教研究
互联网宗教与人类命运共同体/郑筱筠
互联网、人工智能与新宗教/金勋
日本宗教团体的O2O模式探索——以金光教桃山教会为例/黄绿萍
互联网传播环境下的"基督教中国化"论析/赵冰
深度解读
张天师与云台山治考论/詹石窗、李怀宗
"上帝本体论证明"中形式逻辑的超越与哲学批判方式的变革/叔贵峰、符越
恶与生存：生存视角下的神义论问题——兼论麦基与普兰丁格"自由意志说"之争/孙清海
《无量寿经》经名探微/常蕾
辽宁千山金顶毗卢派的法脉传承和宗派特点/王佳
佛教临终关怀服务的实践与传播——基于南京市玄武湖喇嘛庙的个案研究/张晶晶、魏圆源
"大千世界"与"洞天福地"——佛、道教神灵世界的宗教意蕴之比较/冯川
《庄子》思想与王阳明心学对比研究/斯日古楞、何建朝
学海扬帆
当代阿拉伯伊斯兰世界对核心价值观的多元诠释与传播——以知识精英和宗教领袖为例/李世峻

甘肃临夏蛋雕艺术/马秀华、杨星国摄影（封二）
甘肃临夏蛋雕艺术/马秀华、杨星国摄影（封三）
甘肃临夏蛋雕艺术/马秀华、杨星国摄影（封四）

本期英文目录/梁恒豪翻译

第二期目录
特稿
解析伊斯兰极端主义思想的三种形态/吴云贵
重提佛教既是宗教，又是文化——兼论传承发展中国佛教文化的两个向度/洪修平
理论前沿　中国特色社会主义理论研究专栏
略论习近平新时代中国特色社会主义思想关于宗教理论和政策的创新要点/曾传辉
专家论坛　"一带一路"与宗教研究
法显在中斯文化交流史上的贡献与影响/成建华
萨拉菲主义在印尼的传播和发展/辉明
"一带一路"倡议实施中的越南宗教风险研究/李政阳
重塑人类文明的秩序正义——"一带一路"沿线宗教极端主义情势及治理研究/于晓冬、李云鹏
现状研究
俄罗斯东正教在辽宁省的发展历史研究/耿海天

当前基督教传播中的地域差异及其影响因素——基于曲阜及其周边地区的实地调研/李先明、马兴才

从"小经"文字管窥伊斯兰文明的跨文化传播及中国化——以甘肃临夏东乡县龙泉乡小经记事的田野调查为例/杨志平、马书晴

国际视野
战后斯大林时期苏联的宗教政策与政教关系/雷丽平、柳青青

泰国宗教文化中的印度教元素探析/金杰

学术专题
拉卜楞上塔哇尼寺及其觉域教法仪轨建构/德吉卓玛

"一带一路"倡议下青藏高原地区宗教文化对外传播的路径与对策——以西藏自治区藏传佛教与印度佛教交流为例/张世均

深度解读
伊斯兰教"信仰"概念辨析——兼论 ISIS 的"台克非尔"/贾建萍

宗教风险评估指标维度初探/杨莉

个人的"信仰"与"累积的传统"——论史密斯的比较宗教学思想与方法/孙艳艳

再思马丁·路德的称义思想——从《称义教义联合声明》来看/张仕颖

神通思想演变与佛教中国化历程/夏德美

《大乘起信论》真如义辨析/李光起

云冈石窟北魏造像题记的文化表达和历史记忆/彭栓红

颜真卿与麻姑文化/刘晓艳

道教三天观新论——以清微天等三天与九天关系为例/路旻

学海扬帆
"从虚到实"——先秦儒家廉政思想的当代转化/杜俊奇

南传佛教建筑艺术/王自荣、雷劲摄影（封二）

云南临沧孟定升祜巴仪式/陶子、圣缘摄影（封三）

云南临沧孟定升小和尚仪式/王自荣摄影（封三）

云南普洱景谷迁糯佛寺/王自荣摄影（封四）

本期英文目录/梁恒豪翻译

第三期目录
理论前沿　宗教中国化研究专栏
发扬道教优秀思想传统　坚持中国化的发展方向/许抗生

中华文化与道教中国化/袁莎

新时代的道教要高扬"爱国爱教"的旗帜　走好中国化道路/袁志鸿

新时代藏传佛教中国化的路径和实践/尕藏加

维护佛教优良文化蕴涵　抵制借佛敛财及商业化/周齐

"中道"——艾布·哈尼法的"格亚斯"原则及其在中国的实践/穆卫宾

专家论坛　"一带一路"与宗教研究

"一带一路"框架下中国—巴基斯坦安全风险防范研究/马蓓

基督教会在非洲国家政治危机中的角色评析——基于刚果（金）的个案研究/郭佳

"新米勒特制度"和政教关系：浅析埃及政府如何处理科普特问题/段九州

国际视野

试析佛教对昂山素季政治思想的影响/范若兰、赵静

"圣地"秩序与世界想象——基于耶路撒冷橄榄山基督教社群的人类学反思/赵萱

伊斯兰合作组织成立的历史因素/侯宇翔

宗教、艺术与旅游——以印度尼西亚巴厘岛印度教为例/李春梅、张晓萍

现状研究

缅甸克钦人在云南瑞丽的宗教生活研究/马居里、孙睿

宗教信仰、社会支持与居民幸福感——基于CGSS2015数据的实证研究/张再生、达娃、杨若愚

学术专题　后土文化研究

试论清初满洲贵族的皇天后土信仰/汪桂平

后土信仰的当代价值/梁琛、赵芃

后土信仰与中国民间信仰/李志鸿

从汉武故事到民间祭祀：汉唐后土崇祀的变容/张鹏

西汉国家祭祀中所见后土地祇之典与礼/王木娘

深度解读

《大宝积经·护国菩萨会》善巧方便思想研究/程恭让

《大智度论》之传译与鸠摩罗什、僧肇等《注维摩诘所说经》/何剑平、赵婕

《上乐根本续》的文本形成及其藏译文的版本源流/魏文

略论太虚大师与斯里兰卡南传佛教/惟善

宗教元素、审美构成与图像学——以满族萨满教艺术为例/宋小飞

学海扬帆

瑶族星斗崇拜及其文化特质探析/张继驰

甘肃敦煌莫高窟壁画艺术/孙志军等摄影（封二）

甘肃敦煌莫高窟壁画艺术/孙志军等摄影（封三）

甘肃敦煌莫高窟壁画艺术/孙志军等摄影（封四）

本期英文目录/梁恒豪翻译

第四期目录

理论前沿　宗教中国化研究专栏

中国特色社会主义宗教理论的历史发展经验研究/刘福军

积极引导互联网宗教与社会主义社会相适应/李华伟

专家论坛　"一带一路"与宗教研究

"一带一路"倡议实施过程中的宗教风险探析——以巴基斯坦为例/涂华忠、聂姣、

王垚、汤世萍
 用中国特色社会主义宗教理论指导"一带一路"建设中的宗教研究/王潇楠
 宗教对话与人类命运共同体的建构/黄平
 阿联酋穆斯林兄弟会的历史演变及其与政府关系探析/刘辰
国际视野
 伊斯兰教与女性主义：土耳其的性别政治问题/刘义
 论穆斯林在印度印穆关系中的角色与行为/蔡晶
 试论中世纪英国行会的宗教功能/陈建军
现状研究
 民族地区青少年宗教信仰与核心价值观认同践行研究——以甘肃GN藏族自治州的调查为例/王永智、李娜、曹富艳、卢哲、王牡丹
 传统超验文化的当代特征：基于中国综合社会调查的分析/李东雨、胡安宁
 当代科尔沁萨满教入巫仪式的现状调查及其讨论/伦玉敏
学术专题 周易文化研究
 《周易》与儒释道/张涛
 《周易》的"神道设教"思想/任利伟
 《东坡易传》融会儒释道三教思想的治《易》特色/谢炳军
深度解读
 十一世纪中国北方广泛流行的华严禅典籍与人物/王颂
 《维摩诘经》与《坛经》"不二"思想之比较/米进忠、董群
 敦煌文献S.2165号《思大和尚坐禅铭》论衡/习罡华、王晓云
 《善见律毗婆沙》与《四分律》关系新探/吴蔚琳
 宋元黄箓拔度科仪中的解冤释结/姜守诚
 "一定之规"——论唐代后土祭祀的政治投射/王博
 《圣经》翻译中的教权主义/苏艳
 意义、宗教和心理：以西方为中心/梁恒豪
学海扬帆
 "天一贵神"起源考——兼论"天门地户""天倾西北"之天文学原理/冉景中
 墨家天志思想探微/盖立涛

蒙古国额尔德尼昭建筑艺术/王皓月摄影（封二）
蒙古国乌兰巴托佛教建筑艺术/王皓月摄影（封三）
肯尼亚蒙巴萨基督教堂/王皓月摄影（封四）

本期英文目录/梁恒豪翻译

第五期目录
特稿
 改革开放40年来中国特色社会主义宗教理论的发展阶段及其主要成果/毛胜

理论前沿　政教关系研究

西方宗教学视野下的政教模式与张力/金泽

美国涉政教关系案件审理原则新进展/安庞靖

日本政教分离的理想与现实——宪法规定及司法适用/黄晓林

专家论坛　"一带一路"与宗教研究

"一带一路"倡议下中国—伊拉克安全风险防范研究/闫捷

"一带一路"背景下中国海外投资中宗教因素影响案例研究/詹舒才

妈祖信仰仪式与"一带一路"/范正义

国际视野

东亚佛教视野中的越南净土思想研究/何善蒙、[越南]阮氏添

试析西欧中世纪基督教世界的内在张力/杨华明

巴基斯坦迪奥班德学派述要/马强、[巴基斯坦]赛义德·艾哈迈德·阿里·沙阿

黄金之丘下的河神——阿富汗蒂拉丘地1号墓出土的人与海豚金牌饰图像初探/王敏庆

学术专题　犹太教研究

海舍尔论"先知"/王强伟

迈蒙尼德与朱熹论礼法对于实现人之完善的作用/董修元

《雅歌》与《长恨歌》王室之恋的跨文本阅读/林艳

现状研究

当代俄罗斯东正教与天主教对话进程及其影响因素/张熙

山西万荣后土祠庙会调查报告/郭俊红

深度解读

略论丛林教育的内涵与特色/李四龙

"真唯识量"与"五难六答"——唯识学争议问题的逻辑分析二例/姚彬彬

佛教神通与四大门——近代以来我国东北地区的仙佛信仰/王伟

明清北京牛街佛教和伊斯兰教宗教建筑文化比较研究/郭岩、杨昌鸣

从《道德经》六十六章看"圣人"与"成圣"/王鹰

身份、秩序与超越——唐宋律法的道教学视角简论/程乐松

赵孟頫道教写经的规格、功用与意义/刘志

伊斯兰艺术的文化渊源与历史分期/刘一虹

学海扬帆

《论语》中的"祭祀"意蕴探微/刘伟

葛兰西"文化领导权"思想及其对我国新时代宗教工作的意义/王静

佛像绘画艺术/呼东东供稿（封二）

佛教罗汉绘画艺术/呼东东供稿（封三）

佛教绘画艺术/呼东东供稿（封四）

本期英文目录/梁恒豪翻译

第六期目录
特稿
弥勒文化及其全球共享价值/魏道儒
理论前沿　宗教中国化
中国特色社会主义新时代的宗教研究创新/加润国
"坚持我国宗教的中国化方向"略论/黄奎
新时代佛教中国化：佛教网络舆情监测与公共美誉度维护探究/明贤
显化理论与《易传》思维——刘智"大化流行"思想探析/王伟
专家论坛　"一带一路"与宗教研究
塔吉克斯坦国家博物馆藏"神官小像"文化探新/巫新华
阿曼伊巴迪教派：历史生成与践行影响/韩志斌、高文洋
清代中后期广州海幢寺的对外开放与中外宗教文化交流/王元林、陈芸
"一带一路"视域下的中外佛教文化交流谈片/嘉木扬·凯朝
国际视野
观音与湿婆——南亚宗教文化交流、互鉴例示/周广荣
天宫中的"胎室"：印度教神庙空间序列之解读/池明宙
阿奎那的血亲伦理及其和儒家可能的对话/冯梓琏
生存危机与道德困境：纳粹大屠杀期间的梵蒂冈/楼天雄
现状研究
关于高校大学生马克思主义宗教观教育的若干思考/马莉、李学迎
国际民族冲突类型的宗教成因/曹兴
摩梭人达巴教及其宗教特点/刘婷、拉木·嘎吐萨
深度解读
宗教面临矛盾的理解与调适/姜伯奎、唐豪
唐代法照籍贯及出家地等问题新议/李利安、谢志斌
明初蒋山法会考述/赵伟
藏传辩经原则的形式化/许春梅
基于叙事学的佛经与道教《灵宝经》的对比研究——以叙述者为中心/王皓月
《中斯佛教百科全书》撰述及其知识社会史意义/范文丽
学海扬帆
宗教性的测量：历史与脉络/吴越
王阳明建构信仰共同体的尝试/吕诗尧
两种语境中的萨满概念分析与萨满概念重建/曲枫
道教阳平治都功印初探/赵川

塔吉克斯坦国家博物馆藏"神官小像"/巫新华供稿（封二）
山西部分寺庙佛传故事图像/侯慧明供稿（封三）
山西大同华严寺佛传故事南国比武/侯慧明供稿（封四）

本期英文目录/梁恒豪翻译
2018 年 1—6 期目录

2018 年度《宗教学研究》目录

第一期目录
道教研究
重新研讨道教起源和产生问题/熊铁基
林希逸对《列子》思想宗旨的判析/胡瀚霆
汉画像中的升仙图式探析/陈二峰
陆修静《太上洞玄灵宝授度仪》的文本来源与创制思路/于国庆、亓尹
宋元时期通俗文学对徐神翁信仰的推动与重塑/解亚珠
元代道士画家马臻研究四则/申喜萍
明初正一道天师张宇初与士大夫交游考/曾龙生
洮州《于氏派衍家谱》与少数民族地区的道教历史/李勇进、刘永明
《抱朴子内篇》美学思想阐幽/姜约

佛教研究
"罽宾禅师"与"南国律学道士"：法显回国后的一段行踪/王邦维
论藏传佛教实践哲学的"九重"特征/李元光
《法华经》权实思想释解之分歧与弥合/胡垚
楞严咒在古代中国的传播/陈宪良
论辽代菩萨戒的流行/彭瑞花
论明清丛林住持的职权、地位与世俗化/王荣湟
王世贞佛学思想研究/崔颖
论民国时期作为中国佛教教育中心的汉藏教理院/杨孝容

民族宗教与西部边疆研究
土家族原始宗教信仰的伦理意蕴/易小明
迭部藏族的民俗宗教"垛"（gto）及其文化内涵分析/王含章、阿旺嘉措
安多藏区关公信仰研究/马清虎
供奉与回报——云南永仁直苴彝族俫俫颇祭祀仪式的祭品与诉求/罗明军
湘西苗族"仇滚伽"仪式灵魂观念及其功能解析/蒋欢宜、周忠华
彝族宗教祖灵观的文化分析——以当代彝族诗歌为中心/周芸芳
论彝族宗教与世俗经济的关系变迁/王卓、李静玮

基督教研究
基督教神秘主义的诠释、研究进路与哲学反思/黄丁
论基督教理想主义婚姻哲学/林季杉
反对国教：基督教在尊孔运动中的回应——以张亦镜为考察中心/范大明
论抗战时期民族主义对中国教会合一运动的推动/李韦
本土化·世俗化·专业化：抗战前河南教会医院的特点（1927—1937）/谭备战
趁乱立足：美国公理会与山东民间秘密教门关系初探/李楠

韩国宗教认同特征分析/苏杭
宗教学理论与其他宗教研究
宋代"蜥蜴祈雨法"研究/齐德舜
明末清初三一教在漳州传播考述/罗臻辉
道俗共治：清代勉县武侯祠的经管模式/赵永翔
上海青浦区A村三官神话的重构研究/雷伟平、宋军朋
《圣经汇纂》与善书体系的初步建构——法国国家图书馆藏稀见文献《圣经汇纂》初探/唐梅桂
华侨报德善堂与善堂文化在泰国的传播/夏玉清
书评和信息
东方哲学与宗教的全面呈现和系统解读——读洪修平先生主编《东方哲学与东方宗教》/曹振明
陈进国《救劫：当代济度宗教的田野研究》评论/李志鸿
学术交流简讯
《宗教学研究》2017年总目录

第二期目录
党的十九大精神与构建中国特色宗教学学科体系专栏
总体神圣格局与宗教的制度、扩散特征——中国宗教学话语体系建设的核心问题/李向平、崔丽娟
新修订《宗教事务条例》蕴含的法治精神及践行路径/闵丽
消解、交融与嬗变：云南少数民族基督教本土化实践的动力与路径分析/徐祖祥
卿希泰先生逝世一周年纪念专栏
大道至简，春风化雨——纪念卿希泰先生/卓新平
怀念卿希泰老师，坚持宗教学研究的正确方向/陈耀庭
扛鼎当代道教学术，拓荒道教史学深度，始终维护道教形象——深切怀念卿希泰先生/袁志鸿
高山仰止，景行行止——怀念与卿希泰先生的两次会面/刘仲宇
先师卿希泰教授的学术贡献/詹石窗
卿希泰先生"道教文化与现代社会生活"学术思想再论/盖建民
卿希泰先生的宋元新道派说/郑志明
典型在夙昔——缅怀卿希泰先生/林文钦
论卿希泰先生对道教研究的卓越贡献——兼论当代道教研究的方向和动力/孙亦平
深切缅怀卿希泰先生/吕锡琛
卿希泰先生的《太平经》研究及其学术贡献/黄海德
略谈卿希泰先生的学术贡献/郭武
卿希泰先生道教思想史研究的卓越贡献/刘固盛、田小玲
卿希泰先生与地方道教研究/赵芃
见微知著　润物无声——追忆卿希泰先生/朱展炎
卿希泰先生学术之路和学术贡献/李海林

道教研究
元代全真教关于道教起源、分期的讨论及申论/张广保
道教清静思想考论/郑长青、詹石窗
道教的气论及服外气法考述/[法]马伯乐著　胡锐译注
葛洪"气禁"理论探源/郭鸿玲
张陵创教的神格化传说谱系内涵研究/苏宁
台湾道教灵宝派传承与发展述略/邹敏、卢彦融
道教"物化"思想审美性初探/郎江涛

佛教研究
唐高宗乾封元年佛教官寺制度研究/聂顺新
《毗陵藏》所见印本概录及版刻述略/邓影、尹恒
《佛国禅师文殊指南图赞》考论/董华锋、张媛媛
元明时期贾菩萨派的字派、师徒传承关系考论/刘因灿
慧能信仰与地域祭祀共同体建构的人类学考察——广东新兴县"六祖轮斋"的个案研究/区锦联

民族宗教与西部边疆研究
彝族毕摩文献中的"付拖图"和"鲁素图"解读/罗曲
松潘地区苯教大鹏鸟形象的多元化背景/郭萍
苯教《蝙蝠经》研究/仇任前
图像与观看：藏族家庭佛堂图像的人类学考察/葛俊芳
黔东南偅人腰喽神信仰研究/蒋星梅、杨甫旺
民俗文化空间的传承与变迁——贺州大平瑶族乡仁喜坪盘瑶打醮仪式田野考察/马志伟

基督教研究
广学会的华人文字精英：编辑家兼作家谢颂羔牧师/陈建明
中国籍教区发展的历史回顾与反思/刘志庆、尚海丽
"圣爱"抑或"友爱"？——《约翰福音》21章15至17节义疏/黄路苹
巴黎外方传教会传教士罗勒拿藏区开教史实考/刘瑞云
R. S. 苏吉萨拉迦对"对位阅读法"的运用与实践述评/张春

宗教学理论与其他宗教研究
江南市镇经济繁荣与南宋地方宗教信仰发展——以南浔镇为核心的考察/刘方
民间传统的《财神经》中赵公明的神格分析/谭坤、黄景春
宗教同源性与政治同构性：论爱国宗教协会的行动结构与意义指向/吴华

书评和信息
党的十九大精神与构建中国特色宗教学学科体系、话语体系专栏专题学术研讨会会议综述/梁琛
慧眼匠心，集成创新——《百年道学精华集成》述评/曾勇、罗永梅
区域佛教史研究的重要著作——评段玉明《成都佛教史》/黄豪
评刘海涛著《河北基督教史》/李小东
学术交流简讯

第三期目录
道教研究
道学文化的综合创新及其对构建人类命运共同体的现实意义/胡孚琛
论《太平经》与传统天文学的关系/孙伟杰
对于早期神仙传记中"升仙故事"的"神话—原型批评"研究/苟波
平阳府朝元图壁画道装主尊身份辨/赵伟
永乐宫重阳殿重阳画传地狱思想的可能影响因素分析/白娴棠
道教"魔王"理念初探——以《度人经》及严东注为中心/李冀
赵道一《历世真仙体道通鉴》的编撰、刊刻与流传论考/罗争鸣
弃仕入道——朱长春的玄栖生涯与道教思想初探/贺晏然
闵一得生年新考/赖全
生命符号与仪式象征：论道教传统中的"水"元素/李裴
清洁身心与炼质荡形：道教井宿信仰探析/孙瑞雪
老子隐居之所：以《天社山志》为中心的历史地理考察/［德］欧福克著　胡锐译

佛教研究
唐初佛寺"三纲"名称的确定及其排序/杨维中
《楞伽经》在古印度的写定和流传考/杨英
论海上丝绸之路之于"六祖革命"的文化地理学意义/谭苑芳、林玮
净土的选择：柏孜克里克第29窟六字观音经变考释/陈爱峰
《大乘百法明门论》的翻译与内容来源新考/张磊
三阶教与地藏菩萨——兼论三阶教与净土教围绕地藏菩萨展开的争论/杨学勇
中锡交换留学僧始末/王锋

民族宗教与西部边疆研究
滇西北多元宗教研究的文化意义/张泽洪
苗族杀猪还愿仪式的宗教内涵与文化意义——以湘西山江毛都塘村田野调查为例/谭志满、谭晓宇
传承与发展：湘西苗族祖先崇拜研究/霍晓丽
黔中坛神信仰与庆坛仪式/周永健
象征人类学视域下的安多藏族忒让信仰研究/刘军君
布依族摩经整理、出版与研究综述/毛建军、郑淑玉
巍山圣谕坛真官神信仰调查研究/杜新燕

基督教研究
罗伯特·乔治的自然法理论/林庆华
清宗室苏尔金的天主教信仰与著作/谢辉
神圣空间与英国天主教群体认同的形成/孙超
民国以来黔桂滇边安龙天主教会的布依族化/曾志辉
民国时期天主教礼规的本地化——以《圣教新条例》为主的考察/刘安荣
华北教会基督化家庭运动论析（1930—1937）/张德明
谢颂羔的宗教文化观——一位基督教知识分子眼中的中国传统文化与现代化之路/赵

晓晖

宗教学理论与其他宗教研究
古巴比伦人与犹太人创世神话论析/宋娇、李海峰
三坛小法与闽台传统社会/黄建兴
广东潮阳县双忠信仰源起探微/李国平
明清巴蜀地区迎神赛会的演进轨迹/张志全
陇中地区丧葬"抱砖"习俗发微——兼谈墓券文中"直符"神的演变/梁发祥
清代台湾妈祖庙社会功能的区域性表现/赵庆华

《宗教学研究》稿件格式要求
宗教学研究稿约

第四期目录
马克思主义宗教学理论研究
马克思在《论犹太人问题》中的宗教观阐释/龙群
马克思主义宗教治理观：革命性与建设性的辩证统一/冯小林
道教研究
扬州新出土晚唐龙虎山天师道大都功版初研/白照杰
唐代安岳玄妙观道教碑文与造像研究/陈云
道教始于黄老论/李远国、李黎鹤
《老子中经》相关问题新考/张晓雷
汉晋道教与"黄初平"故事考论/邓国均、孔令宏
敦煌《通门论》实为《玄门大论》之考证/吴国富
重玄之道与中观之空——从《道德经义疏》看重玄学与中观学的根本差异/李勇
唐代重玄学派文艺美学思想述略——以成玄英、李荣为例/李裴
施道渊穹隆山法派考述/周冶
清末民国高道张永平事略/于国庆、王永康
民国成都《道教联合会简章》研究/金恺文
佛教研究
华严学研究的历史、现状与未来/王颂
梵华重组：神清《北山录》研究/段玉明
吐蕃时期佛教哲学传入西藏的价值、特点与影响/刘俊哲
印度佛教的论议及其生成背景/何剑平
略论佛教经论对《文心雕龙》的影响/哈磊
论宗密对朱熹道统论的影响/崔韩颖
元明之际江南地区的佛寺与僧众/李小白
十二药叉信仰的组成及其中国化形态/谢志斌
萨迦派金刚萨埵忏悔法的精神分析初探/尹立
民族宗教与西部边疆研究
东巴教的"派"或"教派"刍论/杨福泉

苗族女神祭坛的类型及特征论析/陆群
百年来女巫研究的综述与反思/罗宗志
阴传：白裤瑶鬼师的职业身份获得——兼与盘瑶师公比较/张琪
试析云南傣族宗教的"苏玛"仪式/吴之清、张胜光
湘西土家族梯玛上刀梯解邪仪式考察/赵杨
云南省麻栗坡县蓝靛瑶"师""道"关系结构研究——以过法仪式为中心/肖习

基督教研究
路德的圣经诠释与翻译/田海华
教会大使命的希腊文及其翻译表述/查常平
弗莱语言描述模式的宗教解读/唐冬梅
中国内地会内地九省及西部边疆开教考略/张丽萍
盖世利与英圣公会华西教区传教策略的调适（1895—1925）/肖涛
民国道院与基督教的互动：文本与个案研究/褚潇白

其他宗教和民间信仰研究
楚人的宗教信仰与四象空间观念——兼及对道教的影响/刘玉堂、贾海燕
金幢教《传道图》及其内炼思想略解/何振中
南宋朱子后学与妈祖信仰的传播/林东杰
当代珠江口民间信仰发展机制的探讨——基于对广州南沙天后宫的深描/杨培娜

书评与信息
地域宗教史研究的新突破——评濮文起先生《天津民间宗教史》/耿静波
评《中国宗教性随葬文书研究》——兼谈出土文献在道教研究中的重要性/何江涛
经验、方法与反思：多学科式佛教研究之青年学者工作坊侧记/王大伟

简讯：国家文化重大工程《中华续道藏》在北京举行启动仪式
《谢颂羔的宗教文化观》更正

2018年度中国宗教学及宗教类新版图书简目

陈粟裕 编

宗教理论与概况

《宗教与历史（第九辑）》/陶飞亚、郭红著，社会科学文献出版社 2018/197 页
《宗教与哲学（第七辑）》/赵广明主编，社会科学文献出版社 2018/323 页
《宗教社会学（第五辑）》/金泽、李华伟主编，社会科学文献出版社 2018/376 页
《宗教与东亚近代化》/王新生编，江苏人民出版社 2018/300 页
《宗教心理学（第四辑）》/金泽、梁恒豪著，社会科学文献出版社 2018/368 页
《宗教信仰与民族文化（第十辑）》/何星亮、郭宏珍著，社会科学文献出版社 2018/292 页
《中国的宗教系统及其古代形式、变迁、历史及现状》/高延著，花城出版社 2018/1905 页
《宗教与历史（第八辑）》/陶飞亚、肖清和著，社会科学文献出版社 2018/360 页
《尘世的惶恐与安慰》/吴飞著，北京大学出版社 2018/202 页
《多元和谐的中国宗教》/叶小文著，外文出版社 2018/219 页
《中国特色个体宗教心理发展研究》/陈永胜著，中国社会科学出版社 2018/251 页
《中国宗教法治研究报告（2016）》/冯玉军主编，中国人民大学出版社 2018/333 页
《宗教理论与宗教政策》/熊坤新著，中央民族大学出版社 2018/418 页
《历史唯物主义视域下的宗教与启蒙》/田云刚著，中国社会科学出版社 2018/406 页
《宗教问题探索：2013—2015 年文集》/晏可佳、葛壮主编，上海社会科学院出版社 2018/236 页
《境外宗教渗透研究》/段德智主编，人民出版社 2018/389 页
《宗教人类学——人本主义的文化研究》/吴雁著，宁夏人民出版社 2018/193 页
《完善党的宗教政策研究》/何虎生著，中国人民大学出版社 2018/405 页
《中国五大宗教基础知识系列丛书：中国佛教基础知识》/卓新平主编，宗教文化出版社 2018/299 页
《中国五大宗教基础知识系列丛书：伊斯兰教基础知识》/卓新平主编，宗教文化出版社 2018/309 页
《中国五大宗教基础知识系列丛书：中国道教基础知识》/卓新平主编，宗教文化出版社 2018/317 页
《中国五大宗教基础知识系列丛书：中国基督教基础知识》/卓新平主编，宗教文化出版社 2018/294 页
《中国五大宗教基础知识系列丛书：中国天主教基础知识》/卓新平主编，宗教文化

出版社 2018/275 页

《传承：认知与宗教人类学的探索》/杨德睿著，商务印书馆 2018/353 页

佛教

《法律视角下的隋唐佛教管理研究》/张径真著，中国社会科学出版社 2018/230 页

《中国佛教哲学在日本的传播和影响——以禅宗为中心》/张谷著，人民出版社 2018/230 页

《庐山论坛：佛教与中国文化峰会论文集》/九江市佛教协会著，社会科学文献出版社 2018/400 页

《杂宝藏经词汇研究》/张忠堂著，中国书籍出版社 2018/204 页

《北京特色古刹的文化》/袁碧荣编，中国人民大学出版社 2018/146 页

《藏传佛教研究（第二辑）》（上下）/郑堆、周炜、李德成著，中国藏学出版社 2018/936 页

《海上交通与佛教传播》/龚隽、江泓著，宗教文化出版社 2018/309 页

《石窟之祖：武威天梯山石窟》/王奎著，甘肃人民美术出版社 2018/160 页

《嘉陵江流域石窟寺调查及研究》/蒋晓春著，科学出版社 2018/464 页

《四川散见唐宋佛道龛窟总录：广元卷》/四川省文物考古研究院编撰，文物出版社 2018/169 页

《辽西古刹塔窟》/贾辉著，社会科学文献出版社 2018/483 页

《典藏中国（山西壁画）》（精）/杨平主编，浙江摄影出版社 2018/387 页

《敦煌石窟寺研究》/宁强著，甘肃人民美术出版社 2018/267 页

《明月出天山：新疆天山走廊的考古与历史》/张弛著，商务印书馆 2018/276 页

《清代佛教史籍研究》清代佛教史籍研究/曹刚华著，人民出版社 2018/314 页

《近现代佛教空有之争研究》/丁建华著，社会科学文献出版社 2018/344 页

《犍陀罗文明史》/孙英刚、何平著，生活·读书·新知三联书店 2018/568 页

《汉魏两晋南北朝佛教美学史》/王振复著，北京大学出版社 2018/356 页

《南京历代佛寺》/邢定康、邹尚编著，南京出版社 2018/189 页

《藏汉佛教交流史研究》/朱丽霞著，中国社会科学出版社 2018/281 页

《东汉—隋本缘部汉译佛经定中结构研究》/许剑宇著，中国社会科学出版社 2018/336 页

《佛学之哲思径观》/叶离编，上海三联书店 2018/274 页

《佛智：藏传佛教的文化语境》/周炜著，中国藏学出版社 2018/384 页

《华严佛身论研究》/吕建福著，中国社会科学出版社 2018/318 页

《中期密教注疏与曼荼罗研究》/吕建福著，中国社会科学出版社 2018/358 页

《鸠摩罗什译经述宾结构研究》/李帅著，中南大学出版社 2018/293 页

《藏传佛教高僧传略》/拉科·益西多杰著，青海人民出版社 2018/510 页

《藏学论文及忆文选编》/王贵著，中国藏学出版社 2018/603 页

《大方等大集经研究》/萨尔吉著，中西书局 2018/404 页

《藏传因明研究》/郑堆主编，中国藏学出版社 2018/322 页

《敦煌佛教文献注疏汇校圣稻竿经与金刚经》/才项南杰、多布旦著，西藏人民出版

社 2018/331 页

《杨岐派史》/徐文明著，中国社会科学出版社 2018/796 页

《西夏文藏传佛教史料——"大手印"法经典研究》/孙伯君、聂鸿音著，中国藏学出版社 2018/365 页

《供奉与表达：傣族南传佛教艺术与"赕"的关系解析》/田玉玲著，云南大学出版社 2018/274 页

《汉译佛典文体特征及其影响研究》/荆亚玲著，浙江大学出版社 2018/271 页

《禅宗文献语言论考》/雷汉卿、王长林编，上海教育出版社 2018/310 页

《西域古佛寺：新疆古代地面佛寺研究》/林立著，科学出版社 2018/200 页

《古代福建佛教的海洋传播》/兰惠英、杨国桢、高健斌著，福建教育出版社 2018/314 页

《中国特色的佛教文化》/洪修平著，江苏人民出版社 2018/200 页

《沈阳慈恩寺志》/释盖忠、寂源编，社会科学文献出版社 2018/264 页

《西藏唐卡的传承与保护》/王建民、刘冬梅、当增扎西著，社会科学文献出版社 2018/272 页

《时轮净土——拉卜楞寺堆阔尔扎仓研究》/拉毛吉著，西藏人民出版社 2018/365 页

《中国古代佛典"译道"的知识谱系及现代阐释》/华满元著，武汉大学出版社 2018/267 页

《于阗语无垢净光大陀罗尼经》/段晴著，中西书局 2018/252 页

《西藏美术史》/张亚莎著，中央民族大学出版社 2018/463 页

《明代汉译藏传密教文献研究》/安海燕著，中国藏学出版社 2018/383 页

《西藏宗教发展源流》/夏玉·平措次仁编，西藏人民出版社 2018/597 页

《巴国佛踪——巴南区佛教遗址碑拓辑录》/道坚法师著，四川大学出版社 2018/684 页

《走近藏传佛教》/王尧著，中华书局 2018/285 页

《西夏文无量寿经研究》/孙颖新著，中国社会科学出版社 2018/259 页

《中国佛教仪式研究：以斋供仪式为中心》/侯冲著，上海古籍出版社 2018/250 页

《梵汉对勘妙法莲华经》/黄宝生著，中国社会科学出版社 2018/847 页

《禅宗文献语言论考》/雷汉卿、王长林著，上海教育出版社 2018/310 页

《增修云林寺志续修云林寺志》/（清）厉鹗、沈鑅彪撰，刘成国、李梅校，浙江大学出版社 2018/351 页

《"批判佛教"与佛教批判》/周贵华著，中国社会科学出版社 2018/651 页

《西夏佛教文献与历史研究》/沈卫荣著，甘肃文化出版社 2018/551 页

《日本佛教史》/杨曾文著，商务印书馆 2018/644 页

《基于梵汉对勘的魏晋南北朝佛经词汇语法研究》/陈秀兰著，复旦大学出版社 2018/421 页

《明月清风：赵朴初诞辰 110 周年学术研讨会论文集》/圣辉、成建华编，社会科学文献出版社 2018/792 页

《16—18 世纪蒙古佛教史研究》/明·额尔敦巴特尔著，内蒙古人民出版社 2018/277 页

《圣物制造与中古中国佛教舍利供养》/于薇著，文物出版社 2018/208 页
《古藏语文学写本的佛教语境》/周炜著，中国藏学出版社 2018/251 页
《汉唐美术空间表现研究——以敦煌壁画为中心》/张建宇著，中国人民大学出版社 2018/429 页
《四川宋代菩萨造像研究》/李湿著，科学出版社 2018/212 页
《书名：梵汉对勘入楞伽经》/黄宝生著，中国社会科学出版社 2018/765 页
《疑伪经研究与"文化汇流"》/方广锠著，广西师范大学出版社 2018/396 页
《南北朝佛教编年》/李利安、崔峰著，三秦出版社 2018/790 页
《民国时期佛教慈善公益研究》/明成满著，安徽大学出版社 2018/334 页
《禅籍词语研究——以〈祖堂集〉为主要考察对象》/詹绪左著，科学出版社 2018/508 页
《鬼子母研究：经典、图像与历史》/李翎著，上海书店出版社 2018/309 页
《西藏贝叶经研究》/索朗曲杰著，藏文古籍出版社 2018/160 页
《敦煌科仪文书校释》/张进、郭鸿玲、孟东丽著，四川大学出版社 2018/168 页
《佛教思想与印度文化》/姚卫群编，北京大学出版社 2018/444 页
《启微·佛陀相佑：造像记所见北朝民众信仰》/侯旭东著，社会科学文献出版社 2018/420 页
《泰山佛教史》/刘慧著，山东人民出版社 2018/144 页
《荆楚佛教》/李明、赵金桃著，丁凤英编，武汉出版社 2018/220 页
《菩萨戒研究》/彭瑞花著，中国社会科学出版社 2018/324 页
《太平经与东汉确译佛经复音词比较研究》/李振东著，黑龙江人民出版社 2018/231 页
《明清佛教戒律思想研究》/鲁海军著，商务印书馆 2018/364 页
《达贡寺史》/旦增秋英著，藏文古籍出版社 2018/131 页

道教
《王卡纪念文集》/尹岚宁编，社会科学文献出版社 2018/240 页
《道教学刊》/何建明主编，社会科学文献出版社 2018/220 页
《知·道：石窟里的中国道教》/萧易著，广西师范大学出版社 2018/313 页
《闽台民间的心灵家园与文化变迁》/萧友信著，厦门大学出版社 2018/407 页
《刘一明与兴隆山》/丁述学著，华夏出版社 2018/336 页
《六朝道教古灵宝经的历史学研究》/刘屹著，上海古籍出版社 2018/801 页
《全真道道德修养论研究》/陈明著，宗教文化出版社 2018/383 页
《道教史》/卿希泰、唐大潮著，江苏人民出版社 2018/520 页
《道教修炼与科仪的文学体验》/陈伟强主编，凤凰出版社 2018/689 页
《道教导引术研究：东晋南北朝隋唐卷》/魏燕利著，上海三联书店 2018/309 页
《行－得－通——道与身》/燕燕著，上海三联书店 2018/468 页
《道教学刊 2018 年第 2 辑》/何建明主编，社会科学文献出版社 2018/317 页
《湖北道教史》/刘固盛、梅莉、胡军等著，华中师范大学出版社 2018/523 页
《金元全真道》/张方著，中州古籍出版社 2018/149 页

《儒道哲学阐释》/刘学智著，西北大学出版社2018/424页

《当经成为经典：现代儒学的型变》/任剑涛著，社会科学文献出版社2018/421页

《周易的思想体例》/季蒙著，上海古籍出版社2018/228页

《道学通论》/胡孚琛著，社会科学文献出版社2018/752页

《整合及制度化：唐前期道教研究》/白照杰著，格致出版社2018/377页

《明代全真道的衰而复兴——以华北地区为中心的考查》/张方著，中国社会科学出版社2018/371页

《梵学与道学：中印哲学精神之会通》/闻中著，上海人民出版社2018/302页

《近代城市宫观与地方社会：以杭州玉皇山福星观为中心》/郭峰著，巴蜀书社2018/355页

《华夏根柢，百家津梁：卿希泰道教论集》/卿希泰著，生活·读书·新知三联书店2018/356页

《香港全真教研究》/李大华著，人民出版社2018/382页

《全真正韵集》/张高澄、王永山著，社会科学文献出版社2018/236页

《全真教制初探》/高丽杨著，巴蜀书社2018/431页

《全真道研究第7辑》/赵卫东著，齐鲁书社2018/212页

《论道终南（2016—2017年卷）》/朱锋刚主编，中国社会科学出版社2018/306页

《帝王与道教》/李国荣著，人民出版社2018/251页

《广州府道教庙宇碑刻集释》/志添、李静编，中华书局2018/1653页

《中国传统道家经典的现代阐释》/谢青松、马超编，中国社会科学出版社2018/444页

《荆楚道教》/湖北省炎黄文化研究会、丁凤英、万建芳编，武汉出版社2018/389页

基督教

《耶稣新画像》/陈鼓应著，中华书局2018/119页

《沪宁杭地区天主教圣乐本土化叙事》/南鸿雁著，中国社会科学出版社2018/262页

《上帝与罗马：奥利金与早期基督教的宗教—政治革命》/吴功青著，上海三联书店2018/216页

《仁爱与圣爱：儒家道德哲学与基督教道德哲学之比较研究》/赵士林著，人民出版社2018/418页

《"扭曲的"十字架——伪满洲国基督教研究》/徐炳三著，科学出版社2018/288页

《中西元典对读》/石衡潭著，中国社会科学出版社2018/428页

《基督教与中国社会文化》/侯杰著，宗教文化出版社2018/243页

《英国牛津运动研究》/唐科著，中国社会科学出版社2018/361页

《李提摩太西学著译研究》/张涌著，南京大学出版社2018/202页

《基督教学术（第十八辑）》/张庆熊、徐以骅著，上海三联书店2018/321页

《宗教与哲学的相遇：奥古斯丁与托马斯·阿奎那的基督教哲学研究》/黄裕生著，江苏人民出版社2018/363页

《十九世纪以来广东基督教的文化扩散与整合》/薛熙明著，民族出版社2018/382页

《基督宗教与中国社会：历史回溯与区域研究》/卢龙光、唐晓峰主编，宗教文化出

版社 2018/469 页
《基督教中国化探究》/卓新平、蔡葵著，宗教文化出版社 2018/199 页
《基督教：历史和文化》/吴德玉编，时事出版社 2018/344 页
《明清时期湖广天主教的传播与发展》/刘芳著，中国社会科学出版社 2018/235 页
《先知书导论》/姜宗强著，上海三联书店 2018/374 页
《通天之学：耶稣会士和天文学在中国的传播》/韩琦著，生活·读书·新知三联书店 2018/417 页
《汉语基督教珍稀文献丛刊》/陶飞亚主编，广西师范大学出版社 2018/5780 页
《江苏基督教史》/姚兴富著，社会科学文献出版社 2018/496 页

伊斯兰教
《十九世纪西部非洲圣战运动研究》/李维建著，中国社会科学出版社 2018/348 页
《穆斯林与激进主义》/方金英著，时事出版社 2018/507 页
《中国伊斯兰百科全书》/中国伊斯兰百科全书编辑委员会编，四川辞书出版社 2018/776 页
《伊斯兰主义与现代化的博弈——基于土耳其伊斯兰复兴运动的个案研究》/李艳枝著，中国社会科学出版社 2018/370 页

其他
《二元神论——古波斯宗教神话研究》/元文琪著，商务印书馆 2018/471 页
《天津民间宗教史》/濮文起主编，山东画报出版社 2018/261 页
《湘西宗教文化源流研究》/胡文会著，中央民族大学出版社 2018/187 页
《2014 年福建省民族宗教问题研讨会论文集》/福建省民族与宗教研究所著，民族出版社 2018/300 页
《中国宗教性随葬文书研究：以买地券、镇墓文、衣物疏为主》/黄景春著，上海人民出版社 2018/694 页
《中国本土宗教研究（第一辑）》/王卡、汪桂平著，社会科学文献出版社 2018/364 页
《满族石姓萨满文本译注与满语复原》/宋和平著，中国社会科学出版社 2018/628 页
《儒释道三教论》/张荣明著，商务印书馆 2018/404 页
《明清帮会教门》/戴玄之著，中国社会科学出版社 2018/448 页
《宗教文化的空间符号表征与实践》/董琳著，社会科学文献出版社 2018/247 页
《梅州香花仪式及其宗教艺术象征研究》/张小燕著，社会科学文献出版社 2018/264 页
《现代儒家哲学研究》/陈来著，北京大学出版社 2018/508 页
《久旷大仪：汉代儒学政制研究》/李若晖著，商务印书馆 2018/317 页
《周易说解》/杨吉德著，齐鲁书社 2018/451 页
《隋唐时期儒释道文化与政治思想研究》/乔凤岐、乔泽胤著，人民出版社 2018/318 页
《布依族摩经典籍：砍牛经》/郭堂亮主编，贵州民族出版社 2018/200 页

《儒道佛三教关系简明通史》/牟钟鉴著，人民出版社 2018/616 页

《中国宗教类非物质文化遗产的现状与保护研究》/田青主编，文化艺术出版社 2018/499 页

《女娲神话及信仰的考察和研究》/李祥林著，巴蜀书社 2018/371 页

《台湾民族与宗教》/何绵山著，厦门大学出版社 2018/386 页

《中国古代的北斗信仰研究》/朱磊著，文物出版社 2018/291 页

《路德与慧能思想比较研究》/张仕颖著，中国社会科学出版社 2018/377 页

《神圣与疯狂：宗教精神病学经验、理性与建构》/高长江著，中国社会科学出版社 2018/479 页

《20 世纪朱子学研究精华集成——从学术思想史的视角》/乐爱国等著，经济科学出版社 2018/495 页

《妈祖文化年鉴（2015）》/莆田学院妈祖文化研究院、莆田市湄洲妈祖祖庙董事会编，人民出版社 2018/332 页

《儒家伦理与中国社会》/曾亦著，上海三联书店 2018/438 页

《傅佩荣的哲学课：先秦儒家哲学》/傅佩荣著，北京联合出版社 2018/576 页

《中国人的智慧》/郭齐勇著，中华书局 2018/241 页

《甘孜州本教文化传播研究》/泽仁吉美著，四川民族出版社 2018/91 页

《民间信仰与客家社会》/陈弦章著，九州出版社 2018/254 页

《泰山宗教研究：泰山庙会》/刘慧著，山东人民出版社 2018/305 页

2018年度宗教学研究会议目录

王剑利 编

1月

1月6日，福建省东方佛教心理学研究院举办落成庆典，并以"发挥中国传统文化优势，促进心理学本土化发展"为主题召开圆桌会议。

1月6—7日，"民间信仰与中华民族文化传承"学术论坛在海南玉蟾宫召开，论坛由中国宗教学会、中国社会科学院世界宗教研究所、海南省道教协会共同主办。

1月6—7日，以"人间佛教在东亚与东南亚的传布"为主题的国际研讨会在香港中文大学召开。研讨会由香港中文大学人间佛教研究中心、香港中文大学佛学研究文学硕士课程、佛光山人间佛教研究院主办，中国人民大学佛教与宗教学理论研究所、中央民族大学东亚佛教研究中心、武汉大学国际禅文化研究中心、复旦大学哲学院佛教研究团队协办。与会专家从理论和实践两方面探讨现代人间佛教的发展。

1月8日，2018年全国宗教局局长会议在北京召开。会议回顾总结2017年宗教工作，安排部署2018年宗教工作。

1月12日，"宗教事务与宗教管理"学术研讨会在北京大学召开。会议由北京大学佛教研究中心主办，来自国家宗教事务局、北京大学、中国人民大学等机构的宗教工作者和专家学者与会。

1月13日，由西北大学玄奘研究院院长、佛教研究所所长李利安教授主持的国家社会科学基金重点项目"宋元明清时期中国汉地观音信仰研究"课题组2018年工作会议在西北大学举行。

1月16日，由中国社会科学院世界宗教研究所所长、研究员卓新平担任首席专家的国家社会科学基金重大招标项目"《剑桥基督教史》（九卷本）翻译与研究"结项会在北京召开。

1月18—19日，第二届"佛教文化昆明论坛"在昆明举行。论坛由昆明佛学研究会、昆明千佛堂主办，专家学者围绕"走进新时代 服务美好生活的佛教文化"展开研讨。

1月19日，国家社会科学基金重大项目"汉语基督教文献书目的整理与研究"课题成果展揭幕式暨《汉语基督教珍稀文献丛刊（第一辑）》新书首发座谈会于上海举行。

1月21日，大上清宫遗址考古成果专家论证会召开，根据会议发布的考古发掘进展及阶段性成果，江西鹰潭市龙虎山的大上清宫遗址是我国迄今为止发掘的规模最大、等级最高、揭露地层关系最清晰、出土遗迹最丰富的具有皇家宫观特征的道教正一教祖庭遗址。

1月23日，中国社会科学院世界宗教研究所在京召开了关于中国社会科学院"三个体系"建设课题之一《马克思主义宗教学概论》撰写提纲与分工座谈会。

3月

3月5日，中国社会科学院民族学与人类学研究所、世界宗教研究所，四川省甘孜州丹巴县人民政府战略合作框架协议签订仪式暨座谈会在丹巴县举办。

3月30—31日，由清华大学哲学系圣凯教授担任首席专家的2017年度国家社会科学基金重大项目"汉传佛教僧众社会生活史"开题会暨"观念史与社会史视域下的汉传佛教研究"学术研讨会在北京举行。

3月31日，"太虚与近代中国"国际学术研讨会在北京大学召开。会议展示了新修《太虚大师全集》项目的阶段性成果，并围绕"太虚大师生平史料的发现与整理""太虚大师的海外弘法活动与国际影响""太虚大师生平事迹的研究""太虚大师思想研究"等议题进行研讨。

3月31日至4月1日，中国人民大学哲学院与安徽省亳州学院共同主办的"老子道文化学术研讨会"在安徽涡阳市举行。

4月

4月1—4日，由中国人民大学佛教与宗教学理论研究所、辅仁大学宗教学系、华侨大学海外华人宗教与闽台宗教研究中心联合主办的第十二届海峡两岸宗教学术论坛"宗教、宗派与宗族"在中国人民大学举行。论坛设置了"佛教：思想、制度与历史""基督教：观念与实践""伊斯兰教思想""佛教与中国思想""道教与民间宗教"等五场论文发表会。

4月2日，中国统一战线理论研究会民族宗教理论甘肃研究基地在北京召开专家委员及研究员座谈会，30余位专家学者围绕"习近平新时代中国特色社会主义思想与民族宗教工作"主题展开深入研讨。

4月3日，中国社会科学院国情调研云南基地2018年年度项目启动座谈会在北京召开，来自云南省社会科学院和中国社会科学院世界宗教研究所的专家学者参加了会议。

4月8日，第二届海峡两岸佛医论坛于厦门海沧石室书院召开，论坛由中国社会科学院世界宗教研究所、中国社会科学院台港澳研究中心、中国宗教学会和北京中医药大学台湾中医药研究基地联合主办，来自海峡两岸的百余位专家学者、高僧大德以"中华医药文化复兴"为主题，围绕"佛医文化与生命健康"、"药师信仰与身心健康"、"佛教医方明及其时代价值"和"中华医学与人类命运共同体"等议题展开研讨。

4月26日，第七届长三角地区道教论坛在上海举行，此届论坛以"坚持道教中国化方向"为主题，由浙江省道教协会、江苏省道教协会、安徽省道教协会、上海市道教协会主办，上海市社会科学院宗教研究所、华东师范大学明道道教研究所协办，上海城隍庙承办。

5月

5月5—6日，由常熟市佛教协会主办，江苏佛学院法界学院、苏州大学承办，兴福寺、宝岩禅寺、三峰寺协办的"宗教与自然国际研讨会"在常熟召开。

5月5—9日，"敦煌与丝绸之路多元宗教学术研讨会"在敦煌莫高窟召开，会议由敦煌研究院、中国社会科学院世界宗教研究所、中国宗教学会主办，敦煌研究院文献研究所、佛学研究中心和中国社会科学院《世界宗教文化》编辑部承办。会议涵盖"敦煌古代宗教与丝绸之路多元宗教文化关系""三夷教及其在丝绸之路沿线的传播""丝绸之路沿线的宗教文化交流""敦煌与中亚、印度石窟艺术""敦煌、丝绸之路之相关历史文化研究"等内容。

5月12日,以"中国佛教戒律思想与实践"为主题的第七届灵隐佛教文化论坛在杭州灵隐寺召开。

5月19—20日,首届人间佛教社会学论坛在上海星云文教馆举行,论坛由台湾财团法人佛光山人间佛教研究院、华东师范大学宗教与社会研究中心、中国社会学会宗教社会学专业委员会联合主办。

5月19—20日,"承继与复兴——纪念华严大学创办120周年,第二届翠峰华严论坛暨华严文教中心成立庆典"在九华山翠峰寺举办,论坛由九华山佛教协会主办,九华山翠峰寺九华山佛学院承办。

5月20—22日,由四川大学道教与宗教文化研究所主办的"生命道教暨卿希泰先生道教学术思想研究国际论坛"及"党的十九大精神与构建中国特色宗教学学科体系、话语体系专栏专题学术研讨会"相继在四川大学举行。

5月26—27日,"心理学、宗教学中的人学问题"学术研讨会暨金木水先生《悉达多的心理学——对现代心理学说"不够"》出版座谈会在北京召开。

5月26—27日,第三届"南朝佛教与金陵"学术研讨会在鸡鸣寺举行,专题研讨南朝时期建康佛教人物,共同推动南朝佛教文化研究和江苏佛教文化建设。

5月29日,由中国社会科学院道家与道教文化研究中心主办的"道教研究的新探索"学术座谈会在北京召开。

6月

6月1—2日,国际道家哲学会议在北京师范大学举办。会议由北京师范大学哲学学院主办,北京师范大学道家与中国文化国际研究中心、北京师范大学价值与文化中心和美国三松出版社协办。来自国内外的130余名学者围绕着"权威与本真"的会议主题展开研讨。

6月2日,由上海大学文学院和佛光山人间佛教研究院联合主办的"第六届星云大师人间佛教理论实践学术研讨会"在上海举办,来自海峡两岸的近四十位学者围绕"人间佛教与人生修持"展开研讨。

6月2日,上海浦东新区道教协会在上海钦赐仰殿道观召开"浦东道教文化研究所成立会"。

6月9日,由中国佛学院栖霞山分院主办的"三论宗与栖霞山"学术研讨会在南京栖霞寺举行。

6月15日,中央民族大学举行中华文化研究院成立仪式,同时召开牟钟鉴先生新作《儒道佛三教关系简明通史》出版座谈会。

6月15日,首届杨岐山龙文化民俗旅游节暨《杨岐派史》新书座谈会在江西省萍乡县杨岐山孽龙洞景区举行。

6月16日,第二届北京宗教研究高端论坛在北京西顶书院举行。论坛主题为"北京的宗教历史与宗教民俗",由中国社会科学院世界宗教研究所、中国宗教学会、北京西顶书院联合主办。

6月16—18日，由中国社会学会宗教社会学分会、福建省民族与宗教研究所、华东师范大学民族宗教与国家治理研究中心联合主办的"宗教与社会心态暨新时代福建民族宗教工作坊"在福州贵安举行。

6月22日，北京大学佛教研究中心举办以"帝国、商业与宗教：佛教与全球化的历史与展望"为主题的工作坊。

6月23日，宋版《思溪藏》重刊首发式暨《思溪藏》研究国际研讨会在浙江湖州举行。

6月29日，北京大学哲学系宗教学系、北京大学宗教文化研究院、复旦大学哲学院在北京大学联合举办"中国宗教研究方法的反思与创新"学术工作坊。

6月29—30日，由中国社会科学院世界宗教研究所、中国宗教学会主办，中国社会科学院世界宗教研究所宗教文化与艺术研究室和辽宁阜新海棠山普安寺承办的"首届'一带一路'与亚洲佛教文化论坛暨海棠山佛教专题论坛"在北京召开。来自国内外院校、科研单位和佛教寺院的一百余名代表，讨论、挖掘亚洲佛教文化的精神内涵以及海棠山摩崖造像的艺术意义。

6月29—30日，由中国社会科学院世界宗教研究所、华中师范大学近代史研究所、法国国立东方语言与文明学院（INALCO）暨法国多学科佛教研究中心（CEIB）共同发起的"第一届现代中国宗教研究工作坊"在中国社会科学院世界宗教研究所举行。

6月30日至7月3日，"河北保定兜率寺开山五周年纪念暨第三届中国现代佛教论坛"在兜率寺召开，论坛由中国人民大学佛教与宗教学理论研究所、中国人民大学宗教高等研究院主办，中国社会科学院《世界宗教研究》杂志社协办，河北保定兜率寺承办。

7月

7月5日，第四届五台山信仰国际学术研讨会在山西忻州举行，此次会议以"佛教与人类命运共同体"为主题，由五台山佛学与东亚文化国际研究院、北京大学佛教典籍与艺术研究中心主办，英国伦敦大学国王学院、清华大学道德与宗教研究院、加拿大英属哥伦比亚大学佛学论坛协办，由山西五台山竹林寺承办。

7月7日，以"'一带一路'——从空间和文化维度理解中国如何应对世界"为主题的国际研讨会在复旦大学举行。研讨会由挪威卑尔根大学、中国社会科学院世界宗教研究所"一带一路与宗教研究"项目组、北欧中心协同举办。

7月8日，"道安大师古北岳恒山弘法纪念论坛"在保定召开。此次论坛由保定市佛教协会主办，保定大佛光寺具体承办，上海大学道安佛学研究中心协办。

7月8—9日，由《中国宗教》杂志社主办，铜仁市人民政府、贵州省民族宗教事务委员会承办的"2018中国梵净山生态文明与佛教文化论坛"在铜仁市举行。论坛活动以"心灵环保·世界和谐"为主题，以"尊崇自然，构建人类命运共同体"为年度主题。

7月14—15日，由中国道教协会主办的"道教教义体系的现代建构"启动会暨学术研讨会在北京召开。

7月16日，中国道教协会《道医集成》定稿会在湖北武当山召开。

7月17日，由中国社会科学院世界宗教研究所、中国宗教学会主办"敦煌道教文献研讨会"在北京召开，会议围绕《敦煌道教文献合集》的研究工作展开研讨。

7月29—30日，由中国宗教学会、山东大学犹太教研究中心、中国社会科学院世界宗教研究所联合举办的"新时代中国宗教及其研究"高层论坛暨中国宗教学会年会在山东威海召开。来自全国各地高校和科研院所的百余名专家学者、宗教事务工作者和宗教界人士围绕"中国特色社会主义宗教观研究""中国宗教的现状与未来走向研究""新时代中国特色的宗教理论及实践研究""宗教中国化的理论与实践""宗教传播与文明发展""犹太教思想研究""宗教交往与边疆治理""本土宗教的实践与理论""宗教现实问题与反思"等主题进行研讨。

8月

8月27日，中国社会科学院"中华思想通史"课题的子课题"中华封建社会宗教思想通史"召开了"中国伊斯兰教思想史"学术讨论会。

9月

9月1—2日，"宗门教下：东亚佛教宗派史的解析、诠释与重构"学术研讨会在北京大学举行。此次会议为第二届中国佛教史论坛，由北京大学佛教研究中心承办。

9月1—2日，由中国宗教学会宗教建筑文化专业委员会和中国社会科学院世界宗教研究所巴哈伊研究中心联合主办的"巴哈伊的建筑艺术国际研讨会"在北京举行。

9月2日，"广州佛教与宗教中国化"学术研讨会在广州市大佛寺召开，会议由广州市佛教协会、华南农业大学、华南师范大学联合主办，是庆祝广州市佛教协会成立60周年的系列活动之一。

9月7日，"第十三届海峡两岸学术研讨会——中华文化薪传与发展"学术研讨会在福建福清举行，会议由中国社会科学院世界宗教研究所、台湾中华宗教哲学研究社和福建师范大学福清分校联合举办。

9月15日，北京大学佛教研究中心举办"何以为教：儒、释、道三教在南北朝时期的确立及互动"工作坊。

9月16日，首届"丝路·张掖——河西走廊佛教文化论坛"在张掖市山丹县举行。论坛由中国社会科学院世界宗教研究所、中国宗教学会、清华大学佛学文化研究中心和甘肃省张掖市山丹县人民政府共同举办。与会专家围绕丝绸之路与河西走廊文化、佛教与古代张掖多民族文化的交流与融合、张掖古代佛教寺院与高僧研究、河西走廊石窟寺造像壁画艺术与新疆及中原石窟寺的关系、"河西学"研究的提出及未来发展、古代诗歌意象中的河西走廊、张掖佛教文化遗产如何服务于"一带一路"文化建设、丝绸之路与佛教文化等八大议题，集中研讨交流河西走廊佛教文化。

9月16日，由中国社会科学院世界宗教研究所、中国宗教学会、四川大学历史文化学院联合主办的"首届中国宗教史论坛"在成都举行。专家学者研讨了中国历史上的祆教、摩尼教、无为教、黑煞神信仰等宗教信仰的历史遗存及其对中国思想、文化、艺术的影响等问题；对道教、佛教、基督宗教、伊斯兰教在史学、经学、文化学等多方面议题进行了交流讨论。

9月22—23日，由中国社会科学院学部主席团主办，中国社会科学院世界宗教研究所和中国宗教学会联合承办的中国社会科学论坛（2018·宗教学）在北京召开，论坛主题为"宗教学研究的传承与创新"，与会专家学者围绕"习近平新时代宗教理论和政策研究""当代宗教变迁研究""宗教学理论创新研究""宗教艺术研究""宗教思想研究"等议题进行研讨。

9月27—28日，由中国宗教学会、中国社会科学院世界宗教研究所、中山大学哲学系联合主办的"首届中国宗教学青年论坛"在中山大学举行。

9月28日，由河北省佛教协会指导，河北省社会科学院哲学研究所和邯郸广府甘露寺共同举办的"观音文化与佛教中国化学术研讨会"在邯郸广府举行。

9月29—30日，由中国宗教学会、中国社会科学院世界宗教研究所、中山大学哲学系联合举办的"第三届中国宗教学高峰论坛"在中山大学举办，论坛主题为"改革开放四十年的中国宗教学"。

10 月

10月12—14日，由中央社会主义学院主办、四川省社会主义学院承办、清华大学道德与宗教研究院协办的"改革开放四十周年宗教工作理论与实践"学术研讨会在四川省社会主义学院召开。研讨会梳理总结了改革开放四十年各大宗教的具体实践，研究了改革开放四十年宗教理论的发展情况，积极探索新时代宗教工作理论与实践。

10月13—14日，"马克思主义宗教观研讨会（2018）"在浙江省天台县委党校召开，此次会议由中国社会科学院世界宗教研究所主办，浙江省社会主义学院宗教与社会研究中心协办，浙江省天台县委党校、县社会主义学校、县社科联承办。

10月13—14日，由山东大学犹太教与跨宗教研究中心、中华日本哲学会共同主办的"东方的宗教世界"国际学术研讨会暨中华日本哲学会2018学术年会在济南举行。来自全国高校与科研机构的50余位学者与会，围绕东亚的宗教世界、日本哲学与宗教、日本儒释道、中日文化交流、中古佛教史、日本四书学、日本政治思想史、日本社会与文化等议题展开深入探讨。

10月16日，"法流千载·慈应人间"2018雪窦山弥勒文化高峰论坛在浙江佛学院举办。论坛由浙江省佛教协会主办，雪窦山佛教协会、浙江佛学院、宁波市弥勒文化研究院、宁波市奉化区弥勒文化研究会、宁波雪窦山名山开发建设公司等承办。

10月16日下午，由浙江佛学院与西北大学佛教研究所合办的"菩萨信仰与名山建设"座谈会在浙江佛学院举行。

10月19日，《人文宗教研究》出版座谈会在北京举行，座谈会纪念《人文宗教研究》出版十辑，探讨新时代宗教研究与宗教学理论建设。

10月20日，2018年《中国宗教报告》论坛暨出版十周年座谈会在社会科学文献出版社蓝厅举行。论坛由中国宗教学会、中国社会科学院世界宗教研究所和社会科学文献出版社联合主办。

10月20日，2018年度基督宗教研究系列研讨会同时在中央社会主义学院开幕。研讨会包括由中国社会科学院基督教研究中心与中国社会科学院近代史研究所社会史研究中心、福建师范大学中国基督教研究中心共同主办的"基督宗教史学——思想史研究专题论坛"，由中国社会科学院基督教研究中心主办的"基督宗教哲学——中国教父哲学研究论坛（第四届）"，由中国社会科学院基督教研究中心、中央民族大学宗教研究院共同主办的"基督宗教经典文献学——处境化的圣经研究国际论坛"，由中国社会科学院基督教研究中心和北京大学中国社会与发展研究中心共同主办的"基督宗教文化比较与现状——

改革开放四十年以来的基督宗教研究论坛"。

10月20—21日，"第四届全国伊斯兰教学术研讨会"在陕西师范大学举行，此届会议由中国宗教学会伊斯兰教专业委员会、中国社会科学院世界宗教研究所伊斯兰教研究室、陕西师范大学中国西部边疆研究院共同主办。会议主题为"新时代的伊斯兰教研究"，与会学者围绕12个议题展开交流讨论。议题包括新时代中国伊斯兰教的本土特色、新时代"一带一路"与伊斯兰教、新时代人类命运共同体与伊斯兰世界、新时代伊斯兰教研究的新视野、新时代伊斯兰教研究的新资料、新时代伊斯兰教研究的新景观、新时代中国伊斯兰教的发展模式、新时代中阿战略合作伙伴关系、当代伊儒相通的互动模式、中华文明与伊斯兰文明的互学互鉴、反对西方话语霸权与历史虚无主义等。

10月21—22日，"第七届东南亚宗教研究高端论坛·东南亚宗教与人类命运共同体学术研讨会"在华侨大学举行，此届论坛由中国社会科学院世界宗教研究所、华侨大学、中国宗教学会联合主办，由华侨大学哲学与社会发展学院、华侨大学海外华人与闽台宗教研究中心、华侨大学海外华人宗教与闽台宗教研究创新团队承办，由《世界宗教文化》编辑部协办。

10月25日，"道教刊物与现代传媒——纪念《上海道教》创刊30周年暨学术研讨会"在上海举行，与会专家学者、道教界媒体人士探讨新媒体时代道教刊物办刊的理论和实践。

10月26—28日，第六届人间佛教座谈会在台湾佛光山召开，会议围绕"人间佛教与当代社会"进行5场分组讨论。

10月26—28日，由江苏省"两会"和苏州教区联合主办，北京天主教文化研究所协办的"渔山论坛——天主教文化艺术中国化研讨会"在苏州举行。

10月28—30日，由中国佛教协会、中华宗教文化交流协会主办的第五届世界佛教论坛在福建莆田隆重举行。论坛设置了中韩日佛教论坛、中美欧佛教论坛、澜湄流域佛教论坛、佛教与海上丝绸之路等多场分论坛，来自55个国家和地区的千余名佛教界人士、专家学者和社会知名人士，围绕"交流互鉴、中道圆融"的主题，共话佛教文化交流和构建人类命运共同体。

10月29日，"世界宗教文化高层论坛"国际学术论坛会在北京召开，论坛由中国社会科学院世界宗教研究所、中国宗教学会、北京大学全球互联互通研究中心主办，中国社会科学院世界宗教研究所宗教文化艺术研究室、马克思主义宗教观研究室，国垣智库，国立文化产业有限公司联合承办。近100位与会代表围绕中国本土宗教与世界各地区宗教文化的关系、中国本土宗教对外来宗教中国化的积极作用、中国本土宗教在"一带一路"建设中的作用、中国本土宗教在其他诸多经济文化领域的国际桥梁作用等议题进行深入研讨。

11月

11月2日，中国社会科学院世界宗教研究所以座谈会的方式举办"宗教人类学讲座"第16讲。座谈会邀请荷兰皇家科学院院士、法国高等实验研究院（EPHE）特级教授施舟人（Kristofer M. Schipper）作为引言人，与近20位专家学者共同探讨"欧洲的中国宗教和汉学研究"议题。

11月2—3日，清华大学哲学系召开"简帛老子四古本与出土道家文献"学术研讨会。

11月3日，2018年国家社会科学基金重点项目"中国化视角下的佛典汉译与诠释研究"开题报告暨专家咨询学术会议在上海大学召开，该项目由上海大学道安佛学研究中心主任程恭让教授担任首席专家。

11月3日，由杭州市宗教研究会和杭州市佛教协会主办，杭州佛学院和杭州灵隐寺承办的"第十六届吴越佛教弥勒信仰"学术研讨会在杭州灵隐寺召开。

11月6—7日，第四届黄寺论坛在北京中国藏语系高级佛学院西黄寺举行，本届论坛以"从黄寺与皇家寺院看佛教中国化"为主题，由中国藏语系高级佛学院、故宫博物院、北京雍和宫、承德普宁寺共同主办。

11月10日，以"四明知礼与宋代天台佛教"为主题的"第二届天台佛教学术研讨会"在宁波七塔禅寺举行。

11月11日，由中国社会科学院东方文化研究中心主办、河北省佛像艺术博物馆承办的"丝路文明与佛教造像艺术"学术研讨会举行。

11月13—14日，由中央政府驻港联络办协调部主办、中国基督教两会承办的"第十四届基督宗教在当代中国的社会作用及其影响"高级论坛在贵阳市举办。

11月16—17日，由老子道学文化研究会、南京大学道学与东方文化研究中心主办，云南大学历史档案学院承办的"第三届昆仑高峰论坛"暨老子道学文化研究会2018年年会在云南昆明举行。

11月17日，由九州文化传播中心、中国宗教学会、中国社会科学院新闻与传播研究所、北京福慧公益基金会联合主办的"第二届海峡两岸新媒体与佛教文化论坛"在广东省翁源县东华禅寺举办。

11月18日，由中国社会科学院佛教研究中心、北京福慧公益基金会主办，广东东华禅寺中国社会科学院佛教研究中心禅宗文化研究基地承办的"首届佛教爱国思想与高僧护国行迹研讨会"在广东省东华禅寺举行。

11月19—20日，"佛教文化与东方文明之都"主题论坛在宁波举行。论坛由政协宁波市委员会主办，宁波市政协社法和民宗委、市民族宗教事务局、市社科院（社科联）联合承办。

11月21—23日，中国社会科学院世界宗教研究所、中国宗教学会、中国宗教学会宗教建筑文化专业委员会在西安召开"宗教建筑中国特色推介暨学术研讨会"。

11月24日，"2018年中国宗教法治高端论坛"在杭州举行。论坛由中国人民大学法律与宗教研究中心、中国人民大学国家发展与战略研究院主办，法治浙江研究院、浙江工商大学法学院承办。

11月24日，"'一带一路'与多元宗教交往"学术研讨会在西安召开，会议由中国社会科学院世界宗教研究所、西北大学中东研究所、陕西省高校中国特色社会主义宗教理论与实践研究中心、西北大学玄奘研究院联合举办。

11月24—25日，由中华思想通史子课题组主办，中国社会科学院佛教研究中心、鲁东大学历史文化院承办的"中华传统思想文化及中华思想史子课题正本提纲研讨会"在山东省烟台市鲁东大学举行。

11月25日，中国佛学院召开"新时期佛教教育体系建设"学术研讨会。

11月25—26日，中国禅宗三祖寺"第六届禅文化高峰论坛"在安徽省潜山市举办。

11月29日，福建天主教坚持中国化方向神学思想研讨会在福州召开。

12月

12月1—2日，由中央民族大学东亚佛教研究中心、台州学院天台山文化研究院、天台县天台山文化交流中心合作举办的"东亚视域下的天台山文化学术研讨会暨第二届中华天台学研讨会"在台州学院举行。

12月1—2日，《基督教学术》创刊16年及出版20辑学术研讨会在复旦大学举行。

12月8—9日，由中央社会主义学院统一战线高端智库、中国佛教文化研究所、中国社会科学院东方文化研究中心、清华大学道德与宗教研究院共同举办的"知识社会史视域下的中国佛教百科全书撰著"学术研讨会在北京举行。

12月12—13日，中国基督教纪念改革开放40周年暨神学思想建设20周年研讨会在上海举行。

12月15—16日，由北京市伊斯兰教协会、北京市伊斯兰教经学院、中国宗教学会伊斯兰教专业委员会、中国社会科学院世界宗教研究所伊斯兰教研究室联合主办的第二届福德论坛——京津冀"坚持伊斯兰教中国化方向"学术研讨会在北京举行。

12月16—17日，"不忘本来·吸收外来·面向未来——2018中国·新昌——佛教中国化重要发祥地研讨会"在浙江省新昌县举行。

12月24日，由中国佛教协会主办，中国佛学院和中国佛教文化研究所承办的2018佛教思想建设研讨会在北京法源寺召开。会议以"新时代坚持佛教中国化方向的路径与实践"为主题。

论文索引

2018年度马克思主义宗教观研究论文索引

谢　添　编

学习十九大报告涉及宗教工作论述的初步体会与思考/张新鹰/科学与无神论/2018.1
科学无神论的真理与智慧/习五一/科学与无神论/2018.1
高校青年教师和大学生宗教信仰问题新探/廖大伟、臧玉燕/河北师范大学学报（教育科学版）/2018.1
井冈山斗争时期的宗教工作研究/尹忠善、贺庆明/中国宗教/2018.1
儒教论争中的马克思主义宗教本质观/王士良/南昌师范学院学报/2018.2
用马克思主义宗教观引导大学生树立科学信仰/谢春妮/佳木斯职业学院学报/2018.2
新思想　新观点　新论断　习近平总书记关于宗教工作的论述/蒲长春/中国宗教/2018.3
集中论证、大力宣传习近平新时代中国特色社会主义宗教理论/张新鹰/科学与无神论/2018.3
彼岸世界场域中的主体解脱——马克思主义宗教观的佛教个案考察/刘恩至/云南社会科学/2018.3
略论习近平新时代中国特色社会主义思想关于宗教理论和政策的创新要点/曾传辉/世界宗教文化/2018.4
改革开放四十年中国宗教治理的回顾与反思/曾传辉/中央社会主义学院学报/2018.4
浅谈《中华苏维埃共和国宪法大纲》中的宗教政策/范少鹏/广西社会主义学院学报/2018.4
马克思主义宗教伦理观：宗教中国化方向的一种指引/李志雄、阳国光/世界宗教研究/2018.4
习近平总书记关于宗教工作的论述的重大现实意义/卓新平/中国宗教/2018.4
马克思主义宗教观视阈下宗教的社会功能分析/王若楠/重庆电子工程职业学院学报/2018.4
保障宗教信仰自由的中国经验/郑筱筠/中国宗教/2018.5
不能颠倒坚持无神论和实行宗教信仰自由的关系/朱晓明/世界社会主义研究/2018.5
马克思主义宗教观在新时代的坚持和发展　牟钟鉴教授访谈录/李巍、张玺/中国宗教/2018.5
马克思宗教观的形成与发展/卓新平/中国宗教/2018.5
重温马克思的精神和思想　中国特色社会主义宗教理论的方法论源泉/张志刚/中国宗教/2018.5
改革开放40年来中国特色社会主义宗教理论的重大创新/蒲长春/党政研究/2018.6

论加强党的民族宗教理论教育与立德树人的关系/何虎生、蒋浩存、呼延博文/民族教育研究/2018.6

毛泽东的宗教观与其哲学基础探析/吴星辰/湖南省社会主义学院学报/2018.6

新疆高校马克思主义宗教观教育现状与思考/张丽、张洋/世纪桥/2018.6

深刻理解习近平总书记关于宗教工作的重要论述/沈桂萍/中国宗教/2018.6

科学认识和辩证看待宗教问题/黎才旺/新东方/2018.6

公安院校马克思主义宗教观教育探究/戴继诚/公安教育/2018.7

福建省高职医学生马克思主义宗教观调查分析/丁爱芝/现代农业研究/2018.7

论新时代积极引导宗教与社会主义社会相适应问题/朱哲、李泓霏/世界宗教研究/2018.8

用中国特色社会主义宗教理论指导"一带一路"建设中的宗教研究/王潇楠/世界宗教文化/2018.8

新疆高校女大学生马克思主义宗教观教育现状调查与分析/韩宜铮/和田师范专科学校学报/2018.8

校园文化安全视角下大学生马克思主义宗教观教育/聂宁/高校辅导员学刊/2018.8

以十九大精神指引新时代宗教工作/加润国/科学与无神论/2018.9

民族院校大学生马克思主义信仰培育调查研究/成媛、韩冀宁/北方民族大学学报(哲学社会科学版)/2018.9

宗教渗透与高校意识形态安全研究/杨延圣、邢乐勤/新疆社会科学/2018.9

改革开放40年来关于宗教工作方面的理论创新/蒲长春/中国宗教/2018.10

改革开放40年来中国共产党宗教治理的理论与实践/曾传辉/前进/2018.10

土地革命战争时期中国共产党的宗教工作研究/谢添/世界宗教研究/2018.10

改革开放40年来中国特色社会主义宗教理论的发展阶段及其主要成果/毛胜/世界宗教文化/2018.10

葛兰西"文化领导权"思想及其对我国新时代宗教工作的意义/王静/世界宗教文化/2018.10

西藏高校《马克思主义祖国观 民族观 宗教观 文化观教育概论》课研究综述/葛数金、刘龙花/西藏教育/2018.10

略议中国学者观念中的"宗教学"与"宗教研究"/吴云贵/中国宗教/2018.10

试习习近平新时代宗教观及其内涵——以马克思主义宗教观中国化的新发展为视角/刘骞、蒋媛萍/井冈山大学学报(社会科学版)/2018.11

大学生宗教信仰问题与对策研究/吕雪香、张德玉/思想教育研究/2018.11

新时代中国特色社会主义宗教理论的两重历史脉络/王月清、邵佳德/理论学刊/2018.11

中国特色社会主义新时代的宗教研究创新/加润国/世界宗教文化/2018.12

科学无神论是社会主义意识形态的重要基石/加润国/文化软实力研究/2018.12

"坚持我国宗教的中国化方向"略论/黄奎/世界宗教文化/2018.12

马克思主义宗教治理观：革命性与建设性的辩证统一/冯小林/宗教学研究/2018.12

关于高校大学生马克思主义宗教观教育的若干思考/马莉、李学迎/世界宗教文化/2018.12

马克思《〈黑格尔法哲学批判〉导言》宗教观探析/陆洋/北京印刷学院学报/2018.12

简析习近平宗教观的基本内涵/董小琴、熊运高/湖北省社会主义学院学报/2018.12

2018年度佛教研究论文索引

孙颖新 编

"一带一路"视野中佛教秩序的建构——从佛教制度与信仰秩序的内在关系谈起/李向平/云南社会科学/2018.1

佛教轮回理论中的主体观念/姚卫群/杭州师范大学学报（社会科学版）/2018.1

张载对佛教思想的理解与批评/秦晋楠/中南大学学报（社会科学版）/2018.1

由琉璃在唐代佛教中的应用看佛教的物质观/崔树增/唐山师范学院学报/2018.1

汉传佛教美术的早期风格流变/王霖/新美术/2018.1

辽代墓葬出土三彩器的佛教文化因素研究/王馨瑶/赤峰学院学报（汉文哲学社会科学版）/2018.1

论古印度佛教造像对中国佛教造像艺术的影响/蚌小云、多荣/大众文艺/2018.1

归化异化指导下佛教内容英译方法探究——以莫高窟佛教景点英译为例/刘佳/海外英语/2018.1

传统图案在佛教建筑彩绘中的运用/唐明丽/中国艺术时空/2018.1

寻回现代文学版图中"释"的失落——评谭桂林《现代中国佛教文学史稿》/杨姿/中国文学研究/2018.1

早期印度佛教咒愿法及其世俗化演变/王航/北方民族大学学报（哲学社会科学版）/2018.1

佛教文化对李煜诗词的影响/熊天怡/文学教育（下）/2018.1

从《今昔物语集》看平安时代佛教与日本本土宗教的融合/庞超/名作欣赏/2018.1

禅宗"非宗教"的文化性格/邱紫华、毛世福/武汉理工大学学报（社会科学版）/2018.1

明清佛教学者的儒佛之辨/许潇/青海社会科学/2018.1

早期印度佛教植物装饰源流与传播研究——以莲花纹和忍冬纹为例/张晶/创意设计源/2018.1

南京德基广场出土南朝金铜佛造像的新发现/费泳/艺术探索/2018.1

蝉纹冠饰：佛教造像"中国化"的尝试/李柏华/文物天地/2018.1

论佛苯斗争中的"佛"——以唐代传入吐蕃的汉、印佛教为例/万么项杰/青藏高原论坛/2018.1

佛教绘画艺术及佛教的魅力/沈雪慧/美与时代（中）/2018.1

杜甫佛教思想分析——以杜甫游佛寺诗为视角/郑超/成都理工大学学报（社会科学版）/2018.1

藏传佛教宁玛派俄巴的历史渊源及其在安多藏区的传播/看本加/西北民族大学学报

（哲学社会科学版）/2018.1

佛陀的归来：史铁生的文学与"宗教"/陈朗/当代作家评论/2018.1

佛教中龙的定位及其形象建构/秦星星、戚文闯/濮阳职业技术学院学报/2018.1

佛教密宗曼荼罗符号话语的谱系学考察/徐小霞、赵毅衡/民族学刊/2018.1

"一带一路"与佛教文化/田青/中国政协/2018.1

相融相即　佛教与春节习俗/卞景/中国宗教/2018.1

佛教素食与人类文明建设/冯焕珍/楚雄师范学院学报/2018.1

周敦颐与佛教关系再考证/万里/船山学刊/2018.1

儒释兼容——论沈约的佛教信仰与儒家思想之关系/何良五、陈璐/湖州师范学院学报/2018.1

语言接触下佛缘词对汉语词汇的影响/丁石林/嘉应学院学报/2018.1

唐代般若与文学意象、意境之美学融摄/赵建军/河北学刊/2018.1

东南亚南传上座部佛教文化圈的古典文学/寸雪涛/学术探索/2018.1

佛教在中国文化语境中的翻译情状与身份建构/刘珍珍/温州大学学报（社会科学版）/2018.1

由唐宋禅籍看佛教行香礼的世俗化变革/徐琳/浙江师范大学学报（社会科学版）/2018.1

历史时期僧人谦称变化的文化诠释/张婷/安徽史学/2018.1

《大正藏》与《嘉兴藏》中国佛教著述收录差异比较研究/王蕾/图书馆研究与工作/2018.1

藏传佛教菩提心思想及其现实意义/仁增才郎、达哇/青海社会科学/2018.1

邓峪石塔的塔身四面造像研究/于向东/南京艺术学院学报（美术与设计）/2018.1

纳木错的苯教岩画：藏北原始宗教掠影/John Vincent Bellezza、永保藏/青海民族大学学报（社会科学版）/2018.1

唐代佛教徒的《老子》讲说——国图藏敦煌遗书 BD677 研究/樊波成/文献/2018.1

唐长安城尼寺分布研究/郭海文、马瑶/中国历史地理论丛/2018.1

觉悟叙事：杜甫纪行诗的佛教解读/田晓菲/上海师范大学学报（哲学社会科学版）/2018.1

宜春蟠龙寺千年流变研究/刘密、甘也达/宜春学院学报/2018.1

明末清初僧诗研究综述/吴光正、党晓龙/贵州社会科学/2018.1

印度早期佛教艺术中"花绳"纹饰——以巴尔胡特堵波和桑奇佛塔为例/梁彦/美术大观/2018.1

《金定四分律疏》与中唐时期的戒律论争/王磊/中山大学学报（社会科学版）/2018.1

慈悲为怀：性别视域中的观音信仰/侯杰、张鑫雅/山西师大学报（社会科学版）/2018.1

中国近代宗教社会史的量化研究——以构建寺庙登记表数据库为中心的讨论/付海晏/社会科学研究/2018.1

论唐德宗建中初拣练僧道事——以敦煌文书《讽谏今上破鲜于叔明令狐峘等请试僧尼及不许交易书》为中心/温佳祺/咸阳师范学院学报/2018.1

新疆出土圆锥形舍利盒再考察/郑燕燕/西域研究/2018.1
朱熹于佛教态度之转变/冯一鸣/兰台世界/2018.1
农禅：禅宗得以生存、发展之道/夏山/文史杂志/2018.1
浅析唃厮啰政权基本国策对青唐城的影响/丁柏峰/青海民族大学学报（社会科学版）/2018.1
"阳明学"的重要特征：儒佛会通/陈道德、唐锦锋/江汉论坛/2018.1
浅析北石窟寺弥勒信仰与弥勒造像的演变——以第165、222窟的弥勒造像为例/南煜峰/文物鉴定与鉴赏/2018.1
巴中南龛石窟的工艺技法和造像美学研究/任贞静/艺术评鉴/2018.1
东千佛洞二窟卷草纹审美形态的文化变迁/李前军/西北民族大学学报（哲学社会科学版）/2018.1
《酉阳杂俎》于唐代佛道之争的现实反映与态度/刘瑛莹/名作欣赏/2018.1
后赵"建武四年"铭鎏金铜佛坐像"束发肉髻"辨析/王趁意/大众考古/2018.1
儒释道文化与中国画的形成与发展的关系/张建国/中国民族博览/2018.1
威严凶猛的护法神像/王玲/东方收藏/2018.1
论佛教对中国传统法律中罪观念的影响/周东平、姚周霞/学术月刊/2018.2
近十年魏晋南北朝时期佛教研究综述/李菲/重庆交通大学学报（社会科学版）/2018.2
佛教是一个"想象的共同体"吗？——太虚佛教革新运动与日本/何燕生/世界宗教研究/2018.2
四川佛教文化旅游品质提升研究/梁刚/乐山师范学院学报/2018.2
文化视野下的中国佛教艺术——评《中国佛教艺术史》/李晓愚/河海大学学报（哲学社会科学版）/2018.2
康巴藏区藏传佛教文化旅游资源及其保护性开发刍议/陈家晃、付挺刚/红河学院学报/2018.2
藏传佛教对西藏现代政治文明建设的作用初探/文厚泓/宝鸡文理学院学报（社会科学版）/2018.2
原始佛教中佛陀的非神性思想探究/王小蕾/宝鸡文理学院学报（社会科学版）/2018.2
圣地、盟约与杀戮——五台山皇权与佛教关系的民族学考察/苗雨露/西北民族研究/2018.2
论佛教禅定与儒家静坐工夫之异同/顾一凡/贵州文史丛刊/2018.2
藏传佛教对西藏传统建筑的影响/张钰、徐新家、张华刚/江西建材/2018.2
龙泉寺：重新定义佛寺/尚思伽、陶子/文化纵横/2018.2
魏晋"人的自觉"视域下的北魏佛教艺术精神风貌/李梅/民族艺林/2018.2
法灭思想及法灭尽经类佛经在中国流行的时代/刘屹/敦煌研究/2018.2
目的论视角下莫高窟佛教旅游内容的英译策略研究/姜欣彤、刘佳/海外英语/2018.2
浅析高句丽与同时期东北亚佛教建筑布局比较研究/王科奇、王雪/河南建材/2018.2
敦煌变文中佛教称谓语的语言特色/谢燕琳/语文学刊/2018.2
《东北藏传佛教历史源流和发展现状研究》出版/耿聪/黑龙江民族丛刊/2018.2

京津地区中国古代佛教建筑天然光环境调查研究/韩俊、王爱英、王奇琼/照明工程学报/2018.2

浅析汉传佛教建筑的特点与发展趋势展望/于立翀/建材与装饰/2018.2

甘南地区藏传佛教寺院经堂建筑空间模式研究——以拉卜楞寺为例/高琦、任云英/西安建筑科技大学学报（自然科学版）/2018.2

"大千世界"与"洞天福地"——佛、道教神灵世界的宗教意蕴之比较/冯川/世界宗教文化/2018.2

略论高句丽佛教的传布及影响/邹存慧/文化产业/2018.2

《两晋南北朝时期河陇佛教地理研究》/石河子大学学报（哲学社会科学版）/2018.2

略述陶瓷中的佛教艺术/王丽心/法音/2018.2

论韩愈与佛教的关系及其对古文运动的影响/何媚/语文教学通讯·D刊（学术刊）/2018.2

藏传佛教在土尔扈特蒙古东归中的历史作用/闫志伟/四川民族学院学报/2018.2

西双版纳南传上座部佛教佛寺建筑的文化特征探微/张秋影/美与时代（城市版）/2018.2

九华山化城寺"禁谕碑"略考/何翔彬、石琴/文物鉴定与鉴赏/2018.2

佛教早期的语言策略与早期汉译佛经的源语言/杨德春/河西学院学报/2018.2

宋元之际四明地区佛教的发展——以延佑《四明志》为中心的考察/牛润珍、宋羽/中国地方志/2018.2

包头地区藏传佛教正殿的历时性探究/王东旭、白胤/中外建筑/2018.2

泰国禅修派与中国佛性论思想/雷晓丽/世界宗教文化/2018.2

"配置土"还是"清净土"？——辨析大乘佛教净土观念的两种思想来源/李想/世界宗教研究/2018.2

昙曜译经《杂宝藏经》中的因缘故事分析/郭静娜、王文星/山西大同大学学报（社会科学版）/2018.2

论魏晋南北朝佛学典籍中的孟学观/高正伟/宜宾学院学报/2018.2

《文心雕龙》与佛教四句例/雷恩海、胡佳欣/聊城大学学报（社会科学版）/2018.2

中西文化下的汉传佛教观音造像与西方圣母像的差异性研究/杨琼/美与时代（上）/2018.2

佛教文献《禅门日诵》中的音声/张鑫/人民音乐/2018.2

佛牙舍利在佛教传承与交流中的作用/段立生、董晓京/西北民族研究/2018.2

阐释人类学角度的藏传佛教信徒朝圣行为分析——以电影《冈仁波齐》为例/毛金金/名作欣赏/2018.2

巍山（山龙）（山于）图山出土佛教石刻造像初步研究/华艳芬/文物鉴定与鉴赏/2018.2

韩国古典小说《春香传》蕴含的中国儒释道文化研究/舒畅/中华文化论坛/2018.2

民族融合视域下金代皇族涉佛文学创作/孙宏哲/黑龙江民族丛刊/2018.2

论李提摩太对《西游记》的索隐式翻译/罗晓/淮海工学院学报（人文社会科学版）/2018.2

论唐代佛教艺术中的健美力士造像——兼论唐人的健美观念/魏勇/山东体育学院学

报/2018.2

量子力学与中观佛教的"空性"观/谢爱华/法音/2018.2

佛教石窟壁画中的狗/张萍/收藏/2018.2

北魏敦煌写经书体研究/邢栋/汉字文化/2018.2

狄楚青学佛经历考辨/李翚/法音/2018.2

无锡惠山寺档案工作探索与实践/高珂婷/档案与建设/2018.2

藏译本《佛说大乘庄严宝王经》略述/才让项毛/四川民族学院学报/2018.2

宁波阿育王古寺舍利宝塔建筑设计分析/王志新/湖北美术学院学报/2018.2

佛教医学影响与"痰饮"词义、病位的转移/李曌华/中华中医药杂志/2018.2

郭子章《豫章诗话》中的佛道意识/邱美琼、刘雨婷/贵州文史丛刊/2018.2

黑水城文献中所见的宋代避讳字研究/马振颖、赵世金/西夏研究/2018.2

盛唐经学与诗学关系研究/潘链钰/西南民族大学学报（人文社科版）/2018.2

敦煌莫高窟第320窟大方等陀罗尼经变考释/王惠民/敦煌研究/2018.2

临汾地区金元时期佛教寺院经济生活探析/王一君/文物鉴定与鉴赏/2018.2

论魏晋时期的士僧合流——以《世说新语》为中心/李远/贵州文史丛刊/2018.2

佛像鉴定漫谈之题材鉴定/黄春和/文物天地/2018.2

河北曲阳修德寺白石佛教造像的艺术风格和特征/吴晓静/东方收藏/2018.2

南京佛寺园林的景观特征研究/李刚/艺术研究/2018.2

青海省贵德县文昌神和二郎神信仰考察报告/曾传辉/世界宗教研究/2018.2

论十六国时期前秦的发展特点/田添/课程教育研究/2018.2

《兴中府尹银青改建三学寺□供给道□千人邑碑铭并序》考释/王志钢/辽宁工程技术大学学报（社会科学版）/2018.2

回归语文学——对佛教史研究方法的一点思考/沈卫荣/中山大学学报（社会科学版）/2018.3

明代上川南地区的佛教与地方社会/陈志刚/社会/2018.3

东方微笑与冥想：汉传佛教佛头造像艺术流变的图像学阐释/张杰/深圳大学学报（人文社会科学版）/2018.3

论中国古代编年体佛教通史的撰述/郭琳/史学史研究/2018.3

东汉魏晋南北朝佛教慈善的滥觞与发展/许秀文、王文涛/河北师范大学学报（哲学社会科学版）/2018.3

生态文明视域下大乘佛教生态哲学新探/韩铮/鄱阳湖学刊/2018.3

关联域视域下《佛教中国》文化意象的翻译/翁洁静/温州职业技术学院学报/2018.3

浅析佛教与基督教的家庭伦理观/付雪航/北京政法职业学院学报/2018.3

佛教儒学与日本神道特殊论的构建研究/王玉强/国际汉学/2018.3

元、清两朝藏传佛教政策管控及其效果/胡垚/深圳大学学报（人文社会科学版）/2018.3

论藏传佛教实践哲学的"九重"特征/李元光/宗教学研究/2018.3

中国古代德育的佛教环境研究/赵辉、明成满/齐齐哈尔大学学报（哲学社会科学版）/2018.3

健康中国背景下梵净山佛教养生思想研究/刘坤新、罗忠青/铜仁学院学报/2018.3

《善巧方便波罗蜜多经》中"善巧方便"概念思想之研究/程恭让/华东师范大学学报（哲学社会科学版）/2018.3

探究佛教对宋代绘画的影响/郭璐/美与时代（中）/2018.3

曼荼罗原型与蒙藏地区藏传佛教建筑的创作/朱钥霖、韩瑛/建筑与文化/2018.3

从剑川石窟看佛教密宗在大理地区的本土化/杨金亮/文物鉴定与鉴赏/2018.3

佛教对妈祖文化的影响/陈祖芬/中国宗教/2018.3

李叔同"弘一体"书法中的佛教美学/汪露琳/大众文艺/2018.3

阿姆斯特丹佛光山荷华寺初探/石沧金、胡修文/八桂侨刊/2018.3

"圆照"：从佛教术语到诗学概念/钟仕伦/文学遗产/2018.3

佛教经论中对"尧舜"诸贤之述评/侯慧明/地域文化研究/2018.3

西夏佛教图像中的皇权意识/王胜泽/敦煌学辑刊/2018.3

山东博物馆藏铜镜所见儒道佛思想文化/刘小明、王绚/许昌学院学报/2018.3

中土观音女性化的成因解释研究/王汝程/南京工业职业技术学院学报/2018.3

西夏文化探赜——以西夏壁画艺术为例/卯芳/中国民族美术/2018.3

早期佛教正语思想的起源及影响/肖建原、杨力/船山学刊/2018.3

唐代道宣与他的佛教感通世界/王大伟/华东师范大学学报（哲学社会科学版）/2018.3

剑川石窟石钟寺第8窟释迦、观音和尊胜佛母组合造像刍议——兼论宋代忏仪佛教对其造像意蕴的影响/黄璜/艺术设计研究/2018.3

晋唐间的舍利瘗埋及其与墓葬的关系/张婧文/南开学报（哲学社会科学版）/2018.3

楞严咒在古代中国的传播/陈宪良/宗教学研究/2018.3

《大唐西域记》中的佛足迹石崇拜/黄凯、刘世超/五台山研究/2018.3

敦煌写经反映出的敦煌与长安之间的佛教文化交流影像/刘超/文物鉴定与鉴赏/2018.3

佛教探源——普彤塔/韩玉哲/邢台学院学报/2018.3

海南佛寺园林的空间布局与植物景观/宋昌吉、周鹏、宋希强、王健、杨春淮/热带生物学报/2018.3

俄罗斯的中国宗教研究/季塔连科、罗曼诺夫、张冰/国际汉学/2018.3

域外佛教艺术对我国佛雕艺术的影响——以北朝石佛造像为例/聂建国/文化产业/2018.3

浅谈"本末制度"与"寺檀制度"对日本人"家"意识的影响/回颖/吉林省社会主义学院学报/2018.3

神秘的喜马拉雅佛教艺术/刘能/收藏家/2018.3

甘肃武山水帘洞石窟群舍利塔历史探究/王雪梅、汪新颖、杨成军/文化产业/2018.3

隋代的玻璃艺术——兼论贸易交流、佛教兴起对玻璃艺术的影响/周静/艺术与设计（理论）/2018.3

王世贞佛学思想研究/崔颖/宗教学研究/2018.3

五台山寺庙空间分布特征及影响因素分析/金巍、李玉轩/太原师范学院学报（自然科学版）/2018.3

新版《玉簪记》的佛教文化意蕴/刘嘉伟、王子瑞/五台山研究/2018.3

论塔尔寺的色彩特征及文化内涵/高洋、钱皓/美与时代（上）/2018.3

浅谈日本文学作品中的佛教思想——以无常观为中心/张利萍/名作欣赏/2018.3

北魏洛阳永宁寺遗址出土玻璃珠的用途研究/刘明虎/创意设计源/2018.3

元代皇家寺院寺产状况探索/李泽正/美与时代（城市版）/2018.3

历史地理视角下的西藏寺庙围墙文化研究/李鹏鹏/西藏民族大学学报（哲学社会科学版）/2018.3

丝绸之路甘肃东段宗教建筑遗迹保护现状/张婧、任云英/世界建筑/2018.3

论清代藏传佛教高僧土观——洛桑确吉尼玛对儒学的判分/牛宏、傅拉宇/西藏大学学报（社会科学版）/2018.3

《佛国记》所载弥勒信仰考论/夏德美/东方论坛/2018.3

中日文学中的锁骨菩萨形象/董璐、刘芳亮/名作欣赏/2018.3

真谛三藏与"正量部"研究/圣凯/华东师范大学学报（哲学社会科学版）/2018.3

黄易与邹城北朝佛教摩崖刻经/胡新立/中国美术/2018.3

明末清初泉州僧俗对日本佛教的贡献/陈颖艳/福建文博/2018.3

无棣大觉寺及海丰塔的历史与现状研究/祝琳琳/文物鉴定与鉴赏/2018.3

论明清丛林住持的职权、地位与世俗化/王荣湟/宗教学研究/2018.3

美国哈佛艺术博物馆藏北齐弟子立像考略/刘洪彩/南京艺术学院学报（美术与设计）/2018.3

文本里的枷锁与实践中的自由——论唐卡佛像量度理论与绘画实践的出入/夏吾端智/西北民族大学学报（哲学社会科学版）/2018.3

关于古代"陵寺"的几个问题/刘毅/南开学报（哲学社会科学版）/2018.3

晚明功过格修养法的三教合一性/杜梅/广东外语外贸大学学报/2018.3

试论《鸠摩罗什法师大义》上卷/王卓琳/农家参谋/2018.3

青州龙兴寺传统佛造像之风格考证/王建文/艺术科技/2018.3

泰山经石峪刻经变迁考/丁武、李泰衡/泰山学院学报/2018.3

从梁代的文化政策看梁武帝的玄学利用策略/张明花/扬州大学学报（人文社会科学版）/2018.3

傣泰族群信仰中的稻米神话/希拉蓬·纳塔朗、金勇/长江大学学报（社会科学版）/2018.3

云冈第9窟后室明窗东西侧壁神祇尊格考/张聪、耿剑/南京艺术学院学报（美术与设计）/2018.3

四川博物院藏《金刚鬘四十五种三昧耶曼荼罗》唐卡研究/赖菲/法音/2018.3

重提佛教既是宗教，又是文化——兼论传承发展中国佛教文化的两个向度/洪修平/世界宗教文化/2018.4

"一带一路"倡议下青藏高原地区宗教文化对外传播的路径与对策——以西藏自治区藏传佛教与印度佛教交流为例/张世均/世界宗教文化/2018.4

19世纪欧洲宗教学家的佛经翻译和研究及其学术文化影响——以麦克斯·缪勒为代表/洪修平、孙亦平/世界宗教研究/2018.4

佛教中国化的逻辑解析/王继侠/中国宗教/2018.4

从齐梁诗歌佛教意象探佛教对南朝诗歌创作的影响/段朋飞/宜春学院学报/2018.4
湘桂走廊佛教传播及其影响初探/黄海云/广西教育学院学报/2018.4
神通思想演变与佛教中国化历程/夏德美/世界宗教文化/2018.4
西双版纳傣族南传佛教壁画的文化意蕴/张秋影、欧阳磊/中国民族博览/2018.4
五台山寺庙建筑的空间组织及佛教文化意义/余昀/忻州师范学院学报/2018.4
《胜鬘经》与南朝佛教/张文良/西南民族大学学报（人文社科版）/2018.4
《隆兴佛教编年通论》论略/杨权、刘娟/图书馆论坛/2018.4
论"佛茶文化"与"禅茶文化"之关系/舒曼、鲍丽丽/农业考古/2018.4
佛教的生态智慧及实践/能忍/中州大学学报/2018.4
佛教信仰的民间异化——以洛阳禅虚寺为中心的考察/金勇强/地方文化研究/2018.4
佛教与生态/鲁枢元、张平/中州大学学报/2018.4
南传佛教建筑艺术/王自荣、雷劲/世界宗教文化/2018.4
从"宗教"的本义看李提摩太之佛耶对话观/黄丁/武汉科技大学学报（社会科学版）/2018.4
魏晋南北朝僧医考论/高祥/佳木斯大学社会科学学报/2018.4
数字传播时代的中国佛教寺院/冯济海/文化纵横/2018.4
简述儿童题材在中国古代佛教艺术中的作用/朱博文/美与时代（上）/2018.4
佛教音乐对我国采茶乐创编的启示/吴珊/福建茶叶/2018.4
工布苯日神山崇拜的"新苯派"特点与佛教化演变趋势/刘洁/黑龙江民族丛刊/2018.4
饰有佛教神祇的女式护身符/美成在久/2018.4
论日本奈良佛教艺术对唐文化的吸收/赵双/美术大观/2018.4
佛教中卍符号意蕴延伸及现代运用/吴伟勤、黎梦雨/美与时代（上）/2018.4
藏传佛教僧帽文化释义/柔金措毛/青藏高原论坛/2018.4
越窑佛像装饰的中国化演变考研/吴越滨/新美术/2018.4
辽金崇佛与云冈石窟的修缮/宣林/山西大同大学学报（社会科学版）/2018.4
论魏晋南北朝中土文化对佛经汉译的影响/施晓风/齐鲁师范学院学报/2018.4
泰国宗教文化中的印度教元素探析/金杰/世界宗教文化/2018.4
《坛经》中"即心即佛"的理论及其对宋明理学的影响/韩颖/宜春学院学报/2018.4
孝庄文皇后的佛事活动与满蒙初期政治关系/聂晓灵/黑龙江民族丛刊/2018.4
武威西夏博物馆藏米拉日巴造像探析/蒋超年、赵雪野/文物天地/2018.4
论佛教"不二法门"对西方哲学二元思辨困境的破解/刘勇/法音/2018.4
中国佛塔建筑的世俗化研究/李坤键/普洱学院学报/2018.4
湖北佛寺建筑历史研究——东汉至隋唐/张奕/法音/2018.4
禅宗的心性论——以《坛经》为中心/王驰/甘肃广播电视大学学报/2018.4
敦煌壁画迦陵频伽图像的起源与演变/孙武军、张佳/中国国家博物馆馆刊/2018.4
内蒙古通辽地区藏传佛教造像赏析/李铁军、左家昕/收藏/2018.4
《坛经》所记惠能故事中的中国神话元素/仲红卫/韶关学院学报/2018.4
佛教寺院金融与中国金融业的发展/周建波/世界宗教研究/2018.4
心学家牟宗三的佛学判准研究/蔡家和/贵阳学院学报（社会科学版）/2018.4

佛教寺院仿古建筑设计/林祥荣/工程建设与设计/2018.4

武德九年《沙汰僧尼道士女冠诏》相关问题探索/石科/新西部/2018.4

以耶释佛——剖析李提摩太翻译的佛教典论——以《西游记》和《大乘起信论》的英译本为例/曾伟城、蒋维金/英语广场/2018.4

敦煌本《诸经杂辑》刍探——兼议敦煌草书写本研究的有关问题/马德、马高强/敦煌研究/2018.4

中国汉传佛教梵呗唱词的文体与音乐特色/狄其安/北方音乐/2018.4

基于陶瓷艺术打造赣西禅宗文化品牌的历史与现实意义/王秋平/景德镇陶瓷/2018.4

变动社会中的晚清佛门实录——基于 Walks in the city of Canton: with an itinerary 一书的考察/杨宪钊/地方文化研究/2018.4

浮名逐梦来——慈寿寺的兴建与明末佛教转折/林硕/北京档案/2018.4

张掖佛教遗存书法艺术研究/张玉林/中国书法/2018.4

印度传入佛教密宗的兴盛与雕版印刷术的产生/辛德勇/首都师范大学学报（社会科学版）/2018.4

隆务寺传统管理模式及其特点/当增吉/青海民族大学学报（社会科学版）/2018.4

临潼庆山寺与女皇武则天/陈璟/大众考古/2018.4

汉晋佛经翻译中"出经"含义考释/张振龙、匡永亮/世界宗教研究/2018.4

胡名迷梵种——唐代前期与中期上层社会所认识的"胡僧"/李正一/改革与开放/2018.4

西双版纳傣族佛寺的选址及布局特征探讨/张秋影/住宅与房地产/2018.4

榆林窟第16窟叙利亚字回鹘文景教徒题记/松井太、王平先/敦煌研究/2018.4

谈我国宗教的中国化——兼谈藏传佛教的中国化方向/李德成/中国藏学/2018.5

儒佛道三教关系研究的方法与实践——洪修平教授访谈录/张勇、洪修平/孔子研究/2018.5

南京佛教诗歌历史发展及其当代传承/尚荣/东南大学学报（哲学社会科学版）/2018.5

传统"孝亲观"视域的佛教孝道思想探析/耿静波/青海师范大学学报（哲学社会科学版）/2018.5

佛教心灵哲学重构之我见/高新民、胡水周/学术月刊/2018.5

佛教"圆融"观与苏轼书风关系研究/姚远/美与时代（下）/2018.5

浅析我国与周边南传佛教国家的文化艺术与社会/朱平洋/戏剧之家/2018.5

从"外典附录"到"子部释家"——外典目录对佛教典籍的容受/冯国栋/复旦学报（社会科学版）/2018.5

巴楚、焉耆两地的古代佛教艺术/杨静/中国艺术时空/2018.5

佛教音乐从印度到中国的转变/赵月/中国宗教/2018.5

藏传佛教佛造像艺术的题材及其人物形象刻画/张敏/艺海/2018.5

《文选注》佛典的引用与李善的佛教修养/徐沛楠/南京晓庄学院学报/2018.5

西夏佛典疑伪经研究综述/蔡莉/西夏研究/2018.5

《唐代变文：佛教对中国白话小说及戏曲产生的贡献之研究》/赵玉平/民间文化论坛/2018.5

恒持藏传佛教中国化道路/仁钦扎木苏/中国宗教/2018.5

明代佛教"分寺清宗"政策变迁与瑜伽教僧地位嬗变探究/李明阳/安徽史学/2018.5

藏传佛教寺院吉祥主题壁画的溯源研究/周晶、李天/建筑与文化/2018.5

禅宗南北之争与天台宗传法谱系的形成——兼论隋唐佛教宗派成立问题/王黎芳、刘聪/河北学刊/2018.5

简析佛教文化对泰国恐怖电影的影响/鲁娅/戏剧之家/2018.5

膳与善：素食斋饭作为安养文化的根隐喻——基于佛教安养院的饮食人类学考察/陈昭/思想战线/2018.5

藏族通婚禁忌与守护神信仰关联性研究——基于安多藏区田野调查的人类学思考/刘军君/西北民族研究/2018.5

汉译佛经的来源、语言性质与汉语分期/杨德春/江南大学学报（人文社会科学版）/2018.5

梵净山历史上的佛光现象与佛光崇拜/张明/贵州文史丛刊/2018.5

原始佛教根本问题探源/陈群志、巴多/西南民族大学学报（人文社科版）/2018.5

从定州开元寺塔内现存碑刻窥探北宋初期定州佛教信仰在军队中的流行/王丽花/文物鉴定与鉴赏/2018.5

《佛所行赞》：古代汉语最长的叙事诗（上）/孙昌武/古典文学知识/2018.5

两个遗民典范：释大错与王船山/王兴国/船山学刊/2018.5

"道统说"到"气本论"：韩愈和张载反佛思想的逻辑进路/杨晓英/新西部/2018.5

唐佛曲与古典戏剧之起源/杨贺/甘肃理论学刊/2018.5

虔敬与理性的辩难：佛教信仰如何走出理性困境？/朱毅/西北民族大学学报（哲学社会科学版）/2018.5

印度佛教美术考察笔记（上篇）——新德里藏斯坦因所掠绢画初步研究/郑弌/美术观察/2018.5

《净因大师道公高行碑》及临潢阿育王第十九塔考/赵世金、马振颖/山东理工大学学报（社会科学版）/2018.5

从真容偶像看佛教对辽代丧葬习俗的影响/于博/北方文物/2018.5

从《坛经》看我们的生活方式/刘畅/文学教育（上）/2018.5

《法显传》与《大唐西域记》中的佛教石窟/胡子琦/文学与文化/2018.5

包头地区藏传佛教建筑旋子彩画探究/王东旭、白胤/四川水泥/2018.5

电影《春夏秋冬又一春》中的佛教意识释略/李红伟/戏剧之家/2018.5

无明慧经对洞宗法系的提振与贡献/杨小华、彭蓝君/法音/2018.5

梁简文帝萧纲《唱导文》系年考/阚可心/文化学刊/2018.5

峨眉山寺庙建筑地理分布特征研究/王娜/山西建筑/2018.5

异域之眼：元祐元年前后的北宋佛教界——以高丽僧统义天入华求法为视角/张良/福建师范大学学报（哲学社会科学版）/2018.5

石家庄毗卢寺释迦殿"金牛太子"壁画考辨/张熙、郭静/河北大学学报（哲学社会科学版）/2018.5

佛道思想影响下的飞天、飞仙及天人图像初探/孙立婷/大众文艺/2018.5

论王琰《冥祥记》中的观音信仰故事/赖艳彬/重庆第二师范学院学报/2018.5

中国佛教抗战文学的精神新质与艺术探寻（英文）/谭桂林、李存娜/Social Sciences in China/2018.5

五轮塔的华丽与简素之美——浙江七佛塔与江西云居山宋代僧塔风格的对比解析/唐健武/法音/2018.5

福建仙游天中万寿塔四观音造像研究/杨琼/艺海/2018.5

戒律与计时——以唐代一行法师为中心/湛如/文学与文化/2018.5

《登徒子好色赋》与佛经/徐世民/理论月刊/2018.5

准噶尔汗国时期藏传佛教固尔札庙刍议/纳森巴雅尔/西部蒙古论坛/2018.5

慈悲喜舍——慈心禅与心身健康/彭彦琴/南京师大学报（社会科学版）/2018.5

《宋史·艺文志》子部释氏类书目考辨/罗凌/三峡论坛（三峡文学·理论版）/2018.5

神圣与世俗的圆融：雍和宫弥勒大像的象征意蕴研究/王忠林、嵇亚林/艺术百家/2018.5

佛道基因与高允诗赋的文学定位/赵逵夫、王峥/河北学刊/2018.5

周颙与宋齐佛教——以钟山隐舍与草堂寺为中心/王荣国、王智兰/西南民族大学学报（人文社科版）/2018.5

北朝青州及其他地区佛教造像的彩绘问题/陆一/文物鉴定与鉴赏/2018.5

古代行像规模及宗教仪式/陈婷婷/美术大观/2018.5

佛教信仰、商业信用与制度变迁——中古时期寺院金融兴衰分析/周建波、孙圣民、张博、周建涛/经济研究/2018.6

试论魏晋南北朝佛教兴盛的社会原因/张雁红、马志强/山西大同大学学报（社会科学版）/2018.6

泰国南传上座部佛教与泰国政党的互动关系研究/王贞力、林建宇/东南亚纵横/2018.6

佛教与宗教、哲学关系之辨——太虚大师与欧阳竟无观点之比较/丁小平/广州大学学报（社会科学版）/2018.6

日本奈良时代对唐代长安佛教建筑文化的吸收/刘礼堂、田荣昌/江汉论坛/2018.6

论任继愈的中国佛教思想/张圆圆/贵阳学院学报（社会科学版）/2018.6

西域佛教美术文化历史与贡献/董馥伊/贵州民族研究/2018.6

佛教中国化的历史经验——以《大智度论》与中国宗派佛教的形成为例/杨航/中国宗教/2018.6

关于两汉魏晋时期佛教在中国得以发展原因之认识/贾钰/文物鉴定与鉴赏/2018.6

从印度到中国：丝绸之路上的佛陀降生神话图像——从五台山繁峙岩山寺佛传故事画说开去/伊家慧/创意与设计/2018.6

中医哲学与佛教医学"身心观"刍议/熊江宁、赵威维/中国文化研究/2018.6

佛教中的动物生态伦理思想/金婷、刘中亮/南京林业大学学报（人文社会科学版）/2018.6

元代以前皖江流域佛教发展的时空特征及其原因初探——以寺院为中心/罗冰、周晓光/江汉论坛/2018.6

中国佛教和平观及其现代价值/廖同真/滇西科技师范学院学报/2018.6

新时代藏传佛教中国化的路径和实践/尕藏加/世界宗教文化/2018.6

佛教类书与所出原经深加工平行语料库建设与研究——以《经律异相》《法苑珠林》为样本/王晓玉、赵家栋/南京师范大学文学院学报/2018.6

蒙古族敖包信仰仪式中萨满教与佛教文化交融现状的根源探析/董波/世界宗教研究/2018.6

从《萧翼赚兰亭图》看佛教文化对家具的影响/叶雨静、徐伟、詹先旭、陈昌华、唐先良/家具与室内装饰/2018.6

论佛教音乐在传承与发展过程中存在的问题及创新性建议/邓欢凯/北方音乐/2018.6

论儒、释、道精神在唐代西域的传播/王聪延/兵团党校学报/2018.6

元代江南地区僧侣与世俗文士关系的演化与历史转型——以杭州寺院记文与僧人塔铭的书写为视角/王菲菲/世界宗教研究/2018.6

试论儒家思想对山西佛教雕塑的影响/田永刚/艺术科技/2018.6

唐高宗干封元年佛教官寺制度研究/聂顺新/宗教学研究/2018.6

东北地区佛教寺庙建筑色彩浅析/齐伟民、赵跃/艺术科技/2018.6

佛教题材在陶瓷装饰中的引用/俞瑞林/陶瓷研究/2018.6

内蒙古非物质文化遗产的数字化保护研究——以内蒙古藏传佛教建筑形态为例/白璐、张欣宏/工业设计/2018.6

八思巴在蒙藏地区传教对宗教文化的影响/周晓楠/文化学刊/2018.6

阳宝山佛教建筑遗址探析与反思/骆源/大众文艺/2018.6

儒家五伦观与佛教六方说比较——以《孟子》和《善生经》为中心/陈兵、赵广志/西南民族大学学报（人文社科版）/2018.6

穆王五十二年佛灭说的形成/刘屹/敦煌学辑刊/2018.6

佛教"八正道"理念与运动训练原则根本价值同一性探析/杨晨飞、但懿、罗禧/体育科技文献通报/2018.6

杀生放生、洞天福地母题与佛道地理之关系/杨宗红/临沂大学学报/2018.6

哲学治疗：从现象学到佛学/徐献军/西南民族大学学报（人文社科版）/2018.6

从汉传佛教观音造像与西方圣母像的共通性窥见宗教艺术的世俗化表现/杨琼/艺术与设计（理论）/2018.6

阿底峡尊者入藏传法及其对后世的影响/尕藏加/阿坝师范学院学报/2018.6

夏合吐尔遗址出土文书所见唐代当地寺院生活/孙丽萍/吐鲁番学研究/2018.6

解析中国汉传佛教梵呗的调式与调性/狄其安/黄河之声/2018.6

浅说《常清静经》中的佛教思想/俞文祥/华夏文化/2018.6

蒙古佛教关公祭祀仪式的功能和意义/娜仁娜/文化学刊/2018.6

观音菩萨的女性化及其审美意蕴/支景/南京师范大学文学院学报/2018.6

松潘地区苯教大鹏鸟形象的多元化背景/郭萍/宗教学研究/2018.6

论华严宗对唐人诗歌创作的影响/桑宝靖/宝鸡文理学院学报（社会科学版）/2018.6

张掖大佛寺砖雕画初探/闫丽/河西学院学报/2018.6

论明代僧官制度/唐黎标/五台山研究/2018.6

王妃没卢氏墀嘉姆赞对吐蕃禅宗的历史贡献探讨/罗央/西藏艺术研究/2018.6
R. S. 苏吉萨拉迦对"对位阅读法"的运用与实践述评/张春/宗教学研究/2018.6
汉译佛经与汉语词"思想"的来源及其演变/葛平平/辽东学院学报（社会科学版）/2018.6
北魏僧官制度探析/王文星、郭静娜/五台山研究/2018.6
《宝唱录》在佛经目录学上的价值/宁艳红/五台山研究/2018.6
托林寺红殿的建造者及年代考/王瑞雷/世界宗教研究/2018.6
神会禅学思想对禅宗发展的贡献/李广宇/湖北社会科学/2018.6
授戒法系视域下弘一大师律学思想评议/马海燕/闽台文化研究/2018.6
隋《龙藏寺碑》书法艺术考述/张雷、傅如明/西安工业大学学报/2018.6
论在禅宗思想影响下青花瓷"心法"之提升/刘威/景德镇陶瓷/2018.6
怀素南宗禅师身份的补证/杨秀发/艺术工作/2018.6
印度佛教美术考察笔记（下篇）——从桑吉到德干/郑弌/美术观察/2018.6
云南契丹后裔研究述评/达福兴/保山学院学报/2018.6
佛足印龙门石窟发现的神秘图像/温玉成/大众考古/2018.6
民国"佛教入监"考/姜增/交大法学/2018.7
东亚文化圈视野下的近现代中国佛教国际化进程/范文丽/佛学研究/2018.7
藏族家庭与藏传佛教影响关系初论/阿忠荣/青海师范大学学报（哲学社会科学版）/2018.7
佛教抑或伊斯兰教？——也论郑和的宗教信仰/何孝荣/古代文明/2018.7
论佛教对中国传统法律形式的若干影响/周东平、李勤通/北方法学/2018.7
东西方文化思潮中近代中国佛教的复兴/德光/佛学研究/2018.7
探寻文化出路：近代中国精英人士看佛教/魏光奇、柴田文洋/社会科学论坛/2018.7
唐代长安佛寺分布及其在文化交流中的价值与作用/张莹/开封教育学院学报/2018.7
中古佛典序跋的佛教史价值刍论/赵纪彬/船山学刊/2018.7
近代日本佛教在中国东北地区的传播及其战争责任/邱高兴/中国社会科学院研究生院学报/2018.7
藏传密宗与"中华国族"的构建——民国时期汉地僧人的藏密观/朱丽霞/西南民族大学学报（人文社科版）/2018.7
浅谈圣德太子推崇佛教的原因/姚兰/开封教育学院学报/2018.7
从历史到神话：古代佛陀传记的文本发展史/伊家慧/青海师范大学学报（哲学社会科学版）/2018.7
幽州地区佛教与世俗家庭探略——以唐刻房山石经为中心/管仲乐/哈尔滨工业大学学报（社会科学版）/2018.7
论佛教文化对《聊斋志异》人物塑造的影响/敖敏/传媒论坛/2018.7
试析印度佛教哲学对我国茶文化的影响/落桑曲平/福建茶叶/2018.7
给现代人讲清藏传佛教——评尕藏加的《中国藏传佛教》/尹邦志/法音/2018.7
佛教与本体论——太虚大师与欧阳竟无佛学思想对比/丁小平/宜春学院学报/2018.7
唐宋佛教行记及其相关文献叙录/阳清、刘静/大学图书馆学报/2018.7
《成都下同仁路——佛教造像坑及城市生活遗址发掘报告》简介/伊铭/考古/2018.7

蒙元时期宁夏佛教考述/仇王军/宁夏社会科学/2018.7
老挝佛教的"生活化"特征/邓海霞、施建平/法音/2018.7
回顾苯教身份问题：喜马拉雅山脉地区的苯教祭祀和祭祀仪式/杰福利·萨缪尔、永保藏/青藏高原论坛/2018.7
汉译佛经"阿含部"中的自然观/王雅克/贵州师范大学学报（社会科学版）/2018.7
《罗生门》中佛教"善恶有报"思想探析/潘贵民/安徽文学（下半月）/2018.7
中国古代佛教三宝供养与"经像瘗埋"——兼谈敦煌莫高窟藏经洞的封闭原因/张先堂/佛学研究/2018.7
现代中国美学前期建构中的佛学因素略论/杨光/西北大学学报（哲学社会科学版）/2018.7
回鹘弥勒信仰考/杨富学/佛学研究/2018.7
从"文化转型"到"佛学转型"——20世纪中国佛学的学术转向/李明/宁夏社会科学/2018.7
"一带一路"文化纽带视角下的《金光明经》在蒙古族地区的传播及文化影响/乌力吉套格套/内蒙古民族大学学报（社会科学版）/2018.7
"援道入佛"与"援佛诠道"：从"清静"与"清净"观念看道佛思想的相互融摄/郑长青/怀化学院学报/2018.7
触地印装饰佛像在中国的形成与传播/王静芬、淦喻成、赵晋超/佛学研究/2018.7
《圣物制造与中古中国佛教舍利供养》/佛学研究/2018.7
历史中的"文化变迁"与佛教仪式的意义转变/傅暮蓉/法音/2018.7
水果波罗蜜考——兼论其与佛教用语波罗蜜的关系/孙笑颜/农业考古/2018.7
曹植与"渔山梵呗"考辨/傅暮蓉/人民音乐/2018.7
"雷公捧桃"，还是"迦楼罗奉佛钵舍利"？——飞来峰第24龛17号罗汉像左侧浮雕图像考论/陈媚、林清凉/美育学刊/2018.7
浅析小乘佛教对傣族民间舞蹈风格的影响/宋玲/戏剧之家/2018.7
图像学视域下的忿怒相护法神造像——以班丹拉姆造型为例/倪明/美与时代（下）/2018.7
两种回鹘语《阿离念弥本生经》写本比较研究——兼论西州回鹘早期的译经活动/付马/西域研究/2018.7
佛教因明学对《文心雕龙》的影响探论/刘业超/长江学术/2018.7
越南的观音信仰研究/释源德/佛学研究/2018.7
高僧伏虎传说的叙事结构分析及文化意义解读——以镇江虎跑泉传说为例/杨紫琳/名作欣赏/2018.7
佛教造像艺术中的基因传承/刘钊/收藏家/2018.7
别生经：一种特殊的佛经文献——以中古佛经目录为中心的考察/王飞朋/大学图书馆学报/2018.7
杭州昭庆寺遗址出土人形铜烛台、花觚研究/廖汝雪/文物世界/2018.7
常用佛教成语源流考辨五则/汤仕普/铜仁学院学报/2018.7
从佛教角度看人道教育/法宝、陶思齐/佛学研究/2018.7

青州北齐佛像渊源的新思考/赵玲/南京艺术学院学报（美术与设计）/2018.7
僧人笔下的僧人：《徒然草》中所见僧人形象简析/段霞/文学教育（上）/2018.7
北朝佛教刻经隶书的分期与类型分析/段为民/天津美术学院学报/2018.7
阳明心学与佛教禅宗的本体论关系探析/刘莹/西部学刊/2018.7
《高王经》的起源——从"佛说观世音经"到"佛说高王经"/池丽梅/佛学研究/2018.7
檀香在佛教中的应用刍议/程林盛/法音/2018.7
佛经动物叙事对中国人兽对话型叙事的影响/元文广/中国比较文学/2018.7
论重庆涞滩二佛寺禅宗摩崖造像的特殊意义/高一丹/四川戏剧/2018.7
基于佛家五蕴学说的心智主体五层次模型/孙春晖、冯成志/心理科学/2018.7
从泰国堪咖大战恬神故事看恬神信仰及其变迁/郑钦清/玉溪师范学院学报/2018.7
经录与文本：《法灭尽经》类佛经的文献学考察/刘屹/文献/2018.7
试说隋唐以降涅盘的图像表达/严耀中/佛学研究/2018.7
藏传佛教觉囊派学经系统传承研究/罡拉卓玛/青海社会科学/2018.7
敦煌曲子词写本与僧人的社会生活/冷江山/云南社会科学/2018.7
儒释道三教的杂糅——重解《西游记》/张婧/白城师范学院学报/2018.7
论藏传佛教寺院曼巴扎仓传统师承关系对培养现代藏医药学人才的积极作用/林扎西卓玛/青藏高原论坛/2018.7
西夏瓦当纹饰探析/李玉峰/南京艺术学院学报（美术与设计）/2018.7
佛教禅宗对弘仁的影响微探/尚旭杰/大众文艺/2018.7
北朝时期邺城造像服饰与僧衣/陆一/大众考古/2018.7
律宗发祥地"北台"考辨/释圣贤/佛学研究/2018.7
浙江余杭南山普宁寺沿革初考/林清凉、陈越/温州大学学报（社会科学版）/2018.7
汉译佛经的语料价值及其对汉语的贡献/张烨/大连民族大学学报/2018.7
辽南京、金中都佛寺补正/尤李/佛学研究/2018.7
晚明四大师之禅净关系论/熊江宁/佛学研究/2018.7
圆融思想与末法观念——北朝《大集经》的流行与刻经/圣凯/佛学研究/2018.7
禅宗丛林制度对中国古代书院文化的影响/周楠淞/大众文艺/2018.7
中皇山刻经书法与"王书北传"/王雪源、黄辉/书法/2018.7
十六国时期的金铜佛造像/马兆中/大众考古/2018.7
改革开放四十年来的佛教研究（上）/魏道儒/中国宗教/2018.8
印度尼西亚婆罗浮屠佛塔的乐舞石雕图像研究/杨民康/中央音乐学院学报/2018.8
佛教文学研究五题/普慧/宝鸡文理学院学报（社会科学版）/2018.8
唐初抑佛政策之定型与巩固——基于贞观十一至十六年间几个佛教事件的考察/李猛/文史/2018.8
九华山佛教法事音乐的发源与价值分析/唐静/宜春学院学报/2018.8
鲁迅文学对佛教的批判与汲取/刘晓娟/安徽文学（下半月）/2018.8
略论新时期藏传佛教寺院管理/更桑措毛/攀登/2018.8
当代陶瓷佛教绘画风格流派及意义/徐进/陶瓷研究/2018.8

从《受戒》看汪曾祺的佛教文化意识/赵文阁/新乡学院学报/2018.8
民国"四川王"刘湘对佛教的贡献/曾友和/法音/2018.8
扎塘寺主殿造像配置及其意蕴——兼论11世纪西藏佛教与佛教艺术的构成/谢继胜/中国藏学/2018.8
佛教文化对中国陶瓷的影响探究/罗娜/陶瓷研究/2018.8
藏传佛教僧侣饮食器具考/索朗卓玛/法音/2018.8
文明的交流互鉴与中国佛教绘画的发展历程/何劲松/世界宗教研究/2018.8
佛教和医药学的考察与思考/杨曾文/世界宗教研究/2018.8
唐代佛教绘画与周日方仕女画的互相影响与生发/杨瑶/怀化学院学报/2018.8
蒙古国乌兰巴托佛教建筑艺术/王皓月/世界宗教文化/2018.8
北魏平城时期佛教发展探讨——以沙门昙曜生平为主线/郭静娜/史志学刊/2018.8
儒道"阴阳和合"与佛教"因缘和合"比较/陈爱平、于忠伟、安贵臣/台州学院学报/2018.8
汉传佛教元素智能可穿戴设计/王诗薇/艺术教育/2018.8
浅析柏孜克里克石窟回鹘佛教壁画的艺术特色及渊源/邓永红/遗产与保护研究/2018.8
隋唐佛教文化影响下的丝绸纹样探析/陈黄婉红、蔡建梅/艺术与设计（理论）/2018.8
略论西夏佛教管理的特色——以《天盛改旧新定律令》为例/文健/西夏研究/2018.8
天台山佛教音乐的"前世今生"/张学旗、黄秀秀/民族音乐/2018.8
北朝佛教造像分期鉴定小议/任先君/文物鉴定与鉴赏/2018.8
浙东地区出土吴晋时期魂瓶上的胡人形象及其相关问题/梅依洁/中国港口/2018.8
浅析小乘佛教对傣族舞蹈的深远影响/刘慧娇/戏剧之家/2018.8
论成都出土的早期佛教天王像/霍巍/考古/2018.8
佛教美术对中国画色彩发展的影响/杨小晋/科教文汇（下旬刊）/2018.8
浅谈中国传统绘画语言在佛教雕塑中的运用/周庆刚/艺术教育/2018.8
古代丝路上的佛教假面艺术交流/师若予/中国国家博物馆馆刊/2018.8
元代景德镇窑青白瓷佛像研究/尹曦娜/华夏考古/2018.8
敦煌藏文文献P.T9号《普贤行愿王经》序言解读/索南/中国藏学/2018.8
译经背后的真相——李提摩太英译《妙法莲华经》探微/杨靖/外语与外语教学/2018.8
佛教见证中国文明史进程/常利兵/文史月刊/2018.8
辽宁喀左卢家沟出土佛教造像年代及相关问题/刘雅婷、解峰/文物/2018.8
P.T.1292古藏文音写回鹘语佛教教义简答手册研究/吐送江·依明/中国藏学/2018.8
《巴扎尔达喇喇嘛额尔德尼诺颜呼图克图三世传记写本》注释及其相关问题研究/王佳/西部蒙古论坛/2018.8
邺下净土信仰及相关遗存/何利群/中原文物/2018.8
承天寺文化价值与保护初探/崔烨/中国民族博览/2018.8

从兴教寺建筑看白族宗教文化的融合/杜新燕/大理大学学报/2018.8
十一世纪中国北方广泛流行的华严禅典籍与人物/王颂/世界宗教文化/2018.8
滇西北藏传佛教绘画《神路图》研究/黄诚/山西大同大学学报（社会科学版）/2018.8
浅谈张掖大佛寺馆藏佛经/郑晓春/文物鉴定与鉴赏/2018.8
宋词中的佛禅思想/孔德洁/合肥学院学报（综合版）/2018.8
舍利崇拜在我国的兴起与盛行——法门寺佛指舍利/赵辉/东方收藏/2018.8
兴教寺事件传播分期初探/狄蕊红、王冰/今传媒/2018.8
论宋代士大夫与当时的舍利瘗埋/冉万里/文博/2018.8
论朝鲜《三国遗事》中的观音信仰传说/金向德/平顶山学院学报/2018.8
试论中古佛典序跋的非单一性/赵纪彬/临沂大学学报/2018.8
金塔寺天然卧佛与佛教涅盘宗的关系/王康、李妍容/收藏/2018.8
论民国时期新疆地方政府对于蒙古族藏传佛教的政策/刘国俊/西部蒙古论坛/2018.8
唐宋时期湘赣禅宗网络研究（上）/万里/书屋/2018.8
昙始碑考证：史传阙失与地方记忆/魏斌/文史/2018.8
窟寺佛影武威亥母寺遗址考古记/蒋超年、赵雪野/大众考古/2018.8
宗教管理的律令化模式——唐代宗教信仰禁令研究/梁克敏/世界宗教研究/2018.8
《什法师诔》的史学价值与文学意义/程对山/河西学院学报/2018.8
论叶向高与福清黄檗寺之关系/吴章燕、罗陈爽/福建师大福清分校学报/2018.8
青原禅系"曹洞"宗名发微/习罡华、刘云鹤/地方文化研究/2018.8
《红楼梦》中的心病佛药医/刘桐/大众文艺/2018.8
"镜花水月"源流辨正/李琳/名作欣赏/2018.8
贝叶文化背景下西双版纳地区佛塔建筑的文化象征意义/罗兰、包蓉/美与时代（城市版）/2018.8
《六世班禅洛桑班丹益西传》的史料价值/米玛次仁/西藏研究/2018.8
孟加拉国佛教文化遗产考察掠影/李意愿、贾英杰/大众考古/2018.8
改革开放四十年来的佛教研究（下）/魏道儒/中国宗教/2018.9
改革开放四十年中国佛教学术研究/杨维中、Matt B. Orsborn、HouJian/孔学堂/2018.9
赵朴初"人间佛教"思想的民本价值面向/李秀娟/船山学刊/2018.9
佛教的历史哲学/王颂/哲学研究/2018.9
佛教音乐与草原文明再生产/董波、冯振华/内蒙古艺术/2018.9
论金代佛教的历史渊源/王德朋/兰州学刊/2018.9
近七十年来杜甫与佛教关系研究综述/刘雯/杜甫研究学刊/2018.9
论藏传佛教对迪庆藏区发展的影响——以德钦县羊拉乡为个案的研究/鲁茸拉木/云南农业大学学报（社会科学）/2018.9
论明初的佛教寺院归并运动/何孝荣、李明阳/南开学报（哲学社会科学版）/2018.9
印度教与佛教的渊源及造像艺术/刘钊/收藏家/2018.9
中华文化视野下新疆多元宗教文化的交融一体/彭无情/科学与无神论/2018.9
论佛教对唐传奇的影响/樊伟峻、訾瑞芳/集宁师范学院学报/2018.9

试论日本近世佛教与政权的关系——以近世寺院法令为中心/回颖、周异夫/社会科学战线/2018.9

印度史诗《摩诃婆罗多》与佛教、中国文学之关系/张煜/复旦学报（社会科学版）/2018.9

简论回鹘文佛教和摩尼教文献中部分术语的翻译/阿卜拉江·玉苏普/民族翻译/2018.9

辽代佛教音乐史料探析——有关中国古代音乐文化的拾遗与补充/刘琳、王红箫/艺术百家/2018.9

陶渊明的佛学思辨与儒道内核/陈方/东华理工大学学报（社会科学版）/2018.9

佛教在西藏的早期传播/尚子惟/传媒论坛/2018.9

佛教在西藏本土化的思想历程及其特点——以莲花生、阿底峡、宗喀巴为主/索南才让/西藏民族大学学报（哲学社会科学版）/2018.9

日本佛教说话文学中的《金刚经》灵异记/刘九令/东北亚外语研究/2018.9

佛教音乐之研究——震撼心灵的人间圣乐/冯慧娟/中国新通信/2018.9

《楞伽经》在古印度的写定和流传考/杨英/宗教学研究/2018.9

唐宋佛教入冥故事中的排佛士大夫角色变迁/范英杰、姬慧/榆林学院学报/2018.9

佛教遗址出土舍利石函纹饰的类型与分期/田娜/中国国家博物馆馆刊/2018.9

文化自信的三大基本要求——宋儒处理儒佛关系实践中所表现的智慧/李承贵/福建论坛（人文社会科学版）/2018.9

略说中国佛教文化中的虎/陈金凤/法音/2018.9

唐蕃战争对吐蕃佛教文化的影响/张虽旺/学术探索/2018.9

北魏帝王对佛教的扶持及原因论析/贾学义/科学经济社会/2018.9

论海上丝绸之路之于"六祖革命"的文化地理学意义/谭苑芳、林玮/宗教学研究/2018.9

理解与融通：《牟子理惑论》中儒释道三教会通管窥/杨小华、彭蓝君/渭南师范学院学报/2018.9

20世纪以来唐佛教音乐与文学关系研究概述/杨贺/文教资料/2018.9

中国早期佛教座椅与挈具图像探源/张晶/南京艺术学院学报（美术与设计）/2018.9

佛教艺术语境中的启门图/张善庆/敦煌学辑刊/2018.9

从佛的三十二相看造像技术、教派之争与佛教美学的建立/李翎/艺术探索/2018.9

敦煌壁画绘小型玻璃器研究：丝绸之路上玻璃东传过程中的佛教化演变/程雅娟/南京艺术学院学报（美术与设计）/2018.9

佛教花供养在唐五代敦煌地区的表现/沙武田、李批批/敦煌学辑刊/2018.9

藏传佛教寺院周边环境保护策略研究——以塔尔寺寺前区广场规划为例/李程成/装饰/2018.9

论赵朴初诗词中的佛学思想/何娜/中山大学研究生学刊/2018.9

达玛沟托普鲁克墩雕塑考析/张健波/新疆艺术学院学报/2018.9

"一带一路"视域下唐宋时期大足地区佛教民间信仰研究——以造像龛刻铭文为中心/赵鑫桐/重庆科技学院学报（社会科学版）/2018.9

唐代中原北方地区佛教造像本土化特征研究/苗苗/艺术教育/2018.9

论中古敦煌家庭伦理的落实问题/买小英/甘肃理论学刊/2018.9

唐代寺院建筑形制研究/石嘉忻/大众文艺/2018.9

般若、坐禅与道元对"娑婆世界大宋国"临济宗的批判/李熙/中华文化论坛/2018.9

浅析明代山西寺庙雕塑中佛像背光的艺术风格/赵英然/文物世界/2018.9

皇家御制大宝相周府堂上最胜尊——明永乐宫廷御制《三世佛六菩萨宝相》赏鉴与研究/黄春和/藏家/2018.9

徐陵的诗文创作与佛教经论/何剑平/文学遗产/2018.9

再论早期"藏式佛像"的相关问题/白日·洛桑扎西/西藏大学学报（社会科学版）/2018.9

真实性视角下的藏传佛教寺院保护理念思考——以山南桑耶寺为例/索朗旦增、惠昭、董云慧/西藏艺术研究/2018.9

皇帝之梦与佛典东译——关于早期汉译佛经的译者权问题/张瀚墨/国学学刊/2018.9

融入本土成传统艺术——浅谈佛像创作的演变过程/陈其平/陶瓷科学与艺术/2018.9

南朝江东本土文人与佛教关系考论/杨健/滁州职业技术学院学报/2018.9

论晚唐诗僧贯休的涉佛诗及其意义/胡玉兰/太原师范学院学报（社会科学版）/2018.9

秣菟罗佛造像狮子座源流考/方倩/创意设计源/2018.9

探析与反思鸠摩罗什汉译《中论颂》里龙树的两个"两难论证"与"一切皆空"之论证/赵东明/现代哲学/2018.9

论清朝前中期皇帝尊崇五台山的表现/雷铭/法音/2018.9

佛教五蕴系统——一种信息加工模型/彭彦琴、李清清/心理科学/2018.9

论佛教要素在巴中石窟艺术中的体现/赵奎林/美与时代（上）/2018.9

浅谈魏晋南北朝的佛教与书法/正平/法音/2018.9

工巧明经典释读：《时轮摄略经》与《吉祥胜乐根本续》两部经典关于佛像量度的理论学说及其影响/当增扎西/西藏艺术研究/2018.9

汉传佛教僧人"释"姓缘由探究/李蓉/法音/2018.9

藏传佛教萨迦派的历史概况、讲修特点及深远影响/才项多杰/青海社会科学/2018.9

巴中石窟佛帐龛饰艺术探析/赵奎林/大众文艺/2018.9

十一面观音信仰考/李利安/五台山研究/2018.9

大型嘛呢石经堆与观音坛城部落化——以18世纪以来北部康区为中心/王媛/民族研究/2018.9

《银蹄金角犊子经》的中外传播及其衍变/王晶波/敦煌学辑刊/2018.9

佛经注译中的语言学问题——以《众经撰杂譬喻注译与辨析》为例/龚泽军/宁波大学学报（人文科学版）/2018.9

胡宏"儒佛之辨"今辨/熊敏秀、汤凌云/湖湘论坛/2018.9

从社会经济角度看唐后期五代宋初敦煌寺众居家原因——兼论唐后期寺众居家现象出现原因/武绍卫/中国社会经济史研究/2018.9

苏轼转世故事的异域回响：日本五山禅僧对文人僧化典故的引用及误解/张淘/四川大

学学报（哲学社会科学版）/2018.9

龟兹石窟"天相图"演变初探/赵莉、杨波/敦煌学辑刊/2018.9

从苯教雍仲推测马家窑彩陶"卍""卐"纹的本源问题/王晓云/中央民族大学学报（哲学社会科学版）/2018.9

从巫道佛儒的文化递嬗看孙悟空"改邪归正"之演变——世代累积型人物形象演变研究/项裕荣/九江学院学报（社会科学版）/2018.9

印度陈那、法称"二量说"的逻辑确立/顺真/逻辑学研究/2018.9

反切考——理解"俗所谓反切二十七字"/郑光、曹瑞炯/国际汉学/2018.9

《大乘百法明门论》的翻译与内容来源新考/张磊/宗教学研究/2018.9

从"饭后钟"的故事看苏轼诗文中的佛理阐释/陆雪卉/法音/2018.9

旅顺博物馆所藏"佛说救护身命经"考/孟彦弘/文献/2018.9

云冈石窟菩萨头冠的类型研究/李晔/艺术科技/2018.9

缅甸政治转型期的佛教民族主义——宗教能力和政治需求的互动联盟/张蕾/南亚研究/2018.10

近五年国内佛教音乐研究述略/刘正阳/中国民族博览/2018.10

藏传佛教般若中观论本土化的历史阐释/班班多杰/中国社会科学/2018.10

论唐代文人对佛教思想的接受/霍建波、李领弟/延安大学学报（社会科学版）/2018.10

中古时期入华粟特人的佛教传播与文化认同/冯敏/地方文化研究/2018.10

鲁迅关于宗教的模型信念与佛学知识/许祖华/广西科技师范学院学报/2018.10

明代佛教政策研究/张德伟/世界宗教研究/2018.10

日本佛教歌曲的西洋化和现代化/彭泓/北方音乐/2018.10

东亚佛教视野中的越南净土思想研究/何善蒙、阮氏添/世界宗教文化/2018.10

会昌毁佛前后唐代地方州府佛教官寺的分布与变迁/聂顺新/中国历史地理论丛/2018.10

当代汉地佛教建筑模式探析/闫伟、蔡佳振/遗产与保护研究/2018.10

佛教神通与四大门——近代以来我国东北地区的仙佛信仰/王伟/世界宗教文化/2018.10

从"雍正皇帝上谕"看《红楼梦》的佛教教育/张红艳/哈尔滨学院学报/2018.10

北方佛教音乐的代表：五台山佛乐/地方文化研究/2018.10

上座部佛教传入缅甸时间考/段知力/法音/2018.10

六朝时期会稽郡佛教教育活动研究/孙慧、王俊贤/兰州教育学院学报/2018.10

中国佛教史上的儒释道关系与宗教文化对话/纪华传/中国宗教/2018.10

日本殖民统治时期韩国佛教的日本化/车菲菲/吉林化工学院学报/2018.10

佛教实相论新探——关于人类自然观的一个对比诠释/潘永辉/广东石油化工学院学报/2018.10

汉地佛教建筑的艺术特色浅议——以中国佛教四大名山为例/李坤键/黑河学院学报/2018.10

胡朝佛风：十六国时期鎏金佛像艺术的发展/张帆/美术研究/2018.10

塔里木千年佛教兴衰探因/田海峰/法音/2018.10

唐代佛教官寺特殊功能研究/聂顺新/世界宗教研究/2018.10
《百丈清规》对当代佛教寺院管理的启示/李宏亮/中国宗教/2018.10
灵峰派在中国佛教发展中的地位及作用问题浅论/赵俊勇/台州学院学报/2018.10
从佛教供器谈到现代家居艺术/罗娜/陶瓷研究/2018.10
藏传佛教寺庙概述/袁海月/戏剧之家/2018.10
藏传佛教在河西走廊的社会融入——宗教"在地化"的个案考察/王洲塔、姜馥蓉/青海民族研究/2018.10
贤首法藏与佛教的中国化/韩焕忠/宝鸡文理学院学报（社会科学版）/2018.10
禅文化与佛教题材纪录片表现形式的融合/侯乃宁、康玉茜、张茜/戏剧之家/2018.10
苏东坡黄州时期的禅修活动及其佛教接受观/郭杏芳/黄冈职业技术学院学报/2018.10
现存汉唐西域佛剧的文本考述/汤德伟、高人雄/四川职业技术学院学报/2018.10
"吐蕃僧诤"汉藏史料比较研究——藏史《巴协》与《顿悟大乘正理决叙》之比较/久迈/青海民族大学学报（社会科学版）/2018.10
十六尊者与二位侍从：藏密事续部修习仪轨中的汉传佛教渊源/张凌晖/世界宗教研究/2018.10
黄兴先辈的"无我"精神源自佛教的影响/圣辉/法音/2018.10
唐代佛教内道场考补/王兰兰/中国历史地理论丛/2018.10
试论日本禅宗与武士道的关系/王晓峰/大连大学学报/2018.10
日僧圆仁入唐说话流变考/郭雪妮/理论月刊/2018.10
禅艺联袂话陶瓷——赣西陶艺—禅宗文化品牌重塑之要览/王秋平/景德镇陶瓷/2018.10
明清北京牛街佛教和伊斯兰教宗教建筑文化比较研究/郭岩、杨昌鸣/世界宗教文化/2018.10
皇寺的兴衰：北京隆福寺的空间史/卫才华、叶蕾/中北大学学报（社会科学版）/2018.10
苏轼文学作品中的儒道释思想解读/王立强/语文建设/2018.10
儒家经学与浮屠译经：中国两种阐释传统及其关系/韩伟/西南民族大学学报（人文社科版）/2018.10
西夏医学文化"多元化"外来因素影响探析/朱国祥、徐俊飞/中医药文化/2018.10
渤海国佛像赏析——以黑龙江省博物馆藏品为例/刘姝仪/文物天地/2018.10
从干诚章嘉山峰消失的乌托邦——藏传佛教密宗掘藏师德修林巴的"贝域"探索/棚濑慈郎、旦却加/青藏高原论坛/2018.10
木府的宗教政策对纳西族文化认同的影响——以社会建构论为分析中心/孟楚怡、李朝旭/黔南民族师范学院学报/2018.10
法喜充满：一尊不可多得的上座部佛陀像/伦珠/收藏/2018.10
释迦及佛教之古华夏渊源考/龙西江/中央社会主义学院学报/2018.10
炳灵寺第70、126、128、132窟壁画时代考/赵雪芬/敦煌研究/2018.10
乾隆时期清政府的宗教治理与边疆安全探析/张付新、张云/陕西社会主义学院学报/2018.10
儒道佛养生内涵与指向辨析/赖扬峰、章德林、蒋力生、熊延熙、贺姿先/江西中医药

大学学报/2018.10

古代印度石窟寺僧人生活用水情况——以坎哈利石窟和敦煌莫高窟为例/体恒/法音/2018.10

唐武宗抑佛发生条件综议/张文明/开封教育学院学报/2018.10

僧传文学视域下元代塔铭文的高僧角色/唐值瀚/德州学院学报/2018.10

卫宗武诗文中的佛道思想探究/刘丽莎/柳州职业技术学院学报/2018.10

西部宗教中国化所面临的主要问题与对策建议/李利安/中央社会主义学院学报/2018.10

视觉与观念的嬗变——以唐、宋、明三朝《观音经变》之"三十三现身"插图中的"现居士身说法"图为例分析/孙锦谊/西北美术/2018.10

论"一带一路"在中外雕塑文化互动中的历史性作用/王鹤/西北美术/2018.10

山西北朝菩萨头冠的类型研究/李晔/西北美术/2018.10

瑜伽密教五大明王考/党措/青海民族大学学报（社会科学版）/2018.10

"丝绸之路"传来的佛教音乐——以《摩诃兜勒》曲为例/田青/法音/2018.10

从佛学、梵学到印度学：中国印度学脉络总述/郁龙余/深圳大学学报（人文社会科学版）/2018.11

试论佛教自然观的两种维度及其生态美学意义/聂春华/鄱阳湖学刊/2018.11

论民初历法变革对佛教发展的影响——以1913年佛诞纪念会为例/陈斌/安徽史学/2018.11

人类学视角下布朗族南传佛教音乐"宰种"研究/张倚舲、曹军/贵州民族研究/2018.11

改变世界文明的佛教/吴疆/法音/2018.11

改革开放40年来中国佛的发展历程/演觉/中国宗教/2018.11

佛教"灵峰派"的定位及归属问题新议/李利安、谢志斌/西北大学学报（哲学社会科学版）/2018.11

对比中俄哲学思想中的"生死观"问题——对比中国佛教"死亡超越"和俄罗斯费奥多罗夫"死者复活，生者不死"/耿海天、丛芸/牡丹江大学学报/2018.11

论梁启超孔教观的转变及其佛学因缘/曹树明/陕西师范大学学报（哲学社会科学版）/2018.11

北朝佛教的义学体系建构——《大乘义章》与《菩萨藏众经要》比较/圣凯/西南民族大学学报（人文社科版）/2018.11

圣山重塑：中古以降佛教须弥山世界与西域地理意象/孙健/地域文化研究/2018.11

唐代诗学对唐代南岳佛教诗歌创作的影响/全华凌、岳可欣/南华大学学报（社会科学版）/2018.11

以佛教释康德：梁启超的康德观探析/郭敬燕/东方论坛/2018.11

佛寺建筑中国化在壁画中的图像见证/罗晶/中国宗教/2018.11

从晒经会到古本祭——文献保护与异域民俗/钱寅/北京社会科学/2018.11

图文结合式研究方法对佛教研究的意义——以佛陀降生神话为例/伊家慧/湖北美术学院学报/2018.11

试论藏传佛教噶举派金刚法舞之艺术形态/张箫/艺术评鉴/2018.11

从刘萨诃和番禾瑞像看中古丝路上民间佛教的变迁/尚丽新/西南民族大学学报（人文社科版）/2018.11

古代佛教与慈善探源/弋戈/中国社会保障/2018.11

寺庙园林景名取名方法探析/张丽、金荷仙、楼宇青/中国园林/2018.11

古印度鹿野苑流派的释迦"八相"图像研究/李雯雯/南京艺术学院学报（美术与设计）/2018.11

异质性、审美性与时代性——汪曾祺的《受戒》与陈继明的《北京和尚》比较分析/张佳丽/肇庆学院学报/2018.11

成都万佛寺遗址出土南朝佛坐像残座研究/陈阿曼/美与时代（上）/2018.11

新疆苏巴什佛寺遗址铜器的初步科技分析/凌雪、苗闻文、吴昊泽、冉万里/有色金属（冶炼部分）/2018.11

唐代佛教消灾祈福行香研究/温翠芳、刘红艳/兰台世界/2018.11

苏曼殊任教金陵刻经处事迹考辨/黄轶/鲁迅研究月刊/2018.11

藏传佛教噶举派金刚法舞的传承及意义研究——以丽江指云寺为例/陈楠/大众文艺/2018.11

浅谈藏传佛教金刚法舞面具的制作、分类/何悦/艺术评鉴/2018.11

般若学之作为第四玄——般若学与魏晋清谈之关系考/何善蒙、赵琳/船山学刊/2018.11

中国观音壁画与西方圣母壁画比较研究/张红红、孙婧/艺术教育/2018.11

贵定阳宝山与佛教隐山文化/黄夏年/贵州文史丛刊/2018.11

四十年来西夏文学研究的回顾与展望/梁松涛/西夏研究/2018.11

刍议少林武术戒约历史发展中的变革与坚守/张晨昕、李金龙/武汉体育学院学报/2018.11

辽金佛经刊刻与流传/赵静/中国出版/2018.11

庆阳合水县塔儿湾石造像塔艺术研究/李泾婷/文物鉴定与鉴赏/2018.11

辨常星之夜落：中古佛历推算的学说及解释技艺/陈志远/文史/2018.11

正定广惠寺花塔建筑研究/尚校戍、许政/遗产与保护研究/2018.11

大英博物馆藏佛教造像艺术之我见/刘钊/收藏家/2018.11

语料库视域下西夏语料库建设及研究/孔祥辉/西北民族研究/2018.11

僧传与经录所见大乘戒经的早期传译/周湘雁翔/宜春学院学报/2018.11

中日佛像发声故事的特征及其效用——以《日本灵异记》和《法苑珠林》为例/熊威/宜春学院学报/2018.11

谢灵运对《维摩诘经》的接受研究/杨瑰瑰/江汉论坛/2018.11

康有为对先秦哲学与佛学关系的梳理及其用意/魏义霞/陕西师范大学学报（哲学社会科学版）/2018.11

《聊斋志异》的宗教文化内涵/张海明/文化学刊/2018.11

蒙古族传统宗教信仰中的生态内涵/莎日娜/科技风/2018.11

南朝宣佛志怪小说与思想界论争探析/张庆民/文学遗产/2018.11

中外文化交流中的"格义"方法及其历史演进——以庄佛融合为中心/王英娜、边家珍/理论学刊/2018.11

唐初密教流布的特征/朱丽霞/西北民族大学学报（哲学社会科学版）/2018.11
浅析诸城"北朝神韵"佛教造像/宋文婷/春秋/2018.11
赵孟頫行书《楞严经三阿难赞佛偈》卷鉴藏及相关问题考/任文岭/美术学报/2018.11
论苏轼在黄州时期的禅因佛缘/孙宇男/地域文化研究/2018.11
"大巧若拙"在奉先寺佛像造像手法中的表现研究/王珂/美与时代（上）/2018.11
退却、出新与融合：试探社会合作视域下的佛教中国化/彭睿/世界宗教研究/2018.12
泰国佛教的历史与概况/陈丽亮/法音/2018.12
魏晋南北朝佛教雕塑的宗教性、人文性和艺术性/高晓丽/宁德师范学院学报（哲学社会科学版）/2018.12
佛教起源于汉藏语系民族文化/吕建福/五台山研究/2018.12
从"空性"到"体用"——中国佛学心性本体论的建构与反思/唐忠毛/西南民族大学学报（人文社科版）/2018.12
藏传佛教的生态思想及其当代价值/张慧、林美卿/云南社会主义学院学报/2018.12
吐蕃时期佛教哲学传入西藏的价值、特点与影响/刘俊哲/宗教学研究/2018.12
近现代中国佛教教育史研究刍议/张雪松/法音/2018.12
释家神异与儒家话语：中古《五行志》的佛教书写/游自勇/首都师范大学学报（社会科学版）/2018.12
民国初期的佛教政策及寺院财产管理/纪华传/世界宗教研究/2018.12
佛教通识教育与专业教育/赖永海、圣凯/佛学研究/2018.12
中国古代首部编年体佛教通史思想述略——基于《隆兴佛教编年通论》中史论的考察/郭琳/五台山研究/2018.12
佛教与21世纪海上丝绸之路/学愚/法音/2018.12
浅谈佛教戒律中的男女平等问题/张雪松/佛学研究/2018.12
谈佛教的三大改变及其"人学"本质/钟小璐/辽宁师专学报（社会科学版）/2018.12
中国佛教教育刍议：在理性与"信仰"之间——兼论佛教教育与非佛教教育的共通性与差异性/昌如/佛学研究/2018.12
康区旅游翻译文本中有关藏传佛教资源英译问题及对策/陈家晃/四川民族学院学报/2018.12
蒙古族藏文佛教历史著作及其特征/树林、海春生/中国藏学/2018.12
康巴藏区文化旅游景点藏传佛教文化意象及其英语翻译策略/陈家晃/兰州教育学院学报/2018.12
佛教史研究中的图像问题/尚永琪/中国史研究动态/2018.12
北美佛教宗教师概念综述/振冠/佛学研究/2018.12
中国佛塔的发展历程与展望/贾北凝、ParAmour、杜岩/山西建筑/2018.12
《中国佛教仪式研究：以斋供仪式为中心》/侯冲/佛学研究/2018.12
华严学研究的历史、现状与未来/王颂/宗教学研究/2018.12
韩国古代中世起信学研究的现状与内容/高英燮、甘沁鑫/佛学研究/2018.12
略论佛教经论对《文心雕龙》的影响/哈磊/宗教学研究/2018.12

克孜尔早期石窟的开凿与佛教在龟兹的流行/李瑞哲/敦煌学辑刊/2018.12

戒律、僧制、人治：汉传佛教内部制度的历史变迁与危机/王大伟/佛学研究/2018.12

从"贫僧""贫道"名称的变化看中国佛道关系的演变/栗艳/学术探索/2018.12

元明之际江南地区的佛寺与僧众/李小白/宗教学研究/2018.12

佛教"敬"的内向语义发展与程朱持敬论/施晓风/周易研究/2018.12

人工智能时代的佛教教育/净因/佛学研究/2018.12

傣泰掸老族文学跨界传播探析/刀承华/东南亚纵横/2018.12

新疆古代高昌地区佛教艺术中的弥勒信仰研究评述/李云、刘江/新疆艺术（汉文）/2018.12

国防视域下北宋五台山佛教发展刍议/马巍、杨宝/五台山研究/2018.12

孤魂考——道教与中土佛教幽科中一种类型化幽灵的生成/许蔚/中华文史论丛/2018.12

略论北朝的佛教音乐——以民族融合为视角/黄昆威/法音/2018.12

佛性的内涵及其普世价值体现/仇明春/河北旅游职业学院学报/2018.12

以陶瓷装饰为媒介的佛教题材的表现技巧/李星初/陶瓷研究/2018.12

印度佛教的论议及其生成背景/何剑平/宗教学研究/2018.12

藏传佛教寺院"控辍保学"实施情况调研——以青海玉树藏族自治州为例/尕藏扎西/攀登/2018.12

毫生妙相——我的佛教题材绘画创作/金延林/美术观察/2018.12

清代中后期广州海幢寺的对外开放与中外宗教文化交流/王元林、陈芸/世界宗教文化/2018.12

《经律异相校注》/董志翘、刘晓兴/佛学研究/2018.12

《乐学轨范》中《鹤·莲花台·处容舞合设》体现的佛教礼仪元素/宋惠真/当代舞蹈艺术研究/2018.12

苏轼诗文中"山水""梦"意象蕴含的佛理禅意初窥/朱怡/文教资料/2018.12

藏族创新发展的文化模式探析/刘然/贵州民族研究/2018.12

新疆焉耆佛教雕塑初探/李永康/美术/2018.12

初期中国佛教判教思想的展开/菅野博史、张文良/佛学研究/2018.12

金界庄严——细数故宫的那些藏传佛教文物/李军/艺术市场/2018.12

弥勒文化及其全球共享价值/魏道儒/世界宗教文化/2018.12

五当召佛教建筑原型提取及其当代转译/王志强、孔宇航、孙婷/新建筑/2018.12

佛教石窟断代方法新进展：如何基于贝叶斯模型（OxCal）和考古信息提高碳十四测年精度/郭青林、卢春、刘睿良、赵燕林、王建军、张小刚、凤飞、理查德·斯达夫、马克波·拉德、杨善龙、苏伯民/敦煌研究/2018.12

犍陀罗、秣菟罗佛教造像艺术对昙曜五窟的影响/靳玮/山西大同大学学报（社会科学版）/2018.12

《佛陀相佑：造像记所见北朝民众信仰》/侯旭东/佛学研究/2018.12

中国佛教的观世音菩萨信仰试论/杨曾文/佛学研究/2018.12

关于宗教研究中的"局内人信条"——以佛教感应故事和禅宗公案研究为例/杨小平/五台山研究/2018.12

元代柳中佛教神圣地位的呈现与成因/杨富学、张田芳/吐鲁番学研究/2018.12

印度埃洛拉石窟第12窟的八大菩萨造像/张同标/吐鲁番学研究/2018.12

四川石窟寺考古研究的新典范——雷玉华等著《川北佛教石窟和摩崖造像研究》介评/董华锋、闫月欣/敦煌学辑刊/2018.12

新疆龟兹石窟及佛教遗址考察报告/朱建军/敦煌学辑刊/2018.12

论僧格培养、丛林教育与现代佛学教育的结合/杨维中/佛学研究/2018.12

蕅益智旭与《占察善恶业报经》/曲艺苑/佛学研究/2018.12

阿尔寨石窟第31窟十一面千手千眼观音图像研究/董晓荣/西藏研究/2018.12

华严宗理事观的渊源及其特点/张琴/五台山研究/2018.12

二祖慧可邺城行迹考/法缘/佛学研究/2018.12

现代人类学与佛教教育——关于佛教教育的现代性/川村觉昭、李贺敏/佛学研究/2018.12

大藏经密教部祈雨经书与"龙文化"研究/李淑敏/美与时代（上）/2018.12

黑龙江省汉传佛教寺院空间与声环境研究/张东旭、陶绪一、来瑞鹏、陈沈/建筑科学/2018.12

云冈石窟佛像服饰样式及成因/杨俊芳/五台山研究/2018.12

论南北朝时期的南京古寺院/孙靖舒/安徽文学（下半月）/2018.12

佛教譬喻"二鼠侵藤"在古代欧亚的文本源流（上）/陈明/世界宗教研究/2018.12

敦煌本《楞伽经疏》再考/赵世金/敦煌学辑刊/2018.12

《山椒鱼》的新阐释："贪嗔痴"与"因果论"/张虹、徐凤/牡丹江大学学报/2018.12

佛教寺观园林空间特色研究——以遂宁广德寺为例/张诗怡/乡村科技/2018.12

关于麦积山第127窟宋代造像的几点思考/孙晓峰/敦煌学辑刊/2018.12

从泰山羊氏家族女性奉佛事迹看东晋南北朝士族门风的演变/周玉茹/佛学研究/2018.12

慈悲的超然：佛陀治愈悲痛的方式/参那龙·汶暖、杜鹃/第欧根尼/2018.12

《释氏要览校注》/富世平/佛学研究/2018.12

论净影慧远对龙树二谛思想的继承与发展/喻春勇/佛学研究/2018.12

甘肃金塔寺石窟西窟弥勒佛与四大声闻造像研究/张善庆/敦煌学辑刊/2018.12

《戒坛图经》与佛寺建筑中国化/那航硕/中国宗教/2018.12

首都博物馆藏西藏丹萨替风格铜镀金广目天王像研究/黄春和/博物院/2018.12

宗喀巴与藏传弥勒图像关系研究/王忠林/美术大观/2018.12

五台山南山寺建筑石雕装饰艺术探微/许春丽/五台山研究/2018.12

当代佛学院教育的粗浅思考/妙洁/法音/2018.12

佑顺寺佛教石刻造像/刘超、蔡强、马文涛/文物春秋/2018.12

宝相花纹样的造型演变及其内涵/梁惠娥、唐欢/服装学报/2018.12

冈底斯神山崇拜的神圣文本表述/央宗/中国藏学/2018.12

佛像画与中国人物画的结合/周志兵/陶瓷研究/2018.12

以陶瓷装饰为媒介的佛教题材的表现技巧/李星初/陶瓷研究/2018.12

敦煌壁画中的宗教情怀与平等观念/王志鹏、魏萍/吐鲁番学研究/2018.12

龟兹石窟壁画中的"须陀因缘"故事再探讨/吴丽红/吐鲁番学研究/2018.12

龟兹石窟菱格因缘故事补遗/杨波/吐鲁番学研究/2018.12

基于叙事学的佛经与道教《灵宝经》的对比研究——以叙述者为中心/王皓月/世界宗教文化/2018.12

丝路长安，梦回大唐：唐代政府对佛经翻译及传播的影响/张焱、王巧宁、孟克玲、李枫/南京工程学院学报（社会科学版）/2018.12

峨眉山伏虎寺建筑艺术现象浅析/廖一联、李晶晶/四川建筑/2018.12

大理佛图塔藏宋元时代佛经纸张的初步研究/李晓岑、冯蕾、杨伟林/中国造纸/2018.12

北宋后期的政治变动与陈瓘晚年由儒而佛的思想嬗变/吴增辉/河北科技大学学报（社会科学版）/2018.12

汉译佛经中的天竺药名札记（六）/陈明/中医药文化/2018.12

宋辽时期的佛道儒融合/刘伕妮/艺海/2018.12

灼灼芳华——佛经写刻本的装帧艺术/张梦箫/上海工艺美术/2018.12

北京西郊佛寺园林历史与特征浅析/沈安杨/建筑与文化/2018.12

佛家三藏与《文心雕龙》/李少鹏/语文学刊/2018.12

2018年度基督教研究论文索引

梁建华 编

一部关于中国基督教会行政管理学的开拓性佳作——评《生命管理学——理论、对策和实践》/徐以骅/基督教学术/2018.1

"大国学术"——作为学术研究的基督教中国化/徐以骅/宗教与美国社会/2018.1

《圣经》旧约中的"阿拉伯"形象——兼论基督教与阿拉伯世界之间的文明对话/游斌/西北师大学报（社会科学版）/2018.1

韩国基督教对外传教兴起的政治因素分析/千勇、赵银姬/韩国研究论丛/2018.1

取舍之间：中华基督教会财政运作中的西方教会影响/谌畅/基督宗教研究/2018.1

苗文基督教赞美诗谱之研究——黔西北大花苗基督教会音乐研究之二/陈蓓/交响（西安音乐学院学报）/2018.1

从文化适应到理论融会：当代佛耶对话研究的新视角/徐弢、邓学林/五台山研究/2018.1

民国"基督教中国化"思潮中的耶儒比较/徐弢、李思凡/扬州大学学报（人文社会科学版）/2018.1

基督教神秘主义的诠释、研究进路与哲学反思/黄丁/宗教学研究/2018.1

论基督教理想主义婚姻哲学/林季杉/宗教学研究/2018.1

反对国教：基督教在尊孔运动中的回应——以张亦镜为考察中心/范大明/宗教学研究/2018.1

浅析佛教与基督教的家庭伦理观/付雪航/北京政法职业学院学报/2018.1

"母亲的祖国"：美国华人基督教会的传播体系及其对民族身份的建构/黄雅兰/华侨华人历史研究/2018.1

骑士比武对中世纪西欧基督教会"反竞技"禁令的影响/温志宏/山东体育学院学报/2018.1

近代烟台基督教会学校音乐教育研究/孙小钧/中央音乐学院学报/2018.1

芥川龙之介《基督徒之死》中基督徒形象摭论/赵海涛、熊磊/南昌师范学院学报/2018.1

19—20世纪英国伦敦会在华传教活动/傅政/经济社会史评论/2018.1

以义利观的视角审视儒家和基督教的经济伦理/苏蓓蓓/聊城大学学报（社会科学版）/2018.1

"五四"时期知识分子对待基督教的文化心态——以周作人为例/阮丹丹、傅宗洪/浙江海洋大学学报（人文科学版）/2018.1

欧洲满文基督教文献考/王敌非/黑龙江民族丛刊/2018.1

互联网传播环境下的"基督教中国化"论析/赵冰/世界宗教文化/2018.1

君士坦丁大帝皈依基督教之"双重动因"分析/冯红艳/吕梁学院学报/2018.1

当代东南亚华人基督徒数量的估算与评析——兼统计东南亚、世界基督徒与东南亚华人数量/张钟鑫/世界宗教研究/2018.1

宗教信仰交往及其私人化特征——基于福建海滨社区信仰关系的研究/赵翠翠/世界宗教研究/2018.1

云南丙中洛乡多元宗教的碰撞与融合——以基督教为例/刘礼堂、谭昭/红河学院学报/2018.1

红河州基督教活动特点与问题及其对策/龙倮贵/红河学院学报/2018.1

基督教美学思想及其对艺术的影响/王雨/许昌学院学报/2018.1

浅析基督教对亚历山大里亚教育事业的影响/纪佳伟/科学大众（科学教育）/2018.1

发挥基督教在反邪教斗争中的积极作用/单渭祥/中国宗教/2018.1

潍坊教会 积极推进基督教中国化/陈光旭、石乐新/中国宗教/2018.1

攀西地区基督教本土化研究/彭正良/攀枝花学院学报/2018.1

音乐是一种必需的恶——基督教音乐伦理观探寻/邓志伟/长沙大学学报/2018.1

《基督教科学箴言报》："数字唯一"的正论与悖论/辜晓进/青年记者/2018.1

论中世纪西欧医学对身体意识的救赎/沈朝华、李晓晴/医学与哲学/2018.1

基督教与儒释道文化中的临终反向关怀思想/王京娥、康宗林、黎莹、李梦倩/医学与哲学/2018.1

中国基督教图像历史进程之一：唐代的大秦景教流行中国碑/包兆会/天风/2018.1

基督教传教士梅益盛在中国穆斯林中的文字传教活动/刘钦花/宗教与历史/2018.1

文字创制与群体认同变迁——基督教的本土适应与景颇族基督徒的群体认同建构/蔡江帆/宗教与历史/2018.1

韩国现存汉语基督教文献状况概述/舒健、管荣伟/宗教与历史/2018.1

耶鲁大学神学院图书馆收藏的中文基督教文献探析/乔洋敏/宗教与历史/2018.1

云南官绅眼中的基督教/代自鹏/西南边疆民族研究/2018.1

19世纪基督新教在马来亚华人社会的宣教活动——从"中文"到"西学"的演变以及"处境"的探讨/基督教学术/2018.1

走向自治：从"洋头华心"到"华头华心"的中国基督教青年会/杨恩路/基督教学术/2018.1

"逆向轴心突破"与悖论中的超越——从中西比较的视角看中世纪知识阶层与仪式音乐实践的关系/伍维曦/大音/2018.1

论莱布尼茨对基督教奥秘的"合理性"证明/卢钰婷/基督宗教研究/2018.1

创世神话的现代读解/杨慧林/文学人类学研究/2018.1

宗教·翻译·文学：近代以来理解梁发的不同思路/李思清/古代文学前沿与评论/2018.1

界定"个人权利"：建构还是解构？——评香港浸会大学"个人与社群：对立或共融？"论坛/任一超、谢文郁/基督教文化学刊/2018.1

他山之石：基督教与民国废娼运动的兴起/张天宇、刘平/城市史研究/2018.1

趁乱立足：美国公理会与山东民间秘密教门关系初探/李楠/宗教学研究/2018.1

圣经与帝国——苏吉萨拉迦的后殖民圣经批判/田海华/圣经文学研究/2018.1

论苏里南的宗教信仰及其社会凝聚作用/夏当英、孙语圣/华侨大学学报（哲学社会科学版）/2018.1

丁光训论中国神学思想建设（上）/张志刚/中国宗教/2018.1

云南跨境民族多元宗教生态平衡与和谐边疆治理关系研究/徐俊六/宁夏社会科学/2018.1

明清时期的中西音乐交流——浅谈利玛窦对中国音乐的影响/王跃/艺术科技/2018.1

威宁县石门乡苗族习惯法传承与变迁问题民族志/史炜灿、吴靓/法制博览/2018.1

丁光训主教对中国教会的愿景/沈学彬/天风/2018.1

慕维廉汉语宗教福音类著述研究/郭红、贾凤英/宗教与历史/2018.1

基督宗教的政治参与——一个理论文献的述评/潘沛/基督教学术/2018.1

近代天主教海外传教的两条基本路线/谢子卿/宗教与美国社会/2018.1

论英国新教体制的形成（1660—1714）/邵政达/基督宗教研究/2018.1

宗教与世俗：天主教生育观念的本地化——基于《公教妇女》与《益世报》的比较研究/赵秀丽/基督宗教研究/2018.1

通海文化与天主教在南通地区的传播/王玉鹏/基督宗教研究/2018.1

明末天主教"净土"之辨/张晓林/普陀学刊/2018.1

我与明清间耶稣会翻译文学的研究/李奭学/国际比较文学（中英文）/2018.1

明末天主教圣母图像所见的圣母神化与观音信仰/陈慧宏/国际比较文学（中英文）/2018.1

盐井巴黎外方传教士及其传教考辨/高琳/阿坝师范学院学报/2018.1

新教早期译名之争背后的英美竞争——以差会档案为线索的考察/李思清/国际汉学/2018.1

白立鼐在民国时期对天主教艺术中国化的贡献/李景玺/中国天主教/2018.1

互联网时代的福建天主教福传/邓文龙/中国天主教/2018.1

"坚持我国天主教中国化方向"理念解析/张弩/世界宗教文化/2018.1

历史深处的回望　东方与西方的相遇——中国首届景教研究国际论坛会议综述/张迎迎/世界宗教研究/2018.1

明清时期传入澳门的伊斯兰教、琐罗亚斯德教、东正教和犹太教/汤开建/世界宗教研究/2018.1

丘特切夫的基督帝国论/乔占元/俄罗斯学刊/2018.1

南明使臣卜弥格的中国随从——教徒郑安德肋史事考释/韩琦/清史研究/2018.1

与神对视：明末清初第一代天主教徒的圣梦/刘耘/史林/2018.1

论《四库全书总目》对西学的误读及成因——以耶稣会士译亚里士多德著作为例/张永超/中国四库学/2018.1

"反事实"框架与政治学因果推论/蒋建忠/北大政治学评论/2018.1

有限的解释力：对宗教市场理论的实证性反思/武志伟/中国社会科学报/2018.1.30（006）

中世纪中晚期西欧妇女宗教写作中的性别合作/汪丽红/史学理论研究/2018.1

前基督教时代古罗马马赛克的艺术风格/封帆/通化师范学院学报/2018.1

美国社会福音运动产生的历史根源/任晓龙、宁晓静、施志艳/长春师范大学学报/2018.1

宗教改革五百年对基督教中国化的启示/陈宗荣/中国宗教/2018.1

中世纪天主教和东正教组织体系差别及原因/宋盼盼/开封教育学院学报/2018.1

由《大秦景教流行中国碑》看唐代外来宗教发展/阴星月/文物世界/2018.1

清代前期的中铎与禁教中天主教的延续/冯尔康/安徽史学/2018.1

利玛窦墓园的前七年（1610—1616）/刘耿/北京行政学院学报/2018.1

论阿伦特政治哲学中的宽恕概念/陶心怡/学理论/2018.1

《灵歌》的艺术手法及基督教信仰内涵初探/徐淑萍/宗教与历史/2018.1

清中叶甘肃地区天主教传播——以麦传世与《默想神工略说》为例/郭婷、沈艾娣/宗教与历史/2018.1

再论基督教中国化的必要性——从质疑基督教中国化的五种观点谈起/唐晓峰/基督宗教研究/2018.2

从仪式到信仰表达：基督教音乐的嬗变/张迎迎/基督宗教研究/2018.2

西方神学研究之于"基督教中国化"的相关性——以莫尔特曼思想研究为例/杨华明/基督宗教研究/2018.2

新约时期基督教的自然观及其影响/郭荣刚/基督宗教研究/2018.2

义和团运动后基督教团体在华事业转型探析——以天津基督教青年会为中心/赵天鹭/基督宗教研究/2018.2

路德宗教改革对基督教在中国发展的启发/刘新利/基督宗教研究/2018.2

从平民教育看宗教共同体的近代社会服务——以广州基督教青年会为例/郑利群/基督宗教研究/2018.2

笛福的新教文明等级论及其与中国的关系/周伟驰/基督宗教研究/2018.2

浅谈宗教改革对基督教中国化之启示——以岭南地区教会历史发展为例/冯浩/基督宗教研究/2018.2

形式指引的基督教神学底色/林子淳/基督教文化学刊/2018.2

福音派前传/董江阳/基督宗教研究/2018.2

19世纪中叶英国基督教社会主义的意识形态与乌托邦——以F.D.莫里斯的神学思想为例/高然/宗教与美国社会/2018.2

从关系外交到宗教自由——美国基督教组织与东南亚国家社会转型/涂怡超/宗教与美国社会/2018.2

论盖斯凯尔道德小说中的基督教社会主义倾向/王爱萍/黑龙江教育（理论与实践）/2018.2

《日葡辞书》中的基督教汉语词和外来词/荣喜朝/国际汉学/2018.2

消解、交融与嬗变：云南少数民族基督教本土化实践的动力与路径分析/徐祖祥/宗教学研究/2018.2

评刘海涛著《河北基督教史》/李小东/宗教学研究/2018.2

基督教对哈尼族民间信仰文化的影响及其保护措施/龙倮贵、李凯冬/普洱学院学报/2018.2

基督教弟兄姊妹关系史话/海翔/普洱学院学报/2018.2

国家治理视域下基督教中国化的探索与实践——以盐城为例/李卫东/江苏省社会主义学院学报/2018.2

农村妇女基督教信仰现状及原因分析——基于甘肃省W村的田野调查/闫文军/天水师范学院学报/2018.2

基督教青年会与民国江南地区的乡村建设研究——以苏州唯亭山乡农村服务处为例/胡勇军/安庆师范大学学报（社会科学版）/2018.2

从"宗教"的本义看李提摩太之佛耶对话观/黄丁/武汉科技大学学报（社会科学版）/2018.2

当前基督教传播中的地域差异及其影响因素——基于曲阜及其周边地区的实地调研/李先明、马兴才/世界宗教文化/2018.2

基督教与中国西南"民族"意识的形成——围绕近代西方传教士的考察/黄剑波、杨漪/文化纵横/2018.2

自营与外援之间：抗战时期中华基督教会自立路径研究/谌畅/福建师范大学学报（哲学社会科学版）/2018.2

社会事业视角下云南少数民族地区近代基督教的传播/徐兴文/曲靖师范学院学报/2018.2

晚清基督教政策转变及其社会影响——以道光朝为例/周豪琪/濮阳职业技术学院学报/2018.2

切实加强基督教活跃地区的基层党组织建设/杨金东/科学与无神论/2018.2

追求完美人性　向往人类联合——论陀思妥耶夫斯基的基督教人类学思想/罗妍/湖北大学学报（哲学社会科学版）/2018.2

基督教教育与儒家教育的比较/赵红卫/中国宗教/2018.2

探索基督教中国化实践　建设新时代健康和谐的济宁教会/唐莉/中国宗教/2018.2

用习近平新时代中国特色社会主义思想指导基督教两会的工作/徐晓鸿/中国宗教/2018.2

基督教神秘主义的诠释略论/黄丁/汕头大学学报（人文社会科学版）/2018.2

延安时期萧军对基督教的认知与改变——以《萧军日记》为考察/杜蕊蕊/宜宾学院学报/2018.2

中国基督教图像历史进程之二：大秦景教经幢/包兆会/天风/2018.2

大花苗基督教会音乐发展历程——以贵州省赫章县葛布教会为例/陈蓓/艺术评鉴/2018.2

阅读圣经的宗教社会学视野：丁光训对"三自"的思考/梁工/基督宗教研究/2018.2

俄国东正教驻北京传教团的汉译圣经研究/赵晓阳/基督宗教研究/2018.2

巴特论罪与人性：新教神学的拉丁本体论文法与基督教中国化/曾劭恺/基督宗教研究/2018.2

宗教改革与明末清初基督教中国化/韩思艺/基督宗教研究/2018.2

从历史问题的角度看海德格尔对保罗书信的现象学解读/瞿旭彤/基督教文化学刊/2018.2

原始基督教生命体验的特征/海德格尔、庄振华/基督教文化学刊/2018.2
为施政和立法之依据：近代中国政府基督宗教调查研究/杨卫华/近代史学刊/2018.2
中世纪基督教关于圣像画合法性的论争/牟春/基督教学术/2018.2
基尔克果的同时性思想研究/原海成/基督教学术/2018.2
论类比在上帝言说中的适度与界限——一种基于问题及其历史的省察/马松红/基督教学术/2018.2
明清间天主教基层宣教文献考/柯卉/基督教学术/2018.2
基督教文学在中国近代时新小说中的转生——以李景山的《道德除害传》（1895）为例/姬艳芳/圣经文学研究/2018.2
中国少数民族语言圣经翻译史略与研究述评/王伟均/圣经文学研究/2018.2
西学文本与东方的相遇：东西方思想早期接触中的碰撞与融合/段世磊/宗教与历史/2018.2
晚清戴润《圣经譬喻图》研究/陈曦/文博学刊/2018.2
从《诗经》三译本看理雅各宗教观的转变/张萍、王宏/国际汉学/2018.2
从寺院到教堂：录巴寺传教站的诞生叙事及生存策略/刘铁程/西北民族研究/2018.2
超越作为特殊性的宗教：莎士比亚与圣保罗的普遍主义——以《威尼斯商人》为例/邱业祥/世界宗教研究/2018.2
实证研究视野下的当代中国宗教/曹南来/中央社会主义学院学报/2018.2
规训·服从·反抗：浅析《一位非洲修女的日记》中的"模拟"机制/王秀杰/外国文学/2018.2
从笛卡尔的哲学史观看"我思故我在"/黄启祥/广西大学学报（哲学社会科学版）/2018.2
彼特拉克《秘密》中的上帝与自我/吴功青/哲学动态/2018.2
罪与恩典的旅程——析《暴力夺取》中暴力恩典的先知式想象力构建过程/许丽梅、傅景川/文艺争鸣/2018.2
丁光训论中国神学思想建设（下）/张志刚/中国宗教/2018.2
深化理论研究　推动实践发展"宗教中国化与广东的实践"座谈会综述/韦羽、吴宁/中国宗教/2018.2
费尔巴哈、马克思以及克尔凯郭尔对黑格尔宗教哲学的继承与批判/王思远/社会科学家/2018.2
论人格主义美学的构建与冲突——以别尔嘉耶夫为例/李一帅/社会科学家/2018.2
两种"不得已"之辩/杨虹帆/基督宗教研究/2018.2
禅宗与东正教的静修主义/马寅卯/基督宗教研究/2018.2
吴历《天乐正音谱》与清初散曲的天主教传播/任刚/励耘学刊/2018.2
奥古斯丁《忏悔录》和克尔凯郭尔《重复》中的逃离和遁避：一个普遍母题的两种例证（下）/埃瑞克·齐奥科斯基、饶静/基督教文化学刊/2018.2
终极存在的认识论问题："神意"与"天命"——评谢文郁与林安梧2018于湖南师范大学的耶儒对话/林孝斌/基督教文化学刊/2018.2
事实性的生活经验——海德格尔《宗教生活现象学导论》中的基督宗教哲学/曾庆豹、叶蕙依/基督教文化学刊/2018.2

近代民族主义浪潮中的教会在华医疗事业——以 20 世纪 20 年代广州博济医院为例/叶丹丹、崔军锋/复旦国际关系评论/2018.2

梵蒂冈与以色列在巴以问题中的分歧/张璇/宗教与美国社会/2018.2

埃克哈特大师思辨神秘神学辨析/李宜/基督教学术/2018.2

论莱布尼茨对"上帝存在"证明的完善/卢钰婷/基督教学术/2018.2

论天主教的人学思想——以梵二会议为中心/林庆华、薛晓英/基督教学术/2018.2

在开放与委身之间——宗教对话的困境及其语境论出路/万超前/基督教学术/2018.2

命运反转：天主教与基督新教在中国发展轨迹之比较/孙砚菲/清华社会学评论/2018.2

英敛之早期职业活动考/高海波/华中传播研究/2018.2

丝路宗教交融：入华景教对摩尼教的吸取与借鉴/杨富学、盖佳择/新丝路学刊/2018.2

从社会合作的视角看明末中国人对天主教的认同与拒斥——以《口铎日抄》和《破邪集》为例/彭睿/宗教与历史/2018.2

天主教的道德良心论：圣托马斯·阿奎那的思想在中国的应用与实践/孙旭义/宗教与历史/2018.2

西学东渐视野下的明末清初汉语天主教文献研究/王申/宗教与历史/2018.2

李问渔"护教思想"初探：以《续理窟》为中心/肖清和、郭建斌/宗教与历史/2018.2

天主教在帝汶的传人与发展/彭蕙/暨南史学/2018.2

19 世纪中叶天主教西藏传教权的转移及纷争/刘瑞云/中国藏学/2018.2

中西建筑文化融合下的苏州杨家桥天主堂/张康、虞彬/南方建筑/2018.2

天主教传统与精神叛逆：凯鲁亚克思想论/祝昊/郑州航空工业管理学院学报（社会科学版）/2018.2

"万物统一"的美学探索：白银时代东正教神学思想与俄罗斯文论/张杰/外国文学研究/2018.2

《死屋手记》中"不幸的人"与东正教认同感/万海松/外国文学研究/2018.2

新教传教士与近代中国西医教育体制化/郑言/民主与科学/2018.2

评《依天立义：清代前中期江南文人应对天主教文化研究》/李奭学/中国比较文学/2018.2

明清之际耶稣会在华适应政策的演进——从"四书"到《易经》/李丹/周易研究/2018.2

俄罗斯东正教在辽宁省的发展历史研究/耿海天/世界宗教文化/2018.2

天主教传播与鄂尔多斯南部地区农牧界线的移动——以圣母圣心会所绘传教地图为中心/张晓虹、庄宏忠/苏州大学学报（哲学社会科学版）/2018.2

哈萨克斯坦的宗教现状与宗教政策/张宏莉/西北民族大学学报（哲学社会科学版）/2018.2

丝路景教与汪古渊流——从呼和浩特白塔回鹘文题记 Text Q 谈起/白玉冬/中山大学学报（社会科学版）/2018.2

金元汪古马氏的景教因素新探——显灵故事与人名还原/马晓林/中山大学学报（社

会科学版）/2018.2

非实在的罪——论巴特的罪观兼与东正教罪观的比较/张少博/西北大学学报（哲学社会科学版）/2018.2

张元济的意大利之行与南明天主教文献的发现/邹振环/安徽大学学报（哲学社会科学版）/2018.2

《调适与应对：天主教婚姻家庭伦理在华处境研究》序/侯杰/寻根/2018.2

时与赎：福克纳作品中时间的意义/钱中丽/外语学刊/2018.2

《天乐正音谱》天主教音乐中国化的探索/张博/中国宗教/2018.2

履行新任务新使命　开创天主教工作新局面/沈斌/中国宗教/2018.2

罗马帝国晚期的社会救济/张日元/中国社会科学报/2018.2.5（005）

歌坛伉俪　信仰伴侣——王凯平、方初善老师的音乐赞美之路/石衡潭/天风/2018.2

水上升起的"金灯台"——记福建省宁德市霞浦县盐田乡水升村基督教会/邓灵勇、卢荣/天风/2018.2

天主教与明末士大夫（二）/严锡禹/天风/2018.2

中国本土神父李安德与他的《日记》/解江红/西北师大学报（社会科学版）/2018.2

中国农村基督教的现状与问题——以福建、浙江、河南等地农村为例/唐晓峰、段琦/中央社会主义学院学报/2018.3

劫后求生：抗战之后中华基督教会的复员运动/谌畅/暨南史学/2018.3

基督宗教修行：仪式表征与神圣性本质——神学人类学管窥之一/周泓/民族论坛/2018.3

崇神者的选择与多元信仰变迁——以湘西田冲村为例/杜连峰/民族论坛/2018.3

"称他为圣者"：利玛窦肖像在欧洲的传播与变形/吴雪杉/世界美术/2018.3

谢颂羔的宗教文化观——一位基督教知识分子眼中的中国传统文化与现代化之路/赵晓晖/宗教学研究/2018.3

政治史剧的两种读法——《理查三世》的古典史观与基督教神学/戴智恒/政治思想史/2018.3

中世纪基督教教会对世俗政治的影响/王亚平/经济社会史评论/2018.3

景颇族酒的功能变迁与基督教民俗体系的建构/李叶/青海民族研究/2018.3

若干著名古代基督教圣城之地望考/张箭/中国历史地理论丛/2018.3

基督教会在非洲国家政治危机中的角色评析——基于刚果（金）的个案研究/郭佳/世界宗教文化/2018.3

"圣地"秩序与世界想象——基于耶路撒冷橄榄山基督教社群的人类学反思/赵萱/世界宗教文化/2018.3

抗战时期自由派基督徒知识分子对于耶稣形象的民族主义诠释/李韦/世界宗教研究/2018.3

抵抗与妥协：战争动员下的日本教会学校——以同志社大学为中心/朱虹/世界宗教研究/2018.3

十九世纪末基督教在朝鲜半岛的传播——围绕罗约翰版朝鲜文《圣经》翻译的讨论/聂家昕/文化纵横/2018.3

红河县哈尼族基督徒身份认同研究/徐玲/红河学院学报/2018.3
论儒耶对话在真理观上的不可沟通性/杜保瑞/吉林师范大学学报（人文社会科学版）/2018.3
孙中山先生的基督教观/马小宇/成都理工大学学报（社会科学版）/2018.3
艾丽丝·沃克对基督教传统的批判与修正/何新敏、赵小月/长春理工大学学报（社会科学版）/2018.3
中国现代戏剧的基督教文化意味分析/宾恩海/南方文坛/2018.3
浅谈兰波诗歌中的基督教元素/赫晶晶/安徽文学（下半月）/2018.3
《民众圣歌集》基督教音乐中国化的早期探索/欧阳宜文/中国宗教/2018.3
中国基督教图像历史进程之三：唐代高昌景教壁画/包兆会/天风/2018.3
神圣与世俗之间的身体——以体育运动为视角的中世纪基督教身体观研究/方方、张晓华/社会科学战线/2018.3
深入学习党的十九大精神，努力推进基督教中国化/傅先伟/天风/2018.3
韩国基督新教本土化研究/刘雨辰/当代韩国/2018.3
西方中世纪圣咏研究中的"仪式"问题/祁宜婷/交响（西安音乐学院学报）/2018.3
神圣空间与英国天主教群体认同的形成/孙超/宗教学研究/2018.3
传教士与晚清厦门女学的兴起/黄良俊/宁德师范学院学报（哲学社会科学版）/2018.3
命运共同体视域下的中国—东盟侨务和宗教公共外交——以东南亚华人基督宗教社团为中心的考察/张鹏/国际关系研究/2018.3
尼采的"敌基督者"与"反自然"的虚无主义/韩王韦/哲学分析/2018.3
从中国天主教本地化的实践看中国宗教中国化的现实路径/李晓晨/中国天主教/2018.3
中国景教史话/王静/中国天主教/2018.3
俄罗斯古代文学中的宗教意识表现/魏彦莉/鞍山师范学院学报/2018.3
北美中国宗教研究的新动向——以2017年美洲宗教学术年会为例/张森、李福/世界宗教研究/2018.3
港台地区教会大学办学理念比较研究——以香港浸会大学、岭南大学、东吴大学、东海大学为例/王聪/兵团教育学院学报/2018.3
"祈求宗教"与"批判宗教"的深度冲突——魏特林与马克思宗教理论的分野/张政/天中学刊/2018.3
古典家庭的解构与婚姻的圣化：奥古斯丁对社会基本单元的新构建/冯小茫/社会/2018.3
20世纪60年代马克思主义者与基督徒的对话及其当代意义/张靓/华东师范大学学报（哲学社会科学版）/2018.3
美国长老会传教士对儒学教育的地方性适应——以宁波崇信义塾为例（1845—1867）/赵力/近代史研究/2018.3
普通基督徒国家观的生成逻辑——基于南镇的田野调查/刘大为/河北学刊/2018.3
微空间之宗教表达——基于玉树志愿者营地宗教冲突的观察/毕文章、袁阳/民族论

坛/2018.3
　　清宗室苏尔金的天主教信仰与著作/谢辉/宗教学研究/2018.3
　　创新宗教文化　承载教会历史——记天主教唐山教区博物馆创立/寇宏广/中国天主教/2018.3
　　缅甸克钦人在云南瑞丽的宗教生活研究/马居里、孙睿/世界宗教文化/2018.3
　　清中叶天主教在华乡村传播策略与管理模式——读鲁之裕《请除天主异教奏折》札记/陈文源/世界宗教研究/2018.3
　　20世纪晚期美国人对中国人批评传教运动的回应——以《召唤——一个在中国的美国传教士》为个案/陶小路/史林/2018.3
　　天主教徒王徵和《西儒耳目资》：从关学到天学/谢明光/唐都学刊/2018.3
　　多元螺旋式世俗化、价值重建与文化自觉——德国巴伐利亚阿柏村天主教徒的实践/谭同学/民俗研究/2018.3
　　"后利玛窦时代"江西地区天主教的传播、发展与衰亡（1610—1649）/汤开建、周孝雷/北京行政学院学报/2018.3
　　从世俗化到多元化：彼得·伯格宗教社会学理论演变的逻辑/李明轩/广西大学学报（哲学社会科学版）/2018.3
　　薪火相传的俄罗斯圣像画艺术——从圣像画艺术大师角度探析俄罗斯圣像画艺术的发展历程/丁梁/俄语学习/2018.3
　　耶佛对话之"守护自我"与"尊重他者"——以苏慧廉和李提摩太对《法华经》的不同英译为例/蒋维金/兰州教育学院学报/2018.3
　　历经磨难　方得圆满　天主教成都教区自选自圣主教60年历程回顾/武照欣/中国宗教/2018.3
　　俄罗斯对巴尔干政策的历史分析/李提/学术研究/2018.3
　　费城"《圣经》暴乱"事件渊源探析/王静/历史教学（下半月刊）/2018.3
　　凯鲁亚克的信仰嬗变历程探析/祝昊/大理大学学报/2018.3
　　徐宗泽与《圣教杂志》/张士伟/中国国家博物馆馆刊/2018.3
　　《伊甸之东》中独特的道德观/魏蔚/吉林省教育学院学报/2018.3
　　唐代丝绸之路上走来的景教和大食法/史书/中国社会科学报/2018.3.6（004）
　　在敬天爱神之间中西对话的可能——一种跨文化思考/卓新平/船山学刊/2018.4
　　神圣基核与历史理性——神学人类学管窥之二/周泓/民族论坛/2018.4
　　民国时期对奥古斯丁的译介/周伟驰/世界宗教研究/2018.4
　　基督教中国化呼唤"大神学"意识（上）/游斌/天风/2018.4
　　中国内地会内地九省及西部边疆开教考略/张丽萍/宗教学研究/2018.4
　　民国道院与基督教的互动：文本与个案研究/褚潇白/宗教学研究/2018.4
　　国企女性员工宗教信仰研究/吴哲、赵柏林/沈阳建筑大学学报（社会科学版）/2018.4
　　试论中世纪英国行会的宗教功能/陈建军/世界宗教文化/2018.4
　　中国基督教青年会自治问题研究——以1930年特别调查事件为中心/杨恩路/史林/2018.4
　　儒耶对话在真理观上真的不可沟通吗？——与杜保瑞先生对话/黄保罗/吉林师范大学

学报（人文社会科学版）/2018.4

尼采眼中的基督教之罪及其他——以《反基督：诅咒基督教》为核心/王齐/江苏行政学院学报/2018.4

信仰基督教对家庭关系的影响/韩婷/科学与无神论/2018.4

北村后期作品中的基督教文化意蕴阐释/任玉玲/青海师范大学学报（哲学社会科学版）/2018.4

清初索隐派传教士马若瑟的三一论与跨文化诠释——以《三一三》为中心/肖清和/北京行政学院学报/2018.4

王元化与基督教文化/李平/世纪/2018.4

从夏娃到玛丽亚——中世纪晚期之前的基督教女性观初探/吕青原/美与时代（城市版）/2018.4

烟台毓璜顶剪纸　基督教与中国民间艺术的结合/杜立鹏/中国宗教/2018.4

青岛基督教两会　将基督教中国化工作落到实处/董美琴、王旭/中国宗教/2018.4

论文献学语境中的基督教与科学——以中世纪为例/张志伟/开封教育学院学报/2018.4

东正教与俄罗斯传统文化观的生成/王萍/学习与探索/2018.4

放眼新时代，浅议基督教圣乐中国化/岳清华/天风/2018.4

江苏省盐城市基督教中国化的实践与思考（上）/李卫东/天风/2018.4

中国基督教图像历史进程之四：唐代敦煌景教绢画/包兆会/天风/2018.4

《召唤》对美国在华传教运动的反思/陶小路/世界宗教研究/2018.4

中世纪西欧人文主义思想转型的历史逻辑/于文杰、田芳宁/欧洲研究/2018.4

芬兰学派奥古斯丁成神论思想研究及其新进展/高源/中山大学学报（社会科学版）/2018.4

第三只眼：《启示》中的"启示"/殷雄飞/苏州科技大学学报（社会科学版）/2018.4

援景入儒初探——兼谈敦煌唐写本汉语景教文典与第二期儒学之关系/王强强、吴建萍/兰州文理学院学报（社会科学版）/2018.4

从哈代诗歌看西方世界的信仰危机/陈珍/河北工业大学学报（社会科学版）/2018.4

浅析拜占庭宗教艺术中的"军人圣徒"形象/张子昂/江西电力职业技术学院学报/2018.4

康德何以是一个自然神论者/李科政/中国社会科学报/2018.4.7（005）

以中国化为中心，参与健康和谐宗教关系的构建/项秉光/中国民族报/2018.04.17（006）

黑格尔理性宗教观论析/尹曦雯、王晓东/学习与探索/2018.4

身体的两歧性——《理查三世》悲剧的神学源起/丁鹏/国外文学/2018.4

日本天主教徒的故事——年使节千千石米盖尔/吕雪萱/中国天主教/2018.4

清中前期天主教在东北的传播初探/邱广军/中国天主教/2018.4

晚明奉教儒者创办仁会的当代启示/丁锐中/中国天主教/2018.4

媒体呈现与公共舆论：传教士雷鸣远与近代中外文化交流/李萌/河北北方学院学报

（社会科学版）/2018.4

列夫·托尔斯泰《复活》中东正教主题文化观念域的语言文化学研究/姚梦倩、刘蒋胜禹/科教文汇（下旬刊）/2018.4

俄罗斯东正教的死亡观念与哈尔滨东正教墓园变迁/王志军、栾钧博/哈尔滨学院学报/2018.4

从"礼仪之争"到《夫至大》通谕　天主教中国化历程再思考/武海霞/中国宗教/2018.4

象山丹城基督教堂/莫洲瑾/建筑知识/2018.4

试析西欧中世纪基督教世界的内在张力/杨华明/世界宗教文化/2018.5

"阿米尼乌预定论之争"对于加尔文主义信仰的意义/董江阳/世界宗教研究/2018.5

基督教中国化呼唤"大神学"意识（下）/游斌/天风/2018.5

关于当前天主教中国化的思考——对魏斯特教授的回应/傅有德/山东省社会主义学院学报/2018.5

基督教中日传教比较研究/刘丽娴、汪若愚、陈涵、支阿玲/中国天主教/2018.5

引领基督教与社会主义和谐社会相适应的路径选择——以宿州为例/徐向阳、陈云玲/宿州教育学院学报/2018.5

基督教哲学元典精神视阈下的英语习语认知/李丽、王成/山西大同大学学报（社会科学版）/2018.5

成为"完整的人"——20世纪初期上海基督教青年会的"模范村"探索/梁智勇/新建筑/2018.5

沉思与慧观：奥古斯丁的冥契主义思想/汪聂才/现代哲学/2018.5

日本近现代史与基督教/山口阳一、李剑锋/济南大学学报（社会科学版）/2018.5

中国近现代史与基督教/陶飞亚/济南大学学报（社会科学版）/2018.5

亚洲基督教研究的主题——日中韩基督教的历史及其展开过程的诸前提/徐政敏、朱海燕/济南大学学报（社会科学版）/2018.5

莫斯科华人基督教会活动的参与观察/何群/民族学刊/2018.5

从世俗人文主义到"正统"神学：恩格尔哈特生命伦理学的精神实质及其思想述评/张舜清/国外社会科学/2018.5

儒家与基督教：就当今"儒耶之争"对成中英教授的访谈/成中英、孙海燕/天府新论/2018.5

明治时代日本基督教的悖谬/赵德宇/史学集刊/2018.5

中国基督教图像历史进程之五：唐代洛阳的景教瘗穴及墓志/包兆会/天风/2018.5

江苏省盐城市基督教中国化的实践与思考（下）/李卫东/天风/2018.5

从保罗的神学思想看基督教中国化/吴圣理/天风/2018.5

《推进我国基督教中国化五年工作规划纲要（2018—2022）》正式启动/杜鹏、吴新望/天风/2018.5

不列颠早期宗教信仰转化问题考略/刘晓倩/史学月刊/2018.5

基督教在当今美国复兴了吗？/周少青/中国民族报/2018.5.22（005）

承接古今融汇中西　《普天颂赞》对基督教音乐中国化的尝试/张思媛/中国宗教/2018.5

坚持爱国爱教　积极服务社会　记基督教深圳堂/蔡博生/中国宗教/2018.5
把握新时代脉搏　探索基督教中国化新路径/岳清华/中国宗教/2018.5
从基层教会视角探讨基督教神学中国化/刘安荣/中国宗教/2018.5
翻译与民族身份构建——以传教士傈僳族地区的翻译为例/蓝红军/外语研究/2018.5
政治与价值关系视野下的西方公民宗教理论——简评《公民宗教：政治哲学史对话》/李育书/哲学分析/2018.5
从神圣到世俗——伊利亚德宗教史视野中的人与自然/黄增喜/世界宗教研究/2018.5
拉美政治变迁的社会基础——对巴西、智利、阿根廷三国天主教与左翼关系的比较研究/钟智锋/拉丁美洲研究/2018.5
一个隐性的权力阶层——萨摩亚的宗教管理与宗教信仰/石莹丽/聊城大学学报（社会科学版）/2018.5
论文艺复兴与宗教改革的文化意义/赵林/求是学刊/2018.5
自由与实定性的辩证——青年黑格尔实定性批判思想研究（1793—1800）/王兴赛/清华大学学报（哲学社会科学版）/2018.5
732年拜占廷帝国与可萨汗国联姻动机的历史考量/庞国庆/四川师范大学学报（社会科学版）/2018.5
圣诞美食及其宗教起源/董小燕/安徽文学（下半月）/2018.5
究竟什么是"西方"？——西方文明叙事话语评议/李友东/社会科学战线/2018.5
西方的软实力从何而来？/李建宏/世界社会主义研究/2018.5
中国天主教教区中国化建设的一面镜子——读《中国天主教教区沿革史》/林金水/中国天主教/2018.5
俄罗斯东正教圣愚崇敬现象探析/王帅/世界宗教研究/2018.5
从"迷信"到"慈善"：都铎王朝对歌祷堂的解散及英国教育变化/喻冰峰/衡阳师范学院学报/2018.5
晚明天主教文学中的中西融合——以《天主审判明证》为核心的考察/陈雅娟/史林/2018.5
十九世纪前期基督新教徒的儒学观——以柯大卫《四书》译注为中心/许家星/孔子研究/2018.5
从文化安全的高度看高校的宗教渗透及其危害/顾德警、徐宝朋/江苏警官学院学报/2018.5
论皮平与海德格尔关于尼采之言诠释的差异——以后康德哲学为视角的研究/陆心宇/云南大学学报（社会科学版）/2018.5
文学语境中的《威克利夫圣经》300年学术史研究与反思/王任傅/井冈山大学学报（社会科学版）/2018.5
批判与创新：论弗兰克新宗教意识理论/丁海丽、索春燕/哈尔滨学院学报/2018.5
俄罗斯东正教最早进入哈尔滨的时间和人员考辨/王志军/哈尔滨学院学报/2018.5
马克思宗教观的形成与发展/卓新平/中国宗教/2018.5
教堂建筑中国化之探索与思考/王雷/天风/2018.5
论中世纪基督教绘画对文艺复兴时期绘画的影响/宁琪、金薇薇/艺术评鉴/2018.6
从误解到皈依——徐訏文学宗教观的转变/佟金丹/辽东学院学报（社会科学版）/

2018.6

圣像敬拜：一种信仰生活方式/张晓梅/世界宗教研究/2018.6
从出土文献对比景教礼仪吟诵的特色/葛承雍/世界宗教研究/2018.6
从北京基督教音乐管窥基督教仪式中音声之功能/张颖/艺术教育/2018.6
辅助生殖技术的基督教伦理规约/王健、吕阳/科学技术哲学研究/2018.6
山西高校学生基督教信仰问题调查研究——以山西大同大学为例/姬翠梅、王喜军/太原学院学报（社会科学版）/2018.6
晚清及民国时期广州基督教新教教堂的兴建及艺术特色研究/郭林林/美术学报/2018.6
大学生信仰基督教认识研究/霍昊/教育理论与实践/2018.6
从"公民友爱"到"兄弟之爱"——古罗马社会救助伦理的发展/刘林海/北京师范大学学报（社会科学版）/2018.6
以基督教名义的邪教盗用歪曲《圣经》内容情况简析/张观现/科学与无神论/2018.6
《古舟子咏》中的哥特特征与基督教主题阐释/梁庆峰、杨瑾瑜/安徽文学（下半月）/2018.6
论作为语言事件的"中国基督教跨文化现象"/褚潇白/学术月刊/2018.6
论中世纪基督教对待科学的态度——基于文献的梳理/张志伟/吉林广播电视大学学报/2018.6
中国基督教图像历史进程之六：存疑的两处宋以前壁画/包兆会/天风/2018.6
社会关怀是基督教中国化的重要内涵/余江/天风/2018.6
传承属灵传统，履行教会使命——宁波市基督教百年堂建堂70周年系列活动侧记/杨曙光/天风/2018.6
努力探索基督教中国化新路径/岳清华/天风/2018.6
殉道者查士丁非自杀观中的二重困境/范少鹏/中国天主教/2018.6
浅探景教在唐代的两次不同命运/吴小龙/河北北方学院学报（社会科学版）/2018.6
丝绸之路艺术中的复杂文化元素——亚美尼亚"耶稣受难"挂毯中的蒙元文化/乔雪/兰州大学学报（社会科学版）/2018.6
"宗教中国化在山东"系列之十四　东营教会　以中国化实践创造美好未来/张晓梅、王红波/中国宗教/2018.6
论天主教对西方绘画的影响——以达·芬奇《最后的晚餐》为例/李帅龙/艺术科技/2018.6
浅谈教会文艺创作的思想与进路/黄幸平/天风/2018.6
江西近代早期基督教传教活动与西洋音乐传入研究/陈乃良、赵琳博/黄河之声/2018.6
现代天主教圣经诠释与研究方法简介/罗晓平/中国天主教/2018.6
晚明传教士"点金"谣言的传播与辩驳/刘燕燕/华侨大学学报（哲学社会科学版）/2018.6
阿奎那的血亲伦理及其和儒家可能的对话/冯梓琏/世界宗教文化/2018.6
近代西方传教士在山西汾阳的行迹探究/张小萍、赵元/吕梁学院学报/2018.6

论康德道德哲学中的上帝设定——从《绝对视域中的康德宗教哲学》谈起/黄启祥/山东大学学报（哲学社会科学版）/2018.6

哈尔滨圣索菲亚教堂百年钩沉/王志军/哈尔滨学院学报/2018.6

俄罗斯圣诞节蕴含的宗教文化解析/王丽春/边疆经济与文化/2018.6

繁星中的晨星——论青年冰心的宗教思想/李卓然/基督教思想评论（总第二十三辑）/宗教文化出版社/2018.7

农村基督教信徒政治认知的机制与特征——基于豫西某镇与非基督徒的对比调查研究/徐凯、景怀斌/基督教思想评论（总第二十三辑）/宗教文化出版社/2018.7

电影《肖申克的救赎》中的基督教文化内涵解析/赵栋/戏剧之家/2018.7

近代中国基督教文字布道观研究——以张亦镜为考察中心/范大明/怀化学院学报/2018.7

浅析基督教和封建制对欧洲中世纪的影响/刘恩昕/安徽文学（下半月）/2018.7

烟台基督教堂：见证中国基督教自立的历史/项秉光/中国民族报/2018.7.24（007）

基督教在陕西医疗事业研究——以西安市第四医院前身广仁医院为个案/王硕丰/西部学刊/2018.7

2017年国内宗教美学研究概览/邱月/绵阳师范学院学报/2018.7

追念陈泽民院长为基督教中国化所做的努力/曹圣洁/天风/2018.7

民国"基督教中国化"思潮中以"会通、融合"为要旨的耶儒比较/徐弢、李思凡/天风/2018.7

中国基督教第一届全国会议在北京举行/陈丰盛/天风/2018.7

走下圣坛、摆脱教条、融入生活——马丁·路德、亨利八世、门德尔松、六祖慧能的宗教改革及其特色/徐圻/贵州社会科学/2018.7

论俄罗斯东正教在中国发展缓慢的原因及启示/王志军/通化师范学院学报/2018.7

中国基督教图像历史进程之七：宋、西夏景教十字纹牌饰/包兆会/天风/2018.7

教会崇拜礼仪中国化：寻索融合/肖安平/天风/2018.7

关于崇拜礼仪中国化的一些想法/裴连山/天风/2018.7

传递真理与恩典的崇拜礼仪/杨联涛/天风/2018.7

侨民宗教：哈尔滨东正教的特殊存在模式/史书/通化师范学院学报/2018.7

融入中国文化的天主教音乐 以济南胡庄天主教民族音乐为例/李继超/中国宗教/2018.7

浅析宗教文化中的图案符号——以动画《凯尔经的秘密》为例/严美琪/艺术与设计（理论）/2018.7

国外网络宗教治理经验浅析/王乐/信息安全与通信保密/2018.7

云南天主教中国化的经验和新时代的主要任务/卢锦平/中国民族报/2018.7.3（006）

从"神创"到"进化"的生成与传播——"探索生命起源之谜"教学构想与实施/杨莲、毕茂荣/中学历史教学参考/2018.7

浅析犹太人的散居对早期基督教扩展的影响/盖彤/绥化学院学报/2018.8

将基督教中国化事工贯穿于教会管理之中/王俊/天风/2018.8

努力为办好基督教会提供"中国方案"/史爱军/天风/2018.8

中国基督教图像历史进程之八：蒙元时期鄂尔多斯景教铜十字饰牌/包兆会/天风/

2018.8

第十三届基督宗教在当代中国的社会作用及其影响高级论坛上的基督教中国化思考/包兆会/天风/2018.8

中世纪基督教服装廓形对现代服装应用及影响/牟泽旭、葛英颖/南方农机/2018.8

农村青壮年女性宗教信仰选择的多重逻辑——基于福建小链岛的个案研究/赵缇、唐国建/中国青年研究/2018.8

宗教在黑格尔法哲学体系中的启蒙特质与发展理路/包大为/北京社会科学/2018.8

从差等之爱、博爱主义到人类"共同体"——社会主义友善观的比较解读/燕连福、李晓利/决策与信息/2018.8

天主教中国化在文物中的艺术呈现/沈思、朱琨/中国宗教/2018.8

发挥中国基督教在"一带一路"建设中的积极作用/岳清华/中国宗教/2018.9

发挥基督教爱国组织积极作用 抵制异端邪教滋生蔓延/高明/中国宗教/2018.9

跨文化视阈下的生死超越思想比照/朱清华/理论月刊/2018.9

吴渔山，水墨丹青里的心灵归依——最早受基督教思想影响的中国士人画家（下）/王教佺/天风/2018.9

对"基督教中国化"的一点思考/李栋/天风/2018.9

教会文艺中国化的点滴实践体会/陈伟/天风/2018.9

从耶稣的"好牧人"形象思考基督教牧养中国化/陈丰盛/天风/2018.9

吴耀宗发起中国基督教三自革新运动/陈丰盛/天风/2018.9

宗教传统与宗教他者——弗雷德里克的宗教对话思想/李建平/长春师范大学学报/2018.9

中国基督教图像历史进程之九：蒙元时期赤峰景教瓷墓志/包兆会/天风/2018.9

教会牧养模式中国化的神学浅思/岳清华/天风/2018.9

新时期农村教会的治理模式探索——以福建省连江县教会为例/杜启莺/天风/2018.9

"一带一路"与中国天主教/周太良/中国宗教/2018.9

宗教、权力与身体：福柯的宗教理论述评/浦杰/学理论/2018.9

一个新的契机/唐晓峰/中国民族报/2018.10.9（007）

天主教中国化的新起点/游斌/中国民族报/2018.10.9（007）

道教和基督教趋异的文化解读及其发展态势研究/田学军、孙邵安平、王茜、赖炫坤/牡丹江大学学报/2018.10

基督教与中国现代文学/陈影/中国宗教/2018.10

齐鲁文化与基督教中国化/张进/中国宗教/2018.10

农村基督教文化的发展对新农村文化建设的启示/于萍/开封教育学院学报/2018.10

多元民族修辞的沿袭与创新——试论奥古斯丁基督教修辞理论的建构/姚静/佳木斯职业学院学报/2018.10

鉴往知来：建国以来中国基督宗教史研究/赵晓阳/兰州学刊/2018.10

圣经翻译和景颇文、傈僳文的创制/赵晓阳/铜仁学院学报/2018.10

基督教中国化，须继续深化"道成肉身"的神学思考/单渭祥/天风/2018.10

发挥基督教特殊作用，全力抵制邪教/肖安平/天风/2018.10

中国基督教图像历史进程之十：元四子王旗"王墓梁"景教墓地/包兆会/天风/

2018.10

 坚持我国宗教中国化方向/张训谋/领导科学论坛/2018.10

 天主教历史上主教产生的几种方式/周太良/中国民族报/2018.10.16（006）

 管窥天主教文学作品《深河》中的泛神思想/吴桐/课程教育研究/2018.10

 改革开放对中国教会神学思想建设的影响/段琦/天风/2018.11

 改革开放与我国基督教的发展/徐晓鸿/中国宗教/2018.11

 新时代牧师　基督教中国化的践行者　记重庆市基督教三自爱国运动委员会主席许伦胜牧师/李汶道/中国宗教/2018.11

 不忘初心　推进基督教中国化　以福建教会实践为例/陈小勇/中国宗教/2018.11

 近代西方传教士在潮汕揭阳的医疗慈善活动——以揭阳真理医院为例/王海燕/西部学刊/2018.11

 改革开放促使我国基督教从"基督教在中国"向"中国基督教"转变/徐晓鸿/中国民族报/2018.11.20（006）

 基督教在宿州的发展状况研究/徐向阳/科学咨询（科技·管理）/2018.11

 西欧中世纪大学起源探究/郭康、黄旭华/高教探索/2018.11

 圣经《和合本》与基督教中国化/沈学彬/天风/2018.11

 基督教中国化的思考与实践——以长沙市城南堂为例/徐勇斌/天风/2018.11

 路德会在中国东北开办社会事业及其影响述论/邱广军、张牧笛、于维/通化师范学院学报/2018.11

 中国基督教图像历史进程之十一：元敖伦苏木古城附近的景教石刻/包兆会/天风/2018.11

 哈尔滨近代教堂建筑再利用研究/董楠楠/遗产与保护研究/2018.11

 历史建筑抢救性复建项目的探索——以上海基督教女青年会南京西路旧址为例/李振东、周祺、朱华明/住宅科技/2018.11

 "利徐谈道图"　天主教中国化的图像见证/李强/中国宗教/2018.11

 改革开放40年　中国天主教旧貌变新颜/刘柏年/中国宗教/2018.11

 四十年来中国天主教与时俱进健康发展/刘柏年/中国民族报/2018.11.13（006）

 从教堂上的龙首看中西文化的冲突与融合/项秉光/中国民族报/2018.11.13（007）

 推进上海天主教的中国化进程/沈保智/联合时报/2018.11.13（007）

 论俄罗斯后现代主义文学中的民族精神建构/侯秀然/山东社会科学/2018.11

 改革开放对中国基督教的意义/徐以骅/中国宗教/2018.12

 坚持我国基督教的中国化方向/王作安/中国宗教/2018.12

 基督教"中国化"问题的政治意义/卓新平/中国宗教/2018.12

 基督教中国化的基本考量/卓新平/天风/2018.12

 宗教文化对文学创作的影响——基于对基督教与萨满教的比较/邢楠/贵州民族研究/2018.12

 近代拜上帝教与基督教在江苏关系研究/万东升/西部学刊/2018.12

 没有改革开放就没有中国基督教今天的发展/徐晓鸿/中国宗教/2018.12

 基督教实现中国化的突破口：构建中国特色和谐神学　纪念"神学思想建设"20周年/刘金光/中国宗教/2018.12

陈垣基督教史研究评述/王超、张伊玲/开封教育学院学报/2018.12

中西方丧葬习俗差异对比研究/郑翔宇/中国民族博览/2018.12

文艺复兴时期的基督教与人文主义/张路/中学历史教学/2018.12

从基督教中国化实践浅述圣诞之"道"的临在/邵珊/天风/2018.12

中国基督教图像历史进程之十二：新疆阿力麻里叙利亚文景教碑/包兆会/天风/2018.12

清末民初哈尔滨的洋教活动论略/陈晓敏/边疆经济与文化/2018.12

《天主降生出像经解》 早期天主教中国化的艺术呈现/张瑜/中国宗教/2018.12

法国学者研究天主教藏区传播史立场有亏/刘瑞云/中国社会科学报/2018.12.11(006)

在宗教世俗化与启蒙理性之间——现代性之争的隐喻学维度/李贯峰/理论月刊/2018.12

民国时期来华传教士对中国内地穆斯林的认识及传教活动研究/樊静/陕西师范大学/2018

舍勒基督教哲学思想研究/尹曦雯/黑龙江大学/2018

归化与异化策略在《帝国·哲学·文化悖论——17世纪以前的中西对比》（第七章）翻译中的应用/王梓涵/首都经济贸易大学/2018

基督教在上海世俗化的调查研究/黄家圆/新疆大学/2018

传播仪式观下农村基督徒的身份认同/江雁琦/暨南大学/2018

近代中国基督教青年会体育传播研究/施楠/上海体育学院/2018

农村佛教与基督教信众宗教信仰比较研究/水喜娟/山西师范大学/2018

晚明中国天主教形象之研究/赵恂卿/云南大学/2018

近代美国新教美以美会赞美诗变迁史研究/赵琳博/江西师范大学/2018

基于多元智能理论的对外汉语教学设计与实践/唐梦姣/湖南师范大学/2018

清代来华英国传教士与中国佛教/翁俊媛/西北大学/2018

近代基督教会在华免税问题研究（1842—1927）/李玲/湖南师范大学/2018

抗战初期中国自由派基督徒知识分子对耶稣救国形象的解读（1931—1937）/薛惠予/河南大学/2018

西安市基督教发展的传播学观照/丁小丽/西北大学/2018

信仰基督大学生的社会认同初探/汤建文/华中农业大学/2018

城市青年女性基督徒的归信历程研究/白嚚/贵州大学/2018

中世纪基督教服饰元素在现代服装中的应用研究/牟泽旭/长春工业大学/2018

美国在华教会初等教育研究（1830—1937）/杨慧凌/哈尔滨师范大学/2018

罗马教廷对纳粹屠犹的反应及其影响/房明鸿/陕西师范大学/2018

基督教对当代中原农村家庭的影响/刘鹏丽/上海社会科学院/2018

圣·彼得·达米安的苦修主义思想研究/郭超/陕西师范大学/2018

《圣本笃会规》中的身体观/程子妍/陕西师范大学/2018

宗教文化传统对企业慈善捐赠行为的影响研究/王丹丹/西安外国语大学/2018

基督教的传播方式对农村思想政治教育的借鉴作用/梅礼武、王笑笑/西安音乐学院/2018

依法治理我国基督教家庭教会有关问题研究/薛飞/内蒙古大学/2018
北欧基督教化与使徒安斯加/刘日新/山东大学/2018
儒家和基督教伦理观比较研究/张志正、闵凡祥/南京大学/2018
基督教文化与临终关怀服务/刘秀秀/山东大学/2018
基督教家庭教会发展与社会稳定问题研究/解晓彤/中国人民公安大学/2018
章力生基督救世思想研究/洪奎/山东大学/2018
马克思主义宗教观视角下当代大学生宗教信仰问题研究/邵帝霖/沈阳工业大学/2018
延边地区朝鲜族基督教信仰调查研究/玄千泽/延边大学/2018
美国对华外交中的宗教因素探析/李喆/山东师范大学/2018
韩国基督教题材电影的宗教观念及社会文化意味/查涛阳/华东师范大学/2018
圣·奥古斯丁神正论美学思想研究/高文丹/四川师范大学/2018
中国现代基督教小教堂建筑原型研究/张赫凡/南京艺术学院/2018
清末民初基督新教传教士与四川社会/张宝宝/上海师范大学/2018
"神圣"与世俗：九世纪中期西法兰克王权的建构/种法胜/东北师范大学/2018
皖北地区近代教会建筑特征研究/江涛/安徽建筑大学/2018
吉林地区基督教音乐的调查与研究/乔茜月/吉林艺术学院/2018
基督教圣像画中的"云"符号研究/干文倩/华中师范大学/2018
传教士与印度殖民地时期的教育研究（1813—1915）/陈超萍/湖南师范大学/2018
拜占庭征服保加利亚研究（10—12世纪）/张静怡/华中师范大学/2018
挪威基督教化研究/王志辉/华中师范大学/2018
中世纪教会与银行的经济关系初探/孔双红/天津师范大学/2018
民国时期佛化新青年运动研究/王涛/华中师范大学/2018
民国时期中国天主教知识人的国家观/刘鹏娜/华中师范大学/2018
边疆地区基督徒身份建构调查研究/王梦婕/陕西师范大学/2018
基督教信仰对心理控制源与乐观主义关系的调节作用/Enkhjin Delgerbat/华中师范大学/2018
基督教对西方音乐发展的影响/郑彬/华中科技大学/2018
基督教青年会与上海体育研究（1900—1922）/赵严骏/上海师范大学/2018
加尔文的称义观探析/胡宇航/上海师范大学/2018
论奥古斯丁的时间观及哲学史意义/张珊珊/中共四川省委党校/2018
基督教在宿州地区的传播历程与社会适应/葛救恩/安徽大学/2018
上海教会中学本土化研究（1850—1937）/毛芸、黄书光/华东师范大学/2018
吴耀宗基督教改革思想研究/周杰/郑州大学/2018
互动与融合：当代基督教与中国民间信仰的关系/安稳/沈阳师范大学/2018
天主教封圣程序演变述析/客志松/东北师范大学/2018
基督教思想对美国自由主义的影响/姚琳琳/辽宁师范大学/2018
大理宾川L教会基督徒的信仰选择与社区生活研究/汪文堂/云南民族大学/2018
宫泽贤治文学中佛教与基督教思想的共存共鸣现象研究/江嘉韵/广东外语外贸大学/2018
孔子与耶稣教育伦理思想比较研究/杜君璞/中共中央党校/2018

圣卡里斯托墓窟艺术与基督教生死观/袁鸿杰/湖北大学/2018
于尔根·莫尔特曼政治神学思想研究/牛振兴/内蒙古大学/2018
城堡隐喻——《哈姆莱特》与基督教空间叙事/胡方园/西南大学/2018
清末民初中国教会大学的中国化与世俗化进程探析（1882—1937）/曾宸/武汉大学/2018
基督教"爱"的能力对积极心理学实践的启示/王丽滨/宗教心理学/2018
回归圣事存在论/徐晓燕、王志成/浙江大学/2018
从近代涉教诗歌看基督教与中国社会的碰撞与融合/李莎/福建师范大学/2018
美国殖民菲律宾初期基督教新教的传播及影响（1898—1913）/左梵力/福建师范大学/2018
仪式、认同与治理：城市视野中的基督教传播/林景/福建师范大学/2018
兰州基督教青年会抗日救亡活动研究/郑开齐/宁夏大学/2018
试评基督新教对欧洲虚无主义的回应/王梦轩/西北大学/2018
农村基督教信仰人群问题及教育对策研究/史海默/南京理工大学/2018
简论西方基督教经典图式的中国化/金香兰/中国美术学院/2018
《鲁滨逊漂流记》中的基督教/刘佳/天津工业大学/2018
加尔文是"厌人类者"吗？——对加尔文人性学说解读问题的思考/刘锦玲/基督教思想评论（总第二十三辑）/2018
亚流与亚他拿修视角中的基督人性——探讨华人基督论的基督一性论张力/谢仁寿/基督教思想评论（总第二十三辑）/2018
基督哲学视域下的绝对和平主义思想探析/黄丁/基督教思想评论（总第二十三辑）/2018
朝闻基督夜礼佛——史铁生散文中的宗教意识/韩莹/大众文艺/2018年第18期
沿江城市近代教堂风格演变研究/陈李波、卢天/城市建筑/2018年第23期
论教会法婚姻制度发展变化的思想根源/苏杰/法制与社会/2018年第20期
媒介赋权视角下广州信教群众的宗教参与影响因素研究/高翠霞/暨南大学/2018
柏拉图的"理想国"范本到奥古斯丁"上帝之城"的宗教实践/郑艳君/深圳大学/2018
施蒂纳个体哲学研究/易江/深圳大学/2018
一个乡村天主教群体宗教认同的民族学研究/娜日那/内蒙古大学/2018
5—12世纪西欧修道院学校研究/丁远远/哈尔滨师范大学/2018
论马丁·海德格尔的"无"/石帅锋/江西师范大学/2018
悖谬的人追寻"隐蔽的上帝"何以可能？/李星/中共北京市委党校/2018
传统主义天主教团体"庇护十世会"研究/杨文川/上海社会科学院/2018
冀中南地区近代天主教堂建筑研究/高泽/北京建筑大学/2018
从自由意志到爱：《神曲》中的奥古斯丁传统及其转换/姜冰/河南大学/2018
格奥尔格·特拉克尔诗歌意象研究/郭灿/江南大学/2018
尼采论人的整全性/陈美杰/吉林大学/2018
莫文克的弥赛亚思想研究/王芮/西北师范大学/2018
威廉·拉德和平主义思想研究/徐阳/浙江大学/2018

福柯"支配技术"理论的展开/刘文泽/武汉大学/2018
美国南方"圣经地带"的灵魂写手/许丽梅/吉林大学/2018
拉美解放神学的解放路径及其当代价值研究/周洁/浙江师范大学/2018
近代中国教会大学新闻教育研究（1921—1952）/杨玉洁/山东大学/2018
费尔巴哈人本主义思想研究/梁红艳/贵州师范大学/2018
英国12世纪文艺复兴研究/刘媛/兰州大学/2018
鲍勃·迪伦诗歌创作的多元性研究/方芳/青海民族大学/2018
阿甘本的政治弥赛亚主义思想研究/孔令珂/华东师范大学/2018
文艺复兴时期意大利与中国在宗教绘画方面的对比/沈雪慧/山西师范大学/2018
论斯宾诺莎"神"的学说/陶尚强/东南大学/2018
宗教在农村社会治理中的功能研究/张紫艳/西北农林科技大学/2018
康德的伦理共同体思想研究/幸晓雪/东南大学/2018
美国北长老会杭州传教站研究（1854—1911）/吴奔骁/武汉大学/2018
制造"查理曼"：9—12世纪西欧查理曼形象/李霞/东北师范大学/2018
试论中世纪英国避难权的演变及其影响/刘景昱/天津师范大学/2018
尼采与马克思的生命哲学比较研究/王雯/吉林大学/2018
现代哲学中的弥赛亚之维/王德志/华东师范大学/2018
约瑟夫·普里斯特利神学认识论视角下的政治与进步/李泽强/华东师范大学/2018
宗教"共性精神"中的生死观念和伦理、"信仰"意识探究/戴一峰/广西师范学院/2018
晚清传教士在华科学传播及其启示/王秀梅/华中师范大学/2018
试论阿奎那意志学说的理智主义倾向/尚希成/武汉大学/2018
圣约翰大学与早期中美文化交流/刘赟/黑龙江大学/2018
《反基督：彼得和阿列克塞》的狂欢化诗学研究/李思员/黑龙江大学/2018
休·拉蒂默的新教思想和实践研究/姚乔君/南京师范大学/2018
《俄罗斯教会史》（节选）翻译实践报告/马晶晶/黑龙江大学/2018
近代来华传教士公祷书翻译研究/朱艳华/上海师范大学/2018
文艺复兴背景下马基雅维利的公民德性思想研究/王万鹏/山东大学/2018
尼采权力意志视角下的身体哲学/刘亚楠/中国社会科学院研究生院/2018
清末民国时期基督教传教士不同传教思想指导下的汉语学习/于锦恩、杨思佳/国际汉语/2018
《日瓦戈医生》中的《圣经》原型研究/张慧/青海师范大学/2018
仁慈与自由——儒家与基督教价值观的比较/盛洪/宗教与哲学/2018
温州近代教会建筑研究/钱琼雪、周忠杰、江振贺、饶晓晓/山西建筑/2018年第32期
我们如何能相信耶稣的复活？——卡尔·拉纳基督复活论研究/成静/基督教思想评论（总第二十三辑）/2018
论杨廷筠的辟佛之举与僧界的回应/周黄琴/基督教思想评论（总第二十三辑）/2018
鞍山地区辽代景教源流探析/李刚/辽金历史与考古/2018
山西省新绛县天主教音乐本土化研究/武倩妮/山西大学/2018

来华传教士雷鸣远抗日活动研究/李园园/山西大学/2018

德国新教传教士郭实腊的中国观及其传教策略/张翰轶/上海外国语大学/2018

大学生宗教信仰现状及心理健康相关因素的调查研究/张健、薛云珍/宗教心理学/2018

莱蒙托夫《当代英雄》的重新解读：基因·机制·救赎/秦彩虹/南京师范大学/2018

2018年度儒教研究论文索引

王　伟 编

存在、性情与工夫——生活儒学之性情理论的贡献与局限/赵法生/社会科学家/2018.1

儒教化与文化践履企业实证研究框架/吕力、杨晓叶/合作经济与科技/2018.1

中国传统文化精华、糟粕与无神论问题（初探）——和无神论朋友们谈中国传统文化/李申/科学与无神论/2018.1

良知心学与晚明思潮——荒木见悟《阳明学的位相》浅析/三浦秀一、祝钊、李洁/湖北大学学报（哲学社会科学版）/2018.1

宋明广东仕宦推行孝文化探析——以博罗陈孝女为例/刘正刚、黄学涛/安徽师范大学学报（人文社会科学版）/2018.1

乡村儒学与乡土信仰重建/赵法生/孔子研究/2018.2

威仪、身体与性命——儒家身心一体的威仪观及其中道超越/赵法生/齐鲁学刊/2018.2

学宫文化的历史及时代价值/常会营/国际儒学论丛/2018.2

论董仲舒春秋公羊学的思想渊源/任蜜林/衡水学院学报/2018.2

董仲舒公羊学的阴阳之道/郑济洲/衡水学院学报/2018.2

实际生活经验与思想的路标——评张祥龙的儒学研究/唐文明/思想与文化/2018.2

"天下"之变与晚清学政中"经学科"的兴废/袁晓晶/思想与文化/2018.2

儒教论争中的马克思主义宗教本质观/王士良/南昌师范学院学报/2018.2

大同抑或人伦？——现代中国文明理想的探索/吴飞/读书/2018.2

《金泽——江南民间祭祀探源》/李天纲/读书/2018.2

儒学及其宗教性问题——崔大华思想中的变与不变暨四周年祭/冯传涛/中原文化研究/2018.2

轮回与超越：儒家经典教育的百年之变/赵法生/齐鲁学刊/2018.3

中国经验与本土理论——近年来中国宗教社会学理论热点/黄海波/宗教社会学/2018.3

2016年度的中国宗教社会学研究/李华伟/宗教社会学/2018.3

理雅各儒学研究、翻译与当代国际儒学传播/李玉良/国际汉学/2018.3

丸山真男日本儒教论述中政治神学之语境/绪形康/杭州师范大学学报（社会科学版）/2018.3

儒学传统在东亚的传承与转化研究专辑/吴震/杭州师范大学学报（社会科学版）/2018.3

高丽时代政治对服饰制度演进的影响/孙雨苗、王厉冰/服装学报/2018.4

儒学当代全球传播、化约儒学与儒教社会科学/吕力/产业与科技论坛/2018.4

责任儒学、新工业文明时代的儒教与国家治理/吕力/现代商业/2018.5

早期思想家对康有为孔教思想的批判及其当代反思/苏珍/科学与无神论/2018.5

道、佛、儒教与中华民族传统体育的发展/李丁双/湖北体育科技/2018.5

西汉天命神学和儒学的选择及融合/肖雁/华中师范大学学报（人文社会科学版）/2018.6

"建国君民，教学为先"——安史之乱前的孔子庙学/张宏斌/世界宗教研究/2018.6

津田左右吉"东洋文化史观"的形成/徐兴庆/外国问题研究/2018.6

对韦伯儒释道三教观的反思/许英凤、张培高/石河子大学学报（哲学社会科学版）/2018.6

董仲舒的春秋公羊学式历史哲学/邓红/衡水学院学报/2018.6

从《诗经》三译本看理雅各宗教观的转变/张萍、王宏/国际汉学/2018.6

论徐铉顺时保身中的儒教坚守及其诗学思想/汪国林/西南科技大学学报（哲学社会科学版）/2018.6

论任继愈的中国佛教思想/张圆圆/贵阳学院学报（社会科学版）/2018.6

马相伯佚文《尊孔说》/薛玉琴/历史教学问题/2018.6

关于乡村儒学讲堂建设和功能的思考与实践/杨永涛、赵法生/人文天下/2018.7

儒学发展态势和前景展望——以2004年以来为范围/李宗桂/孔子研究/2018.7

黜伪存真：任继愈理学研究之嬗变/胡朝阳/云梦学刊/2018.7

东亚小农社会的形成/宫嶋博史、朱玫/开放时代/2018.7

儒释道三教的杂糅——重解《西游记》/张婧/白城师范学院学报/2018.7

从传统到现代的艰难转型——读《儒教中国及其现代命运》/张居正/课程教育研究/2018.7

回归轴心时代与中国的现代转型——当代新儒家代表人物、首都师范大学陈明教授访谈/陈明、赵立庆/社会科学家/2018.7

梁发及其《劝世良言》/严锡禹/天风/2018.7

儒道"阴阳和合"与佛教"因缘和合"比较/陈爱平、于忠伟、安贵臣/台州学院学报/2018.8

丸山真男与近世/日本/思想史研究/泽井启一、刘莹/河北民族师范学院学报/2018.8

浅析日本国学思想/张勇/山东农业工程学院学报/2018.8

儒教的国教化和窄化——康有为的"逆宗教改革"与梁启超的批判/李华伟/探索与争鸣/2018.9

形具而神生的儒释道乐舞/黎明东、刘建/艺术广角/2018.9

基于泰山生态智慧的生态文化建设研究/侣连涛/中国石油大学胜利学院学报/2018.9

天命观视域下的西周忧患意识——西周忧患意识的重新解读/赵法生/哲学动态/2018.10

《神祠存废标准》与清末以来对儒教神祇的清理/李申/宝鸡文理学院学报（社会科学版）/2018.10

从文化主义到世界主义：列文森史学的主题与立场/叶斌/史林/2018.10

马克斯·韦伯比较儒教与犹太教：未彻底祛魅的理性主义与彻底祛魅的理性主义/吾淳/现代哲学/2018.11

略论瓦哈对杨庆堃之宗教社会学研究的影响/卢云峰、吴越/北京大学学报（哲学社会科学版）/2018.11

被记住的与被遗忘的：近代有关"七出""三不去"的话语演变/秦方/妇女研究论丛/2018.11

中心与边缘：近代儒家伦理精神嬗变轨迹及其超越/胡芮/天府新论/2018.11

儒家的入世禁欲思想对于鲁商文化的影响/李德兴、季芳桐/牡丹江大学学报/2018.12

韩国高丽时期葬傩俗研究/郑琳/文化学刊/2018.12

中国传统文化的基本形态及其现代转向/陈欢欢、赵新居/学术探索/2018.12

退却、出新与融合：试探社会合作视域下的佛教中国化/彭睿/世界宗教研究/2018.12

儒法之间——荀子的学术渊源和学派归属/赵法生/宗教与哲学/2018

2018年度道教研究论文索引

马　杰编

中国近代宗教社会史的量化研究——以构建寺庙登记表数据库为中心的讨论/付海晏/社会科学研究/2018.1

话说"咶急如律令"/刘正/博览群书/2018.1

探析唐代多元宗教文化——以铜镜纹饰为例/葛姗姗/文史杂志/2018.1

道教与庶民的愿景/荒原/文史杂志/2018.1

虚构的传记——仙传（上）/孙昌武/古典文学知识/2018.1

姚燮与晚清浙东藏书文化/李立民/宁波大学学报（人文科学版）/2018.1

"天人合一"是一种生态观/叶家松/政协天地/2018.1

两汉铜镜铭文概述——以山东博物馆藏汉代铜镜铭文为例/刘小明、王绚/收藏家/2018.1

烟台仙道文化述略/王晓妮/寻根/2018.1

人性可变：道教哲学人性论对管理哲学人性论的启迪/孔令宏/商丘师范学院学报/2018.1

止观、坐忘与居敬——三教的身心技法/三浦国雄、连凡/榆林学院学报/2018.1

道教的治国观及其当代启示/郑长青/中州学刊/2018.1

湖北省钟祥市长寿文化形成因素浅析/王勇、易晋声、贾俊君/才智/2018.1

道教舞蹈实用功能管窥——兼论道教舞蹈与道经之间的互证关系/程群/艺术探索/2018.1

峰林的家乡　松石的画廊——三清山世界地质公园探秘（上）/李忠东/资源与人居环境/2018.1

宋代皇帝的崇道与道教经典研究的新发展/刘运动/漯河职业技术学院学报/2018.1

道教早期"六天"观新探——以酆都山六天为例/路旻/青海师范大学学报（哲学社会科学版）/2018.1

关于济南市d观义工群体的考察与反思/谭德贵/世界宗教研究/2018.1

李土司家族与道教关系初探——以《建广福观碑记》《降母神祠庙记》及《碾伯重修真武庙记》为中心的考察/李勇进/青藏高原论坛/2018.1

浙江省博物馆馆藏南宋龙泉窑人物瓷塑作品管窥/陈小波/中国美术学院/2018.1

基于知觉图式的道观空间宗教氛围营造——以成都青羊宫为例/薛妍、陈一/西部人居环境学刊/2018.1

道教史研究如何入门/何安平/中华读书报/2018.1

道教养生文化品牌对成都产业发展的价值探析——以道教素食为例/徐刚/新西部/

2018.1

 齐云静地　玄帝道场　记安徽省休宁县齐云山玄天太素宫/詹和平/中国宗教/2018.1
 弘扬道教优秀传统文化　助推历史文化名城建设/李社民/中国宗教/2018.1
 至治馨香　明德惟馨　道香的传统与传承/邢信闵/中国宗教/2018.1
 论道教生态智慧的当代价值/孙亦平/江苏行政学院学报/2018.1
 道教养生思想与中国素食传统/郑思阳、周珠法/楚雄师范学院学报/2018.1
 李时珍道医养生思想述略/李贵海/时珍国医国药/2018.1
 魏宝山长春洞行纪/顾建豪、卯琼、苏丽仙/云南档案/2018.1
 后赵"建武四年"铭鎏金铜佛坐像"束发肉髻"辨析/王趁意/大众考古/2018.1
 魏晋玄学与道教关系研究/刘依林/美与时代（下）/2018.1
 进贤县民间丧葬礼仪流程、特色与功能述论/王莹/宜春学院学报/2018.1
 在"道教与民间信仰"学术交流会上的讲话/曹国庆/宜春学院学报/2018.1
 道教与民间信仰学术交流会论文综述/侯丹/宜春学院学报/2018.1
 九鲤湖祈梦文化的自然地理阐释/凌欢、陈金华/闽江学院学报/2018.1
 全真道与马致远神仙道化剧的情节建构/王亚伟/中南大学学报（社会科学版）/2018.1
 论中国道文化中的年画艺术/郝一泓、承杰/北京印刷学院学报/2018.1
 中国传统武术对道学的融摄/晏忠涛/武术研究/2018.1
 "籍系星宿，命在天曹"：道教星辰司命信仰研究/孙伟杰/湖南大学学报（社会科学版）/2018.1
 瑶族雷神形象的演变及其文化意蕴/伍妍、陈杉/中华文化论坛/2018.1
 道教养生文化品牌对成都"文化之都"建设的价值探析——以青城山道教饮食为例/徐刚/新西部/2018.1
 中国历史和社会中的宗教/劳格文、巫能昌/道教学刊/2018.1
 地方道教：北魏道佛碑的实践社群/Gil Raz/道教学刊/2018.1
 炼骨成真：中古道教仙骨信仰研究/白照杰/道教学刊/2018.1
 道教"南宗"名义考析/盖建民/道教学刊/2018.1
 湖南平江道岩葆真观源流及道士谱系初考/刘迅/道教学刊/2018.1
 民初道教内丹的可视化呈现：以龙门衍派北京千峰派为例/范纯武/道教学刊/2018.1
 中国近代寺庙登记表数据库及量化研究/付海晏/道教学刊/2018.1
 岳阳楼与道教之关系探研/梅莉/道教学刊/2018.1
 "消失"的信仰与道教的"前身"——读姜生著《汉帝国的遗产：汉鬼考》/郭武/道教学刊/2018.1
 如何描述道教/王宗昱/中国本土宗教研究/2018.1
 南宋时代道士之头衔——经箓的法位与"道法"的职名/酒井规史/中国本土宗教研究/2018.1
 论元朝道教事务管理政策的形成和内容/林巧薇/中国本土宗教研究/2018.1
 追思与反思　问学与问道——谨以此文纪念王卡同仁/孙波/中国本土宗教研究/2018.1
 浅议葛洪的《神仙传》/谭敏/北京化工大学学报（社会科学版）/2018.1

清代委羽山道教略述/尹志华/中国本土宗教研究/2018.1

七元散辉，冥慧洞耀——礼斗法的历史与近代抄本中的斗科/谢世维/中国本土宗教研究/2018.1

论东晋南朝江东天师道的历史渊源——以"大道"信仰为中心/刘屹/文史/2018.1

美国国会图书馆藏 瑶族道教《血湖经》研究/张淼、李福/中国道教/2018.1

晚唐前蜀王建的吉凶时间与道教介入——以杜光庭《广成集》为中心/吴羽/社会科学战线/2018.2

这是赵沛霖的视角/马芳/博览群书/2018.2

信阳民间道教音乐风格传承研究/童玉娇/戏剧之家/2018.2

山西道教建筑空间营造技术研究/要宇、高鑫玺、韩卫成/科学技术哲学研究/2018.2

袁宏道华山诗歌及其后期诗风的形成/赵国庆/渭南师范学院学报/2018.2

郭子章《豫章诗话》中的佛道意识/邱美琼、刘雨婷/贵州文史丛刊/2018.2

汉末魏晋的瘟疫及其与早期道教嬗变关系的考察/徐宇/南京师范大学/2018.2

"天地之为法 万物兴衰反随人故"/陈霞/中国社会科学报/2018.2

中国古代五岳祭祀之演变/牛敬飞/中国社会科学报/2018.2

中国民俗花钱面面观/黄娜、林怡/东方收藏/2018.2

不容"挟佛敛财"/江曾培/检察风云/2018.2

西安青华宫建筑景观保护与传承研究/王慧、华晨阳/装饰/2018.2

伍家沟村、耿村道教故事所透射的民众文化心理/郑春元/汉江师范学院学报/2018.2

清代江华瑶族神像画中十殿图图像研究/陈杉、伍妍、师宏艳/装饰/2018.2

道通天地 德贯古今——略论武当道教的太和精神/张全晓/汉江师范学院学报/2018.2

历代武当道教文献典籍考述/兰玉萍、冷小平/汉江师范学院学报/2018.2

论王韬"小说三书"中的剑侠/张梦杰/青岛农业大学学报（社会科学版）/2018.2

《列仙传》成书时代考/杨晓丽/文学与文化/2018.2

"大千世界"与"洞天福地"——佛、道教神灵世界的宗教意蕴之比较/冯川/世界宗教文化/2018.2

张天师与云台山治考论/詹石窗、李怀宗/世界宗教文化/2018.2

道教研究领域与研究方法的双突破——评《中国近世道教送瘟仪式研究》/胡瀚霆/世界宗教研究/2018.2

新疆察布查尔锡伯自治县道教遗存调查/张辉辉/中国道教/2018.2

元代玄教及其与龙虎宗的关系/王亚伟/中国道教/2018.2

道教辟谷术的理论与方法发展略析/孙禄/中国道教/2018.2

当代道教建设与发展的新解读 读丁常云道长新著《道教与当代社会》/归潇峰/中国道教/2018.2

陶渊明"不能为五斗米折腰"新释/张同胜/济宁学院学报/2018.2

以音载道 以乐传心 成都道教音乐艺术团发展纪实/廖雪洁、张林/中国宗教/2018.2

春节民俗中的道教元素/张宇心/中国宗教/2018.2

贵州镇远青龙洞古建筑群景观文化整合及其成因/张贵菊、胡邦红/旅游纵览（下半

月）/2018.2

论魏晋隐逸小说主题的生成方式/漆娟/重庆师范大学学报（社会科学版）/2018.2

道教音乐文化背景下的民间歌曲/张磊/戏友/2018.2

两当碑文研究之《灵应泉记》/张辉/档案/2018.2

陈撄宁解《庄》的特点与得失/王德龙、高深/安庆师范大学学报（社会科学版）/2018.2

青海道教与其他宗教文化的互动/鄂崇荣/中国民族报/2018.2

论中华民族宗教文化的多元一体格局及其形成/胡克森/邵阳学院学报（社会科学版）/2018.2

"非遗"保护下武当武术文化的传承与发展/金梁、吴玉姝/武术研究/2018.2

韩国古典小说《春香传》蕴含的中国儒释道文化研究/舒畅/中华文化论坛/2018.2

李冰治水神化原因探析/吴萌/中华文化论坛/2018.2

朱静逸作品/朱静逸/景德镇陶瓷/2018.2

邵雍先天易学溯源/宋锡同/思想与文化/2018.2

顺德地方社会与集体空间研究/周新年/华南理工大学/2018.2

重读《哪吒闹海》：神话移植与主体重构/褚亚男、肖扬/当代动画/2018.2

中国近代道教史研究展望/高万桑/社会科学研究/2018.2

汉传佛教僧伽服饰形制研究/于帆/武汉纺织大学/2018.2

冈仓天心的艺术思想与庄子哲学/张谷/广东外语外贸大学学报/2018.2

晚明功过格修养法的三教合一性/杜梅/广东外语外贸大学学报/2018.2

论田安《缔造选本》对《花间集》的解读/邵雨/华东师范大学/2018.3

何谓课钱/王家年/收藏/2018.3

上海东岳观道教度亡仪式音乐观察与研究/陈瑜/上海音乐学院/2018.3

白玉蟾的生平事迹和成才原因研究/方悠添/海南师范大学/2018.3

中国近现代史视野下鲁迅宗教思想研究/黄权壮/温州大学/2018.3

社会转型期农村宗教工作的对策研究/林发兴/江西农业大学/2018.3

都市宫庙的运营模式研究/杜鹃/温州大学/2018.3

千山地区山地寺庙景观研究/孙语鸿/沈阳建筑大学/2018.3

文化图式理论下的敦煌文化术语翻译/陈梦佳/南京理工大学/2018.3

纪录片《上海道教文化的七代传承》创作阐述/王润/上海师范大学/2018.3

宋金元公据碑整理与研究/王梦光/中国政法大学/2018.3

印顺法师的宗教观/刘锦程/中国政法大学/2018.3

唐代前期的术士与政治/张如伟/扬州大学/2018.3

王卡的道教学研究/李志鸿、汪桂平/中国社会科学报/2018.3

丘处机诗词词汇研究/李秋萍/西南大学/2018.3

水陆仪起源的理论思考/李翎/东方论坛/2018.3

《早期道教的混沌神话及其象征意义》评介/蔡觉敏/东方论坛/2018.3

当代俄罗斯学者的"老子"思想研究/孙柏林、张瑞臣/学术交流/2018.3

黄陂地区"将狮子"习俗调查研究/苏鹏/中南民族大学/2018.3

魏晋至唐宋文言小说中的佛道因素/周瑾锋/中国社会科学报/2018.3

论思播地区道教信仰的长久影响/赖全/铜仁学院学报/2018.3
中国古代青金石名称的演化及其内涵/赵丽云/河南科技大学学报（社会科学版）/2018.3
明代文学葫芦意象的象征意涵研究/王淼/曲阜师范大学/2018.3
道教思想视阈下的颜真卿书法研究/刘洋/曲阜师范大学/2018.3
论嵇康的养生思想/温道武/曲阜师范大学/2018.3
饮茶与成仙——茶文化中的道教色彩/蔡少辉、李会/古今农业/2018.3
魏晋南北朝香炉研究/崔叶舟/山东大学/2018.3
论中国古代编年体佛教通史的撰述/郭琳/史学史研究/2018.3
中国古代神仙小说中的儒家思想体现/程丽芳/北方论丛/2018.3
唐代"品色衣"制度与女性服色演变考察/夏燕靖/艺术探索/2018.3
成都青羊宫建筑的道教文化意蕴探析/王鲁辛/绵阳师范学院学报/2018.3
唐代茶诗中道家思想出现的原因探析/南雪芹/茶叶/2018.3
宋元时期通俗文学对徐神翁信仰的推动与重塑/解亚珠/宗教学研究/2018.3
一件伪作何以改变历史——从《蓬莱仙奕图》看明代中后期江南文人的道教信仰/谈晟广/中国国家博物馆馆刊/2018.3
汉画像中的升仙图式探析/陈二峰/宗教学研究/2018.3
洮州《于氏派衍家谱》与少数民族地区的道教历史/李勇进、刘永明/宗教学研究/2018.3
重新研讨道教起源和产生问题/熊铁基/宗教学研究/2018.3
明初正一道天师张宇初与士大夫交游考/曾龙生/宗教学研究/2018.3
《抱朴子内篇》美学思想阐幽/姜约/宗教学研究/2018.3
宋代蜥蜴祈雨法研究/齐德舜/宗教学研究/2018.3
道俗共治：清代勉县武侯祠的经管模式/赵永翔/宗教学研究/2018.3
上海青浦区A村三官神话的重构研究/雷伟平、宋军朋/宗教学研究/2018.3
陈进国《救劫：当代济度宗教的田野研究》评论/李志鸿/宗教学研究/2018.3
重庆梁山寨"天书怪联"解析/郭洪义/绵阳师范学院学报/2018.3
箱庭疗法中的东方文化与艺术形式/张毅/佳木斯职业学院学报/2018.3
张三丰创立太极拳之探讨——基于符号学的阐释/王维、吴阳阳、王飞/湖北体育科技/2018.3
中古道教自然审美的观游途径/丁杰、江牧/汕头大学学报（人文社会科学版）/2018.3
论陆修静的道乐传承特点及历史地位/陈文安、蒲亨强/艺术百家/2018.3
青岛崂山道教音乐中的审美特点透视/赵芳/北方音乐/2018.3
传统道坛与地方社会研究/卢新康/福建师范大学/2018.3
魏晋南北朝志怪小说中复生故事生命意识研究/董晶/西南大学/2018.3
王重阳诗词复音词研究/黄婧/西南大学/2018.3
道教的生死观/赵博超/中国社会科学报/2018.3
儒道哲学的思想逻辑和相互对话学术研讨会综述/黄新华/社会科学动态/2018.3
道教信仰视野中的黄帝/张泽洪/四川大学学报（哲学社会科学版）/2018.3

"壶天"与"洞天"道教对中国园林的影响/周努鲁/中国宗教/2018.3

俄罗斯的中国宗教研究/季塔连科、罗曼诺夫、张冰/国际汉学/2018.3

曹植杂曲游仙乐府与汉魏相和游仙乐府的区别性特征及成因/张勇会/江南大学学报（人文社会科学版）/2018.3

祭祀与酬神演剧——道教信仰下徐沟背铁棍原生内涵与多元艺术形态研究/祁红媛/西北民族大学学报（哲学社会科学版）/2018.3

北齐高洋墓人首鸟身图像探究/何圳泳/天津美术学院学报/2018.3

碧霞元君形象的审美研究/张阳/曲阜师范大学/2018.3

魏晋南北朝志怪小说预知现象研究/雷俊丽/西南大学/2018.3

《剧谈录》研究/胡燕/西南大学/2018.3

道教重母思想及其女性伦理观研究/孙苗苗/中央民族大学/2018.3

寺观庙庵浑作戏，哭歌笑骂漫成声/邓楠/西藏大学/2018.3

史海拾贝：道教史视域下的农学思想史研究——《道教农学思想史纲要》评介/陈碧/山东农业大学学报（社会科学版）/2018.3

东岳观道教音乐/倪晓月/浙江档案/2018.3

矢志传承千年道观的天籁之音/吴立勋、倪晓月/浙江档案/2018.3

道教的性格与认同：以中国道教学院师生为样本/郭硕知/宗教心理学/2018.3

高丽道殿九曜堂考/黄勇/韩国研究论丛/2018.3

隋唐诸宗的老庄观/韩焕忠/中国佛学/2018.3

森林康养小镇规划研究/徐珊珊/中国林业科学研究院/2018.3

赵道一《历世真仙体道通鉴》研究/王倩/苏州大学/2018.3

别有洞天——中国古代绘画"洞"意义研究/许力/中国艺术研究院/2018.3

宋代文昌信仰研究/车翠翠/辽宁大学/2018.3

明清泰山管治考/张婧雅/北京林业大学/2018.3

《剑经》与汉晋尸解信仰/韩吉绍/文史哲/2018.3

元代碑刻文献整理及文字词汇研究/邹虎/华东师范大学/2018.4

"道教图腾"作品创作体会——福禄寿系列/朱静逸/景德镇陶瓷大学/2018.4

道教早期"六天"观新探——以酆都山六天为例/路旻/青海师范大学学报（哲学社会科学版）/2018.4

"大千世界"与"洞天福地"——佛、道教神灵世界的宗教意蕴之比较/冯川/世界宗教文化/2018.4

张天师与云台山治考论/詹石窗、李怀宗/世界宗教文化/2018.4

明清泰山管治考/张婧雅/北京林业大学/2018.4

仙鹤纹样在陶瓷装饰中的运用/高序/景德镇陶瓷大学/2018.4

空间视阈下初盛唐河洛文学研究/胡永杰/西北大学/2018.4

民国时期湖北庙产纠纷研究/李海杰/华中师范大学/2018.4

上海接财神习俗及仪式研究/李琦/华东师范大学/2018.4

基于游憩系统论的老君山城市森林公园提升改造规划研究/张雨晴/四川农业大学/2018.4

道教与日常生活/周容/云南大学/2018.4

大高玄殿建筑研究/费亚普/天津大学/2018.4
中国传统生态伦理智慧对当代生态文明建设的启示研究/陈悦/南京信息工程大学/2018.4
青海省宗教场所空间分布及时空演变特征研究/朱利涛/陕西师范大学/2018.4
巍宝山道教建筑群空间布局序列的结构章法研究/徐应锦/昆明理工大学/2018.4
明清时期陶瓷装饰中八仙人物纹饰的比较研究/黄宁馨/景德镇陶瓷大学/2018.4
贵州威宁彝族多元丧葬仪式研究/张米佳/贵州民族大学/2018.4
道教科仪与宋代文学/周密/浙江大学/2018.4
云栖祩宏的融合思想研究/周天策/东南大学/2018.4
宋代山水散文研究/张帆帆/山东大学/2018.4
九华山寺庙园林理法研究/刘玮/北京林业大学/2018.4
佛教造像冲击下的南北朝本土人物雕塑/孙常吉/西安美术学院/2018.4
妈祖文化思想研究/潘志宏/中共中央党校/2018.4
晋唐道教天界观研究/路旻/兰州大学/2018.4
《庄子》与明代戏曲/毛蕊/陕西师范大学/2018.4
敦煌密教鬼神信仰研究/王航/陕西师范大学/2018.4
元代中后期道教词人研究/蒋莹/云南大学/2018.4
道教在现代都市发展的适应性研究/罗锋/云南大学/2018.4
宋元明时期龙虎山道士与地方社会互动研究/杨婵/江西师范大学/2018.4
新媒体视角下的秦巴山区民俗文化传承与创新研究/周郁峰/武汉工程大学/2018.4
净明道教育研究/陶涛/江西科技师范大学/2018.4
穆王五十二年佛灭说的形成/刘屹/敦煌学辑刊/2018.4
敦煌古灵宝经《洞玄本行经》版本结构论考/王承文/敦煌学辑刊/2018.4
关于"一带一路"视阈下江西道教入境游客源市场的发展对策/余再兴/智库时代/2018.4
道教宫观建筑选址与规划策略研究/贺海燕/厦门大学/2018.4
药物知识的建构、传播与实践/庄园/厦门大学/2018.4
岭南女神信仰研究/龚礼茹/深圳大学/2018.4
当代俄罗斯学者的"老子"思想研究/孙柏林、张瑞臣/学术交流/2018.4
崆峒山道教文化旅游景区发展研究/毛惠琴/旅游纵览（下半月）/2018.4
人固有心曲——读郜元宝"三议"/张炜/当代作家评论/2018.4
马钰清净无为修道哲学思想探析/王晓真、刘伟/人文天下/2018.4
唐开元观道士王徽墓志考释/鲁晓帆/收藏家/2018.4
明代武当山道教研究综述/翁士洋/汉江师范学院学报/2018.4
先秦楚地之尚剑习俗与道教法剑信仰的兴起/冯渝杰/江汉考古/2018.4
民俗文化与生态审美视域下的崂山道教音乐研究/刘海蓉/齐鲁艺苑/2018.4
颜真卿与麻姑文化/刘晓艳/世界宗教文化/2018.4
宋代文昌信仰研究/车翠翠/辽宁大学/2018.4
杜光庭体道方式发微/王志鹏/辽宁大学/2018.4
河南省确山"打铁花"民俗文化研究/张凤/青海师范大学/2018.4

李白涉佛诗研究/李倩/长沙理工大学/2018.4

晋城玉皇庙二十八宿彩塑艺术研究/张飞丽/内蒙古大学/2018.4

论中国古代文学中的蓝桥/钱奕坤/南京师范大学/2018.4

明清长篇通俗小说中的道术描写/陶名唱/南京师范大学/2018.4

泰州道教音乐中的二胡演奏技艺/沈华/南京师范大学/2018.4

王道渊"性命"思想研究/刘杰/南京大学/2018.4

近代道教之污名及其净化/王东杰/学术月刊/2018.4

近五年葛洪相关研究综述/胡晓峰、耿华/中医文献杂志/2018.4

二十一世纪以来韩国李白研究述评/唐斌、金洪水/中华文化论坛/2018.4

武德九年《沙汰僧尼道士女冠诏》相关问题探索/石科/新西部/2018.4

中国电声音乐中的道教与藏传佛教——技术作为一种诗意的比喻/杨依诺/戏剧之家/2018.4

孟浩然道教信仰探微——从孟浩然坚持"举荐出仕"说起/朱佩弦/浙江师范大学学报（社会科学版）/2018.4

老庄养生观对于道教内丹学的影响/岳涛/中州学刊/2018.4

道教视阈下的王维研究/高萍、仰宗尧/唐都学刊/2018.4

失落的主题：中国传统旅行之"仙游"考/张颖/徐州工程学院学报（社会科学版）/2018.4

宋金砖雕墓中的全真道教——从晋南宋金砖雕墓戏台的位置谈起/张丽洁/文物世界/2018.4

罗浮道脉与罗浮茶/何崚、陈伊妮、邹银萍/江南大学学报（人文社会科学版）/2018.4

儒释道三教融合共生与道教的自我调适/黄勇/四川大学学报（哲学社会科学版）/2018.4

简论东方朔的"滑稽"倾向及其影响/何瑶/戏剧之家/2018.4

论邵雍先天易学之天根月窟说及其影响/张克宾/哲学研究/2018.4

巴蜀道教文化与四川茶文化的融合与发展/吴会灵/福建茶叶/2018.4

道教研究领域与研究方法的双突破——评《中国近世道教送瘟仪式研究》/胡瀚霆/世界宗教研究/2018.4

中古道教自然审美的观游途径/丁杰、江牧/汕头大学学报（人文社会科学版）/2018.4

明清时期青花瓷器画面中的汉字图像元素初探/王力威/陶瓷科学与艺术/2018.4

神仙想象的变异——中唐前期古诗的一种奇思/葛晓音/北京大学学报（哲学社会科学版）/2018.4

白玉蟾多重性考论/于洪涛/世界宗教研究/2018.4

道教三天观新论——以清微天等三天与九天关系为例/路旻/世界宗教文化/2018.4

净明道对道医文化的传承与发展/陈金凤/中国道教/2018.4

大理巍宝山道教旅游养生资源探究开发/颜文强/大理大学学报/2018.4

佛道思想影响下的飞天、飞仙及天人图像初探/孙立婷/大众文艺/2018.4

从"妖人"到仙翁——正史与地方史志中的盛唐道士申泰芝/雷闻/2018.4

"致太平"思潮与黄巾初起动机考——兼及原始道教的辅汉情结与终末论说/冯渝杰/学术月刊/2018.4

盘瓠神话与其多元化仪典演述探析/李斯颖/民间文化论坛/2018.4

论道教文化对茶文化影响/吴隆升/福建茶叶/2018.4

云南富宁黑衣壮的宗教结构初探/黄光勇/文山学院学报/2018.4

道教传统生命观的现代健身底蕴/魏胜敏、杜云生、周卫东/石家庄学院学报/2018.4

通向和合天台的"唐诗之路"/庞亚君/浙江经济/2018.4

唐宋文人士大夫与《周易参同契》/张振谦/海南大学学报(人文社会科学版)/2018.4

明清官印崇拜的文化渊源/王立/上海师范大学学报(哲学社会科学版)/2018.4

唐玄宗废死刑新论/王谋寅/广东社会科学/2018.5

古仙故事构拟与近世岭南道教——以广州五仙观《古仙诗碑》为中心的考察/罗燚英/广东社会科学/2018.5

寓道于乐　乐以载道——评《云南瑶族道教科仪音乐》/班富宁/艺术评鉴/2018.5

全面呈现中国伊斯兰教的经验与智慧(上)——牟钟鉴先生访谈/敏俊卿、帕林达/中国穆斯林/2018.5

杀生放生、洞天福地母题与佛道地理之关系/杨宗红/临沂大学学报/2018.5

从现存碑刻看明清时期洛阳道教世俗化的表现/扈耕田/洛阳理工学院学报(社会科学版)/2018.5

武当山玉虚街夜景照明设计/陈清/照明工程学报/2018.5

阳台宫石雕艺术初探/胡成芳/济源职业技术学院学报/2018.5

贵州省贵阳市花溪区青岩古镇文化旅游产业发展研究/王雪嫣/贵州民族大学/2018.5

七世纪上半叶唐朝、高句丽、日本的道教交流/刘祁/延边大学/2018.5

日本阴阳道研究/高慧颖/延边大学/2018.5

刘咸炘道家重建思想研究/伍金霞/湖南大学/2018.5

《搜神秘览》研究/杨莉/西南交通大学/2018.5

泉州传统村落宗祠、宗教空间改造设计研究/杨卓琼/华侨大学/2018.5

中韩古代文学返魂母题比较研究/朴英男/延边大学/2018.5

菅原道真汉诗与中国人物研究/张钧/青岛大学/2018.5

南朝游仙乐府诗研究/张华伟/沈阳师范大学/2018.5

文艺复兴时期意大利与中国在宗教绘画方面的对比/沈雪慧/山西师范大学/2018.5

越南汉文小说梦境文化研究/张蓓/云南师范大学/2018.5

明代志怪传奇小说中的道士书写研究/彭婉/云南师范大学/2018.5

探析《张探玄碑》的道学文化内涵/张丹丹/济源职业技术学院学报/2018.5

试论魏晋南北朝佛教兴盛的社会原因/张雁红、马志强/山西大同大学学报(社会科学版)/2018.5

论儒、释、道精神在唐代西域的传播/王聪延/兵团党校学报/2018.5

论《韩湘子全传》的成书背景/程诚/牡丹江大学学报/2018.5

佛教抑或伊斯兰教？——也论郑和的宗教信仰/何孝荣/古代文明/2018.5

《抱朴子内篇》理论体系的建构及其道儒思想的会通/邓辉、龙泽黯/吉首大学学报

（社会科学版）/2018.5

儒释道三教的杂糅——重解《西游记》/张婧/白城师范学院学报/2018.5

江南道教地方化模式研究——以净明道在江西丰城的流传为中心/焦玉琴/中央民族大学学报（哲学社会科学版）/2018.5

《中华文化的前途和使命》/许嘉璐/山东干部函授大学学报/2018.5

元代玄教及其与龙虎宗的关系/王亚伟/中国道教/2018.5

道教辟谷术的理论与方法发展略析/孙禄/中国道教/2018.5

三清道教　融聚精神（下）　三清山道文化研究/卢国龙/中国道教/2018.5

民国道教史上的传奇：范云峰与高峰山道观/陈云/中国道教/2018.5

道官制度的延展性思考　读《明代道官制度与社会生活》/张阳/中国道教/2018.5

六朝时期的"山水"、地图与道教/陈铮/民族艺术/2018.5

略论大同纯阳宫道教宫殿式建筑/白冰/文物鉴定与鉴赏/2018.5

魏晋南北朝道观藏书/陈德弟/文史天地/2018.5

清中期青云圃道观的造园艺术/周洋、魏绪英、刘纯青/园林/2018.5

唢呐在我国宗教音乐中的应用/谌萱/艺海/2018.5

卿希泰先生与地方道教研究/赵芃/宗教学研究/2018.5

元代全真教关于道教起源、分期的讨论及申论/张广保/宗教学研究/2018.5

民俗文化空间的传承与变迁——贺州大平瑶族乡仁喜坪盘瑶打醮仪式田野考察/马志伟/宗教学研究/2018.5

卿希泰先生的《太平经》研究及其学术贡献/黄海德/宗教学研究/2018.5

道教清静思想考论/郑长青、詹石窗/宗教学研究/2018.5

道教的气论及服外气法考述/马伯乐、胡锐/宗教学研究/2018.5

葛洪"气禁"理论探源/郭鸿玲/宗教学研究/2018.5

张陵创教的神格化传说谱系内涵研究/苏宁/宗教学研究/2018.5

台湾道教灵宝派传承与发展述略/邹敏、卢彦融/宗教学研究/2018.5

道教"物化"思想审美性初探/郎江涛/宗教学研究/2018.5

民间传统的《财神经》中赵公明的神格分析/谭坤、黄景春/宗教学研究/2018.5

作为异物的香料与六朝人的精神世界/郁冲聪/九江学院学报（社会科学版）/2018.5

发扬道教优秀思想传统　坚持中国化的发展方向/许抗生/世界宗教文化/2018.5

中华文化与道教中国化/袁莎/世界宗教文化/2018.5

后土信仰与中国民间信仰/李志鸿/世界宗教文化/2018.5

瑶族星斗崇拜及其文化特质探析/张继驰/世界宗教文化/2018.5

黄老道及其源于齐地初考/熊铁基/世界宗教研究/2018.5

敦煌清信弟子经戒传授与北周至唐代的国家道教/刘永明、路旻/世界宗教研究/2018.5

《吕祖医道还元》生命哲学思想考论/程雅君、赵怡然/世界宗教研究/2018.5

"天地之中"观念下的嵩山儒释道融合进程/鲍君惠/安阳师范学院学报/2018.6

中土观音应化信仰的文化土壤/高永顺/宝鸡文理学院学报（社会科学版）/2018.6

梅山教与道教的关系——兼论道教的扩展研究/孔令宏/广州大学学报（社会科学版）/2018.6

道教音乐教育初探　以《道门通教必用集》为中心/陈文安/中国道教/2018.6

道教对中国古代科技的影响　以李约瑟《中国科学技术史》为例/郭珊珊/中国宗教/2018.6

山地丝绸之路：古代中国广西通向东南亚的文化交流之路——南方丝绸之路研究之三/玉时阶、玉璐/广西民族研究/2018.6

从巫道佛儒的文化递嬗看孙悟空"改邪归正"之演变——世代累积型人物形象演变研究/项裕荣/九江学院学报（社会科学版）/2018.6

庐山慧远和丘处机比较探析/郭蕴荞/九江学院学报（社会科学版）/2018.6

仫佬族依饭节道教祭祀音乐的田野考察/谢美琳/内蒙古艺术学院学报/2018.6

基于泰山生态智慧的生态文化建设研究/佀连涛/中国石油大学胜利学院学报/2018.6

《赤松子章历》量词研究/鹿方舟、刘祖国/盐城工学院学报（社会科学版）/2018.6

"无情有性"与"无情有道性"说的历史形成新论/杨维中/哲学分析/2018.6

"黄"有"色情"义探因/曹佃欣/汉字文化/2018.6

河西术数文化论/赵兰香/河西学院学报/2018.6

道、佛与中古诗歌的"尘"意/陈斯怀/国学学刊/2018.6

浅说《常清静经》中的佛教思想/俞文祥/华夏文化/2018.6

对韦伯儒释道三教观的反思/许英凤、张培高/石河子大学学报（哲学社会科学版）/2018.6

中国文化对韩国古典小说《兔子传》的影响研究/杨信/中华文化论坛/2018.6

从劝善书看道教道德伦理——以《太上感应篇》为例/张慧中/中国校外教育/2018.6

儒道合一的文人建筑——试论寿安陈家大院的文化内涵/刘茂群/文物鉴定与鉴赏/2018.6

浅谈道教对魏晋南北朝文学的影响/张广艳/才智/2018.6

道家"玄同"思想解析/詹石窗、胡瀚霆/中国高校社会科学/2018.6

唐宋时期天台山文化景观研究/郦卡、陈楚文/建筑与文化/2018.6

道教典籍《肘后救卒方》成书时间考/肖红艳/广州城市职业学院学报/2018.6

浅议三元宫坤道院仪式音乐的社会空间生产/郑璐/浙江社会科学/2018.6

文化自信视阈中的康有为孔教思想/范玉秋/济南大学学报（社会科学版）/2018.6

道教上清派与晚唐咏物诗创作/王见楠/苏州科技大学学报（社会科学版）/2018.6

明刊百回本《西游记》序言、批语、卷名及题辞探微/郭健/文学遗产/2018.6

道家与龙文化/庞进/唐都学刊/2018.6

从明清碑刻看广州地区的妈祖文化/刘福铸/妈祖文化研究/2018.6

老子隐居之所：以《天社山志》为中心的历史地理考察/欧福克、胡锐/宗教学研究/2018.6

平阳府朝元图壁画道装主尊身份辨/赵伟/宗教学研究/2018.6

永乐宫重阳殿重阳画传地狱思想的可能影响因素分析/白娴棠/宗教学研究/2018.6

广东潮阳县双忠信仰源起探微/李国平/宗教学研究/2018.6

道教"魔王"理念初探——以《度人经》及严东注为中心/李冀/宗教学研究/2018.6

弃仕入道——朱长春的玄栖生涯与道教思想初探/贺晏然/宗教学研究/2018.6

生命符号与仪式象征：论道教传统中的"水"元素/李裴/宗教学研究/2018.6

清洁身心与炼质荡形：道教井宿信仰探析/孙瑞雪/宗教学研究/2018.6

滇西北多元宗教研究的文化意义/张泽洪/宗教学研究/2018.6

荆楚名宿韩高超道长小传/周金富/中国道教/2018.6

浅谈道教对忠孝节义的理解/甘罗/中国道教/2018.6

"道由人弘"：道教的典范意义/董宇宇/中国道教/2018.6

以诗传道　以诗证道　祁志诚《西云集》对全真道修行法门的书写/叶会昌、郎瑞萍/中国道教/2018.6

三官宝号变迁问题辨析/张红志/中国道教/2018.6

"天书事件"与儒家士大夫精神/周密/学术交流/2018.7

瑶族宗教信仰若干问题讨论/刘昭瑞/思想战线/2018.7

全真文化的内涵及其当代价值/刘迎/唐都学刊/2018.7

略论宋代巴蜀地区墓葬石刻中的道教因素/孙垂利/美与时代（上）/2018.7

《西游记》中的道教哲学思想探析/王婧怡/长春师范大学学报/2018.7

区域文化背景下龙虎山旅游纪念品设计研究/罗欣、肖超颖/工业设计/2018.7

治理佛教道教商业化　标本兼治是根本/邱凤侠/中国宗教/2018.7

张三丰道教文学创作特质论略/蒋振华/唐山师范学院学报/2018.7

汉晋神仙小说的"变化"情节析论/邓国均/西北民族大学学报（哲学社会科学版）/2018.7

道家精神与茶道/张力波/福建茶叶/2018.7

兰州历史时期城市儒、释、道及民间宗教场所、建筑研究/赵鑫宇/地域文化研究/2018.7

政、道、教一体视野中的《朱子家礼》/周天庆/厦门大学学报（哲学社会科学版）/2018.7

全真大师于洞真生平事迹考略/陈云/中华文化论坛/2018.7

"援道入佛"与"援佛诠道"：从"清静"与"清净"观念看道佛思想的相互融摄/郑长青/怀化学院学报/2018.7

道教对冲绳文化的多重影响——从《中山世谱》看/孙亦平/西南民族大学学报（人文社科版）/2018.7

道教早期"道物关系"思想特征初论——以《太平经》为中心/盖建民、王昊/西南民族大学学报（人文社科版）/2018.7

《云笈七签》的结构和资料来源/劳格文、吕鹏志/西南民族大学学报（人文社科版）/2018.7

康养温泉式酒店改进——以江西法水温泉为例/何少琪/内蒙古科技与经济/2018.7

试论道士群体在"援道入医"过程中的作用——兼论医籍中道教神秘主义现象/赵凯维、张玉辉、金香兰、刘理想/医学与哲学（A）/2018.8

负阴抱阳，道法自然——三清山太虚玄宫创作体会/段晓宇/建材与装饰/2018.8

论民间动植物传说中"变形"的思想根源/周彬/蚌埠学院学报/2018.8

陆修静道经词语辑释与《汉语大词典》条目补订/成妍/语文学刊/2018.8

浅析《簪花仕女图》中鹤的意义/闫淑敏/西部皮革/2018.8

道儒之间：全真道互结物外真亲眷的孝道伦理/周建强/东岳论丛/2018.8

道教舞蹈叙事性特征初窥/程群/齐鲁艺苑/2018.8
《女青鬼律》中的戒律研究/张力波/中国道教/2018.8
南通道教《蓬壶炼度科仪》初探 以"三元法食密咒"为切入点之分析/李天扬/中国道教/2018.8
道教的生态环境保护思想及其实践/欧治国/中国道教/2018.8
坚决抵制商业化倾向 促进道教健康发展/陈杰/中国道教/2018.8
成都二仙庵王伏阳方丈与近现代四川道教/丁常春/中国道教/2018.8
全真道吕祖蓬莱派及其祖庭考/张琰/中国道教/2018.8
中国西南阿昌族聚居区的玉皇会/杨荣涛/中国道教/2018.8
新疆乌鲁木齐西山老君庙/咸成海/中国道教/2018.8
论"太极拳道"/王纳新/北京体育大学学报/2018.8
儒道"阴阳和合"与佛教"因缘和合"比较/陈爱平、于忠伟、安贵臣/台州学院学报/2018.8
十年一剑觅全真——简评历史人物传记《马钰传》/许晨/走向世界/2018.8
道教与台湾地区少数民族宗教信仰之间的关系探究/王福梅/莆田学院学报/2018.8
李仁老汉诗中的道教思想研究/金美英/韩国语教学与研究/2018.8
全真道伦理思想研究/周建强/兰州大学/2018.8
形意拳文化及传承研究/毛学娇/体育科技/2018.8
论金元全真诗词的宗教伦理思想/郭中华/河南科技大学学报（社会科学版）/2018.8
道教《亢仓子》文献整理研究——全道篇、用道篇/孙爱峰/汉字文化/2018.8
试论古人朴素宇宙观的形成过程/刘俊艳/遗产与保护研究/2018.8
王微山水绘画创作理念与道教审美/张梅/科教文汇（下旬刊）/2018.8
西域少数民族装饰中的儒、道审美思想体现/孙亚兰/艺术生活－福州大学厦门工艺美术学院学报/2018.8
论陆修静的道乐传承特点及历史地位/陈文安、蒲亨强/艺术百家/2018.8
青岛崂山道教音乐中的审美特点透视/赵芳/北方音乐/2018.8
一部以民族音乐学为视角探究赣南科仪音乐的著作——评《畲客共醮 乐以相通——赣南道教节日祈祥法事科仪音乐研究》/黄雅婧/地方文化研究/2018.8
浅析唐代大曲《霓裳羽衣曲》/张蕴/科技资讯/2018.8
孟至才与光绪五年琉璃厂书铺参案/张方/中国道教/2018.8
补不见于《全元文》之道教佚文七篇/赵逯夫、赵玉龙/内蒙古民族大学学报（社会科学版）/2018.8
敦煌西云观砖雕艺术探析/肖发展/雕塑/2018.8
王艮"吾身是个矩"说的身体思想探析——兼论道教身本论思想对王艮的影响/杨普春/宝鸡文理学院学报（社会科学版）/2018.8
宋代赏石审美文化研究/刘汉林/美与时代（上）/2018.8
道教"灵籖"形成时代考略/黄海德、郭瑞科/世界宗教研究/2018.8
宋词与宋代文人生活习尚/乔国恒/山东大学/2018.8
全真教史家姬志真及元仁宗延祐六年《云山集》的史料价值/张广保/世界宗教研究/2018.8

民国武当山道教管理的变迁/王闯/世界宗教研究/2018.8

全真道承担中华文化之使命/马西沙/世界宗教研究/2018.8

发挥宗教文物的社会文化功能——以清代福建道教宫观壁画为例/陈斌/中国宗教/2018.8

吴筠诗歌修道思想探析/罗张悦/文化创新比较研究/2018.8

探究道教音乐养生的机理/李莉/黄河之声/2018.8

《六朝道教古灵宝经的历史学研究》/刘屹/首都师范大学学报（社会科学版）/2018.8

从三教交涉视角论刘沅的"气"学结构/范旭艳/中华文化论坛/2018.8

从《拾遗记》关于伏羲的记载看王嘉的宗教思想/杜谆/中华文化论坛/2018.8

宿州市博物馆馆藏铜造像——后土娘娘像赏析/傅静/文物鉴定与鉴赏/2018.8

陶渊明和他的"乌托邦"/茅蒲/文史杂志/2018.8

道教经典里"试"的故事（上）/孙昌武/古典文学知识/2018.8

唐传奇中的仙话主题——以《崔炜》《薛昭》和《颜濬》为例/陈燕/柳州职业技术学院学报/2018.8

仙话小说《吕祖全传》中黄粱梦故事演变考/张舰戈/宁波大学学报（人文科学版）/2018.8

清代及民国时期汉族道教服饰造型与纹饰释读——以武当山正一道、全真道教派法衣为例/夏添、王鸿博、崔荣荣/艺术设计研究/2018.8

论道教建筑营建的基本思想原则/盖建民、王鲁辛/宁夏社会科学/2018.8

雹泉大庙（膏润庙）历史文化价值综述/周丽华/中国民族博览/2018.9

超验与经验：道教美学思想的两个维度/苏振宏/江西社会科学/2018.9

如何在社会调查中更好地测量中国人的宗教信仰？/张春泥、卢云峰/社会/2018.9

论郭璞的《游仙诗》/张闽敏/开封教育学院学报/2018.9

论宋儒修养论对道家道教思想的融摄/郑长青/兰州教育学院学报/2018.9

《西游记》中的道教哲学思想探析/孙源鸿/通化师范学院学报/2018.9

理解与融通：《牟子理惑论》中儒释道三教会通管窥/杨小华、彭蓝君/渭南师范学院学报/2018.9

试析道学《太平经》思想的"和谐"意蕴/吴之清、胡绳/商丘师范学院学报/2018.9

道教农业科技思想索隐/谭清华/云南农业大学学报（社会科学）/2018.9

六朝书法中的道教因素（上）/雷德侯、吴秋野/荣宝斋/2018.9

故宫御花园内的铜狮犳造像/周乾/北京档案/2018.9

发挥道教文化优势 服务"一带一路"建设/陆文荣/中国宗教/2018.9

道教南宗之名与实/卢国龙/中国宗教/2018.9

道教"元神"与中国古典生命哲学/翟奎凤/现代哲学/2018.9

梁武帝书法审美精神中的道教情怀/张梅/内江师范学院学报/2018.9

历史、文化与权力视野中的太一道/杨亮/河南科技学院学报/2018.9

道教二十四治刍议/邢飞/中华文化论坛/2018.9

试论王重阳对时代精神的融摄与金元全真旨趣的形成/高丽杨/中华文化论坛/2018.9

《（安船）酌献科》与"下南"航线闽境地名及妈祖信仰考释/王元林/南海学刊/

2018.9

李白《古风（西上莲花山）》中的天人关系论/张啸/文学教育（上）/2018.9

道教神仙图形文化的衍生品设计原则及开发价值研究/郭秋源、施爱芹/大众文艺/2018.9

荆楚风光　钟灵毓秀——探寻湖北中医药文化遗迹/胡真/中医健康养生/2018.9

赣南客家民间道教节庆仪式及其音乐文化意义/蒋燮/赣南师范大学学报/2018.9

礼俗社会中的道吹角色辨析——以江西省会昌县道吹为例/徐文爽/赣南师范大学学报/2018.10

武当道教文化符号中的隐喻思维研究/吴婧/汉江师范学院学报/2018.10

丹霞洞穴文化特征刍议/刁星宇、姜勇彪/江西科学/2018.10

道教和基督教趋异的文化解读及其发展态势研究/田学军、孙邵安平、王茜、赖炫坤/牡丹江大学学报/2018.10

官僚、科举与道派：明代道官考选制度的建立与发展/贺晏然/江苏社会科学/2018.10

学在会通，力在拓新——《金元之际全真道兴盛探究——以丘处机为中心》评介/孙鹏/南京晓庄学院学报/2018.10

道教咒语的情感内容及其对诗歌的影响/成娟阳、蒋振华/湖南师范大学社会科学学报/2018.10

魏晋南北朝文学史的再脉络化——以五篇文献为中心/戴燕/杭州师范大学学报（社会科学版）/2018.10

道教舞蹈境域中的空间景观探秘/程群/闽南师范大学学报（哲学社会科学版）/2018.10

道教文化与心理健康研究刍议/郭硕知/心理学探新/2018.10

木兰山古建筑群/熊行正、彭知福/档案记忆/2018.10

闽西客家地区的石敢当信仰/黄明毅/新余学院学报/2018.10

四川剑阁县隋唐道教摩崖造像调查简报/王婷、于春、王珏人、胡玉珊、廖文菲、蔡一晨、梅琳、金万军、傅玉斌、王显军、曾令玲、吕熠/四川文物/2018.10

武当道场的文化见证——荆楚名刹古观之紫霄宫/向祖文/民族大家庭/2018.10

论丘处机的道教哲学思想/郭蕴荞/华北水利水电大学学报（社会科学版）/2018.10

《唐宋道教的转型》/孙亦平/世界宗教研究/2018.10

论道教内丹学的阴阳哲理/戈国龙/世界宗教研究/2018.10

宋徽宗崇道成因新考——以宋本《度人经》为中心/李政阳/世界宗教研究/2018.10

转型期的中国宗教史研究——首届中国宗教史论坛综述/董华锋/世界宗教研究/2018.10

宗教社会规范强度影响企业的节能减排成效吗？/曾泉、杜兴强、常莹莹/经济管理/2018.10

六朝书法中的道教因素（下）/雷德侯、吴秋野/荣宝斋/2018.10

身份、秩序与超越——唐宋律法的道教学视角简论/程乐松/世界宗教文化/2018.10

赵孟頫道教写经的规格、功用与意义/刘志/世界宗教文化/2018.10

改革开放四十年来的道学研究/詹石窗、褚国锋/中国宗教/2018.10

关于当代道教发展的思考/张春蕾、夏和生/中国宗教/2018.10

仙道贵生　道教文学中的人文精神/陈志伦、梁晓彤/中国宗教/2018.10
儒道人性论关系发微——以唐宋为中心的考察/郑长青/哈尔滨学院学报/2018.10
吕洞宾之《道德经》注本读论/王伟凯/哲学分析/2018.10
从玄武到真武：宋代真武信仰及其现代价值探析/毛钦/史志学刊/2018.10
论全真道心性为本的宗教观/李延仓、李红军/商丘师范学院学报/2018.10
道教"丹"之雏形初探/唐禄俊、曹桢、王群、刘珊、熊益亮、张其成/中华中医药杂志/2018.10
滇西坤道历史与现状研究/张书采/云南大学/2018.10
从道教视野试解薛涛谜语诗《咏八十一颗》/卢婕/文史杂志/2018.10
楼观台道教园林景观营造方式研究/苏婧/大众文艺/2018.10
"增饰"与传承——张脩、张鲁与五斗米道的宗教化/戴逸华/南都学坛/2018.11
清代云南道教财产相关问题探析/杨金东/云南民族大学学报（哲学社会科学版）/2018.11
清代瓷器暗八仙纹饰浅析/赵晟西、杨晓红、韩志清、张龙琳/西部皮革/2018.11
洮州《王氏家谱》与全真华山派在家道法脉的传承、道士家族的生存方式/李勇进/宁夏社会科学/2018.11
汉学家高罗佩的道教文化观——以《大唐狄公案》道教书写为中心/王凡/北京社会科学/2018.11
巫的分化共存论与中国古代文化传统衍生进路/曾仲权/湖北民族学院学报（哲学社会科学版）/2018.11
《聊斋志异》的宗教文化内涵/张海明/文化学刊/2018.11
论《牡丹亭》中的道教文化/杨艳丽/文学教育（上）/2018.11
论道教饮茶的养生观/伍星、朱海燕/福建茶叶/2018.11
汉初天道观及其政教思想演进/路鹏飞/海南大学学报（人文社会科学版）/2018.11
李商隐《无题》诗多义性主题下用典浅析/陈赛莉/文学教育（上）/2018.11
关于生命道教的几点思考/詹石窗、何欣/湖南大学学报（社会科学版）/2018.11
汉末魏晋的瘟疫及其与早期道教嬗变关系的考察/徐宇/南京师范大学/2018.11
论田安《缔造选本》对《花间集》的解读/邵雨/华东师范大学/2018.11
上海东岳观道教度亡仪式音乐观察与研究/陈瑜/上海音乐学院/2018.11
白玉蟾的生平事迹和成才原因研究/方悠添/海南师范大学/2018.11
中国近现代史视野下鲁迅宗教思想研究/黄权壮/温州大学/2018.11
社会转型期农村宗教工作的对策研究/林发兴/江西农业大学/2018.11
都市宫庙的运营模式研究/杜鹃/温州大学/2018.11
中国传统文化视域中的体育精神论析/贺业志/东岳论丛/2018.12
永乐宫文化创意产品设计应用研究/周月/北京服装学院/2018.12
明代道官制度与社会生活/王宝坤/中国社会科学报/2018.12
广东紫竹观道教音乐的历史与现状研究/胡远慧、李美群/音乐创作/2018.12
曹操道教思想的形成与演变/张继文/河南科技大学学报（社会科学版）/2018.12
叶法善道教音乐传承与发展现状调查研究/吴伟松、潘银燕/黄河之声/2018.12
静乐道教音乐现状调查报告/袁云霞/中国民族博览/2018.12

金元全真派高道甘肃陇东传道事迹考述/吴华锋/甘肃广播电视大学学报/2018.12

宋辽时期的佛道儒融合/刘伎妮/艺海/2018.12

从"贫僧""贫道"名称的变化看中国佛道关系的演变/栗艳/学术探索/2018.12

唐代重玄学派文艺美学思想述略——以成玄英、李荣为例/李裴/宗教学研究/2018.12

扬州新出土晚唐龙虎山天师道大都功版初研/白照杰/宗教学研究/2018.12

唐代安岳玄妙观道教碑文与造像研究/陈云/宗教学研究/2018.12

道教始于黄老论/李远国、李黎鹤/宗教学研究/2018.12

《老子中经》相关问题新考/张晓雷/宗教学研究/2018.12

汉晋道教与"黄初平"故事考论/邓国均、孔令宏/宗教学研究/2018.12

施道渊穹窿山法派考述/周冶/宗教学研究/2018.12

民国成都《道教联合会简章》研究/金恺文/宗教学研究/2018.12

楚人的宗教信仰与四象空间观念——兼及对道教的影响/刘玉堂、贾海燕/宗教学研究/2018.12

评《中国宗教性随葬文书研究》——兼谈出土文献在道教研究中的重要性/何江涛/宗教学研究/2018.12

阴传：白裤瑶鬼师的职业身份获得——兼与盘瑶师公比较/张琪/宗教学研究/2018.12

民乐县上天乐石窟道教壁画《朝元图》临摹与探究/李慧国、刘少鹏、徐妍茹/美与时代（中）/2018.12

唐代铜镜中的道教文化探析/徐楠/美术大观/2018.12

道教阳平治都功印初探/赵川/世界宗教文化/2018.12

基于叙事学的佛经与道教《灵宝经》的对比研究——以叙述者为中心/王皓月/世界宗教文化/2018.12

中国西南少数民族茅山教文化内涵探析/廖玲/世界宗教研究/2018.12

唐宋转型视域下道教研究的新成果——读孙亦平教授新著《唐宋道教的转型》/聂启阳/世界宗教研究/2018.12

高道宽及西北全真道的早期发展/宋学立/中国道教/2018.12

清代前中期的苏州道教　以苏州玄妙观为中心的探讨/江俊皓/中国道教/2018.12

庄子又名"南华"考/辜天平/中国道教/2018.12

高淳道教神像画中两组道教神祇身份辨识/赵伟/中国道教/2018.12

《聊斋志异》中人鬼恋与人神恋之比较——从心理意识、宗教意蕴及情感内涵的维度出发/郭帅帅/文教资料/2018.12

四川博物院古代铭文石刻概述/胡蔚/文物春秋/2018.12

广西宗教文化多元融合的历史和现状/何雯、胥刚/中国宗教/2018.12

孤魂考——道教与中土佛教幽科中一种类型化幽灵的生成/许蔚/中华文史论丛/2018.12

以古代日本天皇制为视角研究道教对日本文化的影响/梁桂熟、胡静/牡丹江大学学报/2018.12

道教思想对中国古典建筑的影响/孟勐/美与时代（城市版）/2018.12

早期全真道的醮仪度亡及其社会功能初探/周建强/华夏文化/2018.12

安徽道家文化旅游开发的SWOT分析/杨莉/芜湖职业技术学院学报/2018.12

陕北沿黄村落打醮活动的声音景观研究/刘清/交响（西安音乐学院学报）/2018.12
漳州窑——克拉克瓷器的暗八仙纹饰研究/高俊松/北京印刷学院学报/2018.12
道教对道家天人观的承继与发展——从"天人之际"到"天人合一"/吴世民/广播电视大学学报（哲学社会科学版）/2018.12
传统道教祭祀场所与惠州山水城市格局的关联/林超慧、程建军、谢纯/南方建筑/2018.12
堪舆术与韩国汉文小说/王雅静、李超杰/中北大学学报（社会科学版）/2018.12
伊斯兰凯拉姆体系与"三教合流"/朱光亚/中北大学学报（社会科学版）/2018.12
龙虎山自然地理环境与道教的发展/许俐俐、余巍巍、官云兰/东华理工大学学报（社会科学版）/2018.12
争衡圣域——两宋间杭州宗教空间的变迁与重构/谢一峰/中国社会历史评论/2018.12
义县出土元代玉阳观道教石碑铭文简考/邵恩库/辽宁省博物馆馆刊/2018.12

2018年度伊斯兰教研究论文索引

王 伟 编

"一带一路"视角下中阿文化交流/史廪霏/中国穆斯林/2018.1

回儒——伊斯兰教中国化的正道（上）/韩星/中国穆斯林/2018.1

民族认同、宗教认同、国家认同的互嵌和互惠——从达浦生阿訇生平看伊斯兰教中国化/哈正利、杜鹏/中国穆斯林/2018.1

中伊文化和谐交融的范例与经验/潘世杰/中国穆斯林/2018.1

全球视野里的中国伊斯兰教研究（下）——金宜久研究员访谈/敏俊卿、帕林达/中国穆斯林/2018.1

建设中国特色伊斯兰教经学思想体系/王作安/中国穆斯林/2018.1

元代杭州的穆斯林移民/马娟/民族研究/2018.1

中世纪印度穆斯林种姓及其"矛盾性"论析/蔡晶/郑州大学学报（哲学社会科学版）/2018.1

察合台及其后裔在中亚的统治研究/高彩云/西北民族大学学报（哲学社会科学版）/2018.1

穆罕默德·欧玛尔学术观点综述/马和斌/西北民族大学学报（哲学社会科学版）/2018.1

"吴忠经验"再认识：西部民族地区宗教和谐建设个案研究/王萌、苏鹏/中南民族大学学报（人文社会科学版）/2018.1

中国穆斯林的传统年节观——以新春佳节为例/刘泳斯/中国宗教/2018.1

阿拉伯人眼中的十字军东征/阿敏·马卢夫、彭广恺/山西财税/2018.1

外交政策分析视角下郑和下西洋的"伊斯兰因素"及其借鉴/何思雨/亚太安全与海洋研究/2018.1

伊斯兰异端人士阿雅安·希尔西·阿里论政治伊斯兰的危害及其反制措施：《达瓦的挑战》观点解读/汪津生/亚太安全与海洋研究/2018.1

观察穆斯林：人类学的教训/丹尼尔·马丁·瓦里斯科、马强、马学娟/北方民族大学学报（哲学社会科学版）/2018.1

中华民族共同体建设的宁夏实践探索及启示/王延中/宁夏社会科学/2018.1

我国乌孜别克族人名调查及其文化探究/阿达来提、吐鲁洪/青海民族大学学报（社会科学版）/2018.1

文本与实践之间：对人类学伊斯兰研究的思考/Ronald A. LuRens-Bull、马强、李绪阳/青海民族大学学报（社会科学版）/2018.1

西藏世居穆斯林及其文化变迁研究/马永龙/青海民族研究/2018.1

回汉通婚变迁的影响机制研究——以河北青县 D 村的回女外嫁现象为例/董磊明、马芳/中国青年研究/2018.1

伊斯兰文明的世界主义：概念、谱系与反思/王云芳/国际观察/2018.1

在刑法规范与社会事实之间——宣扬恐怖主义、极端主义物品之司法判定问题研究/苏永生/河南大学学报（社会科学版）/2018.1

摩擦与适应：日本的穆斯林与穆斯林社会/祝曙光/世界知识/2018.1

15 至 16 世纪伊朗家具装饰品中的宗教角色/Ladan Abouali、吴智慧/家具/2018.1

阿拉善信仰伊斯兰教蒙古族的形成/刘晓光、安孟克/回族研究/2018.2

清朝对白山黑山派的认知/聂红萍/西域研究/2018.2

论俄国突厥穆斯林运动的形成、发展与终结/张玉艳、杨恕/俄罗斯研究/2018.2

社会性别视域下回族婚姻习惯法/关兆曦/贵州民族研究/2018.2

丝绸之路与古代中亚地区的民族发展/吕超、娄义鹏/经济与社会发展/2018.2

论苏里南的宗教信仰及其社会凝聚作用/夏当英、孙语圣/华侨大学学报（哲学社会科学版）/2018.2

伊斯兰教中国化路径再考——宗教文化类型分析法述要/王建新/西北民族研究/2018.2

西北穆斯林社会稳定机制研究——基于"瓦哈比运动"对回族伊斯兰教影响的调研分析/丁宏、李如东、马文婧/西北民族研究/2018.2

安萨里道德教育的内涵及其影响/丁钰梅/西北民族研究/2018.2

极端主义的威胁与危害/周永生/人民论坛/2018.2

作为"卡里斯玛"的瓦哈甫地——评《南疆农村社会》/加娜古丽·恰刊/西北民族研究/2018.2

回族文化的根本性特征/季芳桐/西北民族研究/2018.2

明清以来云南回族的迁移及跨文化对话研究/马创/云南开放大学学报/2018.2

当代阿拉伯伊斯兰世界对核心价值观的多元诠释与传播——以知识精英和宗教领袖为例/李世峻/世界宗教文化/2018.2

伊本·泰米叶与苏非主义关系初探/李晓曈/世界宗教研究/2018.2

明清时期传入澳门的伊斯兰教、琐罗亚斯德教、东正教和犹太教/汤开建/世界宗教研究/2018.2

清真寺空间历史演化及其使用者分布特征——以南京市主城区为例/刘佳、吴晓、胡智行、刘西慧/地域研究与开发/2018.2

从皮朗的观点看"中世纪起始时间"/王迪/汉字文化/2018.2

"教法随国论"——伊斯兰教法中国化的本土经验与普遍意义/李林/文化纵横/2018.2

伊斯兰教中国化在南疆农村地区的表现——以焉耆县××清真寺周边社区为例/马雪梅/中共伊犁州委党校学报/2018.2

中东政治转型：反思与重构/田文林/西亚非洲/2018.2

从伊朗的历史兴衰看其主体民族和国家的发展特性/范鸿达/西亚非洲/2018.2

民国回族学者汉译伊斯兰教经典的探讨与实践/钟银梅/回族研究/2018.2

开封回族家谱中的伊斯兰本土化倾向/巴晓峰/回族研究/2018.2

刘智哲学思想理论创新原因略探/孙俊萍/回族研究/2018.2
伊斯兰教中国化的几个理论问题/李兴华/回族研究/2018.2
近代回族知识分子的家国情怀——以中国回教近东访问团为中心/马成明、崔莉/回族研究/2018.2
回族女性角色转变的实证研究——以海南回新村为例/陈焱、牛鹏飞/回族研究/2018.2
萨拉菲主义的多维透视——兼论萨拉菲主义与恐怖主义的关系/王涛、宁彧/俄罗斯东欧中亚研究/2018.2
"伊斯兰国"与中亚地区安全/李超/俄罗斯东欧中亚研究/2018.2
蒙元社会与宗教——态度、政策与法规/佟德富/西南民族大学学报（人文社科版）/2018.2
阿拉伯文化对中世纪欧洲的影响/高子琦/中国高新区/2018.2
扎根中华文化沃土　坚持我国伊斯兰教中国化方向/杨发明/中国穆斯林/2018.3
回儒——伊斯兰教中国化的正道（下）/韩星/中国穆斯林/2018.3
伊斯兰教中国化的几点成功启示/孟金霞/中国穆斯林/2018.3
伊斯兰研究要坚持以中国人文理念为指导——朱威烈教授访谈/丁俊/中国穆斯林/2018.3
青海回教教育促进会及其历史作用/吕强、马鑫/中国穆斯林/2018.3
宁夏清真寺建筑形制研究/曾明、杜天蓉/大众文艺/2018.3
浅议维吾尔族"萨玛舞"源流/徐雅文/课程教育研究/2018.3
西安历史街区建筑空间的研究——以回访街区为例/马江萍/绿色环保建材/2018.3
论印度伊斯兰建筑的室内设计/林颖/住宅与房地产/2018.3
浅析阿拔斯王朝时期阿拉伯音乐的发展/张毓容/交响（西安音乐学院学报）/2018.3
"回儒"会通伊斯兰教和儒家学说刍议/金刚/孔子研究/2018.3
对《民族与先知历史》中关于屈底波进入过喀什噶尔的记载的质疑/王涛/海南广播电视大学学报/2018.3
"一带一路"沿线文化与合作交往模式探究：基于社交媒体大数据的心理分析/吴胜涛、周阳、傅小兰、刘晓倩、刘天俐/中国科学院院刊/2018.3
关于伊斯兰教中国化的若干思考/许瑞芳、李文/中国宗教/2018.3
"一带一路"对接之困：宗教的政治化——基于克什米尔问题的延伸/张建/西北民族大学学报（哲学社会科学版）/2018.3
新疆宗教的历史演变及其特点和规律启示/阴帅、瓮怡宏/新西部/2018.3
哈萨克斯坦的宗教现状与宗教政策/张宏莉/西北民族大学学报（哲学社会科学版）/2018.3
马来西亚国家元首制度：历史制度主义的分析/张孝芳/东南亚研究/2018.3
论移民文化存续与发展中的"文化补给"现象/刘有安/西北民族大学学报（哲学社会科学版）/2018.3
南海丝绸之路宗教传播途经三亚史考/蒋秀云、林日举/东南亚南亚研究/2018.3
乌鲁木齐维吾尔族青少年宗教心理发展现状及特点/彭无情/科学与无神论/2018.3

宗教视角下《荆棘鸟》与《穆斯林的葬礼》中的爱情之比较/邢方方、华燕/上海理工大学学报（社会科学版）/2018.3

论约翰·厄普代克的政治小说创作及其局限/谭志强/湖北函授大学学报/2018.3

宗教信仰与社会主义相适应问题研究——以广西全面建成小康社会为例/谭培文、吴全兰/广西师范大学学报（哲学社会科学版）/2018.3

阿拉伯伊斯兰核心价值观的内涵及其当代审视/薛庆国/阿拉伯世界研究/2018.3

新东方主义视角下美国主流媒体对伊斯兰世界的报道/谢许潭/阿拉伯世界研究/2018.3

伊斯兰国家民主化进程滞后的成因探析/王永宝/阿拉伯世界研究/2018.3

伊斯兰朝觐对中东地区安全的影响/钮松/阿拉伯世界研究/2018.3

宣统《甘肃新通志》所载黑褐衫考述/马建民/北方民族大学学报（哲学社会科学版）/2018.3

诱以正教，引以中道——乌蒙高地阿訇刘吉的生命史与回族社群文化转型/卯丹/北方民族大学学报（哲学社会科学版）/2018.3

概念、文本与实践："教门"概念与回族社会/苏二龙/北方民族大学学报（哲学社会科学版）/2018.3

藏族聚居区回族寺坊及其裂变研究——以甘南临潭县为个案/马麒/北方民族大学学报（哲学社会科学版）/2018.3

土耳其国父凯末尔的思想世界/昝涛/读书/2018.3

易县清真寺建筑价值探析/吕景峰/古建园林技术/2018.3

特朗普政府对华战略调整的双重逻辑及其互动/王浩/世界经济与政治/2018.3

伊斯兰哈里发制度：从传统理想到现实困境/刘中民、郭强/世界经济与政治/2018.3

传统阿拉伯服饰的类型及特点/周小睿/产业与科技论坛/2018.3

新疆游牧民族的丧葬文化浅论——以达里雅布依人为例/王小霞/文化创新比较研究/2018.3

宗法制度对新疆维吾尔族民居建筑的影响/唐拥军、张晓宇/华中建筑/2018.3

基于GIS的清代宁夏清真寺时空分布特征/朱利涛、苏惠敏、张萍、李政委/陕西师范大学学报（自然科学版）/2018.3

中国境内的混合语及语言混合的机制/徐丹/语言战略研究/2018.3

当代马来西亚政教关系研究——以伊斯兰法律地位的变迁为视角/陈中和/南洋问题研究/2018.3

伊斯兰教、中国与印度洋：历史联系与世界史背景/约翰·沃尔、刘波/史学集刊/2018.3

宗教建筑水景艺术探析/黄晓琼/福建建筑/2018.3

宁夏伊斯兰教解经工作的经验与建议/宁夏伊斯兰教协会课题组、马金宝、马燕、刘伟/中国穆斯林/2018.4

双重秩序视域下的中东变局：性质与走向/罗爱玲/国际关系研究/2018.4

基于GIS的青海省清真寺时空演变特征研究/朱利涛、苏惠敏、张萍、李政委/西南大学学报（自然科学版）/2018.4

多元文化视野下回族语言中的借词溯源——以西安回族方言为例/马元丽、马新芳/陕

西理工大学学报（社会科学版）/2018.4

伊斯兰教中国化的鲜活教科书——记河南省开封市清真东大寺/李建新/中国宗教/2018.4

伊斯兰教中国化的途径——再读陈垣《元西域人华化考》/穆卫宾/中国宗教/2018.4

"宗教极端主义"根本不是宗教/张文全/中国宗教/2018.4

荷兰移民整合政策评述/杨洪贵、杨浩/世界民族/2018.4

法国穆斯林移民社会融入问题研究/汪丽娟/世界民族/2018.4

元代敦煌伊斯兰文化觅踪/杨富学/敦煌研究/2018.4

回族女性性别观念中的世俗与宗教——以义乌市从事翻译工作的回族女性为例/李之易/浙江社会科学/2018.4

伊斯兰教中国化的历史经验与现实分析/李维建/中央社会主义学院学报/2018.4

当代伊斯兰教赛莱菲主义的理论与实践/李维建/世界宗教研究/2018.4

《近当代伊斯兰宗教思想家评传》述评/马丽蓉/世界宗教研究/2018.4

从"小经"文字管窥伊斯兰文明的跨文化传播及中国化——以甘肃临夏东乡县龙泉乡小经记事的田野调查为例/杨志平、马书晴/世界宗教文化/2018.4

伊斯兰教"信仰"概念辨析——兼论ISIS的"台克非尔"/贾建萍/世界宗教文化/2018.4

解析伊斯兰极端主义思想的三种形态/吴云贵/世界宗教文化/2018.4

萨拉菲主义在印尼的传播和发展/辉明/世界宗教文化/2018.4

中国保障宗教信仰自由的政策和实践/Xinhua News Agency/中国道教/2018.4

埃尔多安时代土耳其的国家治理及西方的误读/李秉忠、吉喆/欧洲研究/2018.4

世俗化时代的信仰与生存——以宁夏回族作家为中心的探讨/刘大先/文艺研究/2018.4

延续与变迁：当代土耳其的政教关系/昝涛/西亚非洲/2018.4

中国宗教建筑遗产空间分布特征及影响因素研究/陈君子、周勇、刘大均、朱爱琴、刘强/干旱区资源与环境/2018.4

丝绸之路交通与塔里木地区宗教开放性研究/张安福、王玉平/史林/2018.4

如何在社会调查中更好地测量中国人的宗教信仰？/张春泥、卢云峰/社会/2018.5

全面呈现中国伊斯兰教的经验与智慧（上）——牟钟鉴先生访谈/敏俊卿、帕林达/中国穆斯林/2018.5

王岱舆著作与同时代伊斯兰汉文译著关系分析——以《省迷真原》和《归真总义》为参考/孙智伟/中国穆斯林/2018.5

塔里克·拉马丹的伊斯兰现代主义思想及其借鉴意义/邓苏宁/中国穆斯林/2018.5

《古兰经》人文思想初探/马占明/中国穆斯林/2018.5

"一带一路"背景下践行开放包容的伊斯兰精神/陈静/中国穆斯林/2018.5

《教典诠释》抑制极端主义思想初探/郭承真/中国穆斯林/2018.5

坚持我国伊斯兰教中国化方向要行稳致远/杨发明/中国穆斯林/2018.5

伊斯兰教认知观——兼谈与中国传统中"见闻之知""德性所知"的异同/从恩霖/中国穆斯林/2018.5

一方水土一"坊"人——从人类学视角解读《硝河城清真大寺志》/刘彦东/中国穆

斯林/2018.5

豪萨语书面诗歌的起源及其社会功能研究——以娜娜·阿斯玛乌的作品为例/孙晓萌/外国语文/2018.5

宁夏回族地区伊斯兰装饰艺术的表现形式及宗教审美/谢亨蓉/贵州民族研究/2018.5

阿富汗国族构建：问题与前景/王鹏、耶斯尔/新疆社会科学/2018.5

反对"族教一体"论，引导宗教中国化/李维建/新疆社会科学/2018.5

论伊朗巴列维王朝的女性教育与社会地位变迁/贺婷、杨巧南/湖北民族学院学报（哲学社会科学版）/2018.5

内化于心 外化于行 切实推动伊斯兰教中国化——在"四进"清真寺活动启动仪式上的致辞/王作安/中国宗教/2018.5

开展"四进"清真寺活动 坚持伊斯兰教中国化方向/杨发明/中国宗教/2018.5

渭南新见咸丰九年回汉息讼碑碑文释证/苏亦工/苏州大学学报（法学版）/2018.5

伊斯兰教在中国的本土化现象探析/马保兴、马少卿/西北民族大学学报（哲学社会科学版）/2018.5

《从穆斯林到无神论者》/Adam Wadi/科学与无神论/2018.5

论《古兰经》的婚姻理念/李国清/佳木斯职业学院学报/2018.5

哈马斯意识形态的变迁：以官方文件为视角/赵星华/阿拉伯世界研究/2018.5

宗教传统与历史情境中的德鲁兹派认同建构/李海鹏/阿拉伯世界研究/2018.5

王静斋爱国思想的形成初探——以民国史料为观察点/王根明/西北民族研究/2018.5

谈我国宗教的中国化——兼谈藏传佛教的中国化方向/李德成/中国藏学/2018.5

城市少数民族流动人口权益保障的现状与出路/刘立敏/烟台大学学报（哲学社会科学版）/2018.5

新疆民族认同偏差实证研究：危害、原因与矫治/刘洪、李明星/湖北警官学院学报/2018.5

东乡族研究现状概述/安守春、张效娟、马福兰、段新文/青海师范大学学报（哲学社会科学版）/2018.5

试析阿拉伯——伊斯兰文化的历史基础及其影响/李艳枝、李昂/大庆师范学院学报/2018.5

清真泛化的社会危害及其防治/付海燕/中共伊犁州委党校学报/2018.5

论阿拉伯帝国心目中的中国形象/母仕洪、冀开运/六盘水师范学院学报/2018.5

中国回教概观（一）/马坚、马保全/回族研究/2018.5

刘智对"伊斯兰教中国化"的理论贡献/马辉/回族研究/2018.5

国家至上：《月华》宗旨"发达中国回民之国家观念"及其时代意义/马广德/回族研究/2018.5

金吉堂先生与《月华》旬刊/马景/回族研究/2018.5

从非洲宪法看宗教与法律的关系/肖海英/渤海大学学报（哲学社会科学版）/2018.5

坚持我国宗教中国化方向/张训谋/领导科学论坛/2018.5

2019年公历、农历、伊斯兰教历对照表/中国穆斯林/2018.6

马联元的著述研究（中）/虎隆/中国穆斯林/2018.6

反恐语境下东南亚国家去激进化策略及其反思——以新加坡、印度尼西亚、菲律宾为例/靳晓哲、李捷/东南亚研究/2018.6

宗教去激进化：新加坡"宗教康复小组"的措施与启示/傅瑜/东南亚研究/2018.6

宗教志编纂的若干思考——以《安徽省志·民族宗教志》为例/张军/广西地方志/2018.6

朝觐包机出入境检疫查验模式探讨/周燕楠、乌日嘎、王正、陶应宏、郎少伟/中国国境卫生检疫杂志/2018.6

伊斯兰教中国化的建筑体现——以明清时期的清真寺为例/周妩怡/中国宗教/2018.6

宪法修正案为新时代坚持和发展中国特色社会主义提供有力保障/杨发明/中国宗教/2018.6

"去极端化"系列之十七"去极端化"十策/李林/中国宗教/2018.6

1953年巴基斯坦反艾哈迈迪亚派运动/杨洪贵、付玉冰/东南亚南亚研究/2018.6

南亚地区一体化困境的历史溯源/王涛、曹峰毓/东南亚南亚研究/2018.6

我国西北地区恐怖主义犯罪原因分析：文化冲突理论的视角/王春梅、杨佳蕾/犯罪研究/2018.6

从《穆斯林的葬礼》分析伊斯兰教的丧葬文化/魏怡泠、李立平/戏剧之家/2018.6

当代中国伊斯兰教的发展与演变/王宇洁/中央社会主义学院学报/2018.6

"一带一路"上的宗教风险与防范/徐献军、张胆琼/杭州电子科技大学学报（社会科学版）/2018.6

汉译伊斯兰教典籍《归真要道》中的述补结构/丁桃源、魏尧银/乐山师范学院学报/2018.6

"中道"——艾布·哈尼法的"格亚斯"原则及其在中国的实践/穆卫宾/世界宗教文化/2018.6

中国伊斯兰教中的什叶派问题探析/王宇洁、马超/世界宗教研究/2018.6

尼日利亚农牧民冲突：超越民族宗教因素的解读/李文刚/西亚非洲/2018.6

从"效忠与拒绝"理论探析当代伊斯兰极端主义产生的根源/李维建/西亚非洲/2018.6

沙特阿拉伯学前教育发展概述/洪文梅、刘淑红/甘肃高师学报/2018.6

开封北清真寺建筑形制特征与价值探析/李建新/福建建筑/2018.6

伊、儒圣数"七"的象征意义及互动关系/勉嘉铖/中国穆斯林/2018.7

我国伊斯兰教公益慈善要走现代化和专业化之路/左卫国/中国穆斯林/2018.7

新时代经典诠释的视域与径向/哈宝玉/中国穆斯林/2018.7

清真寺楹联的中国化特质/何秀林/中国穆斯林/2018.7

全面呈现中国伊斯兰教的经验与智慧（下）——牟钟鉴先生访谈/敏俊卿、帕林达/中国穆斯林/2018.7

深入推进"四进"清真寺活动的思考/韩积善/中国穆斯林/2018.7

中国造纸术的传播与《古兰经》印刷/穆卫宾/中国穆斯林/2018.7

体育教育在穆斯林地区开展情况的研究分析——以篮球运动为例/崔悦晨/西部皮革/2018.7

传承爱国思想 践行中正之道 记山东省济南市清真北大寺/刘洪军/中国宗教/

2018.7
伊斯兰教中国化的广东特色浅议/张志湘/广州社会主义学院学报/2018.7
西部少数民族宗教信仰与族际关系研究综述/张龙/盐城师范学院学报（人文社会科学版）/2018.7
2017年国内宗教美学研究概览/邱月/绵阳师范学院学报/2018.7
伊斯兰极端主义的表现、根源和困境/田文林/阿拉伯世界研究/2018.7
伊斯兰极端主义的历史根源与圣战萨拉菲主义的嬗变/崔守军/阿拉伯世界研究/2018.7
对立与暴力：伊斯兰极端主义的特质刍议/王晋/阿拉伯世界研究/2018.7
萨拉菲主义在撒哈拉以南非洲的传播、极端化及其影响/王涛、宁彧/阿拉伯世界研究/2018.7
"博科圣地"的演变与尼日利亚反恐政策评析/李文刚/阿拉伯世界研究/2018.7
回族村落中清真寺参与养老探析——以桂林一个回族村为例/覃薇、李林凤/桂林师范高等专科学校学报/2018.7
"胡达"词义考及其汉语译介问题探析/邓新、夏冉/西域研究/2018.7
"明代天山地区与丝绸之路学术研讨会"会议综述/于磊/西域研究/2018.7
近代土耳其"泛突厥主义"的兴盛及其对新疆地区的影响/田卫疆/西域研究/2018.7
河南开封回汉民族交往交流交融历史——基于开封清真寺碑铭的研究/巴晓峰/北方民族大学学报（哲学社会科学版）/2018.7
近代回族报刊创刊号及其爱国特征初探/马超/北方民族大学学报（哲学社会科学版）/2018.7
小议伊斯兰铭文的广彩瓷器/黄静/东方收藏/2018.7
现代化理论视阈下的战后阿富汗重建/张婷、张吉军/兰州文理学院学报（社会科学版）/2018.7
《小萝莉的猴神大叔》：宗教与历史之上的现代性寓言/黄玮/电影评介/2018.7
浅析国际关系中的宗教因素/刘中民/当代世界/2018.7
佛教抑或伊斯兰教？——也论郑和的宗教信仰/何孝荣/古代文明/2018.7
西北民族走廊家族认同研究/韩学谋/大理大学学报/2018.8
音乐人类学视域下的"回族花儿"的宗教蕴含——以宁夏六盘山地区"山花儿"为例/韩璐/艺术评鉴/2018.8
美国政治中的代沟/徐超鸿/国际研究参考/2018.8
卜奎清真寺历史建筑街区规划对策/王悦、张道明/时代农机/2018.8
再论印度尼西亚"9·30运动"——历史旧案与现实政治/梁英明/东南亚研究/2018.8
西北乡村地区宗教组织参与公共卫生治理行动的观察——以甘肃省E县全国艾滋病综合防治示范区项目为例/张宁/西部学刊/2018.8
从民主社会主义到"利民主义"——马来西亚民主行动党的政党理念研究/李江/社会科学动态/2018.8
伊斯兰教中国化历史的影响与思考/杨文炯/中国宗教/2018.8

中国特色社会主义领导下宗教对经济的影响/何逸飞、黄茹/时代金融/2018.8

捆绑之误与认同之殇——拉什迪"世界主义"批判/林萍/外国文学评论/2018.8

当代阿拉伯世界对伊斯兰价值观的诠释与传播/李世峻、薛庆国/区域与全球发展/2018.8

伊斯兰革命以来伊朗宗教学者与世俗知识分子的政治理念/哈全安/经济社会史评论/2018.8

伊斯兰教与女性主义：土耳其的性别政治问题/刘义/世界宗教文化/2018.8

论穆斯林在印度印穆关系中的角色与行为/蔡晶/世界宗教文化/2018.8

"一带一路"倡议实施过程中的宗教风险探析——以巴基斯坦为例/涂华忠、聂姣、王垚、汤世萍/世界宗教文化/2018.8

习近平新时代宗教工作的群众工作论探微/韩松洋/湖南省社会主义学院学报/2018.8

论霍梅尼外交思想与实践中的意识形态和国家利益/刘中民/西亚非洲/2018.8

土耳其政治发展道路的反思与启示/李艳枝/西亚非洲/2018.8

哈梅内伊外交思想探析/王泽壮、赵锦浩/西亚非洲/2018.8

略论西安古清真寺砖雕艺术/马纪昱/回族研究/2018.8

扬州明代伊斯兰教墓碑考/郭成美、薛守东/回族研究/2018.8

和合共生：藏文化场域里的伊斯兰——日喀则藏语穆斯林调查研究/马英杰/回族研究/2018.8

俄罗斯和前苏联的伊斯兰教研究概述/德米特里·米库斯基、王立秋/中国穆斯林/2018.9

解读伊斯兰教中国化研究的新作——评《民国时期伊斯兰教汉文译著研究》/马义保/中国穆斯林/2018.9

马联元的著述研究（上）/虎隆/中国穆斯林/2018.9.

我的伊斯兰教研究（上）——李兴华研究员访谈/马景/中国穆斯林/2018.9

鼓浪屿宗教多元化的历史、成因及特点/邓梦军/闽台文化研究/2018.9

俄罗斯伊斯兰教问题探究及启示/崔德贵、姜占民/黑河学院学报/2018.9

当代"迁徙圣战"活动：理论与实践//郭才华/云南警官学院学报/2018.9

泉州圣墓两方清代川籍福建提督重修碑记/魏力/福建文博/2018.9

齐齐哈尔卜奎清真寺建筑艺术探析/王丹丹、张道明、刘平、吕国伟/理论观察/2018.9

关于"一带一路"建设和中国伊斯兰教关系的思考/金宏伟/中国宗教/2018.9

海丝路上清真寺建筑的中国化——以扬州仙鹤寺为例/张纪尧/中国宗教/2018.9

中华文化视野下新疆多元宗教文化的交融一体/彭无情/科学与无神论/2018.9

泛伊斯兰主义的逻辑演化与现实悖论/张友国、董天美/中国人民大学学报/2018.9

伊斯兰教的中道思想探究/王蓉/云南社会主义学院学报/2018.9

桂林市伊斯兰教文化资源的保护和利用/王秋红、黄革新、毛文园/中共桂林市委党校学报/2018.9

刘智的理气论/马凤俊/宁夏社会科学/2018.9

与伊斯兰世界的文明互鉴与包合/李希光/全球传媒学刊/2018.9

当代埃及什叶派问题的形成及政治化演进/赵军/阿拉伯世界研究/2018.9

文学表征中的少数族裔穆斯林——成长叙事中的文化身份构建/林玲/内蒙古民族大学学报（社会科学版）/2018.9

"一带一路"视阈下非洲历史文化再认识/刘成富/西北工业大学学报（社会科学版）/2018.9

"一带一路"框架下法律移植与本土化研究——以东盟为视角/张潇元/法制博览/2018.9

马来传统巫术与政治/傅聪聪/世界知识/2018.9

土耳其文明传统的双重性与地域政治的两面性/哈全安/人民论坛·学术前沿/2018.10

我国回族清真寺碑刻收集与整理的现状及思考/丁劼/图书馆理论与实践/2018.10

略论伊斯兰教中国化的"前定""今生"和"后世"/张锦炎/江苏省社会主义学院学报/2018.10

西安化觉巷清真寺建筑符号研究/褚阳、詹秦川/美与时代（城市版）/2018.10

"他者"的哲学及其在当代世界政治中的诠释/田燕佳、韩旭泽/宜春学院学报/2018.10

宗教学视角下的南京地名研究/徐茜妍、周阿根/安徽文学（下半月）/2018.10

美国部分白人女性皈依伊斯兰教评析/马莉/世界民族/2018.10

浅谈伊斯兰法系中的确定性与灵活性/肖非云/西部学刊/2018.10

伊斯兰教中国化的文学表达——以中国古代穆斯林的诗词为例/何艳梅/中国宗教/2018.10

坚持我国伊斯兰教中国化方向宗教界人士要主动发挥积极作用——评《西凤论稿》/敏贤良/中国宗教/2018.10

"去极端化"系列之十九 去极端化 概念 范畴 路径/丁隆/中国宗教/2018.10

宗教坚持中国化方向的三个维度/孙娟、纳光舜/延边教育学院学报/2018.10

马元章爱国济世的宗教情怀与社会实践/周晶/世界宗教研究/2018.10

"一带一路"背景下中国海外投资中宗教因素影响案例研究/詹舒才/世界宗教文化/2018.10

明清北京牛街佛教和伊斯兰教宗教建筑文化比较研究/郭岩、杨昌鸣/世界宗教文化/2018.10

中东现代化进程中的伊斯兰元素/哈全安/中央社会主义学院学报/2018.10

伊斯兰教与中东现代化/王京烈/中央社会主义学院学报/2018.10

伊斯兰文明与中东现代化的关系/方金英/中央社会主义学院学报/2018.10

伊斯兰教与埃及现代化悖论/毕健康/中央社会主义学院学报/2018.10

中亚的伊斯兰化与现代化：互动及其前景/侯艾君/中央社会主义学院学报/2018.10

乾隆时期清政府的宗教治理与边疆安全探析/张付新、张云/陕西社会主义学院学报/2018.10

伊斯兰教"泰格瓦"的内涵探析——兼论伊斯兰教"敬畏之心"与儒家"四心说"的相通性/从恩霖/中国穆斯林/2018.11

缅怀忠于祖国的马坚先生/陈宗荣/中国穆斯林/2018.11

马坚先生：爱国爱教的时代典范/杨发明/中国穆斯林/2018.11

中国共产党百年民族宗教政策历史回顾和经验总结（下）/杨纯刚、蒋正翔/中国穆

斯林/2018.11

回族文化与筑牢中华民族共同体意识/张思琦、马惠兰/中国穆斯林/2018.11

我的伊斯兰教研究（下）——李兴华研究员访谈/马景/中国穆斯林/2018.11

东方使者——纪念庞士谦阿訇/李正伟/中国穆斯林/2018.11

伊斯兰教中国化的历史见证——以定州清真寺《重建礼拜寺记》碑为例/黄佳/中国宗教/2018.11

改革开放40年来的中国伊斯兰教工作实践/杨发明/中国宗教/2018.11

基于文化圈理论视域的维吾尔族传统文化地图/洪美云/西北民族大学学报（哲学社会科学版）/2018.11

古泉州（刺桐）史迹保护现状及发展思路探究——以伊斯兰教圣墓为例/刘文波、符刘廷/重庆三峡学院学报/2018.11

试论宗教极端思想的本质/李红梅、王顺安/陕西行政学院学报/2018.11

塔吾尔孜村村民信仰现状和去极端化调查研究/魏寒梅、夏依丁·亚森/科学与无神论/2018.11

洪水泉清真寺装饰艺术及文化价值研究/李懿/青海师范大学学报（哲学社会科学版）/2018.11

中华民族共同体建设视域下的伊斯兰教中国化/汪小丽/边疆经济与文化/2018.11

土耳其民粹主义运动的起源及走向/任兰/国外社会科学/2018.11

元代汉语伊斯兰教文学的萌芽——伊斯兰教中国化进程的一个标志/马梅萍/宁夏社会科学/2018.11

波斯花园：琐罗亚斯德教与伊斯兰教文化元素的融合/穆宏燕/回族研究/2018.11

歌德与伊斯兰思想——论《西东合集》精神空间中的伊斯兰元素/何晶玮/回族研究/2018.11

民国时期回族—回教期刊中的泉州回民/杨阳、马文婧/回族研究/2018.11

民国时期陕西回族士绅冯瑞生/许若冰/回族研究/2018.11

尹光宇与近代回族教育/马晓舟/回族研究/2018.11

从学人研究成果看马良骏治学与治世的统一性/马晓娟/回族研究/2018.11

回儒刘智宇宙观刍议/王俊才/回族研究/2018.11

"以儒诠经运动"的进程与刘智的贡献/米寿江/回族研究/2018.11

《清真指南》伊儒文化会通研究/冯杰文/回族研究/2018.11

马明龙与马家庄关系的民族学考察/李安辉/回族研究/2018.11

西欧中世纪大学起源探究/郭康、黄旭华/高教探索/2018.11

伊斯兰凯拉姆体系与"三教合流"/朱光亚/中北大学学报（社会科学版）/2018.12

地域资源对油画创作色彩的影响/王雪/东华理工大学学报（社会科学版）/2018.12

平凉回族女性婚姻观的代际传播探究/米瑶/传媒论坛/2018.12

伊斯兰教是什么/任继愈/中国宗教/2018.12

广西宗教文化多元融合的历史和现状/何雯、胥刚/中国宗教/2018.12

当代欧洲政教关系状况及述评/刘国鹏/中央社会主义学院学报/2018.12

后变局时代中东伊斯兰国家政教关系分析/亓子龙/中央社会主义学院学报/2018.12

宗教组织参与戒毒药物维持治疗和社区戒毒行动的调查研究/张宁/甘肃广播电视大学

学报/2018.12

古代伊斯兰文明中的世界主义/曹亚斌/国际政治研究/2018.12

清代基层社会治理视野中的回民教领/杜常顺、张磊/世界宗教研究/2018.12

国际民族冲突类型的宗教成因/曹兴/世界宗教文化/2018.12

"坚持我国宗教的中国化方向"略论/黄奎/世界宗教文化/2018.12

宗教面临矛盾的理解与调适/姜伯奎、唐豪/世界宗教文化/2018.12

经堂教育现状及存在问题的调查研究（上）/哈宝玉/世界宗教研究/2018.12

何谓"全球伊斯兰教"？用于一个研究领域的定义/尼莱·格林、萧俊明/第欧根尼/2018.12

弘扬井冈山精神推动湖北省伊斯兰教工作再上新台阶/赛大富/民族大家庭/2018.12

"对话"还是"对立"：美国主流媒体对伊斯兰世界的叙事模式选择/谢许潭、张明明/新闻界/2018.12

古代瓷器铭文所见"一带一路"地区中外民族交流/凌宇、张丽伟/西南民族大学学报（人文社科版）/2018.12

《福乐智慧》的主旨内涵及其文化人类学反思/田海洋/玉林师范学院学报/2018.12

2018年度民间信仰研究论文索引

王 伟 编

侗族祖先崇拜研究/谢仁生/民族论坛/2018.1
领导权视域下的闽浙畲汉民族林公信仰研究——兼及习近平《摆脱贫困》中的民族团结基础问题/孙绍旭/民族论坛/2018.1
金门传统民居上的辟邪物/戴小巧/大众文艺/2018.1
非物质文化遗产视野下民间信仰的传承与保护——以岷县青苗会为例/马亚美/遗产与保护研究/2018.1
徐铉《稽神录》中的民间信仰探论/王卫波/河南科技学院学报/2018.1
论中国道文化中的年画艺术/郝一泓、承杰/北京印刷学院学报/2018.1
乡土建筑文化的基本内容与基质特性/麻勇斌/三峡论坛（三峡文学·理论版）/2018.1
道教与民间信仰学术交流会论文综述/侯丹/宜春学院学报/2018.1
民间宗教信仰对女性性别角色的三大转变——以河南民权女性观音信仰为例/刘凤娟、牛芳/宜春学院学报/2018.1
贵州水族的念鬼仪式及其文化逻辑/张帆/民族研究/2018.1
论民间信仰研究的"华北模式"——民俗学的"华北学派"在民间信仰研究上的成就、优势及前景/李华伟/湖北民族学院学报（哲学社会科学版）/2018.1
物化之神：完颜氏家族的神"影"和家族神庙/杨田/湖北民族学院学报（哲学社会科学版）/2018.1
2017民间文学研究年度报告——以神话、传说与故事为主/祝鹏程/民间文化论坛/2018.1
论民间信仰扩散的边界——妈祖信仰在浙西南山区的流播状况考察/张祝平/浙江社会科学/2018.1
明清时期山东运河区域民间信仰述论/胡梦飞/淮阴师范学院学报（哲学社会科学版）/2018.1
"迷信"与非遗之间：关于江南的民间信仰与农村妇女的一些思考/佐藤仁史/民俗研究/2018.1
从《留青日札》看明代江南地区的民间信仰/孙欣洋/江南论坛/2018.1
唐代民间信仰文化与刘禹锡的文人书写/李琳/中国韵文学刊/2018.1
民间信仰仪式的建构与象征意义研究——以凤凰山九月初九"九天玄女万寿诞"为例/王智/广东蚕业/2018.1
"山神土地"双神同构纸马的图像系统与复合隐喻/万惠玲、陶思炎/艺术百家/

2018.1

汉代民间信仰在地方的双重影响/贾艳红/求索/2018.1

民俗信仰中的图式遗存——湖南民间木刻纸马现状评析/王平/艺术教育/2018.1

论日本幕末民众宗教中的现世主义/蒋凯宁/文学教育（上）/2018.1

论壮族信仰中的女性人物与壮族地区经济文化发展/陆莲枝/文教资料/2018.1

神圣悖论与民间信仰双重性/李向平/河北学刊/2018.1

仪式专家的当代图景及价值引导/张祝平/河北学刊/2018.1

仪式专家的身份特征及其困境/赵翠翠/河北学刊/2018.1

论中华民族宗教文化的多元一体格局及其形成/胡克森/邵阳学院学报（社会科学版）/2018.2

社会转型视域下城中村民间信仰的发展研究——以湛江百姓村为例/何琪琪、林春大、吕春茹、江文舒、梁肖玲/萍乡学院学报/2018.2

以"一带一路"沿线区域文化一体化战略促进经济发展研究/刘吉/中国集体经济/2018.2

灾后社区信任危机及信仰体系重建——以"水淹龙王庙"为讨论中心/王金元/凯里学院学报/2018.2

越南国家祀典与民间信仰的互动——以雄王公祭为例/徐方宇/广西民族师范学院学报/2018.2

汉画像石棺中伏羲女娲图像反映的民间信仰演变——以合江画像石棺为中心考察/贾雪枫/天水师范学院学报/2018.2

民间信仰与村落公共空间的秩序建构——以近代华北乡村为例/段文艳/大连大学学报/2018.2

庙会与海外华人的文化认同——以泰国宋卡城隍庙庙会文化为例/吴秋燕/莆田学院学报/2018.2

论妈祖文化在现代乡村治理中的特殊功能——基于湄洲岛地区的调查分析/周丽妃/莆田学院学报/2018.2

清代安庆地区民间信仰述论/葛旭/安庆师范大学学报（社会科学版）/2018.2

川盐古道上传统商业建筑空间的"共居"与"共融"——以宣恩庆阳坝凉亭街为例/舒敏、覃莉/民族艺林/2018.2

伍家沟村、耿村道教故事所透射的民众文化心理/郑春元/汉江师范学院学报/2018.2

民间信仰在哈代小说中的文本功能/陈珍/西南科技大学学报（哲学社会科学版）/2018.2

广西生态乡村建设和壮族民间信仰共享研究/金乾伟/佳木斯大学社会科学学报/2018.2

民间信仰起源传说的嬗变——以潮州双忠信仰为例/李国平/汕头大学学报（人文社会科学版）/2018.2

近十年中国乡村宗教研究述评/陈忠猛/聊城大学学报（社会科学版）/2018.2

从"水神"到"盐神"——长芦盐区的盐业崇拜及对传统神祇的改造/高鹏/华北水利水电大学学报（社会科学版）/2018.2

试述客家文化中的"天人合一"思想/陈治局/福建史志/2018.2

漂泊的洞察——我的学术研究之路/周大鸣/西北民族研究/2018.2

民间信仰的公共化困境——以浙江海滨社区的民间信仰为例/赵翠翠/世界宗教文化/2018.2

城镇化背景中的民间信仰代际传递机制研究——基于溪村和东镇的个案比较/刘友富/世界宗教文化/2018.2

九天圣母信仰及其长治地区庙祠调查/赵俊岩/长治学院学报/2018.2

论差事剧团作品《回到里山》的反资本形象及其环保理念/简秀雯/上海艺术评论/2018.2

"信仰惯习"：一个分析海外华人民间信仰的视角——基于新加坡中元祭鬼习俗的田野考察/李向振/世界宗教研究/2018.2

青海省贵德县文昌神和二郎神信仰考察报告/曾传辉/世界宗教研究/2018.2

宗教信仰交往及其私人化特征——基于福建海滨社区信仰关系的研究/赵翠翠/世界宗教研究/2018.2

教分各地？——民间教派的宗教人类学视角/伍婷婷、郑少雄/读书/2018.2

《金泽——江南民间祭祀探源》/李天纲/读书/2018.2

佛祖渡恶鬼传说之民间信仰意涵/赖奇郁/原生态民族文化学刊/2018.3

筑牢中华民族共同体意识——基于宗教文化、民俗文化传承与两岸中华文化认同/何芳东/辽宁省社会主义学院学报/2018.3

土族信仰文化中的生态审美意识/岳君惠/牡丹江大学学报/2018.3

从地方绅商到文化菁英：光复后台北大龙峒保安宫的领导阶层/谢贵文/闽台文化研究/2018.3

乡村儒学与乡土信仰重建/赵法生/孔子研究/2018.3

太行山区自然环境对民间信仰体系的影响——以晋中古村镇民间信仰体系为例/王晓敏/哈尔滨学院学报/2018.3

开展场所创建活动引导发挥积极作用 福建省漳州市开展"优美民间信仰活动场所"创建活动/林玉鹏/中国宗教/2018.3

"俗信"概念的确立与"妈祖信俗"申遗——乌丙安教授访谈录/乌丙安、胡玉福/文化遗产/2018.3

明清中日欧民间贸易与旅日华侨妈祖信仰的历史与传承/松尾恒一、梁青/文化遗产/2018.3

妈祖信俗的概念与内涵——兼谈民间信仰的更名现象与制度化问题/王霄冰、任洪昌/文化遗产/2018.3

"海丝之路"背景下的中琉妈祖信仰书写及其文化交流意义/张明明/文化遗产/2018.3

民间艺术与地域民间信仰的互构——《地域民间信仰与乡民艺术——以绍兴舜王巡会为个案》评介/刘莉/美育学刊/2018.3

回顾与思考：新中国成立以来"布朗族"研究综述/冉红芳/铜仁学院学报/2018.3

私神信仰与公神信仰的流动：冀北的女性灵媒与女神信仰/张超/民俗研究/2018.3

古代中国舆论的发生及其内在精神/姜华/山西大学学报（哲学社会科学版）/2018.3

陕北秧歌的艺术作为与当代民俗艺术生存/朱亮/装饰/2018.3

略论古代浙东沿海地区观音信仰的海神化/陈国灿、胡先哲/浙江师范大学学报（社会科学版）/2018.3

陈进国《救劫：当代济度宗教的田野研究》评论/李志鸿/宗教学研究/2018.3

论清至民国广西民间信仰与商业市场之构建/黄锦丽、蓝晓飞/桂林师范高等专科学校学报/2018.3

概念、文本与实践："教门"概念与回族社会/苏二龙/北方民族大学学报（哲学社会科学版）/2018.3

李亦园院士及其对中国社会文化的关怀/赵树冈/广西民族大学学报（哲学社会科学版）/2018.3

台湾岛内客家二次移民的民间信仰/何来美/赣南师范大学学报/2018.3

神灵与宗教：明清时期徽州与淮北民间信仰之比较/孙语圣/社会科学/2018.3

广西樟木镇庞奶庙会的民俗文化学意蕴/蓝颖、方少娟/南方论刊/2018.3

从壮族民间信仰中女性人物角度论"非遗"的保护/李尚凤/才智/2018.3

空间分割与地域崇拜——以陕西A地炎帝信仰为例/赵翠翠/东南学术/2018.3

空间生产与信仰变迁——基于城镇化进程中上海香头的调查/刘大为/东南学术/2018.3

从整体性到原子式与消费符号：城镇化进程中民间信仰的社会特质/李峰/东南学术/2018.3

信仰、仪式与社会秩序的建构——基于楚雄州彝族民间信仰的研究/施吉芸、龙发科/广西社会主义学院学报/2018.4

基督教对哈尼族民间信仰文化的影响及其保护措施/龙倮贵、李凯冬/普洱学院学报/2018.4

明代洛阳地区的民间信仰及其文化特色研究/翟爱玲/洛阳理工学院学报（社会科学版）/2018.4

明清山西民间信仰与长城记忆——以崞县扶苏、蒙恬崇拜方志书写为线索/贾亿宝/史志学刊/2018.4

杨起元的学派与信仰/王格/惠州学院学报/2018.4

论高椅村民间信仰/吉成名/民族论坛/2018.4

田野下的音乐与迷幻——萧梅主编《中国民间信仰仪式中的音乐与迷幻》评介/南晓萍/黄河之声/2018.4

民间信仰：世俗化？社会化？还是生活化？——以布努瑶为个案/叶建芳/广西民族师范学院学报/2018.4

民间信仰中的仪式展演及其象征意味——毛南族肥套仪式探析/孙丰蕊/广西民族师范学院学报/2018.4

问题导向下的宗教理论研究典范——读张志刚《"宗教中国化"义理研究》/张弩/中国宗教/2018.4

作为"枢纽"的庙宇：1920至1940年代村落场景中的"现代"与"国家"/沈洁/学术月刊/2018.4

京族传统文化的传承与发展——以中国广西京族跨境群体的传统仪式与信仰为个案/

阮氏贤、武洪述/钦州学院学报/2018.4

蔡英文当局推行民间信仰"去中国化"动态分析/徐步军/现代台湾研究/2018.4

20世纪以来闽台民间信仰研究的回顾与展望/张宜强/福建江夏学院学报/2018.4

周家口木版年画"神像画"题材类型分析/王佩佩/装饰/2018.4

泰山石敢当民间信仰与一个鲁中地区乡村中的民众生活/马琳琳/现代交际/2018.4

当代鄂东富池甘宁信仰文化传承探讨/甘满堂/黄冈师范学院学报/2018.4

宋元明清时期秦州地区的灵湫信仰/牛利利/华北水利水电大学学报（社会科学版）/2018.4

移民村落民间信仰的自我调试与社会治理——以宁夏闽宁镇原隆村汉族移民为例/钟亚军/社会治理/2018.4

闽粤台客家惭愧祖师信仰的互动发展与文化认同——田野调查与文献记载的比较/刘大可/世界宗教研究/2018.4

揭开中国民间信仰的"底色"——评李天纲《金泽：江南民间祭祀探源》/段玉明/世界宗教研究/2018.4

"一带一路"倡议实施中的越南宗教风险研究/李政阳/世界宗教文化/2018.4

潮汕"龙尾爷"信仰考论/黄悦标/韩山师范学院学报/2018.4

土族民间宗教中神职人员的调查与研究——以互助土族社区为例/邢海燕/青海民族研究/2018.4

佛教信仰的民间异化——以洛阳禅虚寺为中心的考察/金勇强/地方文化研究/2018.4

虹山圣妈祖信俗对当代精神文明建设的启示/彭耀辉/艺术科技/2018.4

家族记忆、文化空间与地方信仰——鲁应龙《闲窗括异志》中的宋末嘉兴书写/解陆陆/北京社会科学/2018.4

自然灾害与民间信仰的区域化分异——以晋东南地区成汤信仰和三嵕信仰为中心的考察/王建华/中国历史地理论丛/2018.4

母亲身份和多面形象的跨文化对比——以壮英信仰中的女性人物为例/李尚凤/广西教育学院学报/2018.4

国家社会科学基金项目"河南宝卷文献整理与价值研究"简介/岁有生/商丘师范学院学报/2018.4

乡村价值体系为生态文明建设提供了模板/朱启臻/农村工作通讯/2018.4

河南省大学生群体文化信仰状况分析与对策思考/钱同舟/河南工业大学学报（社会科学版）/2018.4

仪式专家的当代图景及价值引导/张祝平/社会科学文摘/2018.5

当前农村宗教信仰现状研究——以H省L市为例/许芷浩、邱成林/江西警察学院学报/2018.5

英雄祖先与边疆家园：壮族与岱、侬族的侬智高信仰——跨境民族文化遗产研究之三/黄玲/百色学院学报/2018.5

民国时期自然灾害对云南乡村社会信仰影响探析/何廷明、崔广义/文山学院学报/2018.5

服从与服务——专制皇权视野下中国古代民间信仰的建构/董名杰/甘肃理论学刊/2018.5

马克思主义无神论的中国化实践/林贤明/科学与无神论/2018.5

论民间信仰与世俗化易学/杨清虎/管子学刊/2018.5

汉代神学政治的危机与生机/杨清虎/学术探索/2018.5

祖先崇拜、家国意识、民间情怀——晋地赵氏孤儿传说的地域扩布与主题延展/段友文、柴春椿/山西大学学报（哲学社会科学版）/2018.5

明清时期洮州地区龙神信仰的文化内涵/沙勇/齐齐哈尔大学学报（哲学社会科学版）/2018.5

方山彝族俚濮人的生产习俗与民间信仰/李娜/北方民族大学学报（哲学社会科学版）/2018.5

民间信仰及其社会功能的变迁——基于皖北庙宇的田野调查/王飞/山东农业工程学院学报/2018.5

乡村社会治理视域下民间信仰的规范与引导/郑秋凤/深圳大学学报（人文社会科学版）/2018.5

乡村治理中民间信仰的作用机制研究：以永德送归布朗族为例/子志月/广西民族大学学报（哲学社会科学版）/2018.5

敦煌写本中的人神禁忌/王方晗/民俗研究/2018.5

对民俗艺术形象与民间信仰变迁之关系的考察——以日本稻荷信仰中的"狐"为例/刘克华、李阳/艺术百家/2018.5

"蔽位"于里社：战国秦地的民间信仰秩序统合/熊永/江海学刊/2018.5

论宗教人类学视野下的人神关系/陈忠猛/黄河科技大学学报/2018.5

公共空间与群体认同：海神庙重建的社会学意义——莱州市三山岛村海神庙的个案研究/王新艳/中国海洋大学学报（社会科学版）/2018.5

水上社会的道德与秩序——太湖大船渔民民间宗教的历史人类学研究/王华/北京社会科学/2018.5

官民互动礼俗兼具——高碑店义店村"冰雹会"祭礼仪式用乐的考察/常江涛/人民音乐/2018.5

皖北地区民间信仰现状归因及特征分析/信中贵/宿州学院学报/2018.5

文化遗产与民族认同感的建构——抗战时期西南地区民俗文化研究/刘薇/赣南师范大学学报/2018.6

赣闽粤客家民间信仰研究的路径、概况与走向/张金金/赣南师范大学学报/2018.6

淮河流域民间仪式音乐及信仰文化研究/李文正/北京城市学院学报/2018.6

乡村生活秩序重构中的传统文化复兴——以皖南H镇为例/夏当英、宣朝庆/河北学刊/2018.6

关公崇拜在清代的发展研究/杜鹃、于鹏飞/中北大学学报（社会科学版）/2018.6

唐代河东地区官方信仰活动及其影响/赵晓峰、姚春敏/太原理工大学学报（社会科学版）/2018.6

川渝地区晚唐五代小型经幢及其反映的民间信仰/董华锋、何先红、朱寒冰/考古/2018.6

民间信仰在传播过程中的变异——甘肃庆阳市西峰区拓家岘子"三显神"庙会调查/吴怀仁、徐治堂、吴昌泽/天水师范学院学报/2018.6

客家民系文化自信建构之路径及当代意义/刘道超/贺州学院学报/2018.6

20世纪以来妈祖信仰研究的回顾与思考/张宜强/莆田学院学报/2018.6

布依族天神信仰探析/彭建兵、谢建辉/兴义民族师范学院学报/2018.6

漳州岱房庵广济祖师信仰探析/刘莉宁/闽台文化研究/2018.6

顺德乡村聚落集体空间的形成机制与影响因素分析/周新年、王世福、赵楠楠、王成志/小城镇建设/2018.6

同、异质型城中村民间信仰空间比较研究——湖贝旧村与南头古城/李景磊/小城镇建设/2018.6

中国民间信仰如何走向善治/陈进国/中央社会主义学院学报/2018.6

总体神圣格局与宗教的制度、扩散特征——中国宗教学话语体系建设的核心问题/李向平、崔丽娟/宗教学研究/2018.6

多维解析越南黑泰人原始信仰及原生型民间宗教/蓝长龙、黄勤/四川民族学院学报/2018.6

行走闽地说娲媓——女娲神话及信仰在闽地的考察/李祥林/内蒙古艺术学院学报/2018.6

后土信仰与中国民间信仰/李志鸿/世界宗教文化/2018.6

从汉武故事到民间崇祀：汉唐后土崇祀的变容/张鹏/世界宗教文化/2018.6

灌溉与稻作：晋水流域民间文化信仰研究/苏泽龙/世界宗教研究/2018.6

中土观音应化信仰的文化土壤/高永顺/宝鸡文理学院学报（社会科学版）/2018.6

徽州传统聚落文化生活景观保护研究——以宏村为例/冀凤全、金丽/安徽建筑大学学报/2018.6

冼夫人信仰的当代建构及社会记忆转型/杨飘飘/文化与传播/2018.6

莆田"棕轿舞"的历史渊源及表演形式初探/陈凯英/艺术科技/2018.6

信仰、群体与日常生活——清代以来东北民间信仰组织述评/刘扬/辽宁大学学报（哲学社会科学版）/2018.6

日据时期寺庙整理运动对台湾妈祖信仰的影响/潘是辉/妈祖文化研究/2018.6

瑶族长鼓舞的文化特征与当代意义/杨秀芝/西南民族大学学报（人文社科版）/2018.7

身份与功能交互下的民间信仰景观——以青海西宁湟中县扎麻隆凤凰山为例/王智/重庆文理学院学报（社会科学版）/2018.7

20世纪80年代以来中国盐业信仰研究综述/张艳丽/凯里学院学报/2018.7

从新年习俗来看中日两国民间信仰的不同/田雪/北京印刷学院学报/2018.7

兰州历史时期城市儒、释、道及民间宗教场所、建筑研究/赵鑫宇/地域文化研究/2018.7

空间·象征·权力：清末以来的南海诸岛庙宇之争/王小蕾/海南大学学报（人文社会科学版）/2018.7

仪式融合、功能多元与空间转换：合肥城隍信仰的变迁/张丽、刘强/宜春学院学报/2018.7

彝族传统文化中的和谐理念/胡毅坚、刘扬武/今日民族/2018.7

当代民间礼俗秩序与日常生活——以湖南湘乡丧礼为例/龙晓添/文化遗产/2018.7

西王母信仰与海峡两岸文化认同——甘肃泾川西王母庙会的实地考察/邢莉、刘明、刘双双/文化遗产/2018.7

清代秦东地区旱灾与雨神信仰构建/许若冰/长春师范大学学报/2018.7

民间信仰、文化商品与生活政治——消费时代语境中的巫术/张震/西北民族大学学报（哲学社会科学版）/2018.7

陇中地区金花仙姑信仰的传播与发展/答小群/西北民族大学学报（哲学社会科学版）/2018.7

古代戏曲中花神的"兼职神祇"形象考论/张菁/濮阳职业技术学院学报/2018.7

城中村民间信仰研究——基于邕江沿岸5个行政村的祠庙群观察/潘宏纹/广州社会主义学院学报/2018.7

西南乡村民间信仰的结构分析/张丽剑/盐城师范学院学报（人文社会科学版）/2018.7

仪式、表征、变迁与功能：一个汉族村落丧葬活动的人类学考察/徐俊六/大理大学学报/2018.7

多元文化的隐性传承策略与文化逻辑——图像学视野下的洮岷民间信仰/牛乐/青海民族研究/2018.7

人、均衡与边界：李亦园宗教思想探微/张超/青海民族研究/2018.7

边界·建构·认同——甘肃省会宁县赵氏家族民间信仰研究/韩学谋/青海民族研究/2018.7

江南道教地方化模式研究——以净明道在江西丰城的流传为中心/焦玉琴/中央民族大学学报（哲学社会科学版）/2018.7

民间信仰与乡村社会治理——从民间信仰研究的现代遭遇谈起/张翠霞/中央民族大学学报（哲学社会科学版）/2018.7

汉族民间仪式用典籍及其价值研究——以正安县马氏所藏典籍为个案/马雪莲/智库时代/2018.7

汉魏六朝人神恋小说中女神主导局面形成的原因/董舒心/民俗研究/2018.7

他者镜像中的中国近代民间礼俗——法国传教士禄是遒对中国婚丧、岁时风俗的书写与研究/彭瑞红/民俗研究/2018.7

当代中国民间信仰的形态建构/金泽/民俗研究/2018.7

中国民间信仰研究的几个关键问题/张志刚/民俗研究/2018.7

放开二胎背景下苏皖民间生育信仰研究/闫慧环、孙宝民、吴茜/科技风/2018.7

金泽镇的桥庙文化——评李天纲《金泽：江南民间祭祀探源》/王群韬/书城/2018.7

仪式场域转变与黎族传统工艺价值变迁/张君/艺术评论/2018.7

试论布依族的廉政文化思想及其当代价值/吕超、李春梅/大理大学学报/2018.8

论当代民众幻想与民俗学的联系/罗夏梓平/洛阳理工学院学报（社会科学版）/2018.8

汉代儒学与民间信仰融合共生的文化形态/杨清虎/中华文化论坛/2018.8

大理周城白族甲马艺术探析/余宏刚/浙江艺术职业学院学报/2018.8

宋代秦陇地区民众祠神的地域差异/岳凯峰/河西学院学报/2018.8

温州沿海卫所及其地域亚文化考察/尤育号/中国地方志/2018.8

琉球民间信仰文化社会功能的演进/林晓玫/广西民族师范学院学报/2018.8

西和乡村未婚女子巧娘娘崇拜的日常生活意蕴及民间信仰特质/郭昭第/天水师范学院学报/2018.8

洞头妈祖信仰的文化考察/陈慧敏、刘旭青/温州职业技术学院学报/2018.8

民间信仰在乡村地域中的功能研究——基于河北省某县某村落的田野调查/盖策/中州大学学报/2018.8

明清时期徽州地区自然灾害与民间神灵信仰/李慧芳、谈家胜/黄山学院学报/2018.8

五缘文化视野下榕台贸易优势初探/卞梁、连晨曦/福建师大福清分校学报/2018.8

胶东半岛地区的民间信仰研究综述/耿光连、王隋/佳木斯职业学院学报/2018.8

宝鸡西山新民村圣母庙壁画与信仰的再调查/李强/内蒙古艺术/2018.8

田横渔家的信仰与禁忌研究/张旭东/大众文艺/2018.8

宗教管理的律令化模式——唐代宗教信仰禁令研究/梁克敏/世界宗教研究/2018.8

从道教文化看妈祖信仰的形成与发展/黄惠萍/东方收藏/2018.8

民国时期广西若干民俗纪略——陈志良所著民俗文献考/简圣宇/河池学院学报/2018.8

农村青壮年女性宗教信仰选择的多重逻辑——基于福建小链岛的个案研究/赵缇、唐国建/中国青年研究/2018.8

在古代小说与民俗信仰的交汇处——评黄景春博士、程蔷先生《中国古代小说与民间信仰》/王立、花卉/学术交流/2018.8

艺术人类学视阈下民俗信仰的时空交错——渝湘木版年画比较研究/傅姗姗/四川戏剧/2018.8

宗教外交中的中国图像与建设——以福建民间信仰与东南亚国家的文化互动为例/蔡明宏/南洋问题研究/2018.9

信而不迷：民间宗教信仰现状调查与分析/信中贵/长春大学学报/2018.9

我国妈祖信仰研究现状分析/张宜强/重庆文理学院学报（社会科学版）/2018.9

台湾客家三官大帝信仰及其民俗探讨/徐贵荣/嘉应学院学报/2018.9

祖先崇拜与民众信仰的循环建构——以冼夫人信仰为例/王欣/怀化学院学报/2018.9

论山东杨家埠木版画的文化价值与保护措施/张蕊/江西广播电视大学学报/2018.9

民间纸马与岁时节令/莫灿/戏剧之家/2018.9

从杨庆堃宗教社会学的功能主义视角看儒学的宗教特质/范丽珠、陈纳/复旦学报（社会科学版）/2018.9

论地方民俗在新时代社会主义核心价值观培育过程中的作用——以海南军坡节为例/宁玉兰、庞淇月、谢小梅/郑州师范教育/2018.9

民众生活中的岫岩满族皮影戏及其传承保护/吴凤玲/民族研究/2018.9

"活着的儒学"传统在中国社会百姓生活中的影响调查分析报告/邵龙宝/孔子研究/2018.9

民国时期几则广西民俗记录略谈——陈志良所录民俗文献考之一/简圣宇/贺州学院学报/2018.9

旅游对舞蹈类非物质文化遗产传承的影响——以土家摆手舞为例/马振/中南民族大学

学报（人文社会科学版）/2018.9

试析《苗族古歌》整理本中的民间信仰表述/刘兴禄/湖北民族学院学报（哲学社会科学版）/2018.9

以民俗学视角谈民间信仰建筑分布特征及影响因素/李冬雪/山西建筑/2018.9

客家文化表述的微观历史比较分析——基于赣南两村的调查/杜连峰/西北民族大学学报（哲学社会科学版）/2018.9

民间信仰的泛众化——以三嵕信仰为中心的考察/段建宏、雷玉平/西北民族大学学报（哲学社会科学版）/2018.9

神奇记忆：一个重要的欧洲传说学概念/刘文江/民间文化论坛/2018.9

江村刘王神信仰的当代"再造"与实践逻辑/钱梦琦/楚雄师范学院学报/2018.9

简论彝族民间信仰中的龙崇拜/殷鹰/楚雄师范学院学报/2018.9

如何在社会调查中更好地测量中国人的宗教信仰？/张春泥、卢云峰/社会/2018.9

灾害记忆何以传承——以一个村落地方神的变迁史为例/沈燕、王晓葵/云南师范大学学报（哲学社会科学版）/2018.9

温岭石塘镇聚落社会性构造与信仰场所空间构造的关联性探索/陈凯业、王洁/建筑与文化/2018.9

苗族杀猪还愿仪式的宗教内涵与文化意义——以湘西山江毛都塘村田野调查为例/谭志满、谭晓宇/宗教学研究/2018.9

传承与发展：湘西苗族祖先崇拜研究/霍晓丽/宗教学研究/2018.9

广东潮阳县双忠信仰源起探微/李国平/宗教学研究/2018.9

滇西北多元宗教研究的文化意义/张泽洪/宗教学研究/2018.9

传说、仪式与族群互动："九使公"海神信仰的文化建构/张先清、李天静/北方民族大学学报（哲学社会科学版）/2018.9

艺术的能动性：特定场域中的胜芳民舞展演/孙淼/内蒙古艺术学院学报/2018.9

传统民间手工艺的信仰文化及现代适应性研究——以淮河流域为例/陈静/长春工程学院学报（社会科学版）/2018.9

"一带一路"视域下唐宋时期大足地区佛教民间信仰研究——以造像龛刻铭文为中心/赵鑫桐/重庆科技学院学报（社会科学版）/2018.9

新乡贤的成长与民间信仰的重塑/张祝平/宁夏社会科学/2018.9

"泊船祭祀"与"人神互惠"——清代漕运旗丁崇祀文化的规制与功效/沈胜群/民俗研究/2018.9

礼物的竞争与调剂：民间信仰活动自我扩张的社会机制——以浙东福村为例/袁松/民俗研究/2018.9

田野调查所见华北碧霞元君信仰的几个问题/李俊领/民俗研究/2018.9

雨水与"灵验"的建构——对陕北高家峁村庙的历时性考察/陈小锋/民俗研究/2018.9

水文化遗产与民间信仰/曹娅丽、邸平伟/民族艺术研究/2018.9

论妈祖信仰与海商精神/杨佳蓉/妈祖文化研究/2018.9

农耕文化视阈下陇东地区民间信仰的文化与社会价值分析/徐兵、隆滟、郭阳/新西部/2018.10

论民间信仰中的生命意识——以山西襄汾黄崖村华佗信仰为例/高忠严、柴书毓/贵州民族大学学报（哲学社会科学版）/2018.10

闽南木版年画"招财王"信仰与其造型意象探幽/陈斌/集美大学学报（哲学社会科学版）/2018.10

灵魂深处的吟唱——北方少数民族萨满文化中的遗韵价值研究/古春霞/贵州民族研究/2018.10

诸神的舞台——从《指南广义》看福建民间信仰与中琉航海的关系/张恩强、吴巍巍/广西民族师范学院学报/2018.10

我们应该如何看待传统中国的民间社会信仰——以"天、地、君、亲、师"为中心的文化现象学分析/张新民/贵州大学学报（社会科学版）/2018.10

从《地名志》解读我国乡村的民间信仰——以《万载县地名志》为个案/黄定华/宜春学院学报/2018.10

广东公众价值观与社会心态的变迁及应对/李璐/法制与社会/2018.10

中国民间信仰40年：回顾与前瞻/张祝平/西北农林科技大学学报（社会科学版）/2018.10

客家民俗体育与乡村社会治理——对闽西罗坊"走古事"的实证研究/张自永、任颖颖/地方文化研究/2018.10

论中国民间信仰的现代化转型及其限度/张祝平/青海民族研究/2018.10

妈祖信仰仪式与"一带一路"/范正义/世界宗教文化/2018.10

佛教神通与四大门——近代以来我国东北地区的仙佛信仰/王伟/世界宗教文化/2018.10

晚清潮汕民间善堂兴起的主要因素剖析/杨正军/汕头大学学报（人文社会科学版）/2018.10

澳门的"祛病"文化：庙宇崇拜与民间信仰/黄雁鸿、Denise/中国文化研究/2018.11

汉画中"选鬼神于太阴"信仰的演变/姚立伟/美术学报/2018.11

传统民俗"江南网船会"的现代文化意义探析/胡双喜、于彪/农村经济与科技/2018.11

略论瓦哈对杨庆堃之宗教社会学研究的影响/卢云峰、吴越/北京大学学报（哲学社会科学版）/2018.11

文化视域下中英传统学徒制差异性分析/郭云瑶/南方职业教育学刊/2018.11

晋东南民间信仰与社会变革研究（1840—1937）/赵庆伟、樊慧慧/中南民族大学学报（人文社会科学版）/2018.11

叙事文本中民间神化人物的价值定向与人格特征/董洪杰、李朝旭/西北民族大学学报（哲学社会科学版）/2018.11

江南庙会的现代化转型：以上海金泽香汛和三林圣堂出巡为例/郁喆隽/文化遗产/2018.11

民间神像研究对当代现实的应用价值/舒惠芳、沈泓/深圳职业技术学院学报/2018.11

开平泮村民间信仰再思考/宋旭民/五邑大学学报（社会科学版）/2018.11

民国时期四川民间慈善组织十全会的兴衰/徐跃/四川大学学报（哲学社会科学版）/2018.11

海洋中国：妈祖信仰的传播——以天津为中心考察/侯杰、张鑫雅/文学与文化/2018.11

婚姻礼仪中民间信仰的家庭代际传递——基于对福建X镇数据的分析/阙祥才、陆少美/青年研究/2018.11

怀念乌丙安先生/潘鲁生/民艺/2018.11

民俗类非遗在当代的保护与传承/李荣启/艺术百家/2018.11

丢弃本源的音乐生态危机——宗教性仪式音乐固有传承关系的消解与保护/刘桂腾/中国音乐/2018.11

玉音凌云　穷源竟委——从《大道真经》音乐见诸唱诵在民间信仰中的继替/卓颐/中国音乐/2018.11

中国的行业神崇拜：民间信仰、行业组织与区域社会/邓庆平、王崇锐/民俗研究/2018.11

中国民间美术构图对舞蹈的指导意义研究/刘雅轩/才智/2018.11

沅水流域许真君民间信仰与商道文化/廖开顺/黄河科技大学学报/2018.11

从刘萨诃和番禾瑞像看中古丝路上民间佛教的变迁/尚丽新/西南民族大学学报（人文社科版）/2018.11

丝绸之路多元共生的舞蹈形态——天水旋鼓舞与夹板舞的研究启示/王阳文/艺术教育/2018.11

由"私"及"公"：民间信仰与乡土社会的公共生活——河北龙牌庙会的个案研究/王媖娴/天府新论/2018.11

传统道教祭祀场所与惠州山水城市格局的关联/林超慧、程建军、谢纯/南方建筑/2018.12

南靖长教村社简王二氏和谐共处的历史考察/郭娇斌/闽南师范大学学报（哲学社会科学版）/2018.12

乡贤林偕春神化探论/陈晓慧/闽南师范大学学报（哲学社会科学版）/2018.12

当代闽台民间信仰的发展异同与交流趋势/钟建华/闽南师范大学学报（哲学社会科学版）/2018.12

武汉的关公信仰遗迹/宋博文、宋亦箫/武汉文史资料/2018.12

岭南冼夫人信仰的形成及特征/童敖州/海南热带海洋学院学报/2018.12

民间信仰的功能转换及其基本途径探讨/陈明文/湖南广播电视大学学报/2018.12

民间信仰在惠安女服饰传承中的作用/郭阿娥/福建文博/2018.12

知行有别：严复的民间信仰活动/颜钲烽/闽台文化研究/2018.12

明清以来晋东南区域的宗族与民间信仰：兼论华北宗族的完整性/申茜茜、段建宏/农业考古/2018.12

清代民间庙会文化与地方社会发展建构——以鄱阳县张王庙会为例/程宇昌/南昌大学学报（人文社会科学版）/2018.12

民间土地神信仰的特点与意义表征——以靖州三锹地区为中心的考察/李纯、谭卫华/广西科技师范学院学报/2018.12

小支点与大格局——评《民间演剧与戏神信仰研究》/刘怀堂/戏剧艺术/2018.12

民间信仰的引导：新时期宗教工作的挑战/范丽珠、赵春兰、张娟/中央社会主义学院

学报/2018.12

我们应该如何看待传统中国的民间社会信仰——以"天、地、君、亲、师"为中心的文化现象学分析/张新民/教育文化论坛/2018.12

当代珠江口民间信仰发展机制的探讨——基于对广州南沙天后宫的深描/杨培娜/宗教学研究/2018.12

祭坛背后的博弈——永嘉县上塘镇地方社群矛盾及其在民间信仰活动中的表现/潘阳力/河池学院学报/2018.12

温州南白象洞文观神位差序研究/郭重孟/河池学院学报/2018.12

古代广西民间信仰体系探析/何美峰/河池学院学报/2018.12

黔中文神信仰与习俗/周永健/地方文化研究/2018.12

岭南民间信仰多元融合形态表现形式——以惠东神明信仰为例/倪新兵、陈政禹/岭南文史/2018.12

社区治理中民间法的文化内生性规范作用及改进/陈光/江汉大学学报（社会科学版）/2018.12

山东沿海地区妈祖信仰的传播及本土化特征/朱亚非、王嘉琳/妈祖文化研究/2018.12

民间文化生命力的表现与艺术实践——莫言的长篇世界及其创作心理的分析/金进/福建论坛（人文社会科学版）/2018.12

东南亚华侨华人宗教信仰研究40年——基于改革开放以来中国学者的分析/杜谆、曾少聪/华侨华人历史研究/2018.12

大事记

2018年度宗教研究发展大事记

许津然 编

1月

1月3日，唯识译经网（网址为 http://wsyjw.org/）正式开通。唯识译经网旨在弘扬印度佛教瑜伽行派和中国法相唯识宗，网站由林国良教授主持的唯识译经组主办。唯识译经组的主要任务是唯识经典的研究和白话译注，以及唯识研究人才的培养。

1月6日，民间信仰与中华民族文化传承学术论坛在海南玉蟾宫举行。来自中国社会科学院、北京大学、山东大学等机构的10余位民间信仰领域的著名专家学者，共同围绕"民间信仰与中华民族文化传承"进行研讨。与会嘉宾分别从民间信仰与地方社会治理、国家文化安全、非物质文化遗产保护、港澳台民间交流、海外华人社会、中华民族文化认同、少数民族文化传承等角度纷纷阐述观点。

1月6日，福建省东方佛教心理学研究院落成庆典在福州上街碧水琴湾举行。福建省委统战部民宗处处长王宁，中国佛教协会副会长、福建省佛教协会常务副会长、福州市佛教协会会长普法大和尚等社会各界人士100余人出席了落成庆典。

1月6—7日，以人间佛教在东亚与东南亚的传布为主题的国际研讨会在香港中文大学康本国际学术园演讲厅顺利召开。研讨会由香港中文大学人间佛教研究中心、香港中文大学佛学研究文学硕士课程、佛光山人间佛教研究院主办，中国人民大学佛教与宗教学理论研究所、中央民族大学东亚佛教研究中心、武汉大学国际禅文化研究中心、复旦大学哲学院佛教研究团队协办。来自国内外的40多名专家学者、法师参加了会议，通过分享自己的论文，从理论和实践两方面探讨了现代人间佛教的发展。

1月8日，2018年全国宗教局局长会议在京召开。会议全面贯彻党的十九大精神，深入学习领会习近平新时代中国特色社会主义思想，认真落实中央关于宗教工作的决策部署，表彰全国宗教工作系统先进集体和先进工作者，回顾总结2017年宗教工作，安排部署2018年宗教工作。国家宗教事务局局长王作安在会上作工作报告。

1月12日，由北京大学佛教研究中心主办的宗教事务与宗教管理学术研讨会在北京大学召开。来自国家宗教事务局、北京大学、中国人民大学等机构的宗教工作者和专家学者与会。会议由中心执行主任王颂教授主持，共有13位学者发表专题报告，大致分为新修订《宗教事务条例》的相关问题与东西方宗教法制建设实例两大板块。

1月13日，由中国道教协会和中国台北指南宫联合主办、台北指南宫承办的2018海峡两岸道教界迎春联谊会在台北举行，国家宗教局外事司副巡视员薛慧，国家宗教局业务一司道教处处长李永战，中国道教协会副会长兼秘书长张凤林道长，副会长谢荣增道长、张高澄道长，中国台湾"立法院"原院长王金平，台北指南宫主任委员高超文等应邀出席。此次是首次在台湾举办迎春联谊会，参会的台湾代表达到历届之最，共有来自100多个道教组织和宫庙的 1000 余名代表参加。此次联谊会的举办，使双方进一步增进了了解，加深了道谊，并在弘扬道教优秀文化等方面达成了共识，对新一年两岸道教工作的开展具有重要意义。

1月13日，由西北大学玄奘研究院院长、佛教研究所所长李利安教授主持的国家社会科学基金重点项目"宋元明清时期中国汉地观音信仰研究"课题组 2018 年工作会议在西北大学长安校区举行，李利安教授及课题组成员参加了此次会议。该项目最终结项后，其成果将正式出版，形成一套关于中国观音信仰研究的多卷丛书。

1月15日，与"世基联"（WCC）总干事奥拉夫·维特一行座谈会在中国天主教一会一团本部举行，国家宗教事务局外事司肖虹司长主持座谈会，各全国性宗教团体派代表出席座谈会，目的是增进来宾对中国宗教发展情况与各宗教和谐共处理念与实践的了解。中国佛教协会普正副秘书长出席并介绍中国佛教历史与发展简况等。

1月16日，国家社会科学基金重大招标项目"《剑桥基督教史》（九卷本）翻译与研究"举行结项会。由中国社会科学院世界宗教研究所所长卓新平研究员领衔翻译的《剑桥基督教史》完成，全书译稿共计九卷，500 万余字，将由中国社会科学出版社陆续出版发行。来自中国社会科学院、北京大学、清华大学、中国人民大学、北京师范大学、山东大学等高校及研究机构的多位专家及课题组成员参加结项会。《剑桥基督教史》历经 4 年翻译而成。其翻译与研究主要由中国社会科学院基督教研究中心人员承担，翻译团队由中国社会科学院世界宗教研究所及国内各高校研究机构的 30 余位学者组成。

1月18—19日，由昆明佛学研究会、昆明千佛堂主办的第二届佛教文化昆明论坛在昆明举行。论坛的主题是"走进新时代，服务美好生活的佛教文化"，共设"走进新时代的佛教慈善事业""佛法与生活"两场分论坛。

1月19日，国家社会科学基金重大项目"汉语基督教文献书目的整理与研究"（批准号：12&ZD128）课题成果展揭幕式暨《汉语基督教珍稀文献丛刊（第一辑）》新书首发座谈会在上海图书馆徐家汇藏书楼展厅隆重召开。"汉语基督教文献书目数据库"已涵盖 1840 年前天主教、晚清天主教、晚清新教、民国天主教、民国新教、东正教六个子课题分类，共录入 3 万余条档案、连续出版物、著作、信札等文献信息。

1月20日，首期爱德艺术哲学沙龙在中国爱德艺术院举办。来自中国社会科学院世界宗教研究所、北京大学、清华大学、中国人民大学、北京教育学院、故宫博物院、中国爱德艺术院等单位的相关学者、艺术家、画家、书法家参加沙龙。沙龙重点从三方面进行了交流探讨：美的沉思：艺术本质和美的诞生；艺以载道：哲学、宗教与绘画艺术的融通之处；色即时空：绘画艺术的本土化和时代性问题。

1月23日，中国社会科学院世界宗教研究所在京召开了关于中国社会科学院"三个体系"建设课题之一《马克思主义宗教学概论》撰写提纲与分工座谈会。马克思主义宗教观研究室主任曾传辉研究员主持了会议。世界宗教研究所党委书记赵文洪研究员传达了院领导的要求，学部委员卓新平作了主旨发言。

1月23日，由重庆出版社与重庆大足石刻研究院历时 14 年打造的《大足石刻全集》近日正式出版。《大足石刻全集》对重庆市大足区境内被列入世界文化遗产的 5 处石窟进行了系统的考古调查和整理，按区域和编号序列，将传统的考古学研究手段和现代的科学技术手段融为一体，客观、全面、准确地反映宗教摩崖石刻艺术的发展历程和现存状况。《大足石刻全集》总计 11 卷 19 册，约 1200 万字，绘制线图 2983 张、拍摄图片 5794 张，是迄今关于世界文化遗产大足石刻最全面、最权威的考古研究报告，填补了大足石刻在出版史和考古史上的空白。

2月

2月6—10日，为加深甬港两地文化交流，经国家宗教局审批同意，由宁波市佛教协会、香港大公文汇传媒集团联合主办的圣地宁波·四明佛画展在香港中央图书馆举行。此次展览共陈展佛教绢画180多幅，均采用传统的真丝绢布与进口矿物颜料绘制，以佛教人物与佛教故事为题材进行古仿，佛教风格以唐密与汉传造像为标准，生动还原了"四明佛画"艺术，完整演绎了四明佛画的深湛造诣。

2月7日，国家新闻出版广电总局日前公布了第四届中国出版政府奖获奖名单，此次评选共设图书奖、期刊奖、音像电子网络出版物奖、印刷复制奖、装帧设计奖、先进出版单位奖、优秀出版人物（优秀编辑）奖七大类。其中，《世界佛教通史》获得图书奖。《世界佛教通史》由中国社会科学院学部委员魏道儒研究员主编、国内外20多位老中青年佛教研究学者参与撰写，全书共800多万字，历时八年完成。该书论述了佛教从起源到20世纪在世界范围内的兴衰演变主要过程，在国内外学术界属于首创。

2月8日，国家宗教局局长王作安，副局长陈宗荣、张彦通、余波等一行到中国道教协会走访慰问，并与中国道协负责人座谈。中国道教协会会长李光富，副会长兼秘书长张凤林，副会长孟至岭，副秘书长冯正伟、李兆彩及各部室主要负责人等参加座谈。张凤林副会长兼秘书长向王作安局长一行汇报了中国道教协会对过去一年里的重点工作的推进情况和存在的问题。王作安局长对中国道协在过去一年里所取得的成绩给予肯定。他希望中国道协要在自身建设方面加大力度，要照章办事、按规矩办事；继续推进《中华续道藏》编纂和道教教义体系的现代建构等重点文化工程；要稳抓重点工作，做出成效。他强调，道教人才培养对中国道教的发展有着至关重要的作用，希望中国道协进一步加大人才培养力度。最后，他代表国家宗教局向全国道教界人士和信教群众致以新春的祝福。

2月24日，基督教全国两会组织同工座谈，邀请各部门同工代表结合本职工作，交流党的十九大报告学习心得。中国基督教三自爱国运动委员会主席傅先伟长老、中国基督教协会会长高峰牧师出席座谈会。中国基督教三自爱国运动委员会副主席兼秘书长徐晓鸿牧师主持座谈会。徐晓鸿牧师首先回顾了党的十九大召开的时间节点，总结国家所取得的建设成就，言简意赅地指出党的十九大报告的主题和中心思想。随后，基督教全国两会各部门同工代表分别围绕各自岗位的工作实际情况，分享学习的体会。中国基督教协会会长高峰牧师做总结发言，高牧师希望各部门在当前和今后一段时期继续认真学习和贯彻党的十九大精神，同时指出学习贯彻党的十九大精神要做到"五个落实"。

3月

3月1日，宁波市民族宗教局召开《宁波民族宗教志》编纂工作推进会。市社会科学院院长陈利权，宁波大学教授张伟、张如安和市委党史研究室、市民族宗教服务中心等有关同志参加会议，市委统战部副部长、市民族宗教局局长金黎萍出席会议并讲话。会议主要研究了《宁波民族宗教志》编纂大纲，并对涉及编纂有关内容和框架进行了商讨。

3月2—7日，中国社会科学院民族学与人类学研究所藏学与西藏发展研究室学者、世界宗教研究所当代宗教研究室学者以及云南大学民族学与社会学学院学者前往四川省甘孜州丹巴县，对县内各民族交往交流交融、宗教与社会主义社会相适应等相关情况进行了实地调研。

3月6日，中国佛教讲经交流基地2017年度工作总结会议近日在杭州灵隐寺召开。会议回顾总结2017年基地工作，就2018年工作提出改进意见和方法。中国佛教讲经交流基地主任光泉法师对2017年基地工作取得的成绩给予肯定，对杭州市佛教协会为中国佛教讲经交流基地的大力支持表示感谢，同时就2018年工作做出部署。

3月11日，中国（崂山）道家书画院在崂山太清宫弘道院召开学习贯彻党的十九大精神、做好2018年书画院工作研讨会。青岛市书法家协会名誉主席姜岱积（特邀），青岛市道教协会会长、崂山太清宫方丈、中国（崂山）道家书画院院长李宗贤；常务副院长于兴国；顾问江崇照；副院长赵善亭、高明见、杨树德和秘书长、副秘书长、理事、会员代表共20余人参加了研讨会。

3月16日，龙虎山道教培训中心戊戌年首期初级法事培训班在天师府开班。来自辽宁、北京、湖北、江西、浙江、安徽等省（市）的32名学员参加培训。在15天的时间里，学员将学习道教仪轨、祈福法事、早晚功课等项目。龙虎山道协副会长曾广亮道长，天师府管委会主任龚伦国道长，副主任鲁国平、曾少华道长，天师府高功法师张磊道长及助教杨靖道长等出席开班仪式。

3月21日，两岸道教科仪文化座谈会在武汉大道观召开。座谈会由武汉大道观经乐艺术团副团长许见君主持。武汉市道教协会秘书长陈敬东详细介绍了武汉道教现状。湖北省道教协会副会长、武汉市道教协会副会长、武汉大道观监院任宗权道长介绍了大陆以及武汉道教科仪发展情况。中国台湾心斋弘道会理事长吴建勋道长对座谈会的成功举办表示祝贺和感谢。台湾心斋弘道会秘书长、银河洞纯阳宫监院罗弘钲详细介绍了台湾道教情况。台湾中华道教道法自然研究会理事长李时坻道长介绍了台湾道教科仪情况。

3月27日，中国社会科学院世界宗教研究所马克思主义宗教观研究室、佛教研究室和宗教艺术研究室在该所共同举办了从长期治藏方略谈坚持我国宗教中国化方向学术报告会。中国藏学研究中心社会经济所研究员、中央军委兼职研究员龙西江做了主题报告，世界宗教研究所党委书记赵文洪研究员、国家宗教事务局研究中心副主任加润国研究员、佛教研究室副主任杨健研究员、宗教艺术研究室副主任嘉木扬·凯朝研究员和该所部分科研人员出席了会议，马克思主义宗教观研究室主任曾传辉研究员主持了会议。

3月27—28日，基督教全国两会在江苏省南京市召开《推进我国基督教中国化五年工作规划纲要》启动仪式暨神学思想建设宣讲团工作会议，部分省（自治区、直辖市）基督教两会负责人和118位基督教全国两会神学思想建设宣讲团成员参加会议。时任中国基督教协会会长高峰牧师表示，中国教会长期致力于推进中国化进程，《规划纲要》的制定、实施旨在新时代深化神学思想建设，促进教会和谐健康发展，发挥基督教的积极作用，践行社会主义核心价值观，不断提高与社会主义社会相适应的广度和深度。

3月30—31日，由清华大学哲学系圣凯教授担任首席专家的2017年度国家社会科学基金重大项目"汉传佛教僧众社会生活史"开题会暨观念史与社会史视域下的汉传佛教研究学术研讨会在京举行。来自清华大学、中国社会科学院、中国人民大学、复旦大学、南京大学、浙江大学、中山大学、四川大学、中国政法大学、敦煌研究院、龙门石窟研究院、商务印书馆等19个单位的30余位课题组成员围绕观念史与社会史视野中的汉传佛教研究，社会史、考古学视野下的佛教与社会，汉传佛教僧众的文化生活、物质生活，汉传佛教的寺院经济与社会生活空间，汉传佛教的制度生活与政治生活等议题展开讨论，为项目的后续开展打下了坚实的基础。

3月31日，中国伊斯兰教协会原副会长、顾问、陕西省伊斯兰教协会原会长马良骥大阿訇归真，享年87岁。

3月31日，太虚与近代中国国际学术研讨会在北京大学召开。会议由北京大学佛教研究中心主办，闽南佛学院协办，来自海内外的二十余位本领域的专家学者应邀出席会议并发表了学术论文。本次会议是新修《太虚大师全集》项目的阶段性成果展示。该项目由北京大学佛教研究中心和闽南佛学院合作开展，经过前期充分的酝酿与协调，于2017年3月太虚大师圆寂七十周年纪念之际在厦门南普陀寺闽南佛学院举行了项目的正式启动仪式。项目自启动以来迄今已经历时一年有余，取得了不少阶段性的成果。

3月31日至4月1日，中国人民大学哲学院与安徽省亳州学院共同主办的老子道文化学术研讨会在安徽涡阳市举行，来自海内外的专家学者就老子道文化开展了为期两天的深入研讨。中国人民大学哲学院院长、马克思主义学院院长郝立新作了主题发言。此次研讨会深入研讨了以老子《道德经》为代表的道家文化，老子哲学思想在中国历史乃至东亚文化圈的深远影响，地方道教的发展经验，在当代社会如何结合时代背景发挥道家文化在促进身心健康、社会和谐、经济发展、环境保护等方面的重大价值等内容。

4月

4月1—4日，由中国人民大学佛教与宗教学理论研究所、辅仁大学宗教学系、华侨大学海外华人宗教与闽台宗教研究中心联合主办的第十二届海峡两岸宗教学术论坛"宗教、宗派与家族"在中国人民大学成功举行，两岸三校的三十余位学者与众多旁听观众参与了论坛。论坛共设佛教：思想、制度与历史，基督教：观念与实践，伊斯兰教思想，佛教与中国思想，道教与民间宗教五场论文发表会。

4月2日，中国统一战线理论研究会民族宗教理论甘肃研究基地在北京召开专家委员及研究员座谈会。座谈会上，来自中共中央党校（国家行政学院）、中国社会科学院、北京大学、中国人民大学、中央社会主义学院、中央民族大学、石河子大学、西北民族大学等科研院校的30余位专家学者，围绕习近平新时代中国特色社会主义思想与民族宗教工作主题深入研讨。

4月3日，国务院新闻办发布《中国保障宗教信仰自由的政策和实践》白皮书。白皮书说，我国依法管理宗教事务。国家对待各宗教一律平等，一视同仁，不以行政力量发展或禁止某个宗教，任何宗教都不能超越其他宗教在法律上享有特殊地位。国家依法对涉及国家利益和社会公共利益的宗教事务进行管理，但不干涉宗教内部事务。白皮书介绍，我国实行宗教信仰自由政策，尊重和保护宗教信仰自由是中国共产党和中国政府对待宗教的基本政策。我国坚持独立自主自办原则，宗教团体和宗教事务不受外国势力的支配，是我国宪法确定的原则。我国政府依照宪法和法律，支持各宗教坚持独立自主自办原则，各宗教团体、宗教教职人员和信教公民自主办理宗教事业。我国积极引导宗教与社会主义社会相适应，最大限度团结广大信教公民和不信教公民。

4月3日，国务院新闻办公室在北京发表《中国保障宗教信仰自由的政策和实践》。多位中国学者受访时表示，宗教信仰自由既是中国传统，更是中国现代化进程不可缺少的基本政策。中国社会科学院世界宗教研究所副所长郑筱筠表示，中国宗教信仰植根于中国传统文化这一厚重的文化土壤之中。原国家宗教事务局宗教研究中心综合研究部副主任张弩说，受中国传统优秀文化影响，"多元通和、和而不同、和合共生"观念成为中国宗教的主流。复旦大学国际政治系主任徐以骅指出，在很多宗教界人士看来，改革开放以来中国宗教迎来了历史上最好的时期。

4月3日，云南省社会科学院副院长杨正权一行四人到访中国社会科学院世界宗教研究所。世界宗教研究所党委书记赵文洪研究员、副所长郑筱筠研究员、副所长贾俐与杨正权一行就中国社会科学院国情调研云南基地2018年年度项目的启动与双方的合作等相关事务举行了座谈。科研处副处长苏冠安、道教与中国民间宗教研究室主任汪桂平研究员、副主任李志鸿副研究员、林巧薇副研究员以及宗教学理论研究室梁恒豪副研究员等人出席了会议。作为该项目的负责人，中国社会科学院世界宗教研究所郑筱筠副所长回顾了该项目在2017年的工作情况及所取得的科研成果。2017年度项目"云南与周边国家民族经济社会文化研究"的结项报告在中国社会科学院国情调研基地的成果鉴定中获得了"优秀"等级。

4月5—11日，中国道教协会会长李光富道长、副会长胡诚林道长、副秘书长廖东明道长及来自武当山道教协会的道长一行12人赴日本参加系列道教交流活动。

4月8日，在中国社会科学院、中华全国台湾同胞联谊会等单位的支持和指导下，由中国社会科学院世界宗教研究所、中国社会科学院台港澳研究中心等联合主办，中国社会科学院世界宗教研究所佛教研究室和海峡两岸交流基地（厦门市石室书院）共同承办的第二届海峡两岸佛医论坛于厦门海沧石室书院隆重召开，来自海峡两岸的百余位专家学者、高僧大德齐聚一堂。国务院台湾事务办公室副主任龙明彪，中国社会科学院副院长李培林及中华全国台胞联谊会副会长郑平等出席论坛。论坛以中华医药文化复兴为主题，分设佛医文化与生命健康、药师信仰与身心健康、佛教医方明及其时代价值和中华医学与人类命运共同体四个分议题。论坛紧扣"人民健康是民族昌盛和国家富强的重要标志"的发展战略，深入挖掘佛医文化新元素，推动中华医药文化复兴。

4月8日，《第五届世界佛教论坛工作备忘录》签字仪式暨第五届世界佛教论坛新闻发布会在京举行。论坛由中国佛教协会和中华宗教文化交流协会共同主办，第五届世界佛教论坛福建组委会承办。中华宗教文化交流协会会长王作安，中国佛教协会会长学诚法师，福建省政协主席、第五届世界佛教论坛福建组委会主任崔玉英，福建省委常委、统战部长、第五届世界佛教论坛福建组委会常务副主任雷春美，福建省政协副主席、第五届世界佛教论坛福建组委会副主任洪捷序见证了签字仪式。中华宗教文化交流协会副会长陈宗荣，中国佛教协会副会长演觉法师，第五届世界佛教论坛福建组委会副主任、福建省人民政府副省长郑建闽签署了《第五届世界佛教论坛工作备忘录》。中华宗教文化交流协会副会长陈宗荣，中国佛教协会副会长宗性法师，第五届世界佛教论坛福建组委会副主任、福建省人民政府副省长郑建闽，莆田市委书记林宝金等出席了论坛新闻发布会。签约仪式和发布会由中华宗教文化交流协会副秘书长肖虹主持。

4月9日，基督教全国两会与中央社会主义学院联合举办的各省（自治区、直辖市）基督教两会暨神学院校负责人培训班在中央社会主义学院举行开学典礼。开学典礼由中国基督教协会会长高峰牧师主持，中国基督教三自爱国运动委员会主席傅先伟长老代表基督教全国两会讲话。培训为期一周，参加的学员共有50人，由国内学界资深教授讲授关于学习党的十九大报告、基督宗教与中华文化以及宗教理论与政策等内容。

4月11日，中央社会主义学院举办以构建积极健康的宗教关系为主题的学员论坛，正在中央社会主义学院上课的第三期各省（区、市）道教协会负责人研修班、基督教全国"两会"精神暨神学院校负责人培训班、青海省藏传佛教活佛培训班、北京市宗教团体领导班子成员读书班、统一战线学专业2017级博士研究生班的200余名学员汇聚一堂，畅所欲言，互动深入热烈。中央社会主义学院党组成员、秘书长徐永全出席论坛并致辞。

4月13日，西藏自治区2018年度藏传佛教晋升格西拉让巴立宗答辩暨颁证仪式在拉萨大昭寺举行。来自拉萨色拉寺、哲蚌寺等寺庙的9名考僧参加了立宗答辩并晋升格西拉让巴学位。格西拉让巴是藏传佛教格鲁派僧人修学显宗的最高学位。参加当日活动的有9名考僧、30名考评委员会成员、170名重要寺庙学经僧人和50余名信教群众。

4月26日，由中国道教协会指导，浙江省道教协会、江苏省道教协会、安徽省道教协会、上海市道教协会主办，上海市社会科学院宗教研究所、华师大明道道教研究所协办，上海城隍庙承办的第七届长三角地区道教论坛——坚持道教中国化方向研讨会在上海隆重开幕。论坛围绕"坚持道教中国化方向"的主题展开讨论，共有四场论坛发言，张凤林道长、陈耀庭教授、胡诚林道长、詹石窗教授、董中基道长、卢国龙教授等23名教界和学界代表共同为道教中国化方向的理念和举措建言献策。

5月

5月5—6日，由常熟市佛教协会主办，江苏佛学院法界学院、苏州大学承办，兴福寺、宝岩禅寺、三峰寺协办的宗教与自然国际研讨会在江南文化名城常熟召开。研讨会邀请了20余名国内外专家学者参加，与会专家对研究宗教、地方、空间与风景的关系进行了深入探讨和交流，充分挖掘宗教对自然保护的有益思想。

5月5—9日，由中国社会科学院世界宗教研究所、中国宗教学会、敦煌研究院共同主办，敦煌研究院文献研究所、佛学研究中心和中国社会科学院《世界宗教文化》编辑部承办的敦煌与丝绸之路多元宗教学术研讨会在敦煌莫高窟隆重召开。来自北京大学、清华大学、华东师范大学以及中国社会科学院、敦煌研究院等高等院校和科研单位的120位代表济济一堂。研讨会共收到学术论文（包括综述等）共97篇，内容涵盖敦煌古代宗教与丝绸之路多元宗教文化关系，三夷教及其在丝绸之路沿线的传播，丝绸之路沿线的宗教文化交流，敦煌与中亚、印度石窟艺术，敦煌、丝绸之路之相关历史文化研究等诸多领域。

5月10日，历时三年编辑而成的《王孺童集》，已由宗教文化出版社正式出版发行。该集共十八卷，收录了著名学者王孺童先生亲自编定的，从1988年至今所撰写的文章、诗词、著作等，总计750万字。

5月10—11日，由基督教全国两会、中华宗教文化交流协会、德国新教教会联合会和德国新教福音事工协会联合主办的第二届中德跨宗教对话——不同文明共同未来对话会在上海举行，中德双方来自宗教界、政界和学界近50位代表参加会议。这是继2016年5月中德跨宗教对话——和平与共享对话会在德国汉堡成功举办之后，双方举行的第二次对话会。

5月12日，以中国佛教戒律思想与实践为主题的第七届灵隐佛教文化论坛在杭州灵隐寺联灯阁开幕。来自佛教界、学术界30余位法师和学者代表参与现场交流分享，灵隐寺监院廓忍法师出席开幕式并讲话。论坛以纪念弘一法师圆具一百周年为缘起，以中国佛教戒律思想研究、南山律宗与佛教中国化、南山律宗历代祖师研究、弘一律师佛学思想研究等主题展开学术交流，共选出优秀论文24篇，共有27位法师、学者参加交流研讨。

5月12日，由西北大学玄奘研究院主办的西北地区宗教发展现状座谈会在西北大学太白校区举行。"贯彻落实《宗教事务条例》的若干问题研究"课题组赴西安与西安学界人士就《宗教事务条例》和西北地区宗教发展现状，尤其是伊斯兰教中国化相关问题进行座谈。

5月12—13日，由北京市道教协会主办、北京东岳庙承办的首届东岳论坛——坚持道教中国化方向研讨会在北京举行。论坛上，百余位专家学者、宗教工作者与道教界人士一起，交流探讨坚持道教中国化方向。论坛期间，举行了《北京东岳庙志》发布仪式。

5月18日，中国伊斯兰教协会在北京举行"四进"清真寺活动启动仪式，向各地伊斯兰教协会和清真寺发出倡议，倡议开展"国旗、宪法和法律法规、社会主义核心价值观、中华优秀传统文化进清真寺"活动。

5月19—20日，首届人间佛教社会学论坛在上海星云文教馆举行。论坛由财团法人佛光山人间佛教研究院、华东师范大学宗教与社会研究中心、中国社会学会宗教社会学专业委员会联合主办。来自清华大学、中国社会科学院、四川大学、华东师范大学、上海社会科学院等机构的20余名学者参与讨论。论坛以人间佛教的社会学研究为主题，与会学者相继进行论文发表并就核心议题展开学术讨论，在聚焦论坛主题的同时亦有所发散，形成了此次论坛的主要研究问题与问题意识。

5月20日，《中华大藏经》（藏文部分）电子版首发式在北京举行，实现了在计算机上对《中华大藏经》所收经典的原版阅读。据了解，《中华大藏经》（藏文部分）电子版根据中国藏学出版社出版的纸质版《甘珠尔》《丹珠尔》，以及《宁玛密续集》《阿毗达磨发智论》《阿毗达磨大毗婆沙论》等编辑制作而成。当日，《东噶·洛桑赤列——从活佛到教授》画册同期发行，中国藏学网新版上线。在同日举行的第五次全国藏学工作协调会闭幕式上，来自全国80多家相关科研机构、高等院校及有关部门的与会代表就如何建立藏学研究协调机制进行了探讨。

5月20日，由安徽省佛教协会指导，九华山佛教协会主办，九华山翠峰寺九华山佛学院承办的承继与复兴——纪念华严大学创办120周年，第二届翠峰华严论坛暨华严文教中心成立庆典圆满闭幕。

5月20—22日，由四川大学道教与宗教文化研究所主办的生命道教暨卿希泰先生道教学术思想研究国际论坛及党的十九大精神与构建中国特色宗教学学科体系、话语体系专栏专题学术研讨会相继在四川大学举行。会议由中国宗教学会、中国道教协会、成都市民族宗教事务局、四川省社科联《天府新论》杂志社等单位指导。会议主题包括：卿希泰先生道教学术思想研究、"生命道教"的界定及阐发、构建中国特色宗教学学科体系与话语体系。

5月21日，由教育部人文社会科学重点研究基地四川大学道教与宗教文化所、国家社会科学基金资助期刊《宗教学研究》编辑部共同主办的党的十九大精神与构建中国特色宗教学学科体系、话语体系专栏专题学术研讨会在四川大学举行，国内专家学者30余人齐聚一堂，共同深入学习探讨党的十九大报告精神与构建中国特色宗教学学科体系、话语体系的理论问题。这是国内高校首次举办此主题的学术研讨会。

5月26—27日，第三届南朝佛教与金陵学术研讨会在鸡鸣寺隆重举行，30多位有影响力的佛教研究学者齐聚一堂，专题研讨南朝时期建康佛教人物，共同推动南朝佛教文化研究和江苏佛教文化建设。研讨会由南京市佛教协会主办，南京市历史文化传承与公共文化服务协同创新中心协办，南京鸡鸣寺、江苏尼众佛学院承办。

5月26—27日，心理学、宗教学中的人学问题学术研讨会暨金木水先生《悉达多的心理学——对现代心理学说"不够"》出版座谈会在北京召开。来自中共中央党校、中央编译局、北京大学、首都师范大学等单位的20余名专家学者参会。

5月29日，由中国社会科学院道家与道教文化研究中心主办的道教研究的新探索学术座谈会在中国社会科学院世界宗教研究所大会议室召开。

6月

6月1日，宗教文化出版社开发的数字服务平台——宗教专业资源库、数字图书馆经过近一年的筹备和实质搭建，现已完成建设和验收。该平台纳入的资源主要涵盖以下五大种类：政策法规类、宗教经典类、学术研究类、教材教程类、知识文化类。该平台于2018年6月下旬正式上线试运营。

6月1—2日，国际道家哲学会议在北京师范大学成功举办。会议由北京师范大学哲学学院主办，北京师范大学道家与中国文化国际研究中心、北京师范大学价值与文化中心和美国三松出版社三家单位协办。来自剑桥大学、耶鲁大学、布朗大学、慕尼黑大学、北京师范大学、北京大学、清华大学、中国社会科学院、香港中文大学等90余所国内外知名大学和研究机构，共计130余名学者参加了会议。

6月2日，由上海大学文学院和佛光山人间佛教研究院联合主办的第六届星云大师人间佛教理论实践学术研讨会在上海星云文教馆盛大开幕。此次会议主题为"人间佛教与人生修持"。来自海峡两岸多所著名大学的近四十位学者和部分2018年人间佛教写作奖学金博硕士研究生等共近百人出席。

6月2日，浦东新区道教协会在上海钦赐仰殿道观召开浦东道教文化研究所成立会。研究所今后在爱国爱教的基础上，以研究当代道教、探索道教与当代社会的关系、促进道教事业健康发展为中心，致力于传承和弘扬道教优秀文化，助推中华文化繁荣发展，促进道教与社会主义社会相适应。

6月9日，由中国佛学院栖霞山分院主办的三论宗与栖霞山学术研讨会在南京栖霞寺举行。来自全国各地的佛学专家学者和法师居士们齐聚一堂，共话三论慧学。

6月14日，《百年道学精华集成》（詹石窗总主编，上海科学技术文献出版社、上海图书馆2018年3月版），共50卷3000余万字，由百余位学者发奋耕耘12年完成。

6月15日，中央民族大学校级非独立科研平台——中华文化研究院正式揭牌。适逢中央民族大学荣誉资深教授、著名中国哲学与中国宗教研究专家、中央民族大学中华文化研究院名誉院长牟钟鉴教授新作《儒道佛三教关系简明通史》由人民出版社正式出版发行，新书出版座谈会亦同时举行。会议由中央民族大学与人民出版社联合主办，中央民族大学哲学与宗教学学院承办。中央统战部、国家民委等相关部门的主要负责人、全国众多高校和科研机构的著名学者、多位宗教领袖、部分民间学术团体的学术带头人及《中国宗教》等十余家媒体等共计80余人应邀参加会议。

6月16日，第二届北京宗教研究高端论坛在北京西顶书院举行。论坛主题为北京的宗教历史与宗教民俗，由中国社会科学院世界宗教研究所、中国宗教学会、北京西顶书院联合主办，来自原国家宗教事务局、北京市宗教局、中国道教协会等部门和机构的领导和专家学者齐聚一堂，共话北京的宗教历史与民俗。

6月16—18日，由中国社会学会宗教社会学分会、福建省民族与宗教研究所、华东师范大学民族宗教与国家治理研究中心联合主办的宗教与社会心态暨新时代福建民族宗教工作坊在福州贵安举行。工作坊以宗教与社会心态为主题，重点关注宗教与社会心态研究的理论与方法、五大宗教与大国心态、社会心态与宗教徒的皈依特征、当代中国社会心态与宗教信仰方式、社会心态与健康宗教的积极引导、佛系心态与当代社会舆情、网络宗教及其心态表现、宗教心态与民间信仰、民间文化等议题。

6月22日，北京大学佛教研究中心举办以帝国、商业与宗教：佛教与全球化的历史与展望为主题的工作坊，来自不同学科背景的学者参与了交流与讨论。

6月23日，为纪念《中日和平友好条约》签订40周年，进一步加深中日两国佛教界间的友好往来和文化交流，由宁波市佛教协会、日本中国文化交流协会、日本·天台宗书道联盟共同举办的"华枝春满——中日佛教书法作品展"在宁波四明延庆讲堂隆重开幕。

6月23日，宋版《思溪藏》重刊首发式暨《思溪藏》研究国际研讨会在浙江湖州举行。汉文大藏经是中国佛教经、律、论三藏典籍的总汇，宋代至清代雕版刊刻的藏经共有20余种，而《思溪藏》是现存最早、最完整，且自问世后从未再度面世的一部雕版藏经。2012年，国家将重刊《思溪藏》项目列入2011—2020年国家古籍整理出版规划。该项目在长达7年的时间里，创造了宋代大藏经原版重现的奇迹，一千年后《思溪藏》的重刊，无疑是汉文大藏经发展的又一个里程碑，具有重大的学术价值和文化传播价值。

6月26日，中国佛教协会发布《关于自觉抵制佛教领域商业化不良影响的通知》。《通知》号召各省、自治区、直辖市佛教协会高度重视佛教领域商业化问题，将自觉抵制商业化不良影响、积极配合党和政府治理佛教领域商业化问题作为当前的重要工作来抓，认真组织当地佛教活动场所、佛教院校和佛教教职人员学习贯彻《宗教事务条例》及十二部门文件精神，自觉抵制商业化不良影响。

6月29日，北京大学哲学系宗教学系、北京大学宗教文化研究院、复旦大学哲学院在北京大学联合举办中国宗教研究方法的反思与创新学术工作坊。来自北京大学、复旦大学、中国社会科学院、中国人民大学等科研单位的30多位专家学者出席研讨活动。学术研讨主要围绕北京大学哲学系宗教学系张志刚教授新著《"宗教中国化"义理研究》（宗教文化出版社，2017年）和复旦大学哲学院宗教学系李天纲教授新著《金泽：江南民间祭祀探源》（三联书店，2017年），以主题引言与自由发言的灵活方式，就中国宗教研究方法的反思与创新展开了深入研讨。

6月29—30日，由中国社会科学院世界宗教研究所、中国宗教学会主办，中国社会科学院世界宗教研究所宗教文化与艺术研究室和辽宁阜新海棠山普安寺承办的首届"一带一路"与亚洲佛教文化论坛暨海棠山佛教专题论坛在北京隆重召开。来自蒙古国科学院、印度新那烂陀大学、斯里兰卡比丘大学、孟加拉国吉大港大学、达卡大学、尼泊尔梵语大学、尼泊尔莲花研究中心、日本名古屋大学、韩国真觉大学等国内外高等院校、科研单位和佛教寺院的一百余名代表，共聚一堂，讨论、挖掘亚洲佛教文化的精神内涵以及海棠山摩崖造像的艺术意义。研讨会共收到学术论文70余篇，内容涵盖"一带一路"与宗教文化交流、蒙古地区佛教文化、佛教与文化交流、海棠山佛教文化与艺术等诸多方面。

6月29—30日，由中国社会科学院世界宗教研究所、华中师范大学近代史研究所、法国国立东方语言与文明学院（INALCO）暨法国多学科佛教研究中心（CEIB）共同发起的第一届现代中国宗教研究工作坊在中国社会科学院世界宗教研究所举行。来自法国的学者高万桑（Vincent Goossaert）、戴文琛（Vincent Durant-Dastes）、汲喆（Zhe Ji）和英国剑桥大学的周越（Adam Yuet Chau），德国莱比锡大学的柯若朴（Philip Clart），美国罗格斯大学的刘迅（Xun Liu），中国人民大学的何建明，复旦大学的巫能昌，山东大学的刘家峰，华中师范大学的付海晏，北京师范大学的岳永逸，香港中文大学的学愚，中国社会科学院世界宗教研究所的周伟驰、李华伟、李建欣参加工作坊。

6月30日至7月3日，河北保定兜率寺开山五周年纪念暨第三届中国现代佛教论坛在兜率寺召开，论坛由中国人民大学佛教与宗教学理论研究所、中国人民大学宗教高等研究院主办，中国社会科学院《世界宗教研究》杂志社协办，河北保定兜率寺承办，来自中国内地、中国香港、中国台湾及韩国、马来西亚、加拿大、法国等多个国家和地区的24位教授围绕中国现代佛教展开深入交流与讨论。

7月

7月3日，九宫山瑞庆宫举办开山祖师张道清真人诞辰九百周年庆典活动。全国政协常委、中国道教协会会长李光富，全国政协委员、中国道教协会副会长赖保荣等出席庆典。

7月4日，澳门宗教界人士北京研习参访团一行29人拜访中国道教协会。中国道教协会副会长兼秘书长张凤林道长、副会长黄信阳道长会见了参访团。参访团成员包括天主教澳门教区总务长刘炎新神父、澳门佛教总会理事长释宽静法师、澳门浸信会联会主席黎允武牧师、巴哈伊教澳门总会主席江绍发博士、澳门道教协会理事吴炯章道长等。澳门中联办协调部副部长盛刚随团同行。

7月5日，由五台山佛学与东亚文化国际研究院、北京大学佛教典籍与艺术研究中心主办，英国伦敦大学国王学院、清华大学道德与宗教研究院、加拿大英属哥伦比亚大学佛学论坛协办，由山西五台山竹林寺承办的第四届五台山信仰国际学术研讨会在山西忻州举行。论坛以"身份认同及群体建构：佛教与人类命运共同体研究"为主题，旨在继续推动跨文化、多民族和跨地域脉络中的五台山信仰研究，发挥五台山在佛教文化国际化传播中的纽带作用。来自美国、加拿大、以色列、日本等14个国家和地区的55位专家学者参加研讨。

7月7日，以"一带一路"——从空间和文化维度理解中国如何应对世界为主题的国际研讨会在复旦大学举行。研讨会由挪威卑尔根大学、中国社会科学院世界宗教研究所"'一带一路'与宗教研究"项目组、北欧中心协同举办，来自挪威卑尔根大学、美国三一学院、中国社会科学院世界宗教研究所、上海社会科学院、云南民族大学、复旦大学社会发展与公共政策学院等单位的学者围绕"一带一路"倡议，就中国如何在空间和文化上与世界进行交流互动进行了深入研讨。

7月8日，道安大师古北岳恒山弘法纪念论坛在保定举办。论坛由保定市佛教协会主办，保定大佛光寺具体承办，上海大学道安佛学研究中心协办。来自国内的二十多位法师和专家学者参加论坛。

7月8—9日，由中国宗教杂志社主办，中国佛教协会、中国公共外交协会指导，铜仁市人民政府、贵州省民族宗教事务委员会承办的2018中国梵净山生态文明与佛教文化论坛在铜仁市隆重举行。论坛活动以心灵环保·世界和谐为主题，以尊崇自然，构建人类命运共同体为年度主题。

7月10日，宗教文化出版社"宗教专业资源库、数字图书馆"上线仪式暨应用培训班于在江苏镇江举办。原国家宗教事务局副局长余波，国家新闻出版署数字出版司副司长冯宏声，宗教文化出版社社长任继春、副社长兼副总编赵忠海，江苏省宗教局副局长张全录等出席会议，来自全国各省、自治区、直辖市宗教工作部门的有关负责同志，全国性宗教团体、全国性宗教院校相关负责人，及地方宗教院校相关人员等共180余人参加会议。

7月13日，中华基督教青年会、女青年会全国协会组织召开同工学习会。会议就下半年工作做安排部署，传达学习在宗教活动场所升挂国旗的倡议，汇报三都县养老服务项目进展情况。

7月14—15日，由中国道教协会主办、众多专家学者参与的道教教义体系的现代建构启动会暨学术研讨会在北京召开。原国家宗教局副局长陈宗荣、原国家宗教局一司司长王健、宗教文化出版社社长任继春等相关部门领导及来自全国各地的专家学者、道教界人士百余人出席。"道教教义体系的现代建构"课题目的在于重新整合道教教义，明晰教义体系，凝聚道教力量，增强教内共识，形成多方合力。

7月16日，中国道教协会《道医集成》定稿会在湖北武当山召开。《道医集成》由中国道教协会、中华中医药学会共同组织编纂，历时5年完成，于近期由中国中医药出版社出版发行。该丛书所收书目不限于一般意义上的道教涉医文献，而是将道医所著、涉及道家思想、道士学医必读等中医文献进行了广泛选录。全书共81卷，分为道论、医典、本草、医方、临证、摄养、金丹七大类，共收书目近600种，总计3000余万字，附图1万余幅。

7月16—23日，由中华基督教青年会、女青年会全国协会吴建荣总干事、赵静文总干事带队，全国协会全体同工赴武汉调研青年会工作。调研期间，参观了武汉基督教青年会、武汉基督教女青年会的办公场所，观摩了武汉青年会的社会服务项目，与武汉同工们座谈交流，了解他们在自身建设、社会服务、对外交流等方面的工作感受。

7月17日，中国道教协会向各省、自治区、直辖市道教协会下发《关于加强治理、坚决抵制道教商业化问题的通知》，要求各省、自治区、直辖市道教协会高度重视道教领域商业化问题，认真组织道教协会、院校、活动场所和教职人员深入学习党的十九大精神、全国宗教工作会议精神、《宗教事务条例》和十二部门文件精神，从正确认识道教商业化问题、继续加强道教道风建设、规范道教活动场所管理、依法依规加强教职人员管理、规范互联网信息服务、积极维护道教界合法权益6个方面入手，抵制道教领域商业化行为，配合落实党和政府治理道教领域商业化的举措，消除道教领域商业化问题所造成的不良社会影响。

7月17日，由中国社会科学院世界宗教研究所、中国宗教学会主办的敦煌道教文献研讨会在京举办。来自北京大学、中国人民大学、北京师范大学、首都师范大学等单位的40余位专家学者参加会议。专家学者对《敦煌道教文献合集》在加强专业化的整理研究、专家审核、经费、版权、出版等方面的关键问题，提出建设性意见，同时就敦煌道教、中国道教研究的相关问题进行了深入研讨。

7月17日，全国佛教图书馆联盟成立仪式在杭州市灵隐寺举行，来自全国佛教图书馆系统的100多位嘉宾参加。全国佛教图书馆联盟由杭州灵隐寺云林图书馆联合中国佛学院图书馆、北京龙泉寺龙泉图书馆、河南登封少林寺图书馆、广州大佛寺图书馆、江苏尼众佛学院图书馆、苏州戒幢佛学研究所图书馆、苏州寒山寺图书馆、上海佛学院图书馆、中国佛学院普陀山学院图书馆、杭州佛学院图书馆、宁波七塔寺栖心图书馆、上虞多宝讲寺多宝图书馆、成都文殊院空林佛教图书馆等14家寺院（佛学院）图书馆发起成立。佛教图书馆的成立，旨在为四众弟子提供一个学习、修行、交流佛法的场所和平台，并积极传承中华优秀传统文化。当天，《云林佛教图书分类法》（修订版）发布会暨第一期佛教图书馆分类编目研修班开班仪式、全国佛教图书馆联盟第一次成员馆馆长联席会议相继举行，商定资源共享规则、合作事项等内容。联盟内各图书馆的上百万册佛教图书将统一按照《云林佛教图书分类法》编目，实现通借。

7月23日，国家宗教事务局2018年宣传通联工作会议在山东烟台召开。来自原国家宗教事务局各部门和全国近30个省、自治区、直辖市的宗教工作干部、通联员及全国五大宗教团体的工作人员及宗教界人士近百人参加会议。

7月29—30日，由中国宗教学会、山东大学犹太教研究中心、中国社会科学院世界宗教研究所联合举办的新时代中国宗教及其研究高层论坛暨中国宗教学会年会在山东威海举行。来自全国各地高校和科研院所的百余名专家学者、宗教事务工作者和宗教界人士围绕中国特色社会主义宗教观研究、中国宗教的现状与未来走向研究、新时代中国特色的宗教理论及实践研究、宗教中国化的理论与实践、宗教传播与文明发展、犹太教思想研究、宗教交往与边疆治理、本土宗教的实践与理论、宗教现实问题与反思等主题进行研讨。论坛期间，全国人大常委、中国宗教学会会长卓新平主持召开了中国宗教学会理事工作会议，全体与会理事参会。会议讨论了增选理事、成立专业委员会等事宜，并确定2019年年会在南开大学举行。

7月31日，全国性宗教团体联席会议第六次会议发出关于在宗教活动场所升挂国旗的倡议。此举得到全国各地的广泛响应，全国各宗教活动场所相继开展升挂国旗的活动。

8月

8月8日，浙江慈云佛学院与宁波大学在慈云佛学院举行教育合作签约仪式。浙江慈云佛学院始创于1986年，是以学修并重为基础的汉语系佛教高等宗教院校。2013年，浙江慈云佛学院经国家宗教局正式批准，成为华东地区最大的一所尼众佛学院。学院直属浙江省民宗委，由浙江省佛教协会主办，宁波市佛教协会、宁海县佛教协会共同承办。

8月27日，由中国社会科学院"中华思想通史"子课题"中华封建社会宗教思想通史"（中国社会科学院创新工程重大项目，主持人魏道儒研究员）主办的中国伊斯兰教思想史小型学术讨论会在中国社会科学院世界宗教研究所小会议室举行。与会学者围绕中国伊斯兰教宗教思想史的写作原则、写作内容、写作框架、资料收集与利用、重点难点、伊斯兰教思想史的中国化进程、课题意义等进行了深入而细致的讨论，多层次、多角度地对写好中国伊斯兰教宗教思想史建言献策。

9月

9月1—2日，由中国宗教学会宗教建筑文化专业委员会和中国社会科学院世界宗教研究所巴哈伊研究中心联合主办的巴哈伊的建筑艺术国际研讨会在北京举行。来自中国社会科学院世界宗教研究所、四川大学、广州大学、清华大学、道教文化研究所、西安建筑科技大学、北京服装学院、香港大学、澳门大学、全球文明研究中心、恒源祥文化研究院等单位以及来自美国、加拿大、英国、澳大利亚、柬埔寨、奥地利等国家的共 40 余名专家、学者出席了此次研讨会。研讨会从中国宗族祠堂、佛道教建筑的功用特点开始探讨，拓展到印度教神庙、基督教堂和伊斯兰教建筑文化，进而在世界宗教建筑文化的背景下，重点对巴哈伊世界中心的建筑群、巴哈伊洲级和地方灵曦堂的建筑结构、艺术特点、社区功能、社会影响等方面进行了深入研讨。

9 月 1—2 日，宗门教下：东亚佛教宗派史的解析、诠释与重构学术研讨会在北京大学举行。与会学者重点探讨了中国宗派观念在近现代的重塑，日本佛教宗派观念特别是《八宗纲要》等日本宗派范式的重要影响，以及杨文会、太虚、汤用彤等人在中国佛教宗派观念的现代转型中的重要作用及其反思。

9 月 2 日，由广州市佛教协会、华南农业大学、华南师范大学联合主办的广州佛教与宗教中国化佛教学术研讨会在广州市大佛寺召开。研讨会共分三场开展，分别以广州佛教与对外交流、广州佛教与宗教中国化和广州佛教的历史人物为主题。通过三场会议的有机组合，对宗教中国化、现代化大趋势下广州佛教的历史使命与前进方向做出了充分探讨。

9 月 7 日，第十三届海峡两岸学术研讨会——中华文化薪传与发展学术研讨会在福建福清举行，会议由中国社会科学院世界宗教研究所、中国台湾中华宗教哲学研究社和福建师范大学福清分校联合举办。来自中国社会科学院世界宗教研究所、福建师范大学、福建省社会科学界联合会、中国台湾华梵大学等近五十名学者济济一堂，共同探讨中华文化薪传与发展的相关议题。研讨会的议题涉及孔子的天命观、全球思维与儒家观点、儒教与儒家宗教性的研究进路、现代新儒家马一浮与熊十力学术思想、北宋晚期荆公新学、"建国君民，教学为先"、道观现代化、《老子》多元价值、《周易》的"阴阳观"、丧葬明器与术数信仰、荀子与天台宗"性恶论的比较"、先秦人性论、藏文文献中的西域人文及佛教历史、中国大陆佛教"道风建设"、互联网场域谣言对佛教文化薪传的影响、晚明佛教文字禅、黄檗文化、福清黄檗寺、东西生命哲学和严复新学等。

9 月 10 日，国家宗教事务局在中国政府法制信息网上发布了《互联网宗教信息服务管理办法（征求意见稿）》。同时发布了"国家宗教事务局关于《互联网宗教信息服务管理办法（征求意见稿）》公开征求意见的通知"。

9 月 15 日，北京大学佛教研究中心举办何以为教：儒、释、道三教在南北朝时期的确立及互动工作坊，来自北京大学哲学系、中国社会科学院世界宗教研究所、中国人民大学佛教与宗教学理论研究所、四川大学道教与宗教文化研究所、复旦大学历史系的 10 位学者进行了探讨和交流。

9 月 15—16 日，由中国社会科学院世界宗教研究所、中国宗教学会、四川大学历史文化学院联合主办的首届中国宗教史论坛在成都举行。来自中国社会科学院、四川大学、中山大学、山东大学、南京大学、中国遗产文化研究院等研究机构和高校的 50 余位专家学者围绕论坛主题历史上的宗教进行了论文发表与交流讨论。

9 月 16 日，由中国社会科学院世界宗教研究所、中国宗教学会、清华大学佛学文化研究中心和山丹县人民政府共同举办的首届丝路·张掖河西走廊佛教文化论坛在山丹县举行。来自中国社会科学院、清华大学、浙江大学、南京大学、兰州大学、敦煌研究院、肯尼亚普旺尼大学、河西学院等 30 多所国内外大学及媒体的 100 多名专家学者参加论坛。论坛上，与会专家学者分别围绕丝绸之路与河西走廊文化、佛教与古代张掖多民族文化的交流与融合、张掖古代佛教寺院与高僧研究、河西走廊石窟寺造像壁画艺术与新疆及中原石窟寺的关系、"河西学"研究的提出及未来发展、古代诗歌意象中的河西走廊、张掖佛教文化遗产如何服务于"一带一路"文化建设、丝绸之路与佛教文化等八个方面的专题开展研讨交流。

9月22日，中国外交部副部长王超同梵蒂冈代表团团长、教廷与各国关系部副部长卡米莱利在北京举行会谈，并签署关于主教任命的临时性协议，表示中梵双方将继续保持沟通，推动双方关系改善进程继续向前发展。

9月22—23日，由中国社会科学院学部主席团主办，中国社会科学院世界宗教研究所和中国宗教学会联合承办的中国社会科学论坛（2018·宗教学）在北京内蒙古大厦隆重召开。论坛主题为宗教学研究的传承与创新，国内外近70位专家学者出席此次论坛。论坛围绕习近平新时代宗教理论和政策研究、宗教学理论创新研究、当代宗教变迁研究、宗教艺术研究、宗教思想研究等五个主题，设立九个分论坛进行了专题发言和深入探讨。

9月27—28日，由中国宗教学会、中国社会科学院世界宗教研究所、中山大学哲学系联合主办的首届中国宗教学青年论坛在广州中山大学举行。论坛旨在进一步推动中国宗教学研究事业，培育宗教研究新的增长点，创造机会让青年学者茁壮成长，加强我国宗教学青年学者之间的学术交流和相互学习。论坛发表论文70余篇，既涉及佛教、基督教、伊斯兰教等世界性宗教，也包括道教和民间信仰等中国本土宗教形式，集中讨论了宗教文献与图像研究、宗教与地方社会的关系、宗教仪式、宗教与哲学、宗教理论、中西宗教比较等议题，研究视角则涵盖宗教史、思想史、社会史、哲学、文献学、人类学、社会学、政治学等不同学科。来自北京、上海、广东等地高校和研究机构的70余位青年学者出席论坛。

9月28日，由河北省佛教协会指导，河北省社会科学院哲学研究所和邯郸广府甘露寺共同举办的观音文化与佛教中国化学术研讨会在邯郸广府开幕。与会四十多位专家学者围绕观音与佛教中国化问题，以甘露寺为代表的广府观音文化研究，有关观音经典、观音法门、观音信仰、观音精神的研究等展开探讨。

9月29—30日，由中国宗教学会、中国社会科学院世界宗教研究所、中山大学哲学系联合举办的第三届中国宗教学高峰论坛在广州中山大学举办。论坛的主题是改革开放四十年的中国宗教学，旨在探讨当前中国宗教学的发展态势，更好地把握学科建设。来自国内高校和研究机构的40余位专家学者参加论坛研讨。

10月

10月12—14日，由中央社会主义学院主办、四川省社会主义学院承办、清华大学道德与宗教研究院协办的改革开放四十周年宗教工作理论与实践学术研讨会在四川省社会主义学院召开。来自中央社会主义学院、原国家宗教事务局、北京大学、清华大学、中国人民大学、北京师范大学及各地方社会主义学院等单位的专家学者，中国佛教协会、中国道教协会、中国伊斯兰教协会、中国天主教爱国会、中国基督教协会和四川各宗教团体负责人，四川省委统战部、四川省民族宗教事务委员会等相关工作部门负责人及全国省级社会主义学院负责人共计120余人参加会议。研讨会以习近平总书记关于宗教工作的重要论述为指导，全面贯彻党的宗教工作基本方针，力图通过回顾历史、总结经验，更好地坚持和发展中国特色社会主义宗教理论，全面提升新形势下宗教工作水平。研讨会共选录了31

篇论文21万余字，举行了主旨发言和三场专题论坛，25名与会嘉宾围绕改革开放四十年来我国宗教工作理论与实践这一主题，对各自在宗教领域取得的研究成果和实践经验作了交流与分享。

10月13—14日，由中国社会科学院世界宗教研究所主办，浙江省社会主义学院宗教与社会研究中心协办，浙江省天台县委党校、县社会主义学校、县社科联承办的马克思主义宗教观研讨会（2018）在浙江省天台县委党校召开。来自中央党校（国家行政学院）、中国人民大学等机构的近70位专家学者出席会议，会议共收录了40余篇论文，分别涉及中国特色社会主义宗教理论、宗教工作法治化、我国宗教中国化、改革开放以来我国宗教政策的发展、马克思主义无神论、马克思主义宗教观在新疆、天台等地的实践与发展、高校马克思主义宗教观教育、文化自信与精神空间的建构、天台山佛道思想等问题。

10月13—14日，由山东大学犹太教与跨宗教研究中心、中华日本哲学会共同主办的东方的宗教世界国际学术研讨会暨中华日本哲学会2018学术年会在济南举行。来自全国高校与科研机构的50余位学者与会，围绕东亚的宗教世界、日本哲学与宗教、日本儒释道、中日文化交流、中古佛教史、日本四书学、日本政治思想史、日本社会与文化等议题展开深入探讨，与会学者的发言内容反映了该领域最前沿的学术成果。

10月16日，由浙江省佛教协会主办，中国社会科学院佛教研究中心、西北大学佛教研究所协办，雪窦山佛教协会、浙江佛学院、宁波市弥勒文化研究院、宁波市奉化区弥勒文化研究会、宁波雪窦山名山开发建设公司等承办"法流千载·慈应人间"2018雪窦山弥勒文化高峰论坛在浙江佛学院隆重举办。来自中国社会科学院、北京大学、中国人民大学、西北大学、浙江省社会科学院的著名佛学研究专家共襄盛举。6位著名的佛学研究专家以五大菩萨信仰与中华文化复兴为主题，展开了热烈的讨论对话。近600位来自全国各地的法师、居士和社会各界人士到论坛现场聆听。

10月16日，由浙江佛学院与西北大学佛教研究所合办的菩萨信仰与名山建设座谈会在浙江佛学院知行楼会议室举行。中国社会科学院、北京大学、西北大学等单位的相关研究人员及宁波市奉化区委统战部相关领导等共30余人参加座谈。

10月19日，《人文宗教研究》出版座谈会在北京大学英杰交流中心圆满举行。来自全国各地的宗教领域专家学者齐聚一堂，共同纪念《人文宗教研究》出版十辑，始终在探讨具有中国特色的宗教学理论体系。

10月20日，由中国宗教学会、中国社会科学院世界宗教研究所和社会科学文献出版社联合主办的2018年《中国宗教报告》论坛暨出版十周年座谈会在社会科学文献出版社蓝厅举行。来自中共中央统战部、国务院发展研究中心、中国社会科学院、社会科学文献出版社、中国藏学研究中心、中央民族大学、北京大学等机构的领导和专家学者40多人共聚盛会，回顾《中国宗教报告》出版十年来的成绩和经验，并对编辑方针和思路提出了许多建设性的意见。

10月20日，由中国社会科学院基督教研究中心与中国社会科学院近代史研究所社会史研究中心、福建师范大学中国基督教研究中心共同主办的基督宗教史学——思想史研究专题论坛，由中国社会科学院基督教研究中心主办的基督宗教哲学——中国教父哲学研究论坛（第四届），由中国社会科学院基督教研究中心、中央民族大学宗教研究院共同主办的基督宗教经典文献学——处境化的圣经研究国际论坛，由中国社会科学院基督教研究中心和北京大学中国社会与发展研究中心共同主办的基督宗教文化比较与现状——改革开放四十年以来的基督宗教研究论坛同时在中央社会主义学院开幕。来自政界、学界、教界30余所高校及科研机构的专家学者分别参与了四个论坛的讨论。论坛分别从历史、哲学、文献、文化比较及现状研究的角度，对于基督宗教进行客观系统的研究，以期梳理其两千年来在不同阶段、不同处境中的发展历史、评判其在世界思想文化发展史中的地位及影响，考订其产生发展的文献源头及呈现它在不同社会脉络中的现实表现与发展规律。

10月20—21日，由中国宗教学会伊斯兰教专业委员会、中国社会科学院世界宗教研究所伊斯兰教研究室、陕西师范大学中国西部边疆研究院共同主办的第四届全国伊斯兰教学术研讨会在陕西师范大学举行，会议主题为新时代的伊斯兰教研究。来自各有关部门、大专院校、学术研究机构、宗教组织的代表200余人参加了此次会议。研讨会12个议题的分组讨论以新时代的伊斯兰教研究为主题，围绕伊斯兰教中国化的理论与实践，伊斯兰教经堂教育、以儒诠经、经学思想，"一带一路"沿线国家伊斯兰教与中阿关系等三方面内容展开了广泛而热烈的交流讨论。

10月21—22日，由中国社会科学院世界宗教研究所、华侨大学、中国宗教学会联合主办，由华侨大学哲学与社会发展学院、华侨大学海外华人与闽台宗教研究中心、华侨大学海外华人宗教与闽台宗教研究创新团队承办，由《世界宗教文化》编辑部协办的第七届东南亚宗教研究高端论坛·东南亚宗教与人类命运共同体学术研讨会于华侨大学王源兴国际会议中心隆重开幕。来自中国社会科学院世界宗教研究所、中国社会科学院哲学研究所、华侨大学、清华大学等国内外科研单位的60余位专家、学者汇聚一堂，以东南亚宗教议题为中心，围绕着东南亚各国的政治、经济、社会、文化等领域，聚焦前沿问题、热点问题进行了热烈而富有成效的讨论。

10月25日，道教刊物与现代传媒——纪念《上海道教》创刊30周年暨学术研讨会在上海举行，与会专家学者、道教界媒体人士围绕道教刊物与现代传媒这一主题，探讨新媒体时代道教刊物办刊的理论和实践。

10月26—28日，第六届人间佛教座谈会在中国台湾佛光山云居楼展开5场讨论会，来自美国、加拿大、德国、比利时、韩国、中国等国家的24位学者，针对人间佛教与当代社会议题，从宗教社会学、历史学、经济学、佛学、哲学、文学、语言学等多元面向，交流研究心得，期能透过学理阐述，深化人间佛教在当代社会的影响力。

10月29日，由中国社会科学院世界宗教研究所、中国宗教学会、北京大学全球互联互通研究中心主办，中国社会科学院世界宗教研究所宗教文化艺术研究室、马克思主义宗教观研究室，国垣智库，国立文化产业有限公司联合承办的世界宗教文化高层论坛在北京隆重举办。来自日本、韩国及中国香港等国内外高等院校、科研单位和佛教寺院的近100位代表共聚一堂。会议议题涉及中国本土宗教与世界各地区宗教文化的关系，中国本土宗教对外来宗教中国化的积极作用，中国本土宗教在"一带一路"建设中的作用，中国本土宗教在其他诸多经济文化领域的国际桥梁作用等方面。

10月29—30日，由中国佛教协会、中华宗教文化交流协会主办的第五届世界佛教论坛在福建莆田举行。论坛设置了中韩日佛教论坛、中美欧佛教论坛、澜湄流域佛教论坛、佛教与海上丝绸之路等多场分论坛，来自55个国家和地区的千余名佛教界人士、专家学者和社会知名人士，围绕交流互鉴、中道圆融的主题，共话佛教文化交流和构建人类命运共同体。

10月30日，第五届世界佛教论坛大美庄严——佛教与艺术电视分论坛在莆田美术馆举行。论坛以佛教艺术的历史与空间为主题，探讨佛教文化艺术的传承与发展，展现佛教艺术与世界文明、人类精神交融的表现形态，以及在推动社会正向价值、塑造国家精神、促进世界融合共生的导向意义。

11月

11月2—3日，由清华大学哲学系主办的简帛老子四古本与出土道家文献学术研讨会在清华大学甲所举行。来自中国社会科学院、清华大学、北京大学、中国人民大学、北京师范大学等高校和科研单位的近20位专家学者参加会议，另有相关专家、博硕士研究生和《老子》爱好者等20多人与会。

11月3日，2018年国家社会科学基金重点项目中国化视角下的佛典汉译与诠释研究开题报告暨专家咨询学术会议在上海大学乐乎新楼隆重召开。来自全国各地的20余位专家学者和课题组成员参加了此次会议，围绕中国化视角下的佛典汉译与诠释研究，展开了热烈而深入的讨论。

11月3日，由杭州市宗教研究会和杭州市佛教协会主办，杭州佛学院和杭州灵隐寺承办的第十六届吴越佛教弥勒信仰学术研讨会在杭州灵隐寺召开。来自杭州佛学院、浙江佛学院雪窦山弥勒佛学院、河南佛学院、华东师范大学、四川大学等高校及佛学研究机构的专家、学者、法师30多人出席会议并发表论文。会议总计收到论文32篇，内容主要涉及弥勒经典研究、弥勒信仰与修行实践、弥勒造像研究、弥勒信仰与东西文化交流、弥勒信仰与中国佛教、弥勒信仰与人间佛教、弥勒信仰与中国社会、弥勒信仰与民间文化。

11月6—7日，由中国藏语系高级佛学院、故宫博物院、北京雍和宫、承德普宁寺共同主办，主题为从黄寺与皇家寺院看佛教中国化的第四届黄寺论坛在北京中国藏语系高级佛学院西黄寺举行。来自中国社会科学院、中国藏学研究中心、中央民族大学等30余家单位的专家学者、寺院代表及香港地区嘉宾约50人出席论坛。与会代表围绕佛教传入中国后与中国本土文化积极融合、与社会主义新时代相适应进行交流研讨。论坛共收到寺院历史文化研究系列文章20篇、学术论文30余篇。内容涉及宗教理论和政策的重大论述、藏汉佛教文化、寺院历史、建筑、艺术等方面。

11月10日，由七塔禅寺主办，中国人民大学佛教与宗教学理论研究所、北京大学佛教研究中心、宁波大学人文与传媒学院、台湾南华大学宗教学研究所、法鼓文理学院佛教学系协办，以四明知礼与宋代天台佛教为主题的第二届天台佛教学术研讨会开幕式于宁波七塔禅寺报恩大讲堂举行。

11月11日，丝路文明与佛教造像艺术学术研讨会在河北省佛像艺术博物馆举行，来自中国社会科学院、北京大学、中国人民大学、中国艺术研究院、香港中文大学等的专家学者参加研讨。

11月13日，《江苏佛教通史》编纂项目启动仪式在南京鸡鸣寺佛学讲堂隆重举行。编纂《江苏佛教通史》是江苏省佛协理事会的一项重要品牌建设工程，项目以江苏省委统战部、江苏省民族宗教事务委员会、各设区市民族宗教事务局为指导单位，江苏省佛教协会为主办单位，各市佛教协会、南京大学中华文化研究院为承办单位，计划公开出版30册，总投入达500余万元。

11月13—14日，由中央政府驻港联络办协调部主办、中国基督教两会承办的第十四届基督宗教在当代中国的社会作用及其影响高级论坛在贵州省贵阳市举办，50多名来自内地和香港的天主教及基督教教界人士、专家学者及宗教事务工作者参加论坛。与会者围绕基督教中国化与神学思想体系构建、宗教工作法治化与《宗教事务条例》、宗教理论政策研究与内地宗教信仰自由实践、和谐宗教关系与社会服务、两地宗教交流5个议题，分6场展开讨论与交流。

11月15日，国务院新闻办发布《新疆的文化保护与发展》白皮书。白皮书强调，新疆历来是多种宗教并存地区，宗教文化丰富多样，是中国传统文化的组成部分。中国政府保障公民宗教信仰自由权利，尊重和保护宗教文化。

11月16—17日，由老子道学文化研究会、南京大学道学与东方文化研究中心主办，云南大学历史档案学院承办的第三届昆仑高峰论坛暨老子道学文化研究会2018年年会在云南昆明举行。来自中国社会科学院、北京大学、南京大学等机构的专家学者以及宗教界、企业界共50余人出席会议。

11月17日，由九州文化传播中心、中国宗教学会、中国社会科学院新闻与传播研究所、北京福慧公益基金会联合主办，由九洲音像出版公司、中国宗教学会融媒体专业委员会、中国台湾网、广东东华禅寺共同承办的第二届海峡两岸新媒体与佛教文化论坛在广东省韶关市翁源县东华禅寺隆重举行。论坛以两岸携手，圆梦中华为主题，旨在加强两岸新媒体的交流与合作，弘扬中华优秀传统文化，促进两岸同胞的文化认同感，齐心协力，推动两岸关系和平发展取得更多成果，造福两岸民众，共圆中华民族伟大复兴的中国梦。

11月18日，由中国社会科学院佛教研究中心、北京福慧公益基金会主办，广东东华禅寺中国社会科学院佛教研究中心禅宗文化研究基地承办的首届佛教爱国思想与高僧护国行迹研讨会在广东省东华禅寺隆重举行。研讨会以庄严国土，利乐有情为主题，旨在基于佛教的慈悲观念、因果缘起理论，感恩报恩等核心思想，探讨佛教护国思想的源流与脉络，彰显历代高僧大德和广大佛弟子的护国行迹，使"庄严国土，利乐有情"的佛教思想不仅成为佛教界的共识，更成为广大佛弟子践行佛法、成就菩提的必由之路。

11月19—20日，佛教文化与东方文明之都主题论坛在宁波举行。论坛由政协宁波市委员会主办，宁波市政协社法和民宗委、市民族宗教事务局、市社科院（社科联）联合承办。来自政、教、学三界近100人参加。

11月21—23日，中国社会科学院世界宗教研究所、中国宗教学会、中国宗教学会宗教建筑文化专业委员会在西安曲江国际会议中心召开宗教建筑中国特色推介暨学术研讨会。来自中国道教协会、中国社会科学院、中央民族大学等研究机构的40多位著名学者参加研讨会。研讨会围绕宗教建筑体系的中国化、历史与现状、艺术特点、社会功能、核心文化属性及其潜藏的社会价值等论题展开讨论，旨在共建"人类命运共同体"语境下，推进对宗教建筑文化特色的深入研究。

11月24日，由中国社会科学院世界宗教研究所、西北大学中东研究所、陕西省高校中国特色社会主义宗教理论与实践研究中心、西北大学玄奘研究院联合举办的"一带一路"与多元宗教交往学术研讨会在西安召开。来自中国社会科学院、北京大学、西北大学等高校科研院所的60余位专家学者参加研讨会。研讨会共设三个分会场，重点围绕"一带一路"中的宗教与民族、中东伊斯兰教的发展和多元宗教的交往、古代宗教文明的发展及各宗教在中国的传播三个主题进行了积极探讨。

11月24日，2018年中国宗教法治高端论坛在杭州举行。论坛由中国人民大学法律与宗教研究中心、中国人民大学国家发展与战略研究院主办，法治浙江研究院、浙江工商大学法学院承办。来自全国各地高校和研究机构的专家学者 100 多人参加论坛。论坛分五个单元进行了研讨。单元主题分别是宗教法治中国化的理论与实践、新修订《宗教事务条例》施行相关问题、宗教商业化治理与宗教合法权益保护、宗教法治的历史与比较考察、互联网宗教传播和邪教与宗教极端的法律规制。

11 月 24—25 日，由中华思想通史子课题组主办，中国社会科学院佛教研究中心、鲁东大学历史文化院承办的中华传统思想文化及中华思想史子课题正本提纲研讨会在山东省烟台市鲁东大学举行。魏道儒研究员介绍了《中华宗教思想通史》分卷情况、整体思路和基本框架等。三卷课题组成员分别介绍了自己所负责部分的基本内容、写作思路，与会专家就宗教思想史如何落实指导思想、突出重要问题，如何把握思想史与社会史的结合，如何实现创新等问题进行了深入探讨，为《中华宗教思想通史》正本提纲的修改和《中华宗教思想通史》的写作提供了重要参考意见。

11 月 25 日，由中国佛学院举办的主题为新时期佛教教育体系建设学术研讨会在中国佛学院大礼堂举行。来自中国社会科学院、中国人民大学、北京大学等单位的 100 余人参加此次研讨会。研讨会主要围绕新时期的佛教教育体系建设、新时期的佛教教育理念和人才培养模式、新时期佛教院校教师体系建设、传统佛教教育体系建设以及新时期的佛教院校教学体系建设等五个议题展开。

11 月 25—26 日，中国禅宗三祖寺第六届禅文化高峰论坛在安徽省潜山市召开。论坛旨在研究、整理和弘扬禅宗文化，促进禅文化的推广与交流、提升学术研究之质量。论坛共收到 80 余篇论文，其中 25 位专家学者分别于会上围绕"禅"和三祖禅寺丰富的禅文化内涵作了精彩的演讲，为推动禅宗文化的发展，起到了推动性的作用。

11 月 28—30 日，中国基督教第十次代表会议在北京举行。会议总结了中国基督教过去 5 年的工作，深入分析当前形势，提出今后的工作任务、目标，修改基督教全国两会章程，审议通过相关决议、倡议，并选举产生了新一届基督教两会领导班子。徐晓鸿牧师当选为中国基督教三自爱国运动委员会主席，吴巍牧师当选为中国基督教协会会长。中共中央政治局常委、全国政协主席汪洋会见全体代表并讲话。他代表党中央对会议的成功召开表示祝贺，向基督教全国两会新老领导班子成员、全体与会代表和全国基督教界朋友们致以问候，并对新一届基督教全国两会提出希望。

12 月

12 月 1 日，由中央民族大学东亚佛教研究中心、台州学院天台山文化研究院、天台县天台山文化交流中心合作举办的东亚视域下的天台山文化学术研讨会暨第二届中华天台学研讨会在台州学院行政楼举行。

12 月 1—2 日，《基督教学术》创刊 16 年及出版 20 辑学术研讨会在复旦大学举行，复旦大学、上海社会科学院、上海大学与上海三联书店等单位的多位专家与会。该刊最早由上海古籍出版社出版，从第 8 辑起由上海三联书店出版，近年每年出版两辑；主要内容包括基督教的哲学、神学、教会、历史和社会现状，特色在于跨学科、全方位的研究；已连续三届被评为 CSSCI 集刊。

12 月 8—9 日，由中央社会主义学院统一战线高端智库、中国佛教文化研究所、中国社会科学院东方文化研究中心、清华大学道德与宗教研究院共同举办的知识社会史视域下的中国佛教百科全书撰著学术研讨会在北京举行。来自中国佛教文化研究所、北京佛教文化研究所、中国佛学院普陀山学院、清华大学道德与宗教研究院、中国社会科学院哲学研究所等单位的嘉宾共30多人参加了会议。会议就中古佛教知识社会的兴起、中国佛教知识社会的衰落、禅宗与佛教知识社会、近代佛教知识社会的兴起、现代中国佛教书写方式之考察等议题进行了研讨。

12月12日,国务院新闻办发布《改革开放40年中国人权事业的发展进步》白皮书。白皮书指出,中国实行宗教信仰自由政策,坚持从本国国情和宗教实际出发,保障公民宗教信仰自由权利,构建积极健康的宗教关系,维护宗教和睦与社会和谐。

12月12—13日,中国基督教纪念改革开放40周年暨神学思想建设20周年研讨会在上海举行。来自政界、学界、教界的80余人参加了研讨会。研讨会上,与会人士总结了中国基督教神学思想建设20周年的成果,共同探讨未来基督教中国化的途径。

12月15—16日,由北京市伊斯兰教协会、北京市伊斯兰教经学院、中国宗教学会伊斯兰教专业委员会、中国社会科学院世界宗教研究所伊斯兰教研究室联合主办的第二届福德论坛——京津冀坚持伊斯兰教中国化方向学术研讨会在北京举行。来自京津冀三地学术界、宗教界的专家学者共100余人参加论坛。论坛以深入学习贯彻习近平新时代中国特色社会主义思想和党的十九大精神为指导,以坚持伊斯兰教中国化方向为目标,旨在推动京津冀三地学界、教界深入挖掘我国伊斯兰教历史上"以儒诠经"的优秀成果,发挥社会主义核心价值观引领和中华优秀传统文化浸润作用,共同致力于推进我国伊斯兰教中国化进程。论坛收录论文43篇,与会专家学者围绕坚持伊斯兰教中国化方向这一主题,分传承与发展——伊斯兰教中国化的历史进程、方向与道路——伊斯兰教中国化的当代探索、和合共生——中国传统文化与伊斯兰文化的交融、中正之道——伊斯兰教中国化的思想理论、筚路蓝缕——伊斯兰教中国化的典籍文献及人物史志等五个专题进行深入交流探讨。

12月16—17日,"不忘本来·吸收外来·面向未来"2018中国·新昌——佛教中国化重要发祥地研讨会在浙江省新昌县举行。国内专家学者齐聚新昌,共同探讨新昌在佛教中国化史上的作用与地位,还原中国佛教在社会、文化层面所做的贡献。

12月18日,纪念中国天主教自选自圣主教60周年座谈会在江苏南京举行。中共中央统战部副部长王作安在讲话中指出,新中国成立后,为了解决多数教区没有主教的严峻局面,1958年,汉口、武昌教区分别选举董光清、袁文华两位神父为主教,排除外部阻挠,举行了祝圣典礼。中国天主教会自选自圣主教由此肇端,成为中国天主教历史上具有标志性意义的重大事件,有力推进了独立自主自办教会事业,对实现"天主教在中国"向"中国天主教"的深刻转变产生了深远影响。中国天主教主教团主席、中国天主教爱国会副主席马英林主教在主旨发言中表示,要以60周年为契机,大力弘扬爱国爱教优良传统,坚定独立自主自办教会的信念,团结协作、扎实工作,努力开创中国天主教工作新局面。

12月20日,中国道教协会在北京举行《中华续道藏》编纂出版工程启动仪式。该工程由中共中央统战部推进实施,文化和旅游部协调指导,中国道教协会组织实施,委托具备实力的学术科研机构、专家学者组成专业团队开展工作,重点对海内外道经进行系统的调查编目、研究评估、整理编纂、影印和点校出版,以缩微技术、数字技术、影像技术等方式实现道教典籍和活态文化的保护传承,完善我国道经入藏体系。参与《中华续道藏》编纂出版工程的专家学者代表,支持工程开展的内地和香港地区道教组织、宫观代表等近100人出席活动。

12月24日，由中国佛教协会主办，中国佛学院和中国佛教文化研究所承办，以新时代坚持佛教中国化方向的路径与实践为主题的2018佛教思想建设研讨会在北京法源寺召开。中共中央统战部、中国佛教协会、中国藏语系高级佛学院等相关部门负责人及来自中国社会科学院、北京大学、清华大学等研究机构和大学的专家学者出席研讨会。与会者在新时代坚持佛教中国化方向的路径与实践这一主题下，围绕新时代坚持佛教中国化方向的内涵、新时代佛教中国化的路径和新时代坚持佛教中国化方向的实践与具体措施等议题，就新时代如何与时俱进地坚持我国佛教中国化方向，使佛教更好地与社会主义社会相适应进行了深入交流。

12月26日，全国政协民族和宗教委员会新时代坚持我国宗教中国化方向的实践路径界别主题协商座谈会在全国政协礼堂举行。全国政协副主席巴特尔在会上强调："坚持我国宗教中国化方向，既是一项复杂艰巨的系统工程，也是一个不断发展和深化的历史过程，需要我们不断探索新方法，实践新路子。做好宗教中国化工作，要在党和政府的正确引导下，以社会主义核心价值观为引领，坚持问题导向，针对各宗教面临的难点问题，积极探索、久久为功。"会议主持人、全国政协民宗委主任王伟光说："全国政协民宗委此次召开'新时代坚持我国宗教中国化方向的实践路径'界别主题协商座谈会，就是要以习近平总书记重要讲话精神为指引，围绕新时代如何引导和推进我国宗教中国化进行深入沟通交流，统一思想认识，探索实践经验，促进我国五大宗教在坚持中国化的方向上迈出更加坚实的步伐。"会上，5位全国性宗教团体负责人、5位基层宗教界代表、5位宗教领域的专家学者作了交流发言，大家畅所欲言，围绕新时代坚持我国宗教中国化方向的实践路径建言献策，凝聚共识。中共中央统战部副部长、国家宗教事务局局长王作安介绍相关情况并对发言作了积极回应。

12月28日，中国社会科学院国情调研云南基地2018年度项目"中缅跨境民族地区经济、社会、文化研究"（中国社会科学院与云南社会科学院院级合作基地项目）结项评审会在中国社会科学院世界宗教研究所顺利举行。该项目成果一共包括1个总报告、9个分报告、9个咨询报告。

2018年度中国社会科学院世界宗教研究所大事记

许津然 编

1月

1月5—6日，所长卓新平和副编审袁朝晖参加华侨大学举办的宗教与潮汕地区文化学术研讨会。

1月5—8日，宗教艺术研究室嘉木扬·凯朝研究员赴香港中文大学参加学术会议并发表《现代中国的佛教居士》学术论文。

1月16日，《剑桥基督教史》九卷本结项会议在大会议室召开。《剑桥基督教史》九卷本，共500余万字，包括《剑桥基督教史（卷一）——从起源到君士坦丁》《剑桥基督教史（卷二）——从君士坦丁到公元600年》《剑桥基督教史（卷三）——中世纪早期的基督教，公元600—1100年》《剑桥基督教史（卷四）——基督教在西欧，公元1100—1500年》《剑桥基督教史（卷五）——东方基督教》《剑桥基督教史（卷六）——宗教改革及扩张，公元1500—1660年》《剑桥基督教史（卷七）——启蒙、觉醒与革新，公元1660—1815年》《剑桥基督教史（卷八）——世界基督教，公元1815—1914年》《剑桥基督教史（卷九）——世界基督教，公元1914—2000年》。

1月16—22日，宗教艺术研究室嘉木扬·凯朝研究员赴日本同朋大学参加学术会议并发表"中国佛教的生死问题"主题演讲。

1月17—19日，当代宗教研究室叶涛研究员在山东大学开设泰山文化三场专题讲座：《从国家宗教到民间信仰——关于泰山信仰体系的探讨》《追寻民众在泰山的足迹——泰山香社研究》《寰宇遍寻石敢当——泰山石敢当调查与研究》。

1月19—22日，党委书记赵文洪与伊斯兰教研究室主任李林、副主任李维建赴甘肃临夏调研。

1月20日，当代宗教研究室与马克思主义宗教观研究室联合承办的"爱德艺术哲学沙龙"在中国爱德艺术院举行。沙龙主要从"美的沉思：艺术本质和美的诞生""艺以载道：哲学、宗教与绘画艺术的融通之处""色即时空：绘画艺术的本土化和时代性问题"三方面进行了交流探讨。世界宗教研究所尕藏加、曾传辉、王潇楠、聂清、刘国鹏、张宏斌参加活动。

1月21—23日，世界宗教研究所魏道儒、尕藏加、杨健、王鹰、夏德美赴广东中山参加第三届中华思想史高峰论坛并发表论文。魏道儒作主题发言，尕藏加、杨健做小组评议人。

1月23日，马克思主义宗教观研究室组织召开中国社会科学院"三大体系"建设课题《马克思主义宗教学概论》撰写提纲与分工座谈会。

1月23—25日，宗教艺术研究室陈粟裕应韩国东亚大学邀请赴韩国釜山参加"观音信仰与图像"特别演讲会。

1月30日，召开全所大会，党委书记赵文洪、副所长贾俐传达院工作会议精神。

1月30日，马克思主义宗教观研究室同佛教研究室合办"论宗教中国化——兼谈藏传佛教的中国化"座谈会，主讲人为中国藏学研究中心科研业务办公室主任、研究员李德成。

2月

2月6—13日，马克思主义宗教观研究室许春梅赴福建调研北团宗教现状。

2月8—9日，学部委员魏道儒参加"中华思想通史"项目务虚会。

2月，宗教学理论研究室赵广明主编的《宗教与哲学》第七辑与张晓梅的著作《不可见的城邦：〈理想国〉的心灵秩序》公开出版。

3月

3月9—23日，党委书记赵文洪与赵法生、张宏斌、杨健赴新加坡、马来西亚进行学术考察。

3月16—18日，佛教研究室孙颖新参加四川师范大学文学院举办的2017国家重大社科项目"西夏文学文献整理与研究"开题报告会。

3月27日，马克思主义宗教观研究室联合佛教研究室、宗教艺术研究室举办从长期治藏方略谈坚持我国宗教中国化方向学术报告会。中国藏学研究中心社会经济所研究员、中央军委兼职研究员龙西江做主题报告。

3月30—31日，基督教研究室唐晓峰研究员赴福建神学院及福州教会调研。

3月，金泽、梁恒豪主编的《宗教心理学》第四辑由社会科学文献出版社公开出版。

4月

4月7—9日，佛教研究室纪华传、尕藏加、孙颖新赴厦门参加海峡两岸佛医论坛。

4月9—15日，卓新平研究员带领伊斯兰教研究室全体成员前往美国佛罗里达国际大学（FIU）进行学术交流。

4月20—22日，佛教研究室尕藏加研究员赴咸阳西藏民族大学参加第七届三系佛教对话论坛。

4月20—23日，党委书记赵文洪与王潇楠、李维建、曾传辉、黄奎、谢添赴河南多地调研农村宗教工作，并与河南省民宗委领导座谈。

4月20—23日，伊斯兰教研究室马景副研究员前往云南昆明参加第三届回儒文明对话论坛国际会议，提交论文《近代法国学者关于回儒文献的收集与译介》。

4月24日下午，基督教研究室唐晓峰研究员参加北京市委党校为民族宗教干部班举办的以"世界宗教格局下的基督宗教信仰"为题的授课。

5月

5月2—11日，当代宗教研究室赴福建对三一教进行调研。

5月4日，《世界宗教文化》编辑部在甘肃临夏举办2018年河州文化论坛暨区域发展学术研讨会。

5月4—7日，尕藏加研究员赴江西省萍乡市参加宗教心理学论坛和宗教社会学论坛。

5月5—9日，由敦煌研究院、中国社会科学院世界宗教研究所、中国宗教学会主办，敦煌研究院文献研究所、佛学研究中心和中国社会科学院《世界宗教文化》编辑部承办的敦煌与丝绸之路多元宗教学术研讨会在敦煌莫高窟隆重召开。来自北京大学、清华大学、华东师范大学、上海大学、同济大学、上海外国语大学、中山大学、广州大学、山东大学、中央民族大学、兰州大学、西北民族大学、西北师范大学、兰州财经大学、宁夏大学、青海师范大学、陕西师范大学、西北大学、四川大学、扬州大学、曲阜师范大学、山西师范大学、大同大学、河北师范大学、云南大学、塔里木大学、云南民族大学、中国国家图书馆、陕西历史博物馆、西安碑林博物馆、河南省社会科学院等高等院校和科研单位的120位代表济济一堂，共聚敦煌莫高窟展开学术研讨。

5月5—10日，佛教研究室纪华传研究员应邀赴我国台湾地区参加中华华夏文化交流暨周年庆文教系列活动。

5月22—27日，当代宗教研究室赴终南山进行文化考察。

5月29日，由副所长郑筱筠研究员主持的国家社科基金重大项目"'一带一路'实施中的宗教风险研究系列讲座之六"在中国社会科学院世界宗教研究所举行。此次讲座主讲人为当代宗教研究室主任陈进国博士，题目是"城市化进程中的民间信仰变迁——以深圳市为例"。讲座由副所长郑筱筠研究员主持，中国社会科学院民族学与人类学研究所副所长尹虎彬研究员评议。

5月29日下午，由中国社会科学院道家与道教文化研究中心主办的道教研究的新探索学术座谈会在中国社会科学院世界宗教研究所大会议室召开。座谈会由道家与道教文化研究中心主任戈国龙研究员主持。中国社会科学院荣誉学部委员马西沙教授、韩秉方研究员，世界宗教研究所党委书记赵文洪研究员，中国人民大学何建明教授，中国社会科学院哲学研究所陈霞研究员，中央民族大学尹志华教授，浙江大学孔令宏教授，中国道教协会王彤江博士，中国社会科学院世界宗教研究所曾传辉研究员、陈进国研究员、赵敏博士、李志鸿副研究员、林巧薇副研究员、刘志副研究员、李贵海博士、李政阳博士等参加座谈会。

5月29日，伊斯兰教研究室邀请美国佛罗里达国际大学赖庆博士做了题为"新中国回族婚姻及其决定因素"的报告，伊斯兰教研究室全体成员参加。

6月

6月7—10日，佛教研究室孙颖新赴银川参加西夏文《大宝积经》研讨会。

6月8—28日，伊斯兰教研究室李维建赴新疆伊犁进行调研。

6月13—17日，伊斯兰教研究室马景赴青海西宁进行调研。

6月15—16日，由中国社会科学院世界宗教研究所、中国宗教学会、北京西顶书院联合主办的第二届北京宗教研究高端论坛在北京西顶书院举行。论坛主题为"北京的宗教历史与宗教民俗"，副所长贾俐主持论坛。

6月16—17日，佛教研究室尕藏加研究员参加第二届北京宗教研究高端论坛。

6月22—24日，伊斯兰教研究室李林、马景赴云南玉溪参加马联元与伊斯兰教中国化学术研讨会。

6月24—28日，伊斯兰教研究室李林赴云南昆明、玉溪开展调研。

6月27日，四川大学道教与宗教文化研究所教授张泽洪在世界宗教研究所小会议室举行题为"《道藏》与敦煌文书所见的道教写经"的学术讲座。

6月28日，由中国社会科学院世界宗教研究所、中国宗教学会主办，中国社会科学院世界宗教研究所宗教文化与艺术研究室和辽宁阜新海棠山普安寺承办的首届"一带一路"与亚洲佛教文化论坛暨海棠山佛教专题论坛在北京隆重举办。

6月28—30日，《世界宗教研究》编辑部组织举办首届现代中国宗教研究工作坊。

6月29日至7月1日，由中国宗教学会、中国社会科学院世界宗教研究所、南京大学人类学研究所、华东师范大学人类学研究所、中国闽台缘博物馆主办，中国闽台缘博物馆研究部和泉州市闽南文化交流中心承办的"修行方式与指向——第四届宗教人类学工作坊"在福建泉州举办，宗教人类学工作坊由中国社会科学院世界宗教研究所陈进国研究员、华东师范大学人类学研究所黄剑波教授、南京大学人类学研究所杨德睿教授发起，陈进国、向宁、王超文参加此次会议。

6月29—30日，佛教研究室纪华传研究员参加首届"一带一路"与亚洲佛教文化论坛暨海棠山佛教专题论坛。

6月30日，佛教研究室王鹰副研究员参加中央民族大学宗教研究院举办的比较礼学学术工作坊，发表论文《从以儒释耶和以佛释耶看基督教仪式在华的处境化》。

7月

7月1—6日，宗教艺术研究室陈粟裕副研究员在敦煌参加由敦煌研究院、加州大学伯克利分校、美国敦煌基金会共同主办的"敦煌-伯克利学术研讨会"并发表论文《混合与杂糅：多种因素的于阗守护神》。

7月3日，伊斯兰教研究室邀请中国伊斯兰教协会马卫伟主讲"中阿书法艺术"。

7月15日，宗教艺术研究室博士后张倩赴浙江杭州参加第二届径山禅宗祖庭文化论坛，发表论文《韦驮信仰与护法精神》。提交论文与书画作品《当代文坛》，论文题目为《般若墨相 书画禅心》。

7月17日，敦煌道教文献研讨会在中国社会科学院世界宗教研究所召开，会议开幕式由道教研究室主任汪桂平研究员主持，马西沙、卓新平、魏道儒、李志鸿、曾传辉等人参加此次会议。

7月17日，马克思主义宗教观研究室曾传辉研究员参加中办农村宗教工作座谈会。

7月18日，伊斯兰教研究室马景参加由天津市西关清真大寺主办、天津市滨海新区伊协协办、天津华鹏影视传媒公司承办的近代伊斯兰教中国化的先行者杨敬修展览室开幕式。

7月28—31日，新时代的中国宗教及其研究高层论坛暨2018年中国宗教学会年会在山东大学威海校区召开。此次年会由中国宗教学会、山东大学犹太教与跨宗教研究中心、中国社会科学院世界宗教研究所主办，山东大学犹太教与跨宗教研究中心承办。中国宗教学会会长卓新平主持了开幕式，党委书记赵文洪研究员代表中国社会科学院世界宗教研究所在开幕会上致辞，郑筱筠副所长、李建欣、曾传辉、嘉木扬·凯朝、赵法生、纪华传、唐晓峰、陈进国、汪桂平、李林、谭德贵、梁恒豪等人参加。

7月29日至8月4日，黄奎赴海南对宗教现状进行调研。

8 月

8月2—11日，中国社会科学院世界宗教研究所"中华文化在奥地利的传播与传承"课题组一行五人赴奥地利考察。考察团成员包括团长卓新平研究员、唐晓峰研究员、李林副研究员、聂清副研究员、李志鸿副研究员。

8月4—12日，佛教研究室许春梅助理研究员于循化十世班禅因明佛学院参加第六届因明后备人才培训。

8月6—11日，马克思主义宗教观研究室黄奎副研究员赴河北参加调研活动。

8月8—10日，佛教研究室王鹰助理研究员参加在山东青岛举办的"基督教：哲学、历史、现实——第七届宗教哲学论坛"。

8月13—16日，伊斯兰教研究室晏琼英助理研究员赴巴基斯坦伊斯兰堡参加"一带一路"、中巴经济走廊以及全球媒体学术研讨会。

8月14日，佛教研究室王鹰副研究员参加在北京举行的世界哲学大会特邀会议"世界宗教对话的哲学反思"。

8月15日，宗教艺术研究室嘉木扬·凯朝研究员参加了内蒙古大学举办的蒙古佛教国际论坛，并发表了主旨演讲"关于蒙古佛教的缘起"。

8月16—19日，夏德美副研究员参加法藏与东亚佛教研究国际研讨会。

8月17—19日，伊斯兰教研究室李林副研究员赴新疆喀什参加中巴经济走廊喀什研究院成立大会暨首届喀什瓜达尔研讨会。

8月21—28日，中国社会科学院世界宗教研究所道教研究室汪桂平、李志鸿、赵敏、林巧薇、李贵海先后至苏州、杭州、上海等地进行"道教中国化"课题的相关调研。

8月23—27日，魏道儒、尕藏加、夏德美参加中韩佛教学术交流会。

8月24—26日，佛教研究室孙颖新助理研究员参加中国少数民族文学与文献国际学术论坛。

8月25—26日，伊斯兰教研究室李林副研究员赴西安参加回族红色记忆学术研讨会。

8月27日，中国社会科学院"中华思想通史"的子课题"中华封建社会宗教思想通史"（中国社会科学院创新工程重大项目，主持人魏道儒研究员）主办的中国伊斯兰教思想史小型学术讨论会，在中国社会科学院世界宗教研究所小会议室举行。与会学者围绕"中国伊斯兰教宗教思想史"的写作原则、写作内容、写作框架、资料收集与利用、重点难点、伊斯兰教思想史的中国化进程、课题意义等进行了深入而细致的讨论，多层次、多角度地对写好"中国伊斯兰教宗教思想史"建言献策。参会学者主要有宁夏大学孙振玉教授、中央民族大学杨桂萍教授、南京大学杨晓春教授、世界宗教研究所李维建研究员。世界宗教研究所副所长贾俐对参会学者表示热烈欢迎，并预祝会议成功。

8月28日，中国社会科学院创新工程重大课题"中国封建社会宗教思想史"（魏道儒研究员主持）和国家社科基金项目"非洲伊斯兰教思想史"（李维建研究员主持）在世界宗教研究所小会议室共同主办了回族伊斯兰书写的历史理性与当代理性学术讲座。讲座嘉宾为宁夏大学孙振玉教授。讲座由魏道儒研究员主持，李维建研究员评议。来自世界宗教研究所佛教研究室、伊斯兰教研究室、马克思主义宗教观研究室、基督教研究室、当代宗教研究室、《世界宗教文化》编辑部等的学者共同聆听了讲座，并在孙振玉教授演讲结束后进行了讨论。

8月29日，基督教研究室石衡潭副研究员应吉林省统战部、宗教文化交流协会邀请，在长春同馨宾馆作了"宗教中国化暨优秀传统文化"讲座。

8月,基督教研究室唐晓峰研究员著作《赵紫宸思想研究(修订版)》由宗教文化出版社公开出版发行。

9月

9月1—2日,宗教艺术研究室陈粟裕副研究员参加北京大学佛教研究中心举办的"宗门教下:东亚佛教宗派史的解析、诠释与重构"论坛,并发表论文《从三例图像史料看禅宗祖师形象的建构》。

9月1—2日,由中国宗教学会宗教建筑文化专业委员会和中国社会科学院世界宗教研究所巴哈伊研究中心联合主办的巴哈伊的建筑艺术国际研讨会在北京恒源祥大厦会议厅举行。世界宗教研究所陈进国研究员、王潇楠副研究员、李林副研究员、晏琼英助理研究员参加。

9月3日,马克思主义宗教观研究室曾传辉研究员赴南昌参加中国社会科学院国情调研基地年会。

9月5日,佛教研究室杨健研究员参加引田弘道教授的讲座。

9月6—8日,当代宗教研究室陈进国研究员赴福建福清参加"中华文化薪传与发展——第十三届海峡两岸学术研讨会"。

9月10日,当代宗教研究室陈进国研究员参加华东师范大学人类学研究所举办的人类学的中国本土思想资源会议。

9月14日,佛教研究室纪华传研究员参加在北京举行的新时代中国佛教史研究座谈会。

9月14—16日,基督教研究室刘国鹏副研究员参加于四川大学举办的首届宗教史论坛,并应邀提交和宣读论文《20世纪以来罗马教廷所经历的重大改革》。

9月14—16日,佛教研究室许春梅助理研究员赴广州参加第14届全国因明学术会议。

9月15日,宗教艺术研究室嘉木扬·凯朝研究员参加了由山西原平市委、市政府主办的"第二届原平·远故里文化节暨慧远文化论坛",并发表了题为"如何正确认识净土思想对人生的启迪"的主旨演讲。

9月15日,基督教研究室周伟驰研究员参加四川大学首届中国宗教史论坛。

9月15日,《世界宗教文化》编辑部王皓月参加北京大学佛教研究中心举办的"何以为教:儒、释、道'三教'在南北朝时期的确立及互动"工作坊。

9月15—16日,由中国社会科学院世界宗教研究所、中国宗教学会、四川大学历史文化学院联合主办的首届中国宗教史论坛在成都举办,伊斯兰教研究室马景参加。

9月15—17日,佛教研究室孙颖新助理研究员参加在张掖举办的河西走廊佛教文化论坛。

9月15—17日,当代宗教研究室陈进国研究员赴甘肃张掖参加首届"丝路·张掖——河西走廊佛教文化论坛"。

9月19—21日,基督教研究室石衡潭副研究员参加浙江省基督教两会在赵紫宸先生故乡浙江省德清县新市镇举办的纪念赵紫宸诞辰一百三十周年暨浙江省基督教中国化神学思想建设研讨会,提交并宣讲重要论文《〈学仁〉:圣经与中国文本对读的新尝试》。

9月22—23日，由中国社会科学院学部主席团主办，中国社会科学院世界宗教研究所和中国宗教学会联合承办的中国社会科学论坛（2018·宗教学）在北京内蒙古大厦隆重举办。此次论坛主题为"宗教学研究的传承与创新"，国内外近70位专家学者出席。论坛围绕"习近平新时代宗教理论和政策研究""宗教学理论创新研究""当代宗教变迁研究""宗教艺术研究""宗教思想研究"等五个主题，设立九个分论坛进行了专题发言和深入探讨。

9月24—28日，当代宗教研究室陈进国研究员参加新疆智库课题组的调研。

9月25—26日，佛教研究室尕藏加研究员参加兰州大学西北少数民族研究中心主办的首届丝路藏学学术研讨会。

9月28日，基督教研究室唐晓峰研究员参加中央民族大学宗教研究院天主教中国化的新起点座谈会。

9月28日，佛教研究室夏德美副研究员参加由河北省社会科学院、河北省佛教协会、邯郸广府甘露寺共同举办的观音文化与佛教中国化学术研讨会。

9月28—30日，宗教艺术研究室嘉木扬·凯朝研究员参加了在中山大学举办的第三届中国宗教学高峰论坛，并发表了题为"改革开放40年蒙古地区佛教发展历程——以雍和宫为例"的学术论文。

9月29—30日，基督教研究室周伟驰研究员参加中山大学中国宗教研究高峰会议。

9月，基督教研究室周伟驰研究员主编的《晚清西学丛书》第一辑由南方日报出版社公开出版。

10月

10月7—10日，党委书记赵文洪前往云南昆明、沙甸等地调研，李林、马景参加。

10月8—13日，巴哈伊研究中心成员陈进国及博士后梁建华应邀至以色列海法参加巴哈伊的大同思想及其中国语境国际学术研讨会。

10月11—16日，世界宗教研究所曾传辉、王静、许春梅赴天台山进行调研。

10月12—16日，佛教研究室孙颖新助理研究员参加在敦煌举办的丝绸之路民族古文字与文化学术研讨会。

10月13日，佛教研究室夏德美副研究员参加中国政法大学举办的多元视域下的中西历史文明互鉴学术研讨会。

10月13—14日，由中国社会科学院世界宗教研究所主办，浙江省社会主义学院宗教与社会研究中心协办，浙江省天台县委党校、县社会主义学校、县社科联承办的"马克思主义宗教观研讨会（2018）"在浙江省天台县委党校召开。

10月16—18日，佛教研究室纪华传研究员参加由江苏省佛教协会主办的江苏佛教论坛。

10月16—19日，佛教研究室王鹰副研究员参加由中央民族大学宗教研究院举办的"肉体的发明"系列讲座。

10月19日，《世界宗教文化》编辑部周广荣研究员参加在北京大学英杰交流中心举行的《人文宗教研究》出版座谈会。

10月19—21日，由中国社会科学院世界宗教研究所伊斯兰教研究室与陕西师范大学西北边疆研究院合办的第四届全国伊斯兰教学术讨论会在西安举行，李林、李维建、马景、晏琼英参加。

10月20日，佛教研究室尕藏加研究员参加由中央社会主义学院召开的汉藏羌文化交流史研讨会。

10月20日，2018年《中国宗教报告》论坛暨出版十周年座谈会在社会科学文献出版社蓝厅举办。此次论坛由中国宗教学会、中国社会科学院世界宗教研究所和社会科学文献出版社联合主办，国内专家学者40多人共聚盛会，宗教学理论研究室主任赵广明研究员、梁恒豪副研究员分别发言并参与讨论。

10月20日，由中国社会科学院基督教研究中心与中国社会科学院近代史研究所社会史研究中心、福建师范大学中国基督教研究中心共同主办的"基督宗教史学——思想史研究专题论坛"，由中国社会科学院基督教研究中心主办的"基督宗教哲学——中国教父哲学研究论坛（第四届）"，由中国社会科学院基督教研究中心、中央民族大学宗教研究院共同主办的"基督宗教经典文献学——处境化的圣经研究国际论坛"，由中国社会科学院基督教研究中心和北京大学中国社会与发展研究中心共同主办的"基督宗教文化比较与现状——改革开放四十年以来的基督宗教研究论坛"同时在中央社会主义学院开幕。全国人大常委会委员、中国宗教学会会长、中国社会科学院学部委员卓新平研究员，中央社会主义学院袁莎副院长，中国社会科学院世界宗教研究所贾俐副所长出席了开幕式，并就基督宗教研究这一学科的重要性以及未来应坚守的研究立场、研究方向发表了讲话。

10月20—21日，由中国宗教学会伊斯兰教专业委员会、中国社会科学院世界宗教研究所伊斯兰教研究室、陕西师范大学中国西部边疆研究院共同主办的第四届全国伊斯兰教学术研讨会在陕西师范大学举行，此次会议主题为新时代的伊斯兰教研究。来自各有关部门、大专院校、学术研究机构、宗教组织的代表200余人参加研讨会。

10月21—22日，由中国社会科学院世界宗教研究所、华侨大学、中国宗教学会联合主办，华侨大学哲学与社会发展学院、华侨大学海外华人与闽台宗教研究中心、华侨大学海外华人宗教与闽台宗教研究创新团队承办，《世界宗教文化》编辑部协办的"第七届东南亚宗教研究高端论坛·东南亚宗教与人类命运共同体学术研讨会"于华侨大学王源兴国际会议中心隆重开幕。

10月21日，基督教研究室刘国鹏副研究员赴罗马继续从事国家社科基金重点课题"梵蒂冈原传信部所藏有关中国天主教会档案文献编目（1622年—1938年）"的研究。

10月22日，当代宗教研究室陈进国研究员应邀在厦门大学历史系作题为"族烈殇：家族史视野中的南洋华人族魂林连玉""修行人类学及其进展"的讲座。

10月24日，基督教研究室周伟驰研究员参加由北京大学比较文学所举办的基督新教与太平天国的"新人"观讲座。

10月25日，当代宗教研究室陈进国研究员应厦门大学人类学系邀请参加"厦门大学文化讲堂"并作题为"救劫母题：我们如何理解近现代济度宗教运动"的讲座。

10月27日，当代伊斯兰研究学术研讨会在中国人民大学举行，伊斯兰教研究室李维建、马景、晏琼英参加。

10月28—30日，学部委员魏道儒研究员参加第五届世界佛教论坛新媒体论坛。

10月29日，由中国社会科学院世界宗教研究所、中国宗教学会、北京大学全球互联互通研究中心主办，中国社会科学院世界宗教研究所宗教文化艺术研究室、马克思主义宗教观研究室，国垣智库有限公司，国立文化产业（北京）有限公司联合承办的世界宗教文化高层论坛国际学术研讨会在北京召开。

10月30日，第二届福德论坛京津冀坚持伊斯兰教中国化方向学术研讨会分论坛在北京昌平举办，李林、马景参加。

11月

11月1日，中国伊斯兰教协会在北京举行纪念马坚先生归真40周年座谈会，伊斯兰教研究室李林、马景、晏琼英应邀参加。

11月5日，比利时根特大学东方语言与文化系巴得胜（Bart Dessein）教授应《世界宗教研究》编辑部邀请，访问了中国社会科学院世界宗教研究所，并作了题为"宗教学研究的嬗变"的学术报告。李建欣教授主持了报告会。

11月6日，佛教研究室杨健研究员参加《中华思想通史》第46次工作会议。

11月6—7日，佛教研究室尕藏加研究员参加在北京西黄寺举行的由中国藏语系高级佛学院主办的第四届黄寺论坛暨从黄寺与皇家寺院看佛教中国化研讨会。

11月9—11日，基督教研究室唐晓峰研究员赴广州参加华南师范大学与中国社会科学院世界宗教研究所主办的基督教中国化与地方实践学术研讨会。

11月9—11日，《世界宗教文化》编辑部周广荣参加四川大学主办的东亚佛教文献与文学会议。

11月15—23日，学部委员魏道儒、佛教研究室主任纪华传研究员参加主题为"中华文化在美国的传播与发展"的课题调研和学术交流活动。

11月18日，佛教研究室尕藏加研究员赴广东省东华禅寺参加由中国社会科学院佛教研究中心、北京福慧公益基金会主办，广东东华禅寺中国社会科学院佛教研究中心禅宗文化研究基地承办的首届佛教爱国思想与高僧护国行迹研讨会。

11月21日，基督教研究室唐晓峰研究员应国家宗教事务局之邀参加国内宗教形势现状座谈会，并作"关于中国农村基督教现状"主题报告。陈进国研究员参加。

11月21—23日，由中国社会科学院世界宗教研究所、中国宗教学会、中国宗教学会宗教建筑文化专业委员会主办的宗教建筑中国特色推介暨学术研讨会在西安曲江国际会议中心举行。尕藏加研究员、李林副研究员参加。

11月21—30日，当代宗教研究室陈进国研究员赴澳门做宗教生态调查。

11月22日，《世界宗教文化》编辑部主任周广荣研究员参加山东省社会科学院主办的"一带一路"与山东宗教座谈会。

11月23—25日，由中国社会科学院世界宗教研究所、西北大学中东研究所、陕西省高校中国特色社会主义宗教理论与实践研究中心和西北大学玄奘研究院联合举办的"一带一路"与多元宗教交往学术研讨会在西安召开，伊斯兰教研究室李林研究员、马景副研究员参加。

11月23—27日，中国民俗学会第九届代表大会在广州召开，当代宗教研究室叶涛研究员当选为中国民俗学会新一任会长。

11月24—25日，由中华思想通史子课题组主办，中国社会科学院佛教研究中心、鲁东大学历史文化院承办的中华传统思想文化及中华思想史子课题正本提纲研讨会在山东省烟台市鲁东大学举行。世界宗教研究所魏道儒、纪华传、尕藏加、李维建、夏德美、王鹰、孙颖新、许春梅参加。

11月28日，基督教研究室唐晓峰研究员在国家宗教事务局宗教研究中心参加关于世界基督教形势的座谈会。

12月

12月1—2日，宗教学理论研究室赵广明、梁恒豪、李金花赴浙江杭州参加"坚持马克思主义宗教观，推进宗教学理论发展"学术研讨会。

12月6—7日，儒家文化与伊斯兰教中国化学术研讨会在山东济宁举行，伊斯兰教研究室李维建研究员参加。

12月9日，佛教研究室夏德美副研究员参加在湖州长兴举办的道宣律祖与佛教中国化研讨会。

12月11日，国家社科基金重大项目"一带一路"实施中的宗教风险研究系列讲座之第十一讲在中国社会科学院世界宗教研究所举行。主讲人为厦门大学人类学与民族学系张亚辉教授，题目是"馈赠与联盟：莫斯的政治发生学研究"。讲座由中国社会科学院世界宗教研究所副所长郑筱筠研究员主持，中国社会科学院世界宗教研究所叶涛研究员、陈进国研究员评议。来自中国社会科学院世界宗教研究所、中央民族大学等单位的40余位学者专家参加讲座。

12月13日，当代宗教研究室向宁应邀在中央统战部宗教研究中心作题为"互联网平台涉宗教信息的精准检索及研判"的内部报告。

12月15日，伊斯兰教研究室晏琼英助理研究员参加在北京举行的的"大羹不和 大道至简——中华传统文化与美食哲学研讨会"。

12月15—16日，由中国宗教学会、中国宗教学会伊斯兰教专业委员会、中国社会科学院世界宗教研究所伊斯兰教研究室与北京市伊斯兰教协会共同举办的第二届福德论坛分论坛京津冀坚持伊斯兰教中国化方向学术研讨会在京举行，伊斯兰教研究室李林、马景参加。

12月22日，宗教艺术研究室陈粟裕助理研究员赴四川大学藏学研究所作题为"吐蕃统治敦煌时期的观音图像与信仰"的讲座。

12月28日，中国社会科学院国情调研云南基地2018年度项目"中缅跨境民族地区经济、社会、文化研究"（中国社会科学院与云南省社会科学院院级合作基地项目）结项评审会在中国社会科学院世界宗教研究所大会议室顺利举行。中国社会科学院科研局副局长王子豪，中国社会科学院世界宗教研究所党委书记赵文洪研究员、副所长郑筱筠研究员，云南省社会科学院副院长杨正权研究员，中央民族大学班班多杰教授，北京大学方文教授，中国政法大学单纯教授、曹兴教授，北京师范大学张百春教授，云南省社会科学院刘婷研究员、苏翠薇研究员，中国社会科学院世界宗教研究所曾传辉研究员、段琦研究员、科研处副处长苏冠安以及梁恒豪副研究员、林巧薇副研究员等人出席了会议。

附 录

主题索引

A

阿米尼乌预定论　81

B

巴哈伊文化　119，127
版画　75，113，120
北京宗教文化　127
比较宗教学　21，22，235—237，239，240，243，244，285
边缘化　97，158

C

查玛乐舞　109，110
禅宗典籍　39
创新　8，15—17，20，21，28，32，43，84，90，94，107，131—135，161，171，173，174，176，288，290，352，357，359
春秋公羊学　87
丛林教育　36，179，183—187

D

大学生　13，14，18，19，28
当代福传　78
道德生活　24，122
道教　21，27—29，34，45，49—76，88，99，111—114，119，127，140，175，188—201，204，206，208，225，226，231—234，245，253，254，295，297—301，304，331—335，340，346，352—354，358
道教科仪　66—68

道教美学　62
道教史　49—52，57，63，64，189—193，196，201，297
道教养生　65
道教艺术　76，98，111，112，120，121
道教哲学　58，61
洞天福地　45，52，61，231
读经　86，124，188，317
敦煌石窟寺研究　101

E

俄罗斯　95，99，320—330，354
俄罗斯东正教会　78，327，328

F

法顺时行论　94
法治　14，141，144—153，155，159，170，171，177，351
梵蒂冈城国　81
佛教国际化　37
佛教仪式　42，114，345
佛教疑伪经　42
佛教艺术　34，46，98—100，107，346
佛教造像　48，99，102，103，106，107
佛教政策　33，35
佛教中国化　34，45，46，238
佛性论　38，47

G

改革开放　13，17，18，25，28，33，69，72，79，80，96，131，133—136，170—172，174，176—178，282，286，294，351，353，357，358

改革开放 40 周年　17，96
公民宗教　22，23
古典哲学　21
关公祭祀仪轨　108
广学会　79
鬼子母　99，100
国际关系　95
国家认同　70，94，109，123
国家战略　83
国教化　88

H

海棠山普安寺　106，110
汉学研究　124，345
后土信仰　73，74，126，294，295，297，304，305，308
后现代　22，30
黄老思想　63

J

基督教男青年会　78
基督教世俗化　78
基督教中国化　80，81，116，351，353
激进主义　95，158，346
集体潜意识　28
祭祀　23，31，47，65—68，73，74，84，91，111，114，123—126，205—208，226，254，273—277，279，305，338—340
加尔文主义　81
《剑桥基督教史》（九卷本）　80
教随人定论　94
教育　5，9，13，14，18，19，27，30，36，37，68，83，86，90，92，96，118，137，149，150，158—160，162，168，171，173，174，176，178—187，240，276，279，309，312，313，329，358
解放神学　16，22
酒诰　84

K

康有为问题　85，86

L

雷法　51，71，72
礼物模式　24，122
灵宝经　54，56—58，66，199—201，346
灵宝派　51，54，200，201
灵曦堂　119，120，127
龙凤文化　85

M

妈祖信仰　68，69
马克思主义　13—18，21，25，34，45，79，80，91，132，133，137，141，170，172，176，358
马克思主义宗教观　13—16，18，19，21，27，110，132—134，136，170，171，173，176，177，358
梅州香花　114
美国政教关系　81
蒙藏佛教艺术　98，106，110
弥勒信仰　39，40，100，337
秘密教门　70，71
民间儒教　23，24
民间信仰　23—25，28，31，32，49，54，68—70，72—74，111，113—115，120，123，125，126，175，202—205，207，211，254—256，294，295，331，337—339，341
民间信仰仪式　113—115
民间宗教　23，32，69，71，114，122，294—298，304，308，334，345
民间宗教艺术　98，120
民俗艺术　114，115
民族国家　85，86，88，89，94，123，313，314
民族宗教　16，31，32，53，57，118，132，245，280

摩崖造像　98，99，106，107，110，233，250
穆斯林　22，31，94，95，117，157—169，206，309，314—316，318，346，352

N

内丹学　60，61，191
年画　113
农村基督教　81

Q

全真教　49，51，53，56，64，67，75—77，188—193

R

人格　22，26，29，30，44，91，160，279，281
人类世　122
人权　39，95
人生佛教　37
认同　21，22，26，28，29，46，53，72，94，109，115，123，125，136，142，151，154，157，161，169，202，204，208，258，277，279，282，315，316，318，326，351
认同统一论　94
儒家伦理　27，83
儒家心性论　90

S

萨满　73，153
三教关系　49，83
舍利供养　103
社会治理　25，60，123，154
社会秩序　24，25，123，150，171，278，331，332，334，335，338，339，341
神话　51，52，63，65，72，74，126，195，197，284，294，296，297，308，346
神圣性　22，31，89，123，158，204，207，241，335，337，339
渗透　13，14，36，42，49，85，136，141，142，174，177，310，340
生活儒学　87
圣地　35，37，50，79，123，125，165，167，232，250，301，313，317
十三经　83，85
石窟寺　98，101，102
士绅社会　37
世界宗教　13，20，22，24，28，45，79，91，95，97，110，119，122，124，125，127，138，140，141，144，152，155，169，212，235，236，244，272，313，341，357—359
世俗化　22，64，116，158，163，282，310，311
寺院管理　33
寺院金融　36
诵经音乐　104，108，110
苏非主义　95
随顺国法论　94

T

泰国禅修　38
天命观　86，89，278
天命神学　60，89
天山走廊　99
图腾　72，273，275，280
土耳其　95
王霸之辨　85

W

文化共同体　90
文化认同　72，112，205
文明交流互鉴　34，117
文学　34，46，50，57，59，64，65，71，74，78，118，159，188，239，288，304，323，326，329
无神论　15，79，89，326，358
武当山　53，301

武威天梯山石窟 98

X

西藏美术史 105
西道堂 95, 96
西方关系 95
西方马克思主义 15
西夏佛教 39
先秦儒家 29, 83, 87, 89
乡村儒学 83, 86, 90
乡土宗教 123
象征 25, 27, 32, 47, 59, 76, 85, 103, 106, 109, 113, 114, 116, 118, 124—126, 135, 156, 184, 204, 206, 207, 209, 226, 234, 250, 251, 309, 314
心理健康 25—28
新时代 6, 15—17, 28, 34, 45, 46, 80, 92, 106, 117, 131—134, 136, 137, 170, 176, 178, 240, 351, 353, 357, 358
新唯识论 44
信仰在地论 94
信仰重建 86
修行人类学 122
学科萎缩 97

Y

一带一路 17, 40, 92, 96, 99, 106, 110, 117, 120, 127, 203, 283, 291, 358
伊斯兰复兴运动 95, 157
伊斯兰教 22, 47, 79, 94—98, 116—119, 121, 127, 140, 156—169, 175, 189, 239, 245, 253, 255, 315, 317, 330, 346, 351—353, 358
伊斯兰金融 96
伊斯兰主义 95, 157—159, 161, 164, 166, 169
伊斯兰资本市场 96

仪式 23, 27, 31, 32, 42, 49, 51, 52, 54—56, 59, 60, 66, 67, 69—74, 91, 103, 104, 109, 111, 112, 114—118, 120, 122—126, 147, 153, 154, 182, 184, 189, 190, 202—208, 210—212, 217, 251, 253, 277, 290, 294, 304, 306, 308, 311, 314, 317, 318, 327, 345, 351, 352, 354
仪式音乐 104, 109, 111, 112, 114, 116
意识形态 15, 22, 83, 87, 89, 97, 123, 124, 136, 146, 151, 157, 159, 163, 164, 168, 169, 172, 282, 287, 340
意义 16, 17, 20, 21, 24, 26—30, 32, 34, 35, 39, 40, 43—46, 48, 53, 55, 57—61, 63—65, 68, 69, 71, 73, 74, 76, 79—81, 84—90, 92, 94, 95, 97, 102—104, 106—118, 120, 122—124, 131, 133—135, 141, 142, 145, 146, 149, 152, 153, 158, 165, 171, 173, 182, 183, 186, 189, 190, 192, 202—205, 209—212, 220, 226, 227, 235—237, 244, 245, 258, 262, 268, 272, 281—285, 287—292, 294, 304, 311, 314, 320, 323, 324, 327, 329—331, 340, 341, 345, 352, 354
印度佛教 34, 35, 43, 47, 101, 186, 213, 222, 238, 241, 284, 285
雍和宫 108
永乐宫 75, 76, 99
忧患意识 86
由俗而制 95
由制而礼 95
宇宙观 60, 76, 124, 346
越南佛教 38

Z

藏汉佛教交流　46
再洗礼派　81
早期传教士　81
造　像　5，36，48，54，55，98，99，
　　101—103，106，107，115，116，
　　118，250
造像记　102，103
斋醮　56，74，194，254，294，308
斋戒仪式　66，67
正量部　44
政教互动论　94
政主教从　95，145
制度宗教　25
中东　95，164—167
中梵关系　81，353
中梵主教任命协议　81
中国共产党　17，18，132，133，135，
　　136，170—173，175—178，351，353
中国化　13，14，16，33，34，40，43—
　　47，76，78，81，94，95，104，116，
　　117，131—134，136，137，176—178，
　　189，284，289，351—353，357，358
《中国基督教年鉴》　78
中国社会科学院基督教研究中心　80，358
中国特色社会主义　6，15—18，28，45，
　　131—138，141，170—174，176—178，
　　353，357，358
中国宗教　13，14，24，25，28—30，34，
　　88，91，110，113，119，122，124，
　　125，127，131，132，138，174，
　　177，189，204，211，345，357—359
《中国宗教报告》　127
中　亚　95，166，283，290—292，345，
　　357
中印交流　37
周易　45，50，84，191，194，226
朱熹思想　286
宗　教　3—6，13—18，20—34，36—39，
　　45，47，49—51，56，57，59—63，
　　66—73，76，78—83，87—89，91，
　　94—98，100，102，103，106，108—
　　120，122—127，131—137，139—178，
　　189，201—206，208，210，211，213，
　　217—219，235—239，241—245，248，
　　249，253—256，273—275，277，278，
　　280—282，288，289，294，297，298，
　　304，309—318，327，328，330，331，
　　333—341，345—347，351，352，357—
　　359
宗教冲突　21，78
宗教慈善　124
宗教对话　21，26
宗教复兴　24，122，295，297，308
宗教改革　22，79，88
宗教工作　13，14，16—18，28，34，46，
　　80，97，131—137，140，141，143，
　　144，170—178，351—353，357，358
宗教观　14，15，17，31，80，82，133，
　　134，136，189，310，326，357
宗教规律　13
宗教活动　3，4，7，9，13，53，135，
　　140，141，147，154，155，162，
　　171—174，203，228，280，295，337，
　　339，351，352
宗教建筑　47，117，119，120，127
宗教界　13，18，49，78，135，137，
　　159，169—178，351，353，357
宗教经验　22，29，124，284
宗教理论　15—18，21，132—134，136，
　　137，139，141，170—172，174，176—
　　178，357，358
宗教旅游　38
宗教批判　15，16
《宗教人类学》　122
宗教人类学　30—32，66，68，108，122，
　　124，125，345
宗教社会学　22，24，25，38，68，88，
　　202—204，211

宗教史　21，47，120，125，152

宗教事务　3—5，9，14，78，134，139，140，142，143，171，172，174，175，177，314，351，352，357，358

宗教文化　13，30，36，38，42，45，58，59，61，63，73，79—81，97，98，109—111，115，122，125，126，135，178，187，203，234，235，245，249，255，256，273，279，308，316，319，345，353，357—359

宗教问题　13—16，88，131—134，136，141，157，170—174，176—178，242

宗教心理学　25，27—30

宗教信仰　3，13，14，18，19，28，29，38，40，50，53，57，59，60，65，75，79，86，114，125，134—136，145—155，161，162，165，169—175，189，203，204，206，211，234，241，249，253—255，273—275，278，280，282，288，294，331—333，337，339—341，351

宗教性　73，83，122，165，227，241，325，326

宗教学　13，14，18，20，24—26，28—30，34，80—82，105，107，108，110，120，134，137—139，145，146，152，201，202，222，235—238，241—243，255，256，278，282，288，293，347，357

宗教哲学　15，20—22，168，237，358

宗教政策　13，17，18，33，36，53，106，171，172，174，297，331，353，358

宗教治理　17，25，141

人名索引

A

阿奎那　21，80，346
阿米尼乌　81
阿姆斯特朗　79
埃里克森　25，26，28
埃蒙·达菲　79
奥古斯丁　21，29，79—81，115，346

B

白玉蟾　51，64，71，72
包·达尔汗　110
贝拉　22，23

C

陈进国　91，122，125，204
陈晋　123
陈婧男　75，113
陈明　29
陈新明　95

D

达摩波罗　37
戴维·麦克莱伦　14，79
丁耀全　95
董仲舒　29，87—89

E

恩格斯　15，281
恩斯特·布洛赫　79

F

法显　39，40，222，238，290

方金英　95，346
费尔巴哈　31
冯征　96
佛使比丘　38
弗洛伊德　25
傅佩荣　83

G

高道宽　64
高延（JanJakob Maria de Groot）　122
高占福　94
葛洪　60，62，63，196，197，199，226，227，229—232
葛兰西　17
古铁雷斯　16
古心如馨　36

H

哈沃瓦斯　81
黑格尔　15，28
侯旭东　102
黄初平　63，64
黄剑波　79
黄平　96

J

姬志真　51，64，190—192
加尔文　81
嘉木扬·凯朝　98，106，110
蒋晓春　98
金吉堂　95
金宜久　94
金泽　23，92，124，125，145

K

康德 20，21

L

李冰 124，125
李华伟 23，88
李林 94
李翎 99
李天纲 23，124
李晓疃 95
李艳枝 95
理雅各 79
利玛窦 79，116
梁启超 88
梁永佳 24，122，203
列宁 15，132
林乐知 81
林灵素 51，191，192
刘卜功 64，65
刘一明 62
刘中民 95
隆波田 38

M

马丁·路德 79
马景 95
马克·格林格拉斯 79
马克思 13—19，21，25，27，31，34，45，79，80，82，91，110，132—134，136，137，141，170—173，176，177，280，358
马克斯·韦伯 38，88
马启西 96
马志丽 95
麦克莱伦 15
麦克斯·缪勒 39，235—244
孟子 29，83，85，87，91，92
穆丹希尔·阿卜杜·惹希慕 95

N

娜仁娜 98，108
宁强 101

Q

契嵩 41，185，257，258，260，262，264，265，267—269，272

R

任剑涛 86
任蜜林 87
荣格 25—28

S

施道渊 62，63，67
施舟人（Kristofer M. Schipper） 124
史密斯 318

T

太虚 21，37，191，286
唐文明 89，91
陶弘景 56，63，113，200
托马斯·杰斐逊 81

W

王炳耀 81
王常月 52
王希 95
王阳明 85

X

习近平 6，15—17，28，34，45，80，92，131—137，139—142，144，170，176—178，203，351—353
荀子 85，87，91，92

Y

杨德睿 30，122，345
杨发明 94，352

杨庆堃　23，25
杨文会　37，240，241，286
杨文炯　94
叶涛　126，127
伊本·泰米叶　95，161，168
伊利亚德　30
易卜拉欣·卡伦　95
于薇　103
岳永逸　123
云栖袾宏　36

Z

曾亦　83
张道陵　65，193，225—234
张建宇　47，101
张栻　93
张祥龙　89
张小燕　98，114，125
张亚莎　105
张永平　63
张宇初　63
张志刚　15，17，20，80，94，125
赵法生　86，91
赵朴初　37
真谛　44，240
周颙　36
竺昙无兰　41
庄子　58，62，67，85，91，189，192，196，197，226
宗树人（David A. Palmer）　127